市民生活と現代法理論
三谷忠之先生古稀祝賀

［編集委員］
小田敬美
籠池信宏
佐藤優希
柴田潤子

成文堂

三谷忠之先生

謹んで古稀をお祝いし
三谷忠之先生に捧げます

執筆者一同

はしがき

　我々が敬愛する三谷忠之先生は、2015年9月13日にめでたく古稀をお迎えになられた。いうまでもなく、三谷先生は、長きにわたり、民事訴訟法学や倒産法、家族法等の多彩な領域で数多くの業績をあげられ、学界および法曹界に多大な貢献を果たしてこられた。この度我々は、四国の研究者が中心となって、全国で活躍しておられる三谷先生のお弟子さん等と連携しながら、無事先生の古稀祝賀論文集である『市民生活と現代法理論』を発刊することができた。

　三谷先生は、終戦後の1945年9月13日に兵庫県川西市でこの世に生を受けられた。三谷先生はご両親の愛情を受けて成長され、1969年には大阪市立大学を優秀な成績で卒業され、次いで大阪市立大学法学研究科（民事法）で修士の学位を取得された。その後、神戸大学大学院法学研究科（私法専攻博士課程）において所定の単位を取得された。三谷先生は、大阪経済法科大学、香川大学、筑波大学、東洋大学を経て、2009年4月より香川大学大学院香川大学・愛媛大学連合法務研究科（いわゆる法科大学院で、通称、四国ロースクール）で教鞭をとられるようになった。残念ながら、四国ロースクールは2017年3月に閉校になるが、三谷先生は2009年より8年間の期間、法科大学院教育に尽力された。なお、四国ロースクールの赴任は、三谷先生の学識と人柄をよく知る香川大学の教授陣が中心となって再三再四来高を要請し、実現したということである。三谷先生はいわば乞われて香川大学に戻ってこられたのであった。

　三谷先生の専門は広く、執筆された教科書も、『民事訴訟法講義』（成文堂）、『民事執行法講義』（成文堂）、『民事倒産法講義』（成文堂）、『実務家族法講義』（民事法研究会）と多岐にわたっている。特筆すべきことは、三谷先生が執筆された「実務家族法講義」については、現在最高裁で判事の任にあたっておられる岡部喜代子先生との共著になっていることである（第2版は東京高裁判事をされていた橋本昇二教授との共著）。岡部先生は三谷先生の東洋大学時代の同僚であり、当該教科書は、家族法をめぐる種々の論点につき岡部先生と論議を交わして生み出されたものであった。周知のように、最高裁判事には多数意見と異なる少数意見の開示が義務づけられているが、もしかしたら、将来、三谷先生との論議の成果が反

映された判例が出現するかもしれない。

　なお、三谷先生は、『民事再審の法理』で1989年に神戸大学で法学博士の学位を取得されている。審査の任にあたられたのは、鈴木正裕博士（主査）、井上治典博士、三井誠博士であり、いずれも法曹界の重鎮であった。審査の結果、当時、三谷先生の学位論文は、民事再審の分野におけるパイオニア的な業績だと位置づけられ、「未開拓の分野に本格的に鍬を入れた」業績であると評価されることになった。

　三谷先生と長いお付き合いで編者が強く感じていることがある。三谷先生は常に一本筋を通す方であった。集団の中で暮らす我々の大半は、衝突をできるだけ回避しようとし、白黒をはっきりさせず適当に済ますことが多々ある。「親しき仲にも礼儀あり」という諺があるが、見るところ、実践するのは困難な諺であり（真実は「親しき仲には礼儀なし」であるものだと見受けられる）、親密な間柄ではけじめがなかったり、（インディペンデントでない日本人特有の現象かもしれないが）親しき者同士ではお互いに相手方に依存する甘えの構造が多々見られる。しかし、三谷先生はこのような感覚とは無縁な方であり、曲がったことが嫌いな方である。三谷先生のかかる姿勢には敬服する次第である。

　ところで、三谷先生は食通としても著名である。編者は、三谷先生から遠方から来た客人を接待するお店をその都度紹介して頂いたが、全く当たり外れがなく、ご紹介頂いたどの店舗も美味であったことに驚嘆することが度々あった。「ここは天ぷらがおいしい店だよ」「卒業祝はこの店がうってつけだよ」「ふぐの刺身はここがよい」といった具合に、その都度料理屋を紹介してもらった。四国ロースクールの閉校とともに、三谷先生は奥さまである敬子さまの待つ東京へとお帰りになってしまうが（2017年4月からは弁護士として八王子にあるひだまり法律事務所において東洋大学時代の教え子たちとともにクライアントの相談に乗るそうである）、残念だと感じているのは、我々教員だけではないだろう。すなわち、三谷先生の御用達の店の店主たちも残念がっているに違いない（四国グローバルリーガルセンターが主催する民事実務研究会の後は、香川大学関係者はよく香川大学近くのまんぼう亭を利用していたが、まんぼう亭のスタッフと親しく談笑している姿が印象的だった。スタッフの一人が独立し、高知県室戸岬で民宿を営んでいることを知り、室戸岬までお出かけになされたこともあった。このように先生は気さくな人柄の持ち主である）。編者も時折東京を訪問するつもりであるが、その際には三谷先生が是非関東の美味な料理

屋にご案内して下さることを期待している。

　平成29年３月の雛祭りの日に

編者を代表して
柴　田　潤　子

目　次

はしがき

第 1 部　私 法 編

将来の給付の訴えと確認の訴え
　　──ドイツ民事訴訟法における見解の紹介── ………… 春日川　路　子（ 3 ）

提訴前の情報証拠収集制度とドイツの独立証拠調べ手続
　　………………………………………………………… 佐　藤　優　希（ 23 ）

既判力の客観的範囲と権利関係の分裂の防止 …… 栗　田　　　隆（ 43 ）

控訴審における不利益変更禁止の原則に関する覚書
　　………………………………………………………… 橋　本　昇　二（ 63 ）

不利益変更禁止の原則と「合一確定の必要」……… 宮　川　　　聡（ 81 ）

倒産手続開始決定の実体法的効果と管財人等の第三者性
　　に関する一試論──信託アプローチの検討── …… 籠　池　信　宏（103）

コンビニエンスストア・フランチャイジーの破産を例とした
　　収納代行と倒産に関する論点整理 ……………… 八　木　俊　則（129）

フランスにおける金銭上の担保権の効力について
　　………………………………………………………… 直　井　義　典（143）

継続的製品供給契約の解釈 ……………………………… 藤　田　寿　夫（165）

ユニドロワ国際商事契約原則2010年版における不法原因給付規定
　　………………………………………………………… 瀧　　　久　範（177）

実践的法人後見論──「NPO 後見ネットかがわ」の次は？──
　　………………………………………………………… 松　本　タ　ミ（195）

カリフォルニア州におけるベンチャーキャピタル規制
　　──キャピタルアクセス会社法の検討──………清　水　真　人 (207)

渉外身分関係における先決問題の連結と承認……笠　原　俊　宏 (227)

国際商事仲裁における仲裁人の開示義務違反と仲裁判断の取消
　………………………………………………………高　杉　　　直 (247)

国際私法の法典化と柔軟性………………………関　口　晃　治 (267)

文化財不法輸出入等禁止条約をめぐる近年の動向
　……………………………………………………………八　並　　　廉 (287)

病気等を理由とする解雇の規制に関する一考察
　　──精神疾患のケースを中心として──………細　谷　越　史 (305)

ホテルオンラインポータルにおけるベストプライス条項と競争法
　……………………………………………………………柴　田　潤　子 (329)

第2部　公法編

所有と労働の自由──近代イギリス法思想の展開を中心に──
　………………………………………………………山　本　陽　一 (353)

憲法訴訟論と法科大学院………………………………井　口　秀　作 (371)

ドイツ環境法における原告適格の新展開
　　──オーフス条約9条3項からの影響──………小　澤　久仁男 (387)

第3部　刑事法編

プリペイド携帯電話機の不正取得と詐欺罪
　　──第三者への譲渡目的の秘匿が問題になった東京高判平成24年12月13日を
　　素材にして──………………………………………大　山　　　徹 (413)

強制執行関係売却妨害罪における「公正を害すべき行為」
　　——最決平成10・7・14刑集52巻5号343頁を素材として——
　　………………………………………………………… 岡　部　雅　人（*433*）

児童虐待再発防止の現状と課題
　　——香川県における多機関連携の取組みを中心に——
　　………………………………………………………… 平　野　美　紀（*451*）

信書発信規制と手続的・司法的救済
　　——死刑確定者の発信申請信書を返戻した最判平成28年——
　　………………………………………………………… 久　岡　康　成（*465*）

三谷忠之先生 略歴・主要著作目録 …………………………………… （*485*）

第1部
私法編

将来の給付の訴えと確認の訴え
―― ドイツ民事訴訟法における見解の紹介 ――

春日川　路　子

一　はじめに
二　確認の訴えの概要
三　現在の給付の訴えと確認の訴え
四　将来の給付の訴えと確認の訴え
五　日本法上の取扱いに与える影響
六　おわりに

一　はじめに

　訴えは、給付の訴え、確認の訴え、そして形成の訴えという三種類に分けて説明される。特に確認の訴えを提起する際には、確認の利益のあることが要求される。この確認の利益は確認判決を行うことが有効適切か否かとの観点から判断され、その際他の訴えを提起する可能性がある場合や、他の訴えが提起された場合には、確認の利益があるのかとの点が問題となりうる。

　日本法において、現在の給付の訴えが可能である場合には、当該請求権自体の確認の利益は原則として認められないと説明される[1]。つまり、確認の訴えだけで原告の求める権利や法的地位の保護を図ることが可能な場合は例外として、確認判決は給付判決のように執行力を有していないため、確認判決を得ても相手方が任意に債務を履行しない場合には、再度原告は給付の訴えを提起しなければならない点が理由として挙げられている[2]。また、その後に提起された訴えにより最終的に確認の利益が欠けると判断されることもある。代表的な例でいえば、原告が提起した消極的確認を求める訴えが係属し審理されている間に、被告側から

---

[1] 兼子一原著『条解民事訴訟法（第2版）』134条778頁（竹下守夫）（2014、弘文堂）。
[2] 賀集唱・松本博之・加藤新太郎編『基本法コンメンタール民事訴訟法2（第三版）』134条17頁（松本博之）（2007、日本評論社）。

同一の債権に関して現在の給付を求める反訴が提起された場合が挙げられる。この場合には、先行する消極的確認の訴えの利益がもはや認められず、先行する確認の訴えは不適法として却下される[3]。

このように現在の給付の訴えが提起可能とされる場合や、実際に現在の給付の訴えが反訴という形であっても提起された場合には、確認の利益が認められないと理解されている。それでは問題となる給付の訴えが将来の給付の訴えであったとしても、確認の利益につきまったく同じ取扱いがなされるのか。この点につき、将来の給付の訴えのなかでも給付の訴えであるという点を重視し、債務名義を取得しておくことが必要である場合には、将来の給付の訴えを提起すべきであり、将来の請求権の確認を求める利益は否定されるとの理解がある[4]。他方で、給付の訴えが可能な場合であっても、確認訴訟を提起したほうが射程が長く訴訟の繰り返しを避けることができる場合や訴訟経済上の考慮から確認訴訟が必要である場合には、確認の訴えは適法である、将来の給付の訴えに代えてさしあたり確認の訴えの提起が許容されてよく、原告はいずれかを選択できるとの見解も主張されている[5]。学説はいまだ見解の一致を見ておらず、将来の給付の訴えと確認の利益の関係については、解明されていない点が多いといえる。

視点を変えて、いかなる場合に訴えが許容されるのかとの点からみても、将来の給付の訴えがいかなる場合に提起できるのか、適法と判断されるかとの点については議論が続いている。このことと同様に、近時確認の訴えについても、その適用される範囲を現在の権利・法律関係に限定するのは妥当ではない、将来の権利関係も対象と解すべきとの見解も有力に主張されている[6]。こうした現状をかんがみても、将来の給付の訴えと確認の訴えが同時に問題となる事案の処理を検討する前提として、二つの訴えの関係を明らかにする必要があるだろう。したがって本稿では、ドイツ民事訴訟法（以下、ZPOとする）において、同内容の法律関係について、確認の訴えも将来の給付の訴えも提起する余地がある場合に、この二つの訴えはどのように取り扱われているのかを明らかにする。日本法は旧ドイツ民事訴訟法（CPO）を参考にして、確認の訴えと将来の給付の訴えを立法

---

[3] 最判平成16年3月25日民集58巻3号753頁、小林秀之「判批」民事訴訟法判例百選5版29事件64、65頁（2015）。

[4] 三ケ月章「権利保護の資格と利益」三ケ月章著『民事訴訟法研究第1巻』31頁（1962、有斐閣）。

[5] 松本博之＝上野泰男『民事訴訟法（第8版）』165頁（2015、弘文堂）。

[6] 一例として、兼子・前掲注（1）774頁。

した経緯があり、さらにドイツにおいては将来の給付の訴えと確認の利益との関係につき、複数の見解が主張されている。ドイツ民事訴訟法における議論は、日本法上の取り扱いを検討するにあたっても有益と考えられる。

まずは、ZPOにおける確認の訴え（ZPO 256条）および将来の給付の訴え（ZPO 257から259条）について、訴えの対象および訴えの利益が認められる場合を、ZPOのコンメンタールの記述をもとに確認する。その後、ZPOにおいて将来の給付の訴えと確認の訴えが同時に問題となる場合にはどのようなものがあるか、とりわけ将来の給付の訴えが提起可能な場合にも確認の利益は認められるのかとの問題を検討する。

二　確認の訴えの概要

ZPO 256条1項は、「原告が、権利関係又は証書の真否を裁判所の裁判により確定することの法的利益を有しているときは、権利関係の存在又は不存在の確認を求め、証書の確認を求め、又は証書の不真正の確認を求める訴えを提起することができる」[7]として、確認の訴えを規定する。この訴えは、ある法律関係の存在または不存在を法的に確認することで、当事者間に存在する法律状態の不明確さを除去することを目的としていると理解されており[8]、このような訴えによって得られる確認判決は、既判力をもって法律状態を確定するだけであることから、権利保護の最も弱い形とも説明される[9]。

ドイツ法において、どのような場合に確認の訴えにつき本案の審理がなされるのかとの問題は、確認の対象および確認の法的利益に分けて検討される。確認の訴えの対象となりうるのは具体的な法律関係であり、この法律関係は、説明された事実関係から導き出された、ある人物と他の人物またはある対象との法的なつながりと説明される。その際、法律関係の単なる要素や基礎的問題といったものは、確認の対象にはなりえない[10]。確認の対象となりうる法律関係のなかには、

---

[7] 春日偉知郎＝三上威彦訳、法務大臣官房司法法制部編『ドイツ民事訴訟法』90頁（2012、法曹会）。

[8] Rauscher, Wax, Wenzel, Münchener Kommentar zum Zivilprozessordnung, (5. Aufl.), Becker-Eberhard, § 256, Rn. 1 (2016, C. H. Beck).

[9] Becker-Eberhard（oben Fn. 8）§ 256, Rn. 2.

[10] Becker-Eberhard（oben Fn. 8）§ 256, Rn. 10.

損害賠償義務も含まれる。ドイツ民法844条2項は、ある人が事故等の不法行為によって死亡した場合に、当該死亡した人が扶養義務を負っていた、または、義務を負う可能性のあった第三者は、当該死亡した人が扶養義務を負う限度で、加害者に対して損害の賠償を求めることができるとするが、このような損害賠償義務も確認の対象になり、確認訴訟は適法であると説明される[11]。こうした確認の訴えが許容される理由として、扶養料請求権者が保護を必要とし、実際に給付の訴えが可能となった時点ではすでに証拠が散逸して証明が困難になるおそれがあることと、ドイツ法においてはこうした不法行為に基づく請求権は、当該請求権が生じ、かつ、被害者が損害とが賠償義務を負うものを知ってから3年で消滅時効にかかることが挙げられている[12]。また請求の基礎も確認の対象になりうる[13]。

確認の訴えが許容されるのは、「原告が、権利関係又は証書の真否を裁判所の裁判により即時に確定することの法的利益を有している」[14]場合である。ここにいう法的利益は、本案判決要件であると説明されており、その存否は職権によって調査される[15]。この利益は、原告の権利または法律状態が不明確であるという現在の危険にさらされており、かつ、この危険を除去するために確認判決がふさわしいとされる場合に認められるとされる[16]。危険があると認められる具体的な場合として、被告が原告の権利を真剣に争っている場合、被告が自身の権利を原告に対して主張する場合が例示されており[17]、この法的利益を判断する観点の一つとして、確認の訴えが当事者の間で争われている問題を終局的に解決する方法として、もっとも適切な手段であることもまた挙げられる[18]。その際ほかの法的手段、とりわけほかの訴えや法的手段をとることが可能な場合に、確認の利益は認められるのかとの点が問題となる。よって損害賠償の事案を例に挙げれば、問題となっている損害賠償を請求する給付の訴えが可能な場合であっても、当該損害賠償義務の確認の利益は認められるのかとの点が議論の対象となる。

11　野村秀敏『予防的権利保護の研究』270頁（1995、千倉書房）。
12　野村・前掲注（11）271頁。
13　Becker-Eberhard（oben Fn. 8）§ 256, Rn. 14.
14　春日＝三上訳・前掲注（7）90頁。
15　Becker-Eberhard（oben Fn. 8）§ 256, Rn. 37.
16　Becker-Eberhard（oben Fn. 8）§ 256, Rn. 39.
17　Becker-Eberhard（oben Fn. 8）§ 256, Rn. 42.
18　Becker-Eberhard（oben Fn. 8）§ 256, Rn. 47.

三　現在の給付の訴えと確認の訴え

　確認の訴えの法的利益が認められるのは、当事者間で争われている法的な争いを終局的に解決する方法として、確認の訴えが最も適切な手段であるとされる場合である。確定した判決が有する効力の観点から見れば、確認判決は既判力のみを有しており、給付判決のように執行手続において債務名義として用いることはできない。よって、確認の訴えは紛争を終結させる強制力を欠くと評価することもできる。この点をとらえて、損害賠償を求める給付の訴えが可能な場合に、当該損害賠償義務が存在することの確認を求める訴えの利益は認められるのかが問題となる。

　注釈書においては、原告がまさに給付を訴えの目的としており、かつ、給付を求めて訴えを提起できる場合には、原則として確認の利益がない[19]、原告が同一の目的をすでに給付の訴えによって達成可能である場合には、消極的か積極的かを問わず、そのような確認の訴えの利益は通常存在しない[20]と説明されている。

　原告が先に消極的確認の訴えを提起し、その後被告が同じ請求権につき給付の訴えを提起した場合に、先行する消極的確認の訴えにつき確認の利益はないと判断した事例[21]もある。本件において連邦通常最高裁判所は、原告が提起し先に係属していた、契約の解除に伴い被告には原告に対してなんらの請求権も帰属していないことの確認を求める（のちに請求が拡張され、当該契約に基づく競業禁止による補償請求権は存在しないことの確認も含まれる）訴えについて、のちに被告によって当該契約上の競業禁止による適切な補償を求める現在の給付の訴えが提起され、かつ、この訴えがもはや一方的に取り下げる[22]ことができなくなった場合には、即時確定を求める法的利益は通常消滅すると判断した。

　しかし、現在の給付の訴えが提起される、または、その可能性が存在しても、確認の訴えの利益が認められる場合がある。具体的には、確認の訴えの手続を貫徹することが、訴訟経済の観点において意味があり、かつ、事柄に即した争われ

19　Becker-Eberhard（oben Fn. 8）§ 256, Rn. 54.
20　Rosenberg=Schwab, Zivilprozessrecht, (17. Aufl.), Gottwald, § 90 Rn. 24 (2010, C. H. Beck).
21　BGH, Urt. v. 28. 7. 1973=NJW 1973, 1500.
22　ZPO 第269条（訴えの取下げ）1項、訴えは、被告が本案について口頭弁論を開始する時までに限り、被告の同意なくして取り下げることができる、春日＝三上訳・前掲注（7）92頁。

ている問題の処理をもたらす場合や、給付の訴えでは確認の訴えと等しい価値が達成されない場合には、現在の給付の訴えが可能であっても確認の利益は欠けないと判断される[23]。さらに、被告がみずから確認判決に従うことが期待される場合にも、即時確定の利益は認められる[24]。損害賠償義務の確認に関する事例としては、交通事故で父を失い、加害者に対して本来であれば得られたはずの扶養に相当する定期金の支払いを求める給付の訴えと並んで、被告には当該交通事故から生じたすべての損害を賠償する義務があるとの確認を求める訴えが提起された場合には、一定の要件のもとで確認の訴えの法的利益が認められるとされた。すなわち、これまで発生した損害または発生している損害につき、いまだにその全体が、当該定期金の支払いを求める訴えの請求の趣旨において把握されていない、または、把握される可能性がないという場合には、現在の給付の訴えと併合して提起された確認の訴えは適法であると判断された[25]。このように、損害賠償に関する事案においては、原告がすでに生じた損害だけでなく、損害額を終局的に見積もることができるか否かによって、確認の利益が左右される。

　先に触れた、先行する消極的確認の訴えと後に提起された現在の給付の訴えの事案（NJW 1973、1500）においては、場合によっては先行する訴えの確認の利益が消滅しないとの点が指摘された。すなわち連邦通常最高裁判所は、先行する確認の訴えについては本質的に裁判をするのに機が熟しているが、それに対して後に提起された給付の訴えについては判断をするのに機が熟していない場合には、例外的に先行する確認の利益は消滅しないと説明している[26]。さらに、ある請求の一部について給付の訴えを提起することが可能な場合においても、当該請求の全範囲についての確認の利益が否定されるわけではない[27]。

23　Becker-Eberhard（oben Fn. 8）§256, Rn. 55.
24　Leistungsbereitschaft と呼ばれ、ドイツの実務では公法上の団体や企業に対する訴えの場合に採用される、Becker-Eberhard（oben Fn. 8）§ 256, Rn. 55.
25　BGH. Beschl. v. 4. 4. 1952＝NJW 1952, 740.
26　Becker-Eberhard（oben Fn. 8）§ 256, Rn. 66.
27　Becker-Eberhard（oben Fn. 8）§ 256, Rn. 58.

四　将来の給付の訴えと確認の訴え

1　将来の給付の訴えの概要

　確認の法的利益を判断する際には、確認以外の手段が存在しているか、ならびに、その手段が当事者間の紛争を解決するのに適切かとの点が問題となりうる。本稿は、将来の給付の訴えと確認の訴えとの関係と中心的に取り扱うものである。したがって、ZPO の将来の給付の訴えとはどのような訴えか、どのような場合にこの訴えを提起できるのかを理解する必要がある。

　ZPO では、三種類の将来の給付の訴えが規定されている。それぞれ対象となる給付の種類および要件が異なる。確定期限付きの金銭支払いまたは明渡しを求める訴え、反復継続する給付を求める訴え、そして、適時の履行がなされないおそれのある場合の訴えである。

　履行期が暦日にしたがって到来する場合、すなわち確定期限の付された将来の給付を求める場合には、ZPO 257条[28]によって訴えを提起する。本条の訴えを提起するにはそれ以外にも、反対給付が必要であるなど暦日の到来以外の条件や期限が付されていないこと、金銭債権の主張もしくは居住目的ではない土地または空間の明渡しを求めるものであることとの要件を満たす必要がある[29]。

　ZPO 258条[30]の訴えの対象となるのは、反復継続する給付である。この反復継続する給付は、特定の一時期において、同一の一つの法律関係から履行期が到来する給付であり、その結果として個別の給付が時期の到来のみにかかるものと説明される。この反復継続する給付の代表例として年金や扶養料が挙げられるものの、金銭債権でなくとも ZPO 258条の対象になる[31]。さらに ZPO 258条の要件として、本条により請求される給付が反対給付にかかっていないことが要求される[32]。

---

[28]　ZPO 第257条（将来の支払又は明渡しを求める訴え）反対給付に依拠しない金銭債権の主張又は土地の明渡請求権若しくは居住目的以外で使用される居室の明渡請求権の主張が、暦日の発生にかかるときは、将来の支払又は明渡しを求める訴えを提起することができる、春日＝三上訳・前掲注（7）90頁。

[29]　Becker-Eberhard（oben Fn. 8）§ 257, Rn. 6.

[30]　ZPO 第258条（反復的給付を求める訴え）反復的給付については、判決の言渡後に初めて履行期が到来する給付を理由にする場合であっても、将来の支払を求める訴えを提起することができる、春日＝三上訳・前掲注（7）90頁。

[31]　Becker-Eberhard（oben Fn. 8）§ 258, Rn. 5.

先に述べた二つの将来の給付の訴えとは異なり、いまだ履行期の到来していない請求一般がZPO 259条[33]の対象となる。金銭の支払い、物の引渡以外にも意思表示を求めるもの、不作為請求[34]、ZPO 257条および258条の場合には対象にならないとされている反対給付にかかる請求も本条の対象となるが、反対に本条、ひいては将来の給付の訴えの対象になりえないものとして、将来発生する請求が挙げられる[35]。

本条による訴えが許容されるための要件として、適時の給付がなされないおそれが要求される[36]。適時の給付がなされないおそれは、ZPO 259条による将来の給付の訴えが適法となるための要件であると理解されており、このおそれが存在しない場合には、訴えは却下される。だが、訴えにより主張されている請求が存在しない場合には、このおそれの存在が確認されることなしに、当該訴えは理由なしとして棄却されるとの取扱いが一般的に許容されている[37]。債務者が請求または給付義務を真剣に争っている場合には、適時の給付がなされないおそれがあると認められる[38]。なお、これはZPO 256条1項の確認の利益をも基礎づけるものであると指摘される[39]。債務者の故意や過失は要求されない。債務者につき将来の給付が不可能となるとのおそれがある場合、または、債務者の将来の支払不能のおそれがあるだけでは、本条のおそれがあるとは判断されない。よって、単に将来の強制執行が困難になる事情が差し迫っている場合には、債権者は仮差押えの手段を用いることになる。

2　学説と裁判例
（1）ライヒ大審院の判断とその評価

本稿において検討の対象とする、将来の給付の訴えと確認の訴えの関係につい

32　Becker-Eberhard（oben Fn. 8）§ 258, Rn. 9.
33　ZPO 第259条（適時の給付がなされないおそれを理由とする訴え）将来の給付を求める訴えは、第257条、第258条の場合のほか、債務者が適時の給付をしないおそれが諸般の事情により正当とされる場合にも提起することができる、春日＝三上訳・前掲注（7）90頁。
34　Becker-Eberhard（oben Fn. 8）§ 259, Rn. 3.
35　Becker-Eberhard（oben Fn. 8）§ 259, Rn. 4.
36　ZPO 259条本文、Becker-Eberhard（oben Fn. 8）§ 259, Rn. 12.
37　Becker-Eberhard（oben Fn. 8）§ 259, Rn. 12.
38　Becker-Eberhard（oben Fn. 8）§ 259, Rn. 13.
39　Stein, Jonas, Kommentar zur Zivilprozessordnung,（22. Aufl.）, Roth, § 259, Rn. 16（2008, Mohr Siebeck）.

ては、ライヒ大審院の判例[40]が存在している。この事案においてライヒ大審院は、確認の訴えと同じ目的を達成できると期待されるZPO 259条の将来の給付の訴えの可能性があっても、確認の訴えの利益が常に欠けるわけではないとの判断を示した。

この事件においては、給料を受け取る地位にあることの確認と、将来の給料支払いを求める訴えの可能性が問題となった。労働者たる原告は、雇用主である事務所の代表者たる被告が不当な解雇を行ったとして、1924年6月に訴えを提起して、1923年6月30日の雇用契約にもとづく請求権を喪失していないこと、すなわち、当該契約が1924年9月30日まで継続することの確認および1924年5月分の給料の支払い等を求めた。控訴裁判所は、ZPO 256条の要件を満たしていないとして、確認の請求を退けた。そこでは、原告は雇用契約に基づく請求権を失っていないことの確認を求めるのではなく、ZPO 259条の訴えを提起して、1924年9月までの給料の支払いを求める可能性があった点が問題となった。この点につきライヒ大審院は以下のように判断した。

「……将来の給付の訴えは、諸般の事情により債務者の適時の給付から逃れるおそれが正当とされる場合に、ZPO 259条によって、ZPO 257条、258条の場合以外にも提起「できる」。1989年5月17日の改正法によってZPOに導入されたこの条文は、そのときまで存在していた権利保護を拡張することを目的とした、かつ、「できる」という表現から、ZPO 259条によって確認の訴えの適用範囲が制限されるべきということは、あり得ないと考えられる。ZPO 259条の訴えが可能であるとの単なる事実からは、それ自体そこで問題となっている確認の訴えの不適法は導き出されない。むしろ原告には、何らかの与えられている法的救済手続を用いると主張するか否かという、選択権が与えられなければならない。このことは、とりわけ259条において要求されている特別の要件に基づく。諸般の事情から債務者が適時の給付を逃れるようになるというおそれが正当とされるか否かという問題は、―結果を予測することはできないが―事実上および法律上の評価は裁判所のもとにあり、かつ、判例は例として挙げれば、債務者がその給付義務を履行期が到来する以前に争っている場合に、この要件がすでに与えられるか否か決めかねていた。原告は、確認の訴えによって目的を達成できることを考慮に入れてもよい場合には、この状況の異なる判断から生じる、将来の給付の訴えが退けられる危険の引き受けは期待されえず、確認の訴えに対してなされた裁判所の裁判が、紛争を完全に処理し、かつ、後に続く給付の訴えの提起を不要とすることを、原告が想定するには理由がある場合には、なおさらそうである。ところで、ZPO

---

40 RG. Urt. v. 11. 5. 1926=RGZ 113, 410.

259条の特別の要件がこの事案において存在することは、控訴裁判所は確定しておらず、いずれにせよ詳しくは説明されていない。したがって259条によって将来の給付を求めて訴えるという可能性は、ZPO 256条の確認の訴えの提起を妨げない」。

この見解は、確認の訴えと相応する同内容の給付を求める訴えが提起された事案の判断にも、影響を与えている。連邦通常最高裁判所1951年6月6日判決[41]においては、その結論を導くにあたって、先に挙げたライヒ大審院の判断が参考とされた。この事件の背景には、ライヒスマルクからドイツマルクへの通貨の切替がある。ライヒスマルクが通用していた1943年に相続がなされ、相続人の一人であった未成年の原告に財産が帰属した。そのような原告が成年に達した後に、実際に支払われるとされていた財産およびその利息は、通貨が切り替えの後ドイツマルクではどれくらいの価値になるのかとの点につき、当事者間に争いがあった。原告は、この事案においてはライヒスマルクとドイツマルクは一対一の割合で交換されるべきであると主張し、財産が預けられている会社らに対して、原告に割り当てられている財産につきライヒスマルクとドイツマルクは一対一の割合で交換されることの確認を求める訴えを提起した。本件では、原告に帰属している財産を一対一の割合でドイツマルクに換算し、その金額につき将来成年に達したときの支払いを求めて、ZPO 257条や259条によって訴えを提起できると考えられた。よってそのような可能性がある場合であっても、財産につき一定の割合で交換されることの確認を求める訴えが提起できるのかが争点となった。この点につき連邦通常最高裁判所は、先に挙げたライヒ大審院の判断に触れて、原告の会社に対する確認の訴えは適法であると判断した[42]。

だがこの事件の評釈[43]においては、ZPO 259条の将来の給付の訴えの可能性がある場合であっても、確認の訴えの利益が常に欠けるわけではないとしたライヒ大審院の判断につき疑問が提起されている。まず、ライヒ大審院は ZPO 259条について、これは権利保護を拡張するものだが、確認の訴えを提起する可能性を排除するとの、これまで許容されてきた法的救済の手段を奪うものではないと説明する。だがこうした特別な解釈は、ZPO 259条の立法資料から見て取ることはできない点が指摘される。またライヒ大審院は、「できる」という文言をよりど

---

41 BGH, Urt.v. 6. 6. 1951=BGHZ 2, 250.
42 BGH, Urt.v. 6. 6. 1951=BGHZ 2, 250, 252, 253.
43 Köster, Anmerkung, NJW 1951, 887, S. 889.

ころとしなければならないと考えており、この文言は追加の権利保護の可能性を認める意味を持つという。だが立法者は訴えの可能性を認めるために、常に「できる」という文言を用いている、一例として段階訴訟[44]、確認の訴え、将来の給付の訴え（257条、258条）は提起「できる」のだが、いずれの場合も、この「できる」という文言は、これらの訴えの方法は常に現行の訴訟原則を考慮せずに用いることができるという意味に理解してはならないという。加えて、ライヒ大審院は、ZPO 259条の将来の給付の訴えを提起するには特別の要件が要求されるので、それだけ ZPO 256条の確認の訴えよりも訴訟のリスクが追加される、原告にはそのようなリスクをとることは期待されえないと説く。だが ZPO 259条の特別の要件は、債務者が適時の給付を逃れるおそれであり、この要件は債務者が義務を真剣に争っている場合には満たされる。だが他方で、債務者が義務を真剣に争っているということは、同時に ZPO 256条の確認の訴えにおいて要求される法的利益を根拠づけるものである。よって、ZPO 259条が特別の要件を要求するからといって、確認の訴えと比べて高い訴訟リスクが問題になるわけではないと説明される[45]。したがって、ZPO 259条の訴えが問題となる場合には確認の訴えを提起できるとするライヒ大審院の見解の根拠は明確ではない、よって給付の訴えは確認の訴えを排除するとの一般的な原則が採用され、それは将来の給付の訴えの場合であっても同様であると結論づける[46]。

　こうしたライヒ大審院の判断やそれに対する批判を基礎として、将来の給付の訴えと確認の利益との関係については、複数の見解が主張されている。これら見解は大きく二つに分けられる。一つには、現在の給付の訴えと同様に将来の給付の訴えが提起可能な場合には、確認を求める利益が原則として失われるとする立場[47]がある。もう一つには、将来の給付の訴えが可能であっても、確認の利益が失われるわけではないと説明する立場[48]がある。

44　ZPO 第254条（段階訴訟（Stufenklage））被告がその基礎たる法律関係に基づいて債務を負っているものの返還を求める訴えが、計算書の提示（Rechnunglegung）若しくは財産目録の提出又は宣誓に代わる保証の提供を求める訴えとともに併合されているときは、原告が請求する給付の特定的記載は、計算書が提示され、財産目録が提出され又は宣誓に代わる保証が提供されるまで留保することができる。春日＝三上訳・前掲注（7）89頁。

45　Köster（oben Fn. 43）S. 889.

46　Köster（oben Fn. 43）S. 889.

47　この立場をとるものとして、Becker-Eberhard（oben Fn. 8）§ 256, Rn. 57, § 258, Rn. 10.

48　この立場をとるものとして、Wieczorek, Schütze, Zivilprozessordnung und Nebengesetze,（4.

（2）確認の利益が欠けるとする見解

先に確認したように、ドイツ法においては確認の訴えは将来の給付の訴えを補充するものではないとされている[49]。しかし、ZPO 257条および258条の将来の給付の訴えが提起された場合には、同一の目的のための確認の訴えは、確認の利益を失い不適法であると解する見解がある[50]。ZPO 257条に関して具体的な例として、ベルリン上級地方裁判所2005年7月13日決定[51]が挙げられる。原告が被告1には商業用の部屋を2005年4月30日に返還する義務があるとの確認を求めた本件において、ベルリン上級地方裁判所は、「……（このような義務の確認を求める訴えは）不適法である。この訴えには、ZPO 256条の権利保護の利益が欠けていた。つまり、給付の訴えというものが可能でありかつ期待される場合には、一つの手続において終局的な紛争の実体を解決するという利益において、抽象的な確認の利益は通常欠ける、……将来の明け渡し義務の確認は請求されえない。目下のところ、原告は、賃貸借関係が契約上合意された賃貸借の終了後の2005年4月30日になってはじめて終了したことを顧慮して、ZPO 257条の将来の給付の訴えを提起できたであろう……」との判断を示した。

さらにこちらの立場のなかでも、ZPO 259条の訴えが可能な場合については、見解が分かれる。ZPO 259条の訴えが提起可能な場合には、当該将来の給付の訴えか、それとも確認の訴えを提起するか、原告が選択できるとする見解がある[52]。こちらの立場は、ライヒ大審院の判例（RGZ 113、410）の判断をそのまま踏襲していると考えられる。それに対して、ZPO 259条の訴えが問題となる場合であっても、原告は将来の給付の訴えか確認の訴えかを自由に選択できるものではないとする見解もある。この見解は、確かに将来の給付の訴えと確認の訴えは相互に排斥しあうものではないが、ZPO 259条の要求する適時の給付がなされないおそれが一義的に明白である場合には、同一の請求の確認を求める利益は否定される、したがって原告は将来の給付の訴えか確認の訴えかは選択できないと説明する[53]。よって、適時の給付がなされないおそれの存在につき疑いがある場合の

Aufl.), Assmann, §256, Rn. 214, Vor §§ 257-259, Rn. 17（2012, Walter de Gruyter), Gottwald（oben Fn. 20）§ 90 Rn. 25.
49　Becker-Eberhard（oben Fn. 8）§ 259, Rn. 15.
50　Roth（oben Fn. 39）§ 257, Rn. 1, § 258, Rn. 1, Becker-Eberhard（oben Fn. 8）§ 256, Rn. 57.
51　KG Beschl. v. 12. 7. 2005=MDR 2006, 534.
52　Roth（oben Fn. 39）§ 259, Rn. 16.

み、原告はZPO 259条の将来の給付の訴えか、それとも確認の訴えかの選択ができると結論する。

（3）確認の利益が存続するとの見解

現在の給付の訴えの場合とは異なり、将来の給付の訴えが可能であっても確認の利益が当然に失われるわけではないと説明する見解もある。この見解に立った場合には、当然のことながらZPO 259条の訴えが可能であるという単なる事実によっては、可能性のある確認の訴えそのものの不適法は導かれず、原告はZPO 259条の訴えを利用するか、それとも確認の訴えを提起するかにつき選択できることになる。加えてこの立場は、このような選択できるとの関係が、ZPO 257条および258条の訴えにも妥当すると説明する[54]。

この立場が論拠として挙げる、連邦通常最高裁判所1987年12月21日判決[55]は、将来の給付の訴えと確認の利益との関係につき以下のように述べる。

「……ZPO 256条1項に従って要求される、賃貸借契約に基づく請求を失ったことによる、被告に対する損害賠償請求権の存在または不存在の即時の確認を求める原告の法的利益は、いずれにせよ、給付の訴えの提起まではもたらされた。これは原告が、無駄に費やされた改装費用に基づく請求を主張しただけではなく、レストランの営業に基づいて逃れた利益および逃れた賃料収入の賠償を求める請求も主張していたということから導かれる。その際部分的に将来の給付が問題となり、それらのために、ZPO 257条から259条において可能な給付の訴えとはかかわりなく、確認の訴えというものが適法となる（RGZ 113、410、……）。だがその際、原告は、すでに履行期の到来している請求に基づき給付の訴えを提起するということは義務付けられていなかった。むしろ、原告はすべて確認の訴えを提起することができた……」。

（4）まとめと分析

ここでZPOの学説をまとめると、将来の給付の訴えと確認の訴えとの関係については、二つの事案が問題になると判明する。一つには、いまだ提起されていない将来の給付の訴えと確認の訴えとの関係がある。とりわけ、将来の給付の訴えと確認の訴えにつき学説が「選択できる」との表現を用いて論じているものが、こちらの観点に関わるといえる。すなわちここでの「選択できる」とは、特に訴え提起の時点において客観的に将来の給付の訴えの要件があると判断される

---

53 Becker-Eberhard（oben Fn. 8）§ 259, Rn. 15.
54 Assmann（oben Fn. 48）§ 256, Rn. 214, Gottwald（oben Fn. 20）§ 90 Rn. 25.
55 BGH Urt. v. 21. 12. 1989=NJW-RR 1990, 1532.

ことなどの事情から、将来の給付の訴えを提起できるとされるだけでは、当該法律関係の確認の利益は失われない、したがって原告は将来の給付の訴えを提起するか、確認の訴えを提起するか選択できるとの内容を表現している。ZPO 259条の訴えの場合には、当該将来の給付の訴えか確認の訴えか選択できるとの判断を示したライヒ大審院の事案においても、ZPO 259条の訴えは実際には提起されておらず、それを提起する可能性が指摘されたのみであった。この点からみても、「選択できる」とは将来の給付の訴えを提起する可能性が問題となった事案を念頭に置いていると理解するのが妥当といえる。こちらの場合においては、さらに確認の対象によって議論を分けることができる。基礎たる権利関係が確認の対象となる場合のように、給付の訴えでは達成できない、確認の訴えによってのみ確定できるような法律関係が対象となる場合と、請求権や債権、義務の確認のように給付の訴えによっても達成できるとみられる法律関係が対象になる場合である。

　もう一つの事案としては、同一の法律関係につき提起された確認の訴えと、同時に、または、時間的に前後して提起された将来の給付の訴えとの関係が挙げられる。注釈書においては、こちらの場合を念頭においたとみられる記述もある[56]。将来の給付の訴えと確認の訴えとの関係を明らかにするには、こちらの場合もともに検討する必要がある。だが、この問題を論じることは、別の機会に譲ることとしたい。

　よって、将来の給付の訴えの可能性が問題となる場合を中心に検討する。こちらの場合においては、確認の訴えが適法となるかにつき見解が分かれる。すなわち、原告が確認を求める法律関係について、将来の給付の訴えを提起できると判断される場合において、原則として確認の利益は欠けるとする見解と、原則として確認の利益は欠けないとする見解に分類できる。

　まず、ZPO 257条および258条が提起可能な場合には、通常確認の利益が欠けるとする理解がある。この立場はその理由として、ZPO 257条および258条の訴えを提起する際には、適時の給付がなされないおそれが要求されないことを挙げており[57]、これはライヒ大審院（RGZ 113、410）の判断を反対解釈したものと理解

---

[56] 一例として、Becker-Eberhard（oben Fn. 8）§ 256, Rn. 57においては、「……ZPO 257条および258条の訴えが開始された場合には、確認の利益が欠けるので確認の訴えは不適法である……」との記述がある。
[57] Becker-Eberhard（oben Fn. 8）§ 256, Rn. 57.

できる。当該事案においてライヒ大審院は、ZPO 259条が可能な場合であっても、同一の目的に向けられた確認の訴えの提起は妨げられないと判断した。その理由として、ZPO 259条の訴えを提起し本案判決を得るには、適時の履行がなされないおそれとの特別の要件が要求される点を指摘する。つまり ZPO 259条を提起する場合には、原告は適時の履行がなされないおそれという特別の要件の存在を明らかにする必要がある。そのような将来の給付の訴えの提起を原則とすると、原告は場合によっては、当該特別の要件が認められず本案判決を得られないとの危険も負担することになる。よって、そのような負担や危険を常に原告に課すことは適切ではなく、確認の訴えの可能性を残すべきと判断している。反対に ZPO 257条および258条の訴えの場合には、ZPO 259条のような特別の要件は要求されない。したがって給付の訴えの原則がそのまま妥当し、ZPO 257条および258条の訴えが提起可能な場合には、給付の訴えを提起することが期待され、確認の利益が欠けると判断していると理解される。ZPO 259条の訴えの場合でも同一の請求権の確認を求める利益が否定されるとする見解も、この延長線上にあるといえる。適時の給付がなされないおそれが一義的に明確である場合には、原告には当該特別の要件を証明する困難性や、特別の要件が認められず本案判決を得られないとの危険が少ないことから、将来の給付の訴えを提起することが期待されると説明することになるだろう。

　これに対して、ZPO 259条の訴えが提起可能な場合だけではなく、ZPO 257条および258条の訴えが可能な場合においても、確認の利益は失われないとする見解も存在する。だが確認の利益が失われないとする見解は、その根拠を明確には示していない。ZPO 259条の訴えとの関係で確認の利益が存続すると判断したライヒ大審院の見解を参考にすると、こちらの見解は原告が訴えの種類および訴えによって得られる判決の効力を選ぶ意思を重視していると考えられる。そもそも確認の訴えは、給付の訴えを補充するものではなく独立した訴えであり、将来の給付の訴えとの関係においても、そのことは同様であると解される。債務名義を手に入れたい場合には将来の給付の訴えを選ぶであろうし、判決効として既判力しか有していない判決が手に入るが、それで十分であるとの見込みをもって確認の訴えをあえて選ぶというのなら、そのような選択も尊重すべきであると解することになるだろう。だが、ライヒ大審院はその判決のなかで、ZPO 259条の訴えか確認の訴えかを選択できる根拠として、ZPO 259条が要求する特別の要件を挙

げている。よって、そのような特別の要件が要求されない ZPO 257条および258条の訴えについてまで、このような説明が当てはまるか疑問は残る。なお、消極的確認の訴えが提起された後に現在の給付の訴えが提起された事案について、こちらの立場をとると解されるアスマン（Assmann）教授の手による判例評釈[58]のなかでは、給付の訴えが確認の訴えとの関係において優先される意義は、裁判の繰り返しを避けることにあると指摘し[59]、ただ確認の訴えにつき利益なしと判断することによっては、必ずしも裁判の繰り返しを避けることはできないと説明する。こうした訴訟の効率的運営に関わる観点も含めて、確認の利益は失われないとする立場の根拠を詳細に検討する必要がある。

五　日本法上の取扱いに与える影響

　ドイツ法を参考にして、日本法における二つの訴えの取扱いを明らかにするためには、いかなる点を検討する必要があるか。まずは日本法上の将来の給付の訴えの構造について確認する。日本法の将来の給付の訴えは、135条の「あらかじめその請求する必要がある場合」との要件が、ZPO の三つの将来の給付の訴えの形態を包含していると理解されている[60]。つまりドイツ法上は、ZPO 257条や258条の対象になる給付であっても、日本法では135条によって訴えが提起され、確定期限の付された将来の給付を求める場合であっても、135条のあらかじめ請求する必要が要求されることになる。このことは、ZPO 259条の訴えを提起する際に、適時の給付がなされないおそれが要求されることと類似している。よって、これまでのドイツにおける議論のなかで日本法解釈の一助となるのは、ZPO 259条と確認の利益との関係についての議論であると考えられる。具体的には、ZPO 259条の将来の給付の訴えの可能性が存在しても確認の訴えの利益が常に欠けるわけではないとした、ライヒ大審院の判断およびそれに対する Köster の指摘を参考にして、検討を加える必要があるだろう。

　まず、将来の給付の訴えと確認の訴えとの関係について、現在の状況に基づいた確認の訴えの理解が取扱いを左右することだろう。具体的には、確認の訴え

58　BGH, Urt. v. 21. 12. 2005.
59　Assmann, Anmerkung BGH. Urt. v. 21. 12. 2005, ZZP 119 Bd. S. 362, 363.
60　斎藤秀夫編『注解民事訴訟法（四）』77頁［林屋礼二］（1975、第一法規出版株式会社）。

は、給付の訴えを補充するものではなく独自の訴えであると理解するのか、それとも、確定した判決の効力に着目すると執行力を有しない点で給付の訴えに及ばないと解するのかが問題となる。先に引用したように、日本法では将来の給付の訴えのなかでも給付の訴えであるとの点を重視し、債務名義を取得しておくことが必要である場合には、将来の請求権の確認を求める利益は否定されるとの理解がある。この立場の基礎にあるのは、給付の訴えは執行力が得られる点で、確認の訴えよりも紛争解決に優れているとの理解といえる。それに対して近時は、確認訴訟においてなされる判決が、自主的紛争解決のための基礎となり、当事者はそれに基づいて自身の行動を律することができ、自己の責任において行動し、その行為がのちに違法と判明して相手方から損害賠償等の請求を受け、あるいは、それまでの投資が無駄になる等の危険を回避することができるとの意味における、確認訴訟の予防的機能を重視する立場[61]もあり、こうした理解をとれば前者の理解に近づくことになるだろう。

次に、将来の給付の訴えと確認の訴えとの関係を明らかにするためには、現状の議論だけではなく、立法趣旨や立法当時の議論もまた同様に参考になると考えられる。ドイツ法での議論の対象にもなっていたが、将来の給付の訴えおよび確認の訴えの「できる」との文言はどのような意図で導入されたのか、どのように理解すべきかは、日本法についても明らかにする必要があるといえる。

さらに、先に触れたように、ライヒ大審院はZPO 259条の訴えを提起する場合には特別の要件が要求され、当該要件が充足されるか否かは不明確であり、訴えにつき判断が得られるか否かも不明確であると説明している。よって、確認の訴えで十分に紛争を解決できるとの期待を有している原告に、本案の判断が受けられるか否か不明確なZPO 259条の訴えの提起を強制するのは不当であると判断したといえる。このライヒ大審院の判断に対しては、これも前述の通り、確認の利益は常に無条件で認められるものではないこと、被告が義務を真剣に争っていることは適時の給付がなされないおそれだけでなく、確認の利益をも基礎づける一要素であることから、ZPO 259条の訴えと確認の訴えの負担は同程度であるとの指摘もある。こうした見解の対立を参考にすると、日本法においても将来の給付の訴えと確認の訴えそれぞれにつき、訴訟の負担についても検討を要する

---

61 野村・前掲注（11）336頁。

といえよう。具体的には、将来の給付の訴えを提起することは、確認の訴えを提起する場合と比べてどの程度負担が重いのか、それとも負担は変わらないのかを明らかにする必要がある。日本法135条の訴えを提起する際にも、あらかじめその請求をする必要という、適時の給付がなされないおそれに類似した要件が要求される。さらに、このあらかじめ請求する必要の存否ひいては将来の給付の訴えが適法となる場合につき、見解の一致が見られる部分もあるものの、特に将来にわたって継続する不法行為に基づく損害賠償請求の事案については、最高裁の判例や学説においていまだ議論が続いている状況がある。他方で、日本法においても債務者が義務を真剣に争っている場合には、原告の法的地位についての危険・不安があるとして、即時確定の現実的必要性があると解され[62]、同様に、債務者の態度から適時の履行が期待できないとして、将来の給付の利益も肯定されうる[63]。日本法においては、こうした事情をどのように考慮し評価すべきか。この問題についても検討する必要がある。

なお日本法上では、債務者が提起する債務の存在することの確認を求める訴えは確認の利益を欠き、不適法であると解される[64]。したがってドイツ法上確認の対象となりうる義務と、日本法上の債務が同一のものであるとすれば、日本においては給付の訴えと確認の訴えが競合する事案はそう多くないと考えられる。だが、ドイツ法において確認の対象となりうる義務は、日本法においてはなにに当たるのか、そもそも日本法にはない概念なのかとの点についてはさらなる検討を要する。

---

62 兼子・前掲注（1）779頁。
63 兼子・前掲注（1）793頁。
64 事件番号昭和31年（レ）第四号に対して、新潟地方裁判所は、「……控訴人が本件確認訴訟において解決を求める実質的に争いのある法律関係は、要するに、相手方被控訴人のいう、控訴人主張の額を超える金額による本件不法行為に基く損害賠償債務の存否にあるものとみるべきことは、亦、控訴人の主張自体に徴して明らかである。果してそうだとすると、控訴人からこのような損害賠償債務の存否についての解決を求めるためには、その債務――数額の特定の要否は暫く措き――の不存在であることの確認を求める訴を提起すべく、これを本訴請求におけるように、控訴人の主張する金額の損害賠償債務の存在することの確認を求めるというごときは、これを確定すること自体直接控訴人に利益を齎らすものでないのみならず、これにより右争の解決に資せんとするものとしても到底有効かつ適切な訴であるとはいいがたい……、法律上その確認の利益を欠くものといわなければならない」と判断している。

六　おわりに

　これまでの検討から、ZPO における将来の給付の訴えおよび確認の訴えにつき以下の内容が明らかとなった。まず ZPO の確認の訴えの理解を前提とすると、具体的には損害賠償義務のような法律関係も確認の対象になる。よって、損害の賠償を求める給付の訴えと損害賠償義務の確認を求める訴えの場合のように、給付の訴えと確認の訴えが重なりあう部分がある。したがってドイツにおいては、二つの訴えの関係を詳細に検討する必要があったとの点が判明した。またドイツ法上では、将来の給付の訴えと確認の訴えが競合した場合に、確認の利益が認められるかについては見解が分かれており、将来の給付の訴えの種類ごとに取り扱いが変わる可能性がある。ZPO 257、258条の訴えを提起すると確認の利益は失われ、したがって訴え提起の時点においてもそのような将来の給付の訴えか確認の訴えかは選択できないとする立場も主張されている。それに対して、ZPO 257条、258条の場合でも確認の利益は失われず、原告は選択できるとの見解も存在している。ZPO 259条の訴えの場合には確認の利益は欠けない、よって原告は将来の給付の訴えか確認の訴えかを選択できるとのライヒ大審院の判例も存在するものの、この見解には疑問も投げかけられている。ドイツにおける議論のなかでは、具体的には ZPO 259条の訴えと確認の訴えとの関係に関するものが日本法上の取扱いの参考になる可能性がある。だが、各見解の主張するところだけでなく、ドイツ法上の給付や確認の訴えそのものに対してもいまだ不明な点が残されている。今回の検討およびドイツ法を手掛かりとして、日本法における将来の給付の訴えと確認の訴えとの関係を明らかにしていきたい。

　　※本研究は JSPS 科研費 JP16K17031の助成を受けたものである。

提訴前の情報証拠収集制度と
ドイツの独立証拠調べ手続

佐 藤 優 希

一　はじめに
二　ドイツの独立証拠調べ手続の沿革と概要
三　若干の考察
四　おわりに

一　はじめに

　民事紛争の発生後、訴え提起前に当事者が事実や証拠を収集できれば、訴訟の相手方や第三者の有する情報を早い時期に得ることができ、当該訴訟における勝敗の見込みが立つようになる。そうすると、勝訴の見込みがない訴えの提起を控えることになるほか、訴えの提起前に和解・示談が促進され、無駄な訴訟の回避に繋がる。また他方で、当該紛争が訴訟係属となった場合には、早期の証拠提出が臨めるため訴訟促進の期待が高まる。このように、提訴前の情報証拠収集は、当事者に大きな利益をもたらすものであるにもかかわらず、平成15年（2003年）改正までは、弁護士会照会（弁護士法23条の２）を除けば、わずかに証拠保全手続（民事訴訟法（以下、民訴法）234条）が認められているに過ぎなかった。証拠保全手続は、証拠の散逸や破棄、改ざんなどにより本来の訴訟手続で行われる証拠調べを待っていたのでは、その証拠方法の使用が困難となる事情が認められるときに、あらかじめ証拠調べをして、その結果を保存しておくための付随手続であるが、実務においては、医療機関が保管するカルテを中心に、保全の必要性の要件を緩和して、専ら証拠開示的機能に依拠した運用がなされてきた。

　このような現状を鑑みて、平成８年（1996年）の民事訴訟法改正時には、「民事裁判の充実・迅速化」という目標達成のための方策として、提訴前の情報証拠収集制度の拡充の必要性が司法制度改革審議会意見書において指摘されたが、提言されるに止まった[1]。この点につき、その後の平成15年改正時では、提訴前の情

報証拠収集手続の不備という制度上の問題を補うため、ドイツ民事訴訟法の独立証拠調べ手続を参考にした「訴え提起前における証拠収集の処分等（以下、「訴え提起前の証拠収集手続等」）」を創設するに至った。

　新制度の創設により提訴前の段階における当事者の情報証拠収集制度は拡充されたが、現在わが国での訴え提起前の証拠収集手続等の利用状況は、制度発足直後から減少の一途をたどる一方であり、申立件数の高い文書提出命令と比較しても著しく少ない[2]。また、ドイツでの独立証拠調べ手続の利用率の高さとの比較においては、はるかに少ないことが指摘されている[3]。訴え提起前の証拠収集手続等はドイツの独立証拠調べを参考にして制定されたものであるのに、なぜここまで利用状況に差が出てしまっているのであろうか。

　以上のような問題関心から、本稿では、ドイツにおける独立証拠調べ手続の沿革と概要を紹介し、その上で、わが国の証拠保全を含めた提訴前の情報証拠収集制度に関する問題について若干の考察を試みる。ここに証拠保全手続を含めるのは、従来の証拠保全を目的とするほかに証拠開示的に運用されることで、提訴前の情報証拠収集制度として利用されてきたという事情があることに加えて、新制度が導入されただけではカバーできない部分があるためである。また、ドイツの独立証拠調べ手続を証拠保全手続とは区別して立法化すべきと提唱されてから久しい年月が経ち[4]、また、最終的に導入が見送られた平成15年改正から10年以上

1　司法制度改革審議会「司法制度改革審議会意見書―21世紀の日本を支える司法制度―」ジュリスト1208号（2001年）193頁では、「訴えの提起前の時期を含め当事者が早期に証拠を収集するための手段を拡充すべきである。そのため、ドイツ法上の独立証拠調べ（訴え提起前においても、法的利益があるかぎり、証拠保全の目的を要件とすることなく、一定の事項につき「書面による鑑定」を求めうる制度）、相手方に提訴を予告する通知をした場合に一定の証拠収集方法を利用できるようにする制度を含め、新たな方策を検討し、導入すべきである。その際、証拠の所持者の側の権利の確保や濫用に伴う弊害のおそれにも配慮する必要がある。」との提言がなされた。しかしながら、①訴訟係属前には訴訟法律関係が未だに成立していないため、当事者等に訴訟法上の義務を課す論理的根拠がない、②濫用のおそれが強く、かつ訴え提起前であるため、濫用か否かの判断が困難である、などの消極的意見が大勢を占めたことから、訴え提起前の証拠収集方法は設けられず、また、証拠保全手続についても改正されなかった。

2　最高裁判所ウェブサイト「裁判の迅速化に係る検証に関する報告書　資料編2」〈http://www.courts.go.jp/vcms_lf/hokoku_06_shiryo2.pdf〉22頁、27頁参照（最終アクセス日2016年12月16日）。

3　春日偉知郎「独立証拠手続の機能―判例から見た「訴訟前の解明に係る法的利益」」『比較民事手続法研究―実効的権利保護のあり方』（慶應義塾大学出版会、2016年）130頁。

4　独立証拠調べ手続の導入については、春日偉知郎「ドイツ民事訴訟法における『証拠保全手続』の改正によせて」NBL474号（1991年）12頁以下、同「ドイツ民事訴訟における『独立証拠調べ』」『民事証拠法論集』（有斐閣、1995年）111頁以下、同「ドイツの『独立証拠調べ』につい

経過したこの時点において、改めてもう一度検討することで前述の問題意識に対する何らかの指標を抽出できると考えている。

二　ドイツの独立証拠調べ手続の沿革と概要[5]

周知のように、わが国の民事訴訟法はドイツ民事訴訟法を母法としているため、まず必要な範囲でドイツ法の状況について触れておくことにする。

1　独立証拠調べ手続の制定まで

1876年成立のドイツ民事訴訟法では、447条（以下、単に条文のみ引用する場合はドイツ民事訴訟法の条文である）において「証拠方法が散逸するかまたはその利用が困難になるおそれがある場合、検証、証人尋問、鑑定人尋問を証拠保全のため (zur Sicherung des Beweises) 実施することができる」とし、また、450条では、相手方の同意があった場合には保全事由がなくとも証拠保全が利用できると規定されていた。その後、1898年改正法において488条が新設されたが、一般的な証拠保全事由を定めたものではなく、当時のドイツ民法、商法の規定に対応したものであったため、証拠保全を許容する要件としては極めて限定的なものであった[6]。そこで、1924年改正法で、485条を改正し、証拠保全の適用範囲を拡張して、従来の保全事由である（ア）相手方が同意したとき、（イ）証拠散逸ないし利用困難のおそれがあるときに加えて、旧488条を取り込み（ウ）物の現状を確定する必要があり申立人にその確定について法的利益があるときにも証拠保全を認めるとした。

そして、1991年施行の司法簡素化法[7]によって大幅に改修されたドイツ民事訴

て」『民事証拠法論』（商事法務、2009年）101頁以下、同「独立証拠手続の最前線—判例からみた「訴訟前の解明に係る法的利益」」河野正憲先生古稀祝賀『民事手続法の比較法的・歴史的研究』（慈学社出版、2014年）45頁以下、同『比較民事手続法研究』111頁以下などで提唱されている。

5　独立証拠調べに関するドイツの文献は、主にStein/Jonas/Berger, Kommentar zur Zivilprozeßordnung, 23. Aufl. (2015) Band 5, vor § 485 Rdnr. 1 ff.; Mark Seibel, Selbstständiges Beweisverfahren (§§ 485 bis 494a ZPO)(2013). S. 1 ff. に依拠している。本稿では、注が多数になるため、ドイツの文献については、一々記すことを省略したことを御了承乞いたい。

6　石田秀博「診療録の証拠保全に関する一考察」法政研究8巻3・4号（2004年）108頁。

7　春日・NBL474号12頁以下、ドイツ司法簡素化法研究会「ドイツ『司法簡素化法』について」判例タイムズ768号（1991年）6頁以下、ディーター・ライボルト（出口雅久訳）「ドイツ民事訴

訟法の証拠保全手続は、名称も「独立証拠調べ手続（Selbstständiges Beweisverfahren）」と改称される。独立証拠調べ手続は485条から494条aに規定されており、単なる証拠の保全よりも広い範囲にわたる適用領域をもつことになった。とりわけ485条の改正は、証拠保全の新しい機能として、将来係属が予想される訴訟手続ないし現在係属中ではあるが証拠調べの段階に入っていない訴訟手続のために、利用の可能性が失われる危険のある証拠を保全する機能を有するよう大幅に適用範囲が広げられた。わが国の民事保全手続に相当する司法簡素化法前の旧民事訴訟法の証拠保全を含むものであるが、旧法の証拠保全的機能が持たなかったこれとは別の新しい機能をも担うことになった。すなわち証拠調べの可能性は、従前の危険にさらされた証拠提出に限定されてきた証拠保全に対し、独立証拠調べ手続の導入により係属中の本案訴訟の範囲外で飛躍的に拡張されたのであり、鑑定人に鑑定を求める可能性を大きく拡げることに成功したのである[8]。

ドイツ民事訴訟法第12節485条は、独立証拠調べ手続の適法性を次のように規定する。

「① 相手方が同意したとき又は証拠方法が散逸し若しくはその利用が困難になるおそれがあるときは、訴訟手続内又は訴訟手続外において、当事者の一方の申立てに基づき、検証の実施、証人の尋問又は鑑定人による鑑定を命じることができる。
② 訴訟がいまだ係属していないときは、当事者の一方が、次に掲げる事項の確定につき法的利益を有する場合に、鑑定人による書面の鑑定を申し立てることができる。
　1　人の容態又は物の状態若しくは価値
　2　人的損害、物的損害又は物的瑕疵の原因
　3　人的損害、物的損害又は物的瑕疵を除去するための費用
　が確定されること。この確定が訴訟の回避に役立ち得る場合には、法的利益が認められる。
③ 鑑定がすでに裁判所により命じられているときは、新たな鑑定は、412条の要件が満たされている場合に限り、これを実施する。」

当該改正では、前述の旧485条から承認されてきた（ア）と（イ）の保全事由を485条1項でそのまま維持しながら、485条2項に（ウ）の保全事由について「法的利益」の存在を要件にしながらも、一方当事者は鑑定人による書面鑑定の実施を求めることができるとした。この法的利益については、申立人による疎明が必

訟法における最新の法改正及び改正法計画」法學研究66巻5号（1993年）46頁以下などがある。
8　Stein/Jonas/Berger, ZPO, 23. Aufl., vor § 485 Rdnr. 1.

要である（487条4号）。もっとも、2項で求められる要件としての法的利益の広狭は、立法当初から多数の事例において解釈上の問題となっていたようであるが、ドイツでの学説は医師責任事件に限定して法的利益について広く解釈する方向でおおむね一致しているとされる[9]。

2　独立証拠調べ手続の概要

　独立証拠調べ手続の第1の目的は、本案における訴訟の回避にある。それは、485条1項が、のちの利用が危険にさらされると思われる証拠の保全に役立ち、485条2項は本質的にそれを超えて、証拠が危険にさらされているかどうかに係わりなく、法的利益が現に存する場合の一連の事実全体に関して、訴訟が係属していないとき書面による鑑定人の鑑定を求めることを許容するものであるという点に示されている[10]。

　独立証拠調べ手続は、一方当事者の申立てによってのみ開始され、管轄、申立ての方式、内容については486条、487条に規定されており、申立てについては弁護士強制に服さない旨が明らかとなっている（486条4項）。申立ては、証拠調べ手続が終了するまで、いつでも相手方当事者の同意なしに取下げまたは縮小ができる。許容される証拠方法は、485条1項で検証、証人尋問および書面又は口頭での鑑定に限定しており、2項では書面による鑑定人の鑑定に限定されている。485条は書証そのものには適用されないが、成立の真正性を証明する等の目的をもってする場合には、検証、証人尋問、鑑定人尋問も対象となりうる[11]。

　手続導入前の旧法下では、申立人に鑑定人の選任および指定が任せられていた。そのため、多くの場合、相手方は証拠保全を遂行する当事者に有利な鑑定人を提案し不公平のおそれがあるという理由で、鑑定人の忌避が頻発に行われ、手続遅延を導いただけではなく、場合によっては証拠方法の散逸という事態が生じていた。従って、新規定では、487条3号により、独立証拠調べ手続の申立てに際し鑑定人の指名を不要とし、鑑定人の選任を裁判所の義務とした（492条・404条）[12]。

　9　春日『民事証拠法論集』113頁、同『民事手続法の比較法的・歴史的研究』49頁、Stein/Jonas/Berger, ZPO, 23. Aufl., § 485 Rdnr. 30.
　10　Stein/Jonas/Berger, ZPO, 23. Aufl., § 485 Rdnr. 1.
　11　Stein/Jonas/Berger, ZPO, 23.Aufl., § 485 Rdnr. 4.
　12　ドイツ司法簡素化法研究会・判例タイムズ768号12頁、ディーター・ライポルド（出口雅久訳）・法學研究66巻5号52頁。

裁判上の和解による解決を促進するという新規定との関係で、492条3項は特に言及に値する。それによれば、合意が期待できる場合には、裁判所は自ら当事者を口頭による討論のために呼び出すことができ、この呼出は裁判所の裁量に属し、和解が成立した場合、これが調書に記載され債務名義となる[13]。

（1）相手方の同意がある場合の独立証拠調べ手続（485条1項）

485条1項前段では申立ての相手方当事者が同意する場合、裁判所は、申立てに基づいて、検証、証人尋問あるいは鑑定人による鑑定を実施しなければならないとする。それ以上の要件はここでは必要ない。相手方当事者は同意を、口頭、書面、電子媒体または裁判所の事務方の調書にて表明することができ、申立人は相手方当事者の同意を裁判所に対して疎明しなければならない。申立人がこれを怠った場合、裁判所は申立てを却下することになる[14]。訴訟行為である同意は手続の基礎となるため、原則として撤回も取消しもできない[15]。1項による独立証拠調べ手続は、訴訟手続の係属がなくてもあるいはすでに係属中であっても許されるが、実際上は係属中に行われることは稀である[16]。

485条1項後段では、証拠方法が散逸するかその利用が困難になる危険になる危険がある場合、独立証拠調べ手続の開始が許されるとする。この場合、証明すべき事実の重要性は問題にならない[17]。失われる危険の根拠は、物的な事情と同様に人的な事情にもありうる。例えば、重篤な病気、証人の高年齢、長期外国旅行による不在、外国移住の差し迫った可能性、検証客体の容態の差し迫った変化などである。ただし、消滅時効が差し迫っているということについては議論があり、消滅時効の完成は一種の法律状態の変動に過ぎず、証拠の消滅や証拠方法の困難さを必ずしももたらすものではないとして、否定的な意見が多数を占める[18]。また、銀行による口座書類がマイクロフィルムの形態でさらに保管されて

13　Stein/Jonas/Berger, ZPO, 23. Aufl., vor § 485 Rdnr. 1.
14　LG München I, Beschluss V. 23. 05. 2012. 建築請負人の請負賃金に関する訴訟係属中の訴訟において、すでに瑕疵の抗弁を主張していた建築主の瑕疵に関する独立証拠調べ手続実施を求める申立てに対し、ミュンヘン第一地方裁判所は、485条1項の要件の疎明がなかったとして不適法却下した（Seibel, Selbstständiges Beweisverfahren. Rdnr. 14.）。
15　Stein/Jonas/Berger, ZPO, 23. Aufl., § 485 Rdnr. 9.
16　ディーター・ライポルト（本間靖規訳）「ドイツ民事訴訟における独立証拠調べ手続の現況」判例タイムズ1080号（2002年）52頁。
17　Stein/Jonas/Berger, ZPO, 23. Aufl., § 485 Rdnr. 10.
18　Stein/Jonas/Berger, ZPO, 23. Aufl., §485 Rdnr. 10.; Mark Seibel, Selbstständiges Beweisverfahren. Rdnr. 20.

いる場合には、その書類の破棄も理由にならない。そして、本案訴訟において宣誓をさせないで尋問された証人に宣誓を強制させることを目的としてなす、独立証拠調べ手続の申立ては許されない[19]。その場合、独立証拠調べ手続は、受訴裁判所の決定によることになる（391条）。

（2）法的利益がある場合の独立証拠調べ（485条2項）

日本法改正との関係においては、この485条2項に規定されている形態の独立証拠調べ手続が最も関心のあるところであり、1990年司法簡素化法によってつくられた現行のルールは、以前の法に比して実際上本質的に拡大されたものとなっている。

1項とは異なり、2項1号ないし3号による場合は、鑑定人による書面鑑定のみに限定されており、他の証拠の提出を命じることは許されない[20]。また、2項による独立証拠調べ手続は、本案訴訟がいまだ係属していない場合にのみ許される。これによって裁判所および相手方の二重の負担が回避される。それゆえ、訴訟の係属は、鑑定の対象となる事実関係がすでに係属している本案訴訟の訴訟物に属する場合、すなわちそこで主張された事実関係に属するときには、485条2項による追加的な独立証拠調べ手続の妨げとなる[21]。

2項に規定する、法的利益が存在する場合に鑑定人による書面の鑑定を申請できる可能性は、1990年の改正以来、本質的に拡張され、人あるいは物の状態のみならず、人的損害、物的損害または物的瑕疵の原因、物的瑕疵の除去に要した費用が確定される場合も独立証拠調べ手続の対象となりうることになった。これによって、独立証拠調べ手続の採用は訴訟回避の手段として強化されている。この目的は、前提をより狭く解釈することによって手続の適性を危うくさせてはならない。

（a）人の容態又は物の状態若しくは価値（485条2項1号）

独立証拠調べ手続における書面鑑定の対象として、ある人の容態、またはある物の状態ないし価値の確定を挙げている[22]。すなわち、一定時点における事実を

19　Stein/Jonas/Berger, ZPO, 23. Aufl., § 485 Rdnr. 12. この根拠としては、この種の申立てが宣誓を命ずべき場合の一例として証言により証明すべき事実の重要性を挙げる391条からみて、独立証拠調べにおいて不適法とされる証拠の重要性の審理を要件とすることになるからとされる（石川明「ZPO485条（独立的証拠調べ）について」比較法学29巻1号（1995年）10頁）。
20　Stein/Jonas/Berger, ZPO, 23. Aufl., § 485 Rdnr. 14.
21　Stein/Jonas/Berger, ZPO, 23. Aufl., § 485 Rdnr. 15.

確定しておかないとその将来における証明が困難になる場合であり、例えば、次のようなことを確定するために利用することが認められる。売買の目的物の引渡時における瑕疵の存在、ある特定の状態が技術的に一般に認められた規定に違反していないか、または瑕疵が認識可能であったかどうかの問題を含めた建築の瑕疵（担保保証の保証人に対しても同様）、作業場の状態、貨物の損傷、賃貸住宅の瑕疵の存在、賃借人の引越しの際における住居の状態および住居を現在の状態にする以前の住居の状態、人工授精の成功の見込み、剰余共同制における当初資産と最終資産の価額または夫婦の所有地の価額などが考えられる。この確定は一般に現在の状態に関係するが、過去の様態にも関係しうる。事実確定に他の可能性があることは、独立証拠調べ手続開始の申立てについて法的保護の必要を当然に排除するものではない。それゆえ、鑑定人による測定装置の再検査は、たとえば測定調査が度量衡当局によって、または国家によって承認された測定業者によって実施されることができた場合にも申請可能である。

申立人は、物の状態に関する一定の事実主張を十分に掲げなければならない[23]。なぜなら、証拠調べの手続は調査に役立たないからである。主張された建物の瑕疵の存在は、いずれにしても、外観上認識しうる建物の一画について厳密に記述されなければならない。引き渡された電子機器のハードおよびソフトの瑕疵の存在の確定は、発生した瑕疵のイメージが申立人によって報告されなければならない。たとえば、指名され得る鑑定人が、物の隠れた瑕疵を「初めて探索した」であってはならない。瑕疵ある構造物に関して、瑕疵の原因が申立人には不知であるという申立人の主張もまた十分ありうる。瑕疵または欠陥を確定する場合、契約上で確定された基準または技術に関する一般的な規定による基準を問題とするべきか否か、これを裁判所は証拠決定において確定しなければならない。

(b) **人的損害、物的損害又は物的瑕疵の原因**（485条2項2号）

申立人が瑕疵について具体的な主張をして申立てをしたら、その点に関する相当厳密な専門知識を前提とした申立てをする必要はなく、瑕疵の原因、損害や瑕疵の除去に必要とされる費用の確定をする鑑定が命令される[24]。これに対して、作業の実施が技術上の規定に適しているか否かについて、瑕疵についての厳密な

22　Stein/Jonas/Berger, ZPO, 23. Aufl., § 485 Rdnr. 18.
23　Stein/Jonas/Berger, ZPO, 23. Aufl., § 485 Rdnr. 21.
24　Stein/Jonas/Berger, ZPO, 23. Aufl., § 485 Rdnr. 22.

指摘をせずに申立をした場合は、不十分である。

　医師の責任追及請求権の場合であっても、２項による独立証拠調べ手続の実施は原則として許容される[25]。すなわち、場合によっては本案訴訟において結果が不十分であると証明されることによっても排除されず、この専門分野における裁判外の調停手続が医師会の鑑定委員会および調停委員会によって自由に行えるとしても排除されない。鑑定人の出発点とした関連事実が明確に限定されることに、とりわけ留意されなければならないのはたしかである。鑑定人の鑑定による確定が可能でなく、むしろ場合によっては他の証拠方法によって明らかにされなければならなかった関連事実にだけ争いがあるとすれば、独立証拠調べ手続における鑑定には法的利益が欠けている。

　とりわけ、医師の処置に過誤があったか否か、あるいはまた医師の処置の過誤によって負傷が生ぜしめられたか否かといった問題もまた、申立人が過誤の態様についてかなり正確な陳述の実施を要求することなく、鑑定を許容すべきである[26]。いずれにしても、損害を受けた者の場合、２項による独立証拠調べ手続において、その者の容態、それが生じた標準的な原因および損害の除去に関する方法が確定されうる。それは、たとえ、その確定によって損害に関して医師の過誤および負傷の因果関係のような決定的な法律問題が、場合によってはなおも解明されないままであるとしても申し立てることができる。歯科医師の責任追及訴訟の場合においても、独立証拠調べ手続における鑑定については法的利益がありうる。例えば、歯の現状を確定するための鑑定や、瑕疵ある様態が基準から逸脱した処置に帰するかどうかを解明するための鑑定である。

　これに対して、一定の処置がもつ医療的な適切性および必要性が訴訟における保証の費用負担義務の前提として問題になるとすれば、２項の前提は存在しない[27]。同様に、患者の十分な告知についても妥当する。

　建物の瑕疵の原因解明をする場合には、関与した当事者の責任に関する決定的な事実を確定する場合もまた鑑定対象として許容される[28]。申立ては、それを惹き起こした責任がある者として十分に考えられるすべての人に対して行える。こ

25　Stein/Jonas/Berger, ZPO, 23. Aufl., § 485 Rdnr. 23.
26　Stein/Jonas/Berger, ZPO, 23. Aufl., § 485 Rdnr. 24.
27　Stein/Jonas/Berger, ZPO, 23. Aufl., § 485 Rdnr. 25.
28　Stein/Jonas/Berger, ZPO, 23. Aufl., § 485 Rdnr. 26.

のなかに許容されない尋問による証明は存在しない。鑑定は様々な業種に関わる瑕疵の原因を分類することにも関係する。この結果、瑕疵については設計の査察および建築査察が問題になる。通知に瑕疵があること、および瑕疵に関するその因果関係もまた独立証拠調べ手続の対象になりうる。法的評価、とりわけ過失の判定は鑑定人の任務ではない。そのため、独立証拠調べ手続は、一定の損害を与えた出来事が予見可能であったか否かは関係ない。

(c) 人的損害、物的損害又は物的瑕疵を除去するための費用（485条2項3号）

第一に問題となるのは、損害または瑕疵を除去するのに要する費用の額である[29]。しかしながら、証拠調べは、どのような処置が除去に関して必要かつ可能かにまで及ぶ。というのは、費用がそこにかかっているからである。それゆえ、とくに建築問題における主張の立証には、あまりに厳密な陳述を要求すべきではない。結果的に、原因に関する問題、ならびに除去可能性およびその費用に関する問題もまた、（主張された）どの瑕疵が問題であるのかについて十分に述べられたならば要件を満たすことになる。減価額に関する問題もまた次の場合には許容される。それは、瑕疵の除去が不可能または過剰であり、同様に瑕疵によって惹き起こされた賃料の下落または逸失した利得の確定に関する問題である。ただし、申立人にとって被申立人の振舞いによって一定の最少額の利得が逸失されたのか否かという問題は対象として許容されない。

（3）法的利益

どのような場合に申立人の法的利益が肯定されるのかは、まさに裁判に依拠している。

独立証拠調べ手続の申立権は、鑑定すべき事実に基づいて権利を求めようとする者、およびそうした請求の相手方には、原則として認められる。また、必要とされる法的利益は、訴訟の回避という法律の目的に即するように、原則的に広く解釈されるべきであり、間接的な利益であっても足りる[30]。

本案における勝訴の見込みは、原則的に法的利益を決定づける要素にはならない。それゆえ、本案での請求権についての主張の首尾一貫性を審査して、法的利益の有無が判断されるわけではない。また、同様に、本案の請求権との関係にお

29　Stein/Jonas/Berger, ZPO, 23. Aufl., § 485 Rdnr. 27.
30　Stein/Jonas/Berger, ZPO, 23. Aufl., § 485 Rdnr. 29, 30.; Seibel, Selbstständiges Beweisverfahren. Rdnr. 25.

いて、鑑定されるべき事実の重大性または証拠としての必要性も、法的利益の有無の判断において問題とはならない。しかしながら、本案の請求権が、確定されるべき物の状態に基づいて生じないことが明白である場合や、相手方との関係において法律関係が存在しないこと又はその者が訴訟の相手方でないことが明らかな場合には、法的利益は認められない。しかし、これらの場合、申立人によって主張されている請求権の不存在が完全に明白でなければならない。なぜなら、独立証拠調べ手続における裁判所の職責は、本案の請求権に関する法律問題について判断することではなく、むしろ、この点は本案訴訟に委ねられているからである[31]。

さらに、申立人が、相手方に対して当初から有する請求権を主張するのではなく、第三者が有していた請求権の譲渡を主張して独立証拠調べ手続を申し立てた場合には、そうした譲渡が初めから理由のないものであるときを除き、その申立ては許容される[32]。また、主張された請求権についてすでに進行が開始している時効は、それに応じて、独立証拠調べ手続で調査されるべきでない。なお、主張しようとする請求権について時効が差し迫っている場合も（1項の場合とは異なる）、早急に解明することに関しての法的利益が存する。

他方で、次のような場合には、正当な利益は存在しない[33]。すなわち請求権がすでに棄却されて確定している場合、および原状回復の訴えが明らかに問題にならない場合である。一般に再審の訴えの準備のために独立証拠調べ手続を用いることができるか否かについては、再審手続の目的を考慮して判断しなければならない。例えば、FamFG［Gesetz über das Verfahren in Familiensachen und in den Angelegenheiten der freiwilligen Gerichtsbarkeit］家事事件及び非訟事件の手続に関する法律185条の事案（父子関係の確定判決に対する原状回復の訴え）の場合には、独立証拠調べ手続は開始すべきではない。それは、新たな鑑定が原状回復の訴えの適法要件としてすでに存在していることが必要とされており、原状回復の訴えを提起してこうした鑑定をすることは認められてはいないからである。

また、顕著な事実（291条）を否定する反証の入手を目的としてする独立証拠調べ手続の申立ては不適法である[34]。

31　Stein/Jonas/Berger, ZPO, 23. Aufl., § 485 Rdnr. 32.
32　Stein/Jonas/Berger, ZPO, 23. Aufl., § 485 Rdnr. 32.
33　Stein/Jonas/Berger, ZPO, 23. Aufl., § 485 Rdnr. 34.
34　Stein/Jonas/Berger, ZPO, 23. Aufl., § 485 Rdnr. 35.

さらに、相手方の保護に値する利益は、独立証拠調べ手続が認められない場合がある[35]。例えば、被相続人の遺言能力の鑑定は、その者が生存している間は認められない。なぜなら、そうした手続に引き込まれないという被相続人の優越する利益が存在するからである。

この他に、事案解明のために別の正当な方法をまず用いることができる場合にも、法的利益は否定される。例えば、それは、区分所有組合の管理の領域で、懸案となっている諸々の問題が処理されるべき場合である。また、AKB 2008 [Allgemeine Bedingungen für Kraftfahftversicherung 2008] 2008年自動車交通保険一般取引約款14条による鑑定手続が終了しない間にも、独立証拠調べ手続の法的利益は認められない[36]。

485条2項2文は、法的利益として最も重要なのは、鑑定が訴訟の回避に役立つことであると規定する[37]。規定の趣旨に従えば、まさしくこの点においては広く解釈することが望ましい。そのため、訴訟を回避できる可能性があれば、次のような理由によっても否定されない。つまり、鑑定の結果が申立人に本案訴訟をあきらめさせることになる場合もあるから、相手方が和解を拒否しているからといって、法的紛争の回避に役立たないとはいえないとする。

請求原因事実の模索または収集のみを目的とする独立証拠調べ手続の濫用を防止するために、証拠調べの対象たる事実の理由づけまでは必要ないが、期待可能な範囲を特定して主張しなければならない[38]。法的利益の事実的な前提は、487条4号により疎明されなければならない。次のような事案における利益は詳細な説明を必要としない。民法の規定にしたがって物の様態または価額を鑑定人によって確定させうる事案、すなわち、例えば BGB [Bürgerliches Gesetzbuch] 民法1034条、1067条1項、2122条の事案における利益であり、または様態の証明を入手しなければならない事案における利益（HGB [Handlungsgesetzbuch] 商法388条1項）である。

私法の規定にしたがって物の様態または価額を鑑定人によって確定させうる場合、証拠保全手続と並んで、自己の裁量によって FamFG 410条2号による手続

35　Stein/Jonas/Berger, ZPO, 23. Aufl., § 485 Rdnr. 36.
36　Stein/Jonas/Berger, ZPO, 23. Aufl., § 485 Rdnr. 37.
37　Stein/Jonas/Berger, ZPO, 23. Aufl., § 485 Rdnr. 38.
38　Stein/Jonas/Berger, ZPO, 23. Aufl., § 485 Rdnr. 39.

を自由に選ぶことができる[39]。つまり、婚姻事件および家庭係争事件（FamFG 111条1号、112条）において、485条以下が準用されている（FamFG 113条1項2文）[40]。また、証拠保全では FamFG 410条2号による手続も準用する（民法の規定にしたがって物の様態あるいは価額を確定させることができる場合の裁判所による鑑定人の任命、宣誓、尋問）。FamFG 410条2号は鑑定の申立てのみを許容し、対応する民法上の規定を前提にするので、その適用範囲は本質的に485条以下のそれよりも狭くなる。485条以下による手続の許容は、FamFG 410条2号による手続を排除しないが、逆は同程度というわけではないので、適用範囲が重なり合う限りにおいて、申立人が選択することができる。申立人が一方の手続を選択したならば、要求された証拠調べがあらかじめ第一の手続でなされている場合、他方の手続については法的保護の必要がなくなる。民事訴訟法による独立的証拠調べ手続が選択されたとすると、非訟事件手続において管轄を有する裁判所への移送は問題とならならない。

（4）新たな鑑定（485条3項）

485条3項による制限は1項と同様、2項における事案にも妥当する。それは、裁判所によって命じられた鑑定の結果がすでに出ていると考えられる場合である[41]。この鑑定に含まれた証拠問題に関して、独立証拠調べ手続の枠内における新たな鑑定は、鑑定問題が補足される場合、鑑定が不十分と証明される場合（412条1項）または鑑定の実施後に鑑定人が結果として忌避された場合にだけ許容される（412条2項）。この制限は、最初の独立証拠調べ手続の相手方が同じ証拠問題について新たな証拠調べ手続を開始した場合にも、そして、次のような譲渡の事案においても妥当する。債権の譲渡人が請求の根拠となる事実に関して独立証拠調べ手続を開始したとすれば、被譲渡人は同一の事実に関してさらに新たな独立的証拠調べ手続を同じ被申立人に対して開始することはできない。

鑑定がなされることなく、独立証拠調べ手続における証拠決定が公表されたあとで工事が新たに始められ、当該作業の給付の瑕疵に関して鑑定が実施されるべきだと申立てられるとすれば、新たな独立証拠調べ手続が問題となる。この場合、3項は適用されない[42]。

---

39 Stein/Jonas/Berger, ZPO, 23. Aufl., § 485 Rdnr. 40.
40 Stein/Jonas/Berger, ZPO, 23. Aufl., vor § 485 Rdnr. 5.
41 Stein/Jonas/Berger, ZPO, 23. Aufl., § 485 Rdnr. 41.

その間に同じ証拠に関連した本案訴訟がすでに係属しているならば、独立証拠調べ手続における新たな鑑定はもはや許容されない。本案訴訟における証拠命令の単なる告知だけでは不十分である[43]。

三　若干の考察

1　証拠保全手続との関係

旧民訴法下における提訴前の情報証拠収集制度では、証拠保全手続のみが認められていたため、保全事由である証拠の改ざんや消失のおそれなどの特殊な事情の疎明の程度を緩和し、同手続を証拠開示的に運用してきたというのが実情であった。そこで、平成8年改正過程において、証拠保全手続の実務で行ってきた開示的機能を明文化するべきである、あるいは証拠保全手続とは別の提訴前の情報証拠収集制度を創設するべきであるとの選択肢が示され、証拠保全手続の改正の要否および方向性が問われたが[44]、最終的には消極的意見が大勢を占め、改正に反映されることはなかった。しかしながら、この論点につき平成13年の司法制度改革審議会意見書で、当事者が早期に証拠を収集するための手段の拡充を求めて、ドイツの独立証拠調べ手続の導入に向けた検討をするよう提言された[45]。結果的に、平成15年民事訴訟法の一部改正では、独立証拠調べ手続の導入は見送られたが、訴え提起前の証拠収集手続等が採り入れられるに至った。

新設された訴え提起前の証拠収集手続等は、訴えを提起しようとする者が書面により訴え提起を予告（提訴予告通知）する場合、提訴予告通知者が訴え提起前の段階でも、被予告通知者に対して照会したり（民訴法132条の2、132条の3）、裁判

42　Stein/Jonas/Berger, ZPO, 23. Aufl., § 485 Rdnr. 42.
43　Stein/Jonas/Berger, ZPO, 23. Aufl., § 485 Rdnr. 43.
44　柳田幸三＝始関正光＝小川秀樹「『民事訴訟手続に関する検討事項』に対する各界意見の概要」法務省民事局参事官室『民事訴訟手続に関する改正試案』別冊 NBL27号（1994年）42頁。司法制度改革審議会・ジュリスト1208号193頁参照。
45　司法制度改革審議会・ジュリスト1208号193頁。また、司法制度改革審議会における調査・審議の過程では、アメリカのディスカバリー制度の導入する意見もあったが、ディスカバリー制度は収集することができる情報や証拠の範囲が広いことから、情報や証拠を収集するための強力な手段として機能している反面、①その手続に費用や時間がかかること、②嫌がらせや和解を強要するための訴訟戦術として濫用されることも少ないことなどの弊害が指摘され、制度導入の具体的な提言がされるには至らなかったとされる（小野瀬厚＝武智克典編著『一問一答平成15年改正民事訴訟法』（商事法務、2004年）29頁）。

所に証拠収集処分の申立てをしたりすること（民訴法132条の４）を認めるものであり、裁判所を介さずに訴え提起前の段階で当事者間における情報収集および資料収集とを可能にしたため、活発な利用が期待された。しかしながら、訴訟係属前の手続であることから、当事者および第三者が照会に応じなかったり、回答や調査、立入りを拒絶したりしても、制裁規定はなく強制力をもたないため、実効性が低く、利用件数はまったく伸びなかった。つまり、訴え提起前における照会に対して正当な理由なく回答拒否をした場合と同様、証拠収集の処分に従わなかった場合も、過料等の直接的な制裁を課すことはできず、裁判官の自由心証に委ねられているのであり、裁判官の心証に不利な方向に働く間接事実として考慮されうる程度の制裁でしかない。そのため、相手方当事者は簡単に拒否することが可能となっているのである。この点につき、当事者照会（民訴法163条）と併せて民事訴訟法の改正課題として扱われているが[46]、裁判所の関与を強化するとともに不服従の場合の制裁を設けるなど、より実効性ある制度への改変が必要である。

　また、証拠保全手続の実効性に関する立法論的な問題も残されている。証拠保全命令に当事者が従わないときに、書証では真実擬制をすることができるという証拠調べの制裁が働くものの、これは本案裁判所の権限であるため、証拠保全段階では不提出のものを本案訴訟において提出してくれば、真実発見の見地から裁判所は証拠調べを行うのであるから、結局、証拠保全段階での当事者の不服従に対する実際上の制裁はないことになる。もちろん、本案訴訟においても文書提出命令の発出まで不提出でいることも訴訟戦略的には当然に想定されるため、この点も含めた再検討が求められよう。

2　独立証拠調べ手続からの示唆

　訴え提起前の証拠収集手続等は、制度内容や目的が最終的には異なるものとなったが、ドイツの独立証拠調べ手続を参考にしているため、両手続の相違点を確認し、問題点について言及を試みたい。

　まず、独立証拠調べ手続は、提訴予告通知を必要としていない点において簡易である。従来の証拠保全手続を大きく改変して設けられた制度であり、証拠保全の役割にプラスして訴訟外で広範に証拠調べを行えるようにした点で、画期的な

46　三木浩一＝山本和彦編『ジュリスト増刊　民事訴訟法の改正課題』（2012年）64〜72頁、220〜338頁。

手続になったといえる。他方、訴え提起前の証拠収集手続等では、訴訟係属前を理由に相手方が証拠開示に応じないのを避けるため、訴え予告通知をすれば訴訟係属に準ずる状態となるよう提訴予告通知制度を採用したが、この提訴予告通知を前提にしていることがデメリットになっている。つまり、医療過誤訴訟で証拠の改ざんや隠滅のおそれがある場合に、提訴予告通知をすることで却ってそのような行為を助長させてしまいかねないからである。また、このような提訴予告通知を用いることが適さない事案においては、従来の証拠保全手続の保全事由の疎明の程度を軽減して相手方の証拠の提示を求めることになるが、他方、独立証拠調べ手続では、証拠保全の目的を必要としないため申立人は事実確定についての法的利益が存すれば足り、申立要件を緩やかにしている点においても使いやすさが際立っている。さらに、証拠の使用が困難になるおそれがある場合には証拠保全手続を利用せざるを得ないから、証拠保全手続については今後も証拠開示的機能の立法化に向けた議論の継続が要請されよう[47]。

　また、訴え提起前の証拠収集手続等では裁判所が介さないため、情報証拠収集に対する実効性への期待は低くなる。それに反し、独立証拠調べ手続では裁判所が関与して鑑定人を選任し鑑定結果を直接に証拠として利用できる点においても、当事者にはもちろん裁判所にもメリットが大きい。とりわけ、裁判所にとっては、独立証拠調べ手続の開始において鑑定人を選任すれば、その後の手続は鑑定人が主宰で鑑定を行うため、裁判所自身の負担は少ない半面で、その鑑定結果を本案において直接に証拠として利用できる点も両者にとってメリットである。もっとも、独立証拠調べ手続の目的である証拠の保全・収集、事案の解明よりも、紛争の解決と裁判所の負担軽減に偏りすぎているとすれば、当事者の手続権の保障がないがしろにされることになり、当事者の犠牲の下に裁判所の負担軽減が図られていると批判されるのではないかと危惧する意見もあった[48]。しかしながら、創設から25年近くを経る中で、独立証拠調べ手続に関する非常に広範な判例が出されており[49]、その利用率の高さからも実務においてしっかり定着している制度ということができ、その問題点は顕在化しなかったと思われる。これは、裁判所が、執行力を有する和解による紛争解決に向けて、当事者の手続権を十分

47　石田・法政研究8巻3・4号114頁。
48　春日・NBL474号17頁。
49　ディーター・ライポルト（本間靖規訳）・判例タイムズ1080号57頁。

に保障しながら慎重を期した和解討議を行ってきた成果であり、裁判所の関与が適当であったものとして評価できる。

　さらに、独立証拠調べ手続は、証拠の喪失という危険を避けながら書面鑑定が行える、つまり証拠保全の機能を有しながら証拠調べができるため、争いが生じた場合には、提訴をする前の段階で事実が解明されることから、民事訴訟をしなくても、当事者の合意による紛争解決をするための基礎作りを可能にしている。また、執行力を付与するという具体策を講じて、成立した和解に実効力を持たすことにした点は、利用のインセンティブが当事者に大きく働いているものと思われる。他方、訴え提起前の証拠収集手続等は、ドイツの旧証拠保全手続と同様に、提訴後の本格的な鑑定と区別され、あくまで立証に必要な情報および証拠を収集し、本案手続の充実・迅速化に資することを主たる目的としている。証拠保全手続の証拠開示的運用をめぐる議論が解決をみないまま、実務上は提起前の証拠収集手続等とそれぞれの役割を担いながら、本案訴訟のための事前手続として現在も運用されている現状から鑑みても、証拠保全手続および訴え提起前の証拠収集手続等の包括的な改正が必要であろう。

3　裁判外紛争解決制度（ADR）との関係

　周知のとおり、証拠保全手続がとりわけ多く利用されるのは医療関係訴訟においてである。それは、構造的な偏在によって、加害者である病院および医師の有する情報および証拠の入手が極めて困難な状況にあるうえ、証拠となる文書（主にカルテなど）が改ざんされたり隠滅されたりするからである。平成11年（1999年）から相次いで起こった医療過誤事件をきっかけとする医療機関に対する不信感の高まりを払拭すべく、近年では、医療事故調査制度などの新制度が設けられ、司法の場で長引く医療紛争を避止する形で真実の解明を可能にする法整備が行われている[50]。

　しかしながら、医療過誤事件は訴訟になってしまえば証明が極めて困難であり、医師に診断ないし判断上のミスがあったか否か等は、専らあるいは主として一定の事実の証明あるいは鑑定に依存しているのであるから、ドイツの独立証拠調べ手続のような制度を活用して訴訟の回避ができれば、両当事者にとって非常

50　拙稿「医療事故調査報告書と文書提出義務」東北学院法学76号（2015年）127〜158頁。

に有益である。訴えを提起するまでもなく、当該事実の公権的確定により事実上紛争を解決し和解する、あるいは勝訴する見込みのない訴訟を断念することで、無駄な訴訟の回避につながる。医療関係訴訟の多くは、真実を明らかにしたいというのが原告の最大の目的であり、訴訟すること自体を望んでいるわけではないから、和解ができそうな場合には口頭での討議をし（ドイツ民事訴訟法492条3項）、また、和解に至らなくとも当該手続における証拠調べの結果によって事実関係を明らかにすることができれば、訴訟の回避につながり、裁判外紛争解決制度（ADR）の趣旨にも通じる。また、同時に、訴訟結果の見通しを容易にすることから、訴訟に至ったとしても当事者に和解の気運を醸成させる作用も期待できる。

　ADRに対する批判には、担当機関の中立性や当事者権の保障および公開による手続きの適法性の保障が損なわれているのではないかというものがあるが[51]、独立証拠調べ手続はこれらの批判を払拭し、簡易で迅速、低コストで使い勝手の良い手続になったからこそ、高い利用率を維持していると評価できる。訴訟を回避するための制度として、たとえ独立証拠調べのような書面鑑定に制限したものであっても、司法における手続の充実を図るために導入に向けた検討が必要である。

四　おわりに

　提訴前の情報および証拠の収集は、国民が自らの責任において紛争の早期解決を実践していく上で必要不可欠な法制度であるが、わが国の提訴前の情報証拠収集制度には、課題が山積している。その法文上の文言に頑なに固執し、かかる法制度を将来の訴訟準備のためだけに利用するのではなく、独立証拠調べ手続にみたように、保全以外に開示機能を付与した証拠調べ手続を行うことで訴訟を回避し和解へと向かわせ、成立した和解には執行力を付与して実効性のある制度にすることで、提訴前および提訴後において、国民主体の紛争解決能力が強化されると考える。また、独立証拠調べ手続では前述した以外にも、アメリカのディスカバリーの濫用に鑑みて、証拠開示機能を付与したにもかかわらず探索的・模索的証明を不適法とし具体的事項の確定につき「法的利益」の存在を要件として、相手方を保護するため証拠漁りをさせないよう一定の制限が設けられている。さら

51　とくにドイツではこれらの諸批判がADRについて強調されたため、ADRの創設に消極的であるとされる（石川・比較法学29巻1号18頁）。

には、わが国には僅かにしか規定されていない実定法中に実体法上の「情報請求権（Informationsanspruch）」がドイツ民法259条〜261条、809条〜811条で規定されており、この請求権を実現するためのドイツ民事訴訟法254条「段階訴訟（Stufenkenklage）」[52]が備えられていることからも、国民の情報開示のための法制度が手厚いことに示唆を受ける。わが日本国憲法32条で国民に保障されている「裁判を受ける権利」は、可能な限り当事者間において対等な「武器平等の原則」が保障される場合にはじめて効果的な権利保護が達成されるのであるから[53]、裁判所の負担が大きくなり過ぎない程度で、訴訟の回避に寄与し、和解を含めた迅速な紛争解決を導くことのできる国民にとって利用しやすい制度の再構築が求められている。

　　謝辞　三谷忠之先生には、大学院時代から現在に至るまで、温かく丁寧なご指導を賜り続けてまいりました。先生から直接のご指導を賜っていなかったら、筆者の民事訴訟法研究者としての人生はなかったであろうと思われます。先生のご研究は常に筆者にとって、研究者人生の導きの星であり続けております。ここに先生の古稀をお祝いするとともに、これまでのご指導に心より感謝申し上げます。

52　春日偉知郎『民事証拠法研究―証拠の収集・提出と証明責任―』（有斐閣、1992年）281頁以下。
53　出口雅久「提訴前情報証拠収集制度と紛争解決に関する若干の考察」法学雑誌55巻3・4号（2009年）175頁。

既判力の客観的範囲と権利関係の分裂の防止

栗　田　　　隆

一　はじめに
二　判　例
三　問題の解決
四　まとめ

一　はじめに

1　紛争の個別的解決

　民事訴訟法は、紛争の解決のために裁判所が下した判断に既判力と呼ばれる効力を認めた。通説は、これを後の訴訟の裁判所に対する拘束力と理解している。どのような判断に既判力を認めるかについては、民事訴訟による紛争解決の実効性をどの範囲で確保すべきかの問題と直結し、さまざまな考えがありうるが、民事訴訟法は、現にある紛争を当事者が求める限度で解決すれば足りるとの立場に立っている。そのため、権利関係は、(α) 現在の訴訟当事者間で相対的に確定され（115条1項1号）、また、(β) 訴訟物となっている範囲で個別的に確定される（114条1項）ことが原則である。これを「紛争の個別的相対的解決の原則」という。本稿は、特に後者 (β) に関係し、後者を指して「紛争の個別的解決の原則」ということにする[1]。

---

[1] 判決理由中の判断にも既判力を認めるべきであるとの見解は、古くからある。代表例はサヴィニーの次の見解である：「これまでなされた研究は、確定力が裁判自体（有責判決または免訴判決）にのみならず、その客観的理由にも付与されなければならないという結果に、すなわち、これらの理由は判決の不可欠の部分とみられるべきであり、したがって確定力の範囲は常にそういう理由と結び付いた判決の内容により決定されなければならないという結果に至った。」（サヴィニー（小橋一郎・訳）『現代ローマ法体系第6巻』（成文堂、2005年）315頁。原書：von Savigny, System des heutigen römischen Rechts, Bd. 6, 1847, S. 369）。1877年ドイツ民事訴訟法は、この見解を否定し、既判力の生ずる判断を判決理由中の判断に限定した。日本の明治23年民事訴訟法もこれに従った。もっとも、松本博之「既判力の対象としての『判決主文に包含するもの』

例えば、［設例1］XY間で所有権の帰属について争いのある建物について、XがY建物占有者であるYを被告にして所有権に基づく明渡請求の訴えを提起して（第1訴訟）、その認容判決が確定した後で、Zの故意又は重過失によりその建物が焼失した場合に、Zに対する損害賠償請求権の帰属を巡るXY間の訴訟が提起されたとしよう（第2訴訟）。第1訴訟における「XがYに対して明渡請求権を有する」との判断は既判力を有するが、判決理由中における「Xが口頭弁論終結時に所有権を有する」との判断には既判力は生じない。したがって、第2訴訟の裁判所は、第1訴訟の既判力の標準時前から当該建物の焼失時までYが所有者であると判断することができ、例えばYが原告であるときは、「Zに対する損害賠償請求権がYに帰属する」ことを確認する判決をすることができる[2]。

　紛争を個別的に解決する結果、例えば係争物である不動産の効率的活用[3]が著しく困難になる場合が生じうることになる。例えば、［設例2］(α)登記名義人はAであるが占有者はBである不動産について、AがBに対して所有権に基づく明渡請求の訴えを提起し、その認容判決の確定後にBがAに対して所有権移転登記請求の訴えを提起し、その認容判決が確定し、それぞれの判決内容が事実的に実現されたとしよう。その後で、Aが不動産の利用をやめて他に譲渡しようとしても、Aは登記名義人ではないため、そうすることができない。Bは、登記名義人ではあっても、目的物を利用することができず、また、他に売却しようとしても、占有を得させることが困難であるため、その不動産の買受希望者を見出すことが著しく困難になる。(β) 当該不動産について所有権を主張する者がA

　の意義」大阪市大法学雑誌62巻1号（2016年）5頁以下によれば、明治23年民法の起草者であるボワソナードは、これとは異なる見解を持っていたとのことである。なお、諸般の事情により、文献の引用が不十分であり、他にも紹介すべき見解があることを予めお詫びしておきたい。

2　第2訴訟の裁判所は「XがYに対して明渡請求権を有する」との前訴の既判力ある判断に拘束されるかどうかという問いを立てるならば、肯定されると言ってよい。しかし、その既判力ある判断が第2訴訟の訴訟物についての判断に影響を及ぼすことは、通常はないであろう。(α) 損害賠償請求権の帰属について判断する過程で、XのYに対する引渡請求権の存否を判断することが必要になることは、通常はない（後者の判断は前者の判断の前提とはならず、先決関係が認められない）。また、(β) 第1訴訟で争われた生活利益と第2訴訟で争われた生活利益とは同一物に関する生活利益として関連性を有するが、その関連性は直接的とは言えず、むしろ別個の生活利益と認識されるので、XがYに対して引渡請求権を有するとの判断と、Zに対する損害賠償請求権がYに帰属するとの判断が矛盾関係にあるということができないのみならず、実質的に矛盾すると見るのも妥当ではない。

3　ここでは、処分と利用の双方を含めた意味で「活用」ということにする。また、「利用」は、使用と収益の双方を含むものとする。

とBしかいないという状況で、前述の各請求がそれぞれ相手方が所有者であるという理由で棄却される場合も同様である。

こうした状況は、「所有権に包摂される個別利益の分裂的帰属の状態」ということができる。この分裂的帰属状態は、現在の占有者が占有を継続して取得時効により所有権を取得することにより解決される余地があるのは確かである。しかし、取得時効の完成まで分裂的帰属状態が続くこと自体により財産の効率的利用が妨げられると見るべきであろう。

こうした状況を放置してよいと考えるか否かは、前述の紛争の個別的解決の原則とは別個の問題である。民法は、所有権を《所有者が所有物を自由に管理処分することのできる完全な権利》と構成し（民法206条）、所有者が目的物の最適な活用を決定することができることを予定している。所有権以外の物権（制限物権）は、基本的に、いつか消滅することが予定されており、制限物権が消滅すると所有権は完全性を回復する[4]。そして、物権法定主義のもと、所有権の内容を永続的に分裂させる結果をもたらす権利設定は認められていない。財産の効率的活用を確実にするためである[5]。

もちろん、民事訴訟法も、一つの不動産について完全な所有権を有する者が存在しないという状態が生じ、財産の効率的な活用が阻害されるという事態が生ずることを積極的に是認しているわけではなかろう。「当事者間で現に争われている権利関係について解決するにとどめる方が、民事訴訟制度を効率的に運営できるであろう」との考えを前提にして既判力の客観的範囲を限定すると、上記のような問題が生ずるが、それは制度的限界であると考えているにすぎないと思われる。

所有権を基本的権利とするならば、占有や登記はこれから派生する権利関係（以下「派生的権利関係」という[6]）と位置づけることができる。民事訴訟法は、さまざまな派生的権利関係の不整合な確定を回避する手段（制度）を用意することに

4　地役権は容易には消滅させることができないという意味で例外になるが、本稿との関係では重要ではない。

5　信託法259条により目的信託の存続期間の上限が20年とされていること、同91条により、いわゆる後継ぎ遺贈型受益者連続信託の存続期間が制限されていることにも注意を向けてよいであろう。いずれも、立法論的な批判はあるせよ、過去の所有者の意思に拘束されることなく、現に意思決定をすることができる者が所有者となって財産を効率的に利用することを可能とするための措置とみることができる。

6　「派生的利益」あるいは「部分的利益」といった言葉を用いることもあるが、基本的に同じことを意味している。

努めている。そのような制度ないし解釈論として、(1) 重複起訴の禁止 (142条) や中間確認の訴え (145条) の外に、(2) 争点効理論あるいは (2a) 紛争蒸返しの禁止法理 (後掲 [先例3] 参照) があり、また、(3) 派生的請求権の主張を認める判決 (給付請求認容判決) が確定すると、基本的権利の存在の判断にも既判力が生ずるとの見解も、前記の事態を防止するのに役立つ[7]。しかし、こうした手段が用意されているにもかかわらず、派生的権利関係の個別的解決の結果、所有権に包摂される利益の分裂的帰属の固定化の事態は生じうることである[8]。

　そうなった場合に、勝訴当事者が訴訟を通じて確保した法的利益は断固守られるべきであり、民事訴訟法が定めた紛争の個別的解決を優先すべきであると考えるべきであろうか；それとも民事訴訟も、社会の存続発展のために紛争を解決する制度であり、個別的解決が実質的に矛盾する（実体法規の定める財産秩序に反する）結果、財産の効率的活用が阻害される状況が出現した場合にそれを放置してよいとの政策的判断をしているわけではなく、実体法が社会の存続発展のために予定した権利関係（所有権の完全性の回復）が実現できるように道筋を用意しておくべきであると考えるべきであろうか。意見は分かれようが、後者の立場にたって問題を考えてみよう[9]。

7　多数の文献があるが、(2) について、新堂幸司『訴訟物と争点効 (上)』(有斐閣、1988年) 174頁以下、高橋宏志『重点講義・民事訴訟法 (上) [第2版補訂版]』(有斐閣、2013年) 643頁以下及び同書650頁注59に引用の文献などを参照。(2a) について、中野貞一郎『過失の推認 (増補版)』(弘文堂、2004年) 201頁以下・211頁を参照。(3) について、兼子一『新修民事訴訟法体系 [増訂版]』(酒井書店、1967年) 343頁（登記請求権について）や松本・前掲（注1）52頁などを参照。この外に、前訴の勝訴当事者が後訴において前訴におけるのとは矛盾する主張をして利益の二重取りをすることは、矛盾挙動禁止原則によって許されないとする見解がある。これについて、竹下守夫「判決理由中の判断と信義則」『山木戸克己還暦記念論文集 (下)』(有斐閣、1978年) 85頁以下参照。堤龍弥「訴訟物と確定判決の遮断効を巡る一考察」『徳田和幸先生古稀祝賀論文集』(弘文堂、2017年) 381頁以下は、これを「二重得禁止原則」と呼び、「既判力の消極的作用が働くいわゆる矛盾関係」として説明する。

8　例えば、派生的請求権認容判決は基本的権利の存在の判断を主文に包含するものであり、その判断にも既判力が生ずるとの理論について言えば、その理論は、双方の相手方が所有者であることを理由に双方の派生的権利の請求が棄却される場合には適用されないので、この場合の所有権に包摂される利益の分裂的帰属を防ぐことはできないであろう。

9　前者の立場に立てば、以下の議論はまったく不要である。しかし、法律学では、一つの基本的命題を貫徹するとどのような問題が生じ、それらについてどのような結論が得られるかを探求すること自体も重要と思われる。従って、後者の立場に立ってどのような結論に行き着くのかを見定めることも重要である。
　なお、諫早湾干拓地潮受堤防の排水門の開放に係る2件の最高裁決定（最決平成27年1月22日判時2252号33頁）は、次のように説示している：「本件排水門の開放に関し、本件仮処分決定と別件確定判決とによって執行債務者が実質的に相反する実体的な義務を負い、それぞれの義務に

所有権（基本的権利）に包摂される種々の個別利益（派生的権利）がそれのみに関する判決により分裂して別個の者に属するとされた場合に、個別的利益を一つ主体に統合的に再び帰属させる基本的方法は、所有権確認訴訟により紛争当事者のいずれが所有者であるかを確定し、所有者とされた者が前訴判決により失った個別利益を回復することができるとすることになろう。それは一体全体可能なのであろうか。その可能性を判断するためには、［設例3］XのYに対する所有権に基づく引渡請求認容判決が確定した後に、(α) YはXに対して所有権確認請求の訴えを提起して所有権を主張することができるか、そうすることができることを前提して、(β) Yが、Yの所有権を確認する確定判決を得た後で、Xに対して引渡請求の訴えを提起した場合に、前に2つの判決の既判力ある判断は、どのように作用するのかが検討されなければならない。

前記 (α) の問題については、すでにかなりの議論がなされているのに対し、(β) の問題については、あまり議論がみられない。前者の問題についての議論を次の「2　判例」において紹介しよう。本稿では、「常に許される」との結論を引き出す必要はなく、「多くの場合に許されないが、許される場合もある」という結論でも足りる。

(β) の問題自体は、「3　問題の解決」で論ずる。(β) の解決のために、「基本的法律関係に関する判決が派生的法律関係に関する先行判決に優先する」との原則（以下「基本的法律関係に係る判断の優先原則」という）が立てられる。しかし、［設例4］利息債権のみを訴訟物とする訴訟において、元本債権の存在を前提にして、債務者に利息の支払を命ずる判決が確定した後、債務者が元本債権不存在確認の訴えを提起し、裁判所が元本債権が当初から不存在であることを理由に請求を認容した場合に、債務者が既払の利息の返還を求めることができるとする必要はないであろう。その結論は既判力の標準時の問題として説明され得るが、それとともに、ここでは「基本的法律関係に係る判断の優先原則」を妥当させる必

ついて強制執行の申立てがされるという事態は民事訴訟の構造等から制度上あり得るとしても、そのような事態を解消し、全体的に紛争を解決するための十分な努力が期待されるところである。」。しかし、全体的に紛争を解決するための努力をしても解決できないので裁判による解決が求められているのであり、「全体的に紛争を解決するための」手段は、民事訴訟法等の民事紛争解決手続制度の中に用意されるべきものと考えたい。栗田隆「共同訴訟の類型」鈴木正裕先生古稀祝賀『民事訴訟法の史的展開』（有斐閣、平成14年）735頁以下は、同一の有体物についてAB間ではAの、BC間ではBの、CA間ではCの所有物であるとの判決が確定したという比較的単純な場合についての全体的紛争解決の方途を探ったものである。本稿も、その延長上にある。

要性が少ないことも指摘する。換言すれば、前記優先原則は、「派生的法律関係の分裂防止」という実体法上の要請を実現するために特に必要となる手段であることを確認する。

なお本稿は旧訴訟物理論を前提にして議論を進める。また、法令名のない条文は、原則として、現行民事訴訟法の条文である。

二 判 例
――物の引渡し等を命ずる判決確定後の所有権確認の訴え――

Yが占有する有体物に関しXがYを被告にして所有権に基づく引渡請求の訴えを提起し、XとYのいずれが所有者であるかが真剣に争われ、充実した審理の結果、裁判所がXを所有者と認め、引渡請求を認容する判決が確定しても、「XがYに対して引渡請求権を有する」との判断に既判力が生ずるが、その論理的前提である「Xが目的物に対して所有権を有する」との判断には既判力は生じない。しかし、その後にYがXに対して同一物について所有権確認の訴えを提起して、前訴の口頭弁論終結前の事由によりYが所有者であると主張しても、その主張が許されるとは限らない。

114条1項の原則に反するこの結論は、学説において当初は、既判力の客観的範囲の拡張により正当化することが試みられた。しかし、［先例1］最判昭和30年12月1日民集9巻13号1903頁[10]は、これを否定した。これは、XのYに対する所有権移転登記の無効を理由とするその抹消登記手続を求める前訴において請求認容判決が確定した後で、YがXに対して、土地返還請求の訴えを提起した場合に、次のように説示して、既判力の拡張を否定した（破棄差戻）。「判決の既判力は主文に包含される訴訟物とされた法律関係の存否に関する判断の結論そのものみについて生ずるのであり、その前提たるに過ぎないものは大前提たる法規の解釈、適用は勿論、小前提たる法律事実に関する認定、その他一切の間接判断中に包含されるに止まるものは、たといそれが法律関係の存否に関するものであつても同条第二項のような特別の規定ある場合を除き既判力を有するものではな

---

10 本件の判例研究等として、次のものがある。長谷部茂吉『最高裁判所判例解説 民事篇 昭和30年度』234頁、中野貞一郎・民商34巻4号590頁、木川統一郎・別冊ジュリ5号152頁、村上康二郎・慶大法学研究74巻11号175頁。

い」（「同条」は現行法の114条に相当する大正15年法199条を指す）。

　次にいわゆる争点効理論により正当化することが試みられた。しかし、［先例2］最判昭和44年6月24日判時569号48頁[11]が、これを否定した。これは、売買契約に基づいて所有権移転登記が経由された不動産について、売主Yが、買主Xに対して詐欺を理由に売買契約を取り消して、前記不動産の所有権移転登記の抹消登記手続請求の訴え（第1事件）を提起し、他方、XがYに対して明渡しと明渡義務の履行遅滞による損害賠償を求める訴え（第2事件）を提起した事案に係るものである。両事件は、第一審では併合審理されたが、控訴審段階で異別の部で審理され、第2事件の審理が先に進み、その請求認容判決が確定した後で、第1事件について上告審が下すことになったのが本判決である。最高裁は、次のように説示した。(α)「確定判決は、その理由において、本件売買契約の詐欺による取消の抗弁を排斥し、右売買契約が有効であること、現在の法律関係に引き直していえば、本件不動産がXの所有であることを確認していても、訴訟物である本件建物の明渡請求権および右契約不履行による損害賠償としての金銭支払請求権の有無について既判力を有するにすぎず、本件建物の所有権の存否について、既判力およびこれに類似する効力（いわゆる争点効、以下同様とする。）を有するものではない」。(β) 仮に本件訴訟においてY勝訴の判決が確定したとしても、訴訟物が異なるから、「別件訴訟の確定判決の既判力と本件訴訟においてY勝訴の判決が確定した場合に生ずる既判力とは牴触衝突するところがなく、両訴訟の確定判決は、ともに本件不動産の所有権の存否について既判力およびこれに類似する効力を有するものではない」。(γ)「Xは、別にYを被告として、本件不動産の所有権確認訴訟を提起し、右所有権の存否について既判力を有する確定判決を求めることができる」[12]。

　しかし、その後［先例3］最判昭和52年3月24日金商548号39頁が、XのYに対する土地所有権移転登記抹消登記手続請求を棄却する判決の確定後に、Yの

---

[11] 本件の判決研究等として、次のものがある。小山昇・別冊ジュリ36号192頁、青山善充・別冊ジュリ76号240頁、富樫貞夫・別冊ジュリ115号314頁、同・別冊ジュリ146号、松本博之・別冊ジュリ201号180頁、高田裕成・別冊ジュリ226号178頁（以上、いずれも判例百選の解説である）、住吉博・判タ242号88頁（判旨に疑問を呈する）。新堂・前掲（注7）269頁以下は、本件を詳しく検討した論文である。

[12] 判旨(α)と同趣旨を説く下級審先例として、次のものがある：大阪高判昭和42年2月15日下民集18巻1・2号136頁。

Xに対する本訴において、Xが再び自己が土地所有権を有することを主張して、(1) 土地所有権移転登記抹消登記手続請求および (2) Xの所有権に関係する他の請求 (内容不明) の反訴を提起した事案において、Xの所有権の主張および (2) 請求は、前訴における「請求及び主張の実質上のむし返しというべきことが明らかなものであり、このように後訴の請求又は後訴における主張が前訴のそれのむし返しにすぎない場合には、後訴の請求又は後訴における主張は、信義則に照らして許されない」とした[13]。

この前後の下級審判例を見ておこう。

［先例4］東京地判昭和41年4月20日下民集17巻3・4号326頁は、前訴（第2買主の第1買主に対する所有権に基づく建物収去土地明渡請求訴訟）における主要な争点（第1売買契約の成立）についてその確定判決（契約の成立を認めて請求認容）の理由中で示された判断（契約の成立を認定）が後訴（第2買主（売主の内縁の夫）の第1買主に対する所有権確認請求）において拘束力を有するとされ、後訴請求が棄却された。

［先例5］大分地判昭和49年4月1日判時756号99頁は、［先例1］と［先例2］の中間期に出された先例である。前訴においてXがYに対して仮登記に基づく所有権移転の本登記手続請求及び土地明渡請求をなし、その認容判決の確定後に、YがXに対して、仮登記抹消登記手続請求及び所有権確認請求の訴えを提起した事案において、次のように説示した。前訴の登記手続請求と後訴の登記手続請求とは「相容れない関係に立つもので、一方が認容されれば、他方は棄却されるという裏腹の関係にある。以上のような関係にある同一物件についての登記請求権を求める訴えは、訴訟物が同一の範囲内にある」と解すべきであり、後訴の「請求は不適法であるから却下すべきものである」。Yは前訴の確定判決に基づき「本件仮登記にもとづく所有権移転の本登記手続ならびに本件土地の引渡に応じなければならない状態にあるから、かような場合に、原告が被告に対して本件土地につき所有権確認を求めたところで、何らの利益がない」から訴えを却下すべきである。

---

13 これに先行する同趣旨の先例として最判昭和51年9月30日民集30巻8号799頁があるが、紛争原因が生じてから後訴の提起まで20年も経過していることも結論を支える理由の一つとして挙げられており、射程範囲の点で［先例3］の方が重要と思われる。ただし、事案の詳細が明らかでないのは、まったく残念である。

［先例６］東京高判昭50年７月16日下民集26巻５～８号639頁は、後訴において所有権の帰属が問題になった事例であり、かつ、［先例４］と同様に中間期に出された先例である。争点効を直接的に肯定する表現はしなかったが、次のように述べて争点効を認めた場合と同じ結論を得た。「前訴で所有権の確認を求めれば当然認容されるべき事案であつたので、このことを考慮するとき、別訴で主張しなかつた新たな事実を主張してこれを争うのならともかく、別訴と全く同じ主張で争う場合には、証拠により所有権の存否を判断することなく、所有権の帰属に関する別訴の判断をそのまま尊重するのを相当とする」。

　これ以降の下級審は、おおむね、［先例３］に従って、前訴判決の理由中における所有権帰属判断が既判力を有しない場合でも、後訴において前訴敗訴当事者がその判断に反する主張することを禁止している[14]。

　このように、紛争蒸返しの禁止法理が確立された現在では、派生的権利関に関する前訴判決確定後に、その判決の理由中でなされた基本的法律関係に関する判断が既判力を有しないとしても、その判断に反する後訴請求は、多くの場合に許容されないであろうと言うことができる。

　しかし、それでも例えば、前訴において被告が公示送達により呼び出しを受けた場合に、前訴被告が前訴判決の理由中でなされた基本的法律関係に関する判断に反する主張をして基本的法律関係の確認の訴えを提起した場合に、その主張まで一律に紛争の蒸返しとして禁止されることはないだろうと思われる。この場合において、前訴において原告が例えば所有権に基づく明渡請求に併合して所有権確認請求を提起すれば、派生的法律関係の分裂の問題は生じないことになるのは確かである。しかし、公示送達により呼び出される被告が原告の所有権を争っていると見ることができるかは問題であろう。被告が原告の所有権を現に争っていないのであれば、所有権確認の訴えは、即時確定の利益を欠くものとして却下されるべきである。そのことは、公示送達により訴状の送達及び呼出しがなされたために応訴の機会を実質的に失った被告に、所有権確認訴訟を提起する機会を与え、前訴判決により失うことになった派生的法律関係の利益を回復する機会を保

14　東京地方裁判所昭和52年５月30日下民集28巻５～８号566頁（前訴で所有権移転登記の抹消登記手続請求が認容された後で、前訴被告により所有権確認請求の後訴が提起された事例）、東京地判昭和60年８月26日判時1200号84頁（土地について明渡し及び所有権移転登記手続を求める訴えを棄却する判決が確定した後で、前訴原告が当該土地の所有権確認の訴えを提起した事例）、その控訴審の東京高判昭和61年10月23日判時1216号81頁。

障するものとして、好ましい処理といってよいのではなかろうか。前訴被告が書留郵便による送達を受け、前訴において応訴することが実際上困難だった場合には、判断は微妙になろう。しかし、この場合にも、紛争蒸返しの禁止法理の適用が抑制される場合がありうるものと思われる。また、［先例2］の事案も紛争の蒸返しとは言い難く、実際にも上告審は、先行判決の理由中における所有権の帰属に関する判断に拘束されることなく後行判決において所有権の帰属を判断すべきものとしている。

したがって、［先例2］で肯定された（γ）の事態（紛争の最終的な解決のための所有権確認訴訟の提起）が生ずる場合があり、その場合の取扱いを検討する意味はあると考えたい。

三　問題の解決

1　論点整理

既判力の作用の基本的類型として、一般に、同一関係、矛盾関係、先決関係が挙げられる。矛盾関係の代表例は、基本的法律関係たる所有権の帰属の矛盾である。すなわち、ある物についてXのYに対する所有権確認請求を認容する判決が確定した後で、同一物についてYのXに対する所有権確認請求が提起された場合に、後訴裁判所は前訴裁判所の既判力ある判断（口頭弁論終結時にXに所有権があるとの判断）と矛盾する判断をすることが許されず、したがって当事者（Y）も前訴において認められた基本的法律関係（Xの所有権）と矛盾する法律関係（Yの所有権）を既判力の標準時後の事由なしに後訴で主張することは、前訴判決の既判力により許されないというものである。

これと同様なことが、派生的法律関係についても成立するであろうか。例えば、（1）XのYに対する所有権に基づく明渡請求認容判決が確定し、その強制執行後に（Xが占有者になった後に）、（2）Yが現占有者Xに対して所有権に基づく明渡請求の訴えを提起した場合に、Yは、その明渡請求権を次のような主張により根拠付けることができるであろうか：「原告（Y）は、前訴の口頭弁論終結前の原因により所有権を取得し、現在に至るまで所有権を失っていないから現在も所有権を有する。被告（X）は現在目的物を占有している」。

(1) 遮断効肯定説の実質的論拠

　一般に、そのような主張は前訴判決の既判力により許されない（遮断される）と考えられている[15]。この見解を「遮断効肯定説」と呼んでおこう。この見解の実質的根拠は次の点に求めることができる。(α) 前訴判決の理由中でXの所有権が確認されてもその判断に既判力が生じないことを前提にしつつも、判決主文で、「XがYに対して目的物の引渡請求権を有する」と判断されており、その判断の中には、「Xが所有権に基づき目的物を占有する地位を有する」との判断も含まれている；Xのこの法的地位は、既判力ある判断によって承認されたものとして、Yは尊重すべきである；Yが前訴の口頭弁論終結前から所有者であることを主張してXからこの法的地位を奪うことは許されるべきではない。(β) もし反対の立場をとれば、対立当事者が交互に引渡請求訴訟の提起を繰り返すことを既判力をもって阻止できない（紛争蒸返しの禁止法理によって実際上は阻止されるであろうとはいえ、本来、既判力により阻止されるべきものである）。

(2) 法律構成

　上記の実質的理由に支えられた結論を「矛盾関係への既判力の作用」の一類型として説明することを考えてみよう。議論を確実なものにするために、議論の対象を限定しておこう。(α) 対立当事者が互いに同種の支配権（例えば所有権）を主張し、それが矛盾関係にあれば、(β) その支配権から派生する請求権（例えば引渡請求権）が同時に成立することはないが、一方当事者がその請求権を行使して相手方から給付を受けると、他方当事者は自己の支配権を前提にすれば同種の請求権の成立を主張することができるという関係にある場合であっても、(γ) それらの派生的権利は矛盾関係にあると言うことにする。そして、一方当事者の派生的請求権が確定判決（給付判決）により確定された場合には、その既判力は、それと矛盾関係にある派生的権利が主張される後訴においても作用し、相手方当事者は、自己の派生的請求権を訴訟物とする訴訟において、当該派生的権利及びその基礎となる基本的権利を前訴の口頭弁論終結時前の事由をもって根拠付けることは許されない。

(3) 補足（基本的権利に矛盾がない場合）

　占有回収訴権（民法200条1項）と所有権に基づく明渡請求権との関係を確認し

15　最近の文献として、堤・前掲（注7）380頁参照。

ておこう。例えば、(1) Y所有不動産の賃借人Xに対してYがXの賃料不払を理由に賃貸借契約を解除したと主張して、Yが自力救済的にXをその不動産から追い出した：これに対して、Xが占有回収の訴えを提起し、請求認容判決を得て、占有を回復した。その後に（2）Yが所有権に基づく不動産明渡しの訴えを提起し[16]、裁判所がYのした賃貸借契約解除の有効性を認めた場合に、裁判所はYのXに対する所有権に基づく明渡請求を認容することができるか。もちろん、認容できると答えなければならない。前述の「拡張された矛盾関係への既判力の作用」を肯定する立場からは、この場合は、派生的権利の矛盾がないと説明しなければならない。実際、第1訴訟は占有権に基づく引渡請求権が認められているのであり、第2訴訟では所有権に基づく引渡請求権が主張されているのであり、両請求権の発生原因となる基本的法律関係が異なるから、派生的法律関係の矛盾はないと言うことができる。派生的権利が矛盾関係にあると言うことができるためには、基本となる法律関係が矛盾関係にあることが必要である。こうした限定を付しておけば、既判力の不当な拡大も生じないであろう。

（4）遮断効肯定説の位置付け

　基本的法律関係自体が訴訟物になっている場合には、その存否の判断に既判力が生じ、これと矛盾する主張に既判力が作用すること、すなわち、《前訴で認められた基本的法律関係と矛盾関係にある基本的法律関係を後訴において主張する場合に、その主張を前訴の口頭弁論終結前の事由で根拠付けることは前訴判決の既判力により遮断される》との命題については、異論はない。しかし、この命題から《矛盾関係にある基本的法律関係から派生する同種の権利の間でも、一方を認める判決の既判力は他方の権利に関する訴訟において作用する》との命題を直ちに引き出すことができるとは思われず、両命題の間には若干の距離があるので、後者の命題における既判力の作用を「拡張された矛盾関係（あるいは実質的矛盾関係）への既判力の作用」と呼ぶことにしよう。

16　最判昭40年3月4日民集19巻2号197頁が、民法202条2項により「占有の訴えに対し防御方法として本権の主張をなすことは許されないけれども、これに対し本権に基づく反訴を提起することは、右法条の禁止するところではない」としているので、本文の例では、Yは所有権確認請求の反訴を提起する余地がないわけではない（その許否は、146条1項所定の要件（本訴請求との関連性）を満たすと評価できるかに依存する）。

2　有体物に係る基本的法律関係に関する既判力ある判断の優先

　では、[設例5](1) XのYに対する所有権に基づく明渡請求認容判決が確定し、その後に、(2) YがXを被告にして所有権確認請求の訴えを提起したとしよう。前訴判決の理由中でXの所有権を認める判断がなされていても、その判断には既判力は生じないので、第2訴訟の裁判所は、第1訴訟の口頭弁論終結時においてYが所有者であることを認めて、請求認容判決をすることができる。その確定後に、(3) Yが現占有者Xに対して所有権に基づく明渡請求の訴えを提起したときは、どうなるか。次の2つの選択肢が考えられる。

　(a) 判決ずみ派生的法律関係優先説　Xが第1訴訟において請求認容判決により確保した生活利益は、第1訴訟の口頭弁論終結時においてXが所有者ではないとの主張あるいは判断から守られるべきである。したがって、第3訴訟においてYの請求が認容されるためには、第1訴訟の口頭弁論終結後にYが所有権を取得した事実が認定されることが必要である。このことは、第2訴訟においてYの所有権を認める判断（第2訴訟の口頭弁論終結時においてYが所有者であるとの判断）に既判力が生じていても影響されない[17]。

　(b) 基本的法律関係優先説　第1訴訟の判決の既判力ある判断と第2訴訟のそれとを比較すると、後者の方がより新しい判断であり、かつ、基本的法律関係についての判断であるので、後者の既判力ある判断が優先すると考えるべきである[18]。したがって、第3訴訟の裁判所は、第2訴訟の判決の既判力ある判断（第2訴訟の口頭弁論終結時においてYに所有権があるとの判断）に拘束され、これを前提

17　設例では、第2訴訟の判決は、第1訴訟の口頭弁論終結前からYが所有者であるとの理由でYの所有権確認請求を認容していることに注意。

18　本文にあげた例で、Xに所有権に基づく引渡請求権があるとの判断と、後訴におけるYの所有権に基づく引渡請求権の主張とは、矛盾する（事案は異なるが、最判平成10年9月10日判時1661号82頁（第2判決））の表現を借用して「実質的に矛盾する」と表現することもできる）。この矛盾関係による第1訴訟の判決の既判力の作用より、第2訴訟の判決の既判力の作用の方が強いと解すべきである。

　なお、本文の設例において、第2訴訟がないとした場合に、Yの所有権に基づく引渡請求権は、Yの所有権とXの占有を要件として発生するものであり、かつ、Xが占有を取得したことは、前訴の口頭弁論終結後の事由である。しかし、この理由により前訴判決の既判力ある判断が後訴において作用することを阻止できるとするのは、合理的ではない。

　本文の第1訴訟の判決の既判力が第3訴訟に作用することについて、次のように説明するのも一つの方法であろう。所有権に基づく引渡請求権を肯定する判断は、当該引渡請求権にしたがった給付を保持する権限を有するとの判断を含んでいると解してよく、その権限は既判力の標準時後の新事由なしに消滅するものではなく、したがって新事由なしにYが所有権に基づく返還請求権を主張することは許されない。

にして判決すべきであり、第2訴訟の口頭弁論終結後にYの所有権の喪失事由が生じた場合は別として、そうでない限り、現在Yが所有者であることを前提にしてYの請求の当否を判断すべきである（Xに所有権以外の占有権原がなければ、請求は認容される）。

第1の見解によれば、第1訴訟の判決の遮断効（第3訴訟におけるYのXに対する明渡請求権を第1訴訟の口頭弁論終結前の事由で根拠づけてはならないこと）が維持される。その点にちなんで、この見解を遮断効維持説と名付けることができる。それとの対比で、第2の見解は、遮断効排除説と呼ぶことができる（この見解によれば、第2訴訟における所有権確認判決により第1訴訟の判決の遮断効が排除されるからである）。

この問題についてはあまり議論されていないが、それでも既にいずれの見解も主張されている[19]。

（1）私見（基本的法律関係優先説の支持）

しかし、基本的法律関係優先説を採用すべきであろう。なぜなら、(α) もし、反対に解すると、不動産の所有権はYにあるが、YはXから占有を半永久的に回復できない事態となり、不動産の効率的な利用が阻害され、社会経済的損失となる；(β) 第2訴訟において、その口頭弁論終結時においてYに所有権が存するとの判断がなされ、その判断に既判力が生じている以上、第3訴訟の裁判所はその判断に拘束されるのは当然のことであり、第1訴訟においてXの明渡請求認容判決が確定していても、このことはなんら変わらないというべきである；(γ) 第2訴訟においてYの所有権を確認する判決が確定しているので、XとYが交互に所有権が自己にあることを主張して引渡請求訴訟の提起を繰り返すという事態が生ずることはない；(δ) このように考えると、第1訴訟においてX主張の明渡請求権（派生的権利）を認めた判断の拘束力が弱められることになるのは確かであるが、派生的法律関係についての判断の既判力は、もともとその弱さを含んだものと考えるべきである。

---

19 新堂・前掲（注7）276頁以下に綿密な議論がある。(a) を主張するのは、高橋・前掲（注7）645頁。(b) を主張するのは、木川・前掲（注10）159頁（基本的法律関係に関する第2の判決は、派生的法律関係に関する第1の判決の口頭弁論終結後の新事実と見るべきであるとする）。新堂・前掲280頁は、「所有権確認の確定判決を得たことを新たな事由として、敗訴した前訴の結果を排除」することができるか否かは、「伝統的な既判力の理論では、その結論はまだ明らかではない」とする。

上記の考えをもう少し延長すると、（1）XのYに対する所有権に基づく明渡請求認容判決の確定後に、（2）YがXを被告にして所有権確認請求と所有権に基づく明渡請求を併合して提起した場合に、第2訴訟の裁判所がYの所有権確認請求を認容すべきであると判断するときは、同裁判所は前訴判決の既判力ある判断にかかわらず、Yの所有権確認請求を認容するとともに、所有権に基づく明渡請求も認容することができることになる。

（2）民事執行法35条2項との整合性

XのYに対する所有権に基づく明渡請求認容判決が確定した後で、Yが前訴の口頭弁論終結前から自己に所有権が帰属していることを主張して、前訴判決に対する請求異議の訴えを提起しても、民執法35条2項により、その異議は認められない。この規律と前述の遮断効維持説とが整合することは、特に説明する必要はないであろう。

問題は、遮断効排除説との整合性である。(α) 同説によれば、Xの引渡請求権のための強制執行が完了した後で、Yが所有権確認請求に併合して所有権に基づく引渡請求の訴えを提起し、裁判所がYの所有権を認めるときは、後訴裁判所は、前訴におけるXの明渡請求認容判決の既判力に妨げられることなく、Yの明渡請求も認容することができることになる；しかし、これは、民執法35条2項に直接には反しない；同条は請求異議訴訟を対象としており、ここで問題になっている後訴は、請求異議訴訟ではないからである。さらに、(β) 同法35条2項は《給付判決により認められた法的利益が強制執行により実現されることの保障》を目的としていると考えられるが、遮断効排除説によっても前訴原告（X）は強制執行により一旦目的物の引渡しを得ることができるのであるから、同説がその目的の達成を妨げているとは言い難い。(γ) 35条2項が給付判決により認められた法的利益の永続的な確保を目的としている、すなわち、拡張された矛盾関係にある請求権の行使により奪われることはないことの保障まで目的としていると考える余地はあるが、そう考えるべきかは見解の分かれるところとなろう：所有者による財産の一元的管理という実体法上の政策目的を優先させて、強制執行完了後に所有権確認請求とともに逆方向の引渡請求を認容することは、政策論としても解釈論としても成り立ちうる。

ここからさらに進んで、Yは、所有権確認請求の訴えを提起するとともに、その請求が認容されることを条件に強制執行の不許を求めることができるとすべ

きかが問題となる。もっとも、そこまで徹底させないと遮断効排除説は論理的に成り立ち得ないというものではない（実際上も、そのように徹底させても、請求異議の訴えの受訴裁判所が執行停止の仮の処分をしなければ、Xによる明渡しの強制執行はなされてしまう）。ただ、それでも、同説によれば、Xによる明渡しの強制執行後に、YはXに対して所有権確認請求の訴えを提起し、その勝訴判決の確定後にYはXに対して明渡請求の訴えを提起すれば、それは認容され得ることになるのであるから、その場合については、民事執行法35条2項によりXに与えられる利益は非常に小さいものであることになる。そのような小さな利益保障でよいのかが問題になる。

　遮断効排除説からの答えは、次のようにしてよいであろう。民執法35条2項により執行債権者に保障される最低限の内容は、債務名義（確定判決）に表示された請求権の強制執行による実現が既判力の標準時前の事由により妨げられないことにとどまる。強制執行により得た給付を保持することができるかは、強制執行により実現される請求権ないし債権の内容ないし法的性質に依存する。金銭債権については、一般に、給付保持力が認められているのであるから、金銭の支払を命ずる給付判決は、債権者が給付を保持する権能を有するとの判断を含み、その判断にも既判力が生ずると考えるべきである。他方、所有権に基づく引渡請求権を認める判決は、所有権の所在自体の判断には既判力が生じないとされている以上は、引渡請求権者が目的物を占有する権利（法的地位）を有するとの既判力ある判断を含んでいるとは言えない。前記の例で、Xが強制執行により引渡しを得た後で、Xが目的物を所有権に基づいて占有する法的地位を有するか否かの点は、YはXに対する所有権確認訴訟によりいつでも争うことができ、Yが前訴判決の既判力の標準時前から自己の所有者であることを主張してそれを争うことも、前訴判決の既判力によって妨げられることはない。Yの所有権を確認する判決の確定後に（あるい所有権確認請求に併合して）YがXに対して所有権に基づく明渡請求をすることは認められるべきである。もっとも、Xの占有権原が判決により確定されているわけではないが、ともあれXのYに対する明渡請求権が確定判決により認められていることを考慮すれば、YがYの所有権を確認する判決を得ることなくXに対して明渡しを請求することを認めるべきではない。

　もちろん、いずれの見解の採るべきかを考える上で重要な視点は、(α) 給付判決により保護された（不可争とされた）原告の地位をどの範囲とすべきかという視

点であるが、それのみならず、(β) 不動産や動産はできるだけ所有者により一元的に管理されるべきであり、派生的権利毎に派生的権利に関する判決により権利者とされた者に分断的に管理されるという事態は回避すべきであり、所有権確認訴訟により所有者とされた者による一元的管理をできるだけ可能にすべきであるとの視点も重要であると考えたい。

　民事訴訟法は、財産法上の紛争を相対的に解決すれば足りるとの立場を基本にしているので、(β) の視点をどの程度重視すべきかについても意見は分かれるであろうが、少なくともこの視点が妥当する領域では、遮断効排除説を採用すべきである。

3　金銭債権に係る基本的法律関係と派生的権利関係

　ある金銭債権から利息請求権又は履行遅滞による損害賠償請求権といった派生的権利が発生する場合に、理論上は、派生的請求権のみを訴訟物とする給付の訴えも許されると解されている。この訴訟において、基本債権（元本債権）の存在が認められて派生的権利の請求が認容された場合でも、基本債権の存在の判断は理由中の判断にとどまり、これには既判力は生じない。したがって、その後に債務者が基本債権は当初から発生していなかったという理由で基本債権の債務不存在確認の訴えを提起した場合に、後訴の裁判所は、前訴判決の理由中の判断に拘束されることなく、基本債権の存否を判断することができ、後訴の被告である債権者が基本債権の発生を主張立証することができなければ、債務不存在確認請求は認容されることが原則となる。

　この場合に、前述の基本的法律関係優先の原則をストレートに適用すれば、債務者は、強制執行により取り立てられた利息等の不当利得返還請求の訴えを提起すれば、その請求は認容されるべきことになるかと問えば、そうではなかろう。なぜなら、(α) 前訴判決の既判力は、前訴の口頭弁論終結時に派生的債権が存在するとの判断に生じるのに対し、後訴判決の既判力は、理由中で基本債権が当初から発生していないと認定されていても、後訴の口頭弁論終結時に基本債権が存在しないとの判断に生じ、双方の判断は抵触するものではないからである。そして、(β) 「基本債権が当初から発生していないことを確認する」との請求の趣旨の訴えが許されると仮定し、その趣旨の判決が確定したとしても、前訴判決により取り立てられた利息等の返還を債務者が得なければ、法律関係が混乱すると

か、財産の効率的利用が阻害されるということもない；換言すれば、強制執行により既に債権者に帰属した利息等の金銭は、債務者の許にある金銭から切離されて管理可能であり、ここでは一つの不可分の財産の効率的利用のための一元的管理が問題となっているのではない[20]。

4　基本的法律関係優先原則の位置付け

　ここから、前述の基本的法律関係に関する既判力ある判断の優先の原則は、主として、一つの不可分な有体物は所有者によって一元的に管理されるべきであるとの実体法の考えに強く支えられていることが、はっきりしてくる。一元的管理の必要がない又は小さい場合には、基本的法律関係優先の原則を採る必要は少なく、紛争の個別的解決に委ねれば足りるということになる。例えば、［設例5］において、後訴で所有権確認判決を得たYは、Xに対し、目的物の引渡しの外に、同判決の既判力の標準時に占有権原なしに目的物を占有したことによる不当利得の返還（あるいは損害賠償）を請求することができるかと問えば、それは否定すべきであろう。なぜなら、(α) 後訴判決の既判力は後訴の口頭弁論終結時にYが所有権を有するとの判断に生ずるにとどまり、それ以前のXの占有は、前訴の給付判決で肯定された占有権原に基づくものであり、前訴判決により承認された法的利益として保護に値する。(β) 何よりも、Xが前訴判決の執行により得た占有を後訴判決の既判力の標準時まで継続する利益との関係では、基本的法律関係について判断した後訴判決の既判力を優先させなければ、法律関係が混乱するということもないからである。

　しかし、基本的法律関係優先原則は、一つの不可分な有体物は所有者によって一元的に管理されるべき場合のみを適用対象とするかと問われれば、再検討が必要であると言わざるを得ない（例えば、［先例5］のような事案について、所有権確認の訴えの利益を否定してよいかが問題になる）。これは今後の課題としよう。また、いつの時点から優先させるべきかの問題も、今後の検討課題とせざるを得ない。選択肢としては、既判力の標準時と判決確定時の2つの選択肢が考えられるが、

20　ここから、次のことも予想するのは行き過ぎであろう。利息債権の支払請求認容判決が確定した後、元本債権の取立訴訟あるいは元本債権の不存在確認訴訟が提起された場合に、「元本債権は前訴の口頭弁論終結時に存在していた」との前訴判決の理由中の判断に反する主張を紛争蒸返しの禁止法理により排斥する圧力は低いであろう。

いずれを採るべきかについては、様々な事例を想定した長い議論が必要になると予想されるからである。

四　まとめ

　ＸのＹに対する有体物の引渡請求認容判決確定後にＹがＸに対して所有権確認請求を提起し、それを認容した場合の法律関係を明確にしておくことは必要である。本稿では、後訴の基本的法律関係に関する既判力のある判断を優先されるべきであることを主張した。この考えと紛争蒸返し禁止法理とは、別個の理念と考慮に基づく別個の法理である。いずれを優先的に適用すべきかといえば、紛争蒸返しの禁止法理であろう。しかし、紛争蒸返しの禁止法理を適用できない事例もあり、その場合に派生的法律関係に係る第１訴訟の結論と基本的法律関係に係る第２訴訟の結論とが整合しない場合には、少なくとも財産の一元的管理を重視すべき領域においては、第２訴訟の基本的法律関係に関する既判力ある判断を優先させるべきである。

控訴審における不利益変更禁止の原則に関する覚書

橋 本 昇 二

一　はじめに
二　設例の提示及び検討
三　本判決の検討
四　まとめ

一　はじめに

1　検討課題とする最高裁判決

　控訴審における不利益変更禁止の原則に関する著名な最高裁判決がある。
　それは、最高裁判決昭和61年9月4日（裁判集民事148号417頁）である（以下「本判決」という。）。
　本判決は、相殺の抗弁に関連して、控訴審における不利益変更禁止の原則に言及しているものである。

2　本稿での検討事項及び検討方法

　本稿は、本判決に関し、その説示に賛成できないものがあることを論ずるものである。
　しかし、その説示に賛成できない理由は、複雑であるため、まず、二において、比較的判断が容易な事例を設定して検討を進め、三において、本判決の説示に賛成できないものがあることを論ずるという方法を採用する。

二 設例の提示及び検討

1 設例の提示
（1）基本的な事実関係

Xは、平成25年3月4日、Yに対し、200万円を弁済期について同月28日と定めて貸し付けた（以下、その債権を「訴求債権」という。）。

（2）第1審の経緯

（a）Xの訴えの提起

Xは、平成27年2月1日、Yに対し、訴求債権200万円の支払を求めて、東京地方裁判所に訴えを提起した。

その請求の趣旨は、「Yは、Xに対し、200万円を支払え。」というものであった。

（b）Yの相殺の抗弁

Yは、第1審において、訴求債権を受働債権とし、下記債権を自働債権として相殺する旨の意思表示をした（以下「本件相殺の抗弁」という。）。

記

Yは、平成26年3月1日、Xに対し、300万円を弁済期について同月31日と定めて貸し付けた（以下、その債権を「反対債権」という。）。

（c）裁判所の判断

東京地方裁判所は、平成28年1月15日、口頭弁論を終結して判決言渡期日を同年2月1日と指定し、同日、XのYに対する訴求債権及びYのXに対する反対債権のいずれも認められるとして、Yの主張した本件相殺の抗弁を認め、Xの請求を棄却する旨の判決を言い渡した。

（3）控訴審の経緯

Xは、第1審の判決がYのXに対する反対債権の成立を認めたことを争って、東京高等裁判所に対し、平成28年2月10日、控訴を提起した。控訴の趣旨は、「原判決を取り消す。Yは、Xに対し、200万円を支払え。」というものであった。

しかし、控訴審の途中の同年5月10日に、Yは、Zから「Xは、第1審係属中の平成27年6月1日、Zに対し、訴求債権を代金150万円で売り、もって、Zは、その債権の譲渡を受けた。」（以下「本件債権譲渡」という。）旨の通知を受け

た。その通知には、XとZとの間の債権譲渡契約書及びXの印鑑登録証明書の写しが添付されており、その債権譲渡契約書は、真正に成立したものと思われた。

そこで、Yは、控訴審において、本件債権譲渡があったことを抗弁として主張した。この抗弁は、時機に後れたものではなかった。

東京高等裁判所は、Zの証人尋問を実施するなどして本件債権譲渡があったとの心証を得た。

（4）問　題

以上の事実関係の下において、控訴審である東京高等裁判所は、いかなる理由に基づいていかなる主文の判決を言い渡すべきか。また、その控訴審判決の既判力は、何について（とりわけ、相殺の抗弁について）生ずるか。

なお、Yは、控訴していないし、附帯控訴をもしていない。

2　設例の検討
（1）控訴審における訴訟物及び審理の範囲
（a）訴訟物

控訴審における訴訟物は、XのYに対する訴求債権200万円の支払請求権である。この点は、異論のないところである。

（b）審理の範囲
ア　制限説と無制限説

控訴審の審理の範囲については、おおむね、次の2つの説がある。

一つは、控訴審の審理の範囲は、Yの主張する本件相殺の抗弁の成否（とりわけ、反対債権300万円の有無）であり、他の点は、審理の範囲に属さないという説である[1]。この説は、Xのみが控訴しているものであって、Xの控訴の意図は、Yの主張する本件相殺の抗弁が成立しないことを争うものであるところ、Yは、控訴も附帯控訴もしていないから、Yの主張する本件相殺の抗弁の成否以外の事由は、控訴審の審理事項にはなりえないという考え方に立つものである。以下、これを制限説という。制限説は、少数説である。

もう一つは、控訴審の審理の範囲は、訴訟物に関する全ての事項に及ぶものであって、YのXに対する本件相殺の抗弁の成否に限定されることはないという

1　右田堯雄「民事控訴審実務の諸問題（四）」判例タイムズ288号19頁、賀集唱「相殺の抗弁と控訴審判の範囲」兼子一編『実例法学全集民事訴訟法（上）』（青林書院新社・1963年）342頁以下。

説である[2]。この説は、Xのみが控訴しているとしても、控訴審の審理の範囲が控訴人の意図に限定されるということはなく、控訴審においても審理の対象が訴訟物である以上、その訴訟物の成否に関する全ての事由が審理事項となるという考え方に立つものである。以下、これを無制限説という。無制限説は、多数説であり、実務が採用しているといってよい[3]。

　イ　無制限説が相当であること

　確かに、Yも控訴又は附帯控訴をすることができながらそれをしていない以上[4]、Yに本件相殺の抗弁の成否以外の点について争う機会を与える必要がないとも考えられる。しかし、第1に、本設例のように、Yが第1審においては主張できなかったような抗弁についてYが控訴も附帯控訴もしない以上は主張できなくなるというのは、不当であろう。第2に、Yが第1審において主張していたが第1審が採用しなかった抗弁についても、審理の範囲に属さないというのは、民事訴訟が続審制度を採用していることに照らすと、にわかに賛成できない。つまり、民事訴訟においては、第1審の判決について控訴がされると、その判決は確定せず、控訴審においては、第1審の判決には何らの拘束力もないものとして審理判断を進めるという制度を採用しているのであるから、控訴審の審理の範囲が、控訴人の意図に限定されるとすることは、続審制度にそぐわないものと考えられる。したがって、無制限説が相当であると考えられる。

---

[2]　新堂幸司『新民事訴訟法［第五版］』（弘文堂・2011年）902頁、伊藤眞『民事訴訟法　第4版補訂版』（有斐閣・2014年）700頁、上田徹一郎『民事訴訟法［第5版］』（法学書院・2007年）584頁、中野貞一郎ほか編『新民事訴訟法講義［第2版補訂2版］』（有斐閣・2009年）611頁、兼子一ほか『条解民事訴訟法［第2版］』（弘文堂・2011年）1583頁、秋山幹男ほか『コンメンタール民事訴訟法Ⅵ』（日本評論社・2014年）218頁、髙橋裕成ほか『注釈民事訴訟法第5巻』（有斐閣・2015年）202頁、高橋宏志『重点講義民事訴訟法［下］第2版補訂版』（有斐閣・2014年）631頁、石川明「相殺と民訴法第三八四条」判例タイムズ225号2頁、塚原朋一「時の判例」ジュリスト878号76頁、山本克己「相殺の抗弁と不利益変更禁止の原則」ジュリスト879号63頁、青木哲「不利益変更の禁止（1）」民事訴訟法判例百選第4版・別冊ジュリスト201号239頁。

[3]　本判決も、その判示の内容から、無制限説を採用していることが明らかである。

[4]　本設例では、Yが一審においては相殺の抗弁しか主張していないうえ、控訴審になって初めて債権譲渡の事実を知ったため、Yが控訴することは通常は想定されない。しかし、Yが債権譲渡の事実を知った後に、附帯控訴をすることはできる。附帯控訴は、民事訴訟法293条1項が規定するとおり、控訴権が控訴期間の経過によって消滅した後であっても、口頭弁論の終結に至るまですることができるからである。また、附帯控訴した場合には、その付帯控訴の趣旨は、「原判決を取り消す。Xの請求を棄却する。訴訟費用は、第1、2審を通じて、Xの負担とする。」というものになり、控訴審裁判所の判決主文は、Yの主張を認めるときは、上記控訴の趣旨と同じものとなる。

（2）相殺の抗弁と債権譲渡の抗弁との審理における関係

本設例における本件相殺の抗弁は、予備的抗弁であって、本件債権譲渡の抗弁が認められるときには審理されることのない抗弁であると解するのが通説である[5]。

すなわち、控訴審の審理の順序として、まず、本件債権譲渡の抗弁が認められるか否かを審理し、これが認められるといえる場合には、本件相殺の抗弁は審理されることがなくなるが、本件債権譲渡の抗弁が認められるといえない場合には、本件相殺の抗弁の成否について審理する必要があることになる。

（3）控訴棄却判決が有する既判力の内容

（a）控訴棄却判決と訴訟物との関係

控訴審は、本件債権譲渡の抗弁が成立するとの心証を得たのであるから、相殺の抗弁について判断することなく、Xの請求を棄却すべきことになるが、第1審判決も異なる理由ではあるが請求を棄却しているところであるから、控訴審としては、「Xの控訴を棄却する。」との主文を掲げれば、Xの提示した訴訟物についての判断を示したことになる。

すなわち、控訴棄却判決は、第1審における請求棄却判決の主文を踏まえてされるものであるから、Xの提示した訴訟物についてこれを認めないという判断を主文で示すものである。

（b）控訴棄却判決と相殺の抗弁との関係

ア　問題の提示

ところで、その控訴棄却判決は、YのXに対する反対債権の関係で、既判力が生ずるものであろうか。

イ　条文の確認

民事訴訟法114条1項は、「確定判決は、主文に包含するものに限り、既判力を有する。」と定め、同条2項は、「相殺のために主張した請求の成立又は不成立の判断は、相殺をもって対抗した額について既判力を有する。」と定めている。

ウ　民事訴訟法114条1項の解釈の確認

5　兼子一『新修民事訴訟法体系＝増訂版＝』（酒井書店・1954年）344頁、三ヶ月章『民事訴訟法』（有斐閣・1959年）282頁、新堂幸司・前掲『新民事訴訟法［第5版］』464頁、700頁、伊藤眞・前掲『民事訴訟法　第4版補訂版』321頁、上田徹一郎・前掲『民事訴訟法［第5版］』289頁、中野貞一郎ほか編・前掲『新民事訴訟法講義［第2版補訂2版］』379頁、三谷忠之『民事訴訟法講義［第3版］』（成文堂・2011年）154頁、兼子一ほか・前掲『条解民事訴訟法［第2版］』546頁、秋山幹男ほか『コンメンタール民事訴訟法Ⅱ第2版』（日本評論社・2006年）469頁。

民事訴訟法114条1項は、確定判決は、主文に包含するものに限り既判力を有すると定める。
　すなわち、その反対解釈として、確定判決は、理由中の判断については既判力を有しないということになる[6]。貸金請求事件における請求棄却の判決でいえば、請求棄却の理由は、①その貸金債権が成立するための金銭消費貸借契約があったとは認められないこと、②その契約があったが、公序良俗に違反して無効であるといえること、③その貸金債権があったが、弁済により消滅したこと、④その貸金債権があったが、債権譲渡によって原告が権利者ではなくなったこと、⑤その貸金債権があったが、時効により消滅したことなど種々のものがありうるが、その理由についての既判力はないということになる。もっとも、訴え却下の判決の場合には、理由中の判断によって特定される事由（例えば、原告に当事者適格がないこと、既に債務名義があるため訴えの利益がないこと）について既判力が発生するということになる。
　民事訴訟法114条1項が、主文に包含するものに限り既判力を有し、理由中の判断に既判力を有しないとする制度設計は、次の理由による。
　第1に、裁判所の審理判断の迅速性及び簡明性を確保するためである。すなわち、理由中の判断に既判力を認めなければ、上記貸金請求事件の例でいえば、⑤の消滅時効期間の経過により原告の主張する債権の消滅が明らかである場合であれば、その他の点について審理判断するまでもなく、原告の請求を棄却することができ、迅速な裁判をすることができる。この逆に、理由中の判断に既判力を認めるとなると、裁判所が⑤の消滅時効期間の経過により原告の主張する債権が消滅しているとして請求を棄却しても、被告は、①②③④という他の理由によって請求を棄却すべきであるとして控訴することを認める必要が生じ、簡明ではなく複雑なものとなる。
　第2に、当事者の裁判所に対して期待するものは、一般的には、原告の被告に対する請求の当否という結論部分にあり、その理由の詳細にまで及ぶものとは思

---

[6] 兼子一・前掲『新修民事訴訟法体系＝増訂版＝』342頁、三ヶ月章・前掲『民事訴訟法』122頁、新堂幸司・前掲『新民事訴訟法［第5版］』697頁、伊藤眞・前掲『民事訴訟法　第4版補訂版』523頁、上田徹一郎・前掲『民事訴訟法［第5版］』470頁、中野貞一郎ほか編・前掲『新民事訴訟法講義［第2版補訂2版］』468頁、三谷忠之・前掲『民事訴訟法講義［第3版］』232頁、兼子一ほか・前掲『条解民事訴訟法［第2版］』534頁、秋山幹男ほか・前掲『コンメンタール民事訴訟法Ⅱ第2版』457頁。

われないからである。
　エ　民事訴訟法114条２項の解釈の確認
　Ⅰ　理由中の判断についての既判力の拡張
　しかしながら、民事訴訟法114条２項は、理由中の判断に属するところの相殺の抗弁の成否に関する判断には、既判力を有することを認める。その理由は、次のとおりである。
　第１に、相殺の抗弁の成否に関する判断は、相殺に供される反対債権の存否の判断を必要とするところ、反対債権は、被告の原告に対する反対債権であって、その反対債権は、被告が原告に対して反訴の訴訟物として提示することもできるものであり、訴訟物と類似の性質を有するといえる。
　第２に、相殺の抗弁の成否に関する判断に既判力を有するものとしないと、①反対債権があるとして相殺の抗弁が認められ訴求債権が消滅したとして原告の請求が棄却された場合であっても、被告は、その後、原告に対し、反対債権に基づく請求をすることを妨げられず、また、②反対債権がないとして相殺の抗弁が認められず原告の請求が認容された場合であっても、被告は、その後、原告に対し、反対債権に基づく請求を妨げられないことになり、このような事態は、被告に対して訴訟上、反対債権の２度の利用を認めることになり不合理である。
　Ⅱ　既判力が発生する場合
　相殺の抗弁が主張され、これが審理された場合には、①その反対債権があると認定されながらも訴求債権との相殺によって消滅したときには、その消滅した部分について不存在であることが既判力をもって確定され、②その反対債権がないと認定されたときには、そのないと認定された部分について不存在であることが既判力をもって確定される。
　しかし、相殺の抗弁が審理されなかった場合、すなわち、相殺の抗弁があったものの、他の抗弁が認められることにより相殺の抗弁が審理されなかった場合は、相殺の抗弁に供された反対債権について既判力の発生する余地はない。
　Ⅲ　相殺の抗弁が審理された場合の既判力の内容
　相殺の抗弁が審理された場合であって、上記Ⅱの①のとき、すなわち、その反対債権があると認定されながらも訴求債権との相殺によって消滅したときには、その消滅した部分について不存在であること（以下「不存在事項」という。）が既判力をもって確定されることに争いがないが、さらに、「その反対債権が存在しな

がらもその反対債権が相殺によって消滅したこと」（以下「存在及消滅事項」という。）についても既判力が生ずるものか否かについては、争いがある。

多数説は、不存在事項についてのみ既判力が認められ、存在及び消滅事項については既判力が生じないという[7]。

少数説は、不存在事項のみならず存在及び消滅事項についても既判力が生ずるという[8]。

しかし、民事訴訟にあっては、訴えの対象である訴訟物に関しても、これを結論的にないものとする判断についての既判力は、その不存在についてのみ既判力が生ずるとしているものであり、その訴訟物がそもそも有効に存在したことや、そして、それが存在したとしても消滅したことについて既判力があるとされるものではない。

それとの対比からしても、相殺の抗弁に供された反対債権についても、同様に、その不存在についてのみ既判力が生ずるという解釈が正当であろう。

オ　相殺の抗弁について控訴審で判断されなかった場合

そして、第1審において相殺の抗弁が審理され、相殺の抗弁が成立するとして、訴求債権について請求棄却の判決がされた場合に、その判決が確定すれば、その相殺の抗弁に供された反対債権の不存在について既判力が生ずることは当然であるが、その判決について控訴があり、控訴審において他の抗弁が認められることによって相殺の抗弁が審理されなかった場合には、本来であれば、すなわち、後記の控訴審における不利益変更禁止の原則の適用を認めるのでなければ、相殺の抗弁に供された反対債権について既判力の発生する余地はない。

すなわち、本設例に則していえば、控訴審としては、控訴棄却の判決を言い渡すことによって、XのYに対する訴求債権200万円の支払請求権がないことを主文で明らかにするとともに、理由中において、本件債権譲渡の抗弁が成立することを認定し、相殺の抗弁については何らの判断を示していないのであるから、YのXに対する反対債権300万円について既判力の発生する余地はない。

---

[7] 三ケ月章・前掲『民事訴訟法』124頁、新堂幸司・前掲『新民事訴訟法［第5版］』699頁、伊藤眞・前掲『民事訴訟法　第4版補訂版』526頁、上田徹一郎・前掲『民事訴訟法［第5版］』473頁、中野貞一郎ほか編・前掲『新民事訴訟法講義［第2版補訂2版］』470頁、三谷忠之・前掲『民事訴訟法講義［第3版］』234頁、兼子一ほか・前掲『条解民事訴訟法［第2版］』546頁、秋山幹男ほか・前掲『コンメンタール民事訴訟法Ⅱ第2版』468頁以下。

[8] 兼子一・前掲『新修民事訴訟法体系＝増訂版＝』344頁。

(4) 原判決を取り消す必要性の有無

以上の次第で、控訴審としては、原判決を取り消す必要がない。

原判決を取り消す必要があるという考え方は、控訴棄却判決では、第1審の判決の主文に係る判断(すなわち、Xの訴求債権の不存在の判断)のみならず、理由中の判断の一部であるところの相殺の抗弁についての判断も確定してしまうという考え方に立つものであろう。

しかし、控訴棄却判決は、その理由中で、本件債権譲渡があったためにXの請求には理由がないとの判断を示しているものであり、本件相殺の抗弁については何らの判断を示していないのであるから、第1審の判決の理由中の判断の一部であるところの相殺の抗弁が審理の対象として存続していると解することはできず、それゆえに、後記の控訴審における不利益変更禁止の原則の適用を認めるのでなければ、控訴棄却判決によって本件相殺の抗弁に関して既判力の発生の余地はありえないものである。

それゆえに、控訴審としては、原判決を取り消す必要がない。

なお、控訴審として、原判決を取り消すことが可能か否かについては、後記の不利益変更禁止の原則の関係で問題となり、結論として可能ではないが、それは、原判決を取り消す必要があるか否かとは、別の問題である。

(5) 不利益変更禁止の原則の作用の範囲

(a) 条文の確認

民事訴訟法304条は、「第1審判決の取消し及び変更は、不服申立ての限度においてのみ、これをすることができる。」と定めている。

(b) 民事訴訟法304条の解釈の確認

ア 基本

民事訴訟法304条は、控訴審の判決のあり方について、当事者の不服申立ての範囲を超えることが許されないことを宣言しているものであり、この宣言は、控訴審裁判所の判断を制限する行為規範であると解される。

その宣言の内容は、2つの方向から把握されなければならない。

一つの方向は、当事者の申立ての範囲を超えてその当事者に有利なものとしてはならないというものであり、控訴審における「利益」変更禁止の原則といわれている[9]。これは、民事訴訟法246条が「裁判所は、当事者が申し立てていない事項について、判決をすることができない。」と定めているところ、この規範(い

わゆる処分権主義を定めた規範）が控訴審においても妥当することを確認したものということができる。具体的にいえば、控訴人が原判決の認容額100万円を不服であるとして、認容額を200万円とすべきであるとして控訴した場合に、裁判所が認容額を300万円とすることができないということになる。この判定は、容易である。なぜならば、当事者の不服申立ての範囲は、控訴審における判決主文に対応すべきところの「控訴の趣旨」として明示されているからである。

　もう一つの方向は、当事者の申立ての範囲を超えてその当事者に不利益なものとしてはならないというものであり、控訴審における「不利益」変更禁止の原則といわれている[10]。しかし、「当事者の申立ての範囲を超えてその当事者に不利益なものとしてはならない」という文言は、一義的にその内容を確定しがたいところがある。別の言い方をすれば、「控訴審における不利益変更禁止の原則」がどのような内容のものであるのかについては、多義的な解釈が可能であると思われる。なぜならば、当事者の不服申立ての範囲は、控訴審における判決主文に対応すべきところの「控訴の趣旨」として明示されているものの、「不利益」であるか否かは、第1審判決との対比を避けることができず、第1審判決との対比上の「不利益」の範囲については、解釈の余地がありうるからである。

　イ　想定できる解釈

　不利益変更禁止の原則に関して、その不利益の範囲について、いくつかの解釈が想定できるが、ここでは、Ⅰ　第1審判決の主文の範囲のみとする説（以下「主文説」という。）、Ⅱ　第1審判決の主文のみならず、理由中の判断を含む範囲とする説（以下「主文＋理由」説という。）、Ⅲ　第1審判決の主文のみならず、相殺の抗弁に関する判断を含む範囲とする説（以下「主文＋相殺」説という。）、Ⅳ

　9　兼子一・前掲『新修民事訴訟法体系＝増訂版＝』455頁、新堂幸司・前掲『新民事訴訟法［第5版］』901頁、伊藤眞・前掲『民事訴訟法　第4版補訂版』699頁、上田徹一郎・前掲『民事訴訟法［第5版］』584頁、中野貞一郎ほか編・前掲『新民事訴訟法講義［第2版補訂2版］』611頁、三谷忠之・前掲『民事訴訟法講義［第3版］』334頁、兼子一ほか・前掲『条解民事訴訟法［第2版］』1582頁、秋山幹男ほか・前掲『コンメンタール民事訴訟法Ⅵ』212頁、高橋宏志・前掲『重点講義民事訴訟法［下］第2版補訂版』629頁。

　10　兼子一・前掲『新修民事訴訟法体系＝増訂版＝』455頁、新堂幸司・前掲『新民事訴訟法［第5版］』902頁、伊藤眞・前掲『民事訴訟法　第4版補訂版』699頁、上田徹一郎・前掲『民事訴訟法［第5版］』584頁、中野貞一郎ほか編・前掲『新民事訴訟法講義［第2版補訂2版］』611頁、三谷忠之・前掲『民事訴訟法講義［第3版］』335頁、兼子一ほか・前掲『条解民事訴訟法［第2版］』1583頁、秋山幹男ほか・前掲『コンメンタール民事訴訟法Ⅵ』212頁、高橋宏志・前掲『重点講義民事訴訟法［下］第2版補訂版』629頁。

第1審判決の主文のみならず、相殺の抗弁に関する判断のほか、他の若干の理由中の判断を含む範囲とする説（以下「主文＋相殺＋アルファ」説という。）という4つの説を検討することにする。

Ⅰ　主文説

主文説は、控訴審は、主文についてのみ、控訴人に対して、第1審判決よりも不利益な判断をすることが許されないという説である。

主文説は、簡明であり、民事訴訟法304条の条文の文言にも沿い、さらに、判断基準が明確である。

例えば、本設例と同様としながらも、訴訟物である訴求債権が300万円であり、相殺の抗弁に供される反対債権が200万円であるという点のみを異にする類似設例で考えると、第1審は、訴求債権も反対債権もその存在が認められ、そのうえで、相殺の抗弁によって対当額で消滅すると判断するものであるから、「Yは、Xに対し、100万円を支払え。Xのその余の請求を棄却する。」旨の判決を言い渡すことになり、控訴審としては、債権譲渡の抗弁を認めるのであるから、相殺の抗弁について審理判断することなく、訴求債権がないものと判断するものであるところ、Yの控訴も附帯控訴もないから、ここに不利益変更禁止の原則が働き、「原判決中、Xの請求を認容した部分を取り消す。上記部分についてのXの請求を棄却する。」という判決を言い渡すことができず、「Xの控訴を棄却する。」という判決を言い渡すことができるに過ぎないことになり、この控訴審判決が確定することによって、YのXに対する訴求債権のうち100万円の支払義務を肯定する部分に既判力が発生するとともに、反対債権200万円の不存在については何らの既判力も発生しないことになる。

この説は、民事訴訟法304条を処分権主義の控訴審における確認規定と理解することを基礎とするものである。

なお、主文説を明確に述べるものはないようである。

Ⅱ　主文＋理由説

主文＋理由説は、控訴審は、主文についても理由中の判断についても、控訴人に対して、第1審判決よりも不利益な判断をすることが許されないという説である。

しかし、この説は、民事訴訟法114条1項が、確定判決は主文に包含するものに限り既判力を有すると定め、同条2項が理由中の判断であっても相殺の抗弁に関連しては反対債権の不存在についてのみ既判力を有するとする趣旨を定めてい

ることに反するものであって、採用できない。実質的にいえば、この説は、前記（3）の（b）のウで確認したとおりの、理由中の判断に既判力を有しないとする制度設計の趣旨に反するということになる。

また、この説は、民事訴訟法304条の文言にも沿わない。

すなわち、第1に、民事訴訟法304条は、「第1審判決の取消し及び変更は、不服申立ての限度においてのみ、これをすることができる。」と定めているところ、「第1審判決の取消し及び変更」という文言は、判決の主文を対象とした言葉としては自然であるが、判決の理由を対象とした言葉としては自然ではない。すなわち、民事訴訟法において裁判所の判断に関して「取消し」又は「取り消す」という言葉を使用している条文は多くあるが（控訴に限定しなければ、79条1項、84条、120条、172条などがあり、控訴に限定していえば、304条から309条までにある。）、また、裁判所の判断に関して「変更」という言葉を使用している条文も多くあるが（控訴に限定しなければ、67条2項、93条などがあり、控訴に限定していえば、296条1項、303条3項、304条にある。）、そのいずれも、結論としての判断、すなわち主文を覆す場合を意味し、理由の「取消し」又は「変更」を意味するものではないからである。理由については、控訴審の判断が第1審の判断と異なる場合には、理由の「取消し」又は「変更」という表現をせず、通常は、理由の「差替え」をするとか、「異なる」理由をもって同じ結論に至るとかいう表現をするものである。

また、第2に、「不服申立ての限度」という文言は、不服申立ての「範囲」の限度という意味であると解釈することが自然であり、不服申立ての「範囲及び理由」の限度という意味に解することは、上記の第1の解釈と平仄が合わないことになるほか、仮に、この文言について、不服申立ての「範囲及び理由」の限度という意味であるという解釈を採用するとすれば、控訴審の審理の範囲について制限説を採用することと同様になり、控訴審における審理の範囲について無制限説を採用すべきこと（この点は、先に、（1）の（b）のところで検討したとおりである。）と背馳することになる。すなわち、控訴審が、不服申立ての「理由」に拘束された審理をすることしかできないとすれば、本設例では、Xの不服申立ての「理由」は、第1審が反対債権の存在を認めたことにあるのであるから、控訴審における審理の範囲が訴求債権の存否には及ばないことになるという制限説を論理的に帰結することになるところ、控訴審における審理の範囲に関しては制限説が相

当ではなく、無制限説が相当であるとした前記（1）の（b）の解釈と背馳することになる。

なお、主文＋理由説を明確に述べるものはないようである。

Ⅲ　主文＋相殺説

主文＋相殺説は、控訴審は、主文及び理由中の判断のうちでも相殺の抗弁に関する部分のみについて、控訴人に対して、第1審判決よりも不利益な判断をすることが許されないという説である。

主文＋相殺説は、民事訴訟法114条2項が、判決が確定した場合に、相殺の抗弁に供された反対債権の不存在についても既判力が生ずるとしていることを考慮した説である。

しかし、主文＋相殺説に対しては、主文＋理由説で指摘したところの民事訴訟法304条の文言に沿わないという指摘をすることができる。

なお、主文＋相殺説は、通説であるといえる[11]。また、本判決は、この説を採用しているといえる。

Ⅳ　主文＋相殺＋アルファ説

主文＋相殺＋アルファ説は、控訴審は、主文並びに理由中の判断のうちでも相殺の抗弁に関する部分及び理由中の判断のうちの全ての事項ではないがある特定の事項については、控訴人に対して、第1審判決よりも不利益な判断をすることが許されないという説である。

そのアルファに該当する特定の事項の具体例として、次のようなものがあげられている。すなわち、第1審判決が、訴求債権について履行期が到来していないという理由をもってXの請求を棄却した場合に、Xのみが控訴したときは、控訴審が、訴求債権について弁済によって消滅したという理由でXの請求を棄却することは許されず、仮に、控訴審判決がそのような理由中の判断を示し、かつ、同判決が確定したとしても、判決の既判力としては、不利益変更禁止の原則

---

[11] 兼子一・前掲『新修民事訴訟法体系＝増訂版＝』455頁、新堂幸司・前掲『新民事訴訟法［第5版］』902頁、伊藤眞・前掲『民事訴訟法　第4版補訂版』700頁、中野貞一郎ほか編・前掲『新民事訴訟法講義［第2版補訂2版］』611頁注10、兼子一ほか・前掲『条解民事訴訟法［第2版］』1583頁、秋山幹男ほか・前掲『コンメンタール民事訴訟法Ⅵ』218頁、高田裕成ほか『注釈民事訴訟法第5巻』201頁、高橋宏志・前掲『重点講義民事訴訟法［下］第2版補訂版』631頁、石川明・前掲「相殺と民訴法第三八五条」4頁、塚原朋一・前掲「時の判例」76頁、山本克己・前掲「相殺の抗弁と不利益変更禁止の原則」62頁、青木哲・前掲「不利益変更の禁止（1）」239頁。

の適用があり、第1審判決のとおり、訴求債権はあるが履行期が到来していないという判断が確定するというものである[12]。

しかし、主文＋相殺＋アルファ説に対しては、主文＋理由説で指摘したところの民事訴訟法304条の文言に沿わないという指摘をすることができる。

また、主文＋相殺＋アルファ説を採用すると、何が具体的にアルファに該当するのかが不明確である。

そして、アルファに該当する特定の事項としてあげられた上記の具体例でいえば、主文＋相殺＋アルファ説を採用すると、Yが控訴審の途中で弁済をしたときには、Yは、附帯控訴をしなければならなくなり、その附帯控訴の趣旨は、「原判決を取り消す。Xの請求を棄却する。」というものにならざるをえないが、このような附帯控訴の趣旨は、元々、第1審判決が「Xの請求を棄却する。」というものであるにもかかわらず、Yにおいて、理由の差替えのために、原判決の取消し及び再度のXの請求棄却を求めなければならないとするものであって、Yにおいてそのような不自然な附帯控訴をしなければならないとするのは相当ではないし、控訴審判決としても、「Xの請求を棄却する。」という結論が第1審判決と異ならないにもかかわらず、理由の差替えのためだけに、「原判決を取り消す。Xの請求を棄却する。」という判決を言い渡さざるをえないというのも、不自然である。

　ウ　まとめ

控訴審における不利益変更禁止の原則の適用範囲については、少なくとも以上のような4つの説が想定されうるところ、民事訴訟法304条の文言を重視し、かつ、同条が民事訴訟法246条の定めるいわゆる処分権主義の控訴審における確認規定と解する立場からは、主文説が相当であると解される。他の説は、いずれも、民事訴訟法304条の文言を超える不利益変更禁止の原則を肯定するものであり、相当ではない。

もっとも、この主文説は、これまでに見当たらない説であるとはいえる。

3　まとめ

以上の検討結果によれば、本設問については、控訴審は、「本件控訴を棄却す

---

[12]　兼子一ほか・前掲『条解民事訴訟法［第2版］』1583頁、秋山幹男ほか・前掲『コンメンタール民事訴訟法Ⅵ』219頁。

る。」との主文の判決をすべきであり、その理由中において、本件債権譲渡があって訴求債権が不存在であるとの認定したうえ、相殺の抗弁に関しては何らの判断をも示す必要がなく、そして、その控訴審の判決について、控訴審における不利益変更禁止の原則は主文についてのみ適用されるという見解（主文説）を採用すると、第1審の相殺の抗弁に関する判断は何らの効力をも有しないものであるということになる。

三　本判決の検討

1　事案の概要

本判決の事案の概要は、次のとおりである。なお、利息、遅延損害金の請求に関するもの及び請求の拡張に関するものは省略し、当事者が複数である点は、単数に置き換え、また、当事者の主張について不適切な点は、本問題を理解するために分かりやすく善解するものとした[13]。

（1）第1審の経緯

（a）Xの訴えの提起

Xは、Yを被告として、青森地方裁判所十和田支部に対して訴えを提起した。その請求の趣旨は、「Yは、Xに対し、172万8191円を支払え。」というものであり、その請求原因は、「Xは、昭和49年3月4日、Yに対し、200万円を弁済期について同月28日との約定で貸し付けた（以下、この契約を「本件消費貸借契約」といい、その債権を「訴求債権」という。）。」というものであり、一部弁済金を控除して請求をした。

（b）Yの認否及び抗弁

Yは、請求原因事実を認めるとともに、次の2つの抗弁を主張した。

ア　公序良俗違反無効

本件消費貸借契約は、Yが賭博開帳の資金にしようとし、Xがこれを知りながら締結されたものであり、公序良俗に違反して無効である。

イ　相殺

XとYとは、昭和49年9月29日、XがYに対して甲土地建物を代金500万

13　事案の概要は、塚原朋一・前掲「時の判例」74頁以下及び本判決の上告理由書による。

で売る旨の売買契約を締結し、YがXに対し同日代金の内金200万円を支払ったが、その後の同年11月初め頃、XとYとは、上記売買契約を合意解除した。よって、YはXに対して200万円の売買代金返還請求権を有する（以下「反対債権」という。）。そこで、Yは、Xに対し、本訴訟において、訴求債権を受働債権とし、反対債権を自働債権として、相殺する旨の主張をした。

(c) 第1審の判決

第1審は、訴求債権の存在を認め（これは当事者間に争いがない事実から認められる。）、本件消費貸借契約についての公序良俗違反無効の抗弁を採用せず、反対債権の存在を認め、相殺の抗弁を認めて、その結論として、Xの請求を棄却した。

(2) 控訴審の経緯

(a) Xの控訴の提起など

Xは、第1審判決が不服であるとして、控訴を提起した。Yは、控訴も、附帯控訴もしなかった。

(b) 控訴審の判決

控訴審である仙台高等裁判所は、訴求債権の存在を認め、本件消費貸借契約についての公序良俗違反無効の抗弁を採用せず、反対債権が認められないとして相殺の抗弁を認めず、その結論として、Xの請求を認容した。

(3) 上告審の経緯

Yは、控訴審判決が不服であるとし、上告を提起し、その理由として、第1審において主張したのと同様に、公序良俗違反無効の抗弁と相殺の抗弁を主張した。

2　本判決

(1) 概　要

上告審である最高裁判所は、訴求債権の存在を認め、公序良俗違反無効の抗弁を採用し、相殺の抗弁について審理判断することなく、Xの請求を棄却すべきものと判断し、破棄自判することとした。

そこで、本判決の主文は、「原判決を破棄する。Xの本件控訴を棄却する。」というものであり、「原判決を破棄する。第1審判決を取り消す。Xの本件請求を棄却する。」というものではなかった。

本判決は、この判決主文のあり方及び相殺の抗弁に関しても既判力の発生の余地があるか否かについて、判示している。

(2) 判 示

「本件訴訟の経緯についてみるに、記録によれば、(一) 第一審は、被上告人の本件貸金請求につき本件金銭消費貸借契約は公序良俗に違反しないなどとして貸金債権が有効に成立したことを認めたものの、右貸金債権は、上告人らの主張する反対債権である売買代金返還請求債権と対当額で相殺されたことによりその全額につき消滅したとして、被上告人の本件貸金請求を棄却する旨の判決をした、(二) 第一審判決に対しては、被上告人のみが控訴し、上告人らは控訴も附帯控訴もしなかつた、(三) 原審は、被上告人の貸金債権については、第一審判決と同じく公序良俗違反などの抗弁を排斥してその有効な成立を認めたうえ、上告人らの主張する相殺の抗弁については、反対債権は認められないとしてこれを排斥し、被上告人の本件貸金請求（原審における請求の拡張部分を含む。）を認容する判決をした、(四) 上告人らは、原判決の全部につき上告の申立をした、というものであるところ、本件のように、訴求債権が有効に成立したことを認めながら、被告の主張する相殺の抗弁を採用して原告の請求を棄却した第一審判決に対し、原告のみが控訴し被告が控訴も附帯控訴もしなかつた場合において、控訴審が訴求債権の有効な成立を否定したときに、第一審判決を取り消して改めて請求棄却の判決をすることは、民訴法一九九条二項に徴すると、控訴した原告に不利益であることが明らかであるから、不利益変更禁止の原則に違反して許されないものというべきであり、控訴審としては被告の主張した相殺の抗弁を採用した第一審判決を維持し、原告の控訴を棄却するにとどめなければならないものと解するのが相当である。そうすると、本件では、第一審判決を右の趣旨において維持することとし、被上告人の本件控訴を棄却し、また被上告人の原審における請求の拡張部分を棄却すべきことになる。」

3 検 討

上告審は、破棄自判するに当たり、控訴審と同じ立場から、結論を出すことになる。その結論として、本件の場合に、前記二の2の（5）の（b）のイで検討した「主文＋相殺説」又は「主文＋相殺＋アルファ説」を採用すれば、本判決の説示は、相当であることになる[14]。

---

14 本判決については、注2掲記のほとんど全ての文献が本判決を引用したうえでその判示に賛成している。

しかし、「主文説」を採用すれば、本判決の説示は、次のとおりとする限度で相当であるが、その余の説示は相当でないことになる。

すなわち、「第一審判決を取り消して改めて請求棄却の判決をすることは、控訴した原告に不利益であることが明らかであるから、不利益変更禁止の原則に違反して許されないものというべきであり、控訴審としては第一審判決を維持し、原告の控訴を棄却するにとどめなければならない」となる。

そして、除去しなければならない部分は、以下の傍点部分である。すなわち、「第一審判決を取り消して改めて請求棄却の判決をすることは、民訴法一九九条二項に徴すると、控訴した原告に不利益であることが明らかであるから、不利益変更禁止の原則に違反して許されないものというべきであり、控訴審としては被告の主張した相殺の抗弁を採用した第一審判決を維持し、原告の控訴を棄却するにとどめなければならない」という傍点部分である。

四　まとめ

民事訴訟法304条が「控訴審における不利益変更禁止の原則」についても触れていることは間違いない。しかし、その原則については、同条の文言及び趣旨から遊離して「不利益」であるのか否かが議論されてきたようにも思える。

本稿は、同条の文言及び趣旨に忠実に解釈するとすれば、同条が機能する範囲は、主文に限定され、理由については一切機能しないという考え方が相当ではないかという考え方を示したものである。

不利益変更禁止の原則と「合一確定の必要」

宮　川　　　聡

一　はじめに
二　不利益変更禁止の原則
三　必要的共同訴訟における「合一確定の必要」と不利益変更禁止の原則
四　独立当事者参加訴訟における「合一確定の必要」
五　おわりに

一　はじめに

　周知ように、判例は、必要的共同訴訟と独立当事者参加訴訟において、適切な結論を導き出すために「合一確定の必要」による不利益変更禁止の原則の制限を認めている。しかし、必要的共同訴訟における「合一確定の必要」と、民訴法47条により40条1項ないし3項が準用されている独立当事者参加訴訟における「合一確定の必要」とでは、その意味するところが大きく異なり、同列に論じることは適切ではない。そこで、この二つの場合について、不利益変更禁止の原則を制限ないし修正する原理としての「合一確定の必要」について考えてみたい。
　なお、筆者は、これまでにも不利益変更禁止の原則について執筆する機会を与えられたが、いずれの場合も紙幅の関係で独立当事者参加や必要的共同訴訟との関係で詳細に論じることはできなかった。そこで、三谷忠之先生の古稀祝賀論文集に拙論を掲載していただくこの機会を利用して、これまでに考えてきたことを明確にしたい。

二　不利益変更禁止の原則

　XがYに対して1000万円の貸金返還請求の訴えを提起したところ、第一審裁判所は500万円の請求認容（残りの500万円の請求棄却）判決を言い渡したとしよ

う。もしXがこの判決の500万円請求棄却部分について不服を申し立て、控訴を提起したなら、控訴による移審効・確定遮断効は判決全体に生じるが、控訴審の審判対象となるのは不服を申し立てられた500万円の請求棄却部分に限定される。かりに控訴裁判所がXのYに対する訴求債権は400万円しか残っていないとの結論に達したとしても、YがXの請求認容部分について不服を申し立てていない限り、500万円請求認容部分を400万円に減少させるような形でXに不利な判決を言い渡すことはできない。これが不利益変更禁止の原則であるが、通説はその根拠を申立て拘束主義に求めている[1]。

申立て拘束主義は裁判による不意打ち防止という役割を果たしており、その意味でできる限り遵守すべき基本原則であるから、簡単にその例外を認めることは許されないはずである。ところが、周知のように判例は、必要的共同訴訟と独立当事者参加においてその例外を認めている。後述のように、個別の事件において判例が示した結論そのものについて異論はないが、とくに独立当事者参加訴訟におけるその理由づけに関して、より適切な説明が可能ではないかと筆者は考えており、その点について明らかにしたい。

三　必要的共同訴訟における「合一確定の必要」と不利益変更禁止の原則

1　固有必要的共同訴訟

必要的共同訴訟との関係で不利益変更禁止の原則を初めて取り上げた最高裁の判例は、最判平成22年3月16日民集64巻2号498頁[2]であった。簡単に事実関係を説明すると、以下のとおりである。

亡Aの相続人であるX（被上告人）が、共同相続人であるY1・Y2・Y3を

---

[1] 宇野聡「不利益変更禁止原則の機能と限界（一）（二・完）」民商103巻3号397頁、同巻4号580頁以下は、申立て拘束主義では説明できない部分があるとしている。宇野教授は、本稿が主たる考察の対象とする独立当事者参加訴訟において敗訴者の一部だけが上訴を申し立てた場合の取扱いを自説の根拠の一つとされている。

[2] この判決に対する判例評釈としては、名津井吉裕・速報判例解説（法学セミナー増刊）7号149頁、我妻学・法の支配159号103頁、鶴田滋・民商法雑誌143巻2号211頁、畑瑞穂・私法判例リマークス42号106頁、春日偉知郎・判例タイムズ1343号48頁、大杉麻美・速報判例解説（法学セミナー増刊）9号101頁、増森珠美・別冊判例タイムズ32号222頁（平成22年度主要民事判例解説）、堀野出・ジュリスト臨時増刊1420号167頁、宇野聡・法学教室別冊付録366号30頁などがある。

相手取って、①Ａが作成した遺言が無効であることの確認と、②Ｙ２（上告人）が民法891条５号所定の相続欠格者に当たるので、Ｙ２がＡの相続財産につき相続人の地位を有しないことの確認を求めた。第一審では、遺言無効確認は認容されたものの、その他のＸの請求は棄却されたため、ＸがＹ１、Ｙ２、Ｙ３に対して控訴を提起した（遺言無効確認請求についてはＹ１らから控訴も附帯控訴も提起されていないので、控訴審の審判対象にはなっていない[3]）。

　必要的共同訴訟においては、判決内容の統一を図るため、すなわち、判決内容が共同訴訟人ごとに異なることがないように、民訴法40条は訴訟資料と訴訟進行の統一を図るための規定を設けている。法定相続人の中に相続欠格者がいるとしてその者が相続人でないことの確認を求める訴えは、当事者が異なるごとに判断内容が違ったときに生じる混乱を回避するため、固有必要的共同訴訟であるとされている（最判平成16年７月６日民集58巻５号1319頁[4]）。この点について争いはないのに、なぜかこの事件の控訴裁判所は、ＸのＹ１らに対する控訴についてＹ１らには②請求について当事者適格を欠くので利益がないとして控訴却下の判断をする一方、Ｙ２に対する控訴については認容し、一審の請求棄却を請求認容に変更する判断を示した。

　最高裁は、原審はＹ２に対する②請求を認容する一方、Ｙ１らに対する控訴を却下しているので、Ｙ１らに対する関係では②請求を棄却した第一審判決が維持されたものと考える必要がある。ところが、特定の法定相続人が相続人ではないことの確認を求める訴えは利害関係人がすべて当事者になる必要のある固有必要

3　相続人ではないことの確認訴訟とは異なり、遺言無効確認訴訟は通常共同訴訟であるというのが最高裁の立場である（最判昭和56年９月11日民集35巻６号1013頁。この立場に対する批判については、堤龍弥・判例批評・ジュリ1291号（2005年）133頁を参照）。そうすると、本件では、通常共同訴訟となるべき訴えと固有必要的共同訴訟となるべき訴えが併合提起され、第一審限りとはいえ同一手続きで審理されていたことになる。主張の整理などで複雑な問題が生じるおそれがあるが、この点については本稿では触れない。

4　最高裁は、その理由として、「被相続人の遺産につき特定の共同相続人が相続人の地位を有するか否かの点は、遺産分割をすべき当事者の範囲、相続分及び遺留分の算定等の相続関係の処理における基本的な事項の前提となる事柄である。そして、共同相続人が、他の共同相続人に対し、その者が被相続人の遺産につき相続人の地位を有しないことの確認を求める訴えは、当該他の共同相続人に相続欠格事由があるか否か等を審理判断し、遺産分割前の共有関係にある当該遺産につきその者が相続人の地位を有するか否かを既判力をもって確定することにより、遺産分割審判の手続等における上記の点に関する紛議の発生を防止し、共同相続人間の紛争解決に資することを目的とするものである。このような上記訴えの趣旨、目的にかんがみると、上記訴えは、共同相続人全員が当事者として関与し、その間で合一にのみ確定することを要するものというべきであり、いわゆる固有必要的共同訴訟と解するのが相当である。」と述べている。

的共同訴訟であるから、原告の共同被告に対する判決内容がばらばらになることが許されず、その点で問題がある。この点を解消するためには、Y2の上告によってY1らも上告したことになり（40条1項）、XのY1らに対する請求も上告審の審理対象になると考える必要がある。そして、上告審においては、XがY1に対する関係では上告も附帯上告もしていなくても、合一確定の要請を実現するために必要な範囲内でY1に対する判決をY1に不利に変更することができる（その限りにおいて不利益変更禁止の原則は適用されない）とした[5]。

なぜ控訴裁判所がこうした誤った処理を行ったのかその理由ははっきりしていないが、相続人ではないことの確認訴訟を固有必要的共同訴訟と解する限り、この最高裁の処理は妥当であろう。そうしなければ、XとY1らとの関係ではY2はAの相続人であり、Xと問題のY2本人との関係ではY2は相続人ではないということになり、その後行われるであろう遺産分割の手続きにおいて相当な困難を生じるおそれがあった。

また、訴訟手続の上でも、相続人ではないことの確認訴訟を固有必要的共同訴訟とする以上、Y1らとY2は少なくとも共同被告の地位についていなければ当事者適格が否定されるので、控訴裁判所の判断ミスによって共同被告としていたY1らに対する訴訟が終了してしまうと、Y2に対する訴訟も不適法却下になってしまうおそれがあった[6]。

2　類似必要的共同訴訟

固有必要的共同訴訟とは異なり、利害関係人が全員訴訟当事者となることが要求されない（すなわち訴訟共同は要求されていない）類似必要的共同訴訟では、第一審において敗訴判決を受けた共同原告の一部だけが控訴を提起したときに、控訴

---

[5] 高橋宏志・重点講義民事訴訟法（下）（第2版補訂版）（2014年　有斐閣）323・324頁注（7）参照。

[6] ただし、「上訴しなかった共同訴訟人も上訴人として上訴審手続の担い手になるとされているのは、もっぱら合一確定の要請から全訴訟ないし全請求を上訴審の審判対象とするためのいわば手段的意味にとどまる……、全員が上訴審でも訴訟追行の担い手としての当事者にならなければならないという固有必要的共同訴訟の適格一体論の面にはそれほどのウェイトはないと思われること——さらに言えば、……・全訴訟ないし全請求が上訴審の審判対象になるという前提さえ崩さなければ、一部の者のみに上訴審の当事者の地位を認めることもあながち不可能ではない……」との指摘が井上治典教授によってなされている（同「多数当事者訴訟における一部の者のみの上訴」同・多数当事者訴訟の法理［1981年　弘文堂］205頁）。

をしなかった共同訴訟人は控訴人となるのかが問題になる。固有必要的共同訴訟では、第一審の共同訴訟人が控訴審でもそろって当事者になっていないと当事者適格を否定されるおそれがあるのに対して、類似必要的共同訴訟では訴訟共同の必要はないだけに、より慎重な考察が必要である[7]。

---

[7] 当初、最高裁は15名の原告によって共同提訴された住民訴訟において、敗訴判決を受けた共同原告のうち5名だけが控訴を提起した場合について、「職権をもつて調査するのに、本件訴訟のように普通地方公共団体の数人の住民が当該地方公共団体に代位して提起する地方自治法242条の2第1項4号所定の訴訟は、その一人に対する判決が確定すると、右判決の効力は当該地方公共団体に及び（民訴法201条2項）、他の者もこれに反する主張をすることができなくなるという関係にあるのであるから、民訴法62条1項にいう「訴訟ノ目的カ共同訴訟人ノ全員ニ付合一ニノミ確定スヘキ場合」に当たるものと解するのが相当である。そうすると、本件訴訟を提起した一五名の第一審原告らのうち本件上告人ら5名がした第一審判決に対する控訴は、その余の第一審原告らに対しても効力を生じ（民訴法62条1項）、原審としては、第一審原告ら全員を判決の名宛人として一個の終局判決をすべきところであって、第一審判決に対する控訴をした本件上告人らのみを控訴人としてされた原判決は、違法であることが明らかである。」とした。

ところが、最高裁は、同じく住民訴訟の事案において、平成9年4月2日の大法廷判決（民集51巻4号1673頁）で判例を変更し、共同原告の一部の者の控訴によって原判決は共同原告全員との関係で確定を遮断されるが、控訴人になるのは実際に控訴した者だけであるとの立場に転換した。すなわち、「ところで、類似必要的共同訴訟については、共同訴訟人の一部の者がした訴訟行為は、全員の利益においてのみ効力を生ずるとされており（民訴法62条1項）。上訴は、上訴審に対して原判決の敗訴部分の是正を求める行為であるから、類似必要的共同訴訟において共同訴訟人の一部の者が上訴すれば、それによって原判決の確定が妨げられ、当該訴訟は全体として上訴審に移審し、上訴審の判決の効力は上訴をしなかった共同訴訟人にも及ぶものと解される。しかしながら、合一確定のためには右の限度で上訴が効力を生ずれば足りるものである上、住民訴訟の前記のような性質にかんがみると、公益の代表者となる意思を失った者に対し、その意思に反してまで上訴人の地位に就き続けることを求めることは、相当でないだけでなく、住民訴訟においては、複数の住民によって提訴された場合であっても、公益の代表者としての共同訴訟人らにより同一の違法な財務会計上の行為又は怠る事実の予防又は是正を求める公益上の請求がされているのであり、元来提訴者各人が自己の個別的な利益を有しているものではないから、提訴後に共同訴訟人の数が減少しても、その審判の範囲、審理の態様、判決の効力等には何ら影響がない。そうであれば、住民訴訟については、自ら上訴をしなかった共同訴訟人をその意に反して上訴人の地位に就かせる効力までが行政事件訴訟法七条、民訴法六二条一項によって生ずると解するのは相当でなく、自ら上訴をしなかった共同訴訟人は、上訴人にはならないものと解すべきである。この理は、いったん上訴をしたがこれを取り下げた共同訴訟人についても当てはまるから、上訴をした共同訴訟人のうちの一部の者が上訴を取り下げても、その者に対する関係において原判決が確定することにはならないが、その者は上訴人ではなくなるものと解される」と。

さらに、原告勝訴の場合にのみ片面的な既判力拡張がある株主代表訴訟の事案についても、最高裁は、同じ立場をとることを明らかにした（最判平成12年7月7日民集54巻6号1767頁）。「類似必要的共同訴訟において共同訴訟人の一部の者が上訴すれば、それによって原判決の確定が妨げられ、当該訴訟は全体として上訴審に移審し、上訴審の判決の効力は上訴をしなかった共同訴訟人にも及ぶと解される。しかしながら、合一確定のためには右の限度で上訴が効力を生ずれば足りるものである上、取締役の会社に対する責任を追及する株主代表訴訟においては、既に訴訟を追行する意思を失った者に対し、その意思に反してまで上訴人の地位に就くことを求めることは相当でないし、複数の株主によって株主代表訴訟が追行されている場合であっても、株主各人の個別的な利益が直接問題となっているものではないから、提訴後に共同訴訟人たる株主の数が

もっとも、こうした違いはあるものの、不利益変更禁止の原則との関係では、基本的には固有必要的共同訴訟と同じように考えることができよう。すなわち、万が一、下級審において共同訴訟人ごとに異なる内容の判決が言い渡されたときは、一部の共同訴訟人だけが控訴したとしても、共同訴訟人全員に対するすべての判決が控訴審に移審し、確定が遮断される。のみならず、控訴審では、その判断に従って、共同訴訟人全員に対する関係で同一内容の判決を言い渡す必要がある限度において、不利益変更ないし利益変更禁止の原則に反する処理を行うことになる。

四　独立当事者参加訴訟における「合一確定の必要」

1　独立当事者参加訴訟において合一確定が必要な理由

　民訴法47条1項前段の詐害防止参加であれ、後段の権利主張参加であれ、独立当事者参加訴訟には民訴法40条1項ないし3項が準用される（47条4項）。また、現行法は、旧法下では最高裁によって不適法とされていた片面参加（参加人が本訴当事者の一方に対してだけ請求を立てて参加する形態）[8]を容認しているが、両面参加であろうと片面参加であろうと固有必要的共同訴訟の手続を規制するための規定が準用されるという点では異ならないとされている[9]。

　　減少しても、その審判の範囲、審理の態様、判決の効力等には影響がない。そうすると、株主代表訴訟については、自ら上訴をしなかった共同訴訟人を上訴人の地位に就かせる効力までが民訴法四〇条一項によって生ずると解するのは相当でなく、自ら上訴をしなかった共同訴訟人たる株主は、上訴人にはならないものと解すべきである。」
　　　基本的には、判例の立場に賛成すべきであるが、上訴審においていかなる訴訟行為もできないのか、原判決よりも不利益な内容の和解がなされる場合などに、上訴をしなかった共同訴訟人は上訴人ではないからといって、一切手続に関与できないのかといった問題がある。この問題については、前掲高橋・重点講義（下）322頁以下を参照。
8　最大判昭和42年9月27日民集27巻7号1925頁（「ところで、民訴法七一条の参加の制度は、同一の権利関係について、原被告および参加人の三者が互に相争う紛争を一の訴訟手続によって、一挙に矛盾なく解決しようとする訴訟形態であって、右三者を互にてい立、牽制しあう関係に置き、一の判決により訴訟の目的を全員につき合一にのみ確定することを目的とするものと解するを相当とする。したがって、同条に基づく参加の申出は、常に原被告双方を相手方としなければならず、当事者の一方のみを相手方とすることは許されないと解すべきである。」）。反対、最判昭和36年3月16日民集15巻3号524頁。
　　なお、最判昭和27年3月4日民集6巻3号289頁、最判昭和27年3月4日民集6巻3号289頁は、参加人の主張を争わない当事者に対して請求を立てて参加しても、その訴えには利益がないので不適法却下されるという立場のもと、当事者の一方に対してのみ請求を立てて参加したときは独立当事者参加ではなく、通常の共同訴訟になる（すなわち、40条の準用はない）とする。

独立当事者参加訴訟に40条1項ないし3項が準用される理由については、片面的参加が許されていなかった旧法下では、独立当事者参加は三者間で請求が鼎立された三面訴訟であるが、三者間で論理的に矛盾のない判決を可能にするためには準用が必要であるとされていた[10]。しかしながら、片面参加が適法とされた現行法のもとでは、（片面的参加の場合は三面訴訟とは異なる手続規律に服するという立場をとらない限り）この説明が維持できないことは明らかである。

　XのYに対する訴訟とZのXおよびY（あるいはその一方）に対する訴訟とは、仮に同一の手続で審理されることになったとしても、本来は通常共同訴訟の関係にあり、X・Y・Zはそれぞれの請求に対する関係で自由に訴訟追行できるはずなのに、Zが47条の参加の申立てを行った途端にそれが制約されるという点についてはそれを正当化する実質的な根拠が必要となる。最近の有力説は、独立当事者参加は、本訴当事者間で自己に不利な判決が出されることを食い止めるために参加人が本訴当事者間の訴訟追行を牽制できるという制度であると位置づけている[11]が、それが十分な根拠になりうるか疑問がないわけではない（一般的には、47条1項前段の詐害防止参加については詐害再審制度に代わるものとして認められたという歴史的経緯からしても、その要件をどのように理解するかによって違いが生じる可能性があるものの、40条1項ないし3項の準用を正当化する根拠があると考えられるが、後段の権利主張参加については疑問がないわけではない）。

　「合一確定の必要」の意味が必要的共同訴訟と独立当事者参加訴訟とでは意味が異なっていることにも注意が必要である。すなわち、必要的共同訴訟では、文字通り共同訴訟人ごとに判決内容が異なってはならず、判決内容を統一する必要があるのに対して、独立当事者参加訴訟では同一の内容という意味での合一確定ではなく、各当事者間の判決内容が論理的に矛盾しないという意味での合一確定が要請されているのである。

9　この点については、とくに権利主張参加の場合を念頭に本訴原告の請求と参加人の請求とが矛盾関係にあるとは言えない場合があり、そうしたケースで40条の準用を認めることは正当化されないという批判がある。三木浩一「独立当事者参加訴訟における統一審判と合一確定」同・民事訴訟における手続運営の理論（2013年　有斐閣）218頁以下を参照。

10　ただし、旧法下でも三面訴訟という訴訟構造による説明を強く批判していたのは、井上治典「独立当事者参加論の位相」同・多数当事者訴訟の法理（1981年　弘文堂）307頁。

11　三宅省三＝塩崎勤＝小林秀之編集代表・注解民事訴訟法 I（2002年　青林書院）461頁、秋山幹男＝伊藤眞＝加藤新太郎＝高田裕成＝山本和彦・コンメンタール民事訴訟法 I〔第2版追補版〕（2006年　日本評論社）463頁、伊藤眞・民事訴訟法〔第4版補訂版〕（2014年　有斐閣）653頁など。

2 敗訴者の一部による上訴がなされたときの上訴審の審判対象

　XがYを被告として提起した訴訟に、ZがXとYを共同被告として提起した訴訟が併合され審理が行われた結果、Xの請求を認容し、Zの請求を棄却する判決が言い渡されたとしよう。これらの訴訟が通常共同訴訟である限り、Yだけが控訴を提起したときは、XのYに対する請求認容部分は控訴審に移審し確定が遮断される。これに対して、Zに対する請求認容部分は控訴審に移審することなく、そのまま確定する。この点につき異論はない[12]。

　ところが、独立当事者参加訴訟では、敗訴者の一部だけが上訴したときには、必要的共同訴訟と同じようにすべての請求について確定が遮断され、上級審に移審するとの立場が採用されている。なぜこのように考える必要があるのか疑問がある。

　さらに独立当事者参加訴訟において問題を複雑にしているのは、敗訴者の一人でも上訴すれば、すべての請求に関する原判決の確定が遮断され、上級審に移審するとされながら、原審とは異なる結論に達したからといって、上級審がその判断に従って原判決をすべて破棄し変更することができるわけではないことである。判例の言葉を借りるなら「合一確定に必要な限度」において不利益変更禁止の原則が無視され、その範囲において原判決の取消し・変更が可能とされているが、果たしてこれは不利益変更禁止の原則からの逸脱を十分に正当化しているか、考えてみたい。

（1）一部の敗訴者の上訴による移審の範囲

　原則として、独立当事者参加訴訟（とくに権利主張参加）では3当事者のうち2人が敗訴する。具体例を挙げよう。X・Y・Zの3者間で不動産の所有権の帰属が争われている状況において、XがYに対して不動産甲の所有権確認の訴えを提起したところ[13]、自らの所有権を主張していたZがX・Yそれぞれに対して所

12　この点については、井上治典教授の批判がある（「独立当事者参加論の位相」同・多数当事者訴訟の法理275頁以下）。

13　こうした場合、通常、XはY・Z両者を相手取って所有権確認の訴えを提起するであろう。そして、それに応じて、YとZがXに対して所有権確認の反訴を提起するとともに、YがZに対して所有権確認の訴えを、またZがYに対して所有権確認の訴えを別訴として提起したとしよう。その後、Xが原告となっている訴訟と、YおよびZが原告となっている訴訟の弁論が併合されたときは、事実上独立当事者参加がされたのと同じような状態が生じる。しかし、この場合は、47条の申立がなされていないので、40条の準用はないとされる。その不当性を強く主張するのは、井上・前掲論文283頁である（高橋宏志「各種参加類型相互間の関係」上田徹一郎＝福

有権確認請求を立てて（権利主張）参加してきた。第一審における判決の結論は、①XのYに対する請求認容、ZのXとYに対する請求棄却（X＝所有者と判断される場合）、②XのYに対する請求棄却、ZのXとYに対する請求ともに棄却（Y＝所有者と判断される場合[14]）、③XのYに対する請求棄却、ZのXとYに対する請求認容（Z＝所有者と判断される場合）とに分かれる。

これらの場合に、それぞれ敗訴者全員が上訴すれば、すべての請求に関する判決について不服が申し立てられているのであるから、すべての請求が控訴審に移審し、それぞれに対する判決の確定が遮断される。この場合、かりに控訴審が第一審と異なる結論に達し、その結論に従って判決内容を変更したとしても、すべて申し立てられた不服の範囲内にとどまる限り、不利益変更禁止原則違反の問題は生じない[15]。

ところが、敗訴者の一人だけが控訴を申し立てたときには、その控訴による移審効・確定遮断効の範囲と、控訴審における審判対象および可能な判決変更の範囲をめぐって問題が生じる。

まず問題になるのは、控訴による移審・確定遮断の範囲であるが、従来の通説・判例に従えば、XのYに対する請求のみならず、ZのXおよびYに対する請求も控訴審に移審し、第一審判決全体の確定が遮断される（最判昭和36年3月16日民集15巻3号524頁、最判昭和43年4月12日民集22巻4号877頁）[16]。その根拠としては、学説では、「合一確定の必要」や「審判の統一」が挙げられているが[17]、こ

永有利責任編集「講座民事訴訟Ⅲ」（1984年　弘文堂）253頁以下も同旨）。

14　この場合、判決がそのまま確定すれば、Xには所有権が帰属していないことがX・Y間の判決によって、Zには所有権が帰属していないことがZ・X間とZ・Y間で既判力によって確定されることになる。Yに所有権が帰属していることが確認されるわけではないので、その意味ではX、Y、Zのだれにも所有権が帰属していないとされる可能性はあるが、この点は度外視する。

15　もちろん、控訴人であるYやZが主張を変えて、単独所有権ではなく共有権を主張したにもかかわらず、控訴審がYの単独所有権を認めたり、Zの単独所有権を認める結論を出せば、問題が生じるが、これは度外視する。

16　このようにYの控訴によって、ZのXおよびYに対する請求棄却部分について控訴審に移審するという考え方が問題であることについては、鈴木正裕「高等裁判所民事判例研究」民商63巻3号（1970年）487頁、井上治典「」同・多数当事者訴訟の法理209頁、高橋・重点講義（下）396頁などが指摘している。

17　たとえば、兼子一・新修民事訴訟法体系［増補版］（1965年　酒井書店）419頁、伊藤眞・民事訴訟法（第4版補訂版）（2014年　有斐閣）661頁など。
　　しかし、第一審において独立当事者参加をしてきたことを想定するなら、確かに第一審においては「合一確定」が必要であるから40条1項ないし2項の準用が必要であるとの説明は説得力がある。しかし、敗訴者が判決に対して控訴を行うか否かは、基本的に敗訴者個人の判断にゆだね

うした取扱いの背景には、（三面訴訟である）独立当事者参加訴訟は三者間の紛争を一回的に解決するため論理的に矛盾のない判決を出す手続であるから、その趣旨は第一審のみならず、できる限り上級審においても実現する方向で考えるべきである。そのためには、第一審（ないし控訴審）の敗訴者の一人でも控訴したときは、上級審が認定した実体法上の法律関係に従った判決を出せるようにするため、すべての請求が移審し、確定が遮断されるという画一的な取扱いをする必要があるという考えがあるのであろう。

しかしこのような取扱いが正当かについては疑問がある。同じように40条1項ないし3項の適用があるといっても、必要的共同訴訟においては、共同訴訟人ごとに異なる判決を言い渡すわけにはいかないので、判決内容の統一のために共同訴訟人の一人の上訴によって全員に対する判決の確定が遮断され、移審するとの結論が正当化される。これに対して、独立当事者参加訴訟における「合一確定の必要」は、同一内容の判決を意味しているわけではなく、三者間で論理的に矛盾のない判決を保障するという意味である。

さらに、固有必要的共同訴訟の場合には、利害関係人が全員そろって当事者になっていることが必要であるから、共同訴訟人の中に控訴しなかった者がいたとしても、その者を控訴審の当事者から除外するわけにはいかない（一人でも欠けると残りの共同訴訟人の当事者適格が否定され、訴え却下になる可能性が高い）が、独立当事者参加ではそのような事情は認められない。

そのうえ、参加人には「独立当事者参加の申立て」を撤回する自由が認められている以上、控訴を提起しなかった参加人は「これ以上、X・Y・Z間の訴訟を継続したくない」との意思を表明しているのであるから、この意思は尊重されるべきである。

さらに、本訴当事者にも、民訴法48条の訴訟脱退によって訴訟からの離脱が認められていることに注目する必要がある。X・Y間の訴訟にXが独立当事者参加の申し出を行い参加してきた場合、（Zとの間で実質的に紛争が存在しない）XまたはYは、本訴の相手方の同意を得て訴訟から脱退することができる。ただ

られており、一人でも控訴すれば、全員に対する関係で移審効が生じ、判決の確定が遮断されると考えなければならない論理的必然性はない。不服申立てという局面においては、そもそも独立当事者参加の申立てを行うか否かという場面と同じように、敗訴者自身の判断を尊重すべきであり、とくに敗訴した参加人自身が不服申立てを行わないときにまで、上級審でも独立当事者参加訴訟が維持されると考える必要はないと思われる。

し、終局判決に至らず訴訟から脱退してしまうと、残存当事者および参加人と脱退者間で紛争解決のための規準を得ることができなくなるため、48条後段は残存当事者・参加人間の判決の効力が脱退者に及ぶとしてこの問題の解決を図っている。この規定の解釈をめぐっては、周知のように決着がついていない議論があるが、本訴当事者が当事者としての地位を自由な意思で放棄できることを認めていることは明らかである。

　そうすると、第一審とはいえ終局判決という形で請求棄却という結論を提示された当事者は、それが本訴当事者であろうと参加人であろうと、裁判所が示した結論に満足し、控訴をしないと決断することで訴訟手続から離脱するという意思を示した以上、その意思は尊重されるべきである。したがって、上訴しなかった敗訴者の敗訴部分については、他の敗訴者の上訴によって移審することはなく、原則として一審判決が確定すると考えるべきであろう[18]。

　ただし、のちの具体例に対する解決案で示すように、実際に上訴を申し立てた敗訴者の実質的な不服の関係から（形式的には請求の名宛人にはなっていないため、不服申立てができないが、第一審の判断をそのまま維持することが不利益となるため）この原則を修正しなければならないことがある。

　判例・通説が実際には上訴していない敗訴者も上級審の当事者として扱う理由として、そうした敗訴者にも附帯控訴の機会を与えるべきであると説明されることがある。しかし、附帯控訴は控訴人によって直接被控訴人とされた当事者に（自身の控訴期間の徒過後の）不服申立ての機会を保障することによって、本来は不必要な控訴がなされないようにすることをその目的としている。そうだとすれば、敗訴者の一部の不服申立てによって、他の敗訴者の敗訴部分についてさらに不利な判決が求められるわけではなく、また被控訴人となった者からその変更を求められることもないのであるから、上訴しなかった敗訴者に附帯控訴の機会を保障する必要性があるとは考えられない。

（2）上訴審における審判対象の範囲

　敗訴者の一部の控訴によって、実際には控訴を提起していない者の請求棄却部分ないしはその者に対する請求認容部分も控訴審に移審し確定が遮断されるという立場にたつときに、次に問題になるのは控訴審での審判対象および第一審判決

---

[18] 井上治典「多数当事者訴訟における一部の者のみの上訴」同・多数当事者訴訟の法理217頁、高橋宏志・重点講義（下）、新堂幸司・新民事訴訟法（2011年　弘文堂）796頁。

を変更できる範囲である。

すなわち、控訴審が第一審と同じ結論に達したとき（ケース1）は、単に敗訴者の控訴を棄却すればよいだけであるから問題は生じない。しかし、「第一審の結論は誤っている。（控訴審では訴訟追行しなかったかもしれないが）控訴しなかった敗訴者が所有者である。」との判断に至ったときは（ケース2）[19]、控訴裁判所はどのような内容の判決を言い渡すべきかであろうか。

具体例を挙げて考えたほうが理解しやすいので、①XのYに対する請求認容、ZのXとYに対する請求棄却（X＝所有者と判断される場合）の判決が第一審で言い渡され、それに対してYだけが控訴した場合を前提にしよう。

Yの控訴によってZのXとYに対する請求棄却部分も控訴審に移審しているという立場にたつなら、「ZのXとYに対する請求も控訴審の審判対象になり、第一審と異なる結論に達した控訴裁判所はその結論に従ってすべての判決を変更することができる」というのが最も素直な考えであろう。そうすると、ケース2では、控訴裁判所は第一審判決をすべて取り消し、改めて「XのYに対する請求棄却、ZのXに対する請求認容、ZのYに対する請求認容」という判決を言い渡すことになろう。

(a) 控訴人説　　上級審における判決の合一確定を実現するには、控訴人が当事者となっていない請求も控訴審に移審することを認める必要がある。「合一確定の必要」というスローガンだけでは十分ではないと考えられたためか、より実質的な理論的説明を行う試みとして最初に登場してきたのは、47条4項が準用する40条の1項に基づきYの控訴はZにとっても利益になるので、Yが控訴したことに伴いZも控訴を行ったと考えると立場（いわゆる控訴人説）であった（大判昭和15年12月24日民集19巻2402頁、東京高判昭和33年3月31日東京高民時報9巻3号49頁）

たしかに、このように考えるならば、実際には控訴していないZの敗訴部分も控訴審に移審し、審判対象となることが、理論的に説明可能である。しかし、この立場では、現実に上訴を提起したYは単独では上訴を取り下げることができなくなる（上訴の取下げはZにとって不利な行為であるからZも同じように上訴取下

---

[19] 控訴を提起していないZのXとYに対する請求を棄却した部分は控訴審の審判対象にならないと考えるならば、第一審でZが自らの請求を根拠づけるために提出した攻撃方法については、控訴審では訴訟資料にならないと考えることになろう。そうすると、控訴裁判所が「Zが所有者である」との結論に達するには、「Yが自分自身」

げの申立てをしない限り民訴法40条1項によりその効力を生じないことになる）し、上訴審で敗訴したときには（実際には上訴していない）ZもYと並んで訴訟費用を負担しなければならなくなるが、これは不合理である[20]。

また、控訴人説を徹底すると、Yの控訴によって、Zも自らのXに対する請求棄却部分とYに対する請求棄却部分についても控訴したとみなされるので、控訴審がZに所有権があると判断した途端に、ZのYに対する請求棄却判決が（Z自身は、実際には控訴［および附帯控訴］を提起していなくても）請求認容判決に変更されることになり、Yにとっては自らの控訴によって勝訴判決（ZのYに対する請求棄却判決）の取消し・変更を招来するという不測の損害を被ることになるが、これは適切か疑問である。独立当事者参加訴訟におけるいわゆる「合一確定の必要」がこのような事態を正当化するとは考えにくいからである[21]。

そこで、この不都合を回避しようとするなら、少なくともZのYに対する請求棄却部分は控訴審の審判対象にならない（あるいは審判対象にするには少なくともZの附帯控訴が必要である）と解する必要があるが、それではYの控訴によって自動的にZも控訴人になるという説明はいったい何を意味しているのか分からなくなる[22]。その意味で、この立場が否定されたのは当然のことであった。

(b) 被控訴人説　次に登場したのが敗訴者の一人が勝訴者に対して控訴したときは、40条2項に基づき他の一人にも控訴したことになるとして、後者の当事者は控訴人ではなく被控訴人になるという見解である（兼子一・判例民事法昭和15年度132事件、三ケ月章・民事訴訟法（1959年　有斐閣）228頁、新堂幸司・新民事訴訟法（2011年　弘文堂）795頁[23]など）。

20　井上治典「独立当事者参加」同・多数当事者訴訟（1992年　弘文堂）49頁、兼子一原著・条解民事訴訟法［第2版］（2011年　弘文堂）257頁［新堂幸司＝高橋宏志＝高田裕成］。
21　倉田卓次「高裁判例研究」判タ128号（1962年）37頁、小室直人「当事者参加訴訟の一審判決に対し一人が控訴した場合における他の二者間の請求と控訴審の審判」判タ304号（1974年）86・87頁は、控訴人にとっての不利益変更を認め、控訴審の判断に従った原判決の変更を認める。
22　井上治典「多数当事者訴訟における一部の者のみの上訴」同・多数当事者訴訟の法理（1981年　弘文堂）223・224頁。
23　新堂教授も、「合一確定に必要がある限度で、一人が一人に対して訴訟行為をすれば残りの一人に対してもしたことになる（40条2項の準用）。たとえば、一人に対する上訴は、他の一人に対してしても上訴したのと同じ効果を生じる。」（前掲書795頁）とされながらも、具体的な結論については以下のように説明されている。本文中の設例を前提にして、①原告が勝訴したときに、（a）被告だけが上訴したときは、上訴しない参加人の敗訴判決をそのまま確定させても、痛痒を感じないし、そのほうが望ましい。その意味では、合一確定の必要はないし、上訴されなかった参加人の請求の棄却部分は確定すると考えるべきであろう。（b）参加人のみが上訴したときは、原告

この立場に従うと、(ZがYに対して定立した請求は棄却されているので、形式的には不服が存在しないYはZを相手に控訴を提起することができないにもかかわらず)Yの控訴によって、控訴しなかった敗訴者であるZは被控訴人の地位に就くと説明される。Zは被控訴人であるから、自らのXとYに対する請求棄却判決に対して附帯控訴を行うことができ、実際に附帯控訴をしたときはこれらの請求も控訴審での審判対象に含まれることになろう。この点について異論はない。

ところが、Zが附帯控訴しなかったときでも、ZのXとYに対する請求棄却部分が控訴審の審判対象になるかという点については、被控訴人説を支持する論者の多くは、「合一確定の必要」があるか否かによって判断するという立場をとっている(被控訴人説は、上訴審における審判対象の範囲を上訴しなかった敗訴者の地位いかんによって説明するという試みをすでに放棄していたと評価することができよう。そして、そのこと自体は正しいと考えられる)。そのうえで、ここで前提にしているような事実関係のもとでは、かりに控訴審がZ＝所有者との結論に達したとしても、ZのXとYに対する判決を棄却から認容に変更することは、合一確定の要請によって根拠づけられないとの理由で否定的に考える見解が有力である(したがって、控訴審が第一審とは異なり、Z＝所有者であるとの結論に至ったときは、単にXの控訴を棄却すればよいとされる)[24]。そうすると、Yの控訴によってZが被控訴人の地位に就くといっても、それはZが不服をもつXとYに対する請求棄却部分について附帯控訴をする機会を保障することぐらいしか意味はないということになる[25, 26]。

の被告に対する請求認容判決の確定を阻止する必要がある(この場合には、三請求とも合一確定の必要がある)また、②被告が全面勝訴し、原告のみが上訴したときに、参加人の原告及び被告に対する請求棄却判決の確定を妨げる必要はない。これに対して、③参加人が勝訴し、被告のみが上訴した場合には、原告の被告に対する請求棄却判決の確定を妨げる必要はないが、参加人の原告に対する勝訴判決の確定を妨げる必要がある。他方、原告のみが上訴したときは、参加人の被告に対する請求棄却判決の確定を遮断する必要がある(この場合には、三請求すべてについて合一確定の必要がある)(前掲書795・796頁)。

新堂教授は、上訴を行った当事者の実質的な不服の範囲に基づき「合一確定の必要」の範囲を考えられているのではないかと推察できる(その意味では言葉の使い方の問題に過ぎないといえるのかもしれない)が、後述のように「合一確定の必要」という言葉そのものからすべての場合を明確に規律できるか疑問があるので、「上訴者の実質的不服」を前面に出して判断したほうが良いと考える。

24 たとえば、新堂・前掲書796頁注(6)。
25 上訴しない敗訴者を訴訟活動を制限された被上訴人的資格のある者に位置づけられる小山昇教授も、ZのXとYに対する請求棄却部分も、Yの控訴によって控訴審に移審し、確定が遮断されるとする根拠について、Zに附帯控訴の機会を与える必要があるとされている。

(c)「合一確定の必要」による制限　　繰り返しになるが、まず確認しておかなければいけないことは、同じ「合一確定の必要（要請）」という言葉が使われていても、必要的共同訴訟のそれと独立当事者参加におけるそれとは意味が異なっているということである。必要的共同訴訟の場合は、共同訴訟人とその相手方で言い渡される判決が全く同じ内容でなければならず、文字通りの意味で「同一の判決」が言い渡されなければならない。これに対して、独立当事者参加訴訟では、当初の訴訟当事者間で言い渡される判決と参加人が原告として提起した訴えに対する判決は、決して同一の判決ではなく、論理的に矛盾がないという意味で統一性のある判決である（設例において、Ｙを目的不動産の所有者と認めるときは、裁判所はＸの所有権確認請求を棄却し、ＺのＸとＹに対する所有権確認請求を棄却する判決を言い渡すが、これはそれぞれ、Ｘの所有権とＺの所有権の存在を否定するものであり、同一内容の判決ではない）。

では、Ｘの請求を認容し、Ｚの請求を棄却した第一審判決に対してＹだけが控訴したときに、控訴審が第一審とは異なりＺが所有者であるとの結論に至ったならば、「合一確定の必要」という概念は、控訴審における審判対象の範囲を限定する機能を十分に果たしているのであろうか。

論理的な矛盾がない判決という意味での「合一確定の必要」を実現するために、控訴裁判所は、「(ア)　Ｙの控訴認容。原判決全部取消し。ＸのＹに対する請求棄却。ＺのＸに対する請求とＺのＹに対する請求認容。」の判決か、「(イ)　Ｙの控訴を認容。原判決のうち、Ｘの請求認容部分破棄、請求棄却。」との判決か、いずれかを言い渡すことになる。(ア)の判決は、裁判所が認定する実体法上の法律関係に従った判決内容をできる限り実現するという意味で、最も徹底した「合一確定」を実現するものであるが、(イ)の判決でも、（Ｙ＝所有者という既判力ある判断は示されていないものの）Ｘの所有権とＺの所有権を否定する判決が言い渡されているので、判決間に矛盾がないという意味では一応「合一確定の必要」を満たしていると評価することができるからである。

控訴裁判所は、(ア)、(イ)のいずれの判決を言い渡すべきであろうか。「合一

26　控訴しなかった敗訴者の地位については、上訴人説、被上訴人説以外に、二重地位説（上訴人の地位と被上訴人の地位の兼有を認める立場［倉田卓次「高裁研究判例」判タ128号（1962年）32頁以下（大阪高判昭和36年2月28日高民集14巻1号70頁の判例批評）］）や、上訴当事者説などがあるが、その当否については、ここでは触れないことにする。

確定」という意味では、いずれの判決もその要請をみたしていると考えるならば、何を基準にして判断すべきなのであろうか。ここでは、実際に控訴を提起したYの利益を中心に考えるべきであろう。Yには、XのYに対する請求認容部分を棄却に変更してもらうことに利益があるのであって、ZのYに対する請求棄却部分を認容に変更されることは不利益でしかない。自己の費用で控訴を提起するYにとっては、冗談ではないといいたいところであろう。したがって、ここでは、控訴裁判所は（イ）の判決を言い渡すべきである。しかし、この結論は「合一確定の必要」ということから直接導かれるわけではない。

（3）検　討

移審の範囲について述べたように、控訴しなかった敗訴者が当事者となっている請求に関する部分は他の敗訴者の控訴によって移審せず、そのまま確定するのが原則であると考える。この立場でも、実際に上訴した敗訴者が、他の敗訴者に不利な判断を示した部分についてもその判断を変更させることについて利益があるなら、その部分も例外的に上訴審の審判対象になると考えるが、ここで問題にしている設例では、控訴を提起するYはZの請求が棄却から認容に変更されることについて一切利益がないので、例外に該当しない。したがって、ZのXとYに対する請求棄却部分はYの控訴によって移審せず、一審で確定するので、控訴審はXのYに対する請求認容部分についてのみ審判すればよい。控訴審がXに所有権がないと判断すれば、Yの控訴を認容し、第一審判決のX請求認容部分を取り消し、あらためて請求棄却判決をすればよいことになる。

すでに述べた場合以外についても具体的な結論を示しておきたい。

（a）①でZだけが控訴した場合　この場合、Zの直接の控訴の対象は、ZのXとYに対する請求棄却部分である。この関係では、Zが控訴人、XとYが被控訴人となる。それでは、控訴の利益を有するYがXの請求認容部分について控訴しないならば、（通説・判例によれば確定遮断・移審効の対象にはなるものの）この部分は控訴審の審判対象にならないか。

上訴するZとしては、上訴審においてZの所有権を認めさせ、XとYに対する請求棄却から認容に変更させるだけではなく、Xの所有権を認めた部分を取り消させることについても利益をもっている。もし後者の取消しが認められないと、X・Y間でのX＝所有者という（第一審）判決と、Z・X、Z・Y間でのZ＝所有者という（上訴審の）判決が並存することになり、独立当事者参加をしたZ

の目的が全く実現されないことになってしまうからである。したがって、Ｚの不服申立てにはＸ・Ｙ間の請求棄却部分の変更を求めるものも潜在的に含まれていると考えるべきである[27]。このように解するならば、不利益変更禁止の原則との衝突も起こらないことになる。

　(b)　**ＸのＹに対する請求、ＺのＸとＹに対する請求すべてが棄却された場合**
この場合、控訴の利益があるのはＸとＺである。
　(ⅰ)　**Ｘだけが控訴した場合**　　Ｘが控訴の利益を有するのは、ＸのＹに対する請求の棄却部分である。ＺのＸに対する請求棄却部分について不服はない。

　前述のように、参加人Ｚが控訴を提起していない以上、ＺのＸとＹに対する請求棄却部分は第一審で確定すると考えるならば、控訴審での審判対象はＸのＹに対する請求棄却部分に限定されるので、「Ｘ＝所有者」という結論に達したときにのみ、控訴審は控訴を認容し、ＸのＹに対する請求棄却から認容に変更することになる。

　(ⅱ)　**Ｚだけが控訴した場合**　　通常、ＺはＸに対する請求とＹに対する請求が棄却された部分につき不服があり、両者を相手に控訴を提起すると考えられるので、これを前提に考える。ここでは、Ｚが控訴人、ＸとＹが被控訴人となる。

　控訴を提起するＺはＸのＹに対する請求棄却部分が認容に変更されることについて利益をもたないので、この部分は控訴審の対象にならない。ただし、Ｘは被控訴人の地位につくので、Ｙに対して附帯控訴をすることができる。Ｘが附帯控訴をすれば、ＸのＹに対する請求棄却部分は控訴審の審判対象となる。

　第一審と異なり「Ｚ＝所有者」との結論に達したときは、控訴裁判所は控訴を認容し、ＺのＸに対する請求とＹに対する請求に関する判断を棄却から認容に変更することができる。

　(c)　**ＸのＹに対する請求が棄却され、ＺのＸとＹに対する請求が認容された場合**
　　　（Ｚ＝所有者とされたとき）　　この場合、控訴の利益を有するのはＸとＹである。
　(ⅰ)　**Ｘだけが控訴した場合**　　この場合、ＸのＹに対する請求棄却部分とＺ

27　判例や多数説は、Ｘ・Ｙ・Ｚ三者間で矛盾なき判決を実現するという意味での「合一確定の必要」をもちだして、Ｘ・Ｙ間の請求認容部分も審判対象となりうるとする。判例・通説は、Ｚの控訴によって、ＸのＹに対する請求認容部分も控訴裁判所に移審すると理解するので、審判対象の範囲だけが問題になるが、不利益変更禁止の原則の例外という位置づけでこの問題を回避しようとする。

のXに対する請求認容部分が不服申立ての直接の対象になる。Xが控訴人、YとZが被控訴人となる。

　控訴裁判所が第一審とは異なりZに所有権があるとの結論に達したときは、Xの控訴を認容し、第一審判決を破棄し、XのYに対する請求認容、ZのXに対する請求棄却の判決を言い渡す必要がある。さらに、ZのYに対する請求認容部分についても、Xに所有権があることを三者間で確定させるためには、請求棄却に変える必要があるから、Xはその点について実質的な不服があり、Yの附帯控訴がなくても控訴審での審判対象になると考えることができる。

　（ⅱ）Yだけが控訴した場合　　この場合、Yが不服を申し立てることができるのは、ZのYに対する請求認容部分だけである。XのYに対する請求棄却についてはそのまま確定したとしても、Yの利益を害することはないので一切の不服は認められない。Yが控訴人、Zが被控訴人となる。

　控訴審において、第一審と異なり、Yが所有者であるとの結論に達したときは、ZのYに対する請求認容部分を破棄し、請求棄却判決を言い渡すことについて問題はない。XのYに対する請求棄却部分については、Yの控訴による移審および確定遮断効を否定するべきである。この点については、控訴を提起しなかったXの訴訟から離脱したいという意思を尊重すべきであるからである。終局判決言渡し前であれば、Xは民訴法48条の訴訟脱退をすることができる（その代わり、Z・Y間の判決の効力を受ける）。これに対して、請求棄却の敗訴判決を受けたXは、控訴をしないという行為によって「訴訟から離脱する」との意思を表明したのであって、その意思は尊重されるべきである。X敗訴判決が一審で確定し、上級審での当事者ではなくなると考えたところで、YやZの利益が害されるおそれはない。

　では、ZのXに対する請求認容部分についてはどうか。X・Y・Z三者間で誰が所有者であるかを明確にするという意味では、控訴裁判所はY＝所有者という自らの結論に従い、Zの所有権の主張を認めないために、ZのXに対する請求認容を棄却に変更する必要があるかもしれない。しかしながら、実際に控訴したYからすれば、Zの所有権を認める判決の効力はX・Z間でしか生じないのであるから、判決を変更することについて利益はないと考えることも可能である。そうだとすれば、そもそもXが控訴しなかった時点で、XのYに対する請求棄却部分のみならず、ZのXに対する請求認容部分も確定し、控訴審に移審

することはないという解釈も十分に可能であろう。この立場では、控訴審に移審し、その審判対象になるのは、ZのYに対する請求認容部分だけということになる（もちろん、これはZのXに対する請求が所有権確認であるということを前提にしている。もし、Zが移転登記手続き請求のような給付請求を行っており、YもXに対して所有権に基づく移転登記手続を求める反訴請求を行っていたような場合は、事情が異なる）。

（4）残された問題

　第三者不服説に従って、敗訴者の一人が上訴したときの移審の範囲や審理対象などを考えるときに、少し問題となるのは以下のような場合である。

（a）権利主張参加　XがYを相手取ってX・Y間の売買契約に基づき不動産甲について所有権移転登記手続き請求の訴えを提起した。ところが、Zも同じ不動産に関してZ・Y間の売買契約を主張して、Yに対して所有権移転登記手続き請求の訴えを提起し、独立当事者参加の申立てを行ったとしよう（いわゆる片面的参加であるが、ZがXに対して目的不動産の所有権確認の訴えを提起したとしても、Xが背信的悪意者に当たるといった事情がない限り、自己名義の移転登記を経由していないZはXに対して所有権を主張できないので、あえて所有権確認の訴えを提起しないケースを考える）[28]。

　第一審がXの請求もZの請求も認容する判決を言い渡した場合、不服を申し立てることができるのはYだけである。YがZの請求認容部分についてのみ棄却への変更を求めて控訴の申立てを行ったならば、XのYに対する請求認容部分はどうなるのであろうか。実際に控訴を申し立てたYにとっては、明確にZの請求についてのみ理由がないとして控訴を提起しているのであるから、Xの請求認容部分を棄却に変更させることについて利益はないことになる。そうすると、第三者不服説によれば、Xの請求認容部分は控訴審に移審せず、第一審判決がそのまま確定するとの結論が導かれそうである。

　しかしながら、ZはXの請求認容判決が言い渡されないようにX・Y間の訴訟追行を牽制する目的で47条の参加を申し出ているが、こうした事情のもとでは参加人が他人間の訴訟に関与できるのは一審限りのものであると割り切らない限

28　こうした事案では、そもそもZは権利主張参加できるのかという問題があり、最近はX・Y間での売買契約とZ・Y間での売買契約がともに有効であるなら、XとZの請求がともに認容される可能性があり、二人の請求は両立するとして権利主張参加を否定する見解も有力であるが、ここでは可能であるという前提で考える。

り、この結論には疑問が呈されることになろう。そうすると、YのZを相手取った控訴によってXの請求認容部分も移審し、確定が遮断され、さらには控訴審の審判対象になりうることを説明するための理由を考える必要がある。

まず考えられるのは、独立当事者参加は、他人間で自分の正当な利益を害する可能性のある判決が言い渡されることを防止することを目的とする手続きであるから、ZにとってはXの請求認容判決に対して潜在的な不服をもっていると考えられ、YによるZに対する控訴の提起によりZが控訴人となるとともに、XのYに対する請求認容部分についても、控訴審の審判を受けさせる（場合によっては、請求棄却に変更させる）可能性を得ることについて保護すべき利益がある。この利益に基づき、XのYに対する請求認容部分も、Yの控訴提起によって控訴審移審し、その審判対象になるとの説明であろう。

ただし、形式的にはXのYに対する請求認容部分については、Z自身は控訴を提起できないので、ZがYに補助参加するとともにXのYに対する請求認容部分について控訴を提起することが考えられる。上記の具体的な事情のもとでは、XのYに対する請求認容部分を棄却に変更することについて、YとZは利益を共通しているわけではないが、潜在的にはXの請求を認容から棄却に変更するために訴訟追行することは、Yにとっても利益になると評価できるので、補助参加することは許されよう（Zにとっては、Xの請求認容判決がそのまま確定すれば、自己名義への移転登記手続きの実現が困難になるので、42条の補助参加の利益は否定されないであろう）。

なお、ZがXに対して所有権確認の訴えを提起していた場合は、第一審では請求棄却判決を受けるであろうから、Zはこの請求棄却部分についてXを相手取って控訴することができる。そして、この場合、ZはXのYに対する請求認容を棄却に変更させることについて実質的な利益を有するので、Zの控訴提起に伴い、Xは被控訴人となるとともに、XのYに対する請求認容部分も控訴審に移審し、審判対象になるとの説明も可能であろう。そうすると、この設例のような場合には、ZとしてはとりあえずXに対して所有権確認の訴えを提起しておくべきであるということになろう。

(b) **詐害防止参加**　Zが詐害防止参加をしたときはどうか。まずZとしてはXのYに対する請求棄却判決を得ることが目的となっているのに、不自然な請求をXないしYに対して立てなければならないかという問題がある。たとえ

ば、YがXに無断でX所有の不動産甲について所有権移転登記を行っていたという理由で、XがYに対して抹消登記手続き請求の訴えを提起した。不動産甲についてYから抵当権の設定を受けその登記を行っていたZが、Yは行方不明になっており実質的な防御活動を期待できないので、詐害防止参加をするケースを考えてみよう。かりにYがその存在を争っていなくても、ZがYに対して抵当権存在確認請求を立てることが認められるとされ（この点についても問題になりうるが、ここでは触れない）、さらにXに対しては「所有権紛争存在確認請求」あるいは「Xの所有権不存在確認請求」を立てなければならないとされている。しかし、Zは「XのYに対する抹消登記手続請求」そのものについて棄却判決を得ることができれば、自らの抵当権の存在を否定されるおそれがなくなりその目的を達することができるのであるから、こうした不自然な請求を無理に立てさせる必要はないと主張されている[29]。

　これは、いわゆる「請求なき当事者」が認められるかという問題であるが、この概念が認められるのであれば、参加人Zの主張をしりぞけた一審判決に対して本訴被告Yは控訴しないが、参加人Z自身は固有の不服に基づき控訴できると考える必要が出てくる。ここでは、Zは請求を定立していないのであるから、請求と結びついた形で不服を考えることはできない。ZはXのYに対する請求を棄却させることに固有の利益を有しており、それが控訴権を根拠づけると考えることになる。

五　おわりに

　以上、独立当事者参加訴訟において敗訴者の一部が上訴した場合を中心に妥当な結論を導くための理論的枠組みについて考察を行ったが、言及できなかった問題点もあり、不十分なものとなってしまった。残された問題点については、他日を期したい。

29　井上治典「独立当事者参加論の位相」同・多数当事者訴訟の法理298頁、上田徹一郎＝井上治典編・注釈民事訴訟法（２）（1992年　有斐閣）203頁以下（河野正憲執筆）、徳田和幸「独立当事者参加における請求の定立について――詐害防止参加の沿革を中心にして」同・複雑訴訟の基礎理論（2008年　信山社）164頁以下、高橋宏志・重点講義民事訴訟法（下）（第２版補訂版）520頁。
　なお、最決平成26年７月10日判時2237号42頁において、山浦善樹裁判官は「少なくとも詐害防止参加を求めるに当たり、請求を定立することは必要でないと解するのが相当である。」との反対意見を述べられている。

倒産手続開始決定の実体法的効果と管財人等の第三者性に関する一試論
―― 信託アプローチの検討 ――

籠 池 信 宏

一　問題意識
二　「第三者性」の論拠に関する私見―信託アプローチ
三　倒産手続開始決定に基づく開始時財産の物的性質変更（倒産債権者のための清算分配原資としての財産分離・責任財産属性の変更）
四　開始時財産の準信託財産化の論拠
五　「開始時財産の準信託財産化」に「第三者性」の論拠を見出し得ること
六　全ての倒産法制に共通するロジックとして「第三者性」を説明できること
七　個別執行手続との統一的解釈の可能性
八　「開始時財産の準信託財産化」を踏まえた展開的試論

一　問題意識

1　問題意識1――「財産管理処分権の付与」を「第三者性」の論拠とする見解についての疑問

（一）倒産法上の著名論点の一つに「破産管財人の第三者性」がある。「破産管財人の第三者性」とは、破産手続開始前に破産者に対して権利を取得した者が、いわゆる第三者対抗要件を備えていない場合に、破産管財人に対しては当該権利を主張し得ないことの論拠として用いられる法的概念である。

（二）現在の通説的見解[1]は、「破産管財人の第三者性」の論拠を「破産債権者の利益代表者としての破産管財人の法的地位」に見出し、「㋐破産手続開始決定が破産債権者の利益実現のために破産管財人に破産財団所属財産の管理処分権を付与することから、㋑破産財団所属財産に対する差押債権者と類似の法律上の

---

[1] 伊藤眞『破産法・民事再生法［第3版］』327頁。

地位が破産管財人に認められる」（下線及び符合は筆者による）と説明する。
　上記㋐にみられるように、従前、破産法律関係は、財産管理処分権の債務者からの剥奪（破47条）と破産管財人への専属（破78条1項）を中心として考察され、「破産管財人の第三者性」についても、破産管財人への「財産管理処分権の付与」が論拠として説明されることが多かったように思われる。

(三)　しかしながら、民事再生手続や会社更生手続を含めた倒産法制全体を俯瞰すれば、「財産管理処分権の付与」を論拠として「第三者性」を説明し切れないことは、DIP型倒産手続の存在によって明らかである。すなわち、再生手続開始後の再生債務者による財産管理処分権の保持を原則とする民事再生手続においても、「再生債務者の第三者性」を認めるのが通説的見解[2]であるが、この場合、再生手続開始決定の前後を通じて財産管理処分権は再生債務者に保持されたままであるから、「財産管理処分権の付与」を「再生債務者の第三者性」の論拠とすることはできず、説明に窮することとなる[3]。

(四)　「財産管理処分権の付与」をもって「第三者性」を説明することが困難であることは、典型的な財産管理制度である成年後見制度等との対比によっても示される。後見開始決定によって、被後見人の行為能力は制限され、後見人に財産管理処分権が付与されるが（民859条）、この場合、後見人に破産管財人や再生債務者と同様の「第三者性」が認められることはない。
　また、「財産管理処分権の付与」が「第三者性」の根拠足り得るのであれば、倒産手続上、管財人等と同様に、債務者財産について専属的な財産管理処分権が付与されている保全管理人（破93条1項、民再81条1項、会更32条1項）についても「第三者性」が認められてしかるべきであるが、このような議論はなされていない。

(五)　そもそも「財産管理処分権の付与」は、本来、「法律行為の他人効」すなわち「財産帰属主体たる本人への法律行為の効果帰属」を生じさせるための権限付与の効果があるに過ぎない。「財産管理処分権の付与」は、もとより「財産の物的帰属変動」自体を生じさせる法的効果はなく、対象財産の物権変動（物的帰属変動）を基礎とすることが原則的である「第三者性」[4]を根拠付けるに足

---

[2]　伊藤・前掲注（1）868頁。
[3]　このため、「再生債務者の第三者性」の論拠としては、再生債権者に対して公平誠実義務を負う再生債務者の手続機関性などが指摘されている（伊藤・前掲注（1）868頁注2）参照）。

る法的論拠とは言えないように思われる。
(六)「第三者性」は、倒産財団組成財産を対象とする物的帰属変動に準ずる法的基因でなければ、これを根拠付けることはできず、「財産管理処分権の付与」によっては「第三者性」を説明することはできないのではないか、というのが筆者の第1の問題意識である。

2　問題意識2——倒産手続開始決定の実体法的効果の内実が不分明であること

(一) 上記④にみられるように、「破産管財人の第三者性」については、個別執行手続の法準則を引き合いに、破産手続開始決定には包括的差押としての効力が認められ、破産債権者全体の利益を代表する破産管財人には、「差押債権者と類似の法律上の地位」が認められると説明される。
(二) しかし、「倒産手続開始決定には包括的差押としての効力が認められる」とするだけでは、何故「第三者性」のような法的効果が認められるかの十分な説明にはなっておらず、倒産手続開始決定の実体法的効果の内実も不分明である。
　そして、後記七に論じるとおり、引き合いとされる個別執行手続の法準則自体も、差押決定の実体法的効果の内実については、これまで殆ど意識して論じられることがなく、必ずしも十分な解明がなされているとは言えない状況にある。
(三) 前記のとおり、「第三者性」は対象財産の物権変動（物的帰属変動）を基礎とすることが原則的であるところ、倒産債務者財産を対象とするこのような物権変動（物的帰属変動）を見出し得るのかについて、倒産手続開始決定の実体法的効果の内実をさらに探究すべきではないか、というのが筆者の第2の問題意識である。

4　例えば、民法177条の「第三者」の典型例としては、対象財産の所有権取得者や他物権取得者が挙げられる（『新版注釈民法（6）物権（1）［補訂版］』661頁以下［吉原節夫］）。対象財産の物的帰属変動を基礎とする場合以外にも「第三者性」が認められるケースはあるが、少なくとも、これらに準ずる法的基因によって対象財産に対する物的支配権能を取得した者でなければ、「第三者性」を認めるに相応しいとは言えないであろう。

二　「第三者性」の論拠に関する私見——信託アプローチ

1　上記の問題意識を踏まえて、「管財人等[5]の第三者性」の論拠について、次のような試論を提起したいと考える（信託アプローチ）。

記

Ⅰ　倒産手続開始決定は、その実体法的効果として、「開始時財産[6]の準信託財産化[7]」を生じさせる。

Ⅱ　ここで「開始時財産の準信託財産化」とは、開始時財産を倒産債務者に法形式上帰属させたまま、倒産債権者のための清算分配原資[8]として分離・変更する物権変動を意味するものであり、信託の法形式に擬えれば、「開始時財産を信託財産、倒産債務者を信託財産の委託者兼受託者（自己信託[9]の形態）、倒産債権者を受益者とする、一種の法定信託の設定」として捉えられる。

Ⅲ　そして、「管財人等の第三者性」の理論的根拠は、管財人等への管理処分権の付与ではなく、倒産手続開始決定に伴う「開始時財産の準信託財産化」（「委託者たる倒産債務者」から「受託者たる倒産債務者」への開始時財産の信託的移転）に求められる。

2　以下、私見の論拠等について考察する。

---

[5] ここでの「管財人等」には、破産手続における破産管財人（破2条12項）、民事再生手続における再生債務者等（民再2条2号）、会社更生手続における管財人（会更76条1項）、特別清算手続における清算人（会社523条）が含まれる。以下同様。

[6] 倒産手続開始時に倒産債務者に属する財産であって、倒産債権者のための責任財産となるべき、いわゆる「倒産財団」を組成する財産をいう。「開始時財産」は、管財人等による財産管理処分行為を通じて財産の内容を変形させるが、変形後の財産も「開始時財産」としての性質を失う訳ではなく、全体として統一的・一体的に管理される（物上代位性、信託16条1項）。このような「開始時財産」の性質を踏まえ、本稿では、処分行為による変形後の財産を含めて、いわゆる「倒産財団」と同義で「開始時財産」の用語を用いる。

[7] ここでの「準信託財産」とは、信託当事者間の委託・受託関係を基礎とする信託行為（信託3条）に基づくものではなく、当然ながら、信託法上の「信託財産」そのものではないが、信託財産に準ずる属性を備え、信託法理を準用することができる財産との趣旨である。なお、英米の信託法においては、当事者の意思とは無関係に信託の成立を擬制し、信託法理を適用する「擬制信託」の制度がある（新井誠『信託法〔第4版〕』186頁）。

[8] ここでの「清算分配原資」とは、再建型倒産手続における弁済原資を含む「広義の清算分配原資」をいう。再建型倒産手続における弁済原資は、「開始時財産」の元本と開始後の運用益から成るものであり、その意味で、再建型倒産手続における弁済原資も「開始時財産」を基礎とするものといえる。

[9] 信託2条2項3号参照。

三　倒産手続開始決定に基づく開始時財産の物的性質変更
（倒産債権者のための清算分配原資としての財産分離・責任財産属性の変更）

1　倒産手続開始決定によって倒産債務者は開始時財産に対する処分権能を制限される。この処分制限は物権的効果をもつことから、倒産手続開始決定は、物権変動（物権の得喪変更）のうち「変更」の基因として位置付けられるとするのが通説である[10]。

　しかし、倒産手続開始決定の実体法的効果は、開始時財産の処分権能の制限に留まるものではない。

2　第一に、倒産手続開始決定によって、開始時財産は、他の倒産債務者帰属財産から分離され、倒産債権者のための清算分配原資として拘束される。このような財産の分離が典型的に顕れるのが破産手続であり、破産手続開始決定により、破産者に帰属する財産は、破産財団組成財産と自由財産に区分され、各々異なる債権者の引当てになるべき責任財産として分離される[11]。

3　第二に、倒産手続開始決定によって、開始時財産が責任財産として引当てとなるべき対象の債権とその優先劣後関係に変化が生じる点が挙げられる。すなわち、倒産手続開始前は、債務者に帰属する財産は、全ての債権者のために等しく引当てになるべき責任財産であったものが、倒産手続開始後は、倒産債権者間で優先劣後関係（プライオリティ）の変更が生じ、とりわけ「倒産債権」と「倒産手続開始後に発生した債権（共益債権、財団債権）」との間においては、前者が後者に劣後する関係が生じる。

4　このように、見逃されがちであるが、倒産手続開始決定によって、開始時財産が、倒産債務者に帰属する固有財産（自由財産）から分離され、倒産債権者等の引当てになるべき責任財産としての責任限定が生じたり（上記第一の点）、倒産手続開始決定の前後で、責任財産として引当てとなるべき対象の債権の優先順位（プライオリティ）の変更が生じる点（上記第二の点）は、開始時財産自体

10　前掲注（4）645頁［原島重義ほか］。
11　なお、民法上の「財産分離」（民941条以下）の制度は、同一人に帰属する財産の一部を特定の債権者のための引当てになるべき責任財産として分離する点で類似性がみられる。民法上の「財産分離」も、物権変動の一種と解されている（民945条参照）。

の物的性質の変更（責任財産属性の変更）を示すべき重要な徴表である[12]。

5　筆者は、「倒産債務者からの財産管理処分権の剥奪」は、必ずしも倒産手続の本質的要請ではなく、開始時財産を倒産債権者のための清算分配原資として目的財産化する「開始時財産の物的性質変更（責任財産属性の変更）」こそが、倒産手続の本質的要請として最重要視されるべき法的メカニズムであると考える。

　そして、かかる「開始時財産の物的性質変更（責任財産属性の変更）」を法理的に説明する上で最も適合するのが「開始時財産の準信託財産化」なのである。

四　開始時財産の準信託財産化の論拠

1　信託の基本構造との親和性――「開始時財産」の特定性、目的財産性、独立性・分別管理性

（一）「信託」は、「一定の目的に従い財産の管理又は処分及びその他の当該目的の達成のために必要な行為をすべきものとすること」をいうものとされる（信託2条1項）。

　信託の仕組みの主要な特徴としては、一般的に、①一定の財産をめぐる法律関係であること（財産の特定性）、②受託者は一定の目的に従い財産の管理・処分などの義務を負うこと（目的財産性）、③信託財産は受託者の財産のうちで特別な位置づけを有すること（財産の独立性・分別管理性）、が挙げられる[13]。

（二）①の点についてみれば、倒産手続では、手続的拘束の対象となる財産（開始時財産）の範囲は法定されており[14]、①の特定性の特徴を備える。

（三）②の点についてみれば、倒産手続では、「開始時財産」の処分等は一定の制約を受けるとともに[15]、管財人等の手続機関は、善管注意義務等を課せられた

12　倒産債権が開始時財産のみを責任財産とする点や、倒産債権が倒産手続開始後に発生した債権（共益債権、財団債権）に劣後する点は、後述のとおり、倒産債権者が開始時財産の信託受益者たるべき位置付けにあることの証左であり（信託100、101条参照）、私見を支える有力な根拠となる。

13　道垣内弘人『信託法入門』31頁参照。

14　破産手続では、明文をもって破産財団の範囲が法定されている（破34条1項）。民事再生手続、会社更生手続及び特別清算手続では、倒産手続開始時に倒産債務者に属する一切の財産が手続的拘束の対象とされている。これらの手続的拘束の対象となる財産（開始時財産）は、財産評定手続（破153条、民再124条、会更83条1ないし3項、会社521条）を通じて、特定され把握される。

15　破78条、民再41条、会更72条、会社535条など。

上で[16]、各倒産法の規律に則って、財産管理処分権を行使することを義務付けられる。

「開始時財産」がこのような手続的拘束下におかれるのは、倒産手続が、倒産債権者に対する適正かつ公平な清算分配の実現を目的とする手続であり、そのための清算分配原資となるのが「開始時財産」であるからにほかならない。その意味で、「開始時財産」は、②の目的財産性の特徴を備える。

(四) ③の点についてみれば、「開始時財産」は、同じく倒産債務者に帰属する固有財産（自由財産）[17]とは分離され、倒産債権者のための清算分配原資としての責任限定を生じ[18]、管財人等の手続機関によって財産評定の手続を経て分別管理される[19]。

また、「開始時財産」は、管財人等の財産管理処分行為を通じて財産の内容を変形させるが、変形後の財産も、倒産債権者のための清算分配原資たる「開始時財産（倒産財団）」としての性質を失う訳ではなく、全体として統一的・一体的に管理される。これは、信託財産の物上代位性（信託16条1項）と同内容の特性である。

このような点からは、「開始時財産」は、③の財産の独立性・分別管理性の特徴を備えていると言える。

(五) 以上のとおり、倒産手続における「開始時財産」は、①～③の信託財産の主要な特徴（特定性、目的財産性、独立性・分別管理性）をいずれも備えており、信託法理を準用し得る十分な基礎があると認められる。

2　倒産手続開始決定に伴う「開始時財産の責任財産属性の変更」が倒産債権者を受益者とする「開始時財産の準信託財産化」とみなしうること

(一) 前記三に述べたとおり、倒産手続開始決定の実体法的効果として、開始時財産の物的性質変更（責任財産属性の変更）が生じるものと解することができる。

具体的には、Ⓐ倒産債務者に帰属する固有財産（自由財産）から開始時財産

16　破85条、民再38条2項、会更80条、会社523条。
17　破産手続における自由財産（破34条3、4項）が典型例である。
18　倒産債務者の自由財産は倒産債権の責任財産とはならず、倒産債権は物的有限責任の債権となる。
19　破産手続では、破産手続開始後に破産者について相続が開始したときであっても、破産手続が続行される（破227条）。これも破産財団の独立性を前提とした取扱いであると言える。

が分離され、倒産債権者の引当てになるべき責任財産としての責任限定が生じる。そして、Ⓑ共に開始時財産を責任財産とする「倒産債権」と「倒産手続開始後に発生した債権（共益債権、財団債権）」との間で、前者が後者に劣後する関係が生じる。

(二) 筆者は、この倒産手続開始決定に伴う「開始時財産の責任財産属性の変更」にこそ、倒産債権者を受益者とする「開始時財産の準信託財産化」の徴表を見出し得ると考えるものである。

　上記Ⓐの、倒産債権が開始時財産のみを責任財産とする責任限定が生じる点は、信託法上、受益債権が信託財産のみを責任財産とすることと符合しており（信託100条）、上記Ⓑの、倒産債権が倒産手続開始後に発生した共益債権等に劣後する点は、信託法上、受益債権が信託債権に劣後する取扱いとされていることと符合している（信託101条）。

　このように、「開始時財産の責任財産属性の変更」の結果として形成される開始時財産と倒産債権との間の法的関係は、信託法上の信託財産と受益債権との間の法的関係に符合するものであり、信託の形式に擬えれば、倒産債権者はまさしく開始時財産の受益者として位置付けられるのである。

(三) 上記Ⓑに関して、信託法上、受益債権が信託債権に劣後する取扱いとされている理由としては、受益権（受益債権）がエクイティ[20]としての性質を有する権利であることが指摘されている[21]。

　この点、倒産法上も、倒産債務者が通常債務超過であることからは、倒産手続開始決定を境に、倒産債権者は開始時財産の実質資本主たる地位を取得したものとして位置付けることが可能であり[22]、倒産債権者と共益債権者等との間

20　「エクイティ」は、もともと経済用語であり多義的な意味に用いられるが、一般的には、持分性（支配者性ないし実質的所有者性）の有無によって、「債権（デット）」と区別される。
21　新井・前掲注（7）233頁、法務省民事局参事官室「信託法改正要綱試案　補足説明」第51項。本文に掲げた以外の理由としては、信託債権が受益者のための信託事務処理に基づいて発生し、信託財産の価値の維持・増加に資するものであることが指摘されている。倒産債権が共益債権等に劣後する理由としては、共益債権等が倒産債権者のための清算分配を実現するためのコストとしての性質を有する点が挙げられるのが一般的であり、この点においても類似性が窺われる。
22　例えば、会社更生手続に関しては、「更生手続の開始決定時においては、通常、更生会社は債務超過であり、今後の更生計画案の決定権限が実質的に債権者にあることを考慮すれば、更生会社の資産等の実質的な所有者は更生債権者、更生担保権者等であると考えられるため、更生債権者、更生担保権者等が旧所有者から資産等を新たに取得したものと解釈することができる」とされる（「継続企業の前提が成立していない会社等における資産及び負債の評価について」(日本公認会計士協会・会計制度委員会研究報告第11号４(２)②)）。なお、更生手続上の倒産債権者にエ

に、資本主（エクイティ投資者）と債権者（デット投資者）の関係を見出すことができる。

このように、経済的実体からしても、信託法上の受益者と、倒産法上の倒産債権者には、エクイティ権利者としての同質性が認められると言え、「開始時財産の責任財産属性の変更」は、開始時財産に対する実質的支配権の倒産債権者への移転を背景とする、倒産債権のデットからエクイティへの権利変更の徴表としても捉えることができるのである。

(四) 倒産手続は、倒産債権者に対する適正かつ公平な清算分配の実現を目的とする手続であるから、もともと、その手続的・経済的利益の直接的な享受主体として位置付けられるのは倒産債権者である。

倒産債権者は、倒産手続において集団的に権利を行使し、開始時財産の管理や清算分配等に関わる重要事項についての決定権限が付与されるとともに[23]、開始時財産を原資とする配当・計画弁済等を受けるべき主体となる。その意味で、倒産債権者は、開始時財産を間接所有する実質的支配者たる地位にあると言うことができる。

このような倒産債権者の地位は、信託法上、信託財産から給付を受ける権利（受益債権）とこれを確保するための権利（監督的権利）から構成される受益権（信託2条7項）を有する信託受益者の地位と顕著な同質性が認められる[24]。

(五) 倒産法制は、「債権者の集団的満足の最大化」を第一義的な目的としており[25]、開始時財産や倒産債務者等に対する各種の手続的拘束も、かかる目的を実現するための制度的仕組みとして位置付けられる。

こうした制度目的のもと、倒産法所定の規律に従って、管財人等の手続機関によって統一的・一体的に管理される開始時財産は、「準信託財産」と呼ぶに

クイティ権利者性を見出すことができる点について、拙稿「会社更生手続における更生担保権評価と処分連動方式のあり方についての一考察」『田原睦夫先生 古稀・最高裁判事退官記念論文集 現代民事法の実務と理論』794頁以下参照。
23 再生計画案等に対する議決権が与えられているのがその代表例である。
24 神田秀樹ほか『信託法講義』120頁は、「受益権は、受益債権とそれを行使するための監督的権利からなる複合的な権利であり、株式会社における株主とのアナロジーでいえば、受益債権が自益権に相当し、受益債権を確保するための監督的権利は共益権に相当するということができる」とする。新井・前掲注（7）66頁も同旨。倒産手続上、倒産債権者に認められる権利もこれに類比することが可能であり、このような法構造の同質性からも、倒産債権者の開始時財産に対する権利のエクイティ性（間接所有による実質的支配者性）が窺われる。
25 山本和彦ほか『倒産法概説［第2版補訂版］』6頁［水元宏典］。

相応しく、かかる「開始時財産の準信託財産化」は、開始時財産に対する手続的拘束の始期であり、「開始時財産の責任財産属性の変更」の発生時たる、倒産手続開始決定時に生じるものと理解される。

　そして、債権者集会等における議決権をはじめとする倒産法所定の各種の手続的権利の行使主体となり、開始時財産を原資とする配当・計画弁済等を受けるべき地位にある倒産債権者は、「開始時財産を間接所有する実質的支配者」として、「信託受益者」として位置付けるに相応しいと言える。

3　「自己のための本来的所有」から「倒産債権者のための信託的所有」への所有形態の性質変更

(一) 倒産手続開始決定の前後で、「開始時財産」の法形式上（表面上）の帰属関係は、倒産債務者を帰属主体（所有者）とする点で変わりないが、実質的には、倒産債権者のための清算分配原資としての「準信託財産化」により、「自己のための本来的所有」から「倒産債権者のための信託的所有」への所有形態の性質変更（信託的移転）が生じたものと解される。

　これを信託の法形式に擬えれば、倒産債務者は、準信託財産たる開始時財産の「委託者兼受託者」（自己信託の形態）として位置付けられることになる。

　所論のとおり、かかる信託的移転は、開始時財産に対する実質的支配権の倒産債権者への移転を基礎とするものであり、倒産手続開始決定に伴う「開始時財産の責任財産属性の変更」にその徴表を見出すことができる。

(二)「開始時財産」が「委託者たる倒産債務者」から「受託者たる倒産債務者」に信託的に移転するという私見は、一見、技巧的に過ぎるように映るかもしれない。

　しかし、信託法上も、信託宣言に基づく自己信託の形態が認められており（信託3条3号）、信託委託者と信託受託者が同一人であること、すなわち、信託財産の設定による同一人格者間での財産の帰属変更は、理論上、当然にあり得ることとされている[26]。

---

[26] 新井・前掲注（7）135頁は、「信託財産が委託者の責任財産を構成しないという信託の効力に鑑みれば、観念的には信託宣言といえども委託者と受託者は別人格であるということができ、3号所定の公正証書等の作成が同一人格内における観念的な別人格の創出という概念を表すこととなると考えるべきであろう。信託宣言においても、委託者（という人格）から受託者（同）への財産移転という物権的行為を観念することができるのである。」とする。

このような信託法理を踏まえれば、私見の法律構成は、決して技巧的に過ぎる訳ではなく、法理論上も十分説明可能であると言える。

(三) DIP型倒産手続である民事再生手続においては、再生債務者が財産管理処分権を行使するに当たり、債権者に対する公平誠実義務（民再38条2項）を負うが、これも「開始時財産の準信託財産化」による性質変更、すなわち「自己のための本来的所有」から「倒産債権者のための信託的所有」への所有形態の性質変更の顕れとして捉えることが可能である。

また、倒産債務者は、説明義務（破40条）や重要財産開示義務（破41条）等の倒産手続への協力義務を負うほか、開始時財産ないしこれを組成すべき財産を対象として、財産散逸防止義務を負うと解されるのであって（破265、266条その他の倒産犯罪に関する罰則規定は、かかる財産散逸防止義務の存在を理論的前提にするものとして理解される）、このような倒産法上の義務も、「倒産債権者のための信託的所有」を基礎付けるものと言える。

(四) なお、信託法理を援用して破産管財人の法的地位を説明する見解に、「受託者説」がある。受託者説は、破産者を委託者、破産債権者を受益者、破産管財人を受託者とする法定信託の成立を前提とする[27]。

受託者説と対比すれば、私見は、破産者を委託者兼受託者（自己信託）、破産債権者を受益者とする法定信託の成立を前提とするものであり、破産管財人は信託関係の当事者とは位置付けない。私見では、破産管財人は、信託受託者たる破産者に帰属する破産財団組成財産について、法定授権に基づく財産管理処分権を行使する「職務上の手続機関」として位置付けられる[28]。

受託者説に対しては、財産管理処分権を有するに過ぎない破産管財人を開始時財産の帰属主体として位置付けることは困難ではないか、DIP型倒産手続

---

27 伊藤・前掲注（1）202頁。なお、受託者説に対しては、「法定信託成立に関する明文の根拠を欠く」との批判がなされており、同じく信託法理を援用する私見に対しても同様の批判が想定される。しかし、「準信託関係」の成否は法的評価の問題であるから、ここで問われるべきは、信託の成立を規定する明文の有無ではなく（一般的にこの種の明文規定が置かれることは稀であろう）、信託法理を援用し得る法的基礎の有無である。かかる法的基礎が認められる限り、「法文に書かれざる原理・原則」として開始時財産の準信託財産化を擬制し、関連する論点について信託法理を参酌した整合的帰結を導くことは、法解釈上も十分可能であると考える。なお、最判平14.1.17民集56巻1号20頁は、明示の信託契約が締結されていない事案において信託の成立を認定するが、法理論としての信託の柔軟性を示唆するものと言える。

28 拙稿「破産管財人の法的地位——通説に対する批判的考察」岡正晶ほか監修『倒産法の最新論点ソリューション』241頁参照。

における法律関係を説明することが困難ではないか、との疑問がある。

所論のとおり、開始時財産の信託的移転は、「開始時財産の物的性質変更（責任財産属性の変更）」に見出されるべきものであるから、あくまで同一人格内の内部的移転に留まり、倒産債務者以外への外部移転を伴うものとして捉えることはできないと考える。

五　「開始時財産の準信託財産化」に「第三者性」の論拠を見出し得ること

1　これまでに論じたとおり、倒産手続開始決定の実体法的効果として、開始時財産は準信託財産化し、「委託者たる倒産債務者」から「受託者たる倒産債務者」に信託的に移転するものと解される。
2　通常の信託的譲渡が「第三者性」の基因となる物権変動に該当するかという点については、これを肯定するのが通説・裁判例である[29]。

また、自己信託の場合であっても、「信託宣言においても、委託者（という人格）から受託者（同）への財産移転という物権的行為を観念することができる」とされ[30]、通常の信託的譲渡の場合と同様、信託財産の物的帰属変動を認識することができるものと解されている[31]。
3　以上によれば、倒産手続開始決定に伴う「開始時財産の準信託財産化」は、「第三者性」の基因となる物権変動（物的帰属変動）に該当し得るものと解される。

そして、対象財産の物権変動（物的帰属変動）を原則的基因とする「第三者性」の議論との整合性を踏まえれば、「財産管理処分権の付与」ではなく、「開始時財産の準信託財産化」こそが、「第三者性」の論拠として相応しいものと考える。

29　前掲注（4）662頁［吉原節夫］は、「信託的譲渡は外部関係において通常の譲渡と同様に所有権が移転すると解せられ、信託譲渡人から当該不動産を取得した者は、信託譲受人に対し登記がないと対抗できない（大判昭4.4.12民集8巻412頁）」とし、信託的譲渡の譲受人が民法177条の「第三者」に当たるとする。
30　新井・前掲注（7）135頁。
31　自己信託においても委託者の財産を信託財産とするという意味での「処分」があるとされる（能見善久ほか『信託法セミナー（1）信託の設定・信託財産』86頁［能見善久発言］）。なお、不動産に対する自己信託の設定に当たっては、信託財産となった旨の権利の変更の登記（不登98条3項）と信託の登記（不登98条1項）がなされる。

4　道垣内弘人教授[32]は、信託の本質について、「ある者が他人のために財産の管理・運用を請け負った場合には、当該財産の所有権がその管理者に移転している場合でも、権利者に所有者と同様の物権的救済を認めることにした。これが信託法である。信託とは、所有者でない者に所有者と同様の物権的救済を認めるという法理であり、信託法はそれを可能にするための法律である。」と説明する。

　翻って、「第三者性」のロジックは、倒産債権者の利益代表者としての管財人等に物権取得者と同様の地位（差押債権者の地位）を認めることによって、開始時財産（倒産財団）の法的確保を図り、これを通じて倒産債権者の利益を保護することを主眼としている。

　こうした「第三者性」のロジックの背景には、倒産債務者に帰属する財産でありながら、倒産債権者のための清算分配原資としてその実質的支配に服すべき財産であるという開始時財産（倒産財団）の特性があり、かかる特性を踏まえて、開始時財産（倒産財団）の実質的支配者たる倒産債権者に「所有者と同様の物権的救済」を認めるべきであるとする法的価値判断がある。

　かかる法的価値判断は、「財産の実質的帰属者のための物権的救済法」として機能する信託法理の理念と通底するものであり、「開始時財産の準信託財産化」を「第三者性」の論拠とする私見を支える実質的根拠となるものである。

5　なお、私見によれば、「第三者性」の主体として位置付けられるのは、開始時財産の帰属主体（信託受託者）たる倒産債務者である。

　そして、DIP 型倒産手続においては、倒産債務者が自身の「第三者性」を主張し、管財型倒産手続においては、財産管理処分権を付与された管財人が、財産管理処分権の行使の一環として、倒産債務者の「第三者性」を主張するものと解される[33]。

6　以上が、「開始時財産の準信託財産化」を前提とする「管財人等の第三者性」の法律構成である（信託アプローチ）。

32　道垣内弘人『信託法理と私法体系』218頁。
33　拙稿・前掲注（28）241頁以下のとおり、破産管財人等は職務上の手続機関に過ぎないから、破産管財人等自身が「第三者性」の主体になる訳ではない。

六 全ての倒産法制に共通するロジックとして「第三者性」を説明できること

1 現在の通説的見解は「財産管理処分権の付与」を「第三者性」の論拠とするため、必然的に管財型倒産手続とDIP型倒産手続とで「第三者性」の論拠を異にしなければならない[34]。

しかし、管財型倒産手続であれDIP型倒産手続であれ、倒産法制の目的や基本的な手続構造は変わらない筈であり、財産管理処分権の主体が誰であるかによって「第三者性」の論拠を異にするというのは、やはり便宜的な印象を拭えない。

2 この点、私見は、倒産手続開始決定の実体法的効果としての「開始時財産の準信託財産化」を「第三者性」の論拠とするものであるから、全ての倒産法制に共通するロジックとして統一的に「第三者性」を説明することができる点で優れていると言える。

3 現在の通説的見解の背景には、これまでの倒産法理論が、「倒産債務者からの財産管理処分権の剥奪」を基軸とする管財型倒産手続についての考察を中心として理論構築されてきたという学説の系譜があるように思われる。

しかしながら、DIP型倒産手続に見られるとおり、「倒産債務者からの財産管理処分権の剥奪」は、必ずしも倒産法制の本質的要請ではなく、債権者のための適正かつ公平な倒産法的清算を実現するための手続的選択肢[35,36]の一つに過ぎない。

4 むしろ、管財型倒産手続であれDIP型倒産手続であれ、倒産手続開始決定に伴い等しく生じる「開始時財産に対する手続的拘束」こそが、倒産債権者のために清算分配原資を確保することを目的とする倒産法制の本質的要請であると言えよう。

---

34 前掲注（3）参照。
35 民事再生手続では、DIP型と管理型の使い分けが可能な制度設計とされているし、DIP型から管理型への移行も臨機になされ得る仕組みになっている。
36 DIP型と管理型とでは、倒産手続を主宰・遂行する手続機関が異なるに過ぎず、適用されるべき実体的・手続的規律の内容や、「債権者のための適正かつ公平な清算分配の実現」という手続の目的に違いがある訳ではない。

その意味で、「第三者性」は、財産管理処分権者の人的属性に結びつけて捉えるのではなく、倒産手続開始決定の実体法的効果としての「開始時財産自体の物的性質変更」に着目して捉えるべきである。
5 　所論のとおり、倒産手続開始決定に伴う開始時財産の「責任財産属性の変更」とこれに基因する「準信託財産化」は、実質的支配権の移転を背景として、倒産債権者を手続的・経済的利益の直接的な享受主体（受益者）に位置付けるための核心となる法的仕組みである。

倒産法の第一義的な目的が「倒産債権者の集団的満足の最大化」にあることに鑑みれば、倒産債権者のための清算分配原資の確保に直結する「開始時財産の準信託財産化」こそが、「第三者性」の論拠として相応しいものと考える。

七　個別執行手続との統一的解釈の可能性

1 　前記一 2 に指摘したとおり、「管財人等の第三者性」は、個別執行手続の法準則を引き合いに、「差押債権者と類似の法律上の地位」が認められると説明されるのが一般的である。

倒産手続が包括執行手続としての性質を備えていることに鑑みれば、個別執行手続との整合的解釈が図られるべきであり、倒産手続における「第三者性」と個別執行手続における「第三者性」とは、基本的には同質的なものとして捉えられるべきであるとする点については、筆者も異論はない。

ただし、引き合いとされる個別執行手続における差押決定の実体法的効果については、これまで殆ど意識して論じられることがなく、十分な解明がなされているとは言えない[37]。

2 　そのような議論状況ではあるが、差押決定の実体法的効果については、次のような指摘がなされている。

中野貞一郎名誉教授[38]は、「差押えじたいが物権変動を生ずるわけでないことは確かであるが、差押えは、すでに執行譲渡の第一段階であり、後の段階で

37 　民法177条の「第三者」の範囲については、「登記の欠缺を主張するにつき正当な利益を有する者」という抽象的かつ包括的な判例の基準が今なお肯認されており（前掲注（4）661頁以下［吉原節夫］）、このため、差押決定の実体法的効果を悉に解明する必要性に乏しかったというのが理由であろう。
38 　中野貞一郎『民事執行法［増補新訂六版］』303頁。

確定的に登場し差押時の状態で目的物を取得することが執行手続上予定されている買受人の法的地位が、差押債権者の満足のために、確保されなければならない。その意味で差押債権者は目的物につき『一種の直接的な支配関係』をもち、目的物の取得を主張する第三者との間に、進行形の二重譲渡、『食うか食われるかの関係』があるといえよう」として、差押えの性質について、物権変動の基因性を否定しつつも、これに準ずる差押債権者による「直接的な支配関係」の発生を示唆する。

　佐久間毅教授[39]は、「債権者は、もともと、債務者の財産一般に対して、債務不履行の場合に強制的な債権回収の原資にできるという意味で潜在的な支配権能を有している。差押え等がなされると、この支配権能が特定の財産について具体化される。したがって、差押債権者は、差押対象財産について物権者に類似する地位にあり、177条の第三者と認めることができる」として、差押債権者の第三者性の根拠が、「差押対象財産について物権者に類似する地位」にあることを示唆する。

3　上記の見解は、いずれも差押対象財産に対する「物権に類似した支配関係の取得」を論拠として、差押債権者の「第三者性」を説明するが、「物権に類似した支配関係」の内実は何か、かかる支配関係の「取得」がどのような法的メカニズムをもって認められるのか、については定かにはされていない。

4　この点、筆者は、個別執行手続における差押決定の実体法的効果についても、信託法理による説明の余地があり得るのではないかと考える。

　すなわち、個別執行手続における差押決定は、その実体法的効果として、「差押対象財産の準信託財産化」を生じさせる。これを信託の法形式に擬えれば、「差押対象財産を信託財産、債務者を信託財産の委託者兼受託者（自己信託の形態）、執行配当に与る債権者[40]を受益者とする、一種の法定信託の設定」がなされたものとして捉えるのである。

5　「差押対象財産の準信託財産化」を肯定し得る要素としては、①差押決定により、差押対象財産は個別執行手続の拘束下におかれ、債務者は処分禁止等の制約を受けること、②差押対象財産は、特定の債権者（執行配当に与る債権者）の満足に充てられるべき責任財産として、債務者に帰属する他の一般財産から

39　佐久間毅『民法の基礎2 物権』73頁。
40　民執87条1項各号の「売却代金の配当等を受けるべき債権者」がこれに当たる。

分離されること[41]、が挙げられる。

詳細な検討は割愛するが、上記①、②を踏まえれば、差押対象財産は、「特定性、目的財産性、独立性・分別管理性」といった信託財産の主要な特徴は、一応備えているということができる。

6 「差押対象財産の準信託財産化」を認める効用としては、㋐対象財産の物権変動（物的帰属変動）を原則的基因とする「第三者性」の議論と整合すること、㋑倒産手続と個別執行手続に共通するロジックとして「第三者性」を説明できること、が挙げられる。

7 上記㋐に関しては、個別執行手続が採用する「手続相対効」と調和する点も指摘することができる。

「手続相対効」は、「差押えの処分禁止に抵触する債務者の処分は、差押債権者に対してだけでなく、その差押えに基づく事後の執行手続が存する限り、これに参加する他の債権者に対しても、その効力を対抗することができない」とする原則である[42]。

個別執行手続では、「手続相対効」を採用する結果、例えば、Ⓐ配当要求したに過ぎない債権者であっても、差押債権者と平等に処遇され、差押後配当要求前に債務者が行った抵触処分の対抗を受けることはないし（民執59条2項）、Ⓑ仮差押後に登記された抵当権等は、抵当権等の登記後に差押や配当要求をした債権者に対しても対抗できない（民執87条2項）。

「登記の欠缺を主張するにつき正当な利益を有する者」との判例の基準に照らして、差押債権者や配当要求債権者等の利害関係人ごとに個別に「第三者性」を判定することを原則とする考え方を前提とすれば、「個別相対効」が採用されるべきであり、手続単位で一律に利害関係人間の権利関係や優先順位を決する「手続相対効」を合理的に説明することは困難である。

これに対して、「差押対象財産の準信託財産化」を前提とすれば、差押決定に伴う「準信託財産化」後に行われた処分行為の効力が、個別の関係者ごとでなく、一律に個別執行手続との関係で否定されるのがむしろ当然であり、「手

---

41 個別執行手続は、その開始後に債務者が死亡した場合においても続行されるが（民執41条）、これも差押対象財産が他の一般財産から分離独立した財産であることを前提とした取扱いであると言える。
42 中野・前掲注（38）33、402頁。

続相対効」を合理的に説明することができるのである[43]。
8　他方、「差押対象財産の準信託財産化」を消極に解する要素としては、ⓐ差押債権者には、倒産債権者のようにエクイティ権利者としての属性を見出す余地が乏しいこと、ⓑ執行債務者は、差押対象財産の処分禁止等の制約は受けるものの、公平誠実義務（民再38条2項）のような法的義務を債権者に対して負う訳ではないことから、差押対象財産の「受託者的地位」を見出す要素が倒産債務者と比べて乏しいこと、等が挙げられる。

　ただし、これらの点も「差押対象財産の準信託財産化」を否定する決定的要素とまでは言い難いように思われる。
9　「差押対象財産の準信託財産化」の解釈の可能性に関しては、十分な検討とは言えないが、本稿の主題からは外れるので、以上の言及にとどめる。

八　「開始時財産の準信託財産化」を踏まえた展開的試論

1　私見（信託アプローチ）の位置付け

「開始時財産の準信託財産化」を前提とする私見（信託アプローチ）は、破産管財人の法的地位に関する議論（管理機構人格説をはじめとする諸学説）と同様、いかなる理論構成によれば倒産手続に纏わる法律関係を合理的に説明できるかという説明概念としての色合いが濃く、それ自体、直ちに実体法上の個別問題を解決する議論に結びつく訳ではない。

他方で、このような構造論は、私法体系のもとでの倒産法制の目的と枠組みを踏まえた整合的解釈を目指すものであるから、法解釈のあるべき方向性を導く上での糸口ともなり得るものと考える。

そこで、問題提起の意味も込めて、私見を踏まえた展開的な試論として、以下の点を指摘したい。

2　民法177条以外の第三者保護規定に関する「管財人等の第三者性」について

(一)　本稿においては、専ら民法177条の対抗問題に関して「管財人等の第三者

43　なお、「準信託財産化」を前提とすれば、差押債権者や配当要求債権者等は、「受益者」に位置付けられるべきものであり、厳密には、そもそも「第三者性」の直接の主体にも当たらないと解される。

性」を検討してきたが、このほか「管財人等の第三者性」が問題となる第三者保護規定としては、虚偽表示（民94条2項）、詐欺取消（民96条3項）、契約解除（民545条1項但書）等が挙げられる。

　これらの第三者保護規定の適用に関して、「管財人等の第三者性」はどのように捉えられるべきか。

(二) 私見は、倒産手続開始決定の実体法的効果として「開始時財産の準信託財産化」すなわち「委託者たる倒産債務者」から「受託者たる倒産債務者」への信託的移転（自己信託）が生じると解することから、上記の第三者保護規定の適用に関しても、基本的には、かかる信託的移転（自己信託）の成立を前提としつつ、信託法理を踏まえた法の適用、解釈を行うべきであると考える。

(三) 信託法理上、自己信託の場合における第三者保護規定の適用、解釈に関する定説は確立されていないようであるが、①いわゆる詐害信託の取消等に関して、受益者保護規定（信託11条1項、23条2項）が置かれ、民法424条1項の「受益者又は転得者」と同様の保護が受益者に与えられていること、②かかる受益者保護規定は、自己信託にも適用があること、は注目される。

　①の受益者保護規定の存在は、信託法が、受益者に信託財産の利益享受主体としての要保護性を見出し、民法424条1項の「受益者又は転得者」と同列に位置付けていることを意味するものであり、同じく受益者保護の観点から、第三者保護規定を信託に適用すべき理論的根拠となる。

　②の点は、自己信託についての第三者保護規定の適用可能性を示唆するものである。

　これらの点からは、信託法理上、自己信託の場合についても第三者保護規定の適用を首肯し得るものと解される。

(四) 信託法上の受益者保護規定（信託11条1項、23条2項）では、受託者の主観的要件は問題とされず、受益者の主観的要件の如何によって、取消等の可否を決することとされている。

　このような規律は、受託者は信託財産に固有の利益を有しないのに対し、受益者が信託財産の直接的な利益享受主体であるという信託特有の利害状況を基礎としているところ[44]、かかる利害状況は、倒産手続における「開始時財産」

44　神田ほか・前掲注（24）38頁、寺本振透『解説 新信託法』23頁。

と「倒産債務者」及び「倒産債権者」との関係についても同様にみられるものである。

　かかる法構造の同質性に鑑みれば、倒産手続上、「開始時財産」に関する第三者保護規定の適用に当たっても、主観的要件が問題となる場合には、上記の信託法上の受益者保護規定に準じて、受益者たる倒産債権者の主観的要件の如何によって、第三者保護規定の適用の有無を決すべきであると解される。

　具体的には、第三者保護規定が主観的要件として善意を要求している場合、倒産債権者のうちに１人でも善意の者があれば、当該第三者保護規定の適用があることになるものと解される（信託11条１項但書、23条２項但書参照）。

(五) 以上の私見は、倒産手続における第三者保護規定の適用を首肯し、その主観的要件が問題となる場合には、「倒産債権者を基準として、その中に１人でも善意の者があれば、管財人等は善意を主張できる」とする通説的見解[45]と結論を同じくするが、その論拠を「開始時財産の準信託財産化」と、これを基礎とする「信託法の準用」（信託法11条１項但書の準用）に求める点で特徴を有する。

3　動産売買先取特権の倒産手続上の処遇について

(一) 動産売買先取特権は、公示のない担保権であり、動産取引の安全を図る趣旨から第三取得者への引渡後の追及力が制限されている（民333条）。

　この追及力の制限との関係で倒産手続上の処遇が問題となるが、通説[46]は、目的動産が管財人等の占有下にある場合、管財人等は民法333条の第三取得者に該当しないとして、倒産手続開始決定後も動産売買先取特権の権利行使を認める。

(二) しかし、私見によれば、倒産手続開始決定の実体法的効果として、開始時財産たる動産売買先取特権の目的動産は、「委託者たる倒産債務者」から「受託者たる倒産債務者」への信託的移転が生じたものと解されることから、民法333条に基づき追及力が制限され、倒産手続上、担保権の効力を否定されるべきではないかと考える。

　通説は、個別執行手続上、先取特権者に配当要求が認められていること（民執133条）との平仄を理由として指摘するが[47]、民執133条は、先取特権の行使

45　伊藤・前掲注（１）332頁、868頁参照。
46　伊藤眞ほか『条解破産法［第２版］』506頁。

が実体法上認められる場合に適用される条項であり、民法333条に基づき追及力が制限される場合には、そもそも民執133条の適用はなく、配当要求も認められないと解されることから、通説の指摘は必ずしも理論的に十分ではないと考える[48]。

(三) 動産売買先取特権に基づく物上代位権の倒産手続上の処遇について、判例[49]通説[50]は、倒産手続開始決定後も物上代位権の行使を容認する。

(四) しかし、私見によれば、倒産手続開始決定の実体法的効果として、物上代位の目的債権は、「委託者たる倒産債務者」から「受託者たる倒産債務者」への信託的移転が生じたものと解されることから、目的債権が譲渡された後は動産売買先取特権に基づく物上代位権を行使できないとする判例法理[51]に基づき、物上代位権の行使は否定されるべきではないかと考える[52]。

(五) 抵当権その他の公示を要求される担保権は、対抗要件を備えなければ、倒産手続上、「管財人等の第三者性」を理由に権利行使を認められない。これに対し、もともと公示性を欠くため第三取得者への引渡後の追及力が制限されている筈の動産売買先取特権が、「管財人等の第三者性」に拘わらず、倒産手続上も権利行使を妨げられないとの帰結は、均衡を失しているように思われる[53]。

(六) 動産売買先取特権の倒産手続上の行使を認める判例理論の論拠の核心は、「債務者が破産宣告決定を受けた場合においても、(中略) これにより破産者の

47　伊藤・前掲注(1)441頁。
48　動産売買先取特権の権利行使の可否は、実体法レベルの問題であるから、手続法上の規定によって権利行使の可否が決せられる訳ではない。
　　なお、私見によれば、個別執行手続においても、差押決定により「差押対象財産の信託的移転」が生じると解することから、差押決定後は民法333条に基づき追及力が制限される結果、動産売買先取特権者の配当加入は認められないとの帰結になる（動産売買先取特権者が権利行使するには、自ら差押申立てをするほかなく、民執133条の「先取特権」は、動産先取特権以外の先取特権と解することとなる。)。
49　最判昭59.2.2民集38巻3号431頁。
50　伊藤・前掲注(1)443頁。
51　最判平17.2.22民集59巻2号314頁。
52　なお、倒産手続開始決定時に動産売買先取特権の目的動産が開始時財産に含まれ、その後、管財人等が当該動産を売却した場合については、前記(二)のとおり、民法333条に基づく追及力の制限を根拠として物上代位権の行使が否定される。
53　公示性のない動産売買先取特権の行使を広範に認めることは、その対象が迅速な換価処分を要請される動産であることを考慮してみても、倒産手続・執行手続の適正・円滑な遂行に支障を来たしかねないものであり、それこそ動産取引の安全を図った民法333条の趣旨に悖るというべきではないだろうか。民法333条の趣旨を踏まえれば、動産売買先取特権の行使に当たり、自ら他の債権者に先んじて差押申立てを行うことを要求したとしても酷とは言えないように思われる。

財産の所有権が破産財団又は破産管財人に譲渡されたことになるものではなく（後略）」[54]という点に尽きるが、私見のとおり、「開始時財産の信託的移転」という前提に立てば、民法333条の適用を肯認し得るものであり、動産売買先取特権に基づく個別執行手続が先行しない限り、倒産手続上、動産売買先取特権の行使は認められないと解すべきである。

4 破産法48条等の解釈について

（一）破産法48条について、従前の通説は、破産者の管理処分権の喪失を前提とする規定として位置付ける[55]。

しかし、同条と類似の規定振りを持つ条項が再生手続及び更生手続にもあるところ（民再44条、会更55条。以下、破48条と併せて「破産法48条等」と称する。）、これらの条項がDIP型倒産手続にも適用があることや、特段の理由のない限り倒産手続間で整合的な解釈を図るべきであることに鑑みれば、従前の通説の解釈には難があると言わざるを得ない。

（二）筆者は、破産法48条等は、「開始時財産の準信託財産化」を前提とした条項であり、倒産手続開始後の開始後財産に対する権利取得による倒産債権者の地位の改善（プライオリティの変更）を認めず、等しく開始時財産の受益者たる地位にある倒産債権者間の公平性を確保する趣旨の規定であると解する。

すなわち、倒産手続開始決定により、開始時財産は全ての倒産債権者のための共同の清算分配原資として準信託財産化し、倒産債権者はその受益者として、準信託財産化された開始時財産上に一種の持分的権利（エクイティ）を有することになると考えられる[56]。このとき、一部の倒産債権者が、倒産手続開始後に新たに開始時財産に対する権利を取得したことにより、倒産手続上の地位の改善（持分的権利の改善）が認められることになれば、他の倒産債権者との公平性を欠くことが明らかであるし、何より、全ての倒産債権者のための共同の清算分配原資である筈の開始時財産の目的財産性（準信託財産性）に背反することとなる[57]。そこで、倒産手続開始後の権利の取得[58]に基づく倒産債権者

---

54 前掲注（49）最判昭59.2.2。
55 竹下守夫『大コンメンタール破産法』194頁［大村雅彦］。
56 準信託財産化によって、あたかも開始時財産を倒産債権者全員で間接所有しているかの様相を呈するのであり、その意味で倒産債権者の権利は一種の持分的権利（エクイティ）であると言える。
57 開始時財産の目的財産性に鑑みれば、倒産手続開始後は、開始時財産は、全ての倒産債権者の

の地位の改善（プライオリティの変更）を認めないこととしたのが、破産法48条等の趣旨であると解される[59]。

(三) このように、破産法48条等は、「開始時財産の準信託財産化」を理論的背景とした規律として理解すべきであるとともに、逆に言えば、倒産法制上、破産法48条等の規定が存在していること自体が、「開始時財産の準信託財産化」を支える有力な論拠となるものである。

　何故なら、実体法上の規律によれば、倒産債権者が開始時財産に対する権利を取得した場合、元来、その権利取得の効力が否定されるべき法的根拠はない筈であり[60]、「開始時財産の準信託財産化」とこれに伴う倒産債権の受益権（エクイティ）化をもってはじめて、倒産債権者による権利取得の効力が否定されるべきことを合理的に説明することができるからである。

(四) 私見とは理由付けを異にするが、近時の有力説[61]も、「一部の破産債権者が第三者の偶然の行為によって財団所属財産について担保権を取得し、他の債権者との公平が害されることを防ぐ」とのドイツ破産法の類似規定の趣旨を踏まえ、「法48条1項の解釈としても、権利取得を否定される者は、開始前から破産者に対して債権をもっていた破産債権者であって、その者が第三者の行為によって破産財団所属財産について担保権や給付の目的物についての所有権を取得しても、それを破産管財人に対して主張できないと考えるべきである」とする。

　異なる論拠からではあるが、この有力説に賛同するものである。

5　将来債権譲渡担保権の倒産手続上の処遇について

(一) 将来債権譲渡担保権の倒産手続上の処遇については、現在、様々な見解が

　　ための共同の清算分配原資として一体的に管理され、適正かつ公平な配当・計画弁済に供されるべきものであり、一部の倒産債権者の利益のために供されることがあってはならない筈である。
58　破産債権者が、破産手続開始後に破産財団に属すべき有価証券を第三者から受領したことにより、商事留置権を取得するようなケースが、典型例として挙げられる（伊藤・前掲注（1）338頁）。
59　なお、倒産法上、倒産手続開始後に倒産債務者に対して負担した債務を受働債権とする相殺は、倒産債権者の主観や債務負担原因の如何に拘わらず、認められない取扱とされている（破71条1項1号、民再93条1項1号、会更49条1項1号、会社517条1項1号）。かかる開始後負担債務との相殺禁止規定も、破産法48条等と同根の規律として理解することができる（拙稿「倒産法における相殺権の処遇に関する一試論」『企業と法の現代的課題——市川兼三先生古稀祝賀論文集』106頁以下参照）。
60　例えば、前掲注（58）の商事留置権の典型例の場合、平時実体法によれば、倒産債権者が商事留置権の取得を妨げられるべき法的根拠はない筈である。
61　伊藤・前掲注（1）339頁。

示唆されており、倒産手続開始後に倒産債務者のもとで発生する債権（将来債権）に対しても担保権の効力が及ぶとする見解（肯定説）も有力である[62]。

(二) しかし、「開始時財産の準信託財産化」を前提とする私見によれば、前記4のとおり、破産法48条等の規定に基づき、倒産手続開始後の開始後財産に対する権利取得による倒産債権者の地位の改善（プライオリティの変更）は認められず、将来債権に対する担保権の効力は否定されるべきであると考える。

(三) 前記4のとおり、倒産債権者は、受益者として準信託財産化された開始時財産上に一種の持分的権利（エクイティ）を有することになると考えられるところ、一部の倒産債権者が、倒産手続開始後に新たに開始時財産に対する権利を取得したことにより、倒産手続上の地位の改善（持分的権利の改善）が認められることになれば、他の倒産債権者との公平性を欠くことが明らかであるし、全ての倒産債権者のための共同の清算分配原資である筈の開始時財産の目的財産性（準信託財産性）に背反することとなる。

この理は、まさに将来債権に対する担保権の効力を認める場合にも当てはまる。

(四) 信託財産の特徴として物上代位性（信託16条1項）が挙げられるところ[63]、この物上代位性は、準信託財産たる開始時財産にも妥当するものと解される。

すなわち、「開始時財産」は、管財人等の財産管理処分行為を通じて財産の内容を変形させるが、変形後の財産も、倒産債権者のための清算分配原資たる「開始時財産（倒産財団）」としての性質を失う訳ではないと解される[64]。

この点、将来債権[65]は、管財人等の財産管理処分の結果、「開始時財産」が価値変形して得られた財産にほかならず、債権に変形した後も、「開始時財産（倒産財団）」としての性質を失う訳ではない。「開始時財産」は、価値変形の前後を通じて、全ての倒産債権者のための共同の清算分配原資たる財産としての

---

62 議論の状況について、山本ほか・前掲注（25）136頁［沖野眞已］。
63 信託法上の物上代位性は、民法上の物上代位性よりも広範な射程を有するものとされ、「信託の管理ないし処分から得られたすべての財産（積極財産、消極財産の双方を含む）が代位の対象となるほか、信託財産から生じた天然果実および法定果実の両果実も代位物に含まれる」と解されている（新井・前掲注（7）370頁）。
64 新井・前掲注（7）370頁は、物上代位性について、「信託財産が、信託目的によって内部的に結合された統一性と、個々の財産の変動によっても変わることのない自己同一性を保有していることを示している」と説明する。
65 例えば、管財人等が開始時財産たる在庫を処分して得られた売掛債権が「将来債権」の典型である。

同質性を失うことはないのである。

(五) 例えば、管財人等が開始後財産たる無担保の在庫を処分して売掛債権を取得した場合、在庫も売掛債権も等しく「開始時財産（倒産財団）」たる性質の財産であり、当該売掛債権は、処分前の在庫と同様、全ての倒産債権者のための共同の清算分配原資として供されなければならない。

　これに反し、在庫処分後の売掛債権に対して将来債権譲渡担保権の効力が及ぶと解するのは、全ての倒産債権者のための共同の清算分配原資たる開始時財産の目的財産性（準信託財産性）に背反するとともに、他の倒産債権者の犠牲のもとで将来債権譲渡担保権者のみを利する結果を招来するものであるから、倒産債権者間の公平性を欠くことが明らかであると言わなければならない。

(六) 以上のとおり、「開始時財産の準信託財産化」を前提とする私見によれば、倒産手続開始後の開始後財産に対する権利取得に基づく倒産債権者の地位の改善（プライオリティの変更）は許されず、かかる規律を内実とする破産法48条等の規定に基づき、将来債権に対する担保権の効力は否定されるべきであると考える[66,67]。

---

[66] 和田勝行『将来債権譲渡担保と倒産手続』176頁以下は、ドイツ倒産法の解釈を参考に、破48条等（財団保護規定）の（拡張的）適用による将来債権譲渡担保権の効力の制限の可能性を示唆する。

[67] 本論点については、拙稿「将来賃料債権処分等の倒産法上の取扱い——「投資の清算」理念からの試論」前掲注（28）191頁以下も参照されたい。

コンビニエンスストア・フランチャイジーの破産を例とした収納代行と倒産に関する論点整理

八　木　俊　則

　一　問題の所在
　二　収納代行の法的地位――残された問題
　三　従前の議論とコンビニ特有の事情
　四　取戻権による構成
　五　信託による構成
　六　まとめと補論

一　問題の所在

　我が国におけるコンビニエンスストア（以下「コンビニ」という。）の収納代行はおよそ30年の歴史を有し[1]、決済インフラの重要な構成要素となっている。そして近年では、大手コンビニチェーンにおいて収納代行の取扱高が商品売上げを上回る状況にある[2]。

　このようななか、とくに零細なコンビニフランチャイジーの倒産手続において、収納代行の預かり金が法律上どのように扱われるか、すなわち当該預かり金は一般の破産財団等を構成し、破産債権者等への配当原資になるか、あるいは通信販売代金における通販業者や租税における地方自治体等の資金の受取人又はコンビニ本部（フランチャイザー）が当該預かり金について何らの優先的権利を有するかが破産手続に重要な影響を及ぼすと考えられる。

1　セブン‐イレブンとローソンはいずれも1987年に公共料金の収納代行業務を開始している。日本経済新聞電子版「セブンイレブン40周年　積極出店で飽和論に挑む」2013年11月19日付、同「ローソン、米国流を修正　コンビニ進化40年（1）」2015年11月25日付。

2　たとえばセブン‐イレブンにおいては、平成27年度のチェーン全店売上が4兆2911億円であるのに対し、料金収納取扱金額は4兆5797億円である（株式会社セブン＆アイ・ホールディングス『事業概要2015』）。またファミリーマートにおいては、平成28年2月期の商品売上高合計が1兆9939億円であるのに対し、料金代行収納の取扱金額は合計2兆1635億円となっている（株式会社ファミリーマート『アニュアルリポート2016』）。

収納代行の預かり金は、本来的には資金の受取人に帰属すべきものであり、一般の破産財団を構成するとの結論は妥当でないようにも思われる。

他方で一般にコンビニのフランチャイズでは、フランチャイジーが、毎日、一般の商品売上金及び収納代行の預かり金をすべてコンビニ本部（フランチャイザー）に送金し、いわゆるオープンアカウントにより、コンビニ本部（フランチャイザー）が代行する商品仕入れ代金の支払い等が決済されたうえで、定期的（典型的には毎月）にフランチャイジーに利益相当額が送金される[3]。このような仕組みのもとでは、ある時点においてフランチャイジーの手元に残っている現金は、せいぜい1から2日分の商品の売上金及び収納代行の預かり金であり、金額としては多くてもそれぞれ数十万から100万円あまりというところであろう[4]。そして、零細なフランチャイジーにおいて他に見るべき資産がない場合、収納代行の預かり金は破産手続の申立予納金や従業員に対する解雇予告手当の支払い等の原資としてはかなり重要な候補となりうるため、収納代行の預かり金の取扱いについて明確なルールがない場合、当該預かり金についての紛争が先鋭化する可能性がある。

本稿では、このような零細なコンビニのフランチャイジーの破産を例として、収納代行の預かり金をめぐる破産法上[5]の取扱について検討を行う。

二　収納代行の法的地位——残された問題

平成22年4月施行の資金決済に関する法律（以下「資金決済法」という。）により、一定の資金決済に関する仕組みについて法的整備が図られた。その柱の一つ

---

[3] かかるコンビニのフランチャイズの仕組みが問題となった著名な事件として、最高裁平成20年7月4日集民228号443頁。またセブン-イレブンにおける収納代行業務の仕組みの説明として、金融審議会金融分科会第二部会「決済に関するワーキング・グループ」（第5回）議事録。http://www.fsa.go.jp/singi/singi_kinyu/dai2/gijiroku/20080725-2.html

[4] 1店舗当たりの平均日販は、例えばセブン-イレブンが65万6000円（株式会社セブン＆アイホールディングス『事業概要2015』）、ファミリーマートが52万5000円である（株式会社ファミリーマート『アニュアルリポート2016』）。

[5] 一般にコンビニフランチャイジーは零細な個人又は法人事業者が多いため、本稿では破産手続を念頭に置く。かかる事情から、会社更生手続については実務上はほとんど問題とならないのではないかと思われる。他方コンビニは、出店場所等によっては将来にわたり一定の安定的な売上げが見込まれる場合もあり、たとえば当初出店費用として負担した過大な債務を整理すれば再生が可能な事案においては、民事再生手続も現実的な選択肢になるのではないかと思われる。

は、為替取引を行う資金移動業者に係る履行保証金の供託制度（資金決済法43条）であるが、収納代行については、結果的に必ずしも銀行法上の「為替取引」に該当しないものとして資金決済法の規制対象外とされることとなった[6]。その議論の過程においては、２つの点が注目される。

第１点目は、法整備の主たる目的が利用者（すなわち収納代行を利用して支払を行う納税者、一般消費者等）の保護にあり、「資金の受取人の保護」や「事業者が破綻した場合の社会的・経済的影響」については、論点として認識されつつも、制度整備には至らなかった点である。この背景には、「資金の受取人」である企業や地方自治体等は一定の自衛策をとることができるとの価値判断があると考えられるが、その具体的な内容は必ずしも明らかではない[7]。その「自衛策」を検討するのが、本稿の役割である。

第２点目は、収納代行が必ずしも銀行法上の「為替取引」に該当しないとされた主たる理由の一つが、収納代行業者が税金や代金等の受領権限を付与されており、租税債務や代金債務は収納代行業者が税金や代金等を受領した時点で消滅するという点である[8]。このような整理がなされていることから、実務上は、収納代行が「為替取引」に該当することを防ぐため、かかる整理と整合的な解釈を模索することになろう。

本稿では、上記のような問題意識のもと、コンビニのフランチャイジーの破産時における収納代行の預かり金の保全（倒産隔離）の可能性について、主に①取戻権による構成、②信託による構成を検討する。

6　金融審議会金融分科会第二部会『資金決済に関する制度整備について――イノベーションの促進と利用者保護――』（平成21年１月14日）
7　金融審議会金融分科会第二部会（前掲注３）において、株式会社セブン＆アイ・ホールディングス執行役員の佐藤政行委員は、店舗やフランチャイズ本部の倒産時においても収納代行の預かり金についてはフランチャイジーから本部に、また本部から資金の受取人に送金されるとの認識を示しているが、他の委員からは疑問が呈されている。一般的には、例えばフランチャイジーの倒産時において、支払停止後の送金は、その受取人が優先権を持つような場合でなければ、否認リスクや申立代理人の財産散逸防止義務（たとえば東京地裁平成26年８月22日判決判例時報2242号96頁などを参照）等を考えると困難と思われる。
8　平成21年４月21日衆議院財務金融委員会における内藤純一政府参考人の答弁などを参照。

三　従前の議論とコンビニ特有の事情

広く預かり金の性格を有する金銭について、その管理者が倒産をした場合に実質的な当該金銭の帰属主体をいかに保護するかについては、これまで、弁護士の預かり金[9]、資産流動化におけるサービサーの預かり金[10]等をめぐって議論がなされてきた。

しかしコンビニにおける収納代行については、一に記載したもののほか、次のようなコンビニの実務に特有な事情が、検討に影響を与えると考えられる。

1　分別（管理）の困難さ

一般にコンビニでは、本稿において問題としている1日の売上げ等の中で、収納代行の預かり金と商品売上げとを分別して管理することはきわめて困難である。また同様に、収納代行業務における資金の受取人（地方公共団体や各種企業等）ごとに預かり金を分別管理することも実務上難しい。

たとえば、一人の客がレジに来て、①住民税の支払い（収納代行）2000円分及び②通信販売で購入した商品の代金（収納代行）3000円分の支払いを行うとともに、③当該コンビニで販売している500円の弁当（商品売上げ）を購入する例を考えてみよう。このような場合、顧客の利便性の観点から、レジにおいては①から③までの計5500円が一括で処理される。これに対し顧客が1万円札を差し出し、コンビニが4500円の釣り銭を渡す場合、コンビニの手元に残るのは1万円札1枚であり、これを①、②と③のそれぞれ（あるいは少なくとも収納代行分の5000円と商品売上げ分の500円）に分別して管理することは実際上極めて困難である[11]。また、釣り銭として渡す4500円も、少なくとも収納代行で受領した金銭を原資とすることができないとすれば、レジにおける現金の融通にも支障が生じる。

9　最高裁判所平成15年6月12日判決民集57巻6号563頁。
10　青山善充＝小川万理絵「債権流動化におけるサービサー・リスクについて」金融研究15巻2号45頁（1996年）、金融法委員会「サービサー・リスクの回避策としての自己信託活用の可能性」（平成20年7月8日公表）。
11　たとえばバックヤードにおいて当該1万円を再度2000円、3000円、500円及び4500円に両替してそれぞれを分別管理することは不可能でないが、オペレーションをアルバイト店員に頼る一般的なコンビニでは極めて困難と思われる。とくに朝や昼休みなどの繁忙時間帯において複数台のレジが同時に稼働する状況でかかる作業を行うことはほぼ不可能であろう。

2　フランチャイズによる重層構造

またコンビニにおいては、フランチャイズシステムがとられていることにより、収納代行の構造も重層的になっている。すなわち収納代行の委託者である地方公共団体や各種企業等と直接の契約があるのはフランチャイザー（本部）のみであり、各フランチャイジーはフランチャイザーより収納代行の再委託を受ける。この「再委託」の法的構成は必ずしも明らかではないが、収納代行のスキームが銀行法上の「為替取引」に該当しないようにするためには、少なくとも各フランチャイジーが支払者からの資金の受領について地方公共団体や各種企業等の（復）代理権を有し、支払者が資金をフランチャイジーに交付した時点において、当該支払者の支払債務が消滅することを確保する必要があると考えられる。

四　取戻権による構成

まず端的に、フランチャイジーの破産においてフランチャイザー又は資金の受取人に収納代行の預かり金に対する取戻権（破産法62条）を認めることができないかが問題となる。

破産法62条は、取戻権を「破産者に属しない財産を破産財団から取り戻す権利」と規定する。かかる「破産者に属しない財産を破産財団から取り戻す権利」の範囲については、破産法は明示していない。

しかしながら一般に、通説においては、金銭の所有と占有は一致し、少なくとも特定されていない金銭について取戻権を認めることはできないとされる[12]。

また判例においても、最高裁平成15年2月21日判決[13]は、「受任者が委任契約によって委任者から代理権を授与されている場合、受任者が受け取った物の所有権は当然に委任者に移転するが、金銭については、占有と所有とが結合しているため、金銭の所有権は常に金銭の受領者（占有者）である受任者に帰属し、受任者は同額の金銭を委任者に支払うべき義務を負うことになるにすぎない」とする。

ただし、金銭が物理的に分別して管理されているなど、特定性を有する場合には取戻権を認める余地はあると考えられるが[14]、少なくともコンビニの実務にお

12　能見善久「金銭の法律上の地位」星野栄一編集代表『民法講座別巻1』101頁（有斐閣、1990年）等。
13　民集57巻2号95頁。

いては、前述のとおり収納代行の預かり金と通常の売上金とを分別して管理することはできず、やはり取戻権によることは困難と考えられる。

五　信託による構成

1　問題の所在
（1）信託による倒産隔離
　収納代行による金銭の預かりを、コンビニフランチャイジーを受託者とする信託と構成し、預かり金を信託財産と構成することができれば、フランチャイジーが破産手続開始の決定を受けた場合であっても、預かり金は破産財団に属しない（破産法25条1項）。この場合、フランチャイジーが法人であれば、受託者の解散により受託者の任務が終了し（信託法56条1項4号）、新受託者に任務を引き継ぎ、新受託者より受益者であるフランチャイザーに預かり金が返還される[15]。
　なお三の2で述べたとおり、コンビニの収納代行の実務においては、収納代行の委託者—フランチャイザー—フランチャイジーの重層構造が取られている。かかる重層構造を前提として、信託のスキームによりフランチャイジーからの倒産隔離を図る場合には、（ⅰ）フランチャイジーを受託者、フランチャイザーを受益者とするスキームのほか、（ⅱ）フランチャイザーの倒産からの隔離をも図るため、収納代行の委託者を信託の受益者、フランチャイザーを受託者としたうえで、さらに、フランチャイザーを委託者兼受益者、フランチャイジーを受託者とする再信託を設定するスキームも考えられる。

（2）「推定信託」及び「擬制信託」の可能性
　二で触れたように、他人に代わって金銭を預かる者について倒産手続が開始した場合において、信託の構成を用いて当該他人を保護することは従前より行われてきた。例えば最高裁は、公共工事の注文者である地方公共団体が前払金を請負者に支払い、その後請負者が破産した事案において、注文者を委託者、請負者を受託者、当該前払金を信託財産とする信託契約の成立を認め[16]、当該前払金を管

14　井上聡「金銭の分別管理による責任財産からの分離」ジュリスト1456号118頁など。
15　「信託と倒産」実務研究会編『信託と倒産』（商事法務、2008年）153頁など。フランチャイジーが個人の場合には、信託行為により別段の定めをすることにより受託者の任務を継続させることは可能であるが（破産法56条1項3号、同項但書）、通常は法人と同じく、新受託者に任務を引き継ぐことになろう。

理する預金は請負者の破産財団に組み入れられないものとした[17]。

　これらは一般に、当事者間に明示的な信託契約がなくとも、当事者の意思を推定して信託契約の成立を認めるものである[18]。またさらに進んで、当該事案の妥当な解決を目的として、当事者の明示的ないし黙示的な意思と無関係に信託の成立を擬制する[19]いわゆる「擬制信託」の可能性も議論されているところである[20]。

　しかしこれらは、具体的場面において事後的に当事者間の利害の調整や救済を図るという性格が強いと考えられ、法的安定性の点において劣るといわざるを得ない。コンビニのように大規模な企業システムとしてスキームを構築する場合には、個別具体的・事後的な救済に頼るのではなく、事前に可能な限り法的なリスクに対応をしておく必要がある。かかる実務上の要請から、以下においては当事者間の明示的な契約等を用いたアレンジを基本として検討することとする。

2　信託契約による方法
（1）最判平成15年2月21日を巡る議論

　信託契約による構成を検討するに当たっては、最判平成15年2月21日[21]を巡る議論が参考になる。当該事件では、損害保険代理店が、保険契約者から収受した保険料のみを入金する目的で信用金庫に預金口座を開設していた。当該保険代理店が倒産状態となったため、保険会社が当該信用金庫に対し、当該預金口座が当該保険会社に帰属すると主張し、預金の払戻しを求めた。最高裁は、本件をもっぱらいわゆる預金者認定の問題として処理し、当該預金にかかる預金債権者は保険代理店である旨認定し、保険会社による預金払戻し請求を認めなかったが、当該判例の事案については、信託の構成を用いて保険会社を保護するための議論が

16　最高裁判所平成14年1月17日判決民集56巻1号20頁。
17　このほか、最判平成15年6月12日前掲注9は、依頼者が弁護士に債務整理を委任し、当該委任契約に基づき依頼者が弁護士に金銭を預託し、弁護士が預金口座を開設して当該金銭を管理していたという事情のもとで、国が依頼者の滞納税金の徴収のため当該預金口座を差し押さえた事案である。法廷意見は、主にいわゆる預金者認定の問題として、当該預金口座は弁護士に帰属すると判断したが、2裁判官の補足意見においては、依頼者と弁護士との間で信託契約ないしは委任と信託の混合契約が締結されたとみること可能であるとされている。
18　新井教授はこれを「推定信託」などと呼ばれる（新井誠『信託法』（有斐閣、第4版、2014年）191頁）。
19　大阪高等裁判所平成20年9月24日判決高等裁判所民事判例集61巻3号1頁参照。
20　大阪高判平成20年9月24日前掲注19は、我が国の法制度上擬制信託を認めることはできないとする。
21　前掲注13。

なされている。

具体的には①委託者兼受益者を保険会社、受託者を保険代理店、当初信託財産を保険料債権とするもの、②委託者兼受益者を保険会社、受託者を保険代理店、当初信託財産を保険料とするもの、③委託者を保険契約者、受託者を保険代理店、受益者を保険会社、当初信託財産を保険料とするものなどがある[22]。

これをコンビニの収納代行に当てはめると、①の構成については、委託者兼受益者をフランチャイザー、受託者をフランチャイジー、当初信託財産を収納代行の対象となる租税債権、売買代金債権等とするスキームになると考えられるが、これをコンビニにおける収納代行の場面において採用することは容易でない。通常、コンビニの収納代行においては、委託者である地方公共団体や通販会社等は、複数のコンビニチェーンに収納代行を委託し、さらにそれぞれのコンビニチェーンごとに多数のフランチャイジーが収納代行業務を担うこととなる。かかる実務のもとでは、支払者が実際に支払を行うその瞬間まで、どのフランチャイジーに当該租税債権、売買代金債権等を信託譲渡すべきか特定できないことになる。それでも、収納代行の委託者、各コンビニフランチャイザー及びフランチャイジー間の合意により、支払者が支払を行う時点（あるいは支払いを申し出た時点）において当該支払に係る債権を信託譲渡する旨のアレンジをすることは可能と考えられるが、債権の信託譲渡にかかる対抗要件を具備することは困難である[23,24]。

また二のとおり、コンビニの収納代行をめぐる議論においては、銀行法の為替取引との関係で、コンビニフランチャイジーが収納代行の委託者から金銭受領の代理権を付与されているとの整理がなされてきた。かかる債権自体を信託するスキームが、金銭受領の代理権のみをコンビニフランチャイジーに付与する整理と

22　中森亘＝堀野桂子「信託関係者の倒産および黙示の信託に関する検討」銀行法務21　760号25頁、新井誠編集代表『信託法実務判例研究』（有斐閣、2015年）20頁〔勝田信篤〕。

23　新井・前掲注22・21頁〔勝田信篤〕。尾島明「本件判批」法曹時報58巻1号（2006年）274頁。

24　本文の構成は、支払者が支払いを行う都度信託譲渡が行われるものであるが、これとは異なり、あらかじめ将来発生する債権をフランチャイジーに信託譲渡する方法も考えられる。一般に将来債権の信託譲渡や同一の財産を複数の受託者に信託譲渡することは可能と解する余地があるが（将来債権の信託について能見善久＝道垣内弘人編『信託法セミナー1　信託の設定・信託財産』（有斐閣、2013年）23頁、また同一財産を複数の受託者に信託譲渡することについて東京地方裁判所平成22年7月27日判決判例時報2090号34頁参照）、この方法によれば、収納代行の委託者は、同一債権をあらかじめ複数のコンビニフランチャイザーに信託譲渡し、さらに各フランチャイザーが自己のコンビニチェーンに属する多数のフランチャイジーに当該同一債権を信託譲渡することとなる。しかしかかる方法は実務上は採用しがたいであろう。

整合的かどうかはなお検討の必要があると思われる[25]。

また③の構成では、委託者を支払者、受託者をコンビニフランチャイジー、受益者をコンビニフランチャイザー（又は地方公共団体や通販会社等）とすることになると考えられるが、果たして委託者となる個々の支払者に、信託設定の意思を認めることができるかは疑問である[26]。

これに対し②の構成では、委託者兼受益者をコンビニフランチャイザー、受託者をコンビニフランチャイジー、当初信託財産を収納代行により受領した金銭とする。

このような法律構成におけるハードルは、信託の成立に必要な委託者の受託者に対する財産の処分を観念しえるかという点にある[27]。すなわち信託法上、信託契約による信託の成立のためには、(a) 委託者の受託者に対する財産の処分と、(b) 受託者が一定の目的に従い財産の管理又は処分及びその他の当該目的の達成のために必要な行為をすべきことが必要となる（信託法2条1項、3条1号）。

一般的な信託においては、委託者が受託者に金銭、不動産の所有権等を移転し（(a)の要件）、受託者が一定の目的に従い当該金銭や不動産等の管理・処分等を行うこととなるが、本稿で問題としているような収納代行のケースにおいては、かかる意味における財産の処分を観念しにくい。

この点、信託法25条1項による受託者破産からの倒産隔離がなされるためには、当該財産（収納代行の場合は金銭）が委託者から受託者に移転し、信託財産に属する財産とならなければならないが[28]、いかなる場合に委託者から受託者への財産権の移転が認められるかは物権変動一般と同じく解釈に委ねられている[29]。そして、簡易の引渡し、すなわちコンビニフランチャイジーが、支払者から金銭を受領した瞬間に、以後委託者であるコンビニフランチャイザーのために当該金

---

25 ただし、銀行法との関係で収納代行業者が金銭受領の代理権を有する必要があるとの議論は、支払者が資金を支払った時点で債権が消滅することにより、支払者が収納代行業者の信用リスクを負わないようにすることが目的であったと考えられる。そして、債権自体を収納代行業者（コンビニフランチャイジー）に信託譲渡した場合であっても、支払者が資金を支払った時点で債権は消滅し、支払者が収納代行業者の信用リスクを負わないと考えられることから、必ずしも収納代行業者が金銭受領の代理権を有する必要はないとも考えられる。
26 中森＝堀野前掲注22・31頁、角紀代恵「本件判批」判例タイムズ1128号83頁など。
27 潮見佳男「損害保険代理店の保険料保管専用口座と預金債権の帰属（下）——契約当事者レベルでの帰属法理と責任財産レベルでの帰属法理——」金融法務事情1685号43頁参照。
28 新井・前掲注18、123頁など。
29 寺本昌広『逐条解説　新しい信託法』（商事法務、補訂版、2008年）42頁参照。

銭を占有する旨を観念することにより、財産処分要件をみたすとすることも考え得る[30]。

（2）分別管理

なお上記三の１のとおり、コンビニのフランチャイズの実務においては、収納代行において収受した金銭と一般の売上げ現金とは同一のレジ内に納められ、管理される。これが信託受託者の分別管理義務を充足するかが問題となるが、現行信託法においては、金銭については「その計算を明らかにする方法」により分別管理すれば足り、物理的分別は不要である（信託法34条１項２号ロ）。

一般にコンビニのレジ内の現金はPOSシステム等により管理されており、分別管理の要件を満たすものと考えられる。

（3）否認の可能性

占有改定により財産処分要件を満たす場合、観念的には、占有改定の時点において、収納代行の委託契約に基づくコンビニフランチャイジーのコンビニフランチャイザーに対する預かり金の引渡義務が消滅することになる。しかしかかる引渡義務の消滅が、フランチャイジーが支払不能[31]となった以後になされる場合、破産法162条１項１号イの規定により否認され、フランチャイザーは当該預かり金相当額をフランチャイジーに返還しなければならないのではないかが問題となる[32]。この点については、基本的に、同号但書による債権者（フランチャイザー）が支払不能について悪意かどうかによって結論が分かれるものと考えられる。

（4）信託業法

信託業法は、信託の引受けを行う営業を信託業と定義し（同法２条１項）、信託業を営むためには、内閣総理大臣の登録を受けることを求めている（同法３条、

30　岸本雄次郎『信託制度と預り資産の倒産隔離』（日本評論社、2007年）218頁。岸本教授は、Ａ信託銀行が顧客Ｂから手形の取り立てを依頼され、Ｂがその取立代金をもって、自己を委託者兼受益者、Ａ信託銀行を受託者とする金銭信託を設定する事案と比較し、かかる事案においてＡ信託銀行がＢにいったん取立代金を交付しなくとも当然に金銭信託を設定しうることをもとに、保険代理店の事案においても簡易の引渡しを観念することにより、保険会社から保険代理店への財産権の処分を認めることができるとする。

31　なお、破産手続開始の申立て前１年以内の支払停止があった後は、支払不能であったものと推定される（破産法162条１項）。

32　この場合であっても、占有改定により信託が有効に成立している場合には、預かり金は倒産隔離される。典型的には、信託財産から預かり金相当額がフランチャイザーに返還され、フランチャイザーが否認権を行使するフランチャイジーの破産管財人に当該金銭を引き渡すことになると考えられる。ただし、転得者に対する否認権の行使（破産法170条１項）により、フランチャイジーの破産管財人が直接信託財産に対し否認権を行使する余地はあるのではないかとも思われる。

7条1項)。ここに「営業」とは、一定の社会的地位に基づき営利の目的で反復継続して当該行為を行うことをいう。一般にコンビニフランチャイジーは収納代行業務を行うことによりコンビニフランチャイザーから手数料を得ており、上記のようにフランチャイザーから預かり金の信託を受けることは、信託業を営むものとして内閣総理大臣の登録を要しないかが問題となる。しかし登録を受けるには、たとえば1億円の資本金[33]（管理型信託業の場合は5000万円[34]）以上が必要となるなどし、零細なコンビニフランチャイジーが信託業の登録を受けることは現実的ではない。

この点、保険代理店による保険料の回収については、保険代理店は損害保険代理店委託契約に基づく手数料を収受することはあっても信託報酬としての収受することはなく、営業として信託の引受けを行うものではないとの見解もあるが[35]、少なくともコンビニの場合においてそこまでの割り切りができるかは疑問であり、信託業の登録の要否が、信託契約による構成を採用する場合の大きな障害になると考えられる。

3 自己信託による構成
（1）問題の所在等
上記のとおり信託契約による構成においては、占有改定による引渡しを認めることができるか、また信託業法に抵触しないかが大きな課題となる。

他方、自己信託（信託法3条3号）の方法によることができれば、金銭の引渡しの問題は生じない。また信託業法との関係でも、受益権を取得する者が49名以下であれば、登録義務は課されない。コンビニフランチャイジーの場合、通常は受益者はフランチャイザーのみになると考えられるため、信託業法に基づく登録は不要になると考えられる。

（2）金融法委員会における検討
金融法委員会は、平成20年7月8日付けで「サービサー・リスクの回避策としての自己信託活用の可能性」を公表している。当該論考においては、主として回

---

33 信託業法5条2項2号、信託業法施行令3条。
34 信託業法10条1項2号、信託業法施行令8条。
35 岸本・前掲注30・216頁。このほか受託金口座は、信託業法の予定する投資による財産の運用を行う信託とは異なるため、信託業の登録は不要との見解もある（岸本・前掲注30・215頁）。

収口座に係る預金債権を信託する方法が検討されている。

しかしながら既に述べたとおり、コンビニの倒産実務における論点は、フランチャイジーがフランチャイズ本部に送金していない手元現金部分の倒産隔離であり、回収口座に係る預金債権を信託する方法ではかかる問題に対する解決とならない。

（3）預かり金の自己信託——将来取得する金銭の自己信託の可否

では端的に、収納代行により回収した金銭自体を自己信託する方法はどうか[36]。しかし、自己信託については公正証書の作成等が効力発生要件とされていることから（信託法4条3項）、預かり金を都度回収するごとに信託を設定することは実務上ほぼ不可能である[37,38]。また支払不能となった時点以後になされた信託設定については否認のリスクがある[39]。

そこで、回収の都度ではなく、将来取得する金銭を包括して自己信託できないかが問題となる。

この点、いわゆる将来債権のように、将来発生すべき財産であっても、現時点で有効に処分することができるもの[40]については、信託の対象とすることは可能と考えられる[41]。しかし一般に、将来取得する金銭を現時点において処分することは可能と解されておらず、信託の対象となる財産は委託者の処分行為によって委託者から移転可能又は分離可能な財産でなければならないから[42]、将来取得する金銭をあらかじめ自己信託することは困難と思われる[43]。

---

36 預かり金自体を自己信託の対象とすることについては、道垣内弘人＝井上聡＝沖野眞已＝吉元利行「〔パネルディスカッション〕新しい信託法と実務」ジュリスト1322号30頁（2006年）で議論されており参考になる。
37 金融法委員会前掲注10。
38 ただし、自己信託の設定後、追加信託という形で（公正証書等の作成をせずに）財産の追加をすることができないかはなお検討の余地があるように思われる（能見＝道垣内・前掲注24・71頁〔井上聡発言〕）。
39 信託法12条1項、破産法160条1項、信託法12条2項。
40 最高裁判所平成11年1月29日判決民集53巻1号151頁など。
41 能見＝道垣内・前掲注24・24頁〔井上聡発言〕。
42 神田秀樹＝折原誠『信託法講義』（弘文堂、平成26年）35頁。
43 川上嘉彦＝有吉尚哉「新信託法下での新たな信託類型の資産流動化・証券化取引における利用可能性に関する一考察」（金融法務事情1798号7頁）、金融法委員会前掲注10。

六　まとめと補論

1　以上見てきたように、コンビニフランチャイジーが収受する収納代行の預かり金については、取戻権と信託のいずれの構成によってもフランチャイジーからの倒産隔離を認めることは実務上困難と考えられる。

この点一般論として、コンビニフランチャイザーは店舗開設時等においてフランチャイジーから数百万円単位の預託金を受け入れており、多くの場合においてはかかる預託金により、フランチャイザーからフランチャイジーに対する預かり金の引渡債権の保全が図られているものと思われる。

2　最後に試みとして、次のようなスキームを考えてみたい。すなわち、コンビニフランチャイジーが子会社を設立する。コンビニフランチャイザーは、コンビニの業務のうち、収納代行業務のみを当該子会社に委託するか、フランチャイジーが当該子会社に再委託する（その場合、第三者のためにする契約により、フランチャイザーが直接子会社に対して預かり金の返還請求権を有するようにする。）。当該子会社は原則として店舗建設費用等の借入れは行わない[44]。資産流動化等で用いられる倒産隔離の仕組みに比べればプリミティヴであるが、ある程度簡便に、フランチャイジー本体の倒産から収納代行の預かり金を隔離することができると考えられる。

そしてかかる子会社設立によるスキームの可能性は、信託による他のスキームを検討するにあたりいくつかの示唆を与えてくれるように思われる。

ひとつの示唆は、信託をヴィークルとして用いることの限界である。すなわち会社であれば、とりあえず1円の資本金で会社を設立し、その後将来の時点で入ってくる収益や金銭を当該会社で保有・管理させることができる。しかしながら信託は、五の3（3）で見たとおり、まず委託者から受託者への財産の移転がありきであり（信託法2条1項）、現時点で財産を移転させることができなければヴィークル自体が成立しない[45]。

---

[44] フランチャイザーは当該子会社に対し収納代行手数料を支払うが、当該子会社は、収入から運営経費等を除いた金額を、業務委託料等としてフランチャイジーに支払う。子会社も合同会社とすれば設立及び運営コストを抑えることができる。

[45] 能見＝道垣内・前掲注24・24頁以下。

もう一つは、いわゆる事業信託による構成の可能性である。たとえばコンビニフランチャイジーが、収納代行委託契約に基づく権利を自己信託し、また信託が当該収納代行委託契約に基づく債務を引き受ける。受益者はフランチャイザーとし、フランチャイジーは信託報酬として手数料相当額を得る[46]。計算や分別管理、帳簿作成等の信託受託者の義務については、フランチャイザーがシステム等のインフラを提供することにより、運用コストを抑えることができる。

　スキームとしてはかなり技巧的であり、かつ法的素養が必ずしもあるとは限らないフランチャイジー（いわゆるコンビニオーナー）にスキームを理解してもらうことができるか、収納代行部分のみを切り分けて信託をすることができるのか、個人のフランチャイジーの場合には、その死亡により信託が終了してしまい（信託法56条1項1号）、店舗を引き継ぐ相続人等により改めて公正証書等により信託が設定されない限り収納代行業務自体が停止してしまうのではないか（会社の場合には、役員又は株主等が死亡しても会社自体は存続するため、一応の事業の継続は可能と思われる。）など、実務上の障害は決して少なくないが、検討に値するのではないかと思われる。

46　自己信託による事業部門の分離の具体例につき、たとえば深山雅也「事業資金の調達方法の多様化と倒産法——信託スキームに対する倒産法理の適用」（ジュリスト1349号77頁）など。

フランスにおける金銭上の担保権の効力について

直 井 義 典

　一　はじめに
　二　金銭上の担保権の分類
　三　類型ごとの効力
　四　わが国への示唆

一　はじめに

　わが国においては預金を含めた広い意味での金銭が担保の目的とされることは非常に多く、敷金の差し入れ[1]や銀行預金への質権設定などなどさまざまな局面で用いられている。フランスでも状況は同様であり、例えば賃借人の負う目的物返還義務の保証金や先物取引の担保・有価証券貸借（prêt de titre）の担保のように、主として、不確実又は条件付きの債権の担保として用いられている[2]。
　フランスにおいて金銭上の担保権は古くから利用されており、すでに旧民事訴訟法832条3項において金銭上の担保は nantissement en argent という形で言及されていた[3]。また、仕組みが単純で担保権者に手厚い保護が与えられることから金銭上の担保は最も効果的な担保手段の1つとして位置づけられ[4]広く用いられてきた。
　そして金銭上の担保権は近時の実務上の需要にもかなった担保形態と評価でき

1　清水恵介「担保化された金銭の担保法的考察」日本法学80巻3号（平成27年）303頁。
2　M. Cabrillac = Ch. Mouly = S. Cabrillac = Ph. Pétel, Droit des sûretés, 10ᵉ éd., 2015, nº 807.
3　D. Bureau, Le gage-espèces: une sûreté atteignant sa maturité?, Droit & patrimoine, nº 77, 1999, p.22. もっとも同条は競売に関する規定であったため、金銭上の担保の特徴が十分には示されていなかった。
4　S. Alamowitch, Le gage-espèces, Les petites affiches, nº 102, 1994, p.4.
　また、M. Cabrillac, Les sûtetés conventionnelles sur l'argent, Mélanges offerts à Jean Derruppé, 1991, nº 1は、設定に費用が掛からないことならびに後順位の担保権設定が想定されないことを金銭上の担保権の有するメリットとする。

る。このことは、近時の担保形態の変化に関するクロックの説明からも見てとることができる。クロックは、近時の担保形態の変化を以下の2種類のものに分けて説明する[5]。第1は、先取特権の種類が追加されていることに見られるように従来から存していた法技術を用いるものであり、第2は、ネガティブ・プレッジ条項や所有権留保、ダイイ譲渡のように法技術自体が新しいものである。金銭上の担保権は、後述すように所有権移転あるいは質権によって説明されており、第1のタイプに分類することができよう。ところが、その法的効果については必ずしも所有権や質権の論理が貫徹されているわけではなく、その意味では第2のタイプとしての側面も同時に有している点で、近時の担保形態の変化にも対応したものとして金銭上の担保権を位置づけることができるのである[6]。新たな担保形態が生み出される理由としては、労働債権者や租税債権者の地位が強化される反面で従来型の担保権の効力が弱められることから、これらの債権者にさらに優先する担保が求められることが指摘される[7]。そこで、金銭上の担保権にはいかなる効力が認められているのかが問題となる。

このように日仏両国において広く用いられている金銭上の担保であるが、わが国では主として普通預金の質入を巡って議論がなされてきた。そして近時は口座の質入という考え方が提唱されるに至っている[8]。

フランスにおいては2006年の担保法改正、2007年の信託規定の導入、2009年の担保目的での所有権移転規定の導入など、金銭上の担保権の性質決定や効力に影響を及ぼすものと目される改正が相次いでなされている。また、流動口座の担保化に関する1箇条を除いては成案とはならなかったものの、担保法改正草案には金銭上の担保権に関する条文案が含まれていた。

---

5 P. Crocq, L'évolution des garanties du paiement: de la diversité à l'unité, Mélanges Christian Mouly, 1998, n° 4.

6 D. Martin, Des techniques d'affectation en garantie des soldes de comptes bancaires, D. 1987 chron. 229, n° 2は、1985年の倒産法改正によって従来型の担保権の効力が弱体化されたためにより担保価値が小さいと目される財産の担保化が追求されるようになったこと、IT化の進行により動産の非有体物化が進行したことによって、銀行口座の担保化への注目が高まったものとする。

7 Crocq, op. cit., n° 5.
　Crocq, n°s 13 et 14は他の債権者との競合を回避するための手段として「積極的独占」ならびに「消極的独占」が挙げられる。前者には担保目的での所有権移転、指図（délégation）、帰属＝差押（saisie-attribution）、直接訴権が、後者には留置権、相殺が含まれる。

8 中田裕康「「口座」の担保化」金融法務研究会報告書（14）『担保法制をめぐる諸問題』（平成18年）20頁以下。

そこで本稿では、フランスにおいて種類物の究極形態である金銭を担保化するにあたって、担保の目的をいかなるものと把握しているのか、担保権の実行方法はいかなるものか、設定者の倒産時の担保権の効力はどのように解されているのかといった点に着目しながら、わが国への示唆を得ることとする。

以下、二では金銭上の担保権がどのような分類の下で議論されているのかを確認し、三でそれぞれの分類ごとに担保権の効力、実行方法、倒産時の効力について検討する。最後に四でわが国への示唆を得ることとする。

二　金銭上の担保権の分類

1　分類の必要性

上述の通り金銭上の担保権は多様な領域で使用されており、そのことを反映して、担保の預託・保証金・担保の留め置き・担保（couverture）・種類物の質権（gage-espèces）など、様々な名称で呼ばれている[9]。

そこで金銭上の担保権を一括して論じるべきか、それとも一定の分類を加えたうえで論じるのが適切なのかが問題となる。

一方には一括して論じるべきとする論者が見られる。マルタンは、金銭という同じものが通貨形態をとるか預金形態をとるかによって有体物であったり無体物であったりするのは適当ではなく、金銭は常に有体物であり有体動産の質権（gage）によって担保の目的物となるという[10,11]。

他方、学説の大多数は分類が必要であるとする[12]。その理由は、以下のとおりである。

まず通貨の場合について考えてみると、通貨が有体動産として扱われることは

9　Cabrillac = Mouly = Cabrillac = Pétel, op. cit., n° 807. D. Doise, Nantissement de monnaie, de comptes et de valeurs mobilières, Revue de jurisprudence commerciale, 1994, vol. 11, n° 2 も同様。
10　D. Martin, Du gage-espèces, D. 2007, p.2556, n° 1.
11　Doise, op. cit., n° 6 も、預金を ATM から引き出せば預金通貨が通貨（紙幣又は硬貨）に即座に変わることから、預金通貨と通貨の区別は絶対的なものではないとする。
12　Cabrillac, op. cit., n° 4.
　　Cabrillac = Mouly = Cabrillac = Pétel, op. cit., n° 807 も担保権者の性質・金銭の形態・会計登記といった様々な要因の干渉によって複数の図式が存することとなるとする。また、S. Bros, Le gage-espèces, Droit & patrimoine, n° 161, 2007, p. 81 も、金銭上の担保権については現在に至るまで統一的な概念は存しないという。

異論のないところである[13]。ところが、通貨には消費可能性ならびに代替可能性が認められる。そこで、金銭の占有が債務者から債権者に移転することによって債権者の有する金銭との混和が生じた場合[14]、担保目的たる金銭の所有権も債権者の下に移転することとなるものと解される[15,16]。このことは、質権の設定によっては質物の所有権は移転しないという質権の属性に反することとなる[17,18]。

---

13 Doise, op. cit., n°5; Bros, op. cit., p.78; D. Legeais, Droit des sûretés et garanties du credit, 11ᵉ éd., 2016, n°460.

14 G. Cuniberti, Le gage-espèces (de l'accession en matière monétaire), Petite affiches, 5 nov. 1999, n°9は、特定性が失われることから所有権が移転するのだとする。

添付理論との関係については、クニベルティは以下のように論じる（Cuniberti, op. cit., n°13 et s.）。添付理論は金銭を含め無体物には適用されないとする裁判例や学説も存在するが、金銭についても添付理論は適用されて担保目的となった金銭について所有権移転が生じることを基礎づけることができると考える。もっとも、添付理論よりも当事者の意思が優先するのが一般的である。しかし金銭上に担保権を設定した場合には、占有利所在についての合意のみがあるのが通例であるから、合意の存在のみを持って所有権の所在に関する添付理論を排除するのは適切ではない。他人によって土地上に植栽、建築、工作がなされた場合の土地所有権者の権利を定める555条は、当事者の合意によって排除されうる。しかし土地への付合の場合と金銭の混和の場合とを同視することはできない。植栽、建築、工作は土地と区別して観念することができるから、当事者意思によって物権の目的とすることができる。これに対して金銭の場合は一旦混和されると物としての独立性を失って特定不能となる。添付理論の適用は当事者意思によって排除できると言っても、金銭の場合は混和によって生じた物の全体について誰を所有者とすることができるのかを決定できるというにとどまるのである。したがって、金銭所有権の移転を否定することはできない。

クニベルティはこうした理由で債権者への所有権移転を根拠づけるものであるから、担保目的たる金銭の占有は移転しつつも混和が生じない封金の場合には、別論となることは言うまでもない。

15 Bureau, op. cit., p.25.

Doise, op. cit., nᵒˢ9 et 10は、所有権移転があるゆえに、金銭の質入の有効性が疑問視される原因となるとする。

16 A. Aynès, Validité et spécificité du gage-espèces, Revue des contrats, 2008-2, n°2は、判例が担保目的での債権譲渡を法定の場合に限って認容しているのに対して金銭については明文規定がなくても担保目的での譲渡が認められていることを指摘し、このような区別は合理的ではないとして債権についても担保目的での譲渡を認めるべきであるとする。

17 Cabrillac, op. cit., n°7は、設定者が占有のみならず所有権も失ったことは、質権という性質決定の障害となる。質権概念の中核には、設定者の下に所有権が残ることと設定者には限定的な優先権が与えられるに過ぎないこととがある。債権者が目的物の所有権を取得すると、担保権者の優先権は所有権に吸収されて、なくなってしまうのである。よって、債権者は自己に帰属し特定性を失った物に留置権を行使し得なくなる。裁判所に対して、自己にすでに帰属している所有権の帰属を求めることはできないのである、とする。

Cabrillac = Mouly = Cabrillac = Pétel, op. cit., n°807も金銭には代替可能性・消費可能性があることから、質権の設定ではなく担保としての所有権移転がなされたものと解すべき場面があるとする。

これに対してBureau, op. cit., p.25は、所有権移転は合意の中核ではなく、単に物の性質、より厳密に言えば、合意の目的物の性質に起因するものであるから、所有権移転を認めると同時に、質権としての性質決定も排除されないのだと説明する。

債権者には金銭の所有権が帰属することとなるから、この場合、担保権者は担保の目的たる金銭を自由に処分できることになる[19]。

これに対して預金通貨の場合には現実の引渡しがなされるわけではないから必ずしも混和が生じるとは言えず、質権設定の可能性が生じる[20, 21]。

このような理由により、多くの学説は金銭上の担保を所有権移転型（担保としての所有権移転）と所有権非移転型（真正の質権）とに区分する[22]。

以上のように分類の要否については見解が分かれるが、担保の目的となる金銭の所有権の所在により設定される担保権の種類あるいは説明方法に差異が生じることから、多数学説に従って分類を加えることが妥当であると考える[23]。そしてこの区分は2006年担保法改正の下となったグリマルディ草案にも取り入れられたのである。

2　グリマルディ草案から民法典改正へ

グリマルディ草案の報告書[24]においては、金銭上の担保権の明文化は金融証書質権とともに「極めて重要な変革（innovation fort importante）」として位置づけられていた[25]。草案は金銭上の担保権を通貨の担保権と預金通貨質権[26]とに分け、

　　所有権移転があることのみをもって真正の質権ではないとするのでは十分ではなく、質権の目的たる金銭は有体物なのか無体物なのかも考察した上で金銭上の担保権の性質決定がなされなければならないとする Doise, op. cit., n° 4 も、所有権移転と質権としての性質決定とを相反するものと理解することに批判的である。

18　2006年の担保法改正によってこの点について別段の議論を要することとなったが、この点については後述する。

19　Cabrillac, op. cit., n° 6.

20　本文では大多数の見解に従って通貨と預金通貨の区分に依拠して説明をしたが、所有権移転の有無という意味では Cuniberti, op. cit., n° 3 のように担保権者の下で金銭が特定されているか否かで区別する方が適切である。

21　Cabrillac, op. cit., n° 6 は、通貨という形態をとることは重視せず、担保権者に金銭の自由処分権がある限りはいかなる形態をとるものであれ所有権移転が生じるとしており、預金通貨についても所有権移転型担保が成立する可能性を認める。債権者名義の口座に金銭が入金され、その金銭を債権者は自由に使用できる場合がこれにあたる。現に Cass. com., 6 fév. 2007, n° 05-16649, RTD civ 2007, 373が明文規定なしに担保信託が設定できることを明らかにしており、それは旧2075条・旧2078条に違反するものであるととがめられることもない。（Note par P. Crocq, RTD civ 2007, 374.）

22　Cabrillac, op. cit., n° 5.

23　Bros, op. cit., p.77.

24　この報告書の翻訳は、平野裕之＝片山直也訳「フランス担保法改正予備草案」慶應法学9号（平成20年）205頁以下にある。

25　Groupe de travail relatif à la réforme du droit des sûretés, Rapport à Monsieur Dominique

さらに後者をさらに、①流動性を維持している銀行口座の質入、②閉鎖預金口座に入金されている一定額の預金通貨を目的とする質権に分ける[27]。このように区分するのは、両者で担保目的物の確定時点が異なり、確定以前の効力に差異が生じることによる。すなわち、草案は預金通貨質権を無体動産の質権（nantissement）の一種として位置づけた上で、①については債権質として2348条2項で規定し、②については狭義の「預金通貨質権」に関する款を設けて2357条〜2364条の規定を置いたのである。また、通貨の担保権については「担保として譲渡される又は留保される所有権」に関する款を設け2379条を置くにとどめた。それは、信託に関する別の委員会が立ち上げられたことに伴い、そちらに委ねたことによる[28]。

狭義の預金通貨質権は、「設定者がその名で、それを受ける権限のある機関に開設された閉鎖預金口座の登録資金を、債務の担保とする合意」[29]と定義される（草案2357条）。設定方法については、債権質の場合は2349条1項により、狭義の預金通貨質権の場合は2358条により書面がなければ無効とされる[30]。後者の第三者対抗要件は、預金口座管理機関に対する書面による通知である（草案2359条・2360条）。設定者、第三者、支払不能手続の管財人のいずれも、被担保債権が存在する限りは質権の目的たる資金を回収することができず（草案2362条）、被担保債権が弁済されない場合には債務者が正式に催告をされてから8日経過後は未回収債権額の範囲で質権者は質権の目的たる資金を取り戻すことができるものとされる（草案2363条）[31]。そして、設定者または債務者について倒産手続が開始されても質権の実行には何らの影響もないとされた（草案2364条）。以上のように、グリマルディ草案は質権の目的たる資金を設定者の支配から完全に隔離したものと評価でき、極めて強力な効果を付与したものと言える[32]。

Perben, garde des sceaux, ministre de la justice, p.13.
26　預金通貨質権に関する条文案の翻訳は、平野＝片山・前掲252頁以下にある。
27　H. Synvet, Le nantissement des meubles incorporels, Droit & patrimoine, n° 140, 2005, p.65.
28　Rapport, p.14; Bros, op. cit., p.79.
29　グリマルディ草案の翻訳は、平野＝片山・前掲によった（ただし、フランス語の原語は省略している）。
30　Synvet, op. cit., p.66は、これは単なる形式主義ではなく、担保物権の特定性原則に従い被担保債権と担保の目的とを明確にすることを義務付けたものであるとする。
31　執行名義は不要であり、極めて単純な方法で担保権実行ができると評されている（Synvet, op. cit., p.70.）。
32　グリマルディ報告書自体、草案2362条・2363条の効果は絶大であると評している（Rapport,

ところがこのグリマルディ草案の内容のほとんどは2006年改正においては実現されずわずかに2360条に債権質の一種として口座の質入規定が置かれたのみであった[33]。また、グリマルディ草案が信託の委員会に委ねた所有権移転型担保については2007年の信託立法の際に規定が置かれることとなった。ところが、2011条が受託者の固有財産からの分離を信託の要件としており、通貨の担保権においては混和によって所有権移転が生じることとは相いれない。むしろ債権者名義の閉鎖預金口座の担保化に適合的な規定となっている。

3 本稿における分類

以上の状況に鑑み、本稿では以下のように金銭上の担保権を分類して考察を進めることとする。第1に、通貨の場合と預金通貨の場合とを分けて検討する。通貨の場合は混和による所有権移転が生じることから、所有権は設定者に留保されるという伝統的な質権の考え方とは大いに異なる点があることは否定できないからである。第2に、預金通貨を閉鎖預金口座の場合と流動口座の場合に分ける。これは2360条が流動口座を債権質の一種として規定したことに基づく[34]。

三 類型ごとの効力

1 通貨の担保化
（1）性質決定

2006年以前は、担保目的での通貨の占有移転をどのように性質決定するかが争われていた。伝統的な見解では金銭上の担保権を一般にgage-espècesと呼びならわしており、この名称から明らかなように質権の一種として位置づけられていた[35]。しかしながら2006年改正以前は、質権においては目的物の特定性ならびに占有移転が要求されていた一方で所有家かは所有者に止まるとされていたことか

---

　　p.13.)。Bros, op. cit., p.80も、従前の債権質によるよりも担保の設定・実行方法が柔軟なものとされたという。
33　D. Legeais, Le gage-espèces après la réforme des sûretés, Droit & patrimoine, n° 162, 2007, p.70は2006年改正担保法においてグリマルディ草案の内容が実現されなかったことを遺憾とする。
34　清水・前掲310頁以下は、通貨の担保化を分別管理義務の有無によって分け、さらに預金通貨の質入について別途検討する。
35　Alamowitch, op. cit., p.4は、通貨は有体物であるから物理的には所有権移転が可能であるが、担保権者の下で留置権が成立するとする。

ら、多くの学説は、所有権移転型の金銭担保権は質権ではあるものの非典型の質権であると性質決定した[36,37]。

質権の一種として位置づけた点については、質権のルールが非典型質権には適用されないと解しつつも質権の一種であるとするのは単なる言い逃れに過ぎないとの批判がなされていた[38]。

またルデュックは、所有権移転型の質権なるものは幻想にすぎないとして強く批判する[39]。ルデュックは以下のように議論を展開する。

所有権移転型の質権は担保の目的たる金銭に消費可能性・代替可能性があることから認められている。

確かに、権利の目的物が消費可能物である場合に所有権移転が認められる場合がある[40]。しかし、これを一般化して金銭に質権を設定した場合にも所有権移転が認められるとすることはできない。なぜなら、用益権者や賃借人は権利の目的物を使用できるのに対して、質権の場合には質物を使用する権能が質権者に与えられるわけではない点で異なっているからである。

また、代替可能性とは1291条により同一の弁済能力を有するものであると定義されることから、種類物と代替可能物とは重なる部分が大きい。しかし、全く同一ではなく、他の種類に属する物が代替可能ということもあり得るのであり、1291条2項によれば、市場価格によって規律されている商品は相互に代替可能とされる[41]。ここでルデュックは質権者の権能ならびに義務という2つの側面から検討を加える。質権者の権能からの説明とは以下のようなものである。代替可能物が質権の目的とされた場合において被担保債権が弁済されると質権者は代替物を返還すれば足りる。すなわち、質権者は質物を使用・破壊・譲渡することがで

---

36 Cabrillac, op. cit., p.334 note 2.
　Bureau, op. cit., p.23も、Cass. com., 17 mai 1994, B. IV. n°178; Cass. com., 3 juin 1997, B. I. n°165のように、担保目的で所有権が移転されていることを理由にgageとしての性質決定を注意深く避けている判例があるとする。
37 Cabrillac, op. cit., n°3.
38 Cabrillac, op. cit., n°8. Aynès, op. cit., n°3; note par Ch. Larroumet, D. 1995. 125. も所有権移転がある以上は質権ではないとする。
　なお、espècesとした点については、通貨の場合はともかく預金通貨の担保化を示すには適切ではないと指摘されていた（Cabrillac, op. cit., p.334 note 2.)。Cabrillac = Mouly = Cabrillac = Pétel, op. cit., n°807も同様。
39 F. Leduc, Le gage translatif de propriété : mythe ou réalité?, RTD civ 1995. 307.
40 具体的には、用益権設定に関する587条、賃貸借における1893条がこれにあたる。
41 Leduc, op. cit., n°4.

きるのであり、これは質権者が所有者となることを意味すると解することもできなくはない。しかしながら、質物を市場で手に入れることができない場合や再調達のための資力が質権者にない場合には質権の目的が代替可能物であっても質権者は返還不能に陥ることとなるのであるから、質権者に処分の自由が認められていると断定することはできない。他方、質権者の義務の側面からは以下のように考察が展開される。契約に基づく給付目的物が不可抗力によって滅失した場合、目的物が特定物であれば債務は消滅するが代替可能物の場合は代物の給付義務が残る。これを質権の場合に引き直すと以下のようになる。被担保債権が弁済された場合には質権者は質権の目的を返還する義務を負うこととなるが、特定物が質権の目的である場合には不可抗力による滅失を理由として質権者は返還義務から免れるのに対し、代替可能物の場合は義務を免れない。このように代替可能物に質権が設定された場合の方が質権者は重い義務を負うことになることを根拠に、質権設定によって質権者に所有権が移転したものと解する可能性もあり得る。しかしこうした見解は前提からして誤りである。旧2080条[42]によれば、質権者は質権の目的が自己の過失によって滅失した場合に責任を負う。ここで問題とされているのは保管義務であって返還義務なのではない。このように質物が代替可能物であるからといって質権者の義務が重くなるわけではないのであるから、質権者の義務の側面からも質権者は所有権を有するものと構成することはできない。以上のように、代替可能性を根拠として金銭に質権を設定した場合に所有権移転が生じると結論付けることもできない。

　さらにルデュックは、質権の目的が被担保債権の弁済期到来前に滅失する可能性がある場合には質権者には処分権原が認められ[43]、所有者は所有する物の処分権原を有するから、滅失可能性ある物について質権が設定された場合は、質権者は質権の目的の所有権を取得するという仮説を立てる。しかし、滅失可能性ある物の処分権原を認めるために質権設定時から所有権を移転しておく必要性はないとしてこの仮説を棄却する。

42　旧2080条「①　債権者は、『契約又は合意による債務一般』の章に定める規則に従って、その懈怠によって生じた質物の滅失又は毀損について責任を負う。
　　②　他方、債務者は、債権者が質物の保存のために行った有益かつ必要な支出をその者に対して計算しなければならない。」
43　物的代位によって処分の結果として得られた代金上に担保権を移転することで質権の永続性が確保されるというのである。

種類物[44]が質権の目的とされなおかつ分別管理義務が課されていない場合に質権者が自己の有する同種物と混和させると設定者は所有権を失い、債権者が質権の目的につき所有権を取得することとなる[45]。しかし、所有権移転が生じるのは質権の目的が代替可能物であるからではなくそれが質権者の有する同種の物と混和されるからであって[46]、一般論として代替可能物の場合は質権者に所有権が移転すると結論付けるのは妥当ではない。また、当事者の黙示の意思をもって債権者に所有権を移転させる質権というのも用語の点で矛盾をきたしている[47]。

　以上のような理由で、ルデュックは所有権移転型の質権は存在せず、それは質権ではなく担保信託であると結論付けていたのである。

　これに対して、ドワズのように所有権は移転していないとする見解も見られる。ドワズによれば、通貨を担保目的で債権者に引渡した場合に所有権が移転するのは、金銭の代替可能性ならびに消費可能性に起因しそれは金銭の占有移転の効果に過ぎない。しかし債権者には所有権者として絶対的かつ永続的に物に対して支配を及ぼす意思が欠けているから債権者は占有を欠く。代替可能物の借主は同等物の所有者としての権限を有する（1893条）ものの、所有者というわけではないのである。すでに古くから破毀院[48]は、代替可能物上の質権は、「同種・同量の物」によって取り替わられることが当事者によって想定されていても否定されるものではないとしている[49]。このようにドワズは通常の質権が存するのみであるとするのである[50]。

44　金銭は種類物として扱われるのが通例であるが、異論もある。しかしルデュックは、この点は自己の見解に影響を与えるものではないとする（Leduc, op. cit., p.319 note 38.）。
45　Leduc, op. cit., p.320 note 41は、質権の目的が金銭である場合は質権設定により所有権が質権者に移転するという設定者の黙示の意思が認められやすいという。その理由としては、質権者が質権の目的を処分したとしても金銭の場合は同等物を返還できないというリスクが他の代替可能物に比べて小さいこと（市場での再調達ができなくなる可能性はなく、もっぱら質権者の資力の問題に還元される）、質権者が質権の目的たる金銭を返還し得ない場合は被担保債権との間で相殺すればよいことが挙げられる。
46　Aynès, op. cit., n°5も同様に解する。
47　所有権移転型質権が認められるかというのが問題なのであるから、この点は結論先取りの誤謬を犯していると言わざるを得ない。
48　Cass. req., 10 mars 1915, S. 1916. 1. 5.
49　Doise, op. cit., n°11.
50　このほか、note par Ch. Larroumet, D. 1995. 125は寄託構成を採る可能性を検討するものの、寄託においては保管義務が中核をなすが担保目的での占有移転ではそれは付随的なものにすぎない点、ならびに、寄託は寄託者のためになされるが担保目的での占有移転は債権者のためにする担保物権に他ならない点を指摘して、寄託構成も正当ではないとする。

以上のように、非典型質権とする見解、担保信託とする見解、質権とする見解と学説は分かれていたが、2006年の担保法改正以降の民法典改正により様相は一変した[51]。すなわち、代替可能物の占有移転型質権に関する2341条2項が、合意により質権者が質権の目的を分別して管理する義務を免除されている場合には質権の目的の所有権は質権者に移転する[52]としたため、所有権移転型の質権が認められるに至ったのである[53]。もっとも同項が適用されるのは分別管理義務が免除されている場合に限られるから、分別管理義務が課されている場合については性質決定の問題が残る。この場合には2341条1項により所有権移転のない従来型の質権が設定されたものと解することも可能であるが、当事者間で所有権移転が合意された場合は信託に関する2011条が適用されて担保信託と性質決定される[54]。なお、分別管理義務が免除されている場合は、当事者間で所有権移転が合意されても、分別管理を義務づけた2011条に反することから担保信託は認められない。

（2）設定方法・効力

　2006年以前は、担保に供するという当事者の共通の意思に基づいて金銭が引き渡されれば、担保が設定されたこととなる[55]、また、対抗要件も不要である[56]と解されていた。

　これに対して2006年以降は、質権設定の場合は被担保債権、質権の目的財産の数量、種類及び性質を明らかにした書面を作成しなければならなくなった（2336条）。この点では、従前に比べて設定方法は煩雑となっている[57]。第三者対抗要件は、公示又は占有移転である（2337条1項・2項）。

　担保信託の場合は、所有権移転の対象、所有権移転の期間（最長でも99年）、設定者、受託者、受益者、受託者の権限、被担保債権、所有権移転の対象が有する評価額[58]を明らかにした書面を作成の上（2018条、2372-2条）、税務署に登録する

51　2006年改正により代替可能物の占有非移転型の有体動産質権が認められた（2342条）ことも大きな変化であるが、従前の担保形態との連続性を考慮して、本稿では占有非移転型のものについては考察を加えないこととする。
52　Aynès, op. cit., n°3はこの点が金銭上の担保権が債権質とは異なる点であるとする。
53　Bros, op. cit., p.78. もっとも、ブロはgage概念を無視するものであるとの批判的な見解を述べる。
54　ただし受託者は金融機関と弁護士に限定されている（2015条）。
55　Cabrillac, op. cit., n°15.
56　Alamowitch, op. cit., p.4.
57　Cabrillac = Mouly = Cabrillac = Pétel, op. cit., n°808もこの点を捉えて、進化したとは言えないと評する。

ことが求められる（2019条1項）。

質権者は、分別管理義務が免除されている場合は、被担保債権が弁済された際に目的物と同種・同量の物を返還する義務を負う（2341条2項）。担保信託の場合は、受託者の権限は信託契約の定めに従うこととなる（2018条6号）が、被担保債権が弁済された場合には受託者は返還義務を負うこととなる[59]。

（3）実行方法

弁済期に被担保債権が弁済されない場合、判例[60]は担保権者が設定者に対して負う返還義務と被担保債権との法定相殺によって担保権が実行されるものと解していた[61]。もっとも、学説の中には相殺による担保権実行という構成には賛成しつつも、それは法定相殺ではないとするものもある。ラルメは、担保目的で債権者に金銭が引き渡された場合には、2つの債権について弁済期が到来していることという法定相殺の要件[62]が満たされていないから法定相殺は認められないとする。すなわち、被担保債権の弁済期は到来しているものの、設定者が担保権者に対して有する金銭返還請求権については弁済期が到来していない。なぜなら、債務者が被担保債権を弁済してはじめて設定者には返還請求権が認められるわけであるから、被担保債権が弁済されていないにも拘らず返還請求権の弁済期が到来することはあり得ないからである。そこでラルメは金銭上の担保権の実行方法と

58 　金銭の担保信託の場合であっても評価額を明記する必要があるのかは疑問がある。
59 　なお、担保信託立法以前の見解であるが、Cabrillac, op. cit., n° 10は、金銭上の担保権についても担保目的の所有権移転に関する規律が適用されることから、債務者が被担保債権を弁済した場合、金銭の所有権が設定者の下に戻るわけではなく、設定者は担保権者に対して金銭の返還請求権を有するにすぎないこととなる、とする。
60 　Cass. com., 17 mai 1994, préc. 金銭は代替可能物であるから、賃借人が賃貸人に対して担保として差し入れた金銭の所有権は賃貸人に移転しており、賃借人は賃貸人に対して返還請求権という債権を有するに過ぎず、これと被担保債権とが相殺されるというのである。賃借人の管財人と賃貸人の争いであり、この判決においては賃借人について裁判上の更生が開始された時には敷金返還義務は相殺によって消滅していたとして賃貸人を勝たせている
61 　Cass. com., 3 juin 1997, préc. も被担保債権と質権者が負っている金銭の返還義務とが相殺されたものとする。本判決の事案は債務者が被担保債権を期日に弁済しなかった場合には質権者は金銭の返還義務を免除される旨の合意があったものであるが、相殺は信託担保における通常の実行方法であるから相殺合意がなくとも結論は同様とされる（L. Aynès = P. Crocq, Droit des sûretés, 10ᵉ éd., 2016, p.287 note 58.）。
62 　1291条「① 　相殺は、ともに一定額の金銭又は一定量の同種の代替物を目的とし、かつ、ともに数額が確定した、〔元本の支払いを〕要求できる2つの負債の間でででなければ、生じない。
② 　〔略〕」
　　翻訳は、法務大臣官房司法法制調査部『フランス民法典――物権・債権関係――』（法務資料441号）（昭和57年）によった（ただし、フランス語の原語は省略している）。

しては、一方の債権の弁済期が未到来であっても可能な方法であることから合意による相殺が適切であると主張するのである[63]。

以上の議論は2006年改正後の質権の実行についても妥当する。さらに相殺のほか、民法典の定める質権実行方法である裁判上の帰属（2347条）が認められることも疑問はない。また、金銭についてはその価値を鑑定する必要がない[64]ことに異論はなく、判例は鑑定人の評価なしに流質（2348条）が可能であるとする[65]。

担保信託の場合は、担保権者は自己が有している所有権に基づいて担保目的物の処分を自由に行うことができる（2372-3条1項）。また、担保目的物の価格は鑑定人が決定するものとされているものの金銭の場合はその例外に該当し、鑑定による必要はないことが明文で規定されている（同条3項）。

（4）倒産時の効力[66]

倒産時の効力については、事前の支払との関係で以下のように相反する評価がなされていた。

一方でカブリラックは、金銭の占有移転が事前の支払として扱われた場合には、弁済期未到来の債務の弁済を全面的に無効とする商法L.632-1条3号を介して担保としての効力は極めて弱いものに止まることとなるとする[67]。これに対

---

63 Note par Ch. Larroumet, D. 1995. 126. 合意による相殺の場合には、疑わしき期間（période suspecte）（債務者の支払停止から裁判上の更生手続又は清算手続開始までの間の期間を指す。）内において商法L.632-1条3号により無効とされるリスクがあることも指摘する。ラルメはこのほかに牽連性ある債権間の相殺が認められる可能性も指摘するものの、判例は牽連性を狭く解している（ラルメの引用するCass. com., 5 avr. 1994, B. IV. n° 142は、「当事者間で取引関係を発展させる枠組みとして定義された合意の履行として締結された売買に基づく債権債務関係」についてのみ牽連性が認められるとする）として、金銭の所有権を担保目的で移転した場合にも牽連性が認められるかについては疑問視する。Bureau, op. cit., p.29 も以上のラルメの見解に全面的に賛成する。対立する債権間の牽連性の存在が数額の確定性や弁済期の到来といった相殺の成立要件を埋め合わせる機能、第三者対抗力を付与する機能、倒産手続開始後の相殺をする機能を有していることについては、深川裕佳『相殺の担保的機能』（信山社・平成20年）138頁以下。

64 G. Wiederkehr, Pacte commissoire et sûretés conventionnelles, Études offertes à Alfred Jauffret, 1974, p.662は、流質には信用供与の容易化、競売によらないことによる費用の節約、一般先取特権に対する優先性確保というメリットがあることを指摘しつつ、それでも鑑定が要求されることを問題視する。その上で、鑑定が不要とされることによる時間、手続、費用の節約というメリットは当事者にとって大きいとする。

65 Cass. com., 9 avr. 1996, B. IV. n°116は、流質合意を禁じたものではなく、鑑定人による鑑定を経ずに担保の実行として担保権者に金銭を帰属させてよいとする。

66 フランスの倒産手続については、西沢宗英「フランス倒産処理制度の概観」竹下守夫監『破産法比較条文の研究』（信山社・平成26年）25頁以下参照。

67 Cabrillac, op. cit., n°16. これに対する反論として、無効とされる支払とは債権者が当初の契約において権利を有していないものを指し、事前の支払は双務契約の通常の履行に過ぎないから、こ

してドワズは、金銭の引渡しがなされた時点で履行期が到来している債権が存在していない場合はその金銭の引渡しは支払ではなく担保の設定と解されるとしており[68]、この見解に拠れば明示の意思表示がない限りは事前の支払ではないこととされる[69]。

質権については商法が以下のように効力を定めている。観察期間（période d'observation）内はすでに開始されていた執行手続は中断され、新たに執行手続を開始することもできない（商法L.622-21条）ため、質権の実行もできなくなる。保護・更生手続においても担保権の行使は認められない。清算手続に入ると、質権者は質物を自己に帰属させることを受命裁判官に請求できる（商法L.642-20-1条2項）[70]。このように商法上は清算手続に入るのでなければ質権の実行には大幅な制約が課されることになる。しかし、被担保債権と設定者の質権者に対する返還請求権との間に牽連性があることをもって設定者に倒産手続が開始されても相殺が可能と解されており[71]、きわめて強力な効力が認められている。

担保信託については、それが疑わしき期間内に設定された原則として無効なものとされるものの、2008年に所有権移転と同時に契約によって生じた債務を担保する場合には例外的に無効とされないことが明文化された（商法L.632-1条1項9号）ことにより担保としての実効性が確保された。その他の点では占有移転型担保信託の場合は、信託財産が充当資産を構成する（2011条）ことから倒産手続の影響を受けないことが明文で規定され（2024条）、留置権が認められることもこの結論を支えている[72]。

  の規定は適用されないとする（Doise, op. cit., n° 14.）。
  なお、Aynès = Crocq, op. cit., n° 505は2006年改正以前は事前の支払という形で金銭が担保目的とされることが多かったとする。また、Cabrillac = Mouly = Cabrillac = Pétel, op. cit., p.602 note 5は賃料を担保するために金銭が支払われる場合に事前の支払が多いとする。
68 Doise, op. cit., n° 15.
  Doise, op. cit., n° 18も事前の支払とは条件付きの支払であって条件付き債務の遡及効により、支払がなされた日に債権者は取得することとなるのに対して、担保としての金銭の支払の場合は、不履行が生じていない限り金銭の支払によって履行しようとする債務は偶然的なものでありまたこうした偶発的な出来事には遡及はないのだから、被担保債権の不履行時に初めて効力を有する点に相違があるとして、事前の支払と構成されるのを極力回避している。
69 Bureau, op. cit., p.29 note 68; Alamowitch, op. cit., p.4も同様。
70 倒産手続における占有質権の効力については、白石大「フランスにおける動産・債権担保法制の現在」比較法学（早稲田大学）46巻2号（平成24年）62頁以下。
71 Cabrillac = Mouly = Cabrillac = Pétel, op. cit., n° 808.
  Cass. civ., 16 juin 1936, S. 1936. 1. 140; Cass. com., 19 mai 2015, n° 14-12872も傍論ながらこの旨を述べる。

2　預金通貨の担保化

　上述のように、金銭は代替可能物であるために担保権者の有する金銭との混和が生じると所有権移転が生じる。そこで、特別口座に振り込まれることで金銭を特定することによって、完全に代替可能な物が同種の物と混和することが妨げられる結果債権者への所有権移転が回避され[73]、その物を独立した物権の対象とすることが可能となる。この場合、代替可能であるという性質は、物権設定の妨げとはならないのである[74]。

　預金通貨は有体物か無体物かについては争いがある。一方には、通貨の場合とは異なり預金通貨は無体物であるから無体動産の質権（nantissement）に関する規定が適用されるとの見解[75]があり、他方には、無体物を口座から口座に移転することはできないとして預金通貨は有体物であるとする見解[76]もある。さらに、預金は銀行に対する債権であって、ここでは債権質が成立しているのではないか[77]が問題となる。この点については、担保権者には金銭を処分する権原が与えられることから預金は債権ではなく、債権質には該当しないと解する見解が有力である[78]。また、旧法の下では債権等の無体動産に質権を設定する場合には適法に登録された公署証書又は私署証書が第三債務者に送付され、又は公署証書において第三債務者によって承諾されなければならないとされている（旧2075条）が、預金通貨は債権譲渡の方法によってではなく有体動産の場合の引渡しに相当するような書面作成の効果によって移転されている[79]ことも債権質説を否定する理由として挙げられていた[80, 81]。

72　Aynès = Crocq, op. cit., n° 791 et s.
73　Cabrillac, op. cit., n° 11.
74　Cuniberti, op. cit., n° 5.
75　Legeais, op. cit.（Sûretés et garanties）, n° 460; Bros, op. cit., p.79.
76　Martin, op. cit.（gage-espèces）, n° 6.
77　この見解に拠るものとして、Doise, op. cit., n° 19.
78　Bros, op. cit., p.79. Leduc, op. cit., p.319 note 39; Cabrillac = Mouly = Cabrillac = Pétel, op. cit., n° 808も、銀行に対する債権の質入というよりむしろ自律した存在である預金通貨の質入と見るべきであるとする。
79　Bureau, op. cit., p.24; Cabrillac, op. cit., n° 18.
80　ただしこの点については、Aynès = Crocq, op. cit., n° 505が、預金通貨を有体動産と解することを前提として預金通貨が質入されたものと解するのが好ましいとしつつも以下のように述べている。2006年改正において代替可能物の質入が認められた（2341条）ことによって預金通貨の質入においても書面の作成が成立要件とされた（2336条）。これに対して2006年改正以前は、有体動産の質権構成では特定口座に入金されれば形式的な要件なしに効力が生じるものと解されており、債権質構成では第三債務者対抗要件を具備しなければならない（旧2075条）点で差異が大きかっ

もっとも、債権は無体動産であり、また、2355条5項[82]は無体動産の質権には原則として有体動産の質権に関する規定が妥当するものとするから、質権であることが確認されればそれ以上に預金通貨が有体物か無体物かあるいは担保の目的は債権なのか預金通貨なのかを議論する実益はない[83]。

真正の質権については、さらなる分類が導入される。それは預金通貨には担保目的で開設された口座内で金銭が固定される形態と流動している将来の口座残高が担保化されるために即時には担保の目的が確定するわけではない形態が存するためである[84]。

3　閉鎖預金口座の担保化
（1）性質決定

閉鎖預金口座[85]が担保の目的とされた場合には残高の変動が生じることはないから、口座内の金銭が担保目的として確定する。この場合もまた通貨の担保化の場合と同様に、質権設定と担保信託の2つの方法が考えられる。

質権が設定された場合、金銭は代替可能物であるから2341条が適用されることとなる。同条1項によれば、質権者は原則として自己に属する代替可能物とは分離して担保目的物を保管しなければならないものとされており、閉鎖預金口座においてはこの要件は満たされているものと言える。したがって、分別管理義務を免除する同条2項の場合とは異なり、金銭の所有権は質権者には移転しない。そ

た。このように、2006年改正によって、構成の違いによる差異は小さくなったというのである。
81　このほか Martin, op. cit. (techniques d'affectation), n°14は、寄託者と受寄者の関係は有体物を媒介とした関係であること、寄託物が有体物であるからこそ代替可能性が認められること理由に債権質説を否定する。
82　2355条「⑤　以上以外の無体動産についての質権は、特別規定がない限り、有体動産の質権について規定されている規律に服する。」
83　Cabrillac = Mouly = Cabrillac = Pétel, op. cit., n°808; Bros, op. cit., p.80. もっともカブリラックらは、債権質の場合は2362条1項によって第三債務者に質権を対抗するには債務者への通知または債務者が証書に関与することが要求されているが、実務上、金融機関は質権設定に合意した第三者として質権設定行為に必ず介在しているからこの点が問題になることはないという。
　またブロは、閉鎖預金口座の担保化の場合についても、2360条をはじめとする流動口座の担保化に関する規定が適用されるとする。
84　Bros, op. cit., p.77.
85　この場合、口座名義人が債権者であるか設定者であるかは問題とならない（Alamowitch, op. cit., p.4.）。債権者名義であれば、債権者は質権を有するに止まるから債権者が金銭を譲渡することはできず、設定者名義であっても、後述するブロの見解に見られるように閉鎖口座とされている以上は設定者が金銭を譲渡することはできないからである。

して、担保目的たる金銭は質権者の留置権の対象となる[86]からこの口座からの引き出しはできない。

これに対して担保信託の場合は、担保権者は所有権を譲り受けることによって所有権者となる[87]。2011条は民法上の担保信託と認められるためには受託者の固有財産からの分離を要求しているが、口座が閉鎖されている場合にはこの要件を満たすものと言えよう[88,89]。

(2) 設定方法・効力

質権の設定方法ならびに第三者対抗要件は、通貨の担保化の場合と同様である。この場合、閉鎖預金口座が質権者名義であれば質権者に引き渡されており第三者対抗要件を具備したものと言えるだろう[90]。

質権が設定されることによって、口座名義人は口座から金銭を引き出せなくなる。2006年改正法においても明確ではない問題として、口座内の金銭譲渡の可否がある。この問題を検討したブロによれば、仮に占有移転を伴わない有体動産の質権だと解するのであれば2342条によって設定者が口座内の金銭を譲渡することが可能となるものの、このような事態は奨励されることではないし、口座を閉鎖したことにも反するから適当ではないとされる[91]。

担保信託の場合は、設定方法、第三者対抗要件、効力のいずれも、通貨の担保化の場合と同様である。

(3) 実行方法

質権の実行方法としては、相殺が認められる[92]。この場合、相殺の意思表示が

---

86 Martin (techniques d'affectation), n° 16は、牽連性ある債権間の相殺が仮に認められなかったとしても質権者が優先的に債権を回収するのを保証するものとして留置権を重視する (Legeais, op. cit. (Sûretés et garanties), n° 460も同様。白石・前掲58頁註16も参照。
87 Aynès = Crocq, op. cit., n° 774も、金銭について担保信託が用いられてきたとする。
88 これに対して Legeais, op. cit. (Sûretés et garanties), n° 460は、金銭の所有権移転がある場合については常に受託者の固有財産からの分離が認められず、その結果として明文規定のない信託と性質決定している。
89 なお、Aynès, op. cit., n° 6は、担保信託立法以前の論考であるが、担保に供された金銭を債権者が自由に処分できるが金銭が分離されている場合は金銭の質入には該当しないとする。
90 本文では通説と目される無体動産質権説に従ったが、債権質説によると2356条1項・2項が適用されることとなる。
91 Bros, op. cit., p.81. 前述のように、ブロ自身は無体動産の質権であると解する。
92 Bros, op. cit., p.81は実行方法としては相殺のみを挙げ、法定相殺と合意による相殺のいずれも可能であるとする。もっとも、ここでの相殺を法定相殺と解してよいのか疑問があることは前述のとおりである。

あるのみで足り、債権者は意思表示後に特別口座を締め切ることとなる[93]。もっとも、質権者が口座の存する金融機関以外の者である場合、金融機関が設定者に対して有する債権との相殺はできないので、実行は通常の質権実行方法によることとなる。このうち帰属差押（saisie-attribution）によることは、可能ではあるものの時間と費用がかかるという問題点がある[94]。そこで裁判上の帰属の方法（2347条1項）によることとなる[95]が、質権の目的が金銭であるから評価を行う必要はない[96]。

また流質については、旧法の下では禁止されていた。しかしながら金銭については実際の価値よりも低い価値で収用されるリスクが設定者にはないことから、すでに旧法下においても流質禁止が適用されるかについては疑問視され、これを否定する見解が有力であった[97]。2006年の担保法改正後は、流質禁止が廃止されたこともあって鑑定人による鑑定を経ることなく、金銭を質権者に帰属させることができる[98]。通貨の担保化の場合とは異なり金銭の所有権は質権者に移転していないから、流質を否定する理由はない。

担保信託の実行方法は、通貨の担保化の場合と同様である。

(4) 倒産時の効力

質権を設定した場合において設定者に倒産手続が開始されても、被担保債権と

93　Cabrillac, op. cit., n° 24.
94　Cabrillac, op. cit., n° 25の公表時点では帰属差押ではなく支払差止め差押（saisie-arrêt）が用いられていた。そこでカブリラックはさらなる問題点として、質権者に優先する順位の債権者が介入してくる可能性がある点で質権者にとっては危険であることも挙げていた。
95　この場合に質権の目的を評価するのは裁判所であるが鑑定人が指名されることが多い点については、直井義典「フランスにおける動産質権の実行」筑波ロージャーナル19号（平成27年）41頁ならびに42頁註66。
96　Cabrillac, op. cit., n° 25; Bureau, op. cit., p.29.
　　Cass. civ., 1 juill. 1856, S. 1856. 1. 785は、株式が質権の目的であるケースにおいて、鑑定人の評価によらず裁判所の評価に基づいて処分しても鑑定人による評価を明文で要求していた旧2078条1項に反するものではないと判示しており、カブリラックもこの判決を参照させる。なおWiederkehr, op. cit., p.672は、旧2078条の核心は鑑定人の存在ではなく裁判所の介在にあるとしており、鑑定内容の公正性確保を重視するものと言える。そうだとすれば、金銭のように評価の必要がないものについては旧2078条違反の問題は生じないこととなる。
　　旧2078条「①　債権者は、弁済がない場合でも、質物を処分することができない。ただし、債権者が、質物が弁済として、かつ、鑑定人が行う評価に従って相応の限度で債権者に帰属する旨、又はこれをせりによって売却する旨を裁判上命じさせることを妨げない。」
97　Cabrillac, op. cit., p.341 note 25.
98　Cabrillac = Mouly = Cabrillac = Pétel, op. cit., n° 808は裁判上の付与あるいは流質が認められるとするが、流質を観念する必要性はない。

設定者が質権者に対して有する返還請求権との間には牽連性があることから相殺は可能であるとされる[99]。

他方、債権者に倒産手続が開始された場合、ここでは所有権非移転型の質権が設定されていることから、被担保債権が発生しなかったあるいは消滅したときには設定者は所有権に基づいて金銭を取り戻せることとなる[100]。

担保信託の効力は、通貨の担保化の場合と同様である。

4　流動口座の担保化

（1）性質決定

設定者名義の流動する口座に担保が設定された場合については、2360条[101]が規定を置いて債権質の一種とする[102]。

本条の制定以前には、担保目的物が確定されていないことから口座金銭の担保化は認められないのではないか疑問視された。しかし、担保はその実行の日に存する残高に効力を及ぼすものであって、実行に至るまでの間は金融機関に対する債権自体を担保権者が換金することはできないとしても担保化の障害となるものではないと解されていた[103]。

99　Cabrillac, op. cit., n° 20.
100　Cabrillac, op. cit., n° 22; Cuniberti, op. cit., n° 10.
101　2360条「①　預金口座に質権が設定された場合には、質権の設定された債権は、民事執行手続きによって規定されている方式に従い運用中の取引の調整は留保されるが、暫定的か確定的かを問わず、担保実行時における預金残高を対象とする。
　　②　同様の留保の下に、設定者に対して、個人債務超過状況処理手続きないし司法清算手続き、司法再生手続きが開始された場合には、質権債権者の権利は、［手続き］開始判決の時点における預金残高に及ぶ。」
　　翻訳は、平野裕之＝片山直也訳「フランス担保法改正オルドナンス（担保に関する2006年3月23日のオルドナンス2006-346号）による民法典等の改正及びその報告書」慶應法学8号（平成19年）193頁以下によった。
102　2360条1項が「質権の設定された債権」としていることから債権質と解される。2006年改正以前から Alamowitch, op. cit., p.4 は、流動口座の場合は債権質であると解していた。
　　2360条が流動口座の担保を債権質の一種と位置付けたことに批判的な見解として Martin, op. cit. (gage-espèces), n° 22. その上でマルタンは、同条2項の「手続き開始判決の時点における預金残高」に対して質権者が権利を有しているというのは有体動産質権のことを意味するとの解釈を示す。しかし2360条が無体動産の質権に関する第3節に置かれている以上、この解釈には無理があると言わざるを得ない。
103　Doise, op. cit., n° 21. ドワズは担保実行日の残高に担保権を実行できる点が確認されていればよく、他の点についての実務的な関心は弱いとする。

(2) 設定方法・効力

流動口座の担保化は債権質の一種であるから、書面によって締結され（2356条1項）、被担保債権及び質権が設定される債権すなわち預金口座が証書に記載される（同条2項）のでなければ無効とされる。また、質権の目的は担保実行時という将来の時点における預金残高であるから、証書には特定を可能とする要素が含まれていなければならない（同条3項）とされるが、口座が特定されていれば足りるであろう。そして第三者対抗要件は不要である（2361条)[104]が、第三債務者対抗要件として、債権質を第三債務者に通知すること、又は、第三債務者が証書に関与することが必要とされる（2362条)[105]。銀行が質権者かつ第三債務者であることが実務上は多いが、その場合であっても例外規定はなく、自らに対して通知を行うことになる[106]。

(3) 実行方法

2365条1項により流質が可能であり、質権者が口座の存する金融機関であれば相殺も可能である。

(4) 倒産時の効力

2360条2項によれば、設定者に倒産手続が開始された場合、質権者の権利は倒産手続開始時点の預金残高に及ぶこととなる。しかし他の債権者に対する優先性が明記されているわけではなく、裁判所においてどのように判断されるのかは明確ではないと評価されている[107]。流動口座以外の通常の債権質の場合、あくまでも担保権であるから設定者に倒産手続が開始されると、清算手続に入るまでは担保権実行はできなくなるものと解されている[108]。2360条2項をこの規律に対する例外を定めたものと解するのか、それとも原則通りと解するのかによって結論は変わってくる。ただし、質権者が口座の存する金融機関であれば相殺ができるから、債権の優先的回収が可能である。

---

104 ただし証書の日付が当事者間の効力発生日かつ第三者対抗日となるから、証書には日付が付されていなければならない。
105 Bros, op. cit., p.81は、これはダイイ法の規定にヒントを得たものであるとする。白石・前掲84頁も同様。
106 Bros, op. cit., p.81. しかし実務上は証書に関与したものと扱われることがほとんどであろう。
107 Martin, op. cit.（gage-espèces）, n° 25.
108 白石・前掲84頁。

四　わが国への示唆

　フランスにおける金銭上の担保権の議論では、通貨の担保化と預金通貨の担保化が分けて議論されている。この点はとりわけ普通預金の担保化に関する議論が活発になされているわが国とも共通するものと言える。ただ、フランスでは流動口座の担保化についてわずか1箇条ではあるが民法典に条文が置かれたことによって、金銭上の担保権についての1類型が明文で示された意義は大きい。しかし、すでに指摘されているように、この規定が置かれたことによって他の債権者との優劣が明確にされたわけではない点には課題を残す。

　また、フランスでは所有権移転型の質権や担保信託の規定が民法典中に置かれたことにより、金銭上の担保権に関して競合する法制度が併存することとなった。そこでは書面の作成が要求されるという点で担保権の設定方法の面での大きな差異はない。この点は、質物の占有引渡しが質権の効力要件とされている一方で信託の場合は契約締結等が効力発生要件とされている（信託法4条）ために質権設定と担保信託の場合とで設定方法が大きく異なるわが国の法制度との間に差異が見られる。金銭を目的とした担保権設定という同一の目的を達成するための方法である以上は、設定方法を統一することが望まれる。預金の担保化も視野に入れた場合、有体物の質入を前提とした占有移転によるのではなく、フランス法のように書面の作成を要件とすることも検討に値しよう。

　担保権実行の方法のうち鑑定を経ない流質の方法についてはフランス法では担保信託の場合につき明文規定が置かれている。わが国では流質禁止が維持されている（349条）ものの、流質禁止の妥当性については民法典の起草過程ですでに議論があり[109]、その後の学説にも暴利性の認められる場合に限って流質を禁止すればよいとの見解がある[110]。フランスにおけると同様に金銭に質権が設定された場合について流質を否定する理由はないのであるから、明文規定を置くことにより担保権実行方法を明確にすることも考えられる。もっとも、実際に流質によって担保権を実行する必要性はほとんどなく、金銭上の担保権の実行方法としては相殺が重要な役割を果たしている。

109　『法典調査会民法議事速記録　二』（商事法務研究会・昭和59年）580頁以下。
110　林良平編『注釈民法（8）』（有斐閣・昭和40年）282頁〔林良平〕。

設定者の倒産手続との関係では、フランスでは牽連性ある債権間の相殺が倒産手続内で強い効力を持っているために、一般の担保物権の場合に比して金銭上の担保権は極めて強い効力を有することとなっている。しかし金銭上の担保権一般の効力を他の種の担保権よりも強いものとする理由はないのではないか。相殺の担保的機能をどの程度まで認めるかというわが国と共通の問題である。

　本稿は、平成28年度科学研究費補助金・基盤研究（c）による研究成果の一部である。

継続的製品供給契約の解釈

藤　田　寿　夫

一　はじめに
二　基本契約と個別契約
三　判決例
四　判決例の検討
五　むすび

一　はじめに

　国際取引では、商品の販売促進努力において販売代理店・販売特約店が果たす役割は非常に大きい。製品の輸出の場合、製造業者が海外の企業を輸出先における販売を担当する総販売代理店・総販売特約店として使用したりする。そこでは、製造業者と代理店・販売店との間で売買基本契約が締結されたりする。このような継続的製品供給契約において、買主の最低購入義務に関する条項や解除条項、品質保証条項などの解釈が問題となる。たとえば、近時、製品（もしくは部品）を買主に継続的に供給する旨の契約において、買主が基本契約で定められた最低購入義務に違反したとして、買主の損害賠償義務を認める判決例と認めない判決例が出てきている。本稿では、このような売買基本契約の解釈問題を検討する。

二　基本契約と個別契約

　継続的契約関係を将来に向かってのみ解消させる告知に特徴がある継続的債権関係には、賃貸借・雇用・組合などや消費者に電気・ガス・水道・新聞等を供給する継続的供給契約のほか、自動車・家電・化粧品等の代理店・特約店契約がある[1]。この特約店契約では、メーカーと特約店との間で、まず基本契約が結ばれた後、それに基づく個別契約が結ばれたりする。

メーカーと特約店との取引基本契約、コミットメントライン契約等は、予約完結権を行使したり本契約の締結を訴求できる予約とは異なり、予め個々の契約の締結を予定して結ばれる総括的契約であり、主として当事者が将来締結する個別契約の基礎的条件をあらかじめ設定しておく枠契約（Rahmenvertrag）である。枠契約によって契約締結義務が生じる場合とそうでない場合とがある[2]。この枠契約は、契約交渉中の当事者の権利義務についての交渉当事者間の合意である予備的契約とも異なる。

売主が基本契約によって販売店・代理店に1年等の一定期間の最低購入数量、最低購入金額を課すことがある。販売店・代理店に独占的な販売権・代理権を付与した場合には、その販売地域においては販売店・代理店によって販売実績を上げ、商品の知名度を高める必要があり、もしこの販売店・代理店による販売が伸びないときには一定数量の販売を確保するため、他の販売店・代理店に切り替える等なんらかの手段を講じる必要があるからである。買主の最低購入義務は法的義務として合意される場合のほか、努力目標として努力義務として規定される場合もある。法的義務としての最低購入義務の違反の効果については、たとえば1年単位で最低購入義務を取り決めてその達成あるいは不達成を判断し、買主の独占的販売権を非独占的販売権とする、契約そのものを解除・終了する、一定数量の商品の引取義務を課す、契約対象商品を減らす、逸失利益を賠償させる、といった対応が可能である[3]。

基本契約での品質保証については、売主側は限定的な条項にしようとし、これに対し買主側は売主に一切の品質保証義務を負わせようとする。

基本契約での解除条項については、資生堂事件に関する東京高判平成6年9月14日判時1507号43頁では、特約店契約において契約の有効期間中でも文書による30日前の予告をもって中途解約できるとして解除権が留保され、1年の契約期間の定めのある契約で自働更新条項があり、28年間にわたって取引が継続されてきており、小売店側も長期間の継続的取引を前提に事業計画を立てていると考えら

---

1 川越憲治『継続的取引契約の終了』別冊NBL19号1988年4頁、中田裕康『継続的取引の研究』2000年有斐閣75頁。
2 谷口知平・注民（13）1966年19頁、拙稿「契約締結と予約」椿寿夫編『予約法の総合的研究』2004年日本評論社、146頁。
3 牧野和夫他『国際取引法と契約実務・第3版』2013年262頁、日商岩井株式会社法務・リスクマネジメント部編『国際取引契約実務マニュアル』2004年中央経済社16頁。

れることから、約定解除権の行使にはやむを得ない事由が必要であるという[4]。契約期間の定めと期間中の予告解約条項が矛盾するとの指摘もある[5]。

これに対し、花王事件に関する東京高判平成9年7月31日判時1624号55頁では、特約店契約締結後数年して花王が約定解除権を行使した事案につき、約定解除権条項は原則的に有効で「やむを得ない事由」は必要ではないが、権利濫用・信義則違反の場合は無効とする。

期間の定めのない場合について、東京高判昭和59年12月24日判時1144号88頁は売主の一方的出荷停止につき売主の債務不履行として損害賠償責任を認め、名古屋高判昭和46年3月29日判時634号50頁も、公平の原則ないし信義則から供給をなす者において相当の予告期間を設けるか、または相当の損失補償をしない限り、特約店に著しい不信行為、販売成績の不良等の取引関係の継続を期待しがたい重大な事由が存するのでなければ、供給をなす者は一方的に解約をすることができないとして、特約店の1年間のうべかりし利益の損害賠償を認めた。また、売主からの一方的解約を認めない東京地判平成16年4月15日判時1872号69頁がある。

札幌高決昭和62年9月30日判時1258号76頁は、メーカーの更新拒絶につき、本件契約締結時の事情、本件契約の特質、その実態、当事者の利害得失等に照らせば、たとえ基本契約書に本件契約の有効期間を1年間とする、期間満了3ケ月前に当事者の申し出のない限り更に1ケ年延長する旨の定めがあったとしても、それは契約を終了させてもやむを得ないという事情がある場合には契約を告知し得る旨を定めたものと解するのが相当であると制限的に解釈する。また、信義則上更新拒絶を制限する判決例がある[6]。

三　判決例

①　東京地判平成25年12月4日判時2245号52頁

X（香港法人）はY（日本法人）との間で圧電式スピーカー等の製造に関するライセンス契約および売買基本契約を結び、Yからこれらの契約に基づく部品の

4　同旨、大阪高判平成9年3月28日判時1612号62頁、東京高判昭和57年8月25日判時1054号92頁。
5　中津晴弘「独禁法と契約の自由」NBL554号1994年27頁注4。
6　鹿児島地決平成12年10月10日判タ1098号179頁。理論として東京地判平成12年2月28日判時1731号13頁、大阪高判平成8年10月25日判時1595号70頁。

供給を受け、Yから発注を受けて製造した製品をYに販売していたが、Xが、Yに対し、納品済みの製品に関する未払代金、Yが受領を拒絶している製品に関する売買代金等の支払を求めたところ、Yは、(ア)Xの請求に対し、Xから納入された製品の不良等（の不完全履行）を理由とする売買契約の解除、(イ)Xが最低購入額の部品を購入しなかったので、ライセンス契約及び売買基本契約に基づき、Xに最低購入額と実際の購入額の差額の損害賠償義務が発生するとしてこの損害賠償請求権での相殺等を主張した事件である。

【判旨】

Yの(ア)の主張に対し、①判決は、売主Xが、買主Yに対し、製品を販売する取引において、「当事者間に取引全体を解除し得る不良品率等について具体的な合意がない場合には、納品された製品を全体として見て、債務の本旨に従った履行とはいえない程度の不具合が存在することが、当該製品に係る取引を解除するために必要であると解するのが相当である。」と判示した。そして、本件事実関係の下で、Yの抜取検査等の結果のみでは、Yに納品された本件各製品等に、債務の本旨に従った履行とはいえない程度の不具合が存在したと認められないなどとして、Yの行った各取引の解除を否定した。

Yの(イ)の主張に対し、①判決は、当事者間のライセンス契約に最低発注条項が含まれており、売買基本契約において最低購入額が定められている場合であっても、「本件ライセンス契約、本件基本契約のいずれにおいても、本件商品について個別契約の締結が予定されていたから、上記各契約に基づき、XがYに対し、最低購入額相当分の売買代金債務を負うことにはならないというべきであるし」、Xが最低購入額の本件商品を購入しなかった場合にXが最低購入額と実際の購入額との差額の損害賠償義務を負う旨の明示の規定を持たず、却って、最低購入義務違反の効果として相手方が契約解除、技術情報の不提供や受注拒絶をなし得ることを定めているときは、当事者の一方が、相手方に対し、最低発注数量や最低購入額を充足する商品を発注しなかったとしても、それにより当事者の一方が損害賠償義務を負うと解することはできない、として、Yの相殺の抗弁を認めなかった。

② 東京地判平成27年2月6日判時2272号71頁[7]

　鞄等を製造、販売するイタリア法人であるX社は、2010年、日本法人であるY社との間で契約締結交渉を開始し、2011年2月15日、Xが製造した鞄等の製品をYに継続的に供給し、Yが日本台湾香港その他で独占販売する旨の独占的製品供給契約をYとの間で締結した。本件供給契約の内容は以下のようである。

　1・1条　本契約は、2011年1月1日に効力を生じ、2013年12月31日まで効力を有するものとし、解約されない限り、その後3年間ずつ自動的に更新される［以下「本件更新条項」という。］。本契約は、一方の当事者から相手方当事者に対して90日前までに通知することによって終了・解約し得る［以下「90日前通知条項」という。］。

　1・2条　契約期間満了前においても、以下の場合、両当事者は本契約を解約することができる［以下「債務不履行解除条項」という。］。
　　a　全X製品の最低購入注文金額に到達しなかった場合
　　b　支払を怠った場合
　　c　Navaなどの競合商品の代理店とならないという合意に違反した場合
　　d　合意された引渡日時及び理由——品質が所定の条件に適合していないなど——を遵守しなかった場合

　1・3条　本契約が更新されなかった場合又は上記の理由で解約された場合、買主は在庫品を売り切るため、本契約の終了・解約から9か月間は在庫品を販売することができるものとし［契約終了後、販売可能な期間を「セルオフ期間」といい、本条項を「セルオフ条項」という。］、その後、Xのブランド及び製品に関する一切の事業推進及び宣伝を終了するものとする。かかる事業終了までの業務は、MH WAYの評判及びイメージを損なうことなく行われるべきものとする。

　2・2条（最低購入注文金額）　Yは、2011年については500万円、2012年については1000万円、2013年については1500万円のX製品の最低購入注文金額分を購入することに同意する。

　4条（支払）　X製品の支払は、2011年にXが発行した請求書に関しては、Yがこれを受領した月の月末から15日後、2012年にXが発行した請求書に関しては、Yがこれを受領した月の月末から30日後、2013年にXが発行した請求書に

---

[7]　本件の判例批評として、長谷川俊明・国際商事法務43巻11号1668頁、丸山昌一・NBL1064号72頁、後藤巻則・私法判例リマークス53号2016年下18頁がある。

関しては、Yがこれを受領した月の月末から50日後に、電信銀行振込によってユーロをもって行う。

6条（品質及び返品）　Y又はYが指定する第三者は、Yの品質基準に満たないX製品の受取りを拒絶する権利を有するものとする。X製品の受取りを拒絶する権利は、Yへの運送中に損傷を受けたX製品には及ばないものとする。Yは、引渡しから90日以内に受取拒絶理由を記載する通知書をXに送達することによって、X製品の受取りを拒絶することができる。X製品に関する拒絶通知を受領した場合、Xは速やかに当該クレームの内容を確認しなければならない。欠陥判定された場合、XはXが指定する場所で問題となっているX製品を受領した後、直ちに当該欠陥品の交換又は当該欠陥品の代金の返金を行うものとする（以下「受取拒絶・交換等条項」という）。

XはYに対し、次のとおり表明及び保証をする。
　（ア）X製品は問題なく十分に機能し、その仕様に合致している。
　（イ）X製品はデザイン、出来栄え及び素材に関して欠陥はない。

Yは、2010年11月、2011年3月、同年6月、同年10月、2012年8月にX製品を発注したのち、同年12月末、本件供給契約を解約する旨をXに通知した。

Xは、Yが本件供給契約上の義務である最低購入注文金額の製品を購入しなかったと主張して、Yに対し、主位的には違約金の合意に基づき、違約金の支払を求め、予備的に債務不履行に基づく損害賠償を訴求した。本判決は判旨のように述べて予備的請求を一部認容した。

【判旨】
（1）以下のように述べてYの最低購入義務違反を認める。

「本件供給契約の文言を合理的に解釈すれば、注文の年月日を基準に最低購入注文金額の算定の基礎とするのが当事者の意思に合致すると解するのが相当であるから、2011年の最低購入注文金額の算定の基礎となる注文は、2011年3月発注分（250万7861円）、2011年6月発注分（39万3588円）及び2011年10月発注分（185万9305円。…）の合計476万0754円を購入したにとどまり、同年の最低購入注文金額500万円には、23万9246円不足し、2012年の最低購入注文金額の算定の基礎となる注文は、2012年8月発注分（105万5227円）のみであるから、同年の最低購入注文金額1000万円には、894万4773円不足していると認められる。」

（2）以下のように述べてYによる90日前の事前通知による解除を否定した。

Yは、本件供給契約の90日前通知条項は、90日の催告期間を経れば理由なく解除できることを定めたものであると主張するが、1・1条のとおり、「90日前解除条項は、自動更新について定めた本件更新条項と同じ項に定められたものであること、本件供給契約1条では、1・2条で債務不履行解除について、1・3条でセルオフ期間について定められており、セルオフ条項には、『本契約が更新されなかった場合又は上記の理由で解約された場合』と規定されているところ、『上記の理由で解約された場合』とは、解約に『理由』があることが前提となる1・2条の場合を指すと考えられ、理由なし解除によって本件供給契約が終了することが想定されていないこと、90日前通知条項をYが主張するように解すると、Xも90日前の通知によって本件供給契約を解除することができることになるが、YはX製品を独占的に販売するに当たり、通常、相当程度の費用を掛けて販売促進活動を行っていると考えられるから、Yにとって非常に不利益な条項となりかねないこと、…Xが12月16日案において、自動更新条項に続き、1・1条に『本契約は一方の当事者から相手方当事者に対して90日前までに書留にて通知することによって終了・解約し得る。契約が更新されない場合、両当事者は他方に対し90日前までの書留によって終了を通知する。』と加えたのに対し、Yは、書留の方法による必要はないとの意見を述べた上で、単に『本契約は一方の当事者から相手方当事者に対して90日前までに通知することによって終了・解約し得る。』と修正したにとどまり、その他の意味内容の確認等をしていないこと、Xは、12月16日案において、『In the case the contract will be not renewed the both parts advises the other of termination by registered letter ninety (90) days.（本契約が更新されない場合、両当事者は他方に対し90日前までの書留によって終了を通知する。）』と記載し、『termination』を『終了』を意味する場合でも使用していること、Yが当初作成した10月19日案の1・2条も文言や構造からすると、Yが主張するような理由なし解除を定めたものとは直ちにはいえないことなどを併せ鑑みると、英文の契約書において、自動更新条項と更新拒絶の要件は、一文で記載されるのが一般的であるとしても、本件供給契約における90日前通知条項について、XとYとの間で、本件供給契約を更新しない場合、90日前に通知を要する旨の合意をしたものとは認められるが、90日間の催告を経れば契約期間満了前であっても特段の理由なく解除できる旨の合意をしたも

のと認めることはできない。」

四　判決例の検討

1　最低購入義務違反

①②事件においては個別契約の内容は未確定であり、枠契約によって個別契約の締結義務までは発生しない。この点について①判決は、「本件ライセンス契約、本件基本契約のいずれにおいても、本件商品について個別契約の締結が予定されていたから、上記各契約に基づき、XがYに対し、最低購入額相当分の売買代金債務を負うことにはならないというべきであるし、上記各契約には、Xが上記賠償義務を負うと明示的に規定した文言はない。」という。しかし、枠契約によって一方当事者に法的義務としての最低購入義務が生じることがあり、①事件においては最低購入義務違反の効果として相手方が契約解除、技術情報の不提供や受注拒絶をなし得ることを定め、②事件においては、本件供給契約の2・2条の、Yは「X製品の最低購入注文金額分を購入することに同意する」との定めにより、Yが最低注文金額に達するまでX製品を注文しなければならない法的義務を負うことは当事者間に争いがなかった。

②事件において、Yは、XとYとの間において、2010年発注分は2011年の最低購入注文金額に含める旨の合意があったと主張したが、②判決は、Y提案の2010年11月23日案では、「買主は、別紙1（省略）に定める3年間の予測販売目標を達成するよう最善の努力をすることに同意する。」とされていた条項について、X提案の同年12月16日案では、「買主は、別紙2（省略）における6か月毎の3年間の全製品の最低購入注文金額分を購入することに同意する。」と変更され、本件供給契約の締結前の交渉において、最低購入注文金額がYの義務として契約書の草案に盛り込まれたのは、12月16日案からであり、最終的に2・2条（最低購入注文金額）となったこと、2010年発注分の注文後に締結された本件供給契約の契約書上、2010年発注分を2011年の最低購入注文金額に含めるなどの記載はないこと、2010年発注分の注文後のXとYとの間の本件供給契約の締結に向けた交渉経過において、2010年発注分を2011年の最低購入注文金額に含めるなどの話が出た形跡もないことなどを総合的に判断すると、XとYとの間において、2010年発注分を2011年の最低購入注文金額に含めるとする旨の合意があった

とは認められないと述べて、「したがって、本件供給契約の文言を合理的に解釈すれば、注文の年月日を基準に最低購入注文金額の算定の基礎とするのが当事者の意思に合致すると解するのが相当である」と判示した。そして、2011年、2012年につきそれぞれYの最低購入義務違反を②判決【判旨】のように認め、その損害賠償の問題を検討する。②事件では問題となっていないが、Yは、Xの最低購入義務違反を理由として1・2条の「債務不履行解除条項」に基づき枠契約である本件供給契約を解約告知できよう。

2 違約金の合意

最低購入義務違反につき、当事者は最低購入注文金額と購入金額との差額を違約金として支払う旨の合意することができるが、①判決はそのような明示的規定はなく、むしろ最低購入義務違反の効果として相手方が契約解除、技術情報の不提供や受注拒絶をなし得ることを定めているとしてそのような違約金合意を認めない。②判決も、以下のように違約金の合意はないと判示した。

②判決は、「Xは、本件供給契約における最低購入注文金額の定めは、損害賠償の予定を当然に兼ねたものであり、XとYとの間には、最低購入注文金額と購入金額との差額を違約金として支払う旨の合意があったと主張するが、本件供給契約上、Yは『最低購入注文金額分を購入することに同意する』との文言で定められており、それに違反した効果としては、本件債務不履行解除条項により解除できる旨の定めがあるのみで、損害賠償の予定や違約金とする旨の文言はない。また、一般に、買主が物を買わなかったときの損害賠償額（違約金の額）を売買代金と同額とすることは、売主は物を引き渡すことなく代金相当額を得ることができ、売買が成立したときよりも得る利益が大きくなるから、当事者間においてこのような合意をすることは例外的と考えられるところ、本件供給契約締結に至る交渉経過においても、最低購入注文金額に達する購入をYがしなかった場合に不足額を損害賠償額（違約金の額）とする旨のやり取りは見当たらない。」として違約金の合意はないと判示した。

3 最低購入義務違反による損害賠償額

①②判決がいうように枠契約があっても個別契約が締結されるまではXYに個別契約である売買契約に基づく具体的な履行義務は発生しない。②判決におい

ては、Yが枠契約である本件供給契約で定められた最低購入義務に違反したとしてYの債務不履行が認められたが、その損害賠償額については、最低購入注文金額と購入金額との差額ではなく、最低購入注文金額の不足額から製造原価相当額を控除した金員が、逸失利益としてXの損害（1209万2009円）と認められた。Xの逸失利益を最低購入注文金額と購入金額との差額とすると、Xは製品をYに渡していないにもかかわらずXが製品原価相当額まで取得することになり不当だからである。そして、その遅延損害金の起算日について、Yの最低購入注文金額の購入義務違反による損害賠償義務は、Xからその請求を受けて遅滞に陥ると解されるとして、Xの予備的請求のみ一部容認した。

4 品質保証義務違反による解除

①事件では、納品された製品の不具合を理由とする買主Yの解除の主張につき、①判決は、当事者間に取引全体を解除し得る不良品率や検査方法等について具体的な合意がない場合には、「納品された製品を全体として見て、債務の本旨に従った履行とはいえない程度の不具合が存在することが、当該製品に係る取引を解除するために必要である」として、①事件の事実関係の下で、Yの抜取検査等の結果のみでは、Yに納品された本件各製品等に、債務の本旨に従った履行とはいえない程度の不具合が存在したと認められないとして、Yの行った各取引の解除を否定した。

②事件において品質保証義務違反が枠契約における誠実義務違反ともなり、枠契約の契約目的達成不能や信頼関係の破壊となる場合には、Yは解約告知できる[8]。②判決も「Xから供給された多くのX製品が通常備えるべき品質、性能を備えていないなど、受取り拒絶や交換返金等の処理では、本件供給契約のYの目的を達せない場合には、本件供給契約上の製品として通常備えるべき品質、性能を備えているX製品を継続的にYに供給するXの義務に反するものとして、本件供給契約を解除できると解するのが相当である。」と述べ、この点を以下のように検討し、②事件においては各個別契約に瑕疵ある製品があったに過ぎず個別契約の契約違反解除に関する本件供給契約6条の受取拒絶・交換等条項によるべきであり、枠契約である本件供給契約まで解約告知することはできないとする。

---

[8] 民法（債権法）改正検討委員会編『詳解債権法改正の基本方針Ⅴ』（2010年）402頁、新版注釈民法（13）補訂版（2006年）808頁から815頁（山下末人）参照。

すなわち、②判決は「（1）Yは、本件供給契約6条に基づき、X製品が通常備えるべき品質、性能を備えていない場合、本件供給契約を解除できると主張するが、債務不履行解除については、6条とは別に1・2条（債務不履行解除条項）に定められていることや、6条の文言及び構造に鑑みると、…本件供給契約において、X製品が通常備えるべき品質、性能を備えていなかった場合、原則として、Yは、受取拒絶・交換等条項に基づき、受取りを拒絶する旨の通知をした上で、欠陥品と判断された物について、交換又は代金の返金を受けるべきであり、直ちに、本件供給契約を解除することはできない。…

（2）ア　本件において、…X製品には納品時の検品により約1％の不良品が見つかったほか、納品時には明らかにならなかった製品についても耐久性等に問題のある製品が含まれていたことが認められる。

イ　他方、…Yは、X製品のうちXが購入を勧める4つのシリーズについてはコンセプトが不鮮明であって十分な魅力がないとして購入せず、最新シリーズについても興味を示さないなど、前記不良品の問題だけではなく、Yの主観に基づいた取捨選択により、X製品の購入を行わなかった側面があること、Yは、顧客からの不良品の苦情についてXに報告をした2012年5月以降も同年8月に追加発注をし、納品時に受取りを拒絶したのは374個中5個にとどまったこと、Yは、本件解除後もX製品を高品質な製品として販売を継続したこと、ナスカンの不具合について構造ないし材質に問題があったのであれば、納品時の検品において、欠陥品として受取りを拒絶することができたことが認められる。

ウ　そうすると、前記アのとおり、原告製品の一部に不良品があり、納品時に明らかにならなかった物については、顧客から苦情を受けることがあったと認められること、…Yも当初は、X製品の販売拡大を目標として、相当程度の販売促進活動をしていたのであり、Yが本件供給契約を解除した主観的な原因には、不良品をめぐるXとのやり取りにおいて、Xに対する不信感を抱いたこともあるといえるものの、前記イの事実等と併せて総合的に判断すると、受取拒絶・交換等条項による処理では、客観的に本件供給契約のYの目的を達せない程度に至っていたとは認められず、製品として通常備えるべき品質、性能を備えるX製品を継続的に供給するXの義務に反したとまで認めることはできない。」と述べて品質保証義務違反による枠契約の契約目的達成不能を認めず枠契約の解約告知を認めていない。

5　買主の90日前の事前通知による解除

②事件において、供給契約の90日前通知条項の趣旨につき、1・1条の90日前通知条項に続く1・3条で理由なし解除によって本件供給契約が終了することが想定されていないこと、90日前通知条項をYが主張するように解すると、Xも90日前の通知によって本件供給契約を解除することができることになるが、YはX製品を独占的に販売するに当たり、通常、相当程度の費用を掛けて販売促進活動を行っていると考えられるから、Yにとって非常に不利益な条項となることや②判決【判旨】の理由から、本件90日前通知条項について、XとYとの間で、供給契約を更新しない場合、90日前に通知を要する旨の合意をしたものとは認められるが、90日間の催告を経れば契約期間満了前であっても特段の理由なく解除できる旨の合意をしたものと認めることはできないとして買主Yからの事前通知による解除を否定した。

五　むすび

継続的製品供給契約において、予め個々の契約の締結を予定して結ばれる基本契約と、それに基づく個別契約とは区別されるべきである。国際的な売買基本契約においては、売買基本契約の当事者である売主・買主の力関係や交渉力によって、法的義務として最低購入義務が定められたり、定められなかったりするほか、最低義務違反の効果についても条項の文言やその交渉経過の検討から、①判決では相手方が契約解除、技術情報の不提供や受注拒絶をなし得ることを定めているだけで損害賠償は請求できないと解釈されたのに対し、②判決では、最低義務違反の効果として違約金の合意は認められなかったが損害賠償は請求できると解釈された。売買基本契約の解除原因・解除事由についても、解釈問題とならないよう解除条項において明確化しておくことが求められる。

ユニドロワ国際商事契約原則2010年版における不法原因給付規定

瀧　久　範

一　はじめに
二　PICC における不法原因給付規定
三　まとめ

一　はじめに

　民法90条の公序良俗論の発展を前にして、それと表裏一体をなす民法708条の判断枠組をどのように解すべきであろうか。前稿において、ヨーロッパの各国法、及び、ヨーロッパ契約法原則[1]（以下、「PECL」とする。）や共通参照枠草案[2]

---

[1] Ole Lando / Hugh Beale, Principles of European Contract Law Part I and II (Kluwer, 2000). 邦訳は、オーレ・ランドー＝ヒュー・ビール編 潮見佳男＝中田邦博＝松岡久和監訳『ヨーロッパ契約法原則Ⅰ・Ⅱ』（法律文化社、2006年）。Ole Lando / Eric Clive / André Prüm / Reinhard Zimmermann, Principles of European Contract Law Part III (Kluwer, 2003). 邦訳は、オーレ・ランドー＝エリック・クライフ＝アンドレ・ピュルム＝ラインハルト・ツィンマーマン編 潮見佳男＝中田邦博＝松岡久和監訳『ヨーロッパ契約法原則Ⅲ』（法律文化社、2008年）。関連する規定は、以下の通りである。
　第15：101条　基本原理に反する契約
　　契約は、欧州連合の各加盟国の法において基本的であると認められている原理に反する限りにおいて、無効である。
　第15：102条　強行規定に違反する契約
　(1) 契約が、本原則第1：103条に基づいて適用される強行規定に違反する場合において、その違反が契約に及ぼす効果がその強行規定に明文で定められているときは、その定めに従う。
　(2) 強行規定違反が契約に及ぼす効果がその強行規定に明文で定められていないときは、その契約は、全部有効、一部有効、全部無効、又は改定すべきものと判断されうる。
　(3) 本条第2項の規定に基づいて下される判断は、次の各号に掲げる事情その他すべての重要な事情を考慮して、違反に対して適切かつ均衡のとれたものでなければならない。
　　(a) 違反された規定の目的
　　(b) 当該規定が保護することを目的とする人の類型
　　(c) 違反された規定に基づいて課され得る制裁
　　(d) 違反の重大性
　　(e) 違反が故意によるものか否か
　　(f) 違反と契約との関係の密接性

(以下、「DCFR」とする。)といった国際的モデル準則を検討し、次のことが明らかにされた[3]。すなわち、①各国法の多くは、ローマ法の伝統を受け継ぎ、わが国

第15：104条　原状回復
(1) 第15：101条又は第15：102条に基づいて契約が無効とされた場合、いずれの当事者も、その契約に基づいて給付したものの原状回復を求めることができる。この場合において、受領したものの原状回復は、適切でない場合を除き、同時に履行されなければならない。
(2) 本条第1項に基づく原状回復の認否、及び、それが認められた場合の同時履行による原状回復の適否を判断するにあたっては、第15：102条第3項に挙げられている各要素を考慮しなければならない。
(3) 無効の理由を知り又は知るべきであった当事者は、原状回復を求めることができない。
(4) 何らかの理由により原物での原状回復ができない場合、受領したものの相当な価額が支払われなければならない。

2　Christian v. Bar / Eric Clive (eds.), Draft Common Frame of Reference (DCFR), Full Edition, vol. 4 (sellier, 2009). 不当利得に関する部分については、『ヨーロッパ不当利得法原則』(Christian v. Bar / Stephen Swann, Principles of European Law on Unjustified Enrichment (sellier, 2010)) として独立して公表されたが、本稿に関する範囲では DCFR と内容が同一であるため、先に公表された DCFR で引用する。規定の邦訳は、クリスティアン・フォン・バールほか編、窪田充見ほか監訳『ヨーロッパ私法の原則・定義・モデル準則：共通参照枠草案 (DCFR)』(法律文化社、2013年)。関連する規定は、以下の通りである。

第Ⅱ編第7：301条：基本原理に違反する契約
契約は、次に掲げる要件のすべてを満たす場合には、無効である。
(a) 当該契約が EU 加盟国の法において基本的であると認められている原理に違反すること
(b) それを無効とすることが当該原理を実現するために必要であること

第Ⅱ編第7：302条：強行規定に反する契約
(1) 前条により無効とならない契約が強行法規に反する場合には、当該違反の契約の有効性に対する効果は、当該強行法規が明示的に定める効果があるときは、その定めるところによる。
(2) 強行法規が、その違反について当該契約の有効性に及ぼす効果を明示的に定めていないときは、裁判所は、次に掲げるいずれかのことをすることができる。
　(a) 契約を有効とすること
　(b) 契約の全部又は一部をさかのぼって無効とすること
　(c) 契約又はその効果を修正すること
(3) (2)の定めにより行われる判断は、次に掲げる事情を含む、問題となる一切の事情を考慮して、当該違反に対して適切かつ相応したものでなければならない。
　(a) 違反された規定の目的
　(b) 当該規定が保護することを目的としている人の類型
　(c) 違反された規定に基づいて課され得る制裁
　(d) 違反の重大さ
　(e) 違反が故意によるものか否か
　(f) 違反と契約との関係の密接さ

第Ⅶ編第6：103条：違法性
利得を生じさせた契約その他の法律行為が、第Ⅱ編第7：301条 (基本原理に反する契約) における意味での) 基本原理又は強行法規に違反することにより、無効とされ、又は取り消されたときは、利得者は、その返還が当該原理又は規定の基礎にある目的に反する限度において、利得を返還する責任を負わない。

3　拙稿「ヨーロッパ契約法原則及び共通参照枠草案(ヨーロッパ不当利得法原則)における不法原因給付規定」香川法学35巻1・2号109頁 (2015年)。

と同様、不法原因給付であればその返還請求を原則として遮断し（「原則遮断アプローチ」）、個々の要件を（厳格又は緩やかに）解釈し、要件の充足の可否によって例外を認めていること（「要件アプローチ」）[4]、②しかし、それでは法は不必要に複雑かつ技術的なものとなり見通しの利かない制度となることや、返還請求の遮断は違法な状態の効果を維持することになり当該禁止の基礎にある政策と矛盾してしまうことから、PECL 及び DCFR は、不法原因給付の場合でも原則として返還請求を認める規定を置いたこと（「例外遮断アプローチ」）、③そのうえで両者とも、その例外としての返還請求の遮断の判断を、裁定者の裁量に委ね（「裁量アプローチ」）、その際「無制約な裁量」を認めるのではなく、考慮すべき判断要素を指定する「構造化された裁量」のみを裁定者に与える規定を設けたこと、である[5]。判断枠組の組み合わせに応じてこれらを整理したものが以下の図である（ユニドロワ国際商事契約原則[6]（以下、「PICC」とする。）ほか、本稿の検討で紹介されるものも含めている。）[7]。

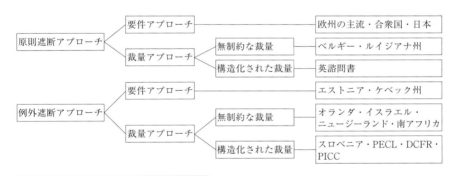

4　拙稿・前掲注3）145頁以下。
5　拙稿・前掲注3）166頁。
6　UNIDROIT, UNIDROIT Principles of International Commercial Contracts 2010 (2010). 邦訳は、私法統一国際協会著　内田貴＝曽野裕夫＝森下哲朗＝大久保紀彦訳『UNIDROIT 国際商事契約原則2010』（商事法務、2013年）。本稿では、条文訳のみならず草案及び議事録の訳語についても同書を参考にした。
7　拙稿「国際的モデル準則における不法原因給付規定」中四国法政学会誌4号34頁（2016年）の図に合衆国を加えたものである。第2次契約法リステイトメント（The American Law Institute, Restatement (second) of Contracts Text (ALI, 1979))、及び、いくつかの体系書（E. Allan Farnsworth, Contracts (4th ed.) (2004), pp.348-351；Joseph M. Perillo (ed.), Corbin on Contracts, vol. 15, by Grace M. Giesel (2003), pp.690-713）にならい、「原則遮断アプローチ＋要件アプローチ」に加えている。第3次原状回復及び不当利得リステイトメント（The American Law Institute, Restatement (third) of Restitution and Unjust Enrichment (ALI, 2011)）は、コメントにおいて「第2次契約法リステイトメント第197乃至第199条で規定されている、本条は、特定

たしかに従来の「要件アプローチ」に問題はあり、他方で「裁量アプローチ」を採用しても裁定者に「無制約な裁量」を認めたのでは「要件アプローチ」と同様に見通しの利かないものとなってしまう。しかし、「構造化された裁量」を採用するPECL及びDCFRも、その考慮要素に関して十分な検討が加えられているとはいえず、その妥当性についてはなお検討を要するところである。そして、その検討如何によっては、新たな「要件アプローチ」へ昇華する可能性もあるだろう。

翻って、PECL及びDCFRの判断枠組は、PICC2010年版でも採用されることになった。周知のとおり、PICCは1994年に策定され、2004年に第2版、2010年に第3版が公表された。違法性や不道徳を理由とする契約の無効は、1994年版及び2004年版では明示的に射程外とされており、「……公序といった問題は内在的に複雑であり、かつ、国内法によってそれらの扱いがきわめて多様である」ことを理由に準拠法を参照することとなっていたが[8]、2010年版になって初めてこれに関する規定が置かれることとなった。このことに関して、ワーキンググループの座長であり、違法性の項目について最終的な報告者となったボネル（Michael J. Bonell）によれば、（上述のように）「PECLまでもが、第Ⅲ部（2003年）で新設された違法性に関する章の中で、この分野に関する国内法のレベルでの近時の展開[9]に触発された、かなり広範な枠組みをもつ諸準則を定めた」ことがその一因になったとのことである[10]。また、ボネルは、違法な契約に基づく給付の返還請

の結果を改めることを提案するものではなく、適用可能な準則を再定式化するものである」と述べているが、文言上は「例外遮断アプローチ＋裁量アプローチ＋無制約な裁量」の定式を採用しているといえる。なお、第3次原状回復及び不当利得リステイトメント第32条は、すでに2004年3月に草案（Tentative Draft No.3）が公表されており、本稿とほぼ同内容であったが、PICCでの検討対象にはなっていない（第63条の草案は、2010年に公表された（Tentative Draft No.7））。詳細な検討は、他日を期したい。関連する規定の試訳は、拙稿・前掲注3）169頁以下。

8　第3.1条（1994年版、2004年版）
　　本原則は、次の各号に定める事由から生ずる無効については扱わない。
　　（a）能力の欠如
　　（b）権限の欠如
　　（c）不道徳又は違法性
　　（訳は、私法統一国際協会著　曽野和明＝廣瀬久和＝内田貴＝曽野裕夫訳『UNIDROIT 国際商事契約原則』（商事法務、2004年）65頁を参考にした。）

9　イングランド法律委員会の諮問書の内容、及び、それのPECLへの影響について、拙稿・前掲注3）113頁以下、116頁以下。

10　Michael J. Bonell, The New Provisions on Illegality in the UNIDROIT Principles 2010, ULR 2011, pp. 517-536 at 519.

求[11]については、当初からワーキンググループの相当な多数により、現代的な傾向である柔軟なアプローチを採用することが支持されていたと述べているほか[12]、「原状回復に関してのみ、ユニドロワ原則は本当に革新的である」とも述べている[13]。本稿は、草案及び議事録をもとに策定過程を紹介し、規定の内容を整理することにより、わが国の解釈論に対する示唆を得ることを目的とする。

二　PICCにおける不法原因給付規定

1　策定過程

（1）理事会の指示

2005年、理事会は、改訂の準備のためのワーキンググループを立ち上げる決定に際して、検討課題の1つとして、挫折した契約の清算、複数の債務者及び債権者、条件、履行が一定期間にわたる契約の解除とともに、違法性を取り上げた[14]。

（2）第1回会合（2006年5月29日～6月1日）

第1回目の会合では、事務局が準備した文書[15]に基づいて議論が行われた。

当該文書では、違法な契約に基づく給付の返還請求については、違法性の項目ではなく、挫折した契約の清算の項目で言及された。そこでは、違法性の項目で規定されることを前提に、違法な契約について原状回復を常に排除する伝統的な解決を採用すべきか、それとも、より柔軟なアプローチがとられるべきかという問題提起がなされた。そして、後者の具体的方法として、不道徳な契約と法律違反の契約とで区別すること、違法性の認識が当事者双方にあるのかそれとも一方のみにあるのかということを考慮すること、個々の事件において諸要素を考慮して解決することが挙げられた。また、最後の方法が採用された場合には、どのような要素が挙げられるべきかという問題提起がなされた[16]。

会合では、まず挫折した契約の清算に関して議論され、その際、この項目の報告者が、違法な契約に基づく給付の返還請求を含めて契約の清算一般を取り扱う

11　後述するように、規定の文言は「原状回復（restitution）」であるが、念頭に置かれているのは不当利得返還請求であることから、規定の訳を除き、「返還請求」で統一する。
12　Ibid. at 522.
13　Ibid. at 536.
14　UNIDROIT 2005 - C.D. (84) 22 (unknown); UNIDROIT 2006 - Study L - Doc. 99, para 9.
15　Ibid.
16　Ibid. para 15.

べきかが問題となった。議論の結果、違法な契約に基づく給付の返還請求については、違法性の項目の報告者が担当することとなった[17]。違法性に関しては主として、PECLにならって「基本原理に反する契約」と「強行規定に反する契約」とを区別する2段階アプローチ（two-tier approach）を採るべきかどうかが議論された。これに対して、返還請求については、現代的な傾向である、より柔軟なアプローチを採用すべきとの指摘がなされるにとどまった[18]。議論の最後に、ボネルから本項目の報告者となるよう打診を受けたファームストン（Michael P. Furmston）が、これに応じた[19]。

（3）第2回会合（2007年6月4〜8日）

第2回会合では、ファームストンによる意見書[20]に基づき議論が行われた。意見書には、違法な契約を統一的に把握すべきか、違法性をどのように定義すべきか、どのような事例群を扱うべきか、違法な契約の強制力を一律に否定してよいのか、という問題提起に続けて、返還請求権については、「コモン・ローはこの問題に苦慮しており、いくつかの法域では公正（fair）を実現するため裁判所に広範な裁量が与えられているが、この方向性は正しいのか」と述べられている[21]。

この意見書には、ファームストンが限界事例と考える9つの事例が付録として付けられたが[22]、会合では、付録はほとんど触れられておらず、もっぱら意見書に基づいて議論が行われた。ここでも2段階アプローチの採否、及び、違法な契約の有効性如何が議論の中心を占めた[23]。もっとも、議論の際に、過積載の運送契約の事例、及び、プラント建設契約の締結にかかる贈収賄の事例への言及があり、これらは、最終版の原状回復の規定におけるコメントで設例として採用されている。とくに、後者について、建設会社の国に対する、工事完成部分の費用の返還請求が認められるべきとの指摘に支持が集まっていた[24]。

---

17 UNIDROIT 2006 - Study L - Misc. 26, paras 73-83. ここで、ボネルから、挫折した契約の清算の項目の報告者にツィンマーマン（Reinhard Zimmermann）を指名したことの紹介がなされた。
18 Ibid. para 147.
19 Ibid. para 152.
20 UNIDROIT 2007 - Study L - Doc. 101.
21 Ibid. para 4.2.
22 UNIDROIT 2007 - Study L - Doc. 101 Add.
23 UNIDROIT 2007 - Study L - Misc. 27, paras 166-235.
24 Ibid. paras 218-222. このほか、ファームストンから、改めて返還請求について違法性の項目で扱うべきか、それとも、挫折した契約の清算の項目で扱うべきかが問われたが（at 223）、ボネルが第1回会合において違法性の項目で扱うべきとの合意があった旨を述べた（at 224）。

（4） 第3回会合（2008年5月26〜29日）

第3回会合において、次のような内容の第1次草案が提出された[25, 26]。

第1次草案第1条　基本原理に反する契約
（1）契約は、その内容、履行その他の事情のいずれによるのであれ、世界の法体系において基本的なものとして広く承認された原理に反する場合には、違法である。
（2）前項に基づき契約の一部のみが違法である場合には、当該事案の一切の事情を考慮すれば反対の判断が合理的であるとはいえないでない限りにおいて、その全体が違法である。

同第2条　第1条に基づく違法性の効果
（1）本条は、第1条に基づく違法性に対して適用される。
（2）両当事者が、当該契約が第1条に基づき違法となる原因をなす事実を知っているか、又は、知るべきである場合には、両者とも当該契約に基づく救済を行使する権利を有しない。
（3）当事者の一方のみが、当該契約が第1条に基づき違法となる原因をなす事実を知っていたか、又は、知るべきであった場合には、その者は、一切の事情のもとで合理的な救済を行使する権利を有する。

同第3条　強行規定に反する契約
（1）契約は、その内容、履行その他の事情のいずれによるのであれ、本原則第1.4条に基づいて適用される強行規定に反する場合にも、違法である。
（2）前項に基づき契約の一部のみが違法である場合には、当該事案の一切の事情を考慮すれば反対の判断が合理的であるとはいえない限りにおいて、その全体が違法である。

同第4条　強行規定に反する契約の効果
（1）本条は、第3条に基づく違法性に対して適用される。
（2）契約に対する強行規定違反の効果は、当該規定によって明示された内容による。
（3）当該強行規定が契約に対する強行規定違反の効果を明示していない場合には、両当事者は、一切の事情のもとで合理的な救済を行使する権利を有する。
（4）何が合理的であるかを判断するにあたっては、とりわけ以下の各号に掲げる事由が顧慮されなければならない。
　（a）違反された規定の目的

25　起草者は、報告者であるファームストンの他、ボネル、フォーヴァルク・コソン（Bénédicte Fauvarque-Cosson）、フォンテーヌ（Marcel Fontaine）、グッド（Roy Goode）、ツィンマーマンの連名となっており、コメントのみファームストンが単独で準備した。
26　UNIDROIT 2008 - Study L - Doc. 106 at 7. なお、違法性の項目全体を通して、当初からアメリカ第2次契約法リステイトメント（The American Law Institute, Restatement (second) of Contracts Text,（ALI, 1979））が積極的に参照されており、第1次草案及び第2次草案には、付録として PECL の第15章［違法性］に加えて、同第178条、第184条、第197乃至第199条が掲載されている。

(b) 当該規定が保護することを目的としている人の類型
(c) 違反された規定に基づいて課され得る制裁
(d) 違反の重大性
(e) 当該違反が意図されたものかどうか、及び
(f) 当該違反と契約との関係の密接性

同第5条　原状回復
(1) 違法な契約の履行がなされた場合において、不合理な結果とならない限りで、原状回復は排除される。
(2) 原状回復が認められる場合には、適切である限りにおいて、所有権もしくは金銭の返還、又は、移転された所有権もしくは提供された役務の価値の返還の形式をとることができる。

　コメントでは、多数の国内法は、違法な契約に基づく給付の返還請求を否定する準則を有しており、これにより違法な契約の締結が抑止されることになる点で擁護できるものであるが、これは行き過ぎであり、厳格なルールによって受け入れられない結果が生じる場合には例外及び限定を認めるべきであるとする[27]。また、設例には、ある国の軍需会社が、他国の防衛省の高官に手数料の名目で賄賂を渡すことを約して戦闘機を販売する契約の斡旋を受け、実際にその一部の戦闘機が引き渡され、そのまた一部の代金のみが支払われた段階で、政権が交代したという場合が挙げられている。そして、この場合に、その他国が引渡しを受けた戦闘機の残代金を支払わないことは合理的でない場合もあるとし、その判断には一切の事情を注意深く調査することが重要であるとする。また、調査すべき事情の例として、その他国が購入につき決定権を有する者に対する監督が緩慢であったかどうか、賄賂を受けた高官がより高位に就いたかどうかという点が挙げられている[28]。

　会合では、まずファームストンから、伝統的な原則遮断アプローチではなく、多様な観点を考慮すべく、より柔軟なアプローチをとるための規定にした旨の説明がなされた[29]。これに対し、ツィンマーマンが、柔軟なアプローチをとることは強く支持するが、規定自体は伝統的な原則遮断アプローチに立ち満足のいくものではないと指摘した。そのうえで、返還請求についても、違法な契約の効力に関する第2条及び第4条に読み込んだ方が、返還請求の可否が当該違法性の内実

27　Ibid. at 8.
28　Ibid. at 8.
29　UNIDROIT 2008 - Study L - Misc. 28, paras 268-299.

に依拠することがより明確になり、具体的な内容はコメントで言及すれば十分であるとの主張がなされた。クレポー（*Paul-André Crépeau*）が、原状回復について単一の規定を有するケベック州新民法を引用し[30]、これに同調した。しかし、そこでは、原状回復が一方当事者に「不適切な利益（undue advantage）」となる場合に裁判所が遮断できると定めていることから、フォーヴァルク・ソソンが、そのような「不適切な利益」という基準ではなく、当事者の違法性の認識を基準とすべきであり、結局は第２条の基準と同一となるとして、「当事者が契約を違法とする事実を知っていたか又は知るべきであった場合には、裁判所は原状回復を拒絶できる」という修正案を提示した。また、フォンテーヌは、内実についてはツィンマーマンの提案に賛成できるが、返還請求のルールを明らかにするために別個に規定を置くべきであると主張し、多くの委員がこれに同調した。とくに、ガロ（*Alejandro M. Garro*）がPECL第15：104条にならうべきと主張し、多くの賛成を得た。結果として、独立した規定を置くことが維持された。

（５）第４回会合（2009年５月25〜28日）

第４回会合において第２次草案が提出された[31]。返還請求の遮断の可否については、次のような内容である[32]。

第２次草案第５条　原状回復
（１）違法な契約の履行がなされた場合において、当該状況のもとにおいて合理的であるときは、原状回復が認められる。
（２）（第１案）何が合理的であるかを判断するにあたっては、とくに次の各号に掲げる事情が考慮されなければならない。
　（a）違反された根本原理又は強行規定の目的
　（b）当該根本原理又は強行規定が保護することを目的としている人の類型
　（c）違反された根本原理又は強行規定に基づいて課され得る制裁
　（d）違反の重大性

30　ケベック州新民法第1699条
　（１）給付の原状回復は、ある者が他人から不法又は錯誤、後から遡及的に無効となる若しくは義務が不可抗力により履行不能となる法律行為により受領した財産を、その他人に対して返還する義務を法律上負う場合に生じる。
　（２）裁判所は、原状回復が債権者であれ債務者であれ一方当事者に不適切な利益を与えることになる場合には、例外的に原状回復を拒絶することができる。ただし、原状回復の範囲又は方法の修正で足りる場合はこの限りではない。
31　第１次草案と同様、起草者はボネル、フォーヴァルク・ソソン、フォンテーン、ファームストン、グッド、ツィンマーマンの連名となっているが、コメントは事務局が準備した。
32　UNIDROIT 2009 - Study L - Doc. 111. at 15-16.

（e）当該違反が意図されたものかどうか
　（f）当該違反と契約との関係の密接性
（2）（第2案）何が合理的であるかを判断するにあたっては、第4条第3項に掲げる基準［訳注：強行規定違反の契約の効力について、当該規定が明示の定めをおかない場合における判断基準。第1案の（a）から（f）と同様］が、適切な補正のうえで考慮されなければならない。〈以下、略〉

　コメントでは、本原則は、少なくとも両当事者が違反を知り又は知りうべき場合には返還請求を遮断する伝統的な見解に反し、現代的傾向に沿って柔軟なアプローチをとることを明言し、当該状況のもとで合理的であるときは常に返還請求が認められるとした（例外遮断アプローチ）。そして、返還請求を認めることが合理的かどうかを判断するにあたり、強行規定違反の場合において契約上の救済を認めることが合理的かどうかを判断する際に考慮される諸要素がここでも用いられるとしたうえで、契約上の救済と返還請求による救済とではその性質が異なることから、前者を認めない場合でも後者は認められる場合があるとする[33]。このことを踏まえて、第2項については、基本原理違反の契約にも適用されることを明らかにする案（諸要素を列挙する案）と、返還請求の判断において当該基準を柔軟に適用できるようにする案（「適切な補正のうえで」を挿入する案）が併記されている。

　会合で議論の中心となったのは、2段階アプローチの是非についてであり、ボネルによれば「突如」多数の委員から留保が示された。その主たる理由は、「世界中の法体系において根本的と広く承認された原理」という定義が非常に曖昧であり、各地において異なる解釈が生じることは必然であり、それによって、国際契約実務における法的確実性を促進するという本原則の主たる目的が没却されてしまうというものであった。本原則は、第1.4条のもとで適用される強行規定（その由来が国内的、国際的又は超国家的のいずれであるかを問わない）の違反という1種類の違法性のみを扱うべきであると主張された。他の委員やオブザーバーの大部分が引き続き2段階アプローチを支持していたにもかかわらず、ワーキンググループは強行規定違反に関してのみ規定することを決定した[34]。他方で、返還請

---

[33] Ibid. at 16-17. このことは、違反の効果を定める第2条及び第4条のコメントにおいても触れられている（at 9, 15）。
[34] UNIDROIT 2009 - Study L - Misc. 29, paras 283-360, 374, 410-500.

求の遮断については、強行規定違反の契約の有効性の判断と同様、当該規定が明示的に定めている場合にはそれによるべきことを明らかにする必要があるかが議論されたにすぎなかった[35]。会合では、強行規定違反のみを規定するという先の決定を受け、休会を挟み、ボネルから本項目の新たな案が提出された[36]。

第2次草案修正案第1条　強行規定違反の契約
（1）契約が、本原則第1.4条に基づいて適用される強行規定に反する場合において、当該違反が契約にもたらす効果を当該強行規定が明示的に定めているときは、当該違反が契約にもたらす効果は、当該強行規定が明示的に定める効果とする。
（2）強行規定の違反が契約にもたらす効果について、当該強行規定が明示的に定めていないときは、当事者は当該状況において合理的であるような契約上の救済を求める権利を有する。
（3）何が合理的であるかを判断するにあたっては、とりわけ以下の各号に定める事由が考慮されなければならない。
　（a）違反された規定の目的
　（b）当該規定が保護することを目的としている人の類型
　（c）違反された規定に基づいて課され得る制裁
　（d）違反の重大性
　（e）当該違反が意図されたものかどうか、及び（ママ）
　（f）当該違反と契約との関係の密接性
　（g）当事者の合理的な期待

同第2条　原状回復
（1）第1条に定める強行規定に違反する契約の履行がなされた場合において、当該状況のもとにおいて合理的であるときは、原状回復が認められる。
（2）何が合理的であるかを判断するにあたっては、第1条第3項に定められた基準が、適切な補正のうえで、考慮されなければならない。
（3）～（6）〈略〉

そこでは、強行規定違反と原状回復の2条のみとされた。返還請求の遮断については、次の2点を指摘しなければならない。強行規定違反の契約の有効性を判断する際の考慮要素として、アメリカ第2次契約法リステイトメント第178条に倣い、「（g）当事者の合理的な期待」が付加されたことと（第1条第3項）[37]、第2次草案第5条第2項については、特に何らの説明もなく第2案が採用されたこと

35　Ibid. paras 388-409.
36　Ibid. para 450.
37　Ibid. paras 380-387.

である（第2条第2項）。

　会合では、この修正案をもとに議論が続けられた。返還請求について、まずフォンテーヌが、薬物などの禁制品の取引が制定法で禁じられており、その違反の制裁として目的物の没収（confiscation）が定められている場合には、返還請求は認められないという例を挙げつつ、ここでも最初の基準は強行規定それ自体が定める効果によるべきことを指摘した。これに対して、ボネルは、後段について同意しつつも、具体例においてはやはり返還請求について明文がないと考え、第1条第3項（c）から導出される問題であると述べている。また、コメント内で取り上げるべき設例として、汚職、不正労働、禁制品（具体例として爆薬）の取引、取引規制（具体例として禁輸）、商品運送に関する無免許・行政規定違反などが挙げられた。

（6）第5回会合（2010年5月24日〜26日）

　最後の会合が2010年に開かれ、コメントの付いた第3次草案が提出された[38]。返還請求の遮断については、第4回会合でボネルから提出された第2次草案修正案第2条第1項及び第2項と同様である[39]。返還請求との関連で重要と考えられる点は、次の2点である。まず第1条のコメントの末尾において、アメリカ第2次契約法リステイトメント第199条に規定されており、第1次草案からその付録として掲載されていたものであるが、その第199条で規定されている、いわゆる「改悛の機会（locus poenitentiae）」、すなわち給付者が違法な目的が達成される前に適時に不道徳な取引から撤退した場合には給付の返還を求めることができるとする説明が、第3項の諸要素以外に考慮すべき事由として追加されている。次に、第2条のコメントの冒頭で、規定は置かなかったが、契約上の救済の場合と同様、当該強行規定が返還請求について明示の定めを置いている場合にはそれによるとされている。

　会合でも第2条については変更がなく、第1条第3項の考慮要素「（e）当該違反が意図されたものかどうか」及び「（f）違反と契約との関係の密接性」がそれぞれ、「（e）当事者の一方又は双方が、当該違反を知り、又は知っているべ

38　UNIDROIT 2010 – Study L – Doc. 116. at 3, 10. 第2次草案修正案第1条からの変更は、第1項に「当該強行規定の由来が国内的、国際的、又は超国家的のいずれであるかにかかわらず、」との文言が挿入されたにとどまる。

39　Ibid. at 10. ただし、第3項以下が削除され、新たに第3項として、「原状回復が認められるときは、適切な補正のうえで、［本原則］第3.18条に規定する準則を準用する。」との規定が挿入された。

きであったか否か」及び「(f)契約を履行することから必然的に違反が生じるか否か」に変更されたにとどまる[40]。

2 規定の内容
(1) 関連する規定

第3章 有効性
第2節 取消原因
第3.2.15条（原状回復）[41]
(1) 取消しにより、各当事者は、契約又は契約の取り消された部分に基づき自己が給付したものの返還を請求することができる。ただし、契約又は契約の取り消された部分に基づき自己が受領したものを同時に返還するときに限る。
(2) 原物による返還が可能でないとき又は適切でないときは、それが合理的である限り金銭による価額の返還がなされなければならない。
(3) 原物による返還が不可能となった原因が相手方にあるときは、その給付の受領者は金銭による価額の返還をすることを要しない。
(4) 受領された給付の保存又は保守のために合理的に要した費用については、その償還を請求することができる。

第3節 違法性
第3.3.1条（強行規定に反する契約）[42]
(1) 契約が、本原則第1.4条に基づいて適用される強行規定に反する場合において、当該違反が契約にもたらす効果を当該強行規定が明示的に定めているときは、当該強行規定の由来が国内的、国際的、又は超国家的のいずれであるかにかかわらず、当該違反が契約にもたらす効果は、当該強行規定が明示的に定める効果とする。
(2) 強行規定の違反が契約にもたらす効果について、当該強行規定が明示的に定めていないときは、当事者は当該状況において合理的であるような契約上の救済を求める権利を有する。
(3) 何が合理的であるかを判断するにあたっては、とりわけ以下の各号に定める事由が考慮されなければならない。
  (a) 違反された規定の目的
  (b) 当該規定が保護することを目的としている人の類型
  (c) 違反された規定に基づいて課され得る制裁
  (d) 違反の重大性
  (e) 当事者の一方又は双方が、当該違反を知り、又は知っているべきであったか否か

---
40 Ibid. at 4.
41 訳は、私法統一国際協会・前掲注6) 80頁による。
42 訳は、私法統一国際協会・前掲注6) 85頁による。

（f）契約を履行することから必然的に違反が生じるか否か、及び
（g）当事者の合理的な期待

第3.3.2条（原状回復）[43]
（1）第3.3.1条に定める強行規定に違反する契約の履行がなされた場合において、当該状況のもとにおいて合理的であるときは、原状回復が認められる。
（2）何が合理的であるかを判断するにあたっては、第3.3.1条第3項に定められた基準が、適切な補正のうえで、考慮されなければならない。
（3）原状回復が認められるときは、第3.2.15条に規定する準則を準用する。

（2）コメント

コメントでは、当該強行規定が返還請求について明示の定めを置いている場合にはそれによること、そうでない場合には現代的傾向に沿って柔軟なアプローチを採用し、当該状況のもとにおいて合理的であれば返還請求が認められること、その判断にあたり考慮すべき事情は第3.3.1条第3項各号であるが、返還請求は契約上の救済とは異なるので、同じ事案でも異なる帰結が導かれることがあること、が述べられるにとどまり、草案では指摘されていなかった新しい点はない。

設例については、第3.3.1条で挙げられたものが第3.3.2条でさらに検討されており、それらについてはすでに第3.3.1条のコメントにおいて返還請求に関する言及もなされているので、ここでは、第3.3.2条で挙げられた設例ごとに組み換え、第3.3.1条における説明も合わせて整理する。なお、PICCは、PECL及びDCFRと異なりその対象を国際商取引に限定していることから、コメントで挙げられた設例[44]も、第3.3.1条も合わせて確認すると汚職に関する設例が多数あることが特徴的である[45]。

---

43 訳は、私法統一国際協会・前掲注6）92頁による。
44 返還請求に関する限りでは、PECLでは消費者信用販売、銀行による過剰貸付、売春宿としての家屋の賃貸借が、DCFRでは不正労働、禁制品の取引、禁制品購入の購入を目的とする貸付けが挙がっている。
45 腐敗行為の防止に関する国際連合条約（United Nations Convention against Corruption）が2003年10月に国連総会にて採択され、2005年12月に発効したばかりである。本稿との関連では、その前文において、「効果的に腐敗行為を防止し、及びこれと戦うために包括的かつ総合的な取組が必要であることを確信し……刑事手続及び財産権について裁判する民事上又は行政上の手続における正当な法の手続の基本原則を確認」すると記載されていること、第12条第1項において、締約国は「民間部門に係る腐敗行為を防止」するために、「効果的な、均衡のとれた、かつ、抑止力のある民事上、行政上又は刑事上の罰則を定めるための措置をとる」ことを求められていること、第34条において、締約国は「腐敗行為により生じた結果に対処するための措置」として、「契約を取り消し（ママ）若しくは解除」することができるとされている点が重要であ

設例α　贈賄者による契約獲得のための賄賂の委託

X国の建設業者Aは、代理人Bと委託契約を締結して、Y国の新しい発電所の建設契約を受注できるよう、Bが100万米ドルの手数料で、Y国の経済開発大臣Dの政府調達顧問Cに対して1000万米ドルを支払うこととされた。XY両国において、公務員の収賄は制定法で禁止されている。

① Cは賄賂を収受したが、AD間では契約成立に至らなかった場合、A及びBに契約上の救済を与えると、制定法が賄賂を禁止した目的を達成することができなくなるため、BはAに対して手数料の支払いを求めることができないし、AもBに対してCに支払われた賄賂の返還を求めることができない。(第3.3.1条第3項(a))

② Cによる賄賂の収受の事実を知らず、また知っているべき理由もないDがAとの契約を認めた。その後にDが賄賂の事実を知った場合、DはAとの契約を有効として扱うかどうかを選択することができる。Dが契約を無効として扱うことを選択すれば、両者とも契約上の救済は認められないが、このことは原状回復に基づく救済には影響しない。(第3.3.1条第3項(e))

③ Aが建設をほぼ完成させた時点で、Y国で政権交代があり、新政権は汚職を理由に建設契約は無効であるとして、50％の残代金の支払いを拒絶した。この状況のもとでは、合意された代金の半額でほぼ完成した発電所をD［Y？］が取得できるとすることは公正ではない。Aはすでに行った工事について、ほぼ完成した発電所の価値に対応する価額の返還を求めることができる。一方で、D［Y？］は、この価額を超えて行った支払いの返還を求めることができる。(第3.3.2条)

④ Aが、合意した手数料として100万米ドルをBに支払ったものの、BからCに1000万米ドルの賄賂が渡される前に、この違法な目的をもはや追求しないことを決断し、建設契約から撤退した場合、AはBに対して手数料の返還を求めることができる。(「改悛の機会」との関連)

設例β　収賄者による契約締結のための賄賂の要求

X国の建設業者Aは、Y国の経済開発大臣Dと、大型の社会基盤プロジェクトに関する契約を締結するための交渉を始めた。Dは、契約を締結するための「手数料」として契約代金の7.5％の支払いを要求した。Aはこれを支払い、本件契約が締結された。

① Aが義務の半分を履行した時点で、Y国で政権交代があり、新しい経済開発大臣が「手数料」の支払いがあったことを根拠にプロジェクトをキャンセルし、すでに履行された工事の対価の支払いを拒絶した。Aには契約に基づく救済は認められないが、このことは原状回復に基づく救済には影響しない。(第3.3.1条第3項(e)との関連)

② Aが義務をすべて履行した後、Y国で政権交代があり、新しい経済開発大臣が

───
る。一部は、不正競争防止法第18条第1項及び第20条第2項第7号に転換されている。なお、賄賂の委託に対する民法708条の適用如何について、拙稿「不法原因給付と横領罪と贈賄罪」加藤雅信先生古稀記念論集所収。

「手数料」の支払いがあったことを根拠に残代金の支払いを拒絶したので、A はすでに行った工事について、社会基盤プロジェクトの価値に対応する価額の返還を求めることができる。（第3.3.2条との関連）

設例γ　運送契約の履行における制定法上の義務違反
X 国の輸出業者 A は、危険物を X 国から Y 国に運送するための契約を、Y 国の運送人 B と締結した。X 国には、そのような物品の運送には特定の安全対策の施された輸送手段を用いることを求める制定法上の規則がある。その規則には違反に対する刑事制裁が規定されているが、個々の運送契約にもたらす効果については何も規定されていない。B は、定められていない安全対策の施されていない輸送手段を用いて物品を運送し、物品は無事に到着した。A が、本件契約は無効であると主張した運送料の支払いを拒絶した。
① この制定法上の規則の目的は、第三者の被害又は環境被害を防止することにあるので、B には、刑事制裁を科されるかどうかとは無関係に、約定の運送料の支払いを受ける権利を認めるべきではない[46]。（第3.3.1条第 3 項（d）との関連）
② 違反が重大であり、求められている安全対策の施されていない輸送手段による危険物の運送は万難を排して阻止する必要性があるという状況下においては、B は行った役務の価値に対応する価値の返還を求めることさえできない。（第3.3.2条との関連）

各設例における帰結（とくに返還請求の可否を論じる設例 α①③④、β②、γ②）について、設例 α③では A の返還請求を認めないことは公正でないという指摘、設例 γ②では B の不法は重大であるという指摘があるのみで、コメントでは十分な理由付けが行われていない。この点について、ボネルが自己の論稿で一部補足をしている。まず、設例 γ②について、B の返還請求を遮断することは、「一方で、一般人に対する重大な損害及び環境への侵害というリスクを避けるために、要求された安全基準に従わない車両による危険物の運送を阻止する必要性、他方で、当事者がそのままの状態に置かれるとしても、一方の受益は一般的に総計では限定的なものであるという事実から認められる」と述べる[47]。次に、設例 α③及び β②については、「新政府に、巨大な金銭的価値を有する仕事を合意さ

---

46 これに対して、海上運送にあたり積載できる荷物の量について制限を課す制定法上の規則（違反があった場合の過料については規定があるが、個別の運送契約にもたらす効果については規定がない。）がある場合に関して、この規則の目的は、船舶及びその乗員の安全を守るために過積載を防止することにあり、契約を禁止することにあるわけではないこと、また、この目的は B に過料を課すことで十分に達成することができることから、B に契約上の救済を認める（第3.3.1条第 3 項（c）との関連）。
47 Bonell, supra note 10 at 534.

れた対価よりも相当に少ない額と引き換えに保持させることは公平でないだろうということ」、「重要な契約を結ぶ際に賄賂を受け取ることをやめようとしなかった政府は、仮に後から賄賂の件を持ち出すことによって、外国企業との違法な取引から生じる損失全体を転嫁することができると知っていれば、そのようなことをすることを促進しさえしてしまう」ことからAの返還請求を正当化する[48]。これらの説明は、不法な行為の抑止と当事者間の公平に集約することができよう。

三　まとめ

　以上の整理から、まずPECL及びDCFRとの関係について次のことを指摘することができる。すなわち、PECL及びDCFRとの共通点として、PICCもまた返還請求に関する規定を違法な契約の効力（有効性）に関する規定とは別に置き、判断枠組として「例外遮断アプローチ＋裁量アプローチ＋構造化された裁量」を採用した。これに対して、DCFRとの相違点として、例外遮断アプローチの採用を明確にすべく、当該状況のもとにおいて合理的であるときは、原状回復が「認められる」との文言を採用し[49]、契約の効力を決するにあたり用いられる考慮要素を列挙した規定（第3.3.1条第3項）を返還請求の規定で準用した[50]（いずれもPECLと共通）。他方、PECLとの相違点として、PICCは給付者が契約の違法性を知り又は知りうるべきであることを返還請求遮断の独立の要件とはせず（DCFRとは共通）、上述のように考慮要素を列挙した規定を準用しながらも、これを柔軟に用いることができるように「適切な補正のうえで」との文言が挿入された。以上より、PICCの準則は、PECL及びDCFRの準則と比して、上述の判断枠組の採用をより鮮明にしたと評価することができる。

　また、ボネルによる解説、及び、第3.3.1条のコメントにおいて「改悛の機会」による返還請求が認められていることから、返還請求の遮断の可否について、違法な行為の抑止（一般予防）が重要な考慮要素と考えられていると評価することができる。もっとも、返還請求の前提としての、いかなる場合に当事者に契約上

48　Ibid. 534, 535.
49　もっとも、文言の体裁は重要ではないことにつき、拙稿・前掲注3）166頁。
50　もっとも、DCFRにおいても、コメントで類似の考慮要素が挙げられている。拙稿・前掲注3）162頁。

の救済を認めないとすべきかについて紆余曲折があったため、会合では、返還請求に関する議論だけでなく、第3.3.1条第3項の考慮要素についての検討も十分には行われなかった。また、2010年版のコメントも簡潔に過ぎており、考慮要素相互の関係、及び、事案に対するそれらの具体的な作用は明らかとされないままとなった。したがって、PECL 及び DCFR の検討で明らかにできなかった部分、とりわけ考慮要素をどのように構造化すればよいのか、そもそも「裁量アプローチ」を採るべきなのかに対する手がかりを得ることはできなかった。

しかしいずれにせよ、ソフト・ローではあるが、ヨーロッパのみを対象とする PECL 及び DCFR に引き続き、全世界において用いることが想定されている PICC2010年版においても、わが国の判例通説の判断枠組とは正反対のものが規定されたということは、少なくとも学説においてはこの判断枠組がトレンドになっていることを示しており、わが国の解釈論に対して再検討を促すものとなることは明らかである。引き続き、検討を進めていきたい。

実践的法人後見論
――「NPO後見ネットかがわ」の次は？――

松　本　タ　ミ

　一　はじめに
　二　特定非営利活動法人（NPO）後見ネットかがわについて
　三　『成年後見制度』考
　四　特定非営利活動法人（NPO）後見ネットかがわの活動
　五　次なる法人後見受任団体とは？

一　はじめに

　「ひととしての尊厳を最期まで」保持することができる社会を構築する。このために地域力向上をもくろみ、「特定非営利活動法人後見ネットかがわ」という法人後見受任団体の設立に係わり、理事職を担当している。弁護士業務として成年後見人を職務の1つとすることから、後見問題には関心も関わりも深く、被後見人との関係で、日々痛感すること、どうすればいいのか、なぜ、ほかの途は？躊躇しながら、取り組んでいる。後見を担う側の視点からではあるが、「もっと後見を！」をキャチコピーに後見制度の浸透に努め、後見人の担い手を夢想する。

二　特定非営利活動法人(NPO)後見ネットかがわについて

　（1）かがわ後見ネットワークの発足　　香川県弁護士会が「日弁連の高齢者・障がい者権利擁護の集い」全国大会を開催（2010年1月）することになり、会務携わる者として、2008年度からそのテーマとして「後見制度の浸透」を積極的に図ることとした。そこで、委員会内で四国および香川県の後見の実情把握のための勉強会[1]を重ね、その浸透方策を検討した。そして、その結果を大会で報

1　後見にかかわる県下の行政、福祉関係者に参加を呼びかけ参加要請をした。

告した。大会後は、それまでの勉強会を発展させ、弁護士会の高齢者にかかる委員会が積極的に県に働きかけ、最終的には後見にかかわる職種団体のネットワークをつくり、事務局を香川県社会福祉協議会に置き活動を始めることになる[2]。後見制度の普及・啓発、無料相談、法律職が他の専門職を支援する。さらに、地域担当制を創設導入して、地域社会との連携、とりわけ地域包括センター、地域の社協などの福祉業務機関とのつながりを深めて、「個の尊厳、権利擁護を実現するために」を合言葉にし、福祉分野での後見制度の浸透、積極的な活用を円滑にすすめる体制を整える。

かがわ後見ネットワークの活動のなかで、後見業務における課題・問題点について共通認識が深まり、後見される側の権利擁護・利益の保護、地域における福祉力の維持・確保、さらに、香川県での高齢社会に適合する装置の具現化を計り、地域の個々の社協が法人後見受任団体として法人後見受任業務への参入促進を支援するなど、種々の企画が実施されている。このネットワーク活動とは別に、独自に、公益的な後見受任団体の必要性が検討され、2年に後NPO法人として設立されることになった[3]。

（2）NPO法人の目的と設立経過　設立趣旨は、「この法人は高齢者、障害者等の権利擁護の推進を目的として、多様なネットワークを活かして、成年後見制度の活用・利用促進と啓発を行うことにより、誰もが安心して暮らすことができるよう、地域福祉の増進を図り、広く公益に貢献することを目的とする。」とされている。

平成24年11月26日特定非営利活動法人後見ネットかがわの設立総会を開き、同年12月11日NPO設立の申請が受理され、平成25年2月21日設立認証を受け、同年3月5日登記が完了し、活動を始めている。

（3）構　成　かがわ後見ネットワークの活動の中で、後見受任装置（法人後見受任機関）の設置の必要性が検討されたこともあって、香川県弁護士会の高齢者・障害者支援センター運営委員会メンバー有志が県弁護士会会員に呼びかけ、個人参加で会員登録を、また、香川県社会福祉士会も会員に呼びかけ個人参加で

2　かがわ後見ネットワーク＝事務局を県社協地域福祉課が担当し、香川県弁護士会（高齢者・障害者支援センター運営委員会）、香川県司法書士会、香川県社会福祉士会、市町社協、県健康福祉部長寿課・障がい福祉課などで運営委員会を組織する。
　　県社協は、権利擁護・成年後見支援センターを設立し、活動を始める（平成23年4月1日）。
3　法人には司法書士会は参加していない。

入会登録をしている。香川県司法書士会はリーガルサポートとの関係で積極的参加は見合わせられた。

　法人会員として、県社協と市町社協で法人後見を実施している社協が設立時の法人会員として参加する。現状は、会員個人42名（弁護士、司法書士、税理士、社会福祉士、精神保健福祉士、建築士、その他民生委員・人権擁護委員など）、法人会員6社協、手続未了であるが法人会員活動をする数社協となっている。

　（4）財政と業務　　初年度は、会費（個人会員および法人会員の会費）、寄付金（100万円）[4]、香川県健康福祉部障害福祉課から「成年後見法人後見支援　業務」を受託し、法人後見の普及啓発・利用促進、人材育成に関する事業を実施することで200万円、その他若干の委託料、後見報酬は受任し始めたところで、初年度の報酬見込額は極めて少ない。予算規模としては初年度350万円に満たない。年次を重ねる中で、報酬収入、委託事業費、赤い羽根募金活動などをして拡大している。

　組織は、総会、理事会、幹事、理事会の下に総務・広報委員会、業務委員会、研修・企画委員会が設けられ、それぞれの役割を果たす。裁判所からの受任依頼案件を業務委員会で検討し、案件担当者を決定する[5]。

　後見業務の分担　　基本的にこの法人が受任する案件については、専門職が単独で受任するよりは、複数の担当者がそれぞれの職業的特性を生かしながら被後見人の周辺の問題を総合的に解決していくことができるようにチーム造りをして後見業務に当たることをめざしている。被後見人の特性・状況に適合できる環境を準備する。また、これまで地域の社協が係わっている事案では、できるだけ地域の社協が法人内の担当として働けるように配慮する。

　県社協との関係　　事務局を県社協の地域福祉課に置くので、業務委託契約をしている[6]。

　法人会員　　各市町社協が法人後見を単独で受任したり、NPOのメンバーとして受任したり、後見監督人を引き受けたりする。

　地域の社協が単独で後見受任をする場合、組織には法律の専門家が不在で、とりわけ法律問題を抱えた被後見人の対応には無理があり、その上、経済的困難事例として後見人候補者捜しに苦慮していた状況解消へむけ担当者として支援をする。

4　特別縁故者からの寄付。
5　後掲資料1　組織図。
6　北九州市の権利擁護センターみると公益法人後見センターとの関係を模倣。

受任案件と数　法人登記後平成28年末における受任件数は50件近いもので、受任準備段階で、当事者の死亡、状況の変化などで、受任に至らない案件も含まれる。これらの案件は、いわゆる困難事例といわれるものであるが、経済的に報酬が見込めないというだけの事情の外に、複雑な法律問題・親族関係が絡む問題を抱えて、手間のかかる割に報酬が見込めない、専門職後見人の単独受任が見込めない案件である。仮に、報酬は、後見利用支援事業で対応するとしても、事案困難で、すなわち専門職が単独で対応するには困難と予想され、専門職後見人の受任が見込めない事案で、後見人の選任に裁判所としては苦慮している。

実際に、これまで受任した件数は、申立人が市町長などの申立によるものが過半数を越えており、当初の見込み通り、いわゆる困難事例が圧倒的である。基本的に実務的処理を複数の専門職後見人の組み合わせでその任にあたる。当事者の周辺にある問題を担当の専門職がそれぞれその職種の特性からアプローチし、総合的・全方向から問題解決を図る。

（5）外部との関係　後見制度の普及啓発活動をかがわ後見ネットワークと一体となって展開する。そのためには、後見に関する講演会、相談会を定期的に開催する。後見を将来的に必要とする人自身に、NPO後見ネットかがわが認識されるようになることは極めて重要なことと考える。さらに、将来の被後見人の周辺にいる人々に認知されることはより人権擁護態勢が完備されることにも繋がるであろう。後見受任機関としてだけ機能するのではなく、後見制度を支えるために、社協の法人後見受任機関化を支援し、後見人支援者・後見人候補者予備軍——いわゆる市民後見人養成のための活動もしている。

三　『成年後見制度』考

（1）「禁治産」から成年後見へということは、ノーマライゼーションが制度改正の背後にあって、これまでの行為無能力者制度とは背景の理念が異なる。それゆえ、普通の、多くの生活者に利用される法的支援の仕組みとして機能することが期待される。しかし、現実に後見人等の選任は多くはない[7]。

7　平成12年度年から平成27年までの資料（最高裁公表資料）参照。
　http://www.courts.go.jp/vcms_lf/20512001.pdf
　http://www.courts.go.jp/vcms_lf/20160427koukengaikyou_h27.pdf

わが社会の人口構成の偏りからすれば、今後爆発的に増加すると言えるかもしれないが、必ずしも、結果的にそうなるとは考えられない[8]。

（2）法人後見の導入　自然人のみが法定代理人になると予定されていた構図から、後見人を自然人に限定せず、法人も後見人に選任されるとし、選択肢の拡大が謀られる。ここでの議論は、過去の福祉法人が果たしていた事実上の役割評価というところであろうか（入所者の財産管理を適正にしてきたという自負？）。その意味で、法人後見の受任団体については、裁判所の選任判断基準には、詳細な基準で法人そのものを精査し、選任決定しようとする。

法人後見人が是認されるということは、たとえ、自然人の後見人であっても後見人自身による身上監護が行われる訳ではなく、身上監護のありよう、実施態勢、具体的な配慮など被後見人の利益・幸福実現・適切な生活確保など、職務遂行が適正・適切にできているか、生活維持の基本である財産管理との均衡をみながら、まさに後見的役割を親族関係のない者との間でも成立することを容認したに過ぎない。他者に対する配慮・保護を「業」とすることは、なにも、自然人のみに限られる所以はどこにもないからであろう。

（3）人権保障として　ところで、親族後見人の不祥事問題が頻発する。親族間の経済関係における曖昧さ、とりわけ、ルーズさ、甘えの構造、自立を妨げる親子間の依存関係が問題を複雑にさせる。さらに、人の寿命の延伸は、自己決定能力を減退低下した後も、なお、人として存在し続ける。

後見制度が代理制度としてのみ注目されるが、意思決定支援としても機能する。自己決定に関与する後見人は、人の終末期にひととしての尊厳を保持しつづけることを可能にするものであり、自己決定能力を喪失・減退することが予想される生身の人に欠かせないものとして、人権擁護の砦となりうる。それゆえ、その担い手が足らないという事態を生じさせてはならない。

さらに、自己決定能力がすべての人に、つねに合理的判断をする力として等しく備えられているとは限らない。人の特性を観察する時、加齢ということで生じる自己決定能力の喪失・減退、障害等により生じる自己決定能力の喪失・減退に対処する後見制度の整備は私権の実現に不可欠であり、しかも、人権保障そのものである。万人に保障されるべきものとして、必要な人に必要に応じて選任され

8　社会の成熟度といったものが充分ではない？

ることが、すべてのひとの尊厳を保持し、権利擁護をすることになる。

　ひとがひととして生きて死ぬまで、人の意思活動のすべてが生活者としての種々の社会活動として表れるゆえに、意思活動つまり自己決定能力に問題を抱えた人に対して、後見制度を活用することで意思決定を支援する。ひとえに、ひとの尊厳を最期まで護ることになる。

　人が事理弁識能力を失う状況に至っても、人はひととしての尊厳を失うものでなく死の時まで尊厳を保持する。しかも、人は、人の意思活動を前提とする社会的存在でもある。人が意思活動能力を失う状況は千差万別であり、その後の状態もまた然りである。仮に、事理弁識能力の欠如状態を一律に決めることはできても、喪失者の個々の状況はそれぞれ固有の事情を反映した特異性を持つであろうことは容易に想像できる。

　そこで、個々の被後見人の状況に即応した後見人の選任が被後見人の視点から求められることも容易に推測できる。しかしながら、これまでの後見人選任のプロセスをみるとき、後見制度の機能面に力点を置いた選任が定型的に行われてきたようにみえる。

　さらに、後見人を必要とする人々の量的拡大は、当事者のもつ個性や特異性を反映した多種多様な問題を想像以上に拡がらせる。当然、受任者側の量的拡大もさることながら、定型的な枠組み対応での処理では、問題解決が困難であり、被後見人の個別的事情に対応できる後見人選任の要求や、しかも継続的・持続的に機能することも期待される。

　（4）法人後見の担い手　　困難事例という報酬が見込めない事案の後見担当者ということで、まず、社協が期待されるし、された。地域の行政と密接な関係を持ち社会福祉を担当する組織として自然な成り行きである。多くの社協が法人後見受任事業へ参入することになる。しかし、これまで社協が実施する事業である日常生活自立支援事業との関係で、利益相反問題の検討が必要になる。また、社協という組織上、人的資源に問題が生じる。

　規模の大きな社協は独自に上記問題に関する解決策を見いだし、自力で、法人後見受任団体としての事業化を進め、規模の小さな、新規事業に消極的な社協は法人後見の担い手に足踏みをする。

　（5）法人後見の長短　　後見事務を具体的に行うのは人であるから、受任したところが法人であるか否かは問われるべきではない。その役割の一つの面に意

思決定支援があるから血の通った判断が常に求められている。機械的な判断ではなく、本人の意向を反映したものが根底に横たわるべきである。このことは自然人の場合でも同じことであるが。

　法人組織であることから、継続性は確保されている。その意味では、高齢者の後見の場合だと終期が必ず到来し、長期にわたるケースは例外的なとなる。が、障がい者の場合だと数十年にも及ぶことも当然予測され、長期の、継続的遂行が通例となり、より法人後見が期待される。

　当事者への配慮については、自然人である受任者とは1対1の関係であるのに対して、法人の場合、法人直接というわけでなく、組織内で個々の担当者が具体的な担い手として登場する。対外的には、法人が、当事者との関係では担当者が向きあう。二重構造となるので法人内の関係性が重要なことになり、法人の透明性、責任・監督体制が問われる。それで、法人後見受任団体が後見受任をその法人設立の目的としているか、否かが極めて重要な事項となる。さらに、法人後見を継続して続ける法人として、あり続けることが、社会的にも要請される。法人の存続を確保するための工夫も求められる。

四　特定非営利活動法人(NPO)後見ネットかがわの活動

　特定非営利活動法人後見ネットかがわが受任する事案は、いわゆる困難事例のほか、専門職後見人が受任を辞退するような事案困難事例である。会員の多くは、裁判所からの受任依頼を単独で受ける専門職後見人候補者群のメンバーであるから、それぞれの所属団体推薦で職務上後見受任もしている。それとは別に、NPOで受任しようとする事例では、基本的に専門職が単独で受任するのではなく、複数の専門職の組合せで担当することで必要な後見を遂行できるものとし、受任する。

　いわゆる困難事例でなおかつ事案困難事例＝W困難事例の場合、後見人候補者発見に苦労すると共に、選任することも難しい。NPO後見ネットかがわが創設された1つの目的はそこにあった。地域で、後見にかかわる者としてどのような装置を創れば、後見を必要とする人にスムーズに後見人をみつけ、選任していくことできるか。現実に、このNPO後見ネットかがわで対応することで一つの途を見いだしている。

NPO後見ネットかがわが受任して後見等をすることから、当然報酬を得ることになるが、報酬が見込めない事例が多く、後見業務と報酬とが適正・妥当であるかも問題である。NPO後見ネットかがわは、現時点では、会員の奉仕活動・好意に支えられて機能している部分が大半であるため、NPOとしての財政基盤を築くことが必要であり、そのことがなくては、増加する案件に継続して対処することは不可能である。地域社会の中で、より安定した法人後見受任団体を育て強固なものにするには、受任者側の好意に依存するのではなく、基礎的な社会的装置の樹立が不可欠になる。現実にNPO後見ネットかがわが、後見活動を始めて4年目となり、最後の受け皿として50件に近いケースに係わってきた。ソロソロ、NPO後見ネットかがわを脱皮させ、確実に人権擁護の砦としての機能する法人後見受任機関化を謀る必要があると考える[9]。

五　次なる法人後見受任団体とは？

　（1）昨今の後見を取り巻く状況は、①頼みの親族後見は、後見人の不祥事と云うことで、必ずしも現実的でないことが、関係者に認識されたといっては過言であろうか。親族のみならず、第三者であっても機会があれば不祥事を引き起こす可能性が、かなりの確率で生じる。親族の方が、罪悪意識が低くよりその確率があがることを、これまでの経験でみた。②コストのかからない後見人選任の実現のためには、どのようにして後見人をみつけていくか。受任側の課題は何か。③コストについての考え方は、本人負担でいいのか。④裁判所の後見関与の仕組みはこれで良いのか。裁判所は、当事者の法律行為能力に関して判断する。過去の事実から容易に判断できる。が、選任した後見人の今後の行動について、期待することはできるが、確信を持って判断できるわけではないと考える。そのために、監督権があるが、現時の裁判所では、量的に、裁判所の管理監督能力を超えていくことになるであろう。⑤昨今のわが国の人口構成は、少なくとも今後一世代は、後見を必要とする人々が多く存する。しかも、高齢化が都市部ではなく地方において深刻化し、しかも孤立した高年齢者層が点在する傾向に拍車がかかる。
　（2）後見人受任をめざす市民層の開拓がいわゆる市民後見人ということで政

9　本NPO個人会員の三野寿美氏による紹介がこれまで公共政策学会、日本地域福祉学会、日本NPO学会などでされているので、それらを参照されたい。

策的に展開されていることは、周知のことである。親族後見人の対極にある「専門職」後見人というカテゴリーを拡大し、後見人選択肢枠を拡張する。狙いとしては、後見人を必要とする人の増加に対し、低廉なコストでもってその任に当たる普通の人々を養成する。

　一般的に、地域で生活する人は、それぞれの地域社会で日常的な意思活動をしている。意思決定支援を他者がする場合には、時や場の共通項がある時、より本人の意思決定に近似する。日常的な事項に関する限り、それらは現象的に類似していると考えられる。特別のことではないが、誰であってもその場に居れば、自分もそうしたであろうとしてする意思決定がある。そこで、自分自身ではなく他者のためにする意思決定というためには、当事者の利益・福祉を考えて決断する。このようなことを他人に対して行うことのできる社会の確立は、その社会構成員相互の福祉を自ら考え行動する互助・共助体制の意識連帯の確立がその根底にあってのことだと考える。人が人生の全期間を自己の意思活動で全てを決定し、遂行しうるわけではないことを自覚したとき、孤立した存在を死守しない限り、人は相互に協力し合うことになる。その意味で、市民後見人の養成は近隣、隣組で、相互に助け合う社会の構築にほかならない。

　ただ、重要なことは、担当中の後見人の職務を適正・適切に遂行することができることや、確実に遂行してその責任を全うするという意識・認識がそれを果たす人の根底にあることである。特別なことではないが、日常的な事柄について、日常的に自分がしている時と同じ決断を同じようにして、当事者（自分ではない）のためにそのような決定をしても違和感が残らない、ということであろうか。

　他者のために判断し、行動するという活動は、わが社会では馴染みがなく、一般的だとは云いがたいが、昨今の大きな災害の経験、テロ、戦争などや宗教観、倫理観が、人の意識を変化させているように感じる。自ら考え、進む人、他者に対する配慮を持ちうる人は、人任せにせず、後見制度について積極的関与をすることになるのではと感じ、展望を持つ。

　（3）今後の理想的な法人後見受任機関とは、NPO後見ネットかがわの「NPO」という冠を取り去ることだと考える。法人後見受任を事業とする社協を法人会員とし、香川県下の市町の社協全てが会員となった場合、県社協にある権利擁護センターの下に一体化した組織体が可能になり、改変へと動く。県社協がNPO後見ネットかがわの事務局を担当しているので、可能な選択だと確信す

る。もともと、県社協の権利擁護センターは、後見制度を支える有用な機関として県下一元的に活動することを目指すものとして設置されている。

しかも、後見制度を人権保障の１つの装置として、県全域を一体的に網羅して実現するには、より、社会的資源の共有化を図り、一元的なサービスを確保する方策が求められている。

NPO後見ネットかがわの法人会員である社協は相互に法人会員として纏まり、個人会員は、新組織の個人会員へ移行し、これまでと同様にそれぞれの役割を果たす。

これまで、一社協でその地域の人に対応することが難しい事例でも、例えば、日常生活自立支援事業の利用者に対する後見支援も法人会員相互に支援し合う体制がとれ、管理・監督責任体制が適正に機能すれば問題なく実施できるし、専門家を持たない社協であっても、法人会員として地域の福祉の実現を、個人会員である専門職とチームを組むことで、一体的に後見に当たることができる。このコーディネートを新しい法人後見受任組織が担うことで容易に進む。

法人後見担い手としての社協の単なる連合体ではなく、法人後見受任組織を機能や性質の異なる会員で構成し、活動させることは、より強固で・持続可能な法人後見受任装置を社会に提供することになる。

より強固で・持続可能な法人後見受任装置を期待する理由は、後見業務を受任する側の問題だけでなく、自己決定のために意思決定支援を受ける側の多種多様な状態に対応でき、また、量的に拡大する需要に対しても確実に応え、経済的理由で支援の享受が見送られることのないように、人権保障の一貫として準備される社会的装置の実現と考えるからである。さらに、後見制度の周辺の知見が、もっと多くの人に認識理解されれば、ひとは自己決定能力の存続するうちに、自己の終末についてもっと積極的な準備ができ、ひととしての尊厳を本人が望むように構築し、保持することができよう。

自分のできることをする、そのことで社会的存在としてささやかに役目を果たす。他者に対する配慮を持ち続け、つながりのある社会で生きる。そのことは、「ひととしての尊厳を全ての人に！」を実現するかも。

(2017年１月12日脱稿)

資料1　NPO後見ネットかがわの組織

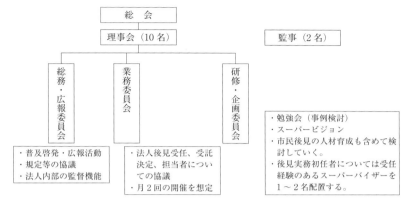

※各委員会とも5～10名以内

資料2　次なる法人後見受任団体（案）

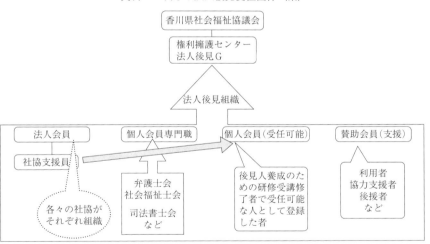

基本的に検討さるべきこととして
1. 後見受任の最後の受け皿になり、NPO後見ネットかがわを承継する。
2. 権利擁護センターに法人後見グループを作る。申立（首長）について県下の平準化を図る。
3. 市町社協は法人会員登録をし、その地域の後見に意欲的な人々を支援員として養成し、受任可能な個人会員化をはかる。
4. 地域社会の特性を考え、同一地域や隣接地域で後見人を調達することがプライバシーの観点から問題ないかを十分に検討する。
5. 後見利用支援事業との関連で財政的負担について法人会員で協議し、対応する。

少なくとも上記のことなどがまず検討されることになる。

カリフォルニア州における
ベンチャーキャピタル規制
——キャピタルアクセス会社法の検討——

清　水　真　人

一　はじめに
二　キャピタルアクセス会社法の制定経緯
三　キャピタルアクセス会社法の概要
四　2010年法改正の背景および改正法の概要
五　結　語

一　はじめに

　本稿の課題は、カリフォルニア州におけるベンチャーキャピタルに対する特別法であるキャピタルアクセス会社法（California Capital Access Company Law）について、その制定および改正の背景について検討するとともに、その法的枠組みを概観することである。同法はカリフォルニア州内において一定の要件を満たす100名超の適格投資家から資金調達を行うベンチャーキャピタルを想定して制定されたものであり、設立後間もないベンチャー企業に対する資金供給および経営支援を促進させると同時に、ベンチャーキャピタルに投資を行う投資家の保護を図ろうとしていることから、これらの作業を行うことにより、米国における多様なベンチャーキャピタル規制の一部についてその内容を明らかにするとともに[1]、わが国におけるベンチャーキャピタル規制のあり方を考える上で重要な示唆を得ることができると考えるためである。

　1940年投資会社法は6条(a)項5号において、一定の要件を満たす投資会社については、連邦法である投資会社法ではなく、各州の定める特別法により規制を行うことができると定めている。これは特定の州内で活動を行うベンチャーキャ

---

[1] 本稿は、第6期日本証券業協会客員研究員として、米国におけるベンチャーキャピタル規制の包括的検討を行うための一作業として執筆されたものである。

ピタルを念頭において設けられた規定であり、当該規定に基づき制定されたのがカリフォルニア州キャピタルアクセス会社法である。同法は1998年に制定され、州内におけるベンチャー企業の設立および成長を後押しすることで就業機会を増加させ、最終的に州経済の活性化を実現しようとした。しかし、当初の期待とは裏腹に同法に基づき組成されるベンチャーキャピタルは出現せず、その法的枠組みの問題点が指摘されるようになった。そこで2010年に法改正が行われ、同法の利用を促進させようとした。

このようにキャピタルアクセス会社法は、その利用状況は全く芳しくないものの、米国投資会社法の適用除外規定を利用するためにカリフォルニア州の実務家および規制当局が一体となって制定した法律であり、また現在のところこのような特別法を制定しているのはカリフォルニア州だけであることから、同法を比較法的観点から検討することはわが国におけるベンチャーキャピタル規制のあり方を考える上で重要であると思われる。

本稿の構成は次の通りである。二においてはキャピタルアクセス会社法が制定された経緯について検討する。三においては同法の全体像について概観する。四においては2010年に法改正が行われた経緯および改正法の内容について検討する。最後に本稿を纏め、今後の研究課題について述べる。

二 キャピタルアクセス会社法の制定経緯

本章においては、1998年にキャピタルアクセス会社法の制定に至るまでの経緯について検討する。

1 1996年投資会社法改正による適用除外規定の導入

カリフォルニア州がキャピタルアクセス会社法を制定する契機となったのが、1996年の全国証券市場改革法に基づく投資会社法の改正である[2]。すなわち、同年の改正により新たに6条(a)項5号が設けられ、次の要件を満たす投資会社については連邦法である投資会社法ではなく州の特別法により規制できることとさ

---

2 このような法改正が行われた経緯については、拙稿「米国投資会社法によるベンチャーキャピタル規制の歴史的展開」正井章筰先生古稀記念『企業法の現代的課題』(成文堂、2015) 328〜329頁を参照。

れた。すなわち、①当該会社が償還可能証券の発行業務に従事していないこと、②当該会社の業務が当該会社が設立された州の規制に服すること、③当該州の規制が州内において事業を営む企業に対し金融支援または経営支援を行う組織体について規定していること、④当該会社の設立証書において、当該会社の業務内容が当該州において事業を遂行している企業に対し金融支援または経営支援を行うことを通じて、当該州における経済、事業、または産業の発展を促進させること、およびそれに付随する活動に限定されていること、⑤当該会社の発行する証券の80パーセント以上が当該州の居住者または当該州において事業の大部分を有する者により保有されていること、⑥当該会社の証券が適格投資家その他SECが規定する者にのみ販売されること、⑦当該会社は投資会社により発行された証券を購入しないこと、⑧SECによる追加規制に従うことがその要件である。州内で活動するベンチャーキャピタルは州経済のあり方と密接に関わっていることから、各州の規制当局が州内で活動するベンチャーキャピタルに対し直接法執行を行うことができるようにするためにこのような規定が設けられた[3]。

　また、このような投資会社法の適用除外規定を利用できることはベンチャーキャピタルにとっても利益になると考えられた。すなわち、ベンチャーキャピタルも投資会社法3条(a)項1号に規定する投資会社の定義に該当するため[4]、適用除外事由に該当しない限り投資会社法が適用されるのが原則であるところ、投資会社法の各種行為規制が適用されることでベンチャーキャピタルの投資活動が妨げられるとの批判が長年にわたりベンチャーキャピタル業界からなされてきた[5]。そこで各州がベンチャーキャピタルに対する特別法を制定することで投資会社法の適用を回避し、ベンチャーキャピタルの柔軟な運営を確保することができると考えられたのである。

2　特別法制定に向けた審議

　以上のような投資会社法の適用除外規定を利用するために、カリフォルニア州は他の州に先駆けてベンチャーキャピタルに対する特別法の制定に着手した[6]。

3　S. REP. No. 104-293, at 12 (1996).
4　投資会社の定義に関する諸問題については、石田眞得『投資会社法の研究——利益相反規制を中心に』1～37頁（大阪府立大学経済学部、2004）を参照。
5　拙稿・前掲注（2）318～320頁を参照。
6　法案起草の前段階における実務界の動向から法案が成立するまでの経緯については、Duke K.

そしてペティロン弁護士[7]により法案が起草され、ヴァスコンセロス議員およびキュンケンダル議員により法案が提出され[8]、州議会で審議が行われた。その中で、特別法を制定する目的は次のように説明されている。

第一に、特別法に基づき組成されたベンチャーキャピタルがベンチャー企業に対しリスクキャピタルの供給および経営支援を行うことで、カリフォルニア州内におけるベンチャー企業の設立および成長を促し、それにより就業機会を増加させ、最終的に州経済の活性化を実現することである。カリフォルニア州経済は1990年から1994年にかけて不況に見舞われ、国防および航空宇宙産業も縮小したが、このような状況からの経済回復を牽引したのはまさにベンチャー企業であり、100万を優に超える新たな雇用を生み出したと言われている。そして、このようなベンチャー企業の成長はエクイティ・キャピタルの供給によりもたらされたものであると認識されるようになった。そこで、カリフォルニア州経済をさらに活性化させるためにベンチャー企業への資金供給および経営支援を充実させようと考えられた。

当時のベンチャー企業の資金供給に関しては、とりわけシード／スタートアップ段階およびアーリーステージ段階におけるリスクキャピタルの供給が不足していると指摘されていた[9]。そこで、このような資金供給を促進させるための施策についてカリフォルニア州では様々な機会に議論が行われてきたが[10]、事態は改

　Bristow & Lee R. Petillon, *Public Venture Capital Funds: New Relief from the Investment Company Act of 1940*, 18 ANN. REV. BANKING L. 393, 425-27 (1999). が詳述している。
7　ペティロン氏は1998年の法案および2010年の改正案の双方を起草した金融弁護士である。同氏の経歴については、http://www.phlzz.com/partners-petillon.html を参照。
8　SB 2189 (1998). 当初の法案については、http://www.leginfo.ca.gov/pub/97-98/bill/sen/sb_2151-2200/sb_2189_bill_19980220_introduced.pdf を参照。
9　スタートアップの段階ではそのベンチャー企業に収益はないため、企業存続のためにはベンチャーキャピタルによる継続的な資金供給が必要となる。Martin Kenny & Richard Florida, *Venture Capital in Silicon Valley: Fueling New Firm Formation*, in UNDERSTANDING SILICON VALLEY: THE ANATOMY OF AN ENTREPRENEURIAL REGION 98, 102 (Martin Kenney ed., 2000). マーティン・ケニー（加藤敏春監訳・小林一紀訳）『シリコンバレーは死んだか』70頁（日本経済評論社、2002）。

　当時の米国におけるベンチャーキャピタルの成長段階別投資状況については、OFFICE OF ADVOCACY, U.S. SMALL BUSINESS ADMINISTRATION, TRENDS IN VENTURE CAPITAL FUNDING IN THE 1990s (1997)；忽那憲治・長谷川博和・山本一彦編『ベンチャーキャピタルハンドブック』30～31頁（中央経済社、2006）等を参照。
10　これらの詳細については、GUS KOEHLER & ROSA MARIA MOLLER, BUSINESS CAPITAL NEEDS IN CALIFORNIA: DESIGNING A PROGRAM 18 (1998). を参照。

善しないままであった。また、1995年のホワイトハウス中小企業会議[11]において
は、シード／スタートアップ段階にあるベンチャー企業が必要とするリスクキャ
ピタルは25万ドルから500万ドルであると指摘されており[12]、その不足額はカリ
フォルニア州全体で50億ドルから110億ドルであると見積もられていた。

確かに当時のカリフォルニア州においても約200のベンチャーキャピタルが存
在していたが、それらのほとんどが確立されたハイテク企業への投資を行う傾向
にあり、またハイテク分野以外のベンチャー企業に資金供給を行う場合であって
も、レイターステージ段階にあるベンチャー企業に対してIPOやM&Aを行う
際の資金を供給する場合がほとんどであった。

以上のような事情から、特別法により組成されたベンチャーキャピタルが設立
後間もないベンチャー企業に対し資金供給を行うとともに経営支援を行うこと
で、ベンチャー企業が軌道に乗るまでの手助けを行う役割が期待された。

第二に、このようなベンチャーキャピタルを組成することで、投資家に対し新
たな投資機会を提供することである。すなわち、州の居住者に対しベンチャー
キャピタルへの投資の機会を提供することで、州の居住者がベンチャー企業の成
功に伴う果実を享受することができると考えられた[13]。また、企業年金基金によ
るベンチャーキャピタルへの投資が認められるようになり[14]、さらにはミューチュ
アル・ファンドの運用する資産は1998年当時において5.5兆ドルを超えていたこと
から[15]、これらの機関投資家も高い運用利回りを求めてそれらの保有資産の一部
を当該ベンチャーキャピタルへの投資に振り向けると考えられた。

---

11 同会議へのベンチャー企業の参加を促すために、同議会の議長にはベンチャーキャピタル業界
のパトリコフ氏が起用された。同会議については、中小企業事業団ニューヨーク事務所『中小企
業に関するホワイトハウス会議』(中小企業事業団、1995)、佐藤芳雄「第三至福千年のアメリカ
中小企業――1995年ホワイトハウス中小企業会議について――」商工金融45巻8号25頁以下
(1995) を参照。
12 OFFICE OF ADVOCACY, U. S. SMALL BUSINESS ADMINISTRATION, THE PROCESS AND ANALYSIS
BEHIND ACE-NET 3 at 507 (1996).
13 Bristow & Petillon, *supra* note 6, at 432-33.
14 1978年に米国労働省とベンチャーキャピタル協会との間で年金資産の運用規制の緩和について
交渉が行われ、その結果、翌年1979年にはプルーデントマンルールの投資ガイドラインが改正さ
れ年金基金による代替資産への投資が認められるようになった。忽那憲治『中小企業金融とベン
チャー・ファイナンス――日・米・英の国際比較』132頁(東洋経済新報社、1997)を参照。
15 当時の米国におけるミューチュアル・ファンドの保有資産総額については、INVESTMENT COM-
PANY INSTITUTE, MUTUAL FUND FACTBOOK 2003 at 64. 三谷進「アメリカ金融市場の発展と投資信
託システム――1990年代を中心に――」名城論叢4巻2号28頁(2003)を参照。

このような考えの下、当初の法案では緩やかな規制が想定されていたが、州の規制当局はベンチャーキャピタルによる濫用行為の防止および投資家保護のために厳格な規制を行うべきと考えた。そこで、規制当局と実務界との間で議論が行われ、それと並行する形で当初の法案に修正が加えられていき、最終案が作成された[16]。そして、下院・上院の双方で全会一致の賛成で可決された。当初の段階における法律名は中小企業ベンチャーファンド法（Small Business Venture Fund Laws）であったが、最終的な名称はキャピタルアクセス会社法となった。同法は1998年9月20日に制定され、翌年7月1日に施行された。

3 小 括

以上のような経緯を経てキャピタルアクセス会社法は制定された。同法はカリフォルニア州内で活動するベンチャーキャピタルが1940年投資会社法の適用除外規定に依拠しながら州内のベンチャー企業に対して金融・経営支援を行えるよう詳細な規定を設けている。次章においてはそれらの内容について検討する。

三 キャピタルアクセス会社法の概要

本章においては、キャピタルアクセス会社法の法的枠組みについて、その全体像を概観する[17]。

1 キャピタルアクセス会社

キャピタルアクセス会社について直接定義した条文は置かれていないが、関連条文（28047条、28200条、28400条〜28404条）から、キャピタルアクセス会社とは、コミッショナーから免許を受け、カリフォルニア州内において主として事業を営

---

16 最終段階の法案については、http://www.leginfo.ca.gov/pub/97-98/bill/sen/sb_2151-2200/sb_2189_bill_19980921_chaptered.pdf を参照。
17 カリフォルニア州会社法典第4編第3部（28000条から28958条まで）がキャピタルアクセス会社法である。同法について2017年3月現在の全条文の翻訳を別途公表する予定であり、各規定の詳細についてはそちらをご参照いただきたい。
　同法の概要については、Bristow & Petillon, *supra* note 6, at 427-431. で紹介されている。また、Duke K. Bristow, Benjamin D. King & Lee R. Petillon, *Venture Capital Formation and Access: Lingering Impediments of the Investment Company Act of 1940*, 2004 COLUM. BUS. LAW. REV. 77, 96-104 (2004). では同法の紹介および検討がなされている。

む中小企業に対しその発行証券の購入を通じて資金供給を行い、または役員派遣等を通じて経営支援を行う会社であると一般的には定義されている。免許を受けたキャピタルアクセス会社に対しては、1968年カリフォルニア州会社証券法[18]が適用されるとともに（28002条）、以下のようにキャピタルアクセス会社法の各種規定が適用される。

（1）証券の発行

キャピタルアクセス会社はミューチュアル・ファンドのように償還可能証券を発行することはできない（28200条(b)項）。

カリフォルニア州内において証券の取得勧誘・売付けを行う際にはカリフォルニア州会社証券法が適用されるのが原則であるが、免許を受けたキャピタルアクセス会社が償還可能証券でない証券の取得勧誘・売付けを行う場合には同法が適用除外され（25102条(p)項）、またブローカー・ディーラーの免許に関する規定も適用除外される（25208条）。

キャピタルアクセス会社はその発行する証券を適格投資家[19]に対してのみ取得させることができる（28031条、28200条(d)項）。適格投資家の定義については28031条に置かれており、1933年証券法2条(a)項15号に規定する者、またはSECが規則、レギュレーションまたは命令により指定した者であって被免許者の発行する証券を購入することにより、被免許者が中小企業に対して金融支援を行う際の投資資金を提供する者とされている。

キャピタルアクセス会社の発行する証券の最低でも80パーセントは、カリフォルニア州の居住者またはカリフォルニア州内で事業の大部分を遂行している投資家によって保有されなければならない（28200条(c)項）。この規定により、州規制当局による法執行が確保されるとともに、ベンチャー企業の成功によりもたらされた果実の大部分は州内の投資家に分配されることになる。

（2）キャピタルアクセス会社の活動

キャピタルアクセス会社の活動は制限されており、カリフォルニア州内でその事業の全てまたは大部分を営む中小企業[20]に対し金融支援または経営支援を行う

18　同法の内容については、龍田節「カリフォルニア会社証券法の改正」インベストメント21巻4号2頁以下（1968）、川内克忠「カリフォルニア州会社証券法と投資者保護」星川長七先生還暦記念『英米会社法の論理と課題』251頁以下（日本評論社、1972）を参照。
19　適格投資家については、淵田康之「リスクマネーの供給促進と投資者保護」野村資本市場クォータリー2013年秋号91頁、97～98頁を参照。

ことによりカリフォルニア州における経済、事業、または産業の発展を促すこと、およびこれらの目的を遂行するために付随し、または必要とされる活動に制限されている。(28200条(a)項、(e)項、28400条)。また、1998年制定当時は、キャピタルアクセス会社は金融支援を行うにあたって最善を尽くさなければならないとされ(2010年改正前28401条)、さらに、中小企業であっても金融支援を行うことを主たる事業内容とするものに対しては金融支援を行ってはならないとされていた(改正前28404条(a)項)。

(3) ガバナンス

キャピタルアクセス会社は取締役会、執行委員会、またはその他の方針決定機関のいずれかを有していなければならない。これらの機関の構成員は三名以上とされ(28210条)、暦年毎に最低一回は会合を開かなければならない(28211条)。このように機関構成について規定が簡素であるのは、機関構成の柔軟性を認めると同時に、後述のようにコミッショナーによる免許付与の際の要件が厳格であり、かつ被免許者に対する調査権限が強力であることが理由であると思われる。

これらの機関はキャピタルアクセス会社に対し投資助言を行う者との間で締結される投資助言契約を承認する(28212条)。また、1998年の制定当時は、キャピタルアクセス会社に対して投資助言を行う者は1940年投資顧問法または1968年カリフォルニア州会社証券法により投資顧問として登録または免許を受けた者で、証券取引その他の詐欺的取引に関して有罪判決を受けたことがない者でなければならないとされていた(2010年改正前28152条(e)項)。これにより、投資顧問法またはカリフォルニア州会社証券法の投資顧問に関する報酬規制がキャピタルアクセス会社の投資助言者に対し適用されていた。

---

20 1998年の制定当時、中小企業は次のように定義されていた(2010年改正前28047条)。すなわち、(a)カリフォルニア州において定常的かつ継続的に事業を行う計画を有し、または事業を行っており、(b)従業員の数が500名未満であり、(c)(1)カリフォルニア州設立の会社または(2)州外会社であり(A)2108条の登録義務に関わらず2115条の規定に服する者、(B)2115条の規定には服しないが2115条(a)項の3要素基準の適用により平均の資産要素、報酬要素、売上要素が直近の収益年度全体を通じて25パーセントを下回っていない者。ただし同期間における報酬要素が最低でも50パーセントであり、かつ前回の株主総会基準日においてカリフォルニア州の居住者により記録上保有されていた社外議決権証券の割合が最低でも25パーセントである場合に限る。または(3)有限責任組合、有限責任会社、その他カリフォルニア州法に基づき設立された事業体であり、(d)1940年投資会社法が適用される投資会社ではなく、(e)(1)特定の事業計画または事業目的を有さず、または(2)その事業計画が実態不明の会社その他の組織体との合併または買取であると示唆される者でない者、とされていた。

（4）利益相反規定

1998年制定当時は、キャピタルアクセス会社法独自の規定として以下のような詳細な利益相反規定が置かれていた。

まず、被免許者は直接または間接に、そのアソシエイト[21]に対し金融支援を行ってはならないとされていた（2010年改正前28822条）。また、被免許者が他の被免許者から直接または間接に金融支援を受け、または受けており、若しくは金融支援のコミットメントを得ている場合には、当該被免許者は他の被免許者のアソシエイトに対して金融支援をしてはならないとされていた（2010年改正前28823条(a)項）。さらに、被免許者が、被免許者間の契約、合意、または取り決めに従い第三者である被免許者から金融支援を直接または間接に受けたことがあり、または受けている、あるいは受けようとしている場合、若しくは金融支援のコミットメントを得ている場合には、当該被免許者は他の被免許者のアソシエイトに対し金融支援を行ってはならないとされていた（同条(b)項）。

次に、被免許者またはそのアソシエイトは次に掲げる者から直接または間接に金銭を借入れ、証券を購入その他の方法で取得してはならないとされていた。それらの者とは、①被免許者が資金援助を行ったことがあり、または資金援助の確約をしたことのある者、②①の者の取締役、役員、10パーセント以上のエクイティ証券保有者、③②に規定する者の近親者とされていた（2010年改正前28824条）。

その他、被免許者のアソシエイトの債務を弁済したり、アソシエイトから財産を取得するために金融支援を行ったり、アソシエイトに対し財産の譲渡を行うこと等を禁止する規定が設けられていた（2010年改正前28825条～28829条）。

このような利益相反規定を設けることで、キャピタルアクセス会社およびその投資家の犠牲の下に会社内部者およびその利害関係者が自らの利益を図る危険性を未然に防止しようとした。

21　アソシエイトの定義は28820条(b)項に置かれており、①被免許者の取締役、役員、マネージャー、代理人、助言者、②①に掲げる者の取締役、役員、パートナー、ゼネラルマネージャー、代理人、雇用主、従業員、③直接または1または2以上の中間組織体を通じて間接的に①に掲げる者を支配し、これらの者に支配され、若しくはこれらの者と共通の支配下にある者、④①に掲げる者の近親者、⑤①～④に掲げる者を全て包含して取締役または役員である者、⑥①～④に掲げる者を全て包含して、または共同して行動する者を合わせて、直接または間接に10パーセント以上のエクイティ持分を支配しまたは有している者と規定されている。

（5）投資制限

キャピタルアクセス会社は投資会社が発行する証券を取得してはならず、投資会社法3条(a)項1号または7号に基づき投資会社法を適用除外された者の発行する証券も取得してはならないとされている（28200条(d)項）。これは、これらの者の発行する証券の取得による投資会社法の潜脱を防止する趣旨であると思われる。

ただし、上記の者の発行する負債証券で全国的に認識されている一以上の統計格付機関から投資適格の格付を受けているもの、若しくはこのような負債証券またはこれと同等の品質を有する証券に運用資産の65パーセント以上を投資するミューチュアル・ファンドの発行する証券についてはこの限りでないとされている（同条項但書）。これらの証券に投資する場合は投資会社法を潜脱する危険性はなく、かつキャピタルアクセス会社の財務上の健全性を害しないからである。

その他、キャピタルアクセス会社による資金投資は、投資会社法、州会社証券法、キャピタルアクセス会社法による制限を受け、これらの法令に従い行われなければならないとされている（28200条(f)項）。

（6）財務書類の作成、保存、提出

被免許者は、キャピタルアクセス会社法に基づきコミッショナーが発するレギュレーションまたは命令に従い、帳簿、計算書類、その他の記録を作成し保存しなければならない（28500条）。また、財務年度の終了後90日以内または90日を超えるコミッショナーが定める期間内に監査報告書をコミッショナーに提出しなければならない（28501条柱書）。監査報告書には、①独立の公認会計士による監査を受けた財務諸表、②財務諸表が一般に公正妥当と認められる会計原則に従い作成されたとの独立の公認会計士または独立会計士による報告書、証明書、または意見書、③その他コミッショナーがレギュレーションまたは命令により要求する情報の全てが含まれていなければならない（同条(a)項〜(c)項）。

また、被免許者、その取締役、役員、および従業員、または被免許者の親会社または子会社は、コミッショナーが定める期間内にコミッショナーが要求する全ての報告書を提出しなければならない。また、被免許者の関係者は被免許者との取引に関係する全ての報告書を提出しなければならない。それらの報告書の様式および記載内容並びに承認方法はコミッショナーがレギュレーションまたは命令で定めることとされている（28502条）。

2　コミッショナーの権限

コミッショナーはキャピタルアクセス会社法の各規定を運用し執行する権限を有する（28100条）。それらの権限には、以下に概観するように、免許付与、手数料の徴収、被免許者等に対する調査、組織再編の承認、エンフォースメント等が含まれる。また、コミッショナーはキャピタルアクセス会社法の各規定を執行するために規則制定権を有する。このようにコミッショナーに対し強大な権限を付与している点がキャピタルアクセス会社法の大きな特徴である。

（1）免許付与

コミッショナーは申請者が次の要件を全て満たす場合には、キャピタルアクセス会社として免許を付与することとされている（28152条）。すなわち、①中小企業に対する投資資金を除いて25万ドル以上の価値を有する有形資産を有し、かつ当該有形資産はキャピタルアクセス会社として事業を遂行するのに十分であること（同条(a)項）、②投資資金を500万ドル以上有していること（同条(b)項）、③上記①②に加え、免許付与日から最低三年間の取引費用を賄うための資金源を有していること（同条(c)項）、④申請者の取締役、役員、支配者は人格に優れ[22]かつ健全な信用状態にあり、申請者の取締役および役員は職務を遂行する能力を有し、さらに申請者の取締役および役員は全体として見た場合にキャピタルアクセス会社の運営を行うのに十分であること（同条(d)項）[23]、キャピタルアクセス会社の資金投資に対し助言を行う者は登録または免許を受けた投資顧問、若しくは登録を免除された者であり、かつ25212条各項に基づき処分や有責判決等を受けたことがないこと（2010年改正前28152条(e)項）、⑤申請者が免許を受けた場合に、投資会社法6条(a)項5号、カリフォルニア州会社証券法、キャピタルアクセス会社法、および同法に基づき発せられるレギュレーションまたは命令を遵守すると合理的に認められること（28152条(f)項）[24]が1998年制定当時の要件とされていた。このような規定を設けることにより、キャピタルアクセス会社の財務上の健全性

22　これらの者が詐欺または不正行為に関して有罪判決を受け、または不抗争の申立てを行った場合には、コミッショナーは人格に優れていないものと認定することができる。ただし、認定事由はこれに限られない（28153条(a)項1号、(b)項）。

23　この点について、コミッショナーはこれらの者の取引または投資事業の運営における過去または現在の成功に重点を置かなければならないとされている。

24　申請者が詐欺または不正行為に関して有罪判決を受け、または不抗争の申立てを行った場合には、コミッショナーは上記法令を遵守すると合理的に認められないものと認定することができる。ただし、認定事由はこれに限られない（28153条(a)項2号、(b)項）。

を確保するとともに、法令遵守を徹底させようとしている。

また、コミッショナーは聴聞の結果、申請者が上記の要件を満たさない場合は、免許付与を拒否しなければならない（同条(f)項）。

（2）手数料の徴収

コミッショナーは免許申請者および被免許者、その他の者から手数料を徴収する権限を有する（28110条）。例えば、免許申請に伴う手数料は2000ドル以下とされ（同条(a)項1号）、支配権獲得および組織再編の承認に係る手数料は1000ドル以下と規定されている（同項2号、3号）。徴収された手数料は、最低でも一週間毎に明細書を添えて財務官に送金され、州会社基金に預託される（同条(c)項）。

（3）調　査

コミッショナーは最低でも暦年毎に一回、各被免許者の調査を行わなければならない（28503条(a)項）。これらの調査は適宜行うことができ、被免許者に対してだけでなく、その親会社および子会社に対しても行うことができる（同条(b)項1号）。また被免許者の関係者に対しても調査を行うことができるが、その範囲は被免許者との取引に関連するものに限られている（同項2号）。

調査にあたっては取締役、役員、従業員に対し財務書類の提示を求めることができる（同条(c)項）。また、コミッショナーは調査に必要であると認めるときは、公認会計士、弁護士、鑑定士等の専門家を依頼することができ、その費用は被免許者が負担する（同条(d)項）。

（4）支配権獲得および組織再編の承認

何人も、コミッショナーから事前の書面による承認を得なければ、キャピタルアクセス会社の支配権を獲得することはできない（28550条）。当該承認を行う際には事前に聴聞が行われ、次の要件を全て満たした場合には支配権獲得が承認される（28551条）。すなわち、①申請者およびその取締役および役員は人格に優れかつ健全な信用状態にあること、②申請者が被免許者の支配権を取得した場合にキャピタルアクセス会社法および同法に基づき発せられるレギュレーションまたは命令の各規定を遵守すると合理的に認められること、③申請者が支配権獲得後に計画している被免許者の主たる経営改革が被免許者またはその適格投資家の安全性および健全性を害し、または一般公衆の利便性および利益を害することにならないこと[25]である（28552条）。

また、合併、会社財産の全部譲渡等により組織再編を行うには、キャピタルア

クセス会社法の規定に従うほか、事前にコミッショナーの承認を得なければならない（28601～28603条）。また、組織再編後の存続会社は被免許者でなければならない（28601条）。組織再編を行う際にも事前に聴聞が行われ、そしてコミッショナーが、①組織再編が存続会社である被免許者にとって安全かつ健全であること、②組織再編が完了した場合に存続会社である被免許者がキャピタルアクセス会社法および同法に基づき発せられるレギュレーションまたは命令の各規定を遵守すると合理的に認められること、③組織再編が被免許者またはその適格投資家の安全性および健全性を害し、または一般公衆の利便性および利益を害することにならないことの全ての要件を満たすと認める場合に、組織再編が承認される（28604条）。

このように支配権獲得および組織再編が行われる際に、コミッショナーが実質審査を行い公正性を確保するという法的枠組みは、カリフォルニア州における伝統的手法であり[26]、キャピタルアクセス会社法にも承継されていると言うことができる。

(5) エンフォースメント

コミッショナーは、ある者がキャピタルアクセス会社法または同法に基づき発せられたレギュレーションまたは命令に違反したとき、または違反すると合理的に認められるときは、カリフォルニア州民の名において上級裁判所に対し違反行為の差止めまたは法令遵守のための執行を請求することができる。そして当該裁判所は適正な疎明に基づき、禁止命令、暫定的または永久差止命令、執行命令を発し、さらに被告の資産保全のために破産管財人または保全管理人を任命することができる。これらの申立てに際して、裁判所はコミッショナーに対し担保提供を要求することはできない（28701条）。

また、コミッショナーは聴聞の結果、次のような事実があると認めるときは排除命令を発し、適切な是正措置を講ずるよう命じることができる（28703条）。す

25　主たる経営改革計画に、詐欺または不正行為に関連して有罪判決を受け、または不抗争の申立てを行った者が被免許者の取締役または役員に就任することが規定されている場合、コミッショナーは経営計画がこれらの者の利益を侵害するものと認定することができる（28552条(a)項2号）。ただし、認定事由はこれに限られない（同条(b)項）。

26　この点については、龍田節「カリフォルニアの証券行政——合併を中心に見た投資者保護——」インベストメント20巻6号2頁以下（1967）、龍田節「合併の公正維持」法叢82巻2・3・4号293～295頁（1968）を参照。

なわち、①被免許者またはその支配下にある者が、キャピタルアクセス会社法、同法に基づくレギュレーションまたは命令、その他の関連法規に違反し、または違反すると合理的に認められる場合、または②被免許者またはその支配下にある者が被免許者の事業との関係で危険または不健全な活動に従事または参加し、またはそうすると合理的に認められる場合である。

さらに、①28703条に規定する各事実が認められる場合であって、かつ②同条による手続を完了する前に、被免許者またはその支配下にある者の行動または違反行為が被免許者を破産に追い込み、またはその財産または収益の大半を消失させ、若しくは被免許者の状況を著しく弱体化させる場合、その他被免許者またはその適格投資家の利益を著しく害すると認められる場合には、聴聞を経ずに排除命令を発し、適切な是正措置を講ずるよう命じることができる（28704条）。

その他、コミッショナーは一定の者を被免許者の事業所から撤退させ、または事業への参加を禁止し（28705条～28707条）、さらには免許を一時停止させ、または取り消すことができる（28708条～28710条）。

（6）罰　則

キャピタルアクセス会社法に故意に違反した者に対しては、25万ドル以下の罰金または一年以下の懲役・禁錮・抑留が科され、これらは併科することができる（28880条）。

また、コミッショナーはキャピタルアクセス会社法違反に対し民事制裁金を科すことができる。制裁金の額は一つの違反行為につき2500ドル以下とされ、違反行為が継続する場合は一日につき2500ドル以下の民事制裁金が科される（28900条）。

3　小　括

このようにキャピタルアクセス会社法制定により州内で事業を営むベンチャー企業に対し金融・経営支援を行うベンチャーキャピタルに対する法的枠組みが整備された。それにもかかわらず、同法に基づく免許の申請が行われたのはわずか一件であり、その一件においても途中で申請が取り下げられた。このように制度利用が低調である要因としては、法制度が複雑であり、かつその内容が投資家保護に偏り過ぎていること、さらに投資顧問法の報酬規制が適用されることによりキャピタルアクセス会社の投資助言者に対する報酬を当事者が自由に決めることができないこと等が指摘されていた[27]。また、1996年の投資会社法改正により新

たに適格購入者概念が導入され、それに伴い投資会社法の適用除外の範囲が拡大されたことも影響していると思われる[28]。そこで、これらの点を改善し制度の利用を促進するために2010年に法改正が行われることとなった。次章においては2010年の法改正について検討する。

四　2010年法改正の背景および改正法の概要

本章においては、2010年の法改正が行われた背景および改正法の内容について検討する。

1　改正の背景

1998年のキャピタルアクセス会社法制定後も依然として設立後間もない段階のベンチャー企業に対するリスクキャピタルの供給は不足しており[29]、そのような中、2008年のリーマンショックの煽りを受け資金供給不足は深刻な状況に陥った。そこで、このような状況を改善し、州経済の回復を実現するために、改めてキャピタルアクセス会社によるベンチャー企業への資金供給が必要とされた。

他方、キャピタルアクセス会社が略奪的なマーケティングや詐欺的行為を行うことを防止するための制度的手当ても必要であると考えられた。

これらの点も踏まえて立法作業が進められ、ペティロン弁護士により改正案が起草され、ダットン議員およびプライス議員により州議会に提出された[30]。改正案については、トーランス地区商工会議所および実務界からも支持が表明された。そして州規制当局との議論を経て、最終的に次のような改正が行われた[31]。

27　Bristow et al., *supra* note 17, at 103, 122-125.
28　この点については、拙稿・前掲注（2）330頁、拙稿「米国投資会社によるアクティビズム促進のための投資会社法改革論の展開」徳島大学社会科学研究30号77～80頁（2016）を参照。
29　スタートアップ段階にあるベンチャー企業に対するベンチャーキャピタルからの資金供給が不足している理由については、Darian M. Ibrahim, *Financing the Next Silicon Valley*, 87 WASH U. L. REV 717, 732-36 (2010). を参照。
30　SB 1155 (2010). 当初の改正案については、http://www.leginfo.ca.gov/pub/09-10/bill/sen/sb_1151-1200/sb_1155_bill_20100218_introduced.pdf を参照。
31　最終的な改正案については、http://www.leginfo.ca.gov/pub/09-10/bill/sen/sb_1151-1200/sb_1155_bill_20100929_chaptered.pdf を参照。同改正案は2010年9月28日に成立し、2011年1月1日に施行された。

2　改正法の概要

改正法の主たる内容は、1958年中小企業投資法[32]の下で中小企業投資会社[33]に適用される法規定にキャピタルアクセス会社法の規定を合わせた点である。それにより、キャピタルアクセス会社が中小企業投資会社として中小企業庁から免許を受けた場合には、中小企業投資法の規定に従い活動することが可能となった。

（1）中小企業の定義に関する改正

中小企業の定義について改正が行われ、中小企業とは、カリフォルニア州において定常的かつ継続的に取引を行おうとしている人[34]、または行っている人であり、その人の関係者と合わせて純資産価額で1800万ドルを超える資産を有さず、かつ繰越損失を除き、連邦所得税を控除した後の平均年収が直近の過去二年間において600万ドルを超えない人をいうと定義された（28047条）。

また、新たに小企業（smaller business firm）という概念が導入され、小企業とは、カリフォルニア州において定常的かつ継続的に取引を行おうとしている人、または行っている人であり、その人の関係者と合わせて純資産価額で600万ドルを超える資産を有さず、かつ繰越損失を除き、連邦所得税を控除した後の平均年収が直近の過去二年間において200万ドルを超えない人をいうとされた（28047.1条）。

中小企業投資法の下では中小企業庁により中小企業および小企業についてすでに定義付けがなされており、今回の改正ではこれらの定義に平仄が合わせられた。

（2）投資助言者に関する改正

以前は、キャピタルアクセス会社による資金投資に対し助言を行う者は、1940年投資顧問法により登録を受け、または1968年カリフォルニア州会社証券法により免許を受けた者でなければならないとされていたが、同年改正によりこれらの規定は廃止された。その代わりに、改正後の28152条(e)項の規定に従い、一定の

---

[32]　1958年中小企業投資法については、中小企業金融公庫「1958年中小企業投資法および同施行規則」中小企業金融公庫調査時報1巻1号77頁以下（1959）を参照。

[33]　中小企業投資会社制度の概要については、Comment, *The Small Business Investment Act of 1958*, 47 CALIF. L. REV. 144（1959）；中小企業金融公庫（調査部　岩本）「米国における中小企業投資会社」中小企業金融公庫調査時報9巻8号8頁以下（1962）、小野正人『起業家と投資家の軌跡――アメリカにおけるベンチャーファイナンスの200年』101～108頁（中央経済社、2013）を参照。

[34]　「人」の定義は28043条に置かれており、自然人、個人事業、ジョイントベンチャー、パートナーシップ、信託、ビジネストラスト、シンジケート、アソシエーション、ジョイントストックカンパニー、コーポレーション、有限責任会社、政府、政府機関、その他の組織をいうと規定されている。

欠格事由に該当する者は投資助言者として活動することができないこととなった。

このような改正により、投資助言者がキャピタルアクセス会社から受ける報酬は、キャピタルアクセス会社の取締役会、執行委員会、その他の方針決定機関の承認を受けつつ、当事者間で自由に決められるようになった[35]。

(3) 適格投資家に関する改正

キャピタルアクセス会社が適格投資家に対して証券の取得勧誘・売付けを行う場合には州会社証券法の規定が適用除外されるが、その要件について改正が行われた。そして、新たな要件として、①全ての証券取得者が勧誘者またはそのパートナー、役員、取締役、支配者、マネージャー(構成員により指名または選任された者)と事前の人間関係または取引関係を有している場合、または②職業助言者としての事業または金融に関する経験に基づき、当該証券の取引につき自らの利益を保護する能力を有すると合理的に認められる者で、証券発行者、その関係者、若しくはその証券分売人の関係者ではなく、かつこれらの者から直接または間接に報酬を得ていない者と規定された(25102条(p)項)。これにより州会社証券法の規定を受けずにキャピタルアクセス会社の証券を取得できる適格投資家の範囲が狭まることとなった。

(4) 活動に対する制限の撤廃

従来はキャピタルアクセス会社の活動に関して制限規定が設けられていたが、それらが撤廃され、それにより金融支援を行うことを事業とする中手企業に対しても資金供給および経営支援を行うことができるようになった。この改正に伴い、キャピタルアクセス会社の投資活動の制限に関する28401条から28404条が削除された。

(5) 利益相反規定の整備

1998年制定当時はキャピタルアクセス会社法独自の利益相反規定が設けられていたが、2010年改正により1958年中小企業投資法の下で中小企業庁が定める利益相反規定の内容と同様のものへと改められた。(28821条)。これにより、キャピタルアクセス会社および中小企業投資会社に対する利益相反規定が一本化され、利益相反に関する28822条から28829条は削除された。

---

35 ベンチャーキャピタルの投資助言者が得る報酬の決定メカニズムについては、Ronald J. Gilson, *Engineering a Venture Capital Market: Lessons from the American Experience*, 55 STAN. L. REV. 1067, 1083-84 (2003). を参照。

（6）中小企業投資会社として免許を受けた場合の特例

2010年改正により、被免許者が1958年中小企業投資法の下で中小企業投資会社として免許を受け、中小企業庁の規制に服する場合には、コミッショナーは規則または命令により、キャピタルアクセス会社が中小企業投資法を遵守することによってキャピタルアクセス会社法を遵守しているものと扱うことができることとされた（28111条(a)項）。

逆に、中小企業投資法に違反した場合、キャピタルアクセス会社法に違反したものとみなすことができるとされた。また、コミッショナーは被免許者に対し、キャピタルアクセス会社法に基づき認められた全ての権限を用いて中小企業投資法を執行することができるとされている（同条(b)項）。

3　小　括

以上のような法改正により、中小企業投資法の規制にキャピタルアクセス会社法の規制の一部を合わせる形で規制の合理化・一本化が図られた。それにもかかわらず、現在のところキャピタルアクセス会社として免許を受けているベンチャーキャピタルの数はゼロのようである。そこで、実務家からは更なる法改正が必要であるとの指摘がなされており、例えば、キャピタルアクセス会社への投資の裾野を広げるために、適格投資家の要件を緩和すべきといった主張や[36]、適格投資家の要件を満たさなくてもベンチャー企業に精通している投資家もいることから、適合性原則の下でこれらの投資家も証券を取得できるようにすべきといった提案[37]がなされている。

五　結　語

以上のように本稿においてはカリフォルニア州におけるベンチャーキャピタルに対する特別法であるキャピタルアクセス会社法について検討してきた。同法は米国投資会社法の適用除外規定を活用するために制定されたものであり、ベン

36　Bristow et al., *supra* note 17, at 122.
37　E. Seth Wilson, It Takes a Crowd, Rural Community Development Workshop in Sacramento CA（April 3, 2015）; available at http://sierrainstitute.us/wp-content/uploads/2015/05/12_Seth-Wilson_Financing-Community-Development-Projects.pdf

チャーキャピタルによる設立後間もないベンチャー企業への金融・経営支援を促進し、それにより州経済の活性化を実現しようと考え制定されたものである。しかし、現在のところその利用件数はゼロのようであり、ほとんどのベンチャーキャピタルが投資会社法3条(c)項1号または7号の適用除外規定に基づき組成されているのが実態である。今後、キャピタルアクセス会社として免許を受けたベンチャーキャピタルが出現するかどうか、法改正の動向も踏まえながら注視していきたい。

　このように同法の利用状況は芳しくないものの、その法的枠組みはわが国において一定の適格要件を満たす多数の投資家から資金調達を行うベンチャーキャピタルに対する法規制のあり方を考える上で示唆を与えてくれるものと思われる。わが国における独立系のベンチャーキャピタルへの投資は金商法の適格機関投資家等特例業務に関する規定の下で一名の適格機関投資家および49名以下の一般投資家による投資という形で行われているが、平成27年金商法改正後はベンチャーキャピタルの運営に関与し、または一定の実務経験を有する者以外の一般投資家による投資は認められないこととなった[38]。しかし、ベンチャー企業へのリスクキャピタルの供給はわが国においても重要な課題であることから、今後はベンチャー投資の裾野を広げるためにベンチャーキャピタルに対する特別法の制定を議論する余地は十分にあると思われ、そのような議論を行う際にはカリフォルニア州のキャピタルアクセス会社法は先例としてわが国の法制度のあり方に示唆を与えてくれるものと思われる。

　本稿における検討から、米国においては依然としてベンチャーキャピタルによる設立間もないベンチャー企業へのリスクキャピタルの供給が不足している実態が浮き彫りになった。米国においてはこれらのベンチャー企業に資金供給を行うための法制度として、中小企業投資会社制度やクラウドファンディングに関する法制度、さらにはエンジェル投資家に対する法制度等が整備されている。今後はこれらの法制度の歴史的経緯についても考察を深めていきたい。

38　田原泰雅監修『逐条解説2015年金融商品取引法改正』32～37頁、80～83頁（商事法務、2016）、黒沼悦郎『金融商品取引法』716頁（有斐閣、2016）。

渉外身分関係における先決問題の連結と承認

笠 原 俊 宏

一 序 論
二 学説の検証
三 若干の考察
四 結 語

一 序 論

　人の様々な身分形成について、時間の経過をも併せて眺めれば、何らかの身分関係の成立は、それに先立つ別個の身分関係の存在を前提としており、また、逆の言い方をすれば、何らかの身分関係の存在を前提として、次の別個の身分行為が行なわれることとなる。そのような意味において、人の身分関係は相互に関連性をしており、それらの身分関係は、継起的身分関係と呼ばれ、当面の身分関係の成否に関する問題を本問題（Hauptfrage）とし、他方、その成否に影響を与える先立つ身分関係の存否に関する問題は先決問題（Vorfrage）と呼ばれる。そして、後者の問題が渉外的要素を有する場合にも、本問題の場合と同様、それを規律する準拠法を決定しなければならないとするのが先決問題の問題の出発点である。一体、如何ようにそれを決定すべきかという問題は、早くから、わが国をも含め、諸国国際私法上における重要な総論ないし総則の問題とされて定着している。しかし、それにも拘わらず、当該問題について明文規定をもって定めている立法例はごく少数に止まっているのが現状であり[1]、比較法的に見れば、先決問題については、今なお、学説上の解決に委ねられて、それが浮動的な状態に置かれていることを窺い知ることができる。

　1　1979年の「米州国際私法専門会議国際私法総則条約」の影響を受けたメキシコ民法典14条4号、ベネズエラ・ボリバル国際私法6条等が挙げられる。これらの立法は、後述する法廷地法説の立場に依拠するものである。

国際私法上における先決問題の問題については、早くから多くの研究が重ねられているが、その何れも、当然のごとく、先決問題に関する問題を「連結問題」、すなわち、準拠法選定の問題として位置付け、その準拠法の選定のあり方について論じてきたように思われる[2]。そして、それらの学説は、基本的に、二つの立場を巡って論じられた。すなわち、一方において、本問題と同様に、法廷地における準拠法選定問題は常に法廷地国際私法が指定する法に依るべきとする法廷地法説（独立連結説）に対し、他方、外国法総括指定説を理論的前提として、本問題準拠法の適用の結果として生じた先決問題は、本問題準拠法秩序の枠内において解決すべきであるから、本問題準拠法所属国国際私法が指定する法に依るべきとする準拠法説（従属連結説）が、メルヒオール（G. Melchior）によって提唱され、それに続いたヴェングラー（W. Wengler）の精緻な先決問題理論が発表された1930年代前半以来、この問題に関するそれら二つの立場は長きに亘って対峙してきた。しかし、漸く、その五十年の後、いわゆる折衷説により、それらのいずれも一律的に採用することはせず、何れか一方を原則とし、他方を例外として、より望ましい結果をもたらす方の立場に依拠するという解決方法が提唱され[3]、そして、学説におけるその支持が俄かに凌駕した結果、法廷地法説と準拠法説とを使い分ける判断基準の確立が当面の課題として求められるところまで、先決問題の問題は昇華され、漸く、当該問題は一応の解決に到達したかのように認識された[4]。

しかし、最高裁平成12年1月27日第一小法廷判決[5]が、法廷地法説の立場を採

2　国際私法上の先決問題の問題の本質を連結問題であることを結論として指摘したのが、怺場準一「国際私法上の先決問題の問題について」『国際私法の基本問題』（久保岩太郎先生還暦記念論文集）（有信堂、1962年）132頁。

3　先決問題論の生成及び展開については、例えば、山田鐐一『国際私法（第3版）』（有斐閣、2004年）159頁以下参照。

4　例えば、わが国学説においても、木棚教授は、従前の準拠法説支持の立場から、準拠法説を原則として、例外的に法廷地法説によることを認める内容の折衷説の立場を経て、法廷地法説を原則として、例外的に準拠法説によることを認める内容の折衷説へ転じていることを明らかにしている。木棚照一＝松岡博＝渡邉惺之『国際私法概論（第5版）』（有斐閣、2007年）81頁（木棚）。更に、山田・前掲書160頁以下参照。

　因みに、折衷説の主要な基準の1つは、裁判の国内的調和が要請される事案の場合には法廷地法説に依り、その国際的調和が要請される場合には準拠法説に依るとする基準であり、いま1つは、先決問題を構成する事実が法廷地国と本問題準拠法所属国とのうち、より密接な関係を有する方の立場に拠るという基準である（山田・前掲書169頁以下）。それに対して、当面の事案において優先されるべき秩序利益の保護、取引利益の保護、特に当事者利益の確保に重点を置くべきことが主張されている（山田・前掲書163頁）。

るべきことを言明したことが背景となって、その立場に傾倒する学説の増加が鮮明となっている[6]。かくして、わが国学説において、先決問題に関する論議は新たな段階へ到達するに至り、今、また、混乱の状況を呈しているようにも思われる。明文規定のような確たる実定法上の根拠が存在しない限り、司法判断機関である最高裁が法的安定性を顧慮して法廷地法説の立場に依拠することは、至極当然のことであり、それによって先決問題の問題の本質が見極められ、当該問題の解決のあり方が決定付けられたとまで言うことはできないと思われる。

　それでは、今後、最高裁平成12年判決をも顧慮しながら、先決問題の問題について、いかように対応すべきであるか。ここで、先ず思うことは、先決問題の問題も、国際私法の規則の変容と無関係ではないであろうということである。そうであるとすれば、先決問題の理論が提唱された1930年代から始まり、そして、アメリカ抵触法革命の影響を受けて、諸国における国際私法の現代化が加速し始めた1980年代を経て今日に至っている新しい抵触法の下に、新たな視点をもって、従来の学説を検証し、そして、改めて、先決問題に関する若干の考察を試みることは、決して無意味なことではないであろう。そのための作業の出発点として、この小稿が拠り所としようとするのは、同一の問題を巡って論及を試みた20年余り前の拙稿において、暫定的な結論として到達した卑見たる幾つかの仮説ないし指標である[7]。ここにおいては、最高裁判決及びそれを巡る評論によって論じ尽くされたかのようにも見られるその古い問題について、民事手続法上の「承認問題」として構成すること等をも含めた別個の観点から、何某かの考察を重ねて試みることとし、それをもって、崇敬する三谷忠之博士の古稀を祝する論稿とさせていただきたい。

5　民集54巻1号1頁、判例時報1702号73頁、判例タイムズ1024号172頁。
6　例えば、澤木敬郎＝道垣内正人『国際私法入門（第7版）』（有斐閣、2012年）23頁（道垣内）は、法廷地法説の適用を当然として、先決問題の問題自体を認めない立場を表明している。櫻田嘉章『国際私法（第6判）』（有斐閣、2012年）146頁も法廷地法説を支持している。中西康＝北澤安紀＝横溝大＝林貴美『国際私法』（有斐閣、2014年）125頁も法廷地法説の立場に立脚しているようである。しかし、松岡博『現代国際私法講義』（法律文化社、2008年）73頁は、法廷地法説を言明する最高裁判決との関連においても、例外的措置として、折衷説が完全に否定されたとは言えないとし、また、木棚照一編著『国際私法』（成文堂、2016年）138頁以下（木棚）は、なおも、折衷説の可能性を追求しようとしている。横山潤『国際私法』（三省堂、2012年）83頁もまた、法廷地法説が原則として妥当であるとするが、判決の国際的調和の要請に応えることが明白に求められるべき状況では、準拠法説によるべきとする。
7　拙稿「国際私法における先決問題の研究序説（1）、（2）」大阪国際大学国際研究論叢7巻1号45頁以下、同2号105頁以下。

二　学説の検証

1　旧論攷における暫定的結論

　かつて、前記拙稿における卑見において、先決問題の当面の課題が、一律的な準拠国際私法の選択という構成からの脱却であるとすれば、より長期的な展望におけるその課題は、「連結問題」という構成からの脱却ではないかという趣旨の指摘を行なったことがある。先決問題の問題が「連結問題」であるということは、従来から、多くの学説によってしばしば断言されており、また、多くの場合、先決問題の解決のための準拠国際私法とは、より厳密に言えば、その準拠法選択規則を意味するものとして用いられている。また、先決問題の本質論を「法性決定問題」、「代替問題」、「調整問題」（適応問題）として理論構成しようとする立場の当否についても、しばしば論じられてきたところである[8]。しかし、そのような構成は、何れも、「連結問題」とする構成に比して、説得力に欠けていたのであろうか、多くの支持を得るところではなかった。とは言え、先決問題を「連結問題」であるとする構成についても、決してそれに拘泥しなければならないものではない。寧ろ、他の理論的構成がより相応しく先決問題の問題を解決できるのであれば、それに拠ることも由とすべきであろう。このような観点から、旧論攷においては、問題解決のための重要な指標として、特に次のような三つの可能性に言及することをもって、先決問題論の将来的展望とした。

2　承認問題としての構成の可能性

　先ず、第1に、先決問題を「承認問題」とする構成についてである。そもそも、先決問題は、本問題が提起されたときには、それに先立って既に解決されているか、または、解決されるべき問題である。先決問題である身分関係ないし法律関係が既に何れかの法の下に解決されている場合、それについて、改めて、「連結問題」として処理して、重ねて実質的に審査することは果たして必要であ

---

[8] 先決問題と法性決定問題との関係を論ずる外国学説を紹介したのが、桑田三郎「国際私法における先決問題の理論について」『民事法学の諸相』片山金章先生古稀記念論文集（勁草書房、1970年）82頁であり、先決問題と代替問題との関係について論じたのが、烁場・前掲150頁以下であり、先決問題と適応問題との関係について論じたのが、三浦正人『国際私法における適応問題の研究』（有斐閣、1964年）267頁以下である。

ろうか。先決問題の理論上、本問題の解決のため、先決問題である身分関係の存否ないし法律関係の成否について確認することは求められるとしても、本問題の解決の際、改めて確定することまでも必要であるとは考えられない。寧ろ、法政策上、身分関係の「継続性」ないし「恒久性」、または、身分関係の「安定性」が優先される限り、法廷地法説を採るにせよ、準拠法説を採るにせよ、何れにしても、先決問題は、「承認問題」として解決することが、最も実態を尊重した現実的な解決方法である場合が少なくないように思われる。

英米法系諸国の学説においては、早くから、再婚の有効性の判断において、先決問題である前婚の離婚の成否について、それを「承認問題」とし[9]、また、外国養子の相続権の有無の判断において、先決問題である外国縁組の成否を「承認問題」として対処している[10]。ドイツのノイハウス（P. H. Neuhaus）は、裁判上の権利形成的判決または官庁による行為の拘束力が先決問題として判断されるべきとき、判決等の承認に関する「承認規則」が、外国ないし内国の「抵触規則」に代わるべきであることを主張していた[11]。しかし、先決問題の解決のための構成がそのようなものであっても、承認要件として実質審査が必要とされたならば、先決問題を「承認問題」として処理することの本来的意義は失われることとなる

---

9 アメリカのリース（Reese）、エングダール（Engdahl）、バーダ（Baade）、カナダのマダー（Maddaugh）、スファン（Swan）らの見解を紹介する、青木清「婚姻の有効性に関する法選択論について――近時の英米の学説を中心に――」名古屋大学法政論集100号81頁以下によれば、婚姻の有効性に関する法選択を争点ごとに判断し、とくに争点が相続に関する場合には、遺産から金銭的給付を受けることの可否にこそ問題の本質があるから、当事者が何れかの国で有効に婚姻し、そして、当該婚姻の有効性を信頼して長期に亘って婚姻生活を継続したならば、残存配偶者の保護のため、婚姻を有効とすべきであるという立場が、早くから有力になっている。このような立場からは、従来の理論に依拠すれば無効となる事例であっても、事案の如何によっては、婚姻の有効性が認められて、当事者は婚姻に関する一定の効果を享受しうることとなり、柔軟な対応により、具体的妥当性が確保されることとなる（青木・前掲91頁）。そこに存在するのは、できる限り、婚姻を有効ならしめようとする婚姻保護（favor matrimonii）の思想である（青木・前掲105頁）。

10 次のような外国養子の相続権に関する英国判例の変遷は、先決問題論における養子保護の思想の導入に至る過程を示している。すなわち、先決問題である養子縁組の成立の有効性の問題について、当初、縁組準拠法への相続準拠法の加重的適用という立場は、縁組準拠法の単一的適用の立場へと変化し、そして、ついには、外国縁組の「承認問題」として対処されており、そこに、英国養子法における外国養子の相続に対する敵視から保護への基本的思潮の変化を見て取ることができる（本浪章市「外国養子の相続権に関する英国国際私法判例」関西大学法学論集9巻5・6号200頁以下、鈴木敏英「イギリスにおける渉外判例法の成立・発展の過程――養子決定事件を中心として――」法学ジャーナル27号23頁以下、28号140頁以下）。

11 P. H. Neuhaus, Die Grundbegriffe des internationalen Privatrechts, 2 Aufl., 1976, S.349. 同書の邦訳として、櫻田嘉章（訳）『国際私法の基礎理論』（成文堂、2000年）359頁。

から、身分関係の「安定性」の確保のため、形式審査のみをもって足りるものとしなければならない。

3 既得権理論の適用の可能性

次に、第２に、先決問題論への既得権理論の導入についてである。先ず、既得権について定義すれば、以下のように言うことができるであろう。すなわち、何らかの権利に関し、「その取得に国際的管轄を有する一国の法秩序が規定するすべての条件に従い、この国において有効に取得され、その有効性が、後に、何らかの理由で、前者と共存する他国の法秩序の支配下に問題とされる権利」である[12]。そして、何らかの権利の成否が先決問題である場合においても、いかにして、より良く既得権理論と取り組むべきかが課題であると論じられた。先決問題に関するわが国の通説は、既得権理論に則った構成を否定してきたように見られるが、外国には、既得権尊重の立場から先決問題を解決すべきことを論じている学説が散見される。例えば、法廷地法説が修正されうる場合の一つとして、先決問題が既得権として位置付けられる場合には、既得権理論の援用により、先決問題の「連結問題」においても、法廷地国際私法による準拠法選定の「例外」、すなわち、既得権を留保条項の理論的根拠として、当該権利を「承認問題」の観点から尊重しようとする立場である。また、人の身分の「恒久性」という観点から、何れかの国の国際私法秩序の下に形成されたかまたは確定された身分は尊重されるべきであり、その有効性を承認しようとしない国際私法を有する国の法に服せしめるべきではないとする立場は、外国に従って取得された権利の「承認」に導く法秩序を可及的に選択すべきであるとする「連結の原理」としての既得権理論である[13]。同様に、前出ヴェングラーが、新たな論攷において、相続権の前提条件である婚姻の有効性、子の嫡出性などが先決問題となる場合には、法廷地法及び相続準拠法がそれらを否定していたとしても、密接な関係を有していた何れかの法秩序への選択的な送致が可能であり、また、先決問題の解決は本問題準拠法の合理的解釈によらしめるべきであるとする見解は、先決問題である「身分関係の保護」を「密接関連法」を通じて実現すべきとする立場であり、これも、

12　西賢「既得権理論」澤木敬郎＝秌場準一編『国際私法の争点（新版）』（有斐閣、1996年）46頁。
13　ベルギーのリゴーの見解がそれである。François Rigaux, Droit international privé, tome I, 1977, p.305 et suiv.

やはり、既得権理論に通じるものである[14]。西教授によっても主張されているように、一定の条件の下に、極めて例外的にせよ、法廷地抵触規定の適用を制限して、具体的法律状態が有効に発生した外国法の管轄を承認し、もって、管轄の客観的決定を目指そうとする既得権理論は、各国抵触規定の不一致と不完全に起因する不都合に直面したとき、実定国際私法の現実に立脚しながら、具体的事件において衡平かつ合理的な解決を図るという見地から執りうる一つの解決の道であり、そして、それは先決問題の解決についても同様に言えることである[15]。

4 所与としての構成の可能性

そして、第3に、先決問題に関わるアメリカ学説に対する評価のあり方についてである。すなわち、部分的ではあるにせよ、外国法の適用を全く否定しようとする立場がもたらした「所与」(datum) という特殊な概念により、外国法は内国実質規定の枠内におけるそれとしてしか考慮されないというアメリカ学説の考え方の当否が、ここにおける問題である。それらの学説においては、先決問題の解決についても、内国法の構造における一事項に関する問題として特別な配慮が支払われることなく、「判決規則」の適用における適切な「所与」の探知の問題として処理されるべきとされている[16]。

---

14 Wilhelm Wengler, Nouvelles réflexions sur les ≪questions préalables≫, Revue critique de droit international privé 1966, p.179 et suiv. 因みに、本問題準拠法所属国法以外の法秩序の準拠法選択規則の適用を認めるべきとするヴェングラーのこの見解に対し、「そもそも先決問題が本問題準拠法の適用に対する前提的問題という形で認識されたことを考えると、先決問題の準拠抵触法として、本問題の準拠法所属国以外の外国抵触法が選択される余地はな」く、「先決問題たる法律関係を有効とする法を指定する抵触法を適用するといったWenglerの先決問題論は、先決問題の本来の処理から乖離する」との批判的な指摘が見られる（加藤紫帆「国際的な身分関係の継続に向けた抵触法的対応——フランス学説の「状況の承認の方法」の検討を中心に（1）」名古屋大学法政論集262号175頁(109) 参照）。尚、ヴェングラーにおける上記のような立場は、後述のオランダ民法10編9条の立場へ通ずるものであり、教授における先決問題の理論から「有利性の原則」ないし「優遇主義」への重点の移行の兆しが看取される。

15 西賢「国際私法における最近の既得権説について」国際法外交雑誌57巻5号54頁参照。

16 もとより、コモン・ローにおいては、異なる法体系である大陸法体系を基盤とする先決問題の準拠法の理論は決定的な存在ではない (R. H. Graveson, Conflict of laws, 7th ed., 1974, p.79 et seq.)。同様に、アメリカのエーレンツワイクも、先決問題の理論のアメリカ法への導入は必ずしも必要ではないとする (A. A. Ehrenzweig, Specific principles of private transnational law, Recueil des cours 1968-II, p.245.)。エーレンツワイクにおける立場は、問題の解決を常に一般的抵触理論よりも法廷地の「判決規則」(rule of decision) における「政策」(policy) によらしめるべきであるとするものであるが、このような政策の分析とともに駆使されたのが「所与」という概念である。A. A. Ehrenzweig, Private international law, general part, 1967, p.170. 参照。

ここでの「所与」という特殊な概念の内容について、例えば、カリー（B. Currie）によれば、それは、法廷地が何れかの事案について内国法を適用する場合に、当該事案が具有するものであって、外国との関連の下に存在または生起した何らかの事実、規則若しくはその他のものを意味していると見られる。従って、先決問題の解決についても、内国法の構造における一事項に関わる問題として、特別な配慮を要せず、その場合における外国法への送致は、法廷地法によって与えられている「判決規則」の適用における適切な「所与」の探知という付随的な目的のためのものである[17]。先決問題に対するこのような対処の仕方は、外国法法律説の立場を採るわが国におけるそれと大きく懸け離れたものであり、相当の現実性をもって論ずることは難しい。しかし、そのような立場が、「法廷地政策」の分析により、積極的に「当事者利益」を図ろうとするものであり、結果的に先決問題である身分関係を「既成事実」として保護しようとするものであることを看過することはできない。ヴェングラーが、「法廷地の立法者は、その国の裁判官に対して、ある法的状態をそれが外国において評価されると同じように事実的要素（élément de fait）として把握すべきことを命じることができる。」と論じたのも、それと同様の立場に立つものであると考えられる[18]。そして、ポルトガルのマシャド（B. Machado）もまた、事実に関する問題（question de fait）という観点から先決問題へ接近している[19]。これらの見解は、先決問題を「当事者利益の保護」となる「既成事実」の認定の問題として構成することがあながち不可能ではないばかりか、それが極めて現実的な解決方法であることを示唆していると言えるであろう。

---

[17] B. Currie, On the displacement of the law of forum, Selected essays on the conflict of laws, 1963, p.69 et seq. 更に言えば、「所与」と「判決規則」との二分法（dichotomy）を明確な区分基準として、外国法を「所与」として付随的問題（collateral issue）を解決することが認められるか否かは、法廷地がそれ自身の法律上の政策の拡張を欲する程度に懸かっていると指摘するのが、H. H. Kay, Conflict of laws: Foreign law as datum, *California law review* 1965, p.60 et seq. である。

[18] Wengler, op. cit., p.193 et suiv.

[19] Baptista Machado, Les faits, le droit de conflit et les questions préalables, in: Festschrift für Wengler II, 1973, p.455.

三 若干の考察

1 総　説

　法律の存在ないし適用において、常に顧慮されてきたのは、一方において、その法的安定性及び予見可能性が要請されると同時に、他方において、正義の実現ないし解決の具体的妥当性の確保が目的とされていることである。これらの両側から提示される要請ないし法目的は、一見するところ、相反する指標であり、司法において、それらを如何にして調整すべきかは、誇張した表現であるが、永遠の課題であると言っても過言ではない。しかし、それらの指標の対立の結果を見ると、如何なる場合にあっても不変なものと、場合によって変化するものとに分けて理解することができる。すなわち、前者は、立法の石化ないし不変性をもたらすものであり、その立場からの法典化は法律の順調な発展を阻害することとなる。それに対して、後者は、例外的な事例や予想外の過程において常に生ずる問題であるが、法規範の限界を曖昧にして、余りにも柔軟にし過ぎると、立法そのものよりもその適用に重きが置かれる結果となる。このようなことは、立法者よりは裁判官が主たる役割を果たしているコモン・ロー諸国との関連において論じられてきたところである[20]。

　しかしながら、近年、法の現代化ないし法典化の進展とともに、立法の石化を回避し、また、柔軟性も確保するための技法は顕著な進歩を遂げている。何世紀にも亘る法典化の経験が示していることであるが、成文法主義の採用によっても、必ずしも、超法規的な司法的自由裁量を伴わせる必要はなく、寧ろ、より近時の立法において、司法的自由裁量の許容について明示している例は、従来よりも数多く見られるところである。国際私法において、柔軟性について好意的な立法者は、その目的のための技法として、次に掲げるように、かなり多くの選択肢を有している。すなわち、（ⅰ）選択的（択一的）連結点を採用すること、（ⅱ）特定の情況において、裁判官に抵触規則から離脱する権限を与える例外条項を採用すること、（ⅲ）抵触規則におけるにせよ、例外条項におけるにせよ、「最も密接

20　Symeon C. Symeonides, Codification and flexibility in private international law, in: Karen B. Brown/David V. Snyder（eds.）, General Reports of the XVIIIth Congress of the International Academy of Comparative Law, 2012, p.174.

な関連性」または「最も強い関連性」、すなわち、単一の関連性による場所付けに依存するのではなく、寧ろ、個々の場合に即して評価されるべき複合的な要素及び状況に依存する混合的ないし「柔軟な」連結素を採用すること、そして、(ⅳ) 直截的に準拠法を指定するのではなく、寧ろ、裁判官が準拠法の選定において考慮しなければならない要素の一覧を提示することにより、順応性のある「アプローチ」ないしは類似の方式を採用することである。因みに、当該方式を採用している立法例においては、当該方式を基本としつつ、特定の状況における通常の準拠法を指定する一応の抵触規定が置かれているもの、及び、特定の抵触規定が規律の範囲外とする事案について、当該方式に補充的役割を担わせるものが見られる。以上における方法は、抵触規則の柔軟化の点において段階的に配列されたものである。抵触規則のスペクトラムにおいて、その一方の端には、伝統的な固定的連結の規則があり、また、他方の端には、アメリカ抵触法に見られるように、予め一定の規則を設定することなく、個々の具体的事案に即した解決を目した方式、換言すれば、個々の場合に対応した特別の無規則な方式があることが考えられるが、その間には、抵触規則の柔軟化のための三つの方法、すなわち、択一的連結（選択的連結）、例外条項、柔軟な連結素（密接関連性等）の採用があり、そして、それらの幾つかの組合せが存在していると言うことができる[21]。

　今日における先決問題に関する問題に対する対処のあり方も、これらの抵触規則の変化と対応して考えることができるように思われる。そこで、以下においては、先ず、現代国際私法を通じて確立されている密接関連性の原則との関連において論及し、次に、そのための例外的連結規則を定める例外条項に言及し、そして、それらを凌駕することが考えられる場合の規則として、選択的（択一的）連結の規則との関連において、先決問題に関する問題について、若干の考察を試みることとしたい。

2　密接関連性の原則との関係

　わが国際私法においては、離婚準拠法の決定におけるいわゆる日本人条項を導入した平成元年改正後の法例16条但書の立法趣旨により、改めて強く認識されることとなった密接関連法の決定ないし「密接関連性」の概念の確定における困難

21　Symeonides, op. cit., p.174.

を巡っては、これまでも、学説上及び実務上、解決の「予測性」ないし「安定性」の確保のための提言として、数々の見解が見られてきた。それらを整理すれば、先ず、大きくは２つの立場に分類することができるであろう。すなわち、以下に引用される幾つかの見解に見られるように、１つは、密接関連法を地域的密接関連法としてその決定基準を探求する立場であり、そして、いま１つは、必ずしも地域的関連性に拘わるべきではないとする立場である。とくに、先決問題との関連において注目されるべきであるのは、地域的関連性の枠内に留まることなく、より多角的な観点から「密接関連性」を考慮すべきとする後者の立場である。その立場を論じる烁場教授によれば、近時、益々、抵触規定自体が実質法化しつつある状況下において、準拠法の選定にあたり、実質的な利益考量を余儀なくされる機会が増大しており、その際に、最適準拠法の選択という国際私法本来の目的・存在理由に照らせば、文化的・社会的・宗教的関連性をも考慮する余地がある。そして、改正後法例における準拠法選定の原理的基準として、地域的関連性のみではなく、内国取引の保護（改正後法例３条２項、15条２項及び３項）、当事者の意思の尊重（同７条１項）、法律行為の保護・有効化或いは関係成立の容易化（同８条２項本文、22条但書、22条３項、17条１項本文、18条１項本文、19条１項本文）、両性の平等（同14条、15条１項本文、16条本文）、子の保護（同18条１項後段、２項後段、20条１項後段）等が例示されている。そのような観点から、改正後法例17条１項や「遺言の方式の準拠法に関する法律」２条などは、地域的密接関係地法と考えられる複数の法律をまず予定し、その中から、子の保護や遺言保護の政策に基づいて、さらに具体的な選択を行なうことを許す二段階の法選択構造を採っている、というように分析され、説明されている[22]。このような動向は、客観的関連性（地域的関連性）から主観的関連性（当事者利益）への重点の移行として理解されるものであろう。「密接関連性」の原型とも言うべきサヴィニー（F. v. Savigny）における「本拠」（Sitz）の探求が、国際私法の現代化において、実質的に、最も大きな修正を受けた点であると思われる。

　以上において論じたことは、先決問題の準拠法の決定においても妥当する。「最も密接な関連性」ないし「より密接な関連性」を有する法を適用するために、場合により、従来の準拠法説に依拠せずとも、法廷地国際私法自らが、直截

22　烁場準一「準拠法選定規準としての最密接関連性」澤木＝烁場編・前掲書57頁以下。

的に、それを探求することを可能とする抵触規則が整序される状況がもたらされている。換言すれば、従来、折衷説において、準拠法説の適用に期待されていた結果は、法廷地国際私法の範囲内において実現することが可能となっている。

3　例外条項との関係

如何なる法則も、それが有する一般性ないし特性のため、如何に慎重に練り上げても、法律の規定と法律の適用との間の相違の当然の帰結として、当該法則の目的に反する結果をもたらすことがある。通常、立法者は、将来における万事を隈無く予見する能力に自ら限界のあることを充分に認識しているであろう。近時における国際私法の法典化においても、そのような認識の下に、個々の事案の情況から、既成の規則の適用の調整ないし回避が要請されるような場合には、裁判官に対し、そのように行なう権限を明示的に付与していることが多くなってきている。具体的に言えば、本来の準拠法の適用を退ける伝統的な方法としては、公序条項による外国法の適用の排除、及び、法律回避論に基づき、詐欺的に連結される法を無効とするという手法があるが、現代の国際私法立法における方法としては、端的に、一定の場合に関し、抵触規則へ例外条項を直截的に添付して、密接関連法の適用を確実なものとするため、本来の抵触規則による準拠法（本来の準拠法ないし原則の準拠法）の選定に対する例外として、当該準拠法への服従を否定するという方法が採用されている[23]。

代表的な立法例として、先ず、スイス国際私法15条1項が、「本法が送致する法は、全体の事情により、事実関係が同法と僅かの関係のみを有するが、他の法とは遥かにより密接な関係を有することが明らかであるとき、例外的に適用されない。」と規定している。ほぼ同様の文言を有する立法例として、ベルギー国際私法19条1項も、「本法によって指定された法は、状況の全体により、状況が他の何れかの国家と非常に密接な関係を呈示しながら、それが、指定された法が帰属する国家と非常に希薄な関係しか有しないことが明らかであるとき、例外的に適用されてはならない。その場合には、当該他の国家の法が適用される。」と規定している。更に、同項2段は、1項の適用に際し、裁判官が、「準拠法の予見可能性の要請」及び「係争関係が、その関係がその形成当時に関係を呈示した国

23　Symeonides, op. cit., p.181.

家の国際私法規則に従い、合法的に形成された状況」を考慮すべきことを定めている。これは、オランダ民法典10編9条が定める「既成事実の例外的連結」の立場に通じるものである[24]。

　諸国国際私法上の例外条項においては、若干の表現上及び内容的な相違点も見られるが、以下のように、幾つかの共通する重要な点が看取される。すなわち、先ず、第1に、それらの例外条項は、全て、事案について、本来の抵触規則に依って指定された法が帰属する国家との関連性と他の国家との関連性との比較評価を要求し、前者が希薄で、後者がより密接であるとき、例外条項が適用されて、後者の法が例外的に前者の法に代わるものとする。しかし、そのためには、両者の間に明らかな差異が存在することが必要である。第2に、関連性の比較は、「密接関連性の原則」に基礎を置く抵触規則からの例外のみを目的とするものであり、例えば、準拠法の実質的な内容のような別の要素に基礎を置く規則からの例外を目的とするものではない。但し、「有利性の原則」ないし一定の利益保護の原則に基づく抵触規則を退けることはできないという見解もある。第3に、関連性の援用による例外は、抵触法の次元における正義の範囲にのみ制限され、準拠法の適用の結果、すなわち、実質法の次元における正義の実現に対する

24　オランダ民法典10編9条は、「オランダ国際私法に従って適用される法律に反し、関係外国の国際私法に依って指定される法律の適用において、法的効果が何れかの事実へ帰するとき、同一の法的効果を認めないことが当事者の正当な期待または法的確実性の許容できない侵害を構成する限り、かような法的効果は、オランダにおいて、当該事実へ帰することができる。」と規定する。同条の目的は、オランダ抵触法の適用の結果を受け容れられない当事者が、それと異なる法を指定する外国抵触法の適用を想定する場合に、それに干渉することにより、「当事者の正当な期待」または「法的確実性」を確保しようとするものである。換言すれば、何らかの法律関係（事実または行為）に関して、オランダ抵触法に依って適用される法から生じない法的結果であっても、外国抵触法に依って適用される法から、それが生じる場合には、後者の解決によらしめることができるとするのが、同条の趣旨である。このように、同条は、オランダ抵触法が外国抵触法のために途を譲るべきことを定めているが、そのためには、当事者が、「関係外国の国際私法」、すなわち、密接な関係を有する外国の抵触法が指定する法に依って、その者の法律関係が規律されることを正当に期待しており、かつ、当該期待を損なうことが不当でなければならない。「既成事実の例外的連結」は、外国法上の法的結果を抑制することが許容し難い法的確実性の侵害となる場合に生じる問題でもある。同条は、諸国の国際私法の内容が異なっているという現実を直視して、オランダ国際私法以外の外国国際私法に依れば、当事者の法律関係が保護されることとなることが合法的に信頼されている場合に、その信頼が正当化される限り、裁判所が当事者の期待を保護することを可能なものとしなければならないということ表明している。すなわち、何れの国の国際私法であれ、結果的に、当事者利益の保護をもたらす国際私法が最も適切な国際私法であるということを意味している。拙稿「国際私法における既成事実の例外的連結について」大東ロージャーナル10号10頁以下。

不満のみを理由として認められるものではない。第4に、例外は、外国法に対してのみならず、法廷地法に対しても行なわれることができる。そして、第5に、準拠法が、当事者によって有効に選択されているときは、「当事者意思の尊重」を優先して、かような例外は適用されない[25]。

　尚、明示的な例外規定ではないが、それと類似する機能を有する規定として、オーストリア連邦国際私法1条がある。同条は、先ず、1項において、「外国との関連性を有する事実関係は、私法の点について、最も強い関係が存在する法秩序に従って判断される。」と規定して、全体を支配する「最強関連性の原則」(すなわち、「最密接関連性の原則」) を宣言した上で、2項において、「この連邦法に含まれた準拠法秩序についての個別規則（送致規定）は、この原則の表現と看做されるべきものとする。」と規定している。同条については、「最強関連性の原則」をもって、抵触規定の遺漏に対処されているという解釈とともに、特定の事案の情況からみて、同連邦法上の抵触規定が「最強の関連性」を有する法へ連結しないと見られる場合には、裁判官に対し、例外的に当該法の適用から離れて、「最強関連性の原則」に則って連結を行なうことが求められることとなる。同様の立場として、ブルガリア国際私法2条1項が、「国際的要素を有する私法関係は、それが最も密接に関係している国家の法に服する。本法典に含まれた準拠法決定のための規定は、その原則の表現とする。」と規定している。

　以上において論じたことは、先決問題の準拠法の決定においても妥当する。「最も密接な関連性」を有する法を適用するために、場合により、従来の準拠法説に依拠せずとも、法廷地国際私法が、自ら、それを探求することを可能とする抵触規則、つまり、例外条項を置くことにより、それを可能とする規則が整序される状況が実現されている。折衷説における法廷地法説及び準拠法説からの択一的適用という立場は、法廷地国際私法が例外条項を備えることによって実現されることとなる。

4　選択的連結（択一的連結）との関係

　伝統的な抵触規則の特徴は、例えば、契約締結地や不法行為地のように、一点指向の単一の連結点に過度に依存していたことである。それにより、準拠法の決

25　Symeonides, op. cit., p.182 et seq.

定において、裁判官による自由裁量の余地が全くないか、または、それがあったとしても、殆ど皆無に等しいものであった。そして、そこからの国際私法の現代化へ向けた第一歩は、選択的(択一的)な指定規則、すなわち、特定の明確な事案において、裁判官に対し、複数の連結素からの選択を許容する規則の採用である[26]。当該規則を採用したならば、契約の方式を専ら契約締結地法へ服せしめることなく、裁判官に対して、例えば、契約の成立地の法、当事者の共通住所地や共通常居所地の法、営業地の法等、更に広範な準拠法の選択を認めることとなり、契約(法律行為)の成立の可能性を高めて、それを保護することができることとなる。また、当該規則に依れば、不法行為地法を侵害行為地の法に固定するよりも、裁判官または被害者に対して、侵害行為地の法と被害発生地の法とから選択することを認めることができることとなり、結果的に、被害者を保護することとなるものであり、一般的に言えば、一定の法律関係の成立ないし当事者利益を優遇することにつながることとなる[27]。

　このような規則は、20世紀前半には登場していたと言われるが、法典化における明瞭な動向として看取されるようになったのは、より近時になってからである。特に、1960年の「遺言の方式に関する法律の抵触に関するハーグ条約」が採択された後、数多くの国々が同条約を批准して、遺言が、遺言作成地、または、遺言の作成当時若しくは遺言者の死亡当時における遺言者の国籍、住所、常居所が帰属する地の法の何れかに適合していれば有効であるとする選択的連結(択一的連結)の規則を採用するようになってからのことである。そして、現在、同様の規則は、諸国において、それ以外の法律行為の方式ないし行為能力、準正、親子関係の成立、養子縁組、婚姻、離婚にまで採用されるに至っている。このような改革は、利益法学の隆盛に伴う実質的な利益考慮ないし価値衡量の立場の国際私法への反映であり、それにより、従来の機械的な準拠法の指定という価値中立的な立場から価値促進的な立場への転換という画期的な抵触規則の改革の動向が明確なものとなっている[28]。

　一定の利益に優位を与える選択的連結(択一的連結)の規則は、予め、一定の

26　Symeonides, op. cit., p.174 et seq.
27　パウル・ハインリッヒ・ノイハウス(桑田三郎訳)「ヨーロッパ国際私法上新たな道は存在するか」法学新報81巻9号133頁以下。
28　多喜寛「ドイツ国際私法理論における一つの動向:価値中立的国際私法理論から価値促進的国際私法理論へ」新潟大学法政理論10巻1号148頁以下。

結果をもたらす法以外の法の選択を否定している点において、裁判官の自由裁量の範囲を狭くするものであり、その限りでは、抵触規則の柔軟性を退けるものである。しかしながら、準拠法選定の構造において優先すべきことが顧慮されているのは、特定の結果であって、特定の国家の法ではないとすれば、その点において、当該規則もまた柔軟性を有していると言うことができる[29]。

このような規則について、先決問題との関連において言うならば、法廷地国際私法上の規則が、先決問題の特性を顧慮し、継起的法律関係における先決問題となる身分関係の存在ないし成立を認める法の適用のための選択的（択一的）連結の規則として確立している限り、準拠法説が唱える外国国際私法の適用という構成は必要ではない。法廷地国際私法において、実質的判断の下に、確保されるべき結果をもたらす法の選定に向けた規則の整備がなされているか否かが何よりも重要な点である。

5　総括的考察

今後、諸国国際私法が進む途として、大陸法系国際私法の枠組みに対する理解を有するアメリカの研究者からの提言は、法選択の「規則」とその「アプローチ」との組合せである。両者は相対立するものであり、前者が直接的に準拠法を指定するのに対して、後者は、裁判官が、個々の事案の状況を考慮して、準拠法を選定する際に指標となる諸原則、諸政策、諸要素の一覧を間接的に指示するに止まる。「規則」が事前の法選択であるのに対して、「アプローチ」は、裁判官に対し、事後的かつ特別な法選択を行なう権能を与えるものである[30]。かような方法論は、特に大陸型国際私法立法にとって、余りにも止め処ないものであり、立

29　Symeonides, op. cit., p.175.
30　更に、後者について具体的に言えば、立法ではないが、アメリカ国際私法における法選択方法を集約した「アメリカ抵触法第2リステイトメント」中の「法選択の原則」に関する第6条をその例として挙げることができる。同条は、まず、1項が、「裁判所は、憲法による制限の下で、法選択に関する自国（自州）の制定法が指示するところに従う。」とし、そして、2項が、「そのような指示がないときに、適用すべき法規の選択に関連する要素として次のものがある。(a) 州際的及び国際的秩序の要請、(b) 法廷地の関連する法目的、(c) 関係のある他州（国）の関連する法目的及び個々の争点の解決につきその他州（国）が有する関係の程度、(d) 正当な期待の保護、(e) 各個の法領域の基礎に存する基本的な法目的、(f) 結果の確実性、予測可能性及び統一性、(g) 適用すべき法を決定しかつこれを適用することが容易であること」（アメリカ抵触法リステイトメント研究会（訳）「〈邦訳〉アメリカ抵触法リステイトメント（1）」民商法雑誌73巻5号139頁）としている。その内容の中核をなしているのは、国際私法上の法目的（policies）である（松岡博『国際私法における法選択規則構造論』（有斐閣、1987年）2頁以下）。

法中にそれらの諸要素をそのまま採用することはできないが、このような「アプローチ」は、立法規則と決して相容れないとまでは言えない。それが「規則」と組み合わされて協同するならば、「法的安定性」と「柔軟性」との均衡を保持しながら、個々の事案における適正な解決を導く応用自在な方法となり、「規則」のみに依拠するよりも、より柔軟性を有する解決を実現することができる。「規則」は、物権のように、安定的で、比較的に論争の少ない分野の「法的安定性」をもたらし、他方「アプローチ」は、「法的確実性」がそれほど要請されないような分野における解決の方法として適切であり、また、例外的事案を処理する場合における格好の拠り所を提供するものである[31]。

　上述のような「アプローチ」に門戸を開く方法による国際私法の柔軟化の展開とともに、それとは全く異なる立場から、国際私法の更なる前進を試みる注目すべき傾向が急速に展開されていることが、特に、欧州連合加盟国の国内国際私法立法を中心として看取される。すなわち、それらの諸国において、欧州連合法を基軸として、欧州連合国際私法規則をそのまま、明示的に国内国際私法の依拠すべき規則として援用している立法例が数多く見られるようになっている。それらの規則の範囲は、欧州連合法として確立した事項に限られているが、今後、その範囲が拡大していくであろうことは明らかである。また、欧州連合加盟国国際私法においては、幾つかの重要なハーグ国際私法条約についても、同様の方式をもって援用され、明文化されている。このような傾向が拡大したならば、わが国のように、欧州連合域外の諸国においても、特に、ハーグ条約を共通の国際私法規則として、統一する方法へ向かうことも予測される。蓋し、「アプローチ」に傾くか、欧州連合諸国の動向に倣うかは、本来、次元を異にする問題であるが、諸国における外国法に対する信頼関係の形成、ないし、外国法文化の尊重の立場の確立により、渉外私法関係に関し、厳格な準拠法選定規則の必要性を後退させ、寧ろ、何れかの法域において有効に成立している法律関係ないし身分関係の保護に重きが置かれ、そして、それらの関係の存在をそのまま「承認」する立場の確立へと向かうことになれば、大陸型国際私法上におけるその解決方法にも、結果的に、「アプローチ」と共通する面があるように思われるからである。そのような立場への傾倒について、欧州連合という特別な局地的な現象として捉え

31　Symeonides, op. cit., p.188.

て、その普遍的妥当性に関して疑問を呈する余地があるとしても、それが、先決問題を構成する外国の身分関係の確認に関する一つの有力な立場として、外国判決ないし外国法秩序において形成された身分関係の可及的な肯定を導く「承認問題」としての構成に歩み寄るものであることは否定できないであろう。

　折衷説が多くの支持をもって台頭したときから、30年余りの年月の経過とともに、国際私法上の先決問題の問題は、それを「連結問題」として、法廷地法説と準拠法説の何れに拠るべきかという枠組みをもって構築された論議から大きく変容しようとしているのではないかと思われる。すなわち、かつて、「連結問題」と理解され、それを前提として論じられてきた準拠法選定問題という構成から、恐らくは、実質審査を不要とする立場からの「承認問題」へと、渉外私法問題の解決方法が移行しており[32]、それとともに、当然のことながら、先決問題の問題の本質の理解においても画期的な変化が生じているものと考えられる。蓋し、現代国際私法の全体に亘る上記のような進展を背景として、先決問題の問題の解決において執られる方法も自ずから変化することが求められるからである。かつて、折衷説がより望ましい結果へと導く立場として支持され、具体的な事案の内容に従い、法廷地法説または準拠法説の何れか一方を選択すべきであるとされた背景には、多くの抵触規則が硬直な単一的連結の規則を採用していたため、多元的連結を図ることがその主要な目的とされた。しかし、現在、抵触規則の柔軟化が大幅に達成され、先決問題の問題についても、最も望ましいと考えられる解決方法を執ることが飛躍的に可能となっている状況の下にあっては、折衷説の立場から「連結」の多元化を図ることの必要性は著しく減少している。従って、先決問題の問題について、「連結」するにせよ、「承認」するにせよ、法廷地国際私法の枠内において、柔軟に対処することが可能となっているのであるから、格別に、準拠法説の理論的根拠を優先することがない限り、折衷説に固執すべき実益は見い出すことはできない。国際私法の現代化ないし柔軟化により、先決問題の問題において達成されるべき目的は変わらないままであるとしても、それを達成するための方法は、根本的に覆されたと言うことができるであろう。

32　例えば、外国において成立した身分関係の承認における「準拠法ルート」に対する「判決承認ルート」について、西谷祐子「国際私法における公序と人権」国際法外交雑誌108巻2号73頁等、及び、局地的乍ら、中西康「EU法における『相互承認原則』についての考察——国際私法方法論の観点から——」法学論叢162巻1-6号218頁以下等は、今日における「連結」から「承認」への動向の一端を明らかにしている。

四　結　語

　伝統的先決問題論における折衷説の優勢の背景にも、国際私法における法選択規則の構造の変化が存在していることは否定できないであろう。実質法の内容及び法目的を考慮しようとする一般的傾向が、先決問題論における利益衡量の導入として、折衷説の成立の重要な素因となっていたことは言うまでもない。利益衡量は政策考慮に大きく依存するものであり、現実にどのような政策が優先されるかが解決の結果を実際的に支配することとなるであろう。それとして、判決の調和の要請などという抽象的な秩序利益よりも、具体的な当事者利益の考慮の結果に照らした上で先決問題の準拠法を決定しようとする政策をとることが、折衷説に課せられた今日的な責務である。ところが、本来、このような政策考慮がなされるのは、準拠実質法の選定に際してであるから、先決問題として論じられるべきである問題も、その準拠法の選定のための国際私法の選定の問題ではなく、直截簡明に先決問題準拠法の選定の如何であると言うべきであろう。かくして、本問題準拠法の選定において法廷地の連結政策が働く余地があるように、先決問題準拠法の選定においても同様に考えられるべきであると思われる。

　そのような傾向の背景に存在するのが、「有利性の原則」ないし「優遇主義」であることも否定できない。一定の法律関係ないし身分関係の存在とか、一定の法律行為ないし身分行為の成立を優先的に顧慮する「有利性の原則」は、「当事者意思の尊重」や「弱者利益の保護」の理念の高揚を追い風として、益々、その勢いを増している。それとともに、現代国際私法を貫いて支配する「密接な関連性」とか、「より密接な関連性」とか、「最も密接な関連性」の原則もまた、常に考慮されるべき抵触法の根本原則として不動の地位を得ており、当該原則と「有利性の原則」との相互関係の調整の如何が、先決問題に関する問題に対しても、大きな影響を及ぼしているように思われる[33]。国際私法の今日的動向において、婚姻保護、離婚保護、嫡出保護、準正保護、養子縁組保護、未成年者保護などの

33　「有利性の原則」と「密接関連性の原則」との関係については、法律関係や当事者と密接関連性を有した法が、必ずしも、一方の当事者、すなわち、弱者にとって有利となる法とはいえない場合、「有利性の原則」が「密接関連性の原則」を凌駕しており、また、後者は前者の助力をもってこそ、より完成された連結規準としての地位を得ることができる、ということが指摘されている（徐瑞静「国際私法における有利性の原則について」東洋大学大学院紀要52集8頁）。

思想が重要な指針となっているが、それらの身分関係上の利益の実現のため、何れの法の適用がより妥当であるかは、先決問題論においても検討されるべきことである。折衷説の存在意義も正に形式的な論理よりも、良識を優先させようとする思想に基づく本問題の解決の中に見い出されるべきであり、後のウィーン大学学長シュヴィント（Fritz von Schwind）教授の言葉を借りて言えば、「国際私法は実質法の矯正に供するものであり、満足な結果を確保するための手段である」[34]と考えて、国際私法にその任務を負わせることの意義は、一蹴されてはならない。一例として、再婚能力の問題を挙げてみても、内国抵触規則の機械的な適用によって既に内国において離婚した者の再婚の途を奪ってはならないことは言を俟たず、また、再婚を認めることの根拠も、離婚を許容した内国判決の効力と矛盾してはならないからではなく、一に、当事者の利益のため、直截的には、その信頼の保護、そして、より汎く一般的には、婚姻保護及び離婚保護という思想の実現を図るべきであると考えられるからである。

34　Fritz von Schwind, Aspects et sens du droit international privé, *Recueil des cours* 1984-IV, p.70.

国際商事仲裁における仲裁人の開示義務違反と仲裁判断の取消

高　杉　　　直

一　問題の所在
二　本事件
三　仲裁人の公正独立阻害事由の開示義務
四　開示義務違反による仲裁判断の取消
五　結　び

一　問題の所在

　仲裁は、国際取引紛争の主たる紛争解決であり、国際取引紛争に関する仲裁を国際商事仲裁という。

　国際取引紛争の解決方法として、訴訟ではなく仲裁が選択されるのは、次の理由による。すなわち、第1に、仲裁判断の国際的通用性である。仲裁判断については、多数の国が「1958年の外国仲裁判断の承認及び執行に関する条約」（ニューヨーク条約、NY条約）に加盟しており、ほぼ世界中で仲裁判断の強制執行が可能となっている[1]。これに対して、判決の承認執行を規律する世界的に成功している条約は、現時点では存在していない[2]。第2の理由は、仲裁の中立性である。訴訟では当事者双方が納得できるような、信頼できる中立的な裁判所を見出すことが困難であるのに対して、仲裁では中立的な手続が実行可能である[3]。その他の理由として、仲裁であれば専門家を仲裁人として選定したり（専門性）、手続を柔軟に簡略化したり（手続の柔軟性）、秘密裏に解決したりすることができ

---

[1] Convention on the Recognition and Enforcement of Foreign Arbitral Awards. 国際連合国際商取引法委員会（UNCITRAL）のウェブサイトによれば、2017年2月10日時点の当事国数は156である。
[2] ハーグ国際私法会議において、世界規模での判決の承認執行に関する条約の作成が試みられてきたが、いずれも成功していない。
[3] 世界の中で信頼できる司法制度を有する国は、必ずしも多くはないことに注意を要する。

ること（非公開性）なども挙げられる。

NY条約以外でも、国内法で外国仲裁判断に法的効力を認める国が多い。その前提として、仲裁制度が信頼に足るものでなければならない。多くの国は、仲裁制度への信頼を高めるため、自国で行われる仲裁に対して、仲裁手続の適正な実施を確保する努力を行っている。「国際連合国際商取引法委員会」（UNCITRAL）も、1985年に「国際商事仲裁に関するUNCITRALモデル法」（MAL）[4]を公表し、各国の仲裁立法のモデルを提供している。我が国も、2003年に、MALに依拠した「仲裁法」を制定した。

本稿では、国際商事仲裁における適正な仲裁手続の確保という観点から、我が国の仲裁法18条4項における仲裁人の「公正性又は独立性に疑いを生じさせるおそれのある事実」（公正独立阻害事由）の開示義務の問題を中心に検討する。特に、近時、この問題が争われた事件（本事件）について地裁[5]と高裁[6]とで判断を異にする決定が出されたことから、本事件で争われた点に焦点を当てることとする。すなわち、①具体的にどのような事実が公正独立阻害事由に該当するのか、②開示義務の前提として仲裁人に公正独立阻害事由の調査義務があるのか、③開示義務違反が仲裁判断の取消事由となるのかなどの問題である。

以下では、まずは本事件を紹介した上で（二）、諸外国での議論などを参考に、①②③の問題について、我が国の仲裁法の下での解釈を論じたい（三および四）。

二　本事件

1　本事件の事実

本事件は、申立人X（米国テキサス州に本店を置く会社）と被申立人Y（シンガポール国に本店を置く会社）との間の契約紛争に関して、Yの申立に基づき一般社

---

[4] UNCITRAL Model Law on International Commercial Arbitration. UNCITRALのウェブサイトによれば、73カ国・103法域でMALに依拠した立法がされている。なお、MALは、2006年に一部改正されている。
[5] 大阪地決平成27年3月17日（判時2270号74頁、金商1471号52頁）。評釈として、芳賀雅顕・JCAジャーナル63巻4号55頁、長谷川俊明・国際商事法務44巻1号34頁を参照。
[6] 大阪高決平成28年6月28日（判タ1431号108頁、金商1498号52頁）。評釈として、中村達也・国際商事法務44巻11号1621頁、浜辺陽一郎・Westlaw判例コラム87号（http://www.westlawjapan.com/column-law/2016/160926/）、猪股孝史・TKCローライブラリー新判例解説Watch民事訴訟法79号を参照。

団法人日本商事仲裁協会（JCAA）で行われた仲裁手続（本件仲裁手続）で下された仲裁判断（本件仲裁判断）について、Xがその取消を求めたものである。

本件仲裁手続の仲裁廷の長たる仲裁人Cは、D法律事務所のシンガポール・オフィスに所属する弁護士であった。D事務所のサンフランシスコ・オフィスに所属する弁護士Eは、Yと完全兄弟会社の関係にあるZ社の米国訴訟（本件クラスアクション）における訴訟代理人を務めていたが、Cは、この事実（すなわち、EがZの訴訟代理人を務めているという事実）をJCAAおよびX・Yに開示していなかった。

そこで、Xは、本件仲裁手続または本件仲裁判断につき、仲裁法44条1項6号に定める取消事由があるなどと主張して、本件仲裁判断の取消しを求めた。

2 大阪地決平成27年3月17日（原決定）

大阪地裁は、次のように判示して、本件申立を棄却した。

> 「本件クラスアクションにおいて、Cと同じくD事務所に所属する弁護士であるEがYと資本関係のあるZ社の訴訟代理人を務めているという事実は、Cの仲裁人としての公正性又は独立性に疑いを生じさせるおそれのある事実（仲裁法18条4項及び［平成20年施行のJCAA商事仲裁］規則28条4項）に該当すると解する余地がある。しかしながら、一件記録によれば、①CはD事務所のシンガポールオフィスに所属する弁護士であるのに対し、Eはサンフランシスコに所属する弁護士であって、両弁護士の間に本件クラスアクションに関する情報交換等の交流があったというような事情は窺われないこと、②本件仲裁と本件クラスアクションは事案及び当事者を異にし、関連性もないこと、③C自身は本件クラスアクションに関与しておらず、D事務所に所属する弁護士が本件クラスアクションに関与していることを含め、本件クラスアクションに関する情報に接する機会はなかったこと、以上の事実が認められる。
>
> これらの事情に鑑みれば、D事務所の所属弁護士であるCが仲裁人に選任された後、本件クラスアクションでZ社の訴訟代理人を務めるEがD事務所のサンフランシスコ事務所に移籍したとの事実があっても、このことのみでは、いまだCの仲裁人としての公正性又は独立を疑うに足りる相当な理由がある（仲裁法18条1項2号）とまでは認められないから、同事実をもって、Cにつき仲裁人としての忌避事由が存在したということはできず、また、同事実の存在が本件仲裁判断の結論に影響を及ぼしたとも認められない。
>
> このことに加えて、上記のとおり、Cは、仲裁人に選任されるにあたり、JCAAに対して本件表明書を提出し、その中で、D事務所所属の弁護士が、将来、本件仲裁事件に関係しない案件において、本件仲裁事件の当事者及び／又はその関連会社に助言

し又はそれらを代理する可能性があることを明らかにした上、C自身は、本件仲裁事件の係属中、このような職務に関与し又はその情報を与えられることはなく、このような職務が、本件仲裁事件の仲裁人としての独立性及び公正性に影響を与えることはないと考えている旨の見解を表明しているところ、Xは、これに対して何ら異議を述べなかったものであって、上記のような事態が生じ得ること（Cが本件仲裁事件の仲裁人に選任された後、D事務所に所属する他の弁護士が本件仲裁事件に関係しない案件においてYの関連会社の訴訟代理人を務めること）は、Xにおいてもあらかじめ想定できたにもかかわらず、Xは、このことを格別問題視していなかったことが認められる。このことをも併せ考慮すれば、Cが上記の事実を開示しなかったことが開示義務違反（仲裁法18条1項4号［ママ］）にあたるとしても、それによる瑕疵は軽微なものといえる。」

「以上によれば、Cによる上記の開示義務違反が仲裁法44条1項6号に該当するとしても、これを理由に本件仲裁判断を取り消すことは相当でないというべきである（仲裁法44条6項）。」

3　大阪高決平成28年6月28日（抗告審）

　Xの抗告に基づく抗告審で、大阪高裁は、原決定を取り消した上で、次のように判示して、本件仲裁判断を取り消した。

（1）開示義務違反

「本件クラスアクションにおいて、Cと同じくD所属の弁護士であるEが、Yと完全兄弟会社の関係にあるZの訴訟代理人を務めているという事実（以下「本件利益相反事由」という。）は、Cの仲裁人としての公正性又は独立性に疑いを生じさせるおそれのある事実に該当するといえるから、開示義務の対象（仲裁法18条4項、本件仲裁規則28条4項）になるというべきである。

　Yは、Eは、Cが所属するDのシンガポール・オフィスとは別の国のオフィス（サンフランシスコ・オフィス）で勤務しており、本件仲裁には全く関与していないこと、Yは、本件クラスアクションの当事者ではなく、本件仲裁と本件クラスアクションとの間に事案の同一性も関連性もないことを指摘し、本件利益相反事由が開示義務の対象ではないと主張する。しかし、上記開示義務は、仲裁人を忌避するかどうかの判断資料を当事者に提供するためのものであるから、その対象となる事実は、忌避事由（仲裁法18条1項）そのものよりも広い範囲の事実が含まれると解するのが相当である。本件利益相反事由は、D所属の弁護士が、本件仲裁に関係しない案件において、本件仲裁の当事者であるYの関連会社を代理するというものであり、Xの立場からすれば、Cを忌避するかどうかを判断するための重要な事実といえるから、これが、開示義務の対象となることは明らかである。また、EがD所属の弁護士であり、かつ、本件クラスアクションにおいてYの関連会社を代理している以上、Cについて

利益相反のおそれがあり得るものと疑いを持たれるのが通常であって、それぞれが勤務するオフィスの所在国が異なるとか、本件仲裁と本件クラスアクションとはそれぞれ当事者が異なり、また、事案の同一性も関連性もないといってみても、これにより上記疑いがなくなるものではない。

　また、Yは、Cは、Dの方針によって、Eが本件クラスアクションに関与していることも含め、本件クラスアクションに関する情報を一切与えられていなかったから、本件利益相反事由を開示することができなかったと主張する。しかし、仲裁人は、仲裁手続の進行中、開示義務の対象となる事実の発生時期のいかんを問わず、開示していない事実の全部を遅滞なく開示しなければならないとされており（仲裁法18条4項）、これは、仲裁人の忌避制度の実効性を担保するとともに、仲裁に対する信頼を確保するためのものであるから、仲裁人の公正性又は独立性に疑いを生じさせるおそれのある事実が客観的に存在しているにもかかわらずその事実を仲裁人自身が知らなかったという理由で上記開示義務を免除することはできない。また、本件利益相反事由は、Xの立場からすれば、Cを忌避するかどうかを判断するための重要な事実であり、その内容をみると、仲裁人の忌避事由に該当する可能性がないとはいえないところ、このような事実が存在するのに、Cからその不知を理由に開示されないとすると、Xは、最終的に、Cを忌避するかどうか判断するための契機を与えられないままに仲裁判断を受けることになりかねない。このように考えると、仲裁人が手間をかけずに知ることができる事実については、仲裁人には、開示のための調査義務が課されるべきである。そして、本件利益相反事由については、Cが所属する法律事務所であるD内においてコンフリクト・チェック（当該案件の当事者及び対象を明示して当該法律事務所所属の全弁護士に利益相反がないかどうかを照会して確認する手続）を行うことにより、特段の支障なく調査することが可能であったというべきである。本件においてこのような調査がD内で実施されたかどうかは一件記録上明らかでないが、当該調査が実施されたのに開示されなかった場合にはもちろんのこと、当該調査が実施されなかったために開示されなかった場合であっても、本件利益相反事由の不開示につき、開示義務違反の責任を免れない。

　さらに、Yは、Cは、本件表明書において、D所属の弁護士が、将来、本件クラスアクションのような事件（X又はYの関連会社が当事者となる別件）を受任する可能性があることを表明しており、本件不利益相反事由は「既に開示した」というべきであるから、Cには開示義務違反はないと主張する。しかし、開示義務は、前記のとおり、仲裁人を忌避するかどうかの判断資料を当事者に提供するためのものであるから、その対象となる事実は、将来、生起する可能性のある抽象的、かつ、潜在的な事実ではなく、現実に発生し、又は発生し得る具体的に特定可能な事実でなければならず、そうでなければ、当事者は、その開示された事実が忌避事由に該当するかどうかを適切に判断することができないというべきである。そして、Cは、本件表明書において「Dの弁護士は、将来、本件仲裁に関係しない案件において、本件仲裁の当事者

及び／又はその関連会社に助言し又はそれらを代理する可能性があります。」と表明しているが、これは、将来、生起する可能性のある抽象的、かつ、潜在的な利益相反を表明しているものにすぎず、これにより、現実に発生した本件利益相反事由を開示したことにはならないから、本件利益相反事由は「既に開示した」とはいえない。

以上に検討したとおり、本件利益相反事由につき、Cには開示義務違反（本件開示義務違反）があるというべきである。」

（2）仲裁判断の取消

「本件利益相反事由は、Xの立場からすれば、Cを忌避するかどうかを判断するための重要な事実であるにもかかわらず、前記のとおり、Cが開示義務に違反してこれを開示しなかったために（本件開示義務違反）、Xは、その事実を知らされずに、本件仲裁の手続が進行し、最終的に、本件仲裁判断を受けたものである。そして、仲裁人の開示義務が、仲裁手続の公正及び仲裁人の公正を確保するために必要不可欠な制度であることを考慮すると、本件開示義務違反は、それ自体が仲裁廷の構成又は仲裁手続が日本の法令に違反するものとして仲裁法44条1項6号の取消事由に該当するというべきである。

この点、相手方らは、本件開示義務違反が重大な仲裁手続保障違反ということはできず、また、Xが本件仲裁の手続において忌避申立てをせず、審理終了時には本件仲裁の手続が『とてもフェアである』と述べていたことから、Xの行為によってその瑕疵が治癒されたともいえる上に、本件開示義務違反と本件仲裁判断の結果との間に因果関係もないから、本件開示義務違反は取消事由に該当しないと主張する。しかし、本件利益相反事由は、その内容からして、仲裁人の忌避事由に該当する可能性がないとはいえないものであり、その不開示は決して軽微な瑕疵とはいい難いものであるから、本件開示義務違反が重大な仲裁手続保障違反でないとまではいえない。また、Xは、本件仲裁の手続中に本件利益相反事由を知らされていないから、仲裁手続及び仲裁人の公正に疑いを持つこともなく、本件仲裁の手続に応じ、本件仲裁判断を受けたのであるから、仮に、その手続中に忌避申立てをせず、審理終了時には本件仲裁の手続が『とてもフェアである』と述べていたとしても、そのようなXの行為によって本件開示義務違反という手続上の瑕疵が治癒されることにはならない。そして、本件開示義務違反は、重大な手続上の瑕疵というべきであるから、それ自体が、たとえ、本件仲裁判断の結論に直接影響を及ぼすことがないとしても、仲裁法44条1項6号の取消事由に該当するというべきである。

また、Yは、仮に、本件開示義務違反が本件仲裁判断の取消事由に該当するとしても、本件申立ては、裁量棄却されるべきであると主張するが、上記のとおり、本件開示義務違反は、重大な手続上の瑕疵というべきであるから、仲裁手続及び仲裁判断の公正を確保するとともに、仲裁制度に対する信頼を維持するためにも、本件仲裁判断をこのまま維持することはできず、したがって、当裁判所は、本件申立てを裁量棄却

することはしない。」

4 小　括

　以上の通り、原決定と抗告審との間で結論が分かれた。その理由は、主として、①仲裁人と同じ法律事務所に属する他の弁護士が、本件仲裁に関係しない案件において、仲裁の一方当事者の関連会社の訴訟の代理人を務めている事実が「公正独立阻害事由」に該当するか否か、②仲裁人に「公正独立阻害事由」の有無の調査義務が認められるか否か、③本件違反が重大な手続違反に該当するか否か、という点に関する判断の相違に基づくものである。

　①と②は、仲裁法18条4項の仲裁人の開示義務の違反に関する論点であり、③は、仲裁法44条1項6号の仲裁判断の取消に関する論点である。

三　仲裁人の公正独立阻害事由の開示義務

1　仲裁人の開示義務

（1）我が国の仲裁法

　我が国の仲裁法18条4項は、「仲裁人は、仲裁手続の進行中、当事者に対し、自己の公正性又は独立性に疑いを生じさせるおそれのある事実（既に開示したものを除く。）の全部を遅滞なく開示しなければならない。」と規定し、仲裁人の開示義務を定める。

　仲裁法18条4項が、仲裁人の公正独立阻害事由の開示義務を定めた趣旨は、立案担当者によれば、「仲裁合意の当事者に対し、忌避事由となりうる事情を開示し、当事者に仲裁人を忌避するかどうかの判断材料を提供すること」にある[7]。すなわち、仲裁人の開示義務の主たる目的は、公正・独立ではない仲裁人を排除するための情報提供という仲裁当事者の利益を図ることにある。もっとも、抗告審が指摘したとおり、仲裁人の公正・独立の確保による仲裁制度の信頼維持という公益的な目的をも有すると解されている[8]。

---

[7] 近藤昌昭ほか編『仲裁法コンメンタール』（商事法務、2003）79頁。なお、小島武司＝猪股孝史『仲裁法』（日本評論社、2014）216頁と同頁の注273も参照。

[8] 小島＝猪股・前掲注（7）217頁を参照。

(2) 諸外国での議論

仲裁法18条4項は、MAL12条1項と実質的に同一の規定である[9]。従って、MALに依拠して国内法を制定した多くの国が同様の規定を置くほか、MALに基づかない国内法を有する国の多くも、仲裁人の開示義務を明示的に規定している[10]。米国の連邦仲裁法（FAA）は、仲裁人の開示義務の明文規定を置いていないが、十分に確立した判例によれば、仲裁人の開示義務が認められている[11]。明文規定のないスイスでも同様に、判例で仲裁人の開示義務が認められている[12]。これに対して1996年英国仲裁法は、仲裁廷の構成や手続の遅延を招くことを嫌って意図的に仲裁人の開示義務を定めておらず（英国コモンロー上も開示義務は存在しない）、裁判所も、立法者の選択を尊重して仲裁人に開示義務を課していない[13]。なおUNCITRALや「国際商業会議所」（ICC）などの主要な仲裁規則の多くは、仲裁人の開示義務を定めている[14]。

(3) 考　察

多くの国の法令上、仲裁人の開示義務が認められており、かかる国を仲裁地とする仲裁では、仲裁人に開示義務が課されることになる。英国のように仲裁人の開示義務を認めていない国を仲裁地とする仲裁であっても、仲裁人の開示義務を定める仲裁規則を当事者が選択する場合には、仲裁人に開示義務が課されることになる。さらに、かかる仲裁規則を当事者が選択していなかった場合であっても、国際商事仲裁の場合には、特段の事情がない限り、仲裁合意および仲裁人契約において仲裁人の開示義務が含意されていると解すべきである[15]。現代の国際商事仲裁実務を前提にすると、公正・独立でない仲裁人を当事者が期待しているとは考えらないからである。

9　近藤ほか編・前掲注（7）74頁。
10　例えば、ドイツ民事訴訟法1036条1項、スウェーデン仲裁法9条、フランス民事訴訟法1456条などである。Lew, Mistelis & Kröll, *Comparative International Commercial Arbitration* (Kluwer Law International, 2003), p. 269; Gary B. Born, *International Commercial Arbitration, 2nd ed.* (Kluwer Law International, 2014), pp. 1896-1898.
11　Born, *supra* note (10), p. 1898.
12　*Id.*, p. 1902.
13　*Ibid.*
14　Lew et. al, *supra* note (10), p. 269; Born, *supra* note (10), pp. 1904-1905.
15　Lew et. al, *supra* note (10), p. 265; Born, *supra* note (10), p. 1903. 逆に言えば、当事者の合意によって仲裁人の開示義務を免除できるのは、きわめて例外的な場合に限られると解される。

2 開示の対象範囲――公正独立阻害事由
(1) 我が国の仲裁法

我が国の仲裁法18条4項によれば、仲裁人が開示すべき事実は、「自己の公正性又は独立性に疑いを生じさせるおそれのある事実」（公正独立阻害事由）である。抗告審が指摘したとおり、公正独立阻害事由とされる事実が、仲裁法18条1項2号の忌避事由である「公正性又は独立性を疑うに足りる相当な理由」よりも広範囲なものであることは、文言上も明らかである。そもそも仲裁法18条4項の趣旨自体が、「忌避事由があるかどうかの判断を当事者にゆだねるとともに、その判断を的確に行うことができるようにするため、忌避事由そのものよりも広い範囲での開示を義務づけるもの」だからである[16]。

もっとも公正独立阻害事由の範囲を明確に画定することは困難である。学説上は、「個々の事案ごと、そして個々の事実ごとに具体的に判断していくほかない」[17]とされ、忌避制度を「実効あるものとするために開示義務が明示的に規定されたことの趣旨にかんがみるならば、やはり、広く捉えるのが基本線であることが認識されてしかるべきであり、常識的にみて、少しでも疑わしいと思われる事実は、ここでの開示義務の対象となる」[18]と解されている。

(2) 諸外国での議論

仲裁法18条4項の基礎とされたMAL12条1項の起草過程で、公正独立阻害事由の範囲画定についての十分な検討がなされたわけではない。起草過程から言えるのは、各国の国内法で定められている事由の多くを包摂することや、仲裁の対象となっている紛争や当事者と仲裁人との間の関係などが含まれるという点に過ぎない[19]。

国際商事仲裁法に関する代表的な概説書では、開示義務は、関連する可能性のある全ての情報に及ぶとされている[20]。例えば、仲裁人が一方当事者の代理人をしていた事実は、過去のものであっても十分に関連する[21]。仲裁人と一方当事者

---

16 近藤ほか編・前掲注（7）79-80頁。
17 小島＝猪股・前掲注（7）218頁。
18 小島＝猪股・前掲注（7）219頁。
19 Holtzmann and Neuhaus, *A Guide to the UNCITRAL Model Law on International Commercial Arbitration: Legislative History and Commentary* (Kluwer Law International, 1989), p. 389. 芳賀・前掲注（5）57頁も参照。
20 Lew et al, *supra* note (10), p. 266.
21 *Ibid.*

の上級役員との間で定期的に会合しているなどの個人的な関係も、同様である[22]。これに対して、単に大学の同級生であったことなどは、それ自体では開示する必要のある事実ではない[23]。

どのような事実が公正独立阻害事由に該当するかの具体的な検討は、「国際仲裁における利益相反に関するIBAガイドライン」でも示されている[24]。IBAガイドラインは、7カ条の一般基準とその実務的な適用指針を定めている。実務的な適用指針では、定型的な開示事由を、①第三者から見て仲裁人の公正性および独立性について合理的な疑いをもたらす重大な事由（レッド・リスト）、②個別具体的な事情の下で当事者から見て仲裁人の公正性および独立性について疑いをもたらす事由（オレンジ・リスト）、③客観的な基準に照らして仲裁人の公正性および独立性に疑いをもたらさない事由（グリーン・リスト）に分けて列挙している。

（3）考　察

我が国の仲裁法18条4項の公正独立阻害事由の解釈については、一般に、基本的に広く解すべきとされている。具体的な判断に際しては、IBAガイドラインを参照すべきであろう[25]。IBAガイドラインは、法的拘束力を有するものではないが、国際商事仲裁実務において、世界的に広く受け入れられており、公正性および独立性の判断を行う際に常に念頭に置かれているものだからである[26]。

3　公正独立阻害事由の認定——仲裁人の法律事務所と当事者との関係
（1）本事件での論点

本事件で問題となった、仲裁人と同じ法律事務所に属する他の弁護士が、本件仲裁に関係しない案件において、仲裁の一方当事者の関連会社の訴訟の代理人を

22　*Id.*, p. 267.
23　*Ibid.*
24　IBA Guidelines on Conflicts of Interest in International Arbitration 2014. この2014年版の英文のガイドラインおよび旧版（2004年版）ガイドラインの日本語訳については、IBAのウェブサイトからダウンロード可能である。日本語版については、訳者の1人である小林和弘弁護士（大江橋法律事務所）に御教示いただいた。ガイドラインの概要については、谷口安平＝鈴木五十三編『国際商事仲裁の法と実務』（丸善雄松堂、2016）174頁［高取芳宏＝一色和郎＝松本はるか］を参照。
25　三木浩一＝山本和彦編『新仲裁法の理論と実務』（有斐閣、2006）163頁［中村達也］、芳賀・前掲注（5）58頁。
26　Blackaby & Partasides, et al., *Redfern and Hunter on International Arbitration, 6th ed.* （OUP, 2015）, para. 4.88.

務めている事実が「公正独立阻害事由」に該当するか否かという点について、原決定および抗告審の評釈では、いずれの論者も、IBA ガイドラインを参照して公正独立阻害事由に該当すると主張している[27]。

（2）諸外国での議論

（a）ICC での実務　仲裁人の法律事務所と当事者との関係については、国際仲裁実務でも頻繁に問題となっている。ここでは、ICC での実務を紹介する。Daele によれば、指名された仲裁人候補者について、ICC が仲裁人への就任を拒絶した事例として、次のものが挙げられている[28]。すなわち、①仲裁人の事務所のパートナーが被申立人の子会社の顧問をしている事例、②仲裁人の法律事務所が3つの事件で一方当事者の相手方の代理人となっていた事例、③2年前まで仲裁人の事務所で働いていた同僚が仲裁で争われている契約条項を作成していた事例、④仲裁人の事務所の外国オフィスで働くパートナーが申立人およびその関連会社の別事件での代理人を務めている事例、⑤一方当事者が仲裁人の事務所のかつての顧客であった事例、⑥仲裁人の事務所が一方当事者のグループ企業に属する子会社の顧問をしている事例、⑦仲裁人が一方当事者の親会社の代理人を務める事務所のかつてのパートナーであった事例、⑧仲裁人の事務所のパートナーが別件の仲裁事件で一方当事者の子会社の代理人を務めていた事例、⑨仲裁人の事務所と同一グループに属する法律事務所が、別件の事件で、一方当事者の関連企業の代理人を務めていた事例、⑩仲裁の一方当事者の関連会社が当事者となっていた過去の ICC 仲裁において、当該関連会社が仲裁人の事務所の顧客であるとして仲裁人が仲裁人の受諾拒絶をしていたことを開示していなかった事例、⑪一方当事者の親会社とその関連会社の代理人をしていたことを仲裁人が開示していなかった事例、⑫仲裁人の事務所の別のオフィスが別件の事件で一方当事者の関連会社の代理人になっていた事例である。

（b）IBA ガイドライン　IBA ガイドラインにおいても、仲裁人の法律事務所と当事者の関係についての言及がなされている。まず、一般基準6条（a）は、「仲裁人は、原則として、その法律事務所と同視されるが、潜在的な利益相反が存在するか否かまたは開示を行うべきか否かを判断するために、事実または

27　芳賀・前掲注（5）58頁、中村・前掲注（6）1626頁、猪股・前掲注（6）3頁。
28　Karel Daele, *Challenge and Disqualification of Arbitrators in International Arbitration*, International Arbitration Law Library, Vol. 24 (Kluwer Law International, 2012), pp. 332-334.

事情の関連性を考慮する場合、仲裁人の法律事務所による活動（もしあるなら）および仲裁人とその法律事務所の関係は、個別事件毎に、合理的に考慮されるべきである。仲裁人の事務所による活動が当事者の一方に関与しているという事実は、自動的に利益相反の原因または開示を行うべき理由を構成するものではない。」と述べる[29]。

次に、実務的な適用指針においては、仲裁人と当事者または代理人との関係として、「仲裁人の法律事務所が、現在、一方の当事者またはその関係会社との間で、重大な商業上の関係を有する」ことを、「放棄可能なレッド・リスト（2.3.6）」として挙げ、また、過去における一方当事者への役務提供または事件とのその他のかかわりとして、「仲裁人の法律事務所が、過去3年以内に、無関係な事件につき、当該仲裁人が関与することなく、一方の当事者またはその関係会社のために活動した」ことを、「オレンジ・リスト（3.1.4）」として挙げている。

（3）考　察

本事件で仲裁人が開示しなかった事実は、ICCで仲裁人の就任拒絶がされた④や⑫と類似する事実であり、また、IBAガイドラインの「放棄可能なレッド・リスト（2.3.6）」にも該当するものである[30]。「放棄可能なレッド・リスト」は、前述のとおり、第三者から見て仲裁人の公正性および独立性について合理的な疑いをもたらす重大な事由であって、当事者が利益相反の事情を承知した上で、それでもなおその人に仲裁人として活動させる意向を明示的に述べたときに限り、放棄可能とみなされるべき事情である。本事件では、当事者が仲裁人の利益相反に関する具体的事情を知らず、かつ、明示的な放棄もなされていない。従って、「公正性又は独立性に疑いを生じさせるおそれのある事実」（仲裁法18条4項）のみならず、忌避事由である「仲裁人の公正性又は独立性を疑うに足りる相当な理由があるとき」（仲裁法18条1項2号）にも該当する可能性がきわめて高いと思われる。

29　一般基準6条の解説は、「仲裁人は、原則として、自己の法律事務所と同視されなければならないが、仲裁人の事務所による活動が自動的に利益相反を構成するものとすべきではない。仲裁人の事務所の活動の関連性（例えば当該法律事務所による作業の性質、時期および範囲）ならびに仲裁人とその法律事務所の関係は、個別事件毎に考慮されるべきである。」と記載する。

30　ただし、芳賀・前掲注（5）58頁は、オレンジ・リスト3.1.4に該当すると主張する。

4　仲裁人の調査義務

（1）我が国の仲裁法

　我が国の仲裁法18条4項は、公正独立阻害事由の有無について仲裁人の調査義務を明示していない。しかし、仲裁人が調査をしなければ、かかる事由自体の存在を知ることもできず、開示もできない。そこで、我が国の学説上は、開示義務を果たすために、仲裁人が合理的な範囲で調査を行う義務を負うとの説が有力である[31]。抗告審も、「仲裁人が手間をかけずに知ることができる事実については、仲裁人には、開示のための調査義務が課される」と判示する。他方で、継続的な調査要求が仲裁人に過度な負担を強いることになって現実的でないことや、仲裁人が実際に知らないのであれば仲裁に対する悪影響がないことなどを理由に、調査義務に否定的な考え方もありえる[32]。

（2）諸外国での議論

（a）裁判例及び学説

　多くの国では、仲裁人の調査義務が認められている。例えば、米国では、FAA10条に基づく仲裁判断の取消手続に関して、第9巡回控訴裁判所が仲裁人の調査義務を肯定している。*Schmitz v. Zilveti* 事件[33]では、仲裁人の属する法律事務所が、35年間にわたり少なくとも19の事件で本件仲裁の被申立人の親会社の代理人をしていた（最後の事件は、本件仲裁開始の21か月前に終了）。裁判所は、仲裁人が事務所の利益相反行為を知らなかった場合であっても、仲裁人が開示義務とは別に調査義務を有すると判示した。本件では、仲裁人は、当事者についてのコンフリクト・チェックは行っていたが、当事者の親会社についてのチェックを怠っていた。

　第9巡回控訴裁判所は、*New Regency Productions Inc. v. Nippon Herald Films Inc.* 事件[34]でも、仲裁判断を下す直前に仲裁人が一方当事者と関係のある会社に就職していた事実を開示していなかった事案について、仲裁人が潜在的な利益相反（本件では当該会社と一方当事者との間の関係）を調査する義務を負っていたと判示している。

---

[31] 三木＝山本編・前掲注（25）164頁［三木浩一］、小島＝猪股・前掲注（7）220頁、中村達也「仲裁判断取消しの裁量棄却について」立命館法学363=364号（2016）1722頁などを参照。

[32] 日下部真治「忌避及び利害関係情報開示に関する諸問題」仲裁・ADRフォーラム1号（2007）59頁を参照。

[33] 20 F. 3d 1043 (9th Cir. 1994).

[34] 501 F. 3d 1101 (9th Cir. 2007).

また、フランスのパリ控訴院も、ICC仲裁判断の取消手続に関する *J&P Avax SA v. Societe Technimont SPA* 事件[35]で、仲裁人の法律事務所が仲裁の間に一方当事者から指示を得ていたことを仲裁人が開示していなかったとして、仲裁判断の取消を認めた。仲裁人は、仲裁手続の開始後、潜在的利益相反の調査をしておらず、かかる指示について知らなかったが、裁判所は、仲裁の間ずっと、仲裁人はその独立性に影響を与える可能性のある事実を当事者に開示しなければならないと判示した。

　さらに、国際商事仲裁の代表的な概説書でも、一般論として、「開示義務は、仲裁人が、開示すべき関係の有無について調査することをも要求する。仲裁人は、既存の知識だけに依拠することはできない。合理性の原則が、潜在的な利益相反を発見するために仲裁人が行うべき調査の範囲とかかる事実を開示する義務の範囲を限定する」と記載されている[36]。

　（ｂ）主要な仲裁規則に関する議論　UNCITRAL仲裁規則（2013年版）11条後段[37]は、「仲裁人は、その者の任命のときから、また、仲裁手続を通じて、当事者または他の仲裁人に遅滞なくそのような状況［＝その公平性または独立性に関する正当化されうる疑問を生じうる状況］を開示するものとする。」と規定し、仲裁人の公正独立阻害事由についての開示義務を定めている。仲裁人の調査義務は明示されていないが、大半の学者は、この開示義務が調査義務を含意すると解している[38]。

　また、ICC仲裁規則（2017年）11条3項は、「仲裁人は、仲裁の間において、第11条2項に規定されているのと同様の仲裁人の不偏性または独立性に関する事実または状況が生じた場合、書面により、それらをすべて事務局および当事者に速やかに開示しなければならない。」と規定する。この規定自体は、仲裁人の調査義務を明示していないが、調査義務を含意することは疑いの余地がないとされて

35　2009年2月19日判決。1 *Rev. Arb.* (2009) 186; Daele, *supra* note (28), p. 58; Kronke et al., *Recognition and Enforcement of Foreign Arbitral Awards: A Global Commentary on the New York Convention* (Kluwer Law International, 2010), p. 293.
36　Lew et al., *supra* note (10), p. 269.
37　UNCITRAL仲裁規則は、1976年に採択された後、仲裁手続の効率性を向上するために2010年に一部改正がされた。さらに、投資仲裁への対応のために2013年に一部追加がなされている。なお、仲裁法18条4項のモデルであるMAL12条1項後段は、UNCITRAL仲裁規則11条（＝1976年版の9条）後段をモデルとしている。Holtzmann & Neuhaus, *supra* note (19), p. 389.
38　Daele, *supra* note (28), p. 54.

いる。というのは、ICCは、2008年に「仲裁人受諾宣誓書」(statement of acceptance)の書式を変更し、調査義務を反映した文言を追加しているからである[39]。この宣誓書によれば、関係を有する会社や個人の詳細、経済的な取り決めその他の関連情報すべてを含む包括的な調査義務が仲裁人に課されていることになる[40]。宣誓書自体は、仲裁人の就任時のものであるが、ICC規則11条3項により、仲裁中ずっと潜在的な利益相反に関する調査を行うことが求められることになる。その調査の方法・頻度については、必ずしも明らかなものではないが、Daeleは、3か月ごとに、仲裁の当事者、その親会社および子会社について、仲裁人が属する法律事務所のシステムによるコンフリクト・チェックを行うことで足りると主張する[41]。

（c）IBAガイドライン　IBAガイドラインの一般基準7条(d)は、「仲裁人は、合理的な照会を行って、あらゆる利益相反および自らの不偏または独立について疑いを生じさせ得る事実または事情を確認する責務を負う。利益相反事由の不開示は、仲裁人がかかる合理的な照会を行っていない場合においては、認識の欠如によって免責されない。」と定めている。すなわち、仲裁人の調査義務を明らかに認めており、かつ、仲裁人が合理的な調査を試みていない場合には、たとえ利益相反の事実を知らなかったとしても、その責任を免れることができないのである[42]。

（3）考　察

我が国の有力説および諸外国の趨勢によれば、仲裁人の調査義務は、一般に、仲裁人の開示義務に含意されていると解されている。仲裁法18条4項の解釈としても、合理的な範囲で、仲裁人の調査義務を肯定すべきであろう[43]。問題となるのは合理的な範囲の具体化であるが、例えば、本事件に即して言えば、Daeleが主張するように、少なくとも3か月ごとに、仲裁の当事者およびその関連会社について、仲裁人が属する法律事務所のシステムによるコンフリクト・チェックを

39　Daele, *supra* note (28), p. 55.
40　*Ibid.*
41　*Ibid.*
42　Daele, *supra* note (28), p. 54.
43　JCAA商事仲裁規則（2014年）24条4項も仲裁人の開示義務を定めるだけであり、一般社団法人日本商事仲裁協会『コンメンタール商事仲裁規則』（2014）35頁でも、仲裁人の調査義務への言及はない。しかし、同規則24条4項の合理的な解釈として、仲裁人の開示義務には調査義務をも含意するものと解すべきであろう。

行うことくらいは要求できるよう。

四　開示義務違反による仲裁判断の取消

1　仲裁法44条1項6号

仲裁法44条1項6号は、「仲裁廷の構成又は仲裁手続が、日本の法令（その法令の公の秩序に関しない規定に関する事項について当事者間に合意があるときは、当該合意）に違反するものであったこと。」と規定する。ただし、学説上は、同号の「仲裁手続の違反」を理由に仲裁判断の取消を認めるためには、単なる違反では足りず、その違反がなければ仲裁判断と異なる結果を導くことになったものでなければならないと解されている[44]。手続違反がなくとも同一の結論を導く場合には、仲裁判断を取り消す必要がないからである。

2　開示義務違反と仲裁判断の取消

仲裁人の開示義務違反の場合には、学説上、①開示義務違反それ自体が手続の公正さを疑わせ、ひいては仲裁制度そのものへの信頼を損なうことになるとして仲裁判断の取消を認めるべきとする見解[45]、②仲裁人の故意による不開示の場合や、仲裁人の過失により開示されなかった事実の存在が仲裁判断の結果に影響を及ぼしたであろうという蓋然性が認められる場合に限り、仲裁判断の取消が認められるとの見解[46]、③仲裁判断の取消という事後的局面では忌避の判断と同じ基準であるある必要はなく、より重大で明白な事由があるときにかぎるなど厳格な審査基準によるとの見解[47]などが主張されている。①と③の見解は、仲裁法44条1項6号に関する上述の基準とは若干異なるものであり、開示義務違反についての独自の基準を示すものとも考えられる。

本事件では、開示義務違反の結果が軽微なものであったか、それとも重大なも

---

[44]　中村・前掲注（31）1726頁、拙稿「国際商事仲裁における実体準拠法決定の違反と仲裁判断の取消」国際公共政策研究21巻1号（2016）60頁。
[45]　小島武司＝高桑昭編『注釈と論点　仲裁法』（青林書院、2007）112頁［森勇］、三木＝山本編・前掲注（25）167頁［近藤昌昭］。
[46]　中村・前掲注（6）1628頁。この見解によれば、3人の仲裁人から成る仲裁廷が全員一致で仲裁判断をしたときには、1人の仲裁人に関して忌避事由に該当する事実が認められたとしても仲裁判断の取消は認められないことになる。
[47]　小島＝猪股・前掲注（7）222頁。

のであったか、原決定と抗告審との間で判断が分かれた。原決定は、不開示の事実が忌避事由に該当せず、本件仲裁判断の結論に影響を及ぼしたと認められないことや、不開示の事実を申立人Ｘが想定できたにもかかわらず、これを問題視していなかったことを理由に、不開示による手続違反が軽微なものであると判断した。これに対して、抗告審は、忌避事由に該当する可能性がないとはいえないことを理由に、重大な手続違反であると判断した。その意味では①の学説に近い立場であると考えられる。

本事件の評釈の論者は、違反は軽微なものであるとの原決定の結論を支持する見解[48]、仲裁人の開示しなかった事実が忌避事由に当たることから直ちに仲裁判断の取消を導いた点で抗告審に否定的な見解[49]、不開示事実の仲裁人の調査義務違反が故意か過失かなどの事情を考慮していない点でいずれにも否定的な見解（ただし、故意であれば仲裁判断の取消が認められるとする見解）[50]、重大な手続違反に該当するとして抗告審に好意的な見解[51]に分かれている。

3　考　察

上述三４（１）のとおり、米国の第９巡回控訴裁判所やフランスのパリ控訴院の判決は、仲裁人の調査義務・開示義務違反を理由に仲裁判断の取消を認めている。また、①の学説や抗告審が指摘するとおり、仲裁制度の信頼性を維持するためにも、仲裁人の独立性および公正性を確実にすることが不可欠であろう。他方で、②や③の学説が指摘するとおり、安易に仲裁判断の取消を認めれば、仲裁手続にかけた当事者や仲裁人の費用・時間・労力が無になってしまうし、仲裁判断に不満の当事者による取消申立の濫用を導くことにもなる。結局は、正当性の要請と終局性の要請のバランス判断の問題である。

その判断の際に主たる基準とすべきなのは、不開示事実の内容であろう。少なくとも忌避事由に該当するような事実を開示していない場合には、重大な違反として仲裁判断の取消を認めるべきではなかろうか。というのは、仲裁人が適正な開示を行っていれば、仲裁人が忌避されていた蓋然性があると考えられるからで

48　芳賀・前掲注（５）59頁。
49　猪股・前掲注（６）４頁。
50　中村・前掲注（６）1268。
51　浜辺・前掲注（６）のウェブサイトを参照。

ある。もしも仲裁人が異なっていれば、複数人から成る仲裁廷においても仲裁判断の結果が異なるものとなっていた可能性もある。

本事件では、前述のとおり、仲裁人が開示しなかった事実は忌避事由に該当する可能性がきわめて高いものと考えられる。従って、私見は、本事件で仲裁判断の取消を認めた抗告審の判断・結論に賛成する[52]。

五　結　び

本稿では、国際商事仲裁における適正な仲裁手続の確保という観点から、諸外国での議論から示唆を得つつ、我が国の仲裁法18条4項における仲裁人の公正独立阻害事由の開示義務の問題を検討した。私見をまとめると、次のとおりである。

第1に、仲裁法18条4項の解釈として、仲裁人は公正独立阻害事由の開示義務だけでなく、その調査義務をも負っていると解すべきである。調査義務は、開示義務に含意されているからである。何が公正独立阻害事由に該当するかについては、IBAガイドラインが参考となる。公正独立阻害事由の有無に関する調査義務の程度については、調査に要する負担とのバランスの観点から、個別事案の個々の問題ごとに合理的に判断すべきである。例えば、本事件では、仲裁人の属する法律事務所と仲裁当事者の一方の関連会社との関係が問題となったが、このような事案では、定期的なコンフリクト・チェックを行うことが要求されると解される。

第2に、仲裁人が開示義務・調査義務に違反した場合、少なくとも不開示事実が忌避事由に該当するときには、仲裁判断の取消を認めるべきである（仲裁法44条1項6号）。

私見は、仲裁人に対して厳しすぎるように見えるかもしれないが、いわゆる仲裁先進国である諸外国の実務も私見と同様の立場を採っており、世界的な基準から見れば、必ずしも厳しいものとはいえない。そもそも仲裁人には裁判官と同様に、高い職業上の倫理と能力が求められているのである。故意・過失のいかんを

---

[52] なお、本事件では、仲裁人が提出した「本件表明書」に対して当事者が異議を述べなかった旨が指摘されているが、IBAガイドラインの一般基準3条(b)では、将来起こり得る事実および事情から生ずる潜在的な利益相反に関連する事前の宣言または放棄があっても、仲裁人が継続的な開示義務を負うことが明示されている。小原淳見「仲裁人選びのポイントと仲裁人による開示義務・仲裁人忌避の基準——IBAガイドライン」ジュリスト1502号（2017）87頁も参照。

問わず、重大な事実の不開示をしてはならない。日本が国際商事仲裁の仲裁地として相応しい地となるためにも、日本における仲裁手続の信頼性を高める必要があろう。

国際私法の法典化と柔軟性

関　口　晃　治

一　はじめに
二　諸国国際私法改正の変遷と法適用通則法
三　伝統的国際私法理論とアメリカにおける国際私法の変遷
四　アメリカにおける国際私法立法とその内容
五　法適用通則法における密接関連性原則
六　おわりに

一　はじめに

　国際私法は、渉外的私法関係に適用されるべき法律を国籍、住所、常居所などの一定の客観的な連結点を媒介として、内外の私法より選択して指定することによって、諸国私法の内容が異なることによる私人の国際的活動の障壁を除去し、国際的私法交通の円滑と安全を確保することを目的としている。このような考えは1804年にフランス民法が序章3条で基本的な原則を掲げて以来、オーストリア（1811年）、オランダ（1829年）、イタリア（1865年）、スペイン（1889年）、ドイツ（1896年）等の国々が民法典や施行法のうちに、あるいは特別法として国際私法を成文化することになるが、これらはいずれも少なからずフランス民法典の影響によるものであった[1]。このような成文化の動きはひとまず停滞したが、1960年代になると再び欧州諸国を中心に成文化の動きが始まると、世界的な広がりをみせ今日に至るまで続いている[2]。

　フランス民法典の考えは現在においても国際私法の根底を支えており、その3条3項が定めている「人の身分及び能力に関するフランス法は同国人が外国に

1　C. Symeonides, Codifying Choice of Law Around the World: an international comparative analysis, 2014, p. 2. また、山田鐐一『国際私法』（第3版）（有斐閣、2004）23頁以下参照。
2　Symeonides, op. cit., p. 3.

あってもその者を規律する」との立場は家族法・人事法関係についての属人法主義であり、本国法主義を定めるものである。すなわち、人がどこに行こうとも随伴しその者を支配するべき法として、その者の本国法が最適とする属人法の理論を示し、とりわけ家族関係のような法的安定性が求められる場面において、その解決を保障することができると考えられてきた。これに対して、法律行為の成立および効力をも含め、それが行われる地の法によるべきとする立場が属地法の理論である。同理論を採る英米法諸国においては自国に裁判管轄権があれば自国法を適用するという立場が採られ、この属地法の理論は財産法関係にとどまらず家族関係をも支配すると考えられている。いずれの立場を採るにせよ、当面の問題がその本拠を有する地として、最も密接な関係を有する地の法を適用するべきとする密接関連性の理論によって説明されるが、密接関連性の判断基準が不変なものでない以上、いかなる要素に着目して密接関連性を判断するべきかが問題となるであろう[3]。

この密接関係地を本拠とし、渉外的私法関係に適用されるべき法は最も密接な関係のある地の法によるとする方法論は、近代国際私法の祖といわれるサヴィニー（Savigny）が内外法平等の原則と外国法適用の義務とを主張し、ある法律関係の規律にあたって、その法律関係の所属する地の法が内外法の如何を問わずに適用されるべきであると主張したものである。すなわち、各法律関係はその性質に応じて固有の本拠（Sitz）を有しているため、その本拠を探求して本拠の存する地の法を適用するべきとするものである[4]。この方法論は今日の国際私法においても基礎とされ、明治31年に制定されたわが国の国際私法である「法例」も、単位法律ごとにその本拠を探求し、連結点を通じてこの本拠地である当該法律関係と最も密接な関係のある法を選択し指定するという理論構造を前提とするものであり、平成元年に行われた大幅な改正においてもこの基本的な構造を検討し修正されることはなかった[5]。そして、現在のわが国の国際私法である「法の適用に関する通則法」（以下、法適用通則法とする）においても維持されている。

このような構造を有する国際私法は伝統的理論と呼ばれ、その特徴として適用範囲が広く、準拠法として適用される法の内容を問わない明確で機械的な規則で

3　笠原俊宏『国際私法原論』（文眞堂、2015年）2‐3頁。
4　出口耕自『論点講義　国際私法』（法学書院、2015年）22-23。
5　澤木敏郎＝南敏文『新しい国際私法―改正法例と基本通達―』（日本加除出版、1990年）5頁。

あることから、法的安定性と予見可能性を重要視するものである。これに対して、アメリカ合衆国（以下、アメリカとする）においては、この伝統的理論に変わる新しい理論の定立のための活発な努力が行われ、実質法の内容を考慮して個別的な争点に対応する柔軟性のある規則により、具体的妥当性を重要視する国際私法が同国諸州において一般的となっている。両理論のどちらが優れているかはにわかに断じがたく、どちらかの主義に統一することはきわめて困難であり、国際私法の統一に向けての障壁ともなっている。

　しかしながら、今日、諸国の国際私法の動向としては、伝統的理論を有する諸国において、客観的な事実認定に基づく機械的な問題解決の方法論から離れ、より具体的な問題解決へとその視点および目的の転換が急速に行われているだけでなく、アメリカにおいても伝統的理論の要素を持つ国際私法立法が定立されている。本稿においては、近年世界中で行われている国際私法の法典化および改正の変遷を示し、アメリカでの国際私法立法の展開とともに密接関連性の原則について若干の考察を行うものである。

二　諸国国際私法改正の変遷と法適用通則法

　フランス民法典が国際私法を成文化したことに始まった国際私法の法典化への流れは、その後停滞することになるが、1960年代になると国際私法の成文化および改正への動向は再び徐々に進み始め、2000年代になると急拡大することになる。この拡大は欧州からアジアに至るものであり、その始まりは大陸法を中心とする欧州諸国ではあったが、アフリカ諸国、中東諸国、アジア諸国へと広がっただけでなく、コモン・ロー諸国の中枢でもあるイングランドがこの成文化の動向に加わっていることからも、諸国国際私法の法典化が全世界的なものであることがわかる[6]。

　ここに1962年より2012年の間に行われた国際私法の法典化および改正の国や地域の分布を示せば欧州41[7]、アフリカ19[8]、中東8[9]、アジア12[10]、北米4[11]、中南米

6　Symeonides, op. cit., p. 3.
7　欧州における法典化及び改正を年次順に示せば、チェコスロヴァキア社会主義共和国（1964年）、アルバニア社会主義人民共和国（1964年）、ポーランド人民共和国（1965年）、ポルトガル共和国（1967年）、スペイン（1974年）、ドイツ民主共和国（1975年）、ユーゴスラビア社会主義連邦共和国（1982年）、オーストリア共和国（1979年）、ハンガリー人民共和国（1979年）、ドイ

11[12]となる。ここに示された中には現在存在しない国や分裂した国、合併などにより国名が変更された国が含まれるだけでなく、複数回の改正を行っている国や地域もある[13]。これらの分布から欧州諸国において多くの法典化および改正が進んでいることを特徴として挙げることができる。また、短期間の間にアフリカ諸国において多くの国際私法の法典化が進んでいることがみてとれるが、この背景として考えられるのは、これらの諸国がヨーロッパ諸国の植民地からの独立を果たしたことを要因として挙げることができる[14]。このような法典化もしくは改正

ツ連邦共和国（1986年）、スイス連邦（1987年）、フィンランド共和国（1988年）、ソビエト連邦（1991年）、ルーマニア（1992年）、ラトビア共和国（1993年）、英国（1995年）、イタリア共和国（1995年）、リヒテンシュタイン公国（1996年）、ウズベキスタン共和国（1997年）、アルメニア共和国（1998年）、ベラルーシ共和国（1998年）、ジョージア（1998年）、キルギスタン共和国（1998年）、ドイツ連邦共和国（1999年）、カザフスタン共和国（1999年）、スロベニア共和国（1999年）、アゼルバイジャン共和国（2000年）、リトアニア共和国（2000年）、オランダ王国（2001年）、ロシア連邦（2002年）、エストニア共和国（2002年）、モルドバ共和国（2002年）、ベルギー王国（2004年）、ブルガリア共和国（2005年）、タジキスタン共和国（2005年）、ウクライナ（2005年）、マケドニア旧ユーゴスラビア共和国（2007年）、アルバニア共和国（2011年）、オランダ王国（2011年）、ポーランド共和国（2011年）、チェコ共和国（2012年）となる。

8 アフリカにおける法典化及び改正を年次順に示せば、マダガスカル共和国（1962年）、中央アフリカ共和国（1965年）、チャド共和国（1967年）、スーダン共和国（1971年）、ガボン共和国（1972年）、セネガル共和国（1972年）、ギニアビサウ共和国（1973年）、ソマリア共和国（1973年）、アルジェリア民主人民共和国（1975年）、モザンビーク共和国（1975年）、アンゴラ共和国（1977年）、ブルンジ共和国（1980年）、トーゴ共和国（1980年）、コンゴ共和国（1984年）、ルワンダ共和国（1988年）、モーリタニア・イスラーム共和国（1989年）、ブルキナファソ（1990年）、カーボヴェルデ共和国（1997年）、チュニジア共和国（1998年）となる。

9 中東における法典化及び改正を年次順に示せば、アフガニスタン共和国（1977年）、ヨルダン・ハシェミット王国（1977年）、イエメン・アラブ共和国（1979年）、トルコ共和国（1982年）、アラブ首長国連邦（1985年）、イエメン共和国（1992年）、カタール国（2004年）、トルコ共和国（2007年）となる。

10 アジアにおける法典化および改正を年次順に示せば、中華人民共和国（1985年）、中華人民共和国（1987年）、北朝鮮（1995年）、ベトナム社会主義共和国（1995年）、中華人民共和国（1999年）、マカオ（1999年）、大韓民国（2001年）、モンゴル国（2002年）、日本（2007年）、台湾（2010年）、中華人民共和国（2010年）、東ティモール民主共和国（2011年）となる。

11 北米における法典化及び改正を年次順に示せば、ルイジアナ州（アメリカ合衆国）（1991年）、ケベック州（カナダ）（1991年）、オレゴン州（アメリカ合衆国）（2001年）、オレゴン州（アメリカ合衆国）（2009年）となる。

12 中南米における法典化及び改正を年次順に示せば、エクアドル共和国（1970年）、ペルー共和国（1984年）、パラグアイ共和国（1985年）、コスタリカ共和国（1986年）、キューバ共和国（1987年）、メキシコ合衆国（1988年）、グアテマラ共和国（1989年）、パナマ共和国（1992年、1994年）、ベネズエラ共和国（1998年）、エルサルバドル共和国（1999年）となる。

13 Symeonides, op. cit., pp. 5-12. なお、国名の表記については、国名の変更などがあった場合には立法が制定された当時の国名に従って表記し、これ以外の国については外務省による正式名称により表記する。外務省（国・地域）http://www.mofa.go.jp/mofaj/area/index.html（2016年12月1日）。

の作業は2012年以降もとどまることはなく、アルゼンチン共和国、プエルトリコ自治連邦区（アメリカ合衆国）、セルビア共和国、ウルグアイ東方共和国、イスラエル国、メキシコ合衆国などの国や地域で進行している[15]。

　これら諸国および地域における、新しい国際私法の内容の特徴として挙げることができることは、これまでの伝統的な連結方法にとどまらず段階的連結や択一的連結、当事者自治、および、密接関連地法などの柔軟な連結方法の導入によって準拠法の選択の方法が多元化する傾向にあることである。そして、これらの法典化及び改正された国際私法立法の内容については既に多くの邦訳が公表されており、それらの内容を見ることで諸国国際私法の改正条文の具体的内容を知ることができる[16]。

　わが国の国際私法の主たる法源は、平成18年6月21日に公布された「法の適用に関する通則法」（平成18年法律第78号）であり、同法は平成19年1月1日より施行されている。法適用通則法は明治31年に制定された「法例」（明治31年法律第10号）が改正されたものであるが、現在の法適用通則法へ至る過程としては昭和17年、昭和22年、昭和39年、昭和61年に部分的な改正が行われたが、平成元年の改正までは抜本的な改正は行われてこなかった[17]。平成元年の改正は両性平等の理念の貫徹、国際化への対応、法の不備の是正ないし明確化、国際私法の統一、渉外的身分関係変動の正確な戸籍への登載といった目的のために、主として婚姻及び親子に関する諸規定が大きく改正された。この改正では、連結点について大幅な改正がなされ、常居所の概念、子の側の要素を採用するなどの連結点自体に関するものに加え、連結方法についても段階的連結や選択的連結の方法が広く採用された[18]。さらには、最密接関連法として「最も密接な関係を有する地の法」への連結が明文をもって規定されるに至っている。

　この後、平成18年の改正により法律の表記を平仮名口語体に改めるとともに「法例」という法律の題名も「法の適用に関する通則法」と現代語代され、これ

14　Symeonides, op. cit., pp. 12-26.
15　Symeonides, op. cit., p. 12. また、国際的な法選択規則を有する条約の制定の変遷については、Symeonides, op. cit., pp. 30-34.
16　ここまでに示した法典化及び改正された国際私法立法の邦訳の出典については、拙稿「国際私法改正の変遷と通則法」［研究ノート］志學館法学17号（2016年）11頁以下参照。
17　わが国の国際私法の形成過程については、川上太郎『日本国における　国際私法の生形発展』（有斐閣、1967年）5頁以下参照。
18　澤木＝南・前掲書5-6頁。

まで全面的な見直しがされなかった財産法分野を中心とした大幅な見直しが行われた[19]。同改正は、今日の増加し多様化する国際的取引などの社会情勢に適合すること、ならびに、急激に進展する諸外国の国際私法に関する法整備の動向に対応することで、国際的調和のとれた内容にすることを目的としたものであった。

特に、財産法分野の事務管理、不当利得、不法行為といった法定債権は、不法行為を中心に全面的な改正がなされた。改正前の不法行為に関する規定は事務管理、不当利得および不法行為の成立および効果は事実発生地法によると定め、そのうえで特別留保条項によって日本法を累積的に適用するという規定であったが、通則法においてはそれぞれに詳細な規定が設けられているだけでなく、生産物責任の特例および名誉又は信用の毀損の特例の規定が新たに置かれた[20]。また、法律行為の成立および効力については、当事者が選択した法による当事者自治の原則が維持されているが、改正前の規定では、当事者による法選択がない場合には一律に行為地法を準拠法としていたが、通則法においては、法律行為の当時にその法律行為に最も密接な関係がある地の法に改められ、特徴的給付理論による最密接関係地法の推定を行うことになった。さらに、第三者の権利を害さないことを条件として、法律行為の後に当事者による準拠法の変更をも認めている。これに加えて、消費者契約の特例および労働契約の特例を新たに設けて、経済的に弱い立場にあると考えられる当事者を保護している[21]。

このように、わが国の国際私法である法適用通則法は平成元年の家族法分野を中心とした改正と、平成18年の財産法分野を中心とした改正を経て、明治に法例が制定されてから抜本的改正を行わずにいたが、これらにより飛躍的に新しい内容のものへと変貌したと言える。しかしながら、わが国の国際私法は伝統的に少ない総則規定をもって総論問題に対処してきたことから、これらの改正によって各論規定は充実されたと考えられるが、総則規定に関しては明文規定がないばかりか、不文の規定も形成されていない事項が多くあることも指摘されており、法

---

19 通則法の内容について、小出邦夫『逐条解説　法の適用に関する通則法』（商事法務、2009年）、神前禎『解説 法の適用に関する通則法—新しい国際私法』（弘文堂、2006年）。
20 通則法における不法行為法準拠法の決定については、拙稿「不法行為抵触法における法廷地法の優位—英国国際私法と通則法の現状を中心に—」［研究ノート］志學館法学10号（2009年）71頁以下参照。
21 通則法における契約準拠法の内容について、拙稿「わが国際私法における契約準拠法の決定について」［研究ノート］志學館法学11号（2010年）123頁以下参照。

例が制定された当時と比しても飛躍的な充実が図られているとは言い難い。また、最も密接な関連のある地の法に関しては、いずれの地の法が最も密接な関係を有するのかを判断することは非常に困難なことがあり、結果として解決の安定性ないし予測性を蔑にする虞があることが指摘されている[22]。

また、国際私法（国際民事訴訟法を含む）に関する規則の漸進的統一を目的とする政府間国際機関としてハーグ国際私法会議があり、同会議ではハーグ国際私法条約を制定している。同会議の構成国はヨーロッパ諸国が中心であるが、日本、アメリカ、カナダ、エジプト、ベネズエラ等も加盟国として名を連ねており、2015年12月現在の加盟国は80か国となっている。同会議でこれまでに採択されている条約はきわめて多数にのぼるが、わが国が批准した条約としては「民事訴訟手続に関する条約」（1954年）、「子に対する扶養義務の準拠法に関する条約」（1956年）、「遺言の方式に関する法律の抵触に関する条約」（1961年）、「外国公文書の認証を不要とする条約」（1961年）、「民事又は商事に関する裁判上及び裁判外の文書の外国における送達及び告知に関する条約」（1965年）、「扶養義務の準拠法に関する条約」（1973年）、「国際的な子の奪取の民事上の側面に関する条約」（1980年）の7条約を挙げることができる。そして、これら条約の批准にともない、特別法として「遺言の方式の準拠法に関する法律」（昭和39年法律100号）、「扶養義務の準拠法に関する法律」（昭和61年法律84号）、「民事訴訟手続に関する条約等の実施に伴う民事訴訟手続の特例等に関する法律」（昭和45年法律115号）、「国際的な子の奪取の民事上の側面に関する条約の実施に関する法律」（平成25年法律48号）が制定され、わが国国際私法の法源のひとつとなっている[23]。

22　笠原俊宏「わが国際私法の総則について―若干の比較法的考察―」大東ロージャーナル4号（2008年）101頁。
23　松岡博＝高杉直（補訂者）『国際関係私法講義』〔改題補訂版〕（法律文化社、2015年）12-13頁。これ以外にも、国際連盟または国際連合の下での国際私法統一条約があるが、わが国が批准しているものとしては、「仲裁条項に関する議定書」（1923年）、「外国仲裁判断の執行に関する条約」（1927年）、「為替手形及び約束手形に関する法律の抵触を解決するための条約」（1930年）、「小切手に関する法律の抵触を解決するための条約」（1931年）、「外国仲裁判断の承認及び執行に関する条約」（1931年）、「国家と他の国家の国民との間の投資紛争の解決に関する条約」（1965年）がある（同13頁参照）。なお、条約の内容は手形法附則88条以下、小切手法附則76条以下に取り入れられている。これら以外にも民法（35条、741条、801条）、会社法（817条、818条）、民事訴訟法（33条、108条、118条、184条）、民事執行法（24条）等にも国際私法の関連規定がある（同11頁参照）。

三 伝統的国際私法理論とアメリカにおける国際私法の変遷

　アメリカでは、連邦と州との二元的な司法システムを採用しており、それぞれの州と特別区において独立した法域が存在し、国際私法は各州の管轄に属しているため、それぞれに個別的、断片的な成文法がみられる現状にある（合衆国憲法の制定および海事などの連邦管轄を別として）。1934年にアメリカ法律協会（American Law Institute）によって判例を基礎にした抵触法のリステイトメント（Restatement of the Law of Conflict of Law）が作成され、その後、1971年にはこれを修正した第二リステイトメントが刊行されたが、これらはアメリカで認められている国際私法に関する法則を条文の形で体系的に整理したものであり、国際私法の成文法源というわけではない[24]。しかしながら、第二リステイトメントは第一リステイトメントの単なる改正版というわけではなく、不法行為と契約の法領域において顕著であった既得権説の立場に立つ柔軟性のない厳格な法選択規則を採っていた第一リステイトメントのありかたを根本から改めようとするものである[25]。

　第一リステイトメントは伝統的理論に基づく法選択規則と同様に、法的安定性、結果の統一性、予測可能性、簡明性を重要な目的とする明確な国際私法規則であった。しかしながら、この規則は準拠法の選定にあたって、その選定が問題となる法域の実質法の目的と価値を考慮しないために、その規則によって選択された法秩序（例えば不法行為）が、実質法の実現しようとする目的と価値を考慮すれば自州法（自国法）を適用する実質的根拠のない場合が生じ、逆に、この規則によって選択されなかった法秩序の目的と価値を考慮すれば、これらの法域が自州法（自国法）の適用に正当な利益を有する場合であっても、このような利益は伝統的規則では不当に無視されることが起こるようになった[26]。このために伝統的規則が厳格に適用されることによって、妥当でない結果が生じることがあるために、裁判所は伝統的規則によって妥当な結果に到達するときはその規定に従い、それが妥当でないと思われるときは、法性決定、反致、公序などを使って、

24　山田・前掲書24-25頁。
25　アメリカ抵触法研究会（川又良也（担当））「〈邦訳〉アメリカ抵触法第二リステイトメント（一）」民商法雑誌73巻5号（1976年）139頁。例えば、ほとんど例外なく不法行為は不法行為地法によるというものや、契約の有効性は契約締結地法によるといったものを挙げることができる。
26　松岡博『国際私法における法選択規則構造論』（有斐閣、1987年）56頁以下参照。

無原則的に逃れようとする傾向が出現するに至った[27]。このような状況になったことで、第一リステイトメントを修正した第二リステイトメントは、「個々の争点につき、『事実及び当事者と最も重要な関係』(the most significant relationship to the occurrence and the parties)にある邦の地域法(local law)によって当該争点に関する権利義務を定めるという幅広い原則」[28]によって法選択規則を明らかにするものとなった。

　第二リステイトメントが行ったような、伝統的理論から新しい方法論を構築する試みを最初に行ったのはケイヴァース(Cavers)であり、同氏は抵触事案の具体的解決には問題の事案の諸事情を観察し、そこに競合する実質法の内容や適用の結果が慎重に検討されるべきであり、実質法的に最も正当な解決をあたえる法が選択され、連結点もまた手続きとの関連において個別的に決定されるべきであると主張した[29]。するとその後に、カリー(Currie)によって伝統的理論を打破する最も斬新な理論が主張された[30]。カリーは、法選択規則は多くの法の中でも風変わりなものであり、それは、結果がどうなるかを告げずに、結果の場所のみを告げ、規則の作成者もその結果を予見することはできない[31]、と述べて伝統的法選択規則に変わる新しい方法論を提示した[32]。この方法論は、「抵触問題は、州の実質法の基礎にある法目的と、その法目的を実現するためにその法を問題となっている事件に適用することに対して有する州の利益とを考慮して、解決しなければならない」[33]というもので、一般に抵触と呼ばれる状態を真正の抵触と虚偽の抵触という二種類に分類している。虚偽の抵触とは、「事案に関係を有する二つの州のうち一方が、その法と政策の適用に対して正当な利益を持ち、他方がその利益を持たない場合には、本当の問題は存在しなく、疑いもなく、利益のある州の法が適用されるべきである」[34]と述べている。これに対して、真正の抵触とは、「事案に関係を有する二つの州のそれぞれが、その法と政策の適用に対し

27　松岡・前掲書57頁以下参照。
28　Wechsler, Introduction, in Restatement (Second) of Conflict of Laws, (1971) VII-VIII, アメリカ抵触法研究会(川又良也(担当))・前掲139頁。
29　丸岡松雄『アメリカ抵触法革命』(木鐸社、1997年) 143頁以下参照。
30　松岡・前掲書57-58頁。
31　Brainerd Currie, Selected on Essays on the Conflict of Laws, 1963, p. 170.
32　方法論の内容については、松岡・前掲書58-59頁参照。
33　松岡・前掲書59頁。
34　B. Currie, op. cit., p. 189.

て正当な利益を持っている場合には、いかなる抵触法の方法によっても合理的解決ができない問題が存在する」[35]と述べている。この虚偽の抵触の概念がカリー教授の中心的理論のひとつであり、統治利益分析論の基礎となっている。このカリー教授の提言を契機としてアメリカ国際私法学会では伝統的理論を否定する多くの新しい理論が提唱され、多くの州において新しい方法論による判決[36]が続いている[37]。このような一連のアメリカでの新しい動きは抵触法革命とよばれ、諸国国際私法に大きな影響を与えることになる。

　アメリカで起こった抵触法革命に関しては、その内容が伝統的国際私法理論と大きく異なっているために、ヨーロッパの大陸型国際私法の国々においては、伝統的な理論を維持するべきか、それとも新たな理論を構築するべきかという問題が国際私法の危機として盛んに議論されていた[38]。アメリカ国際私法の理論は、法廷地法主義で結果選択的な理論であるだけでなく、法廷地漁りの機会をも与えうる偏狭な反システムな方針であることから、ヨーロッパ大陸の諸国において厳しい評価を受けており、それらの諸国においては体系的で予見可能性を重視する考え方が優勢である[39]。この予見可能性を重視する伝統的国際私法理論と、結果の柔軟性を重視するアメリカ型国際私法との間の緊張関係は、近年の国際私法における特徴のひとつであるが、予見可能性を重視するためには固定したルールが必要であるが、それに対して、結果の柔軟性を重要視するためには固定したルールは必要でないために、この両者の立を融和することの困難から、ひとつの価値を築き上げることを目的とするのではなく、どちらを優先させるかが重要であると考えられている[40]。またヨーロッパ大陸の国際私法はアメリカ国際私法よりも予見可能性と価値の中立性を重要視するものであるが、アメリカ国際私法は予見可能性を犠牲にしても、それぞれの事案に対する結果の妥当性を強調しているよ

35　B. Currie, op. cit., p. 190.
36　Babcock v. Jackson, 12 N.Y. 2d 473, 240 N.Y.S. 2d 743, 191 N.E. 2d 279 (1963). この判決は新しい方法論を最初に採用したものである。
37　松岡・前掲書60頁以下参照。
38　Gerhard Kegel, "The Crisis of Conflict of Law", *Recueil des Cours*, Tome 112 (1964-II), pp. 95-263.
39　Peter Hay, "Flexibility versus Predictability and Uniformity in Choice of law—Reflection on Current European and United States Conflict Law", *Recueil des Cours*, Tome 226 (1991-I), pp. 301-302.
40　Hay, op. cit., p. 304.

うに見える[41]。このように、両者は互いに相手方を非難していることからも、抵触法における目的が異なっていることを窺がうことができ、民法とコモン・ローは基本的な方法論が異なっていることが解る[42]。

四　アメリカにおける国際私法立法とその内容

　今日の活発な国際私法立法の改正作業は欧州、アジア、中東さらにはアフリカに至るまでの全世界的なものであり、この世界的な改正の動きは欧州の大陸系の法体系を有する諸国より始まり、コモン・ロー諸国の中核でもある英国を含むすべての法体系の諸国にも広がったが、アメリカにおいては国際私法の成文化が根付くことはなかった[43]。ただし、ルイジアナ州は1991年にその民法典の中に包括的な抵触法規則を制定していることから、これをアメリカにおける最初の国際私法立法として挙げることができる。しかしながら、ルイジアナ州の民法は伝統的にアメリカの諸州の中でも独特の位置にあることから、同州が有する大陸型国際私法立法の存在は例外として扱われてきた[44]。

　このようなアメリカにおける国際私法の状況の中で、オレゴン州は2002年1月1日に契約に関する抵触法の包括的な規則を制定した。このような包括的な規則の制定は、全米ではルイジアナ州に続いての2例目、コモン・ローが支配する州においては初めての契約抵触法の制定となった。同規則の制定は、オレゴン州の法委員会（the Oregon Law Commission）による包括的な抵触法の法典化を進める最初の一部分だといわれている[45]。オレゴンにおいてこのような包括的な抵触法の法典化が進められたのは、先のルイジアナ州における包括的な抵触法規則の制

41　Hay, op. cit., p. 392.
42　Hay, op. cit., p. 392.
43　Symeon C. Symeonides, Codifying Choice of Law for Tort Conflict: The Oregon Experience in Comparative Persepective, *Yearbook of Private International Law, Volume 12*（2010）, pp. 201-202.
44　Symeonides, op. cit., p. 202.（Codifying Choice of Law for Tort Conflict）ルイジアナ国際私法に関しては Symeon C. Symeonides, Private International Law Codification in a Mix jurisdiction: The Louisiana Experience, *Rabels Zeitschrift für ausländisches und internationales Privatrecht* 1993, S. 460 ff. および、笠原俊宏「ルイジアナ民法典中の国際私法規定について」東洋法学第43巻第1号（1999年）95頁以下参照。
45　Symeon C. Symeonides, Codifying Choice of Law for Contracts The Oregon Experience, *Rabels Zeitschrift für ausländisches und internationales Privatrecht* 2003, SS. 726-727. および、拙稿「オレゴン契約抵触法について」［研究ノート］志學館法学9号（2008年）67頁以下参照。

定と無関係ではなく、同州における抵触法の法典化はオレゴン州の抵触法の法典化のモデルであると述べられている[46]。そして、オレゴン州における抵触法の法典化は進み、同州において不法行為抵触法が2010年1月1日に施行された。この抵触法の法典化によって、アメリカ抵触法革命から40年が過ぎた今日、アメリカの多くの州においても不法行為に関する抵触法が制定される契機になると考えられている[47]。

オレゴン州での不法行為抵触法の制定は、アメリカの柔軟性を除外した確実性を重視した極端な手段から、抵触法革命を通じて柔軟性を重要視した他の極端な手段へと移行したが、同州の不法行為抵触法の法典化を契機にして、確実性と柔軟性の適切な平衡を回復することができると考えられる[48]。オレゴン州で制定された不法行為抵触法の内容としては、その875条1項から4項の一般規則において、具体的な請求に従って適用される準拠法の決定方法を定めていることから、これまでのオレゴン州における渉外的不法行為問題の準拠法の決定と比して、格段に確実性が高まっていると考えられる[49]。また、同条4項の規定は同条2項、

46　Symeonides, a. a. O., S. 728.
47　Symeonides, op. cit., p. 204.（Codifying Choice of Law for Tort Conflict）
48　Symeonides, op. cit., p. 237.（Codifying Choice of Law for Tort Conflict）、および、拙稿「オレゴン不法行為抵触法について」志學館法学15号（2014年）41頁以下、条文の内容に関しては56頁以下参照。
49　第875条　一般規則
　（1）被害者および損害を引き起こした行為を行った者との間の非契約上の請求には、同条で指定された州の法が適用される。
　（2）（a）被害者および損害を引き起こした行為を行った者が同じ州に住所を定めているならば、その州の法が適用される。しかしながら、不法な行為の起こった州の法の注意基準の決定は審理される。損害が行為の起こった州以外で起こるならば、同条（3）（c）の規定が適用される。
　　　（b）同条の適用上、異なる州に住所を定めている者は、争点に関するそれらの州の法が同じ結果を生じる限り、同じ州に住所を定めているように扱われるものとする。
　（3）被害者および損害を引き起こした行為を行った者が、異なる州に住所を定めており、争点に関するそれらの州の法が異なる結果を生じる場合には、同項の指定する州の法が適用される。
　　　（a）不法な行為および結果としての損害が同じ州で起こり、被害者、又は、損害を引き起こした行為を行った者のどちらかが、その州に住所を定めていた場合には、その州の法が適用される。
　　　（b）不法な行為および結果としての損害が起こった州が、被害者、又は、損害を引き起こした行為を行った者の住所の州以外場合は、行為および損害の州の法が適用される。当事者が具体的事例の状況の下で、争点に適用される法が法の目的を提供しないことを証明する場合には、その問題には本法第878条によって指定される法が適用される。
　　　（c）不法な行為が起こった州および結果として損害が起こった州が異なる場合には、行為の

または、3項によって指定された州以外の法を、当事者が878条の原則に基づいてより適切であることを証明した場合には、その問題に対しては他の州の法が適用されることになっている[50]。この規定によって、875条1項から3項によって一定の確実性が達成され、同条4項によって準拠法決定に際して一定の柔軟性を持たせていると考えられる[51]。また、同様の規定は872条の製造物責任訴訟の規定においても存在し、その1項でオレゴン法が原則的に適用されることを規定しているが、3項において当事者が878条に基づいてより適切な他の州の法を証明した場合には、その問題にオレゴン州以外の法を適用することができると規定されている。また、同条4項においても、同条の下で規定されない、または、解決できない場合にも878条の規定に委ねることが規定されている[52]。

　上記のように、オレゴン不法行為抵触法は、準拠法の決定について具体的規定によって一定の確実性を有するものであるが、878条の規定によって柔軟性をも有するものとされている。878条の内容は、「870条、872条、875条および885条において規定されている場合を除き、非契約上の請求の争点に関する当事者の権利

　　　　起こった州の法が適用される。しかしながら、損害の起こった州の法は以下の場合に適用される。
　　　（A）損害を引き起こした行為を行った者の行為が、その州において損害が起こる事を予見することができた。および
　　　（B）被害者が、公式にその州の法の適用の援用又は修正の要求を申し立てた。この要求は、被告に対してのすべての請求と問題を含むものとする。
　　（4）当事者が、争点に適用される同条第2項、又は、第3項によって指定された州以外の州の法を、本法第878条の原則に基づいて、より適切なであることを証明した場合には、その問題に対しては他の州の法が適用される。
50　第878条　一般的な残りのアプローチ
　　本法第870条、第872条、第875条および第885条において規定されている場合を除き、非契約上の請求の争点に関する当事者の権利および義務は、当事者と紛争に接触のある州の法が適用され、そして、争点の政策上これらの問題に最も適切な州の法が適用される。最も適当な法の決定は以下に決定される。
　　（1）紛争に関連した、不法な行為の場所、結果として損害が起こった場所、住所、それぞれの常居所、又は、関連する事業所、もしくは、当事者の関係の中心的な場所といった接点を有する州を同一視する。
　　（2）争点についてこれらの州の法に具体化される政策を同一視する。そして
　　（3）以下に関して、政策の相対的な強さおよび適切さを評価する。
　　　（a）責任ある行為を鑑賞する政策、有害な行為を阻止する政策、および、行為に対して十分な救済を提供する政策。そして
　　　（b）他州の政策を強く抑制する弊害を最小限に抑える政策を含む、州間および国際的な制度の要求と政策。
51　Symeonides, op. cit., p. 238. (Codifying Choice of Law for Tort Conflict)
52　Symeonides, op. cit., p. 238. (Codifying Choice of Law for Tort Conflict)

および義務は、当事者と紛争に接触のある州の法が適用され、そして、争点の政策上これらの問題に最も適切な州の法が適用される」というものであり、同条1項より3項において最も適当な州の法の選定方法が規定されている。同条では、870条、872条、875条および885条で規定される場合を除くとされているが、先にも述べたように、872条および875条には当事者により、より適切な州の法を証明することによって、その証明した法を適用することができるため、878条の規定は当事者がより適切な法を適用しようとする場合を含め、多くの場合に適用されることになると考えられる。

五　法適用通則法における密接関連性原則

わが国の国際私法は密接関連性を基本原則にしてきたが、法適用通則法においては個別の抵触規定が「最も密接な関係のある地の法」を具体的な連結素として示している。まず、総則におけるものとしては法適用通則法38条1項において重国籍者の本国法の決定につき、常居所を有する国の国籍を本国法に指定しているが、それがないときには当事者に最も密接な関係を有する国の国籍をその者の本国法とすることが規定されている。また、同条3項は不統一法国を国籍とする者の本国法の指定について、原則として当該国家の準国際私法によって指定される地域の法が本国法となるが、そのような規定がない時には当事者に最も密接な関係がある地域の法をその者の本国法としている。これ以外にも、法適用通則法40条は人的不統一法国を国籍とする者の本国法の指定について、不統一法国を国籍とする者の本国法の決定と同様に、その国の人際法等の規定による間接指定の立場に立っているが、そのような規定がないときには、当事者に最も密接な関係のある法をその者の本国法としている。

次に各論におけるものとしては法適用通則法25条が、婚姻の効力に関する準拠法の決定について平成元年の改正で採用された段階的連結の規則に従って、夫婦の同一本国法、その法がなければ同一常居所地法、いずれの法もないときには夫婦に最も密接な関係のある地の法が準拠法になると規定し、第三段階の準拠法選定の連結素として密接関連性の原則を採用している。同規定は法適用通則法26条の夫婦財産制および27条の離婚にも準用されている。この家族的法律関係における「最も密接な関係がある地の法」の決定基準は何らの明文規定は置かれていな

いため、何を基準として決定するべきか明らかにされてはいない。

　これ以外にも、密接関連性の原則は財産的法律関係にも取り入れられているが、これらの規定には密接関連法の決定基準について明らかにされている。まず、法律行為については法適用通則法7条によって、当事者が当該法律行為の当時に選択した法によるとする当事者自治を原則としているが、法適用通則法8条1項はそのような当事者による準拠法の選択がない場合には、法律行為の成立および効力は当該法律行為に最も密接な関係がある地の法によるとしている。そして同条2項は当事者の一方のみが特徴的給付を行うものであるときは、その給付を行う当事者の常居所地法を当該法律行為に最も密接な関係のある地の法と推定するとしている。また、同条3項は不動産を目的とする法律行為について当該不動産の所在地が、当該法律行為に最も密接な関係がある地の法と推定している。次に、法適用通則法12条の労働契約の特例においては、その2項および3項においては労務提供地法ないし労働者雇入事業所所在地を当該労働契約に最も密接な関係のある地の法と推定している。

　さらに、事務管理および不当利得の成立及び効力に関して、法適用通則法は14条で原因事実発生地法を準拠法として指定しているが、通則法15条は当事者の同一常居所地法の存在やその他の事情に照らして、明らかにより密接な関係がある地があるときには当該他の地の法によるとしている。また、不法行為によって生じる債権の成立および効力については、結果発生地法を原則にし、その結果の発生を予見できないものであった場合の加害行為地法を準拠法に指定するが、法適用通則法20条において15条と同様の規定を置き、明らかにより密接な関係がある地がある場合にはその地の法によることになる。

六　おわりに

　国際私法は一定の客観的な連結点を媒介として、当該法律関係を規律するのに最も適した法を、内外の法より選択することを任務としている。国際私法によって如何なる法が指定されるかによって、その適用の結果は異なることになるため、準拠法選択の段階で結果のことを考慮するべきかが、柔軟な連結政策を取り入れるか否かに影響を及ぼすものである。伝統的理論では適用範囲を広くし、適用される法の内容を問わない明確で機械的な規則によって、法的安定性と予見可

能性を重要視している。しかしながら、今日の諸国国際私法立法においては、準拠法の選択の方法は多元化する傾向にある。そもそも、国際私法は詳細な規定によって裁判官の裁量権の行使の余地を狭い範囲にすることで、裁量権の濫用の機会を減少させているが、近年の諸国国際私法の特徴でもある柔軟な準拠法選定の方法は、結果として裁判官の裁量権の行使の可能性を高めることになる[53]。国際私法の立法者は裁判官に多かれ少なかれ裁量権の行使の余地を与えているが、立法者が判決の確定性、予見性及び一致性を重要視するならば裁判官の裁量権は厳格なものになり、立法者が具体的事件の妥当性を重要視するならば、裁判官に与えられる裁量権は大きなものになるであろう。諸立法において多元化する連結方法の中でも、密接関連性の原則は合理性を有する基準ではあるが、直ちに一定の法が準拠法として決定されるものではなく、常に具体的な事案との関連において不確実とも言える判断を経由しなければならない、準拠法であることを認める必要がある[54]。

　本来、国際私法が目指している正義とは、客観的連結により最も適当な法を適用することであるが、諸国立法において多元化している連結方法が示しているのは、客観的連結の追求のみならず、具体的な妥当性も軽視できないことを示している。しかし、国際私法と実質法は根本的に異なる性質を有しており、その目的も異なっていることから、国際私法的正義と実質法的正義は同一ではないと考えられる。実質法は、個別具体的な権利義務の決定を目的とする法であることから、実質法的正義の実現とは個別具体的な権利義務の決定における正義の実現であることに対して、国際私法は、個別具体的な権利義務関係から抽象された法律関係において、その準拠法を決定することを目的とする法であることから、国際私法的正義の実現とは準拠法の決定における正義の実現であると思われる[55]。すなわち、国際私法は適当な国家の法律の適用を保証するものであるが、実質法的正義の達成を予測することができないことから、国際私法は抵触法的正義を追求するべきであるという伝統的国際私法理論からの意見がある[56]。

53　拙稿「国際私法における自由裁量に関する考察」比較法41号（2004年）534頁以下参照。
54　笠原・前掲書（原論）32頁。
55　溜池良夫『国際私法講義』（有斐閣、1996年）415頁。
56　Katharina Boele-Woelki/Carla Joustra/Gert Steenhoff, Dutch private international law at the end of the 20th century: Progress or regress?, in: Symeon C. Symeonides (ed.), Private international law at the end of the 20th century: Progress or regress?, 2000, p. 45. また、正義の質およ

これに対し、適切な関係の正当性を判断し定義する法制度は日々変化しているにもかかわらず、伝統的国際私法理論の見解は適切な法、もしくは、適切な結果を直接探求するよりはむしろ適当な国家の法を適当な準拠法として提供することにとらわれている[57]。さらに、渉外事件と内国事件とは質的に同様であるという前提があり、裁判官の紛争を正しく、そして公正に解決するという義務は渉外事件の場合にも同様であるが、適当な国家の法がすなわち適切な法であるという伝統的推定は却下されるべきであり、その代わりに直接準拠法を調べて実際に適切な法であるかどうかを判断する必要性があると思われるとの指摘がある[58]。この考えによれば、国際私法において追求されるべき正義は、異なったもしくは劣った質の正義であるべきではなく、実質的もしくは実体法の正義をも達成することを追求する必要があることになる[59]。このように、国際私法の正義について明確な方向性を見出すことには限界があることから、国際私法上の正義を、特定の内容のある正義を実現するための正義ではなく、国際私法上の不正義を排除するための正義として把握することができると考えられる[60]。この国際私法上の不正義として排除の対象となりうるものとして、明らかな法廷地法主義を挙げることができる[61]。

　翻って、先に挙げた諸国国際私法立法においては、実質法的利益の伝統的国際私法への導入が実現されている。そこにおいては、これまでの一定の単位法律関係について常に同一の連結を行う単一的連結という連結形態を放棄し、多元的連結を取り入れることによって、いくつかの法の中からより望ましい結果が期待できる法を準拠法として選定することの可能性が与えられている。その方法として挙げることができるのが、段階的連結、選択的連結そして択一的連結の三つを挙げることができ、これらの連結政策はわが国の法適用通則法にも導入されている。したがって、わが国においても準拠法の選定において実質法的利益が顧慮されていることになるが、平成元年の改正によるこの顧慮は、国際私法の次元にお

　　び種類は、内国的情況を考慮したものであるとも言えるであろう。（同頁参照）
57　Boele-Woelki, Joustra and Steenhoff, op. cit., p. 44.
58　Boele-Woelki, Joustra and Steenhoff, op. cit., p. 45.
59　Boele-Woelki, Joustra and Steenhoff, op. cit., p. 45.
60　伊藤敬也「国際私法における実質正義―養子保護条約と法廷地法―」青山法学論集52巻4号（2011年）201頁。
61　伊藤・前掲201頁。

ける利益衡量と実質法の次元における利益衡量との混在が看取されている[62]。

　また、実質法的利益を顧慮することができる連結政策として、債権的契約関係の準拠法の決定について、準拠法を当事者の任意の選択に委ねる当事者自治の原則が認められており、大多数の諸国国際私法において採用されている。この当事者自治の原則は債権的準拠法の選定において広く認められているものであるが、近年の諸国国際私法においては、家族法分野にも導入されるなど当事者自治の原則は拡大の傾向にあると考えられる[63]。この原則は本来、債権法上の契約とは異なる理念が支配すると考えられている家族分野へも導入がされており、この導入に関しては革新的な規則の採用として注目されている[64]。しかしながら、債権契約法分野と家族法の分野で導入されている当事者自治の原則は実際上の原則の内容には相違がみられる。債権契約における当事者自治の原則は、当事者による準拠法の選択に制限を設けないことを原則にするものであるが、今日の諸国国際私法立法においては、社会的弱者と考えられる者を保護するために、当事者による準拠法の選択に一定の制限を加えるものを見ることができる、これに対し、近年新たに広がりを見せている家族法分野における当事者自治の原則は、一定の選択肢の中から当事者が準拠法を選択するというものであり、量的な制限がなされていることを特徴として挙げることができ、これによって予見可能性を担保しつつ、当事者に準拠法の選択を認めることで社会的弱者の保護という目的をも叶えることできると考えられる[65]。

　ここまでに述べてきたように国際私法による準拠法の選定は、伝統的理論に従って一般的そして抽象的に定められるべきであるが、同時に実質法的利益を顧慮する必要性が高まっている現在においては、柔軟な連結政策等によりその利益を叶えることも不可欠である。わが国の法適用通則法においても柔軟な規定を見ることができるが、「最も密接な関係のある地の法」を具体的な連結素として示している場合において、その基準が明確でない現在の状態は法的安定性と予見可能性を蔑にするだけでなく、結果として法廷地であるわが国の法が適用される事

62　笠原・前掲書（原論）17頁。
63　通則法における当事者自治の原則は、法律行為に関する七条、当事者による準拠法の変更の21条、および、夫婦財産制に関する26条２項においてみることができる。
64　笠原俊宏「国際家族法における当事者自治」比較法40号（2005年）241頁。
65　拙稿「当事者自治の新たな展開―オランダ国際私法を中心として―」『市民法と企業法の現在と展望』（八千代出版、2005年）413-414頁参照。

案が多くなることを鑑みれば、排除されるべき法廷地法主義へと誘うことになるのではないだろうか。したがって密接関連性原則を連結素として用いるためには法適用通則法としての立場を明確にすることが求められる。

　付記　三谷忠之先生には博士課程在籍中から現在に至るまで、研究に対する心構えから内容に至るまで、多くの示唆をいただきました。これにより現在まで研究を続けることができたと感じております。ここに先生の古稀をお祝いするとともに、これまでの御指導に衷心より感謝申し上げます。

文化財不法輸出入等禁止条約をめぐる近年の動向

八並　廉

一　はじめに
二　文化財不法輸出入等禁止条約の成立と日本の受諾
三　文化財不法輸出入等禁止条約に関する近年の動向
四　おわりに

一　はじめに

　「文化財の不法な輸出、輸入及び所有権移転を禁止し及び防止する手段に関する条約」（Convention on the Means of Prohibiting and Preventing the Illicit Import, Export and Transfer of Ownership of Cultural Property. 以下「文化財不法輸出入等禁止条約」という）は、動産文化財の国際取引や返還の問題を扱うユネスコの条約である。同条約が作成されておよそ半世紀が経とうとしている現在においても、平時の文化財の不法輸出入問題・返還問題を扱う国際的な法規範の中で最も中心的な役割を担い続けている条約の1つといえる[1]。日本が同条約の締約国となったのは、2002年のことであり、条約が定められて32年も後のことであった。当時は、文化財の不法な輸出入について重要な役割が期待されている国の1つである日本が、同条約の枠組みに参加することに消極的であったことに対する批判もあった。しかし、近年においては、同条約そのものをめぐる状況にも、同条約への日本のかかわり方にも、変化がみられる。

---

[1] 文化財不法輸出入等禁止条約の他に、私法統一国際協会（UNIDROIT）の「盗取されまたは違法輸出された文化財に関する条約」（UNIDROIT Convention on Stolen or Illegally Exported Cultural Objects）があるが、日本は批准していない。日本が同条約の批准を見送ってきた理由については、例えば、2002年6月の外交防衛委員会において、横田淳が、①「対象となる文化財の範囲が非常にあいまいである」点、及び②「原保有国の返還請求権の権利行使の期間が非常に長い」点（盗難のときから50年）を挙げている（第154回国会参議院外交防衛委員会会議録第21号（2002年6月11日）8頁〔遠山清彦発言・横田淳発言〕参照）。

2010年に文化財不法輸出入等禁止条約採択40周年を迎えたことを契機として、これまでの同条約の実行状況を整理し、同条約の解釈を一層明確にしつつ、条約制定当初には必ずしも想定されていなかった現代的課題への対策を議論するために、締約国会議や補助委員会等の関連諸会合が定期的に開催されるようになった。そして、これら同条約に関係するユネスコの政府間会合において、近年、日本は積極的な関与をしてきた。本稿は、筆者が文化財不法輸出入等禁止条約に関するユネスコの諸会合に出席する中で見聞きしたことにも適宜触れながら、同条約をめぐる近年の動向について紹介するとともに、若干の考察を加えるものである。

二　文化財不法輸出入等禁止条約の成立と日本の受諾

　戦時の文化財保護については、平時のそれと比べて、早期に国際条約による法整備がはじまっている[2]。最初期の例は、1907年の第2回万国平和会議で改定された「陸戦ノ法規慣例ニ関スル条約」（Convention respecting the Laws and Customs of War on Land）の枠組みの中にみることができる[3]。この分野では、現在、1954年の「武力紛争の際の文化財の保護に関する条約」（Convention for the Protection of Cultural Property in the Event of Armed Conflict）が中心的役割を担っている。また、1977年に作成された1949年ジュネーブ4条約の追加議定書においても戦時の文化財保護に関する条文が設けられている[4]。

　これら戦時中に移転された文化財の問題を扱う国際法規範の発展に比べ、平時における文化財の取引や返還の問題を扱う国際的な規制枠組み構築に向けた取組みがはじまるまでには、より長い時間がかかっている。平時の動産文化財取引規制へ向けた取組みの最初期の例としては、1932年の国際連盟総会が、国際博物館事務局（Office International des Musées）に「紛失し、盗取され、あるいは不法に譲渡または輸出された、芸術的、歴史的または科学的価値ある物の返還に関する条約」を起草させることを決定したことが挙げられる[5]。翌年、国際博物館事務

　2　可児英里子「『武力紛争の際の文化財の保護のための条約（1954年ハーグ条約）』の考察」外務省調査月報3号（2002年）2頁以下。
　3　同条約附属書「陸戦の法規慣例に関する規則」第56条参照。
　4　同条約第1追加議定書第38条及び第53条並びに第2追加議定書第16条参照。
　5　Alper Taşdelen, The Return of Cultural Artefacts: Hard and Soft Law Approaches, Springer, 2016, p. 10.

局は、条約の第1草案をとりまとめたが、米国、英国、及びオランダが強固に反対したため、採択に至ることはなかった[6]。その後も、国際博物館事務局は、これらの国々に対しても受入可能な内容となるよう適用範囲を狭める等の工夫をしながら、1936年に第2草案、1939年には第3草案を、国際連盟締約国に提示するも、調整は成功せず、同プロジェクトは中断せざるを得なかった[7]。その後、国際的な場における平時の文化財取引規制の枠組み整備は停滞し、議論が再開したのは第2次世界大戦後のことである。

本節においては、次節において文化財不法輸出入等禁止条約をめぐる現代的課題やその対策としての近年の取組みを議論する前提として、同条約が成立するまでの経緯を整理し（二-1）、また、日本が同条約の締約国となった際の議論を紹介する（二-2）。

1　文化財不法輸出入禁止条約の成立

第2次世界大戦後において、平時に不法に移転された文化財の返還に関する問題が、再び国際的規模で議論されるようになる土台を築いたのは、ユネスコの功績の1つである。1945年にユネスコ憲章が採択され、翌年11月に20か国の批准により同憲章が効力を発したことで、文化財返還問題について国際規模で法整備や国家間交渉を行うための基盤ができた。そして、ユネスコ設立からおよそ10年後、ユネスコの場で文化財返還問題に関する文書が採択され始める。

初期の例としては、1956年12月5日に開催されたユネスコ第9回総会において、「考古学上の発掘に適用される国際的原則に関する勧告」（Recommendation on International Principles Applicable to Archaeological Excavations）が採択されている[8]。この勧告は、考古学的価値を有する動産の密輸が横行することのないように、そのような動産について取引制限を整備することを促すことを目的として採択された[9]。その目的のために、同文書は、加盟国に対し、盗掘や遺跡の破壊に

6　Patrick J. O'Keefe, Commentary on the 1970 UNESCO Convention, 2nd edition, Institute of Art and Law, 2007, p. 3.
7　Taşdelen, *supra* note 5, p. 11.
8　同勧告については、次の文献で参照可能。Abdulqawi Ahmed Yusuf（ed.）, Standard-setting in UNESCO: Conventions, Recommendations, Declarations and Charters adopted by UNESCO (1948-2006), vol. 2, UNESCO Publishing/Martinus Nijhoff Publishers, pp. 345 ff.
9　同勧告第27条参照。

よって取得された物品の輸出を規制するために適当な措置をとるよう勧告している[10]。また、同勧告は、博物館等に対する考古学上の遺物の売却申込みがあった場合には、博物館等は、その考古学的物品の出所確認をすべきこと、また、不審な取引案件については関係当局に通報すべきことも勧告している[11]。さらに、そのような物品が移動してしまっていた場合の返還問題については、関係当局・博物館等に対しては文化財の回復のための援助、締約国に対してはそのために必要な措置を求めている[12]。このように、締約国・関係当局・博物館等が、相互に協力して、文化財の取引規制及び回復措置に取り組む枠組みを構築・発展させていこうとする考えは、文化財不法輸出入等禁止条約に通じる発想といえる。

上記1956年の勧告は、国家法への提言として一定の成果といえるものの[13]、法的拘束力を有する規範ではないため、国際的な文化財取引をより実効的に規制するためには、さらなる取組みが必要と考えられていた。1960年に開催されたユネスコ第11回総会においては、メキシコとペルーによる提案で、平時における不法な文化財取引を禁止するための国際的な制度を検討する議題が加えられた[14]。そして、1962年の第12回ユネスコ総会においては、そのような制度を実効的なものとするためには国際条約の形式による旨が合意された。しかし、ユネスコ第12回総会においては、次の総会までに条約草案を準備することは不可能と見込まれたため[15]、第13回総会においては条約の前身を「勧告の形式で」準備することが決定された[16]。その決定に従い、1964年9月に開催されたユネスコ第13回総会においては、「文化財の不法な輸出、輸入及び所有権移転を禁止し及び防止する手段

10　同勧告第29条参照。
11　同勧告第30条参照。
12　同勧告第31条参照。
13　ユネスコの勧告は法的拘束力を有するものではないが、その影響力は小さくない。ユネスコ憲章に基づき、加盟国は、ユネスコ総会閉会後1年以内に、当該総会で採択された勧告又は条約について、自国の権限ある当局に提出する義務を負っているからである（ユネスコ憲章IV（4）参照）。これにより、ユネスコの採択する勧告は、加盟国の立法過程等において尊重される仕組みになっている。
14　O'Keefe, *supra* note 6, p. 5.
15　草案準備に際しては、国際博物館会議（ICOM）や私法統一国際協会（UNIDROIT）による事前調査が必要であり、時間を要するものと見込まれていた。Taşdelen, supra note 5, p. 15.
16　"The General Conference [……] Decides that the international instrument to be submitted to it at its thirteenth session shall take the form of a recommendation to Member States within the meaning of Article IV, paragraph 4, of the Constitution," UNESCO GC 12 C/Resolution 4. 413, 28. 06. 1963.

に関する勧告」が採択されている[17]。

これを基礎として、同年に任命された専門委員会により、文化財不法輸出入等禁止条約の草案の策定作業が開始された。その後、1969年8月には、ユネスコ締約国に「文化財の不法な輸出、輸入及び所有権移転を禁止し及び防止する手段に関する条約草案[18]」が回付され、コメントが募られている[19]。そして、締約国から示されたコメントを基に草案の改訂が進められた[20]。主要な市場国が締約国とならないようでは条約の実効性は期待できないため、草案の改訂では各国のコメントが反映されるよう慎重に進められた[21]。他方、その結果、条約の範囲が縮小してしまったことについては批判もある[22]。以上の経緯で、1970年11月にパリで開催されたユネスコ第16回総会において、同条約が採択されるに至った。

2　日本による文化財不法輸出入等禁止条約の受諾

次に、日本が、文化財不法輸出入等禁止条約の締約国となるまでにとってきた対応について整理する。

（1）日本が締約国となるにあたっての議論

日本が1970年に採択された文化財不法輸出入等禁止条約の締約国となったのは、2002年のことである[23]。それ以前から、日本は、1950年に制定された文化財

17　Yusuf (ed.), *supra* note 8, pp. 377 ff.
　　同勧告は、30の加盟国から選出された専門家により起草されたものである。Christina Schaffrath, Die Rückführung unrechtmäßig nach Deutschland verbrachten Kulturguts an den Ursprungsstaat, Peter Lang, 2007, p. 13.
18　UNESCO Doc SHC/MD/ 3　Annex, 08. 08. 1969.
19　UNESCO Doc SHC/MD/5, 27. 02. 1970, p. 2.
20　草案の改訂作業に入ると、起草段階ではほとんど関与しなかった米国が当該草案に対して多くの異議を提示し、既にまとまりつつあった多くの規定について再度議論を要することになったが、米国を締約国にすることが望ましいとの見方が優勢であったことから、米国のコメントに配慮する形で改訂作業は進められた。河野俊行「文化財の不法な輸入、輸出及び所有権移転を禁止し及び防止する手段に関する条約と我が国における執行」ジュリスト1250号（2003年）199頁参照。See also O'Keefe, *supra* note 6, p. 7.
21　国際連合局専門機関課「文化財の不法な輸出、輸入及び所有権譲渡の禁止及び防止の手段に関する条約草案検討のための政府専門家会議報告」外務省調査月報11巻9号（1970年）217頁以下参照。
22　Andrzej Jakubowski, State Succession in Cultural Property, Oxford, 2015, p. 154; Isabelle Fellrath Gazzini, Cultural Property Disputes: The Role of Arbitration in Resolving Non-Contractual Disputes, Transnational Publishers, 2004, p. 45.
23　日本は1970年条約を2002年9月9日に受諾しており、同年12月9日から同条約は日本で効力を有している。

保護法に基づき、文化庁を中心として文化財保護をめぐる法整備とその実施に取り組んできていたものの、従来から国際的な文化財取引規制については不十分と考えられており、文化財不法輸出入禁止条約の枠組みに参加することが長く期待されていた[24]。それにもかかわらず、文化財不法輸出入等禁止条約の締約国となるのに、条約採択から30年あまりの時間がかかった。文化財不法輸出入等禁止条約の受諾にこれだけ時間を要した事情としては、条約上の義務となる国内措置について従来日本が有していた法制度で対応不可能な事項につき、関係省庁間での慎重な検討が必要とされたことが指摘されている[25]。具体的には、国内措置に関して調整が必要と考えられていた事項として、次の3つの条約上の義務が挙げられている[26]：①他の締約国の博物館等から盗取された文化財[27]の輸入を禁止すること（同条約第7条（b）（ⅰ））、②そのような文化財が国内に入ってしまっていた場合には、原産国である締約国の要請により、当該文化財の回復及び返還について適当な措置をとること（同条約第7条（b）（ⅱ））、③自国の文化財の輸出には許可を受けることを義務付け、輸出許可書のない文化財の輸出を禁止すること（同条約第6条）。

　また、国会会議録における関連発言を追うと、例えば、2002年6月25日の第154回国会参議院文教科学委員会において、当時文部科学大臣を務めていた遠山敦子が次のように説明している[28]。遠山は、日本としては1970年条約の趣旨に基本的に賛同しており批准に向けた準備を進めてきたが、その準備作業におよそ30年を要したのは、同条約の制度に「内実あるものとして国内的に対応」するためには2つの点につき調整が必要とされたためだと説明する[29]。すなわち、第1に、条約上の輸入規制について、「盗難文化財をどのように判別して実効的な措置を取るか」という点を、第2に、「日本国内に不法に流入した外国文化財の返還措置についてどこまで国内法で措置しなければならないか」という点を挙げ、これらについて、実務的な検討の期間が必要であったと述べている[30]。同会合で

24　河野俊行「文化財の国際的保護と国際取引規制」国際法外交雑誌91巻6号（1993年）45頁。
25　崎谷康文「文化財の保護とユネスコ条約に関する若干の考察」Research Bureau 論究1号（2005年）64頁。
26　大西珠枝「文化財不法輸出入規制法等の制定について」博物館研究37巻9号（2002年）11頁。
27　当該施設の所蔵品目録に属することが証明されたものに限る。
28　第154回国会参議院文教科学委員会（2002年6月25日）会議録第14号〔遠山敦子発言〕。
29　同上。
30　同上。

は、同年まで文化財不法輸出入等禁止条約の受諾が見送られてきたその他の背景には、「条約中の返還規定と我が国の民法における善意取得に関する規定の不整合性及び国際的な盗難文化財に関するデータベース整備の立ち後れ及び税関業務など実務上の難しさ」が挙げられてきた旨の指摘があり、文化財データベース構築に向けた見通しや、税関における専門家の配置について政府の見通しも問われている[31]。

　日本で諸外国の制度に関する調査や国内措置の検討が進む中、文化財不法取引問題に対する国際的関心の高まりから[32]、特に1990年代以降、先進国を含め、同条約の締約国数の増加が顕著であることから、日本の積極的役割も期待されていた[33]。また、1999年11月にユネスコ事務局長に松浦晃一郎が就任したことも重なり、関係省庁間の協議が集中的に進められ[34]、国内実施法である「文化財の不法な輸出入等の規制に関する法律」（以下「文化財不法輸出入規制法」という）及び「文化財保護法の一部を改正する法律」の法案が提出されるに至った。2002年6月11日の文教科学委員会では、遠山がこれら2法律の提案理由や概要を説明している[35]。その後、2002年6月26日の参議院本会議において、これら文化財不法輸出入等禁止条約の国内実施法が成立した[36]。

（2）国内実施法

　文化財不法輸出入規制法及び文化財保護法の一部を改正する法律は、同年7月3日に公布されている。これら2法律は、共に、文化財不法輸出入等禁止条約の適正な実施に資するものである[37]。これら2法律の成立により、受諾書寄託の日

31　同会合会議録・前掲注（28）〔大仁田厚発言〕。
32　諸外国における文化財の取引規制の状況を扱う文献として、河野・前掲注（24）4頁以下；今井健一郎・二葉葉子「諸外国における文化財の把握と輸出規制の概要」保存科学50号（2010年）59頁以下；島田真琴「イギリスにおける盗失・略奪美術品の被害者への返還に関する法制度」慶應法学21号79頁以下；永野晴康「文化財の違法取引に関する法制度：フランス法制との比較から」千葉商大論叢49巻2号（2012年）399頁以下参照。
33　増子則義「文化財不法輸出入等禁止条約の締結に伴う国内法整備」時の法令1682号（2003年）31頁。
34　外交防衛委員会における審査の結果、全会一致で同条約の受諾を承認すべきものと決定されたことにつき、第154回国会参議院本会議（2002年6月12日）会議録第33号〔武見敬三発言〕参照。
35　第154回国会参議院文教科学委員会（2002年6月11日）会議録第13号〔遠山敦子発言〕参照。
36　第154回国会参議院本会議（2002年6月26日）会議録第35号（その1）。文教科学委員会における審査を経た両法律案は、いずれも全会一致で原案通り可決された。
37　中川浩一「文化財の不法な輸入、輸出及び所有権移転を禁止し及び防止する手段に関する条約：平成14年9月10日条約第14号」法令解説資料総覧251号（2002年）36頁。

から3か月後にあたる2002年12月9日から、文化財不法輸出入等禁止条約が日本において効力を有することとなった。

文化財不法輸出入規制法は、「〔文化財不法輸出入等禁止条約〕の適確な実施を確保するため、盗取された文化財の輸入、輸出及び回復に関する所要の措置を講ずること」を目的としている（同法第1条）。同法にいう「文化財」が意味するのは、「国内文化財及び条約の締約国である外国（以下「外国」という。）が条約第一条の規定に基づき指定した物件」のことである（同法第2条1項）。同条2項は、前者の「国内文化財」が、①文化財不法輸出入等禁止条約第1条(a)から(k)までに掲げる分類に属する物件であり、かつ、②文化財保護法に基づき指定された重要文化財[38]、重要有形民俗文化財[39]、及び史跡名勝天然記念物[40]である物件を指すこととしている[41]。

まず、同法の枠組みにおける、輸入規制及び回復措置の特則について整理する。外務大臣が、外国から、文化財が、文化財不法輸出入等禁止条約第7条(b)(ⅰ)に規定する施設（博物館等）から盗取された旨の通知を受けた場合、遅滞なく、その内容を文部科学大臣に通知する（文化財不法輸出入規制法第3条1項）。そして、外務大臣から通知を受けた文部科学大臣は、「当該通知に係る文化財を、文部科学省令で定めるところにより、特定外国文化財として指定する」（同条2項）[42]。この指定にあたっては、経済産業大臣との協議を経ることが義務となっている（同条3項）。外国からの通知に係る文化財を「特定外国文化財」として指定する意義は、輸入規制（同法第4条）や回復措置の特則（同法第6条）の適用対象となる文化財を個別具体的に特定することにある。これは、先の国会会議録中に

38　文化財保護法第27条1項。
39　文化財保護法第78条1項。
40　文化財保護法第109条1項。
41　文化財保護法第2条にいう「文化財」の範囲と一致するものではない。これは、文化財不法輸出入等禁止条約第1条が、条約上の文化財を「各国が（中略）特に指定した物件」に限定していることを受け、文化財保護法上の文化財のうち、当条約の対象となるのは国指定した重要文化財等に限られるものとする趣旨である。大西・前掲注（26）11頁参照。
42　文部科学省令においては、輸入規制等の対象となる物件を特定できるよう、個々の特定外国文化財の内容として「原産国、名称、盗難年月日、所蔵博物館、大きさ、重量、形状、材質、制作年月、特徴等」について定めることになる。岡貴子「文化財の不法な輸出入等の規制に関する法律：平成14年7月3日法律第81号・文化財保護法の一部を改正する法律：平成14年7月3日法律第82号」法令解説資料総覧249号（2002年）36頁。
　　具体例として、「文化財の不法な輸出入等の規制等に関する法律第三条第二項に規定する特定外国文化財を指定する省令」（平成15年9月29日文部科学省令第43号）参照。

みた議論でも挙げられていた通り、盗難文化財の輸入規制を実施するためには、税関において、適切かつ円滑な盗難文化財の判別をどのように実現していくかが課題とされていたことへの、対応策である。また、回復措置の特則についても、盗難文化財について、一般の動産と異なる扱いが求められることから、取引の安全に配慮して、特則の適用対象となる物件を明示的に限定しておく意義がある。

特定文化財を輸入しようとする者は、外国為替及び外国貿易法第52条[43]に従い、輸入の承認を受ける義務を負う（文化財不法輸出入規制法第4条）。外国為替及び外国貿易法第52条は、原則自由であるべき貿易[44]に関し、一定の物品については特別に規制を受け、輸入にあたって承認を要することとする枠組みである。もっとも、特定外国文化財について輸入が承認されることは基本的に想定されていない。

輸入規制の実務としては、税関において、あらかじめ提供されていた情報に基づき、輸入貨物が特定外国文化財に該当する可能性があるか否かを判断し、そのような可能性がある場合には文化庁へ照会される。照会を受けた文化庁は、必要に応じて、外務省を通じて原保有国への確認を行う。外交ルートでの確認結果から、輸入承認の可否について、文化庁から税関に通知される。

次に、文化財不法輸出入規制法の枠組みにおける、輸出規制について整理する。同法は、輸出規制について、「文化庁長官は、国内文化財について文化財保護法第33条（同法第80条、第118条及び第120条で準用する場合を含む。）に基づく届出（亡失又は盗難に係るものに限る。）があったときには、その旨を官報で公示するとともに、当該文化財が文化財不法輸出入等禁止条約第7条(b)(i)に規定する施設から盗取されたものであるときは、外務大臣に通知する」旨を定めている（文化財不法輸出入規制法第5条1項）[45]。この通知を受けた時は、外務大臣は、その内

---

43 外国為替及び外国貿易法第52条は、「外国貿易及び国民経済の健全な発展を図るため、我が国が締結した条約その他の国際約束を誠実に履行するため、国際平和のための国際的な努力に我が国として寄与するため、又は第十条第一項の閣議決定を実施するため、貨物を輸入しようとする者は、政令で定めるところにより、輸入の承認を受ける義務を課せられることがある」と定める。これに違反した場合、5年以下の懲役若しくは500万円以下の罰金に処し、又はこれを併科せられる（ただし、当該違反行為の目的物の価格の5倍が500万円を超えるときは、罰金は、当該価格の5倍以下とする）（同法第69条の7第5号）。
44 外国為替及び外国貿易法第47条参照。
45 文化財保護法第33条は、「重要文化財の全部又は一部が滅失し、若しくはき損し、又はこれを亡失し、若しくは盗み取られたとき」についての届出を規定しているのに対し、文化財不法輸出入規制法第5条1項はかっこ書において「亡失又は盗難に係るものに限る」と定めている。この点

容を遅滞なく外国に通知する（文化財不法輸出入規制法第5条2項）。

　また、特定外国文化財の回復請求について、同法は、善意取得の特則を設けている。すなわち、「特定外国文化財の占有者が民法（明治29年法律第89号）第192条の条件を具備している場合であっても、第3条第1項の盗難の被害者は、同法第193条の規定による回復の請求に加え、盗難の時から2年を経過した後10年を経過するまでの期間にあっては、当該占有者に対してこれを回復することを求めることができる」こととされている（文化財不法輸出入規制法第6条1項）。ただし、日本への輸出より後に指定された特定外国文化財については、民法の原則通りとなり、回復請求可能な期間は2年となる（文化財不法輸出入規制法第6条1項但書）。なお、文化財不法輸出入規制法第6条1項本文に基づき、盗難の被害者が回復請求権を行使する際には、代価弁償義務を課される（同法第6条2項）。

三　文化財不法輸出入等禁止条約に関する近年の動向

　前節でみたとおり、戦後の世界情勢の中で文化財の不法取引をめぐる規制の整備には、相当の年月を要した。21世紀に入ると、物流の発達やインターネットによる商取引の増加により、紛争等で国内情勢が不安定な状況に陥った地域から盗取された文化財が外国市場に流出するような事案が一層複雑になり、また、近年においては不法な文化財取引がテロリストの資金調達手段として用いられていることなども報告され、国際的な懸念が高まった。文化財不法輸出入等禁止条約の枠組みにおけるユネスコの取組みについても、これら現代的課題への対応が注目される。

　以下では、第1に、締約国会議をはじめとする関連諸会合が定期的に開催される体制が構築されてきており同条約の促進が図られていること（三-1）、第2に、そのような諸会合の成果の取りまとめの結果、同条約の運用指針（Operational Guidelines for the implementation of the Convention on the Means of Prohibiting and Preventing the Illicit Import, Export and Transfer of Ownership of Cultural Property）が採択されたこと（三-2）、について紹介する。

　につき、永野・前掲注（32）401頁。

1 関連諸会合の開催

 文化財不法輸出入等禁止条約の締約国会議（Meeting of States Parties of the 1970 Convention）は、同条約の解釈について指針を提言することや、その目的に向けた取り組みを促進することを目的とする会議である。第1回締約国会議は、2002年に開催されたユネスコ第165回執行委員会会合における決定に基づき[46]、2003年10月13日に開催された。同会議において採択された勧告においては、ユネスコに対して、各国が提出を義務付けられている報告書についての分析すること（同勧告 Paragraph 13）、報告書の形式をより作成しやすいものに改善すること（同勧告 Paragraph 14）、インターネットによる文化財の売買のような現代的問題について分析し締約国会議に報告すること（同勧告 Paragraph 15）、同条約の適切な解釈に資する指針を提案すること（同勧告 Paragraph 16）が、求められた[47]。これらは、後の締約国会議や関連会合において重要な議題として取り上げられることになる。もっとも、この第1回締約国会議の時点では、条約関連会合の定期開催は実現していなかった。そのため、次に締約国会議レベルの会合が開催されたのは、2010年11月144日に同条約が40周年を迎えたことを契機に召集された文化財不法輸出入等禁止条約40周年会合（2011年3月15-16日）としてであった。

 第2回締約国会議は2012年6月に開催された。第2回締約国会議においては、締約国会議の手続規則（以下「手続規則」とよぶ）が採択され、締約国会議を隔年開催にすることが決定された（手続規則 Article 14.1）。また、同手続規則の中で、毎年開催の補助委員会の設置や、その機能について定めが置かれた（手続規則 Article 14.2以下）。この時期から、文化財不法輸出入等禁止条約の枠組みにおいて、締約国会議以外に、異なるレベルの会議が複数設けられ、それぞれ別個の役割を担うようになる。

 2012年に開催されたユネスコ第190回執行委員会で採択された決定[48]により、補助委員会の委員国選出を主たる目的として、2013年7月に臨時締約国会議が開催されることとなった。そして、手続規則 Article 14.4に基づき、2013年7月の臨時締約国会議で補助委員会の委員国が選出され、補助委員会は同月以降開催されている。補助委員会設置当初の喫緊の課題は、同条約の運用指針を起草するこ

---

46 See paragraph 9 (b) in UNESCO Doc 165 EX/6. 2, 8. 11. 2002, p. 26.
47 UNESCO Doc CLT/CH/INS-2003/3, 15. 10. 2003, p. 3.
48 UNESCO Doc 190 EX/Decision 43, 18. 11. 2012, p. 52.

とであった。日本も、2013年から2017年の任期で委員国に選ばれており、これまで積極的に議論に参加してきたところである[49]。2013年から2014年の間に補助委員会において集中的に運用指針の起草作業が進められた。起草作業においては、非公式作業部会という形態での会合も活用することで、補助委員国に選出されていない同条約の締約国にもオブザーバー参加を認めたことで、より草案が円滑に採択されやすい土台が築けたように思う[50]。そのような工夫が功を奏し、運用指針は、第3回締約国会議（2015年5月18-20日）において採択された[51]。運用指針については後述する。

その後、2015年9月に開催された第3回補助委員会会合においては、インターネットによる文化財不法取引や文書遺産の不法取引について[52]、専門家等やオブザーバーも含めて議論するための場として、非公式リフレクショングループ会合の設置が決定された[53]。これにより、2016年6月にデルフィ（ギリシャ）で非公式リフレクショングループの第1回会合が開催され、先立って行われた2016年3月30日のラウンドテーブル会合での議論状況等が共有された。翌月には、第2回会合が開催されており、補助委員会の手続規則改正に関する議論や、文化財不法輸出入等禁止条約の締約国が提出する定期報告書の形式の改善・オンライン化についての議論等が行われた。

以上のように、文化財不法輸出入等禁止条約に関する諸会合については、第1に、定期的に開催される仕組みが整備されたこと、第2に、異なる種類の会合を

---

49 2015年5月19日における委員国選出時点での補助委員会は、キプロス（2015-2019）、ギリシャ（2013-2017）、イタリア（2013-2017）、アルメニア（2015-2019）、ブルガリア（2013-2017）、ポーランド（2015-2019）、ボリビア（2015-2019）、エクアドル（2013-2017）、メキシコ（2013-2017）、アフガニスタン（2015-2019）、インド（2015-2019）、日本（2013-2017）、コンゴ民主共和国（2015-2019）、マダガスカル（2013-2017）、ナイジェリア（2013-2017）、イラク（2015-2019）、リビア（2015-2019）、モロッコ（2013-2017）で構成されている。

50 例えば、2014年4月28-30日にブルガリアのソフィアにおいて開催された文化財不法輸出入等禁止条約補助委員会の第4回非公式作業部会においては、補助委員国が優先的に発言できるように進行されたものの、文書によるコメントや修正案を持参したドイツの発言は、相当認められた。一例を挙げれば、同会議中、ドイツは、運用指針の目的を示す規定の一部として、運用指針が条約の枠組みを超えないことを明文で示すことを提案したが、それはすでに共通理解であるがゆえに明記は不要との反対意見がギリシャ等から出され、結局そのような内容の明記はされなかった。

51 See paragraph 3 of Resolution 3. MSP 11 in UNESCO Doc C70/15/3. MSP/RESOLUTIONS, 2015, p. 7.

52 これらの課題は、同会合で採択されたDecision 3. SC 7により第4回補助委員会で扱う優先課題とされたものである。

53 See Decision 3. SC 9 in UNESCO Doc C70/15/3. SC/Decisions, 2015, p. 7.

組み合わせて実施すること——特に非公式会合やラウンドテーブル会合の活用——により、技術の進歩や社会情勢の変化に迅速に対応するために、様々な立場からの意見を反映させながら議論を進める工夫がみられる。インターポールやカラビニエリ[54]による報告、並びに締約国の法整備状況についての報告[55]等から、締約国・国際機関・非政府組織・専門家等の間でグッドプラクティスやノウハウを共有しながら議論を進めるようになったことは、締約国会議での議事進行を円滑にする上でも意義があるものと思われる。

2　運用指針

次に、2015年に採択された文化財不法輸出入等禁止条約の運用指針について触れる。第3回締約国会議において採択された文化財不法輸出入等禁止条約の運用指針は、同条約の条文解釈について締約国を補助すること、及び、同条約の目的達成のための取組みを一層発展させる方法を明確化することを目的としている（運用指針 Paragraph 8）。

補助委員会やその非公式作業部会における起草過程の段階においては、運用指針は、条約の範囲を超えることはできない——新たに義務を課すものではない——点や、運用指針が拘束力を有しない文書である点が確認されていた。他方で、運用指針には、インターネットによる文化財取引のように、条約起草当時には想定されていなかった現代的問題と条約との関係を明らかにすることで、条約の円滑な運用に資することも意図されていることから、提言に近い形で踏み込んだ内容が書かれている部分もある。そのような部分については、起草段階において議論が尽きず調整が困難な場面もあったが、運用指針起草はコンセンサス重視で進められたことから、各国が妥協し合ってとりまとめられた。以下では、特に

54　イタリアの国家憲兵で、その1部署として文化財保護のための専門部隊をもつ。第3回補助委員会会合では、サイドイベントとしてカラビニエリによる文化財保護の取組みについてのプレゼンテーションが行われた。カラビニエリの文化財不法輸出入等禁止条約への貢献を示すものとしてさしあたり次の文献を参照；Laurie Rush and Luisa Benedettini Millingrton, The Carabinieri Command for the Protection of Cultural Property, Boydell Press, 2015, p. 177.

55　最近では、第4回補助委員会会合において、ドイツが文化財不法輸出入等禁止条約の国内実施のために行った法改正について報告をしている。ドイツの法改正の背景については、さしあたり次の文献を参照；Anne Splettstößer, "The Pre-Columbian Heritage in Contestation: The Implementation of the UNESCO 1970 Convention on Trial in Germany," in Brigitta Hauser-Schäublin and Lyndel V. Prott（Eds）, Cultural Property and Contested Ownership: The Trafficking of Artefacts and the Quest for Restitution, Routledge, 2016, pp. 156 ff.

議論があった点を紹介する。

　まず、文化財不法輸出入等禁止条約第1条に定められている条約上の文化財の定義について扱う運用指針Paragraph 11-12は、条約の適用範囲の問題に直結するため、非公式作業部会中幾度も議論になった。特に、運用指針Paragraph 12が未発掘の文化財等について言及している点——特に、その中に民俗学的価値を有する遺骨にまで触れられている点——については、条約における文化財の定義の拡大により、条約の適用範囲を広げることになりかねないため、不適切であるとの批判的意見も表明された[56]。しかし、運用指針の内容が今後の締約国会議において修正可能である点を確認する文言を挿入する（運用指針Paragraph 7）等して、入念な調整が行われた結果、第3回締約国会議に提出された草案は変更されずに採択された。

　また、インターネットによる文化財取引と条約の関係の明確化を図っている点（運用指針Paragraph 68以下）も、運用指針について特筆すべき点の1つである。運用指針は、盗取等された文化財がインターネットを通じて売買される状況は、文化財不法輸出入等禁止条約制定当初はみられなかったものの、現代では深刻な問題となっている旨を確認した上で（運用指針Paragraph 68）、そのような事案への今後の対策のあり方について指針を示している。すなわち、運用指針は、文化財不法輸出入等禁止条約の適用対象となるような取引の申込の誘引がインターネット上でなされている場合には、迅速にそれを特定し、関連締約国に通知できるような手段を構築していく必要がある旨を指摘している（運用指針Paragraph 69）。さらに、同パラグラフは、締約国に対し、インターネットプロバイダーに対する補助を整備したり、専門家等による監督を促進したりすることで、原保有国からの通知があった盗難文化財等がオンライン取引の対象となっている場合に当局への通報が迅速になされる仕組みを整えることを奨励している。現段階では、技術的制約、制度的制約、及び人的・資金的資源の限界から、ここに奨励されているようなオンライン取引規制を整備・実行できる締約国は多くない。しかし、国際商取引の分野におけるオンライン取引の発展は急速で、文化財流出問題への影響も深刻であることから、締約国にとって重い負担となることを認識しつつもあえて相当厳格な規制を奨励しているものである。文化財のオンライン取引

56　例えば、第3回締約国会議においてはフランスがその懸念を表明した。また、補助委員会での運用指針起草過程においても、ドイツやアメリカ等からも同様の懸念が示されていた。

に関する議題は、その後の関連会合でも取り上げられており、例えば、第4回補助委員会においては、締約国に対して文化財のオンライン売買を定期的に監視するよう強く奨励する決議文が採択されている[57]。

その他、運用指針において、文化財不法輸出入等禁止条約の目的のために、締約国が、文化財を扱う私人の商業活動に規制をかけるよう奨励する内容が含まれている部分については、条約上の義務を超える義務が発生しないかどうかという観点や実務的に実現可能かどうかといった観点から議論があった。例えば、運用指針 Paragraph 71は、オークションが開催される国に対し、オークションで扱われている物件が、輸出許可の発行を受けて適法に取引されたものであるか否かについて注意を払い、疑義がある場合には原産国に対する通報や当該文化財保全のための暫定措置を行うことを奨励している。これについては、公的機関だけでなく私的な文化施設にまで言及していることから、条約の枠内での運用可能性について懸念する声もあった[58]。その他、運用指針 Paragraph 81が、博物館等が、出所が明らかでないまま輸入された文化財について所持や展示を行わないようにするために、締約国が法的・政策的枠組みを設けることを奨励している部分[59]については、起草段階で特に調整に時間を要した。これは、第4回非公式作業部会の中で、出所不明の文化財を博物館等で展示してはならない旨を運用指針に追記する提案がイタリアからなされたことに端を発するものである。この提案に対しては、一律禁止の妥当性を疑問視する意見（ギリシャ等）があったため、対象を外国由来の文化財に限る妥協案等が示された（メキシコ）。また、運用指針の位置

---

57 Paragraph 2 of DECISION 4. SC 10 in C70/16/4. SC/Decisions, 2016, p. 2.
　同パラグラフについては、最終的に"Strongly encourages States Parties to regularly monitor online sales and should include national and regional sites, in addition to international sites"という文言で落ち着いているが、当初の決議案では"Decides that the monitoring of online sales should be done on a regular basis by State Parties and should include national and regional sites, in addition to international sites"という踏み込んだ表現であった。オンライン売買の監視は全ての国が対処できる問題ではないことから、日本が、当初決議案冒頭の"decides"を"encourages"に改めることを提案したところ、各国の立場により賛否両論となったが、コンセンサスによる決議を重視する観点から妥協点を探る協議が進められ、最終的に"strongly encourage"の表現で合意形成できたため、これが採択された。
58 例えば、第3回締約国会議で、フランスからそのような懸念について言及があった。
59 "[……] With a view towards restitution, the State Parties are encouraged to adopt appropriate national legal and policy frameworks to ensure that museums and other cultural institutions, whether public or private, do not exhibit or keep for other purposes imported cultural property that do not have a clear provenance and place of origin. [……]."

づけを考慮して、"shall"等の義務付けの表現を避け、"are encouraged to"等の表現にとどめるべきであるとの意見（日本）も示され、草案の文言に幾度も修正がなされた。

　このように詳細については締約国間で対立する点も散見されたものの、具体的な問題への対応にまで踏み込んだ内容の運用指針が締約国会議において円滑に採択されたのは、様々な工夫の結果である。特に、非公式作業部会等における起草過程で様々な立場からの意見を取り上げたことや、その前提としてコンセンサスを重視する方針を明確にして作業したこと等、事前調整のための取組みの効果が大きい。また、拘束力を有しない運用指針という形式をとった点や、その運用指針が締約国会議において改訂可能である旨の確認規定（運用指針 Paragraph 7）をあえて設けた点等の工夫も、効果的であったように思う。

四　おわりに

　以上で概観したように、文化財不法輸出入等禁止条約に関する取組みは、近年、活発になっている。まず、条約に関連する議論を十分慎重に進めつつ、必要な勧告等のとりまとめを迅速に進めるために、レベル・役割の異なる複数の会合を多元的に組み合わせる工夫が観察できよう。締約国会議という広い権限を有する会議を定期開催と定めておくことには、勧告や運用指針等の制定・改定を滞りなく進める意図があるが、それらの運用を円滑に進めるためには、締約国会議に提出される作業文書は、締約国間で事前に十分すり合わせがなされていることが不可欠である。そのために、締約国会議は、その下に設置する補助委員会に、運用指針等の重要な作業文書の起草を委任し、専門家や他のオブザーバーの見解も十分に反映させながら、作業文書の準備に当たらせている。また、非公式リフレクショングループ会合やラウンドテーブル会合といった、よりソフトな枠組みを設けることで、各国や関連諸機関におけるグッドプラクティス事例報告の機会を設け、締約国・関連諸機関・専門家等の間で、文化財の不法取引防止及び回復措置についての最新のノウハウを共有することで、条約の実効性を一層高めるための国際協力を実現する工夫もみられるところである。

　文化財不法輸出入等禁止条約が1964年から策定作業が続けられて1970年に採択されたことと比較して、同条約の運用指針は、より具体的な内容に踏み込んでい

るにもかかわらず、およそ半分の期間で採択に至っている。これは、補助委員会での議長の采配の効果によるところが大きいが、それ以外の要因として、運用指針が拘束力を有しない文書であることから、比較的柔軟に妥協し合って草案をまとめたという側面もあったように見受けられた。

　このように、文化財不法輸出入等禁止条約については、技術の発展や世界情勢の動向にあわせて取引手段・取引慣行が多様化していく現代において、文化財の不法取引や返還の現代的問題に可能な限り迅速に、そして柔軟に対応しようとする体制の整備が図られている。また、現在進行中の議論状況等に鑑みて本稿では取り扱えなかったが、締約国が提出する定期報告書のオンライン化、税関等の実務を支えるユネスコのデータベース整備についての取組み、補助委員会の手続規則の改正等、重要な問題が次々と関連諸会合において議題になっており、現在は2017年5月に予定されている締約国会議に向けた準備の最中である。今後も同条約の動向を負いながら、国際的な文化財保護法制の改善に向けてどのような取組みが必要なのか考え続けていきたい。

病気等を理由とする解雇の規制に関する一考察
—— 精神疾患のケースを中心として ——

細 谷 越 史

一　はじめに
二　病気等を理由とする解雇の法的性質および解雇制限の理論
三　病気等を理由とする解雇に関する判例の整理
四　病気等を理由とする解雇に関する判例・学説の分析と検討
五　障害者雇用促進法上の合理的配慮措置が解雇法理等に与える影響
六　おわりに

一　はじめに

　近年、能力主義的雇用管理の強化や労働者の高齢化等を背景として、使用者が労働者の私傷病などを理由として普通解雇するという事案が急増している。そこで主要な論点となるのは、病気等を理由とする解雇に客観的に合理的な理由や社会通念上の相当性があると認められ、権利濫用に当たらないといえるかである（労働契約法（以下、労契法とする）16条）。

　また、就業規則等において、病気等のために勤務できない労働者を一定期間休職させ、所定の休職期間が経過しても回復しない場合に、自動退職扱いするといった旨が規定されている場合でも、かかる自動退職扱いは、休職期間満了後にも労働者が勤務に復帰できず、解雇が正当化されるような事情の下でのみ許されると解されるので、結局、病気等を理由とする解雇が労契法16条に照らして有効と判断されるかの問題に帰着する。

　近年におけるメンタルヘルスへの社会的関心の高まりを背景として、私傷病の中でもとくに注目されるのは、精神疾患に罹患していると見られる労働者に対する解雇等の有効性である。かかる事案が増加する要因としては、とくに成果主義・能力主義的雇用管理の強化による仕事やノルマなどによるプレッシャーの高まりや、職場における同僚らとの間での人間関係の難しさといった問題があると

推測される。こうした事情もあり、最近では、労働安全衛生法66条の10第1項（2015年12月1日施行）に基づき、労働者50名以上の事業場においてストレスチェック制度の実施が義務づけられるに至っている。

　さて、精神的な不調には主に次のような特徴があり、使用者は労働者の人事管理等に際して適切に考慮する必要がある。①労働者の健康管理がそれなりの効果を上げる脳・心臓疾患等の生活習慣病とは異なり、人間関係における一定の障害である精神的な不調の発生を職場において完全に予防するのは困難である。②脳・心臓疾患等が明確な身体的不調を引き起こすのに対して、精神的な不調は、労働者に病識がなく、自覚されない事例が多く、周囲の者も精神的な不調を認識しづらい。また、偏見を恐れ、罹患していることや治療を受けていることを秘匿することがある。③脳・心臓疾患の場合、治療の結果、治癒または症状固定という状態となるのに対して、精神疾患については、寛解（疾患の経過中に、自・他覚症状や検査成績が一時的に好転したり、ほとんど消失する状態）という概念が用いられる。④精神的な不調は再発が見られやすく、一般的な疾病と比べて治癒の度合が見えにくいため、復職の見極めが困難である。また、寛解し、職場復帰しても、職場の人間関係がうまく行かず、復職が円滑に進まない事態が生じうる。⑤精神的な不調は個別性が高く、同一疾病名であれ、個人によりその症状・治療期間等が大きく異なる傾向がある[1]。

　これまで裁判所は、病気とくに精神疾患等を理由とする解雇のケースについては、諸般の事情の総合勘案という枠組の中で結論を示すのが一般的であり、それは裁判規範としても行為規範としても不明確さを伴う[2]。また、最近、障害者雇用促進法36条の3（2016年4月1日施行）が、使用者に、障害者である労働者について、その障害の特性に配慮した職務の円滑な遂行に必要な施設の整備、援助を行う者の配置その他必要な措置（合理的配慮措置）を講ずることを義務づけたが、本改正が解雇法理にどのような影響を及ぼしうるか検討が必要である。

　そこで、本稿では、主として精神疾患を理由とする解雇等に関する判例・学説の整理・検討を通じて、規範論理的に具体的な根拠づけがなされ、かつ法的明確性

1　加藤智章「メンタル不調者をめぐる復職配慮義務の一考察」小宮文人・島田陽一・加藤智章・菊池馨実『社会法の再構築』（2011年、旬報社）157頁以下参照。
2　伊良原恵吾「普通解雇と解雇権濫用法理」白石哲編著『労働関係訴訟の実務』（2012年、商事法務）268頁参照。

や予測可能性の高い今後の解雇の審査基準のあり方を考察することを目的とする。

二　病気等を理由とする解雇の法的性質および解雇制限の理論

　まず、病気等を理由とする普通解雇の法的性質をどのように理解すべきかについて、学説は次のように論じてきた。

　多くの学説は、人はどんなに注意していても病気に罹るのだから、病気で労務提供ができなくなったことを必ずしも労働者の責に帰すべき事由によるとはいえず、また労働契約は継続的債権関係であり、労働者の生活はそれに依存していることから、病気に罹って短期間就労できないとしても、ただちに解雇をすることはできない、と解する[3]。

　これに対して、病気による労務提供の不能について労働者の帰責事由があると解する立場もある。たとえば、傷病休職の性質を論じる文脈において、傷病休職は、労働者の帰責事由（私傷病）に基づく欠勤について解雇を猶予することを目的とする制度であるとの見方がそうである[4]。

　しかし、病気は、いかに健康管理に注意を払っていても回避し難いものであるから、非違行為の事案のように労働者の故意や過失が比較的認められ易いケースと同列に取り扱うべきではないし、また、非違行為による普通解雇においてさえも、その目的は将来に向けて継続的契約関係を解消することにあると解され、その制裁的性格は基本的に否定されるべきであることからしても[5]、病気等を理由とする解雇は、基本的に、労働者の責に帰すべき事由による「サンクション」と

---

[3] 和田肇「労働者の病気（私傷病）と解雇等」法学教室252号（2001年）145頁以下。野田進『「休暇」労働法の研究』（1999年、日本評論社）125頁も、病気を労働者の責に帰すべきでない、労働契約において当然に予想された履行障害と解する。また、水島郁子「疾病労働者の処遇」日本労働法学会編『講座21世紀の労働法（第7巻）健康・安全と家庭生活』（2000年、有斐閣）132頁以下によれば、疾病は、業務を妨害する意図で故意に疾病に罹り労務提供ができないといった例外を除き、労働者に責があるとはいえないとされる。同様に、石﨑由希子「疾病による労務提供不能と労働契約関係の帰趨――休職・復職過程における法的規律の比較法的考察（5・完）」法学協会雑誌132巻10号（2015年）1891頁は、疾病のリスク要因を労働者本人が必ずしもコントロールできないことから、私傷病を労働者の帰責性に基づく事情とは捉えられない、と論じる。

[4] 土田道夫『労働契約法〔第2版〕』（2016年、有斐閣）458頁。なお、傷病や健康状態の悪化が直ちに解雇事由となるわけではなく、傷病等が債務の本旨に従った労働義務の履行を期待できない程度に重大なものであることを要する（最後の手段の原則）、とも述べられている（同書665頁）。

[5] Etsushi Hosotani, Entwicklung und Perspektiven im japanischen Kündigungsrecht bei Schlecht- oder Minderleistung, in: Zeitschrift für Japanisches Recht Nr. 41 (2016) S. 194 f.

みなされるべきではない。

　つぎに、このように性格づけられる病気等を理由とする解雇をいかに規制するかについては、様々な視点からの議論がある。まず、近年の有力説が正当にも主張するのが、労働者の経済的利益の保護に重きを置く生存権（憲法25条）にくわえ、個人の尊重理念ないし自己決定理念（憲法13条）[6]あるいは就労の人格的価値・利益や労働の質・内容をも考慮に入れる労働権（憲法27条1項）ないしディーセント・ワークの理念[7]からも解雇制限を根拠づけるべきであるとの考え方である。また、最近の学説においては、具体的な解雇制限のあり方をめぐり、たとえば、ドイツ法を参考にして「比例原則」（Verhältnismäßigkeitsprinzip）や「予測原則」（Prognoseprinzip）に依拠して解雇法理を見直そうとする立場、雇用保障義務の視点から解雇の実体規制とならび手続規制も明確に導出しようとする立場、あるいは、とくに解雇の手続規制を重視する立場などが説かれている[8]。

　私見によれば、解雇は一方的に労働者に対して重大な経済的・人格的不利益を及ぼすことから「比例原則」（最後的手段の原則）が、解雇が継続的な契約関係を将来に向けて解消するという効力をもつことから「予測原則」が、解雇権の濫用性評価の際の指導的な原理として、または解雇権行使の正当な理由があるか否かの判断基準として適用されると解する[9]。具体的には、予測原則の観点からすれば、病気等による就労不能がある程度の期間継続することが予想され、労働者を引き続き雇用することがもはや使用者に期待できないという場合にはじめて、解

---

[6]　村中孝史「日本的雇用慣行の変容と解雇制限法理」民商法雑誌119巻4・5号（1999年）605頁以下、西谷敏『規制が支える自己決定――労働法の規制システムの再構築――』（2004年、法律文化社）398頁。

[7]　唐津博『労働契約と就業規則の法理論』（2010年、日本評論社）103頁以下、有田謙司「『就労価値』論の意義と課題」日本労働法学会誌124号（2014年）114頁以下、長谷川聡「『就労価値』の法理論――労働契約アプローチによる『就労価値』保障に関する一試論――」日本労働法学会誌124号（2014年）125頁以下、西谷敏『労働法〔第2版〕』（2013年、日本評論社）95頁。

[8]　細谷越史「労働者の非違行為等の事例に関する普通解雇規制の再検討」根本到・奥田香子・緒方桂子・米津考司編『労働法と現代法の理論　西谷敏先生古稀記念論集（上）』（2013年、日本評論社）517頁以下参照。

[9]　Hosotani, a. a. O. (Fn. 5), S. 195. 比例原則や予測原則を通じて解雇ルールの規範論理性や法的明確性を高めようとする議論は近年の学説上有力に唱えられてきたが（根本到「解雇法理における『最後的手段の原則（ultima ratio Grundsatz）』と『将来予測の原則（Prognoseprinzip）』――ドイツにおける理論の紹介と検討」日本労働法学会誌94号（1999年）206頁以下、米津孝司「解雇法理に関する基礎的考察」西谷敏・根本到編『労働契約と法』（2011年、旬報社）283頁以下）、同様の考え方は裁判実務の立場からも十分に成り立ち得ると論じられている（伊良原・前掲（注2）271頁）。

雇は有効となり、また、比例原則（最後の手段の原則）によれば、労働者が疾病等のため従前の労働に従事できず、他の軽易な作業に従事する可能性がないという場合にかぎり、解雇は正当化されうることになる[10]。

　また、いくつかの裁判例も、病気等を理由とする解雇や退職扱いについて、過去の病気の状況や治癒の程度等だけでなく、労働者の病気や後遺症の将来における回復の見込みの有無を慎重に審査したり[11]、労働者が今後一定期間で復帰可能な場合には復帰準備時間の提供や教育的措置を採ることなどを使用者に要求しており[12]、そこに、解雇等の時点において、ほどなく回復する見込みがあるならば、労働契約終了の効力を容易に認めないという、予測原則に類似の考え方を看取することができる。さらに、近年では、傷病等による労働能力の喪失や勤務成績の不良などによる解雇につき、裁判実務上、より明確に予測原則や最後的手段の原則の適用を認める立場が登場している点が注目される[13]。

三　病気等を理由とする解雇に関する判例の整理

1　病気等が労働能力にもはや重要な影響を及ぼさないケース

　まず、キヤノンソフト情報システム事件・大阪地判平20・1・25[14]は、コンピューターのプログラマーであるＸが精神疾患を理由に解雇されたケースについて、まず、Ｘのクッシング症候群については平成17年3月22日の時点で会社（Ｙ）も安定した寛解状態にあると判断しており、また、自律神経失調症の状態については、その主症状である易疲労性・集中力低下について安定した寛解状態にあったとのＤ医師による平成17年6月22日付診断書が、Ｘの病状が復職可能な

10　西谷・前掲（注7）409頁以下。また、高橋賢司『雇用の研究』（2011年、法律文化社）270頁以下は、日本の裁判所は、解雇時点での労働不能の有無のみを問題とし、そこでは、過去の疾病期間（休職）の長さが労働者に対して「サンクション」を意味する可能性があることを疑問視したうえで、予測原則によれば、解雇時点での労働不能の有無のみを問題にするのではなく、近い将来労働能力が回復し復職できる可能性があるならば、労働者の地位を維持することが要請される、と論じる。
11　エール・フランス事件・東京地判昭59・1・27労判423号23頁、北産機工事件・札幌地判平11・9・21判タ1058号172頁。
12　全日本空輸（退職強要）事件・大阪高判平13・3・14労判809号61頁、同事件・大阪地判平11・10・18労判772号9頁。
13　クレディ・スイス証券（休職命令）事件・東京地判平24・1・23労判1047号74頁、伊良原・前掲（注2）270頁以下。
14　労判960号49頁。

程度に回復していたと判断できる資料として十分であると述べ、精神疾患が寛解状態にあり労働能力にもはや重要な影響を及ぼさないことを認定する。そのうえで、本判決は、片山組事件・最1小判平10・4・9[15]を参照しながら、雇用契約上、Xに職種や業務内容の特定はなく、復職当初は開発部門で従前のように就労することが困難であれば、しばらくは負担軽減措置をとるなどの配慮をすることもYの事業規模からして不可能ではなく、開発部門より残業時間が少なく作業計画を立てやすいとされるサポート部門にXを配置することも可能だったはずであるが、Yが他部門におけるXの就労可能性を具体的に考慮した事情も窺えないことから、本件解雇の効力を否定した。

　また、アメックス（休職期間満了）事件・東京地判平26・11・26[16]は、平成11年にYに雇用され一貫して経理部給与課で勤務してきたXが、単極性うつ病（うつ状態）を理由に平成22年12月14日から翌年10月14日まで傷病休暇を取得し、同月15日から平成24年12月20日まで療養休職とされた後に復職を申し出たが、雇用契約終了を通告された事案に関するものである。本判決は、まず、Xの主治医であるX4は、診断書及び情報提供書において、Xが平成24年12月14日より就労可能である（治癒した）とする旨の診断をし、情報提供書の「軽度日中の眠気が出現する以外は気分、意欲とも改善している」との所見及び「当初は時間外勤務は避ける必要がある。又、質量ともに負担の軽い業務からスタートして徐々にステップアップすることが望ましい。」との所見も、Xの就労に支障を与える趣旨ではないとしたうえで、Xが就労可能であるとするX4の診断は十分に信用できると論じる。また、判決は、Yは、診断書等の内容に矛盾点等があると考えるならば、X4に照会し、Xの承諾を得て、X4が作成した診療録の提供を受けて、Yの指定医の診断もふまえて、診断書等の内容を吟味することが可能であったが、そのような措置を一切とらず、何らの医学的知見を用いずに、X4の診断を排斥し、Yの内規中の判定基準のうち、Xが「昼間の眠気がない」と「休職期間が満了するまでに問題なく職務が遂行できる健康状態に回復している」を満たしていないとするが、そのような判断はXの復職を著しく困難にする不合理なもので、その裁量の範囲を逸脱又は濫用したものであり、Xの症状は傷病休暇取得前に従事していた経理部給与課の職務について労務の提供が十分にで

15　労判736号15頁。
16　労判1112号47頁。

きる程度に回復したことから休職事由は消滅し、本件雇用契約は終了しないと結論づけた。

このように、精神疾患等がほとんど寛解（治癒）した状態にあり、それが労働能力にもはや重要な影響を及ぼさない場合に、合理的な理由や相当性を欠く解雇の無効を導く裁判所の判断は妥当なものといえる。

2　就労不能が一定期間継続したが、将来における回復が見込まれるケース

カンドー事件・東京地判平17・2・18[17]は、まず、Yに平成元年に採用され、最終的に平成16年3月15日に解雇通告されることとなったXは、平成10年にM営業所に異動したことから、躁うつ病の躁の症状がみられるようになり、交通事故を起こした平成12年1月27日から平成14年9月1日に休職するまでの約2年7か月間、躁うつ病のために欠勤が多くなり、出勤しても資材管理業務を全うすることができず、躁うつ病を理由として、同日から平成15年4月6日まで休職し、復職後、総務部に配置されて勤務を開始したが、同年5月までは欠勤が目立ち、平成16年1月に入ると躁とみられる症状が再発し、社外にも影響が及ぶようになったとする一方で、しかし、同月以降の状況をみると、同僚に対する対応は過剰であるが、通常のコミュニケーションの延長線上にあるとみることもでき、外部に対する影響について、Yに具体的な損害が生じたとは言い難く、問題行動は1日1回程度であることなどから、躁うつ病による業務への影響が重大な程度にまでは至っていないと判断する。

また、判決は、Yが、解雇に先立ち、精神科の担当医であるC医師の見解を求めていない点を疑問視し、平成16年11月26日のX本人尋問の時点においては、その供述態度に躁又はうつの症状は見受けられず治療の効果が上がっていたことからすると、Xに適正な対応を取り、適正な治療を受けさせることによって（自宅待機や再度の休職を前提としたものを含む）、治療の効果を上げる余地はあったと述べ、医師からの意見聴取や治療の勧奨、再度の休職（本件就業規則上、休職期間は最大2年だが、前回の休職は7か月余にすぎなかった）等を通じた病状の将来における寛解・回復の予測可能性を肯定する判断を示した。

こうして、本判決は、平成16年1月におけるXの躁の症状について、程度が

17　労判892号80頁。

重く、治療により回復する可能性がなかったということはできず、Xの勤務状況や7か月余の休職を考慮しても、解雇は権利の濫用に当たると結論づけた。

　上述のように、とくに精神疾患の場合、復職後に再発という事態が生じやすいことから、休職期間の残余期間を残して復職した後に再発した場合において、治療の効果が期待できる時には、再度の休職を検討すべきであると解される[18]。

　これと類似の事案であるJ学園（うつ病・解雇）事件・東京地判平22・3・24[19]では、国語科の教員（X）がうつ病により平成18年9月13日から休職し、平成19年6月13日に復職を試みたものの、再度休職し、同年9月1日に復職したが、欠勤などのため円滑に復職できなかったがゆえに平成20年3月24日に通告された解雇の効力が争われた。

　本判決は、まず、Xは、抗うつ剤等の処方が効きにくい状態にあり、復職の約2か月前には症状が悪化して約2週間入院するなど、その頃、うつ病はあながち軽いものではなく、使用者（Y）のかなり慎重な復職配慮にもかかわらず、Xは、平成19年11月ころから翌年1月ころにかけて、円滑に復職することができず、欠勤して生徒に迷惑をかけることもあり、Yが退職させるとの意思決定をしたことは、やむを得ない面もあるとする。しかし、判決は、Yが、就業規則において前提とされる90日の欠勤を置かずにXを休職したものと取り扱ったのは、就業規則の解釈を誤っており、この誤りがなければ、Xは、復職の時期を平成19年12月ころまで延ばすことができたはずであること、Xは、本件解雇後かなり回復しており、平成21年3月17日以降、通院をした形跡がないことから回復可能性が認められること、Yは、Xの退職の当否等を検討する際に、主治医であるC医師から、治療経過や回復可能性等について意見を聴取していないことなども考慮して、本件解雇は、やや性急なものであり、合理的な理由を欠き、社会通念上相当であると認められないと結論づけた。

　この判決は、主治医等に意見聴取をしていないというメンタルヘルス対策の不備、そして、精神疾患の症状が相当な程度に及んでいる場合であっても、メンタル不調が将来において回復する可能性が認められるにもかかわらず、就業規則等で許容された休職期間が適切に活用されなかったことなどから解雇が無効と判断

18　畑井清隆「障害・病気と解雇」野田進・野川忍・柳澤武・山下昇編著『解雇と退職の法務』（2012年、商事法務）199頁以下参照。
19　判タ1333号153頁。

された前掲・カンドー事件・東京地判平17・2・18と基本的な考え方を共有していると考えられる。

このように、休職制度は解雇の猶予を趣旨とするものであり、事前の休職措置による解雇回避努力が比例原則（最後的手段の原則）などによって要請されることから、休職措置を講じないまま直ちに解雇の挙に出ることは原則として許されないと解される。もっとも、「期待可能性」の原則などによれば、事前に、休職を活用したとしても傷病が回復せず、就労が不可能であることが明白な場合は、休職を経由しなかったとしても解雇権濫用とはみなされないであろう[20]。

3 就労不能が一定期間継続した後、さらに継続が予想されるケース
（1）解雇等が無効と判断されたケース

それでは、就労不能が一定期間継続するだけでなく、さらに継続することが予想されるケースでは、解雇の効力はどのように判断されるであろうか。まず、国・気象衛星センター（懲戒免職）事件・大阪地判平21・5・25[21]は、国家公務員であるＸが統合失調症の罹患を契機とする無断欠勤を理由に懲戒免職を受けたという事案に関するものである。本判決は、Ｘから宗教の勧誘を受けていた同僚がＸにその行動の異常さから精神科等への受診を勧め、異常状況をふまえて、同僚がＸの上司らに相談し、宗教の勧誘等を止めるよう働きかけており、Ｘの平成16年8月21日以降の無断欠勤（その間の失踪は解離性遁走とされる）とそれまでの勤務を含めた行動（それ以前は通常の職務をこなしていた）との間で連続性は認めがたいことから、Ｘの上司である管理職等はＸの無断欠席がその自由意思に基づくものであることについて、疑いを抱くことは十分可能であったとし、懲戒免職の不利益の著しさ（退職金不支給を含む）、無断欠勤の原因などを考慮して、本件処分は社会通念上著しく妥当を欠き、裁量権を濫用したものであると結論づけた。

---

20 土田・前掲（注4）585頁参照。また、岡田運送事件・東京地判平14・4・24労判828号22頁は、平成11年7月29日に脳梗塞を発症し欠勤した自動車運転手（Ｘ）に対して同年10月30日になされた解雇について、Ｘは、平成13年1月31日まで就労不能と診断されており、仮に就業規則により休職までの期間6か月及び休職期間3か月を経過したとしても就労は不能であったから、Ｙが、就業規則に定める休職までの欠勤期間を待たず、休職を命じなかったからといって、本件解雇が権利の濫用になるとはいえないと判断する。

21 労判991号101頁。

また、これに類似の事案であり、最高裁の判断として注目される日本ヒューレット・パッカード事件・最２小判平24・4・27[22]は、労働者（X）が、被害妄想など何らかの精神的な不調により、約３年間にわたり、加害者集団から職場の同僚らを通じて自己に関する情報のほのめかし等の嫌がらせを受け、これにより自らの業務に支障が生じているなどと考え、使用者（Y）に上記被害に係る事実の調査を依頼したが納得できる結果が得られず、休職を求めたが認められなかったことから、上記被害に係る問題が解決されない限り出勤しない旨をYに伝えた上で、約40日間にわたり欠勤したことが無断欠勤に当たるとしてなされた諭旨退職の効力を審査したものである。本判決は、かかる精神的な不調のために欠勤を続けている労働者に対しては、当該不調が解消されない限り引き続き出勤しないことが予想されるから、Yは、精神科医による健康診断を実施するなどした上で、診断結果等に応じて、必要な場合は治療を勧めた上で休職等の処分を検討し、その後の経過を見るなどの対応を採るべきであり、このような対応を採らず、直ちにその欠勤を正当な理由なく無断でなされたものとして諭旨退職の懲戒処分の措置を執ることは、適切なものとはいい難いとしたうえで、Xの欠勤は、就業規則所定の懲戒事由である正当な理由のない無断欠勤に当たらないから、本件処分は懲戒事由を欠き無効であると結論づけた。

　最高裁は、労働者が精神的不調のために欠勤を継続している場合においては、健康管理は労働者自身の責任で行うべきであるとか、使用者は健康プライバシー尊重の観点から労働者の私傷病に干渉すべきではないといった考え方を採らず[23]、むしろ、使用者は「積極的対応」をとらないまま、懲戒処分を行うことは不適切であるとみなしている。

　また、最高裁による健康問題に対する配慮を求めるこの説示は、懲戒解雇より一段軽い懲戒処分である諭旨退職（一定期間内に辞表を提出しないと懲戒解雇されることが多い）は、懲戒解雇と同様に懲戒処分たる性格と解雇たる性格の双方を有することなどから[24]、懲戒処分事例だけではなく、精神的不調が疑われる労働者の普通解雇（妄想や幻聴などから職場での言動が不安定となり解雇される事例など）の有

22　労判1055号５頁。
23　小畑史子「精神的不調に陥っていると見られる労働者に対する使用者の対応——近時の最高裁判決と法と行政」日本労働研究雑誌635号（2013年）64頁参照。
24　菅野和夫『労働法〔第11版〕』（2016年、弘文堂）664頁以下及び757頁、下井隆史『労働基準法〔第４版〕』（2007年、有斐閣）398頁以下、西谷・前掲（注７）210頁参照。

効性判断などにも援用される可能性がある[25]。そうすると、上記のような積極的な対応を採ることなく、普通解雇等の措置をとることは、精神的な不調を抱える労働者に対する使用者の対応としては適切なものとはいい難いと評価されることになろう[26]。

（2）解雇が有効と判断されたケース

上述したケースとは異なり、メンタル不調による就労不能が長期間継続し、その後もさらに継続することが予想されるケースでは、使用者の利益が大きく損なわれうることから、解雇は有効とみなされることが多い。たとえば、大建工業事件・大阪地決平15・4・16[27]は、使用者（Y）が、平成12年3月下旬から、うつ状態または自律神経失調症による欠勤を続けた労働者（X）に対し、同年9月11日から2か月間長期欠勤扱いとしたが病状に回復が見られず、その後、就業規則上の上限である18か月間休職扱いとし、休職期間満了（平成14年4月10日）に伴い解雇に至ったという事案である。

本判決は、Xが提出したN医師作成の証明書には、就労が可能である旨の記載はあるが、同医師はXの診察を継続して行ってきたわけでなく、同医師がXの職務をどのように理解していたか不明であり、書面の題名が「診断書」ではなく「証明書」である事情も明らかでなく、YはこれのみをもってXの復職の可否を判断し得ないこと、Yは、Xによる医師の選択に相当に配慮したうえで、診断書提出期限もXの申し出に従い3回も変更しており、Xの復職にあって相当な措置を講じていたこと、Xは就労可能性を判断できるだけの資料を全く提出せず、結局、YはXが治癒したと判断することができなかったことから、本件解雇は社会通念上相当な合理的理由があると判断した。

この判決は、とくに精神疾患ケースでは、肉体的疾患などと比べて、労働者の

25　所浩代「精神面の不調がみられる労働者の無断欠勤と諭旨退職処分の有効性」『新・判例解説Watch Vol.12』（2013年、日本評論社）295頁以下、岩出誠「精神的不調のため欠勤する労働者への対応——日本ヒューレット・パッカード事件」ジュリスト1451号（2013年）117頁参照。

26　小畑・前掲（注23）59頁以下参照。これに対して、本判決は、精神的不調の労働者に使用者が採るべき措置について、懲戒処分の事案を超えて、普通解雇や、安全配慮義務等が問題となる事案について直接の先例となるものではなく、また、懲戒処分の事案においても、無断欠勤以外の懲戒処分事由については、直接的に先例となる判断を示していないとの理解もある（川田琢之「精神的不調を抱える労働者に対する無断欠勤を理由とする懲戒処分の効力——日本ヒューレット・パッカード事件（最2小判平成24年4月27日労判1055号5頁）——」季労241号（2013年）244頁以下）。

27　労判849号35頁。

就労可能性判断において医師の診断書が企業側にとってより重要な役割を果たすことを示している。なお、本判決には、具体的な不利益告知を通じて復職可能性の判断を実質的に可能とする診断書の提出を催告するなどの措置を採ることがYに期待可能でなかったかについての審査が必要だったのではないかとの疑問が残る。

また、独立行政法人N事件・東京地判平16・3・26[28]は、次のような事案をめぐる判断である。すなわち、昭和60年4月に採用されたXは、社会人になったという環境の変化ゆえ、同年6月頃からストレスを感じ始め、継続的に神経科のC医師の診察を受けながら、約数年毎に異なる課に配属され、この間Xの希望により、書類のコピー、製本、単純な集計作業、会議等のテープ起こし等の機械的作業に従事してきたが、作業ミスが多く、他の職員が必ず全部を見直す必要があり、また、Xは居眠りをしたり、事務所内部をうろつく状況にあり、平成12年1月から同年3月までの3か月間に191時間欠勤するなどした。同年9月には、C医師は、Xとその雇用主の参らに、Xの病名は人格障害であると説明した後、職場等でテストが行われたが、Xの作業は緩慢で転記ミスが多く、単純な計算も誤り、全く業務を行うことができない状況になっていた。こうして、Xは休職とされ、休職期間が終了する2年6か月後に解雇された。

本判決は、まず、休職命令を受けた者の復職が認められるためには、休職の原因となった傷病が治癒したことが必要であり、治癒があったといえるためには、原則として、従前の職務を通常の程度に行える健康状態に回復したことを要するが、そうでないとしても、当該従業員の職種に限定がなく、他の軽易な職務であれば従事することができ、当該軽易な職務へ配置転換することが現実的に可能であったり、当初は軽易な職務に就かせれば、程なく従前の職務を通常に行うことができると予測できるといった場合には、復職を認めるのが相当である、との一般論を展開し、前掲・片山組事件・最1小判平10・4・9の判断枠組みが、精神疾患を理由とする解雇の事案でも応用可能であることを明らかにした。

続けて、判決は、Xの復職に当たって検討すべき従前の職務について、Xが休職前に実際に担当していた職務を基準とするのは相当でなく、職員が本来通常行うべき職務を基準とすべきであるとしたうえで、C医師がさらに求める半年と

---

[28] 労判876号56頁。

いう期間はいかにも長く、Xが当初担当すべきは半分程度の業務量ということからすれば、Xの休職が2年6か月と長期間に及んでいることを考慮したとしても、実質的な職休期間の延長というべき内容であり、しかも、半年後には十分に職務を行えるとの保障もなく、当初軽微な職務に就かせれば程なく従前の職務を通常に行うことができると予測できる場合とは解されないことから、Xは平成15年4月30日の時点において、復職を認めるべき状況にまで回復していたということはできないとして、解雇有効と結論づけた。

本判決の一般的な判断枠組みは、同種の事案に関わる他の裁判例においてもしばしば用いられるようになっているが、上記の具体的判断については疑問もある。つまり、「債務の本旨に従った履行の提供」の有無が復職可否の判断基準となることからすると、企業の業務内容、労働者が当時従事していた職務、当該労働者に対する取扱いの位置づけ（当該取扱いが臨時的なものか否か）、当該職務に従事していた期間等を総合的に考慮して、当該企業が当該労働者の通常レベルを下回る業務への従事を受容していたと認められる場合には、休職前に実際に従事していた職務が「従前の職務」として復職の可否を決定する基準となると解すべきではないかということである[29]。解雇権濫用法理は片面的にのみ強行性を有すると解されるから、労働者にとって有利な合意はそのまま効力を認められるべきだからである。

伊藤忠商事事件・東京地判平25・1・31[30]は、総合商社（Y）に総合職として雇用されたXが双極性障害を発症し、平成19年4月24日以降の休職を命じられ、2年9か月後の平成22年1月23日に復職を認められずに解雇されたという事案に関するものである。

判決は、本件の中心的争点は、Xが、休職期間満了日（平成22年1月23日）までに、総合職として、債務の本旨に従った労務提供ができる程度に病状が回復したとの事実の立証を尽くしているかであるとしたうえで、Xの主治医は、Xが平成21年11月頃の時点で、病状は安定してきてはいるが、引き続き通院して気分安定剤の継続的な服用が必要であり、職場復帰の際には、時短勤務から開始するのが相当であるとしており、Xの症状が必ずしも治癒・寛解に至っていると診断

---

29 小西康之「精神疾患を有する者に対する病気休職期間満了による解雇の適法性——独立行政法人N事件」ジュリスト1295号（2005年）232頁。
30 労経速2185号3頁。

していたのではなく、総合職として、債務の本旨に従った労務提供ができる程度に病状が回復したと判断していたわけではないと判示する。

また、本判決は、Xは総合職として雇用され、一貫して総合職としての復職を希望していたことから、Xの就労可能性を検討すべき「他職種」とは、Yの総合職の中で、Xが休業前に従事していた職種以外の職種を指すとしたうえで、Xは、休職期間満了までに治癒・寛解に至っておらず、継続して軽躁状態のままで、不安定な精神状態であったことから、対人折衝等の複雑な調整等を含む総合職としての複雑な業務の遂行に堪え得る程度の精神状態にまで回復していたとはおよそ認めるに足りない、として解雇の効力を認めた。

また、日本電気事件・東京地判平27・7・29[31]は、まず、前掲・片山組事件・最1小判平10・4・9を参照して、アスペルガー症候群を患う労働者（X）の職種は総合職で、本件休職命令時の職位はA職群3級であったから、休職の事由が消滅したといえるには、会社（Y）の総合職の3級として債務の本旨に従った労務の提供があるといえることが必要であり、従前の職務である予算管理業務が通常の程度に行える健康状態となっていること、又は当初軽易作業に就かせればほどなく上記業務を通常の程度に行える健康状態になっていること、これが十全にできないときには、総合職3級の者が配置される現実的可能性がある他の業務について労務を提供することができ、その提供を申し出ていることが必要である、と判示する。そのうえで、判決は、Xの従前の予算管理業務は、対人交渉の比較的少ない部署であるが、Xは、指導を要する事項につき上司とのコミュニケーションが成立せず、不穏な行動により周囲に不安を与えている状態では、同部署でも就労可能とは認め難く、さらに、それ以外のソフトウェア開発業務については、Yにおいて総合職の配置先として、対人交渉の乏しい、パソコンに一日向き合うような部署があると容易に認めることはできず、そのような部署があったとしても、上司とのコミュニケーションが成立せず、不穏な言動があるという精神状態では、労務の提供が可能であるとは必ずしもいえないとして、本件解雇を有効と結論づけた。

以上のように、休職等の解雇回避措置を経た後にも、精神疾患等により不十分な労務提供しかできておらず、またそのような状況が継続することが予想され、

31　判タ1424号283頁。

あるいは労働者の言動により職務遂行への支障や業務への相当な影響が生じているような場合には、使用者の利益が大きく損なわれうることから、解雇は有効と認められやすくなると理解することができる[32]。なお、とくに上述した最近の2判決のように、配転可能性の有無を総合職に限定してその中で現実に配置可能性のある他の職種や業務を対象に判断することが比例原則（最後的手段の原則）などの要請に適うのかについては再検討が必要であろう。

四　病気等を理由とする解雇に関する判例・学説の分析と検討

1　労働者が復職可能であるための条件――従前の職務への復帰可能性または他業務での就労可能性――

病気等を患う労働者の復職がいかなる場合に可能であると判断しうるかをめぐり、判例・学説の考え方は以下のように分類することができる[33]。

①私傷病が寛解し、かつ従前の職への復帰が認められる場合にのみ、復職可能とみなす立場である。以前は、復職の要件の治癒とは、従前の職務を通常の程度に行える健康状態に復したときをいうとされ[34]、ほぼ平癒したが従前の職務を遂行する程度には回復していない場合は、復職は権利としては認められないとする考え方がしばしば見られた[35]。しかし、近年の裁判例は、先にも紹介したように、次のような考え方を採ることが多くなっている。

②休職期間満了時に私傷病が寛解し、ただちに従前の職への復帰は無理だが、短い期間内に従前業務に復帰可能であり、その間、現実的配置可能性のある他業務で就労可能であれば復職可能と考える立場である[36]。学説においても、短い期

32　この点につき、石﨑由希子「疾病による労務提供不能と労働契約関係の帰趨――休職・復職過程における法的規律の比較法的考察（1）」法学協会雑誌132巻2号（2015年）276頁は、前掲・独立行政法人Ｎ事件判決や前掲・伊藤忠商事事件判決では、対人コミュニケーションを困難にするという精神疾患の特徴が、業務全般との関係で労務提供可能性を否定する結論に影響していると指摘する。

33　このような復職可否の判断手法の分類については、北岡大介「私傷病休職者の復職と解雇・退職」季労252号（2016年）70頁以下を参考にした。

34　平仙レース事件・浦和地判昭40・12・16労民集16巻6号1113頁など。また、西濃シェンカー事件・東京地判平22・3・18労判1011号73頁は、労働者の右片麻痺の事案につき、基本的に労働者が従前従事していた通常の業務を遂行できる程度に回復したか否かを審査する。

35　アロマ・カラー事件・東京地決昭54・3・27労経速1010号25頁など。

36　前掲・片山組事件・最1小判平10・4・9、同事件・差戻控訴審・東京高判平11・4・27労判759号15頁、前掲・独立行政法人Ｎ事件・東京地判平16・3・26、同・キヤノンソフト情報システム

間で従前業務に復帰可能である労働者を他業務に配置転換などせずにした解雇等を概ね無効とみなす立場が多い[37]。

③一般に、病気を理由とする解雇等をめぐる裁判例においては、休職期間満了後に従前職務への復帰可能性が中長期的に認められなくても、配置可能性を広範囲に認め、労働者に担当可能な職務があれば復職可能性を肯定する立場が少なくないが[38]、こうした判断は、とくに精神疾患等のケースではほとんど見られない。

2 解雇回避努力義務等

(1) 医師の診断等の要請ないし医師に対する意見聴取の実施

さて、とくに精神疾患等のケースでは、使用者が労働者の就労可能性を判断しようとする際に、医師の診断等が重要な役割を果たしうる。

労働者の就労の可否を判断するために医師の診断を要求することは、労使間における信義ないし公平の観念に照らし合理的かつ相当な措置であるから、使用者は労働者に対し、医師の診断あるいは意見を聴取することができるし、労働者としてもこれに応じる義務がある[39]。また、使用者は労働契約上労働者のメンタルヘルスに配慮する義務を負うことなどから（労契法5条）、医師選択の裁量が与えられ、診断結果を争いうるといった条件の下で、診断結果の提示を要求するならば、プライバシー侵害の程度は緩和されよう[40]。

それにもかかわらず、使用者が、労働者の担当医等に対する意見聴取を行っていないことは、解雇の効力を否定する方向で考慮されることが多い[41]。また、使

事件・大阪地判平20・1・25、日本ヒューレット・パッカード事件・東京地判平27・5・28労経速2254号3頁、前掲・日本電気事件・東京地判平27・7・29など。

37 鎌田耕一「私傷病休職者の復職と負担軽減措置――復職配慮義務をめぐって」山口浩一郎・菅野和夫・中嶋士元也・渡邊岳嗣編『経営と労働法務の理論と実務』（2009年、中央経済社）97頁以下、北岡・前掲（注33）72頁、菅野・前掲（注24）701頁、土田・前掲（注4）458頁など。

38 JR東海事件・大阪地判平11・10・4労判771号25頁、中川工業事件・大阪地判平14・4・10労経速1809号18頁など。これに対して、復職に際して配置可能な他の職種の有無の判断について、労働契約で予定されている職種について遂行可能性を検討すべきであるとして、上記JR東海事件判決のように、復職を求める労働者の能力に応じた職務を分担させることまでを使用者に求めることに疑問を呈する見解もある（加茂善仁「私傷病と労働契約の終了」岩村正彦・中山慈夫・宮里邦雄編『実務に効く労働判例精選』（2014年、有斐閣）113頁）。

39 前掲・大建工業事件・大阪地決平15・4・16、加藤・前掲（注1）165頁参照。

40 畑井・前掲（注18）217頁参照。

41 前掲・カンドー事件・東京地判平17・2・18、同・J学園（うつ病・解雇）事件・東京地判平22・3・24。

用者は、従業員が提出する専門医による診断書の内容を原則として尊重すべきであるところ[42]、かりに使用者が、病気労働者の主治医の診断書等の内容について矛盾点等があると考えるならば、労働者の承諾を得て、同医師が作成した診療録の提供を受けるなどして、診断書等の内容を吟味するべきであり、そのような措置を採らず、何らの医学的知見を用いずに同医師の診断を排斥することは許されない[43]。

その一方で、会社側は労働者に医師選択の裁量を与えたうえで、診断書提出期限を数回にわたり延期したが、就労可能であると判断できるだけの資料が全く提出されず、その結果、治癒したと判断することができないという事情は、解雇の効力を争う労働者にとって不利に働くことになろう[44]。

(2) 健康診断の実施や治療の勧奨、不利益の告知等

とくに、精神的な不調のために欠勤を続けている労働者に対しては、その不調が解消されない限り引き続き出勤しないことが予想されるから、使用者は、精神科医による健康診断を実施するなどした上で、診断結果等に応じて、必要な場合は治療を勧めた上で休職等の処分を検討するなどの対応を採るべきであり、このような対応を採ることなく、直ちにその欠勤を正当な理由なく無断でされたものとして諭旨退職等の処分を採ることは許されない[45]。こうしたケースでは、まずは健康診断による症状の内容・程度の判定とそれに応じた治療の勧奨や休職等の必要性の判断が先行すべきなのである[46]。

また、精神的な不調が必ずしも認められないとすれば、労働者が欠勤を長期間継続した場合には、無断欠勤とみなされ、懲戒処分などの対象になるといった不利益を告知する等の対応が使用者には要求される[47]。ここでは、懲戒処分等を実施する前により緩やかな手段である是正警告類似の対応が要請されると解される。なお、精神的不調の有無を正確に判断するのは使用者にとって困難なことが多いことから、精神的な不調が疑われる場合を含むより広いケースで、不利益告

---

42 農林漁業金融公庫事件・東京地判平18・2・6 労判911号5頁参照。
43 前掲・アメックス（休職期間満了）事件・東京地判平26・11・26。
44 前掲・大建工業事件・大阪地決平15・4・16参照。
45 前掲・日本ヒューレット・パッカード事件・最2小判平24・4・27。
46 岩出・前掲（注25）118頁参照。
47 日本ヒューレット・パッカード事件・東京高判平23・1・26労判1025号5頁は、欠勤を継続した場合の不利益告知等といった解雇回避措置としての是正警告類似の解雇回避手段的な対応を使用者に要請する。また、建設技術研究所事件・大阪地判平24・2・15労判1048号105頁も参照。

知等の対応が採られるべきであろう[48]。

（3）休職制度等の適切な活用

　休職は使用者にとって基本的に任意の制度であり、それを設けるか否か、どのように活用するかについて使用者は一定の裁量を有する。こうして、以前は、精神的な不調を理由とする解雇の事案で、休職制度の利用可能性を考慮せずに行われた解雇を合法とする裁判例も見られた[49]。

　これに対して、近年では、解雇を猶予する機能を営む休職制度を適切に活用して（再度の休職等を含む）労働者のメンタルヘルスの回復可能性の有無を考慮しないままなされた解雇は無効とみなされることが多くなっている。そもそも全く休職を認められずに直ちに解雇等の処分がなされたケースでは、当該処分は基本的に無効と解されるが[50]、また、一旦休職が認められた後、直ちに円滑な復職に至らないものの、なお精神疾患等の将来の回復可能性が存在するにもかかわらず、就業規則上の上限等に即した再度の休職や休職期間の延長等が実施されなかった場合にも、解雇は無効とみなされるべきである[51]。こうして、休職制度の適切な活用は、最後的手段の原則や予測原則から要請される主要な解雇回避手段の一つとして位置づけられることになる。

（4）配置転換等

　裁判所は、上述のように、手続面に重心が置かれたり、制度に関連付けられた解雇回避手段（使用者側の負担はそれほど重くないであろう）と比べて、精神疾患等を抱える労働者の雇用継続に直接的につながり得る配置転換等の解雇回避手段については、期待可能性を考慮して、一般的に使用者に対する要求を緩和する傾向が看取される。

　たとえば、十年来新規職員を採用していないことのみから、病気の労働者の他の軽易な職務への配転可能性が狭く理解されることがある[52]。

48　たとえば、小野リース事件・仙台地判平20・12・24労判1018号12頁は、従業員が酒に酔った状態で勤務するという勤務態度不良を繰り返したケースにつき、使用者からの是正警告の内容として、従業員の問題点を自覚させ、勤務態度を改める機会を与えるため、はっきりと、その飲酒癖、深酒により勤務態度に問題が生じていることを注意、指導したり、それが解雇理由になり得ることを警告することを要求する。

49　豊田通商事件・名古屋地判平9・7・16労判737号70頁、三菱電機エンジニアリング事件・神戸地判平21・1・30労判984号74頁、岡田運送事件・東京地判平14・4・24労判1828号22頁など。

50　前掲・日本ヒューレット・パッカード事件・最2小判平24・4・27。

51　前掲・カンドー事件・東京地判平17・2・18、J学園（うつ病・解雇）事件・東京地判平22・2・16参照。

また、総合職として雇用された労働者が精神疾患等により従前の業務において就労可能とは認めがたい場合の「他職種」において就労できる可能性の判断においては、その採用区分が重視され、「他職種」とは、総合職の中で（配置先として）、当該労働者が休業前に従事していた職種以外の職種を意味すると限定的に捉えられる傾向があり、そのため、対人折衝等の複雑な調整や上司等とのコミュニケーション等にも堪え得る精神状態が最低限必要とされる総合職として業務遂行ができる精神状態にあるとは認められにくい結果として、解雇は有効とみなされやすい[53]。

　たしかに、休職期間満了時点で中長期的に従前職務等への現実的配置可能性が認められないケースにおいては、労働契約の信義則上、使用者はもはや復職配置義務を負わないとも考えられる[54]。また、かりに総合職採用である労働者がそれにこだわらず、明確に一般職も対象に含めて復職を希望していたとしても、それは採用区分が異なるため難しいとも解されうる[55]。しかし、採用区分の違いに重きを置く立場から、労働者が一般職を含めて復職を望む場合でも、最初から一般職については配転可能性を検討する必要がないという判断は、比例原則（最後的手段の原則）などに照らして、形式的であり、柔軟性を欠くものである[56]。重要なことは、病気・障害の特性に応じて、いかなる職種や業務であれば労務提供しうるのか、労働者の意思、企業の規模や業種、再配置の難易等を考慮して、現実的な配転可能性があるかどうかであろう。すなわち、再配置義務を認めるか否かを、職務特定の有無や採用区分に厳格に対応させるのは適切ではなく、職務特定や採用区分の有無については、解雇等の効力審査に際して、再配置の難易度その他の要素とともに総合的に評価ないし考慮されるべきであろう[57]。

52　前掲・独立行政法人Ｎ事件・東京地判平16・3・26。
53　前掲・伊藤忠商事事件・東京地判平25・1・31、前掲・日本電気事件・東京地判平27・7・29。
54　北岡・前掲（注33）74頁以下。
55　西村健一郎「双極性障害に罹患した労働者の復職の可否」民商法雑誌151巻3号（2014年）97頁以下。
56　この点について、労働者の職種が限定されている場合、配転を命じることはできないとしても、これを打診し、労働者の同意を得て契約を変更することは可能であり、雇用維持義務、安全配慮義務（労契法5条）、合理的配慮義務（障害者雇用促進法36条の3）が疾病・障害による解雇の有効性判断において解雇回避措置の検討を求める根拠となるとすれば、職種の特定のみを理由に、他の業務への配置可能性を考慮する必要がないとは言い切れない、との指摘が参考になる（石﨑・前掲（注32）240頁および石﨑・前掲（注3）1859頁）。
57　畑井・前掲（注18）199頁以下参照。

（5） その他の諸事情

以上の主要な考慮要素にくわえ、まず、労働者を宥恕すべき事情、または使用者側に起因する事情などがあれば、それは解雇の効力を否定する方向で働きうる[58]。

また、労働者の過去の勤務状況や貢献度が、労働者にとって有利な事情として考慮されることがある[59]。

さらに、他の病気労働者との間での平等取扱い原則が考慮されることもある。すなわち、使用者が、復職配慮義務を同様の状況にある他の労働者には履行したのに対して、当該労働者に対しては履行しないなど取扱いの平等性に欠ける場合には、労働契約の終了は社会通念上相当とはいえない、と判断されるのである[60]。

これに対して、治療が必要であるにもかかわらず、労働者が退院後に通院を取りやめたり、休職命令後、休職期間が満了するまでの間、適切な治療を受けなかったという事情は、解雇の効力を争う労働者にとって不利な方向で考慮されうる[61]。

五　障害者雇用促進法上の合理的配慮措置が解雇法理等に与える影響

障害者雇用促進法の改正により、2016年以降、事業主は、障害者である労働者について、均等な待遇の確保又は労働者の能力の有効な発揮の支障となっている事情を改善するため、障害の特性に配慮した職務の円滑な遂行に必要な施設の整

---

[58] 前掲・カンドー事件・東京地判平17・2・18は、労働者の出張の際の発言や業務における電話対応などについては、外部の要因に過剰に反応してしまったもので、理不尽な行動とはいえず、また、当該労働者が人事部専用のパソコンを操作したことについては、使用者にも、機密データのセキュリティ不実施に落ち度があることなども考慮して、解雇権の濫用を導く。

[59] 前掲・J学園（うつ病・解雇）事件・東京地判平22・3・24は、労働者が、休職前の約3年間にわたり、抗うつ剤等の投薬治療を受けながら、専任教員として業務をこなしてきた時期もあり、教員として評判がよく、熱心に授業研究等をしており、出版社の企画で最優秀校賞をもたらすなどの貢献をしたことなども考慮して本件解雇を無効と判断した。

[60] 前掲・カンドー事件・東京地判平17・2・18は、会社は、C型肝炎から肝癌を患う者と自律神経失調症を患う者の雇用を継続する一方で、躁うつ病の当該労働者のみを解雇するのは、その症状の程度に照らして、平等取扱いに反することも考慮して、解雇権の濫用と結論づける。また、この点については、畑井・前掲（注18）199頁以下も参照。

[61] 東京合同自動車事件・東京地判平9・2・7労経速1655号16頁は、タクシー乗務員は躁状態等により3か月ほど入院し、退院後、就労可能な状況であったものの、更に治療が必要であったが通院をやめていること、勤務再開後の一連の問題の言動や勤務状況の不良などを考慮して、解雇は有効であると判断した。また、日本ヒューレット・パッカード事件・東京地判平27・5・28労経速2254号3頁も参照。

備、援助を行う者の配置その他必要な措置（合理的配慮）を講じなければならず、ただし、事業主に過重な負担を及ぼすときは、この限りでないとされている（同法36条の3）[62]。また、この合理的配慮とは、障害者の雇用平等を実質的に実現するための積極的作為措置を意味する。

なお、合理的配慮措置の提供義務が生じる「障害者」には、手帳交付者に限らず、身体障害、知的障害、精神障害（発達障害を含む。）その他の心身の機能の障害があるため、長期にわたり、職業生活に相当の制限を受け、又は職業生活を営むことが著しく困難な者が該当する（同法2条1号）。このため、メンタルヘルス不調による私傷病休職社員が復職請求時点において、身体、知的、精神障害等の心身の機能の障害のために長期にわたり、職業生活に相当の制限を受けるものであれば、当然に同条の合理的配慮の提供義務が生じることになる[63]。

かかる合理的配慮の提供義務をめぐる紛争解決のための措置として、専門的行政機関による相談、指導、調停などが設けられている（同法36条の6、74条の4、74条の5、74条の6第1項等）。その一方で、合理的配慮規定の私法上の効果としては、それ自体が強行規定ないし請求権の根拠規定となるものではなく、私法上の一般条項（信義則［民法1条2項］、権利濫用［同1条3項］、公序良俗［同90条］、不法行為［同709条］等）を介して私法上の意義と効果を有する。とくに解雇、傷病休職満了による退職扱いなどに際して、障害者に対する使用者の合理的配慮の欠如が考慮され、労契法16条等に照らしてそれら措置の民事的効力が否定される場合もありうる。すなわち、法改正により、障害者に対する合理的な配慮が義務づけられた今後は、心身の障害をもつ労働者に対しては、障害の内容に応じた合理的な配慮を行うことによって雇用を維持できる場合には、解雇は認められないこととなる[64]。こうして、合理的配慮義務の規定は、これまで解雇権濫用法理等にも

62　厚生労働省の合理的配慮指針（平成27・3・25厚労告117号）は、たとえば、精神障害者に対する合理的配慮の事例として、業務の優先順位や目標を明確にし、指示を一つずつ出すこと、作業手順を分かりやすく示したマニュアルの作成、出退勤時刻・休暇等に関して通院・体調に配慮すること、業務量等の調整などをあげる。また、中途障害により、配慮をしても重要な職務遂行に支障を来すと判断される場合に、当該職務を継続させることは求められるものではないが、ただし、別の職務に就かせるなど、他の合理的配慮の検討が必要とされる。なお、「過重な負担」に当たるかについては、事業活動への影響の程度、実現困難度、費用・負担の程度、企業の規模、財務状況、公的支援の有無を総合的に勘案しながら判断するとされる。
63　北岡・前掲（注33）75頁参照。
64　菅野・前掲（注24）283頁及び741頁、土田・前掲（注4）95頁以下、荒木尚志『労働法〔第3版〕』（2016年、有斐閣）90頁参照。

とづき心身の不調を抱える労働者に対する配慮（配置転換、職務軽減等）を使用者に求めてきた裁判例[65]などに解釈指針を与え、さらに使用者に求められる配慮の範囲や対象を拡大する可能性があると考えられる[66]。

六　おわりに

　これまで縷々論じてきた内容を最後に要約して本稿を締め括ることにしたい。
　第1に、病気等は、たとえ注意をしていてもそれを回避することは難しく、基本的に労働者の責に帰すべき事由によるものとは解されないことから、それに対する普通解雇の法的性質は、制裁（サンクション）とみなすことはできず、単に労務提供義務の不履行などを理由として将来に向けて継続的な労働契約関係を解消することを目的とするものと解すべきである。
　第2に、精神疾患等を理由とする解雇等をめぐる裁判例を分析すると、それがほぼ寛解するなどして、もはや労働能力にそれほど重要な影響を及ぼさないケースでは、基本的に解雇の合理性や相当性が存在するといえず、また、就労不能が一定期間継続したがその後の回復が見込まれるケースにおいては、主治医等から治療経過や回復可能性等に関する意見聴取が行われていないとか、適切に休業期間が活用されなかったことなどを理由に、解雇が無効と判断されることが多い。さらに、就労不能が相当期間継続し、その後も継続が予想されるケースでは、精神的不調のために欠勤を継続している労働者に対して、精神科医などによる健康診断の実施、治療の勧奨、休職、不利益告知等の対応を採らないままされた解雇は無効と判断される一方で、相当長期にわたる休職等の解雇回避措置を経た後にも、精神的不調が改善せず（改善の見込みも乏しく）、それにより業務への相当

---

[65] JR東海事件・大阪地判平11・10・4労判771号25頁、キャノンソフト情報システム事件・大阪地判平20・1・25労判960号49頁、第一興商事件・東京地判平24・12・25労判1068号5頁。
[66] 長谷川珠子「障害者雇用の法政策」土田道夫・山川隆一編『労働法の争点』（2014年、有斐閣）35頁参照。土田・前掲（注4）97頁は、前掲・日本電気事件・東京地判平27・7・29が当時未施行であった障害者雇用促進法36条の3による合理的配慮の提供は事業主に過度な負担を伴う義務を課すものではなく、障害のある労働者のあるがままの状態を労務の提供として常に受け入れることまで要求するものとはいえないと判断した点について、合理的配慮規定の解釈としてはやや消極的な判断であると指摘する。なお、北岡・前掲（注33）77頁は、前掲・JR東海事件・大阪地判平11・10・4における配慮は、労働契約上の復職配慮義務から導かれるものとはいえず、むしろ障害者差別禁止法制における合理的配慮措置の先駆けともいえる判示内容と取り得ると述べる。

重大な影響等が生じている場合には、使用者の利益が重大に損なわれうることから、解雇は有効と判断されることが少なくない。

第3に、裁判例は、具体的に、病気等がどの程度治癒・寛解したのか、解雇回避努力義務など（医師の診断等の要請や医師からの意見聴取、健康診断の実施や治療の勧奨、欠勤等による不利益の告知、休職制度等の適切な活用、配置転換等）が履践されたかを主要な基準とし、くわえてそれ以外の事情（労働者を宥恕すべき事情、過去の勤務状況や貢献度、通院や治療の懈怠、平等取扱い原則等）を考慮して解雇の効力を審査してきた。もっとも、こうした判断基準は、解雇権濫用法理（労契法16条参照）の枠組みにおいて、個別事案毎に用いられてきたものであり、裁判所が今後同種の事案で同様の判断基準を用いるかどうかは不明確である。

私見によれば、いくつかの裁判例において共通して用いられるようになってきた判断基準を、比例原則（最後的手段の原則）や予測原則の観点から、普遍的で明確な基準として位置づけ直すべきである。そうすると、解雇より緩やかな手段が尽くされたか、そうした手段との関係で将来の病気等の改善の見込みが存在するか、また、その他の諸事情を考慮して、労働者に重大な不利益を及ぼす解雇に値するほどの病気等による重大な不完全履行や欠勤等が存在するか否かという一連の審査は、比例原則と予測原則により正当化され、つねに要求されることになる[67]。

第4に、改正障害者雇用促進法36条の3による積極的作為としての合理的配慮の提供義務の創設により、使用者に求められる配慮の範囲や対象が従来よりさらに拡大する効果がもたらされることにより、解雇等に関して、障害者に対する使用者の合理的配慮の欠如が考慮され、権利濫用法理（労契法16条）等に照らしてこうした措置の効力が否定されやすくなることが考えられる。

さらに、近年有力に論じられている、労働権（憲法27条1項）やディーセント・ワークの理念等を規範的根拠とする「就労価値配慮義務」や「労働付与義務」の法理によれば、たとえば心身の不調を抱える労働者の復職を容易にするための業務軽減や配置転換などの配慮の実施をより積極的に講じることや、現在の業務配分や役職配置の下だけでなく、これらに一定の調整を加える努力を使用者に求めた上で復職の可否を判定することが要請されること[68]、また、障害者雇用促進法36条の3による合理的配慮は、解雇権に内在する制約法理たる比例原則や

---

[67] 細谷・前掲（注8）523頁以下参照。
[68] 長谷川・前掲（注7）127頁、唐津・前掲（注7）99頁以下、有田・前掲（注7）114頁以下参照。

予測原則からも根拠づけられ、かかる原則が具体化された解雇回避手段の一種とも解しうることなどからすれば、今後、使用者には、狭義の障害者である労働者のみならず、より一般的に心身の不調、病気、障害等を抱える労働者の解雇等に際しても、従来よりも拡大された解雇回避努力義務等の履行が要求されると解することができる。

　こうした解雇回避措置ないし合理的配慮の内容を、比例原則、予測原則、期待可能性原則の相関関係の中でさらに具体的に考察し、その範囲を明確化し、それとの関連において、病気等の労働者の復職可能性が認められる条件を再検討し、また復職可能性や解雇回避措置等に関する立証責任の分配のあり方などを検討することは今後の研究課題としたい。

ホテルオンラインポータルにおける
ベストプライス条項と競争法

柴　田　潤　子

一　ベストプライス条項について
二　HRS に対する手続き
三　Booking.com に対するケース
四　ベストプライス条項の競争制限の分析
五　適用免除との関係
六　ベストプライス条項の評価について

一　ベストプライス条項について

1　ドイツと欧州諸国の状況

　近年、様々な局面において、インターネットにおける競争が注目を集めている。この背景には、関係する市場の開放性維持、インターネット販売における競争制限を防止する目的があり、ドイツの連邦カルテル庁は、ベストプライス条項に対して法的措置を講じた。2013年に HRS ホテル予約とアマゾン[1]に対して、そのベストプライス条項が競争制限防止法違反に当たるとした。インターネットプ

1　Amazon に対する手続は、2013年に中止された。そこでは、Amazon が全ヨーロッパで価格パリティー条項を以後用いないことを宣言した。Amazon は、いわゆるマーケットプレイスを持ってプラットフォームを提供する。そのプラットフォームで、アマゾン自身だけでなく第三者の小売業者が統一的なインターネット外観で製品を販売する。第三者である小売業者のマーケットプレイスへの参加についての条件は、価格パリティー合意と維持だった。それによれば、小売業者は、Amazon において販売する製品を、他のプラットフォーム又は自己のオンラインで販売するより安く供給することができない。Amazon と第三者の小売業者は、商品を Amazon のプラットフォームで販売しているので、連邦カルテル庁は、アマゾンと第三者の小売業者間の価格パリティー条項を水平的価格協定と見ており、垂直的視点は後退した。（連邦カルテル庁ケース報告 2013年12月 9 日、B6-46/12）。http://www.bundeskartellamt.de/SharedDocs/Entscheidung/DE/Fallberichte/Kartellverbot/2013/B6-46-12.pdf;jsessionid=EA843E46443C48A9692CF308F94E4C9E.1_cid387?__blob=publicationFile&v=2、Johannes Heyers「Wettbewerbsrechtliche Bewertung sog. Preisparitätsklauseln –ein juristisch- oekonomischer Ansatz」GRUR Int 2013年409以下参照。

ラットフォームによって利用されるベストプライス条項について欧州諸国の競争法上の評価は様々な展開を見せており、UK、フランス、オーストリア、イタリア、スウェーデンでは、プラットフォームオペレーターに対して手続きが開始され、2015年にフランス、イタリア、スウェーデンでは、ベストプライス条項を限定する確約で終結した[2]。ドイツでは、さらに、Booking.com と Expedia のベストプライス条項に対して競争法上の懸念が表明されたことを受けて、Booking.com は、2015年7月に、ドイツにおけるホテル向けのベストプライス条項に関して、フランス、イタリア、スウェーデンで確約された「狭義」のベストプライス条項に限定し、Expedia も欧州において、条項を限定することを公知した。ここで、連邦カルテル庁は、他の欧州諸国で確約として明らかに受け入れられた「狭義」のベストプライス条項の違法性判断に直面することとなった。2015年7月、フランスでは、ホテルポータルとホテル間のあらゆるベストプライス条項を禁止する法律が成立し、イタリアやオーストリアでも新法によってベストプライス条項を完全に禁止する動きが見られたこともあり、フランスの競争当局が受け入れた確約を疑問視する動きもあった[3]。ドイツでは、結局、Booking.com が当該条項を削除するなどの対応策を講じなかったとして、Booking.com に対して2015年にカルテル庁の当該条項の禁止決定、2016年にそれを支持する高裁の決定が出されている。

2　ベストプライス条項の概要

　ベストプライス条項は、価格や取引条件に関係する最恵待遇条項を意味する。ベストプライス条項は、供給者に対して、当該ポータルを通して、インターネットにおいて当該商品やサービスについて最安値で供給する義務を課し（ベストプライス条項）、供給者がプラットフォーム上で供給するすべての製品を、インターネットにおける他の者により安価に提供することを供給者に禁止することを含む（プライスパリティー条項）。このように、ホテルポータルが、そのプラットフォーム上で掲載するパートナーホテルに対して、ホテル自身を含むすべての他の販売

2　フランスの状況については、和久井理子「MFN 条項と競争法——ブッキングドットコム事件等 EU 加盟国での動きを中止に——」2016年11月25日審判決研究会。

3　Tamara Thiessen「Hotel News Now」2015年8月13日。http://www.hotelnewsnow.com/Articles/27399/Frances-end-to-rate-parity-creates-grey-areas 参照。

ルートと比較して、常に最安値のルーム価格を提供する義務を課すもので、これは、広義のベストプライス条項と理解されている。

ホテルとホテルポータルの間では、プラットフォームオペレーターであるホテルポータルが、供給者であるホテル事業者と役務契約を締結し、プラットフォームサービスを供給者に対して供与し、反対給付として料金の支払いが供給者に生じる（仲介した売買の手数料）。供給者とその顧客の間には、購入に関する特別な契約が締結される。それをもって、プラットフォームオペレーターと供給者の間（ポータルサービスをめぐる第一契約）と、供給者と最終顧客間（製品購入に関する第二契約）には、それぞれ垂直的な関係が存在し、すべての当事者間にいわば三角形の関係が存在する[4]。プラットフォームオペレーターが利用するベストプライス条項の特殊性は、プラットフォームと供給者との相互の関係における価格や条件に直接関係するのではなくて、最終顧客への供給者の価格に関係することにある。

二　HRSに対する手続き

1　概　要

連邦カルテル庁は、HRSのベストプライス条項に対して、欧州機能条約101条及びドイツ競争制限防止法1条違反があるとした[5]。ここでは、いわゆる広義のベストプライス条項が問題となり、HRSが用いたベストプライス条項は、ホテルに対して、すべての販売チャンネルに関し、HRSを通して最安値のホテルルーム価格、可能な最多の部屋の割当、予約取り消し条件の提供を義務付けた。これは、ホテル間とホテルポータル間の競争を制限するだけでなく、ホテルポータルの新規参入を困難にするもので、このことは、適用除外要件にも該当しない

4　Maren Tamke「Kartellrechtliche Beurteilung der Bestpreisklauseln von Internetplattformen」WuW2016年594頁以下。ここで引用されているAlexander Eufinger「Bestpreisklauseln im Internethandel aus Sicht des Wettbewerbsrechts」K&R2014年307頁以下、Dietmar Fiebig「Internet-Vergleichsportale und Kartellrecht」WuW2013年812頁以下も参照。

5　「HRS」連邦カルテル庁決定（2013年12月20日）WuW 2014年335頁。競争制限防止法1条は、事業者間の協定、事業者団体の決議及び相互協調的行為が、競争の阻害、制限、若しくは歪曲を目的とする場合又はそれをもたらす場合に禁止すると定めている。当該ケースやMFN条項全般については、土田和博「電子商取引における 垂直的制限と競争法：コメント 」公正取引委員会CPRC国際シンポジウム（2016年6月3日）を参照した。http://www.jftc.go.jp/cprc/koukai/sympo/2016notice.files/160603sympo3.pdf

とした。さらに、当該条項には、HRS に従属している中小のホテルに対する不当な妨害にも当たるとしている点は興味深い。ただ、高裁は、連邦カルテル庁の禁止手続きは異なる二つの事実を問題にしているのではないことを挙げ、ベストプライス条項が競争制限防止法１条違反及び欧州機能条約101条に該当する限り、それが同時に競争制限防止法20条（不当な妨害行為等を禁止）ないしは19条違反（濫用禁止）に当たるかどうかを判断する必要はないとしている[6]。

　HRS が用いたベストプライス条項は、ホテルに対して、全ての販売チャンネルの中で最安値のホテルルーム価格でかつ可能な限り部屋の割当を増やすこと、HRS を通して最も有利な予約条件を提供するように義務付けるものであり、連邦カルテル庁は、HRS に対して、ベストプライス条項の適用を禁止し、普通約款及び個別契約において当該条項の削除を命じた。HRS は、当該決定に対する不服をデュッセルドルフ高裁に申し立てたが、主張は退けられた。

2　競争制限

　ベストプライス条項の競争制限の目的・効果について、HRS に対するケースでは、以下のように説明されている。

　当該ベストプライス条項は、ホテル事業者の行動の自由を制限し、ホテル事業者と当該ホテルポータルの間の垂直的関係における行為拘束を含む。当該ベストプライス条項による行為の自由の制限は、ホテルポータル市場だけでなくホテルルームをめぐる競争の制限をもたらすことになる。

　まず、ホテルポータルの仲介サービスに関する市場においては、より低い予約手数料や最有利な条件をめぐるポータル間の競争が制限されるとするカルテル庁の認定が高裁によっても支持されている。特に重要視されたのは、ドイツの有力なホテルポータルにおける標準手数料が、2010年から2013年迄同一であること、手数料の占める割合が上昇していることである。この展開は、ポータル間で手数料競争が行われていない徴候とされた。

　次に、新規のホテルポータルの参入を困難にしていることから、ベストプライス条項が市場分割効果をもつことが挙げられる。

　ベストプライス条項によって拘束を受けるホテルは、ホテルポータルを通して

---

[6]　「HRS-Bestpreisklauseln」デュッセルドルフ高裁決定（2015年１月９日）　WuW2015年394頁145段落。同様の指摘は、後述する Booking に対する高裁の決定においても述べられている。

より低価格やより良い条件で持って、自己の販売を提供することができず、それによりブランド内競争が侵害されることから、ホテルルームに係る市場が検討対象となる。当該市場では、顧客に不利益を与える形で、同種のホテルルームについてのベストプライスをめぐるホテル事業者の価格競争が制限される。顧客は、他の販売チャネルを利用して、より低い価格でホテルルームを見つける可能性が奪取される。さらに、ホテルは、ベストプライス条項によってキャパシティー管理の可能性が制限される。ホテルが、あるポータルでその価格を引き下げる決定をすれば、ベストプライス条項が存在するため、同じ価格引き下げを他の販売チャネルで受け入れることを余儀なくされる。

そして、最終的には、ベストプライス条項は、知覚可能な競争制限を意味するとされた。

三　Booking.com に対するケース[7]

ドイツにおける3大ホテル予約ポータルの一つである、インターネットを運営している Booking.com とパートナーホテルとの契約において、いわゆる「狭義のベストプライス条項」が存在した。パートナーホテルは、これによって、自己のホームページ上で、Booking のプラットフォーム上での価格より安く提供しないことが義務付けられた。加えて、パートナーホテルは、常時最低限の部屋の割当を用意しなければならなかった。もっとも、ホテルには、他のホテルポータル、オフライン販売、旅行会社、電話やホテルの受付という直接予約を通して、より安価で提供する自由が認められており（狭義のベストプライス条項）、この点に前述の広義のベストプライス条項との差異が見出せる。当事者とパートナーホテル間の契約で合意されたかかる狭義のベストプライス条項は、競争制限防止法1条及び欧州機能条約101条違反に該当するとされた。以下、決定の要旨を整理する。

1　市場画定

商品市場の画定について、ベストプライス条項は、ホテル予約ポータルの仲介サービスに係る供給市場に関係し、そこでは、ホテル予約ポータルが供給者であ

---

[7] 「Enge Bestpreisklauseln」連邦カルテル庁決定（2015年12月22日）WuW2016年142頁、「Enge Bestpreisklausel」デュッセルドルフ高裁決定（2016年5月4日）WuW2016年378頁。

り、需要者としてホテル事業者が対峙する。ホテルの自己の予約ウェブサイト、特殊化されたポータル、オンライントラベルエージェンシー、旅行代理店のポータルとメタサーチエンジンは、当該市場に属さない。ホテル予約ポータルは、有料を前提とした契約に基づき、インターネットポータルを通してホテル事業者にホテルルームの予約の仲介を提供し、ホテル顧客とホテル事業者の間の契約締結を仲介する。地理的範囲は、ドイツにおけるホテルポータル市場に画定される。

2 競争制限

狭義のベストプライスは、競争制限防止法1条及び欧州機能条約101条にいう競争制限の効果を持つ。当事者とホテル事業者間の垂直的関係における行為拘束を含む条項は、ホテル事業者の価格形成における行動の自由を制限し、このことは、それを通して、ホテルポータル市場だけでなくホテルルームに係る市場における競争侵害的効果を持つ。

ここでは、合意の持つ競争制限的目的が検討されるのではなく、個別事例において予測される競争制限的効果が重要とされる。合意は、十分な蓋然性を持って価格や生産量、イノベーションや商品・サービスの質へのネガティブな効果が予測される程度顕在的ないしは潜在的に競争を侵害しなければならない。このことを認定するために、既存の経済的、法的かつ事実上の市場や競争関係への合意の持つ効果を包括的に検討することになる。ここでは、当事者や競争者の市場地位、存在する市場参入制限と市場展開が意味を持つ。決定的であるのは、評価されるべき垂直的な内容拘束が、市場分割効果または有意なブランド内競争の制限に連なるかどうかである。

これらの要件の基準に従い、連邦カルテル庁は、ベストプライス条項が、ホテルポータル市場とホテルルームに係る最終顧客市場における競争制限効果を持つことを認定し、高裁はそれを支持している。

(a) 狭義のベストプライス条項は、ホテル事業者に、ホテル予約ポータル間の価格及び条件差別を容認する。広義のベストプライス条項と異なり、当事者の予約ポータルよりも第三者の予約ポータル上でより安価なホテルルーム価格を供給することは可能である。狭義のベストプライス条項は、さらに、あらゆる販売、もっぱらインターネット以外、例えばレセプションや文書で、電話で旅行代理店を通しての価格及び条件差別を容認する。もっとも、このことは、これらのオフライン

プライス・条件が同時にオンラインで公表されている場合には当てはまらない。

狭義のベストプライス条項がホテル事業者に対して禁止しているのは、当該ホテルのインターネットサイトで、当事者である予約ポータルより安価かつ有利な条件を提供することである。

（b）狭義のベストプライスは、ホテルポータル市場における自由な競争を侵害する。それは、第三者であるホテルポータルとの関係で、契約により拘束されるホテル事業者の価格形成の自由を直接的ではないにしても制限することになる。なぜならば、ホテル予約ポータル間の価格・条件差別は、当事者に不利益に機能するためである。もっとも、それは、ホテル事業者が自己のホテルオンライン販売において、当事者であるホテル予約ポータルより安価で供給することができないことを通して、間接的にその行動の自由を制限する効果を持つということである。合理的な経営上の考慮によれば、自己のオンライン上の販売より安価かつ有利な条件で供給したり、インターネット上でオフライン販売についてのより安いホテルルーム価格や契約条件を表示することの禁止は、ホテル事業者が、第三者であるホテルポータルに当事者より安価かつ有利な条件で供給することを抑止する要因となり、カルテル庁がこの考慮を採用しているのは適切である。

自己のオンライン販売は、ホテル事業者にとって著しい意義を持つ。自己のオンライン販売は、ホテル事業者が仲介サービスから自立する事を可能にするだけでなく、経済的利益をもたらすためである。この利益は、特に、自己のインターネットサイトを通してのホテル予約に関してホテルに生じるコストは単に部屋料金の X% にすぎないが、当事者のホテル予約ポータルを通しての予約においては、Y% の手数料が発生する結果である。加えて、自己のオンライン販売は、最終的に目的に適合しかつホテルに重要な販売戦略を促進する手段となる。

ホテル事業者が、第三者のホテルポータル上で、当事者が提供するよりも安価かつ有利な条件を提供することになれば、自己のオンライン販売の明らかな弱体化につらなることになろう。ホテルは、当該狭義のベストプライス条項に基づき、自己のインターネットサイト上でより安価かつ有利な取引条件を提示することを妨げられる。このことは、第一に、当該売上がホテル自身のオンライン販売を通して享受されるのではなく、第三者のより有利なホテルポータルにアカウントされることを意味する。ホテル顧客の観点からみれば、ルーム価格が決定的な意味を持つことになる。第二に、自己のインターネット上の販売において、より

値段の高いルーム価格や優遇のない契約条件を提供することは、イメージを侵害する価格スプレッドにつらなる。ホテルのインターネットサイト上で、第三者の予約ポータルよりも劣悪な条件で提供されることになる。このような背景からホテル事業者は、企業の合理的な考慮のもと、ホテルポータルオペレーター間の価格及び条件を差別化することを避けようとする。

狭義のベストプライス条項によって、さらに、手数料をめぐるホテルポータルオペレーター間の競争、より安価なホテル価格又は有利な条件に対する報酬の低下が抑制される。第三者であるホテルポータルオペレーター側では自らのポータル上で、当事者よりも安価かつより有利な条件でホテルルームを提供する可能性を見返りとして保持するため、より安い仲介手数料をホテル事業者に提供するという経済的インセンティブが存在する。狭義ベストプライスは、ホテル事業者に、ホテルポータルオペレーターに対する価格及び条件差別を禁止していないため、ホテル事業者は、法的にもかかる供給に対応しうる状態にある。しかしながら、ホテル事業者は、自己のオンライン販売を保護するため、この自由な行動余地を活用することはないであろう。

使用可能な最低ホテル部屋数を確保する条項は、狭義のベストプライス条項の競争制限的効果を補強する。この最低割当の活用に基づき、ホテル事業者は、さらに何時でもあらゆる種類の部屋をベストプライス価格のルールに従い、用意することが求められる。

一般に示されるベストプライス保証の表示は、当事者に対して、より安価で提供する第三者のホテルポータルとの差額を最終顧客に払い戻すことが義務付けられ、さらに、ホテルポータル市場において競合する供給者が、価格及び条件で攻勢に出ることを困難にする。その他、それらは、新規のホテルポータルオペレーターの市場参入を妨害する。このことは、結果として、当事者より有利なホテル価格や契約条件を顧客に与えることはできないことに起因する。

(c) 狭義のベストプライス条項は、そのほかに、ホテルルームに係る市場の競争を制限する。

ベストプライス条項に拘束されているホテルは、自己のオンライン販売において、ホテル予約ポータルよりも安価でルーム価格を提供することができないことから、同時に、ホテル自らのインターネットサイト上での最終顧客への部屋の提供をめぐるホテル間の競争も侵害を受ける。最終消費者は、ホテルのインター

ネットサイトや他のオンライン販売チャンネル上で、当事者のホテル予約ポータル上よりも安価であるホテルルームを探し当てる可能性を奪われる。事実上、当事者によってオンライン最低価格が設定されることになる。

　それに起因する競争の制限は、従来オンライン予約の約X%のみ、中小ホテルにおいていわばY%のみが、ホテルのインターネットサイトを通して行われていることによって、既に立証される。ホテルが、当事者のポータル上よりも、低価格でそのホテルのサイトで提供することができず、この状況を認識している潜在的顧客にとって、ホテルのインターネットサイト上で予約するという強力なインセンティブは従来存在していない。

　さらにベストプライス条項によって、キャパシティー管理を導入するホテルの可能性が制約される。ホテルが、当事者のポータル上でそのホテル価格を引き下げる合意をする場合、ベストプライス条項によって、これと同一の価格低下を、自己のインターネットサイト上でも受け入れることが余儀なくされるであろう。ホテルが、全体的な利益低下のリスクを伴うことになる一律的な低価格を回避したい場合、ベストプライス条項により、結果として、ホテルは高い稼働率で利益が出るように、残りの割当をより安価で提供することを回避しなればならない。ここから最終利用者にとって利益となる、例えば一定の期間について価格低下の可能性は、何れにしても排除される。

　オフラインで、より安価で提供できることもあるが、このオフライン価格や取引条件をインターネット上で公表する可能性は、排除されている。これにより当事者のポータル供給に対してホテル事業者の安価な部屋の提供に到達しうる顧客の範囲は著しく制限される。

3　ベストプライス条項は、競争の知覚可能な影響を意味する

　不文の要件である知覚可能性は、競争制限が、当事者の地位が弱小であるため関連市場に対して軽微な影響を与えるに過ぎない場合には充足されない。この場合、原則として、当該合意の顕在的ないし潜在的な効果について量的な評価が行われ、当該事業者の地位や意義、市場シェアが重要となる。

　当該要件の観点から、ベストプライス条項により生じる競争制限効果は、単に取るに足らない程度又は軽微であると評価されない。当事者の市場シェアからもこのことが支持される。当事者は、ドイツのホテルポータル市場において主導的

事業者であることから既に知覚可能性は肯定され、加えて、狭義のベストプライス条項を基点とする著しい競争制限と同様に、ホテル事業者に対する当事者の強い実行意思が加わる。つまり、ベストプライス条項の遵守は、インターネットクラウアーによって厳格に監視されており、違反が非難され、繰り返される場合に措置が予定されている。このことは、ベストプライス条項が当事者の競争にとって著しいメリットがある場合にのみ、理解されることになる。

四　ベストプライス条項の競争制限の分析

1　ベストプライス条項の競争制限効果の考察

　HRSで問題となったベストプライス条項については、価格水準の設定自体に法的自由が認められることになるが、経済的な拘束は存在することになる。つまり、一取引相手に供与する優遇価格は、他の取引相手にも承認されなければならないという取引における同等の地位が求められる。これによって、上記決定でも承認されているように、ベストプライス条項はプラットフォームオペレーター間の競争を弱体化し、手数料競争は制限されることになる。

（1）手数料の低下を伴う安価な最終顧客価格の設定が制限されること

　ホテル予約ポータルが、ホテルに対して、他のポータルよりもより低い手数料を要求するとしても、ホテルは、当該ポータル上でより安価な最終顧客価格の提供という手段を活用することによって、この費用節約を意図した転嫁ができない。というのは、広義のベストプライス条項に基づき、他のポータルに、当該ホテルポータルのウェブサイトより低い価格を要求することは認められないのである。結果として、ホテルは、同一の最終顧客価格を前提としなければならず、ベストプライス条項によってカバーされるすべての販売チャンネルにおいて、単にその価格を同程度低減することが可能となるにすぎない。そして、ホテルポータルにとっては、手数料の低減の結果、他の販売チャンネルよりもそのウェブサイトでより低い最終価格を設定することによって、そこから期待される需要増という形での競争メリットは何ら生じなくなり、より魅力的な手数料で競争し、それを持って価格を低減させるというホテルポータルのインセンティブは、結果として、ベストプライス条項によって制限されることになる。もちろん、ホテルが手数料の上昇を理由にホテルポータルとの取引を断つ可能性もないわけではない

が、当該ポータルを通してのみ予約すると期待される十分な顧客が存在するかぎり、大規模なホテルポータルの仲介に大きな関心を持っており、関係を断つことは魅力がないことをこの説明の前提とする[8]。

これに対して、ベストプライス条項を用いるホテルポータルのオペレーターは、最終顧客価格が他のポータルより高いということを懸念する必要なく、手数料を引き上げることが可能である。

（2）新規ポータルの市場参入制限

新規のポータルにとって市場参入が困難になる。そこでは、低い手数料とそれに応じた低いルーム価格等でもって顧客層を開拓するという戦略は、上記で述べた通り、既存のポータルによるパリティー条項があるため可能ではない。

（3）ネットワーク効果

ホテルポータルは、二面性市場で活動している。ホテルポータル市場の二面性は、いわゆるネットワーク効果によって、ベストプライス条項の持つ効果を強化することになる。需要者の観点からは、製品の価値が、他の需要者グループの参加が増えるほど高まることになる[9]。ベストプライスを通して最終顧客を獲得することは、ホテルポータルの魅力を高め、そして、最終顧客への増大により再び最終顧客にとって魅力が高まり、ベストプライス条項を用いるホテルポータルのオペレーターが増える。ここから、まさに市場有力なポータルオペレーターが、ベストプライス条項によってその既存の市場地位を維持することができる。

（4）ホテルルーム市場における競争

連邦カルテル庁は、供給者間のホテル市場における競争制限を認識している。ベストプライス条項に基づいて供給者側であるホテル事業者は、ホテルポータルオペレーターに対して様々な手数料を設定するという、状況に応じた価格メリットを最終顧客に転嫁することができず、かつ適宜低い価格を用いて具体的な競争状況にもはや柔軟に対応することができない。このことは、HRSケースのように、ベストプライス条項がオンラインだけでなく、オフライン販売ルートに及ぶ場合、特に当てはまる[10]。ベストプライス条項に基づき契約当事者ではない第三

---

8 Alfter/Hunold「Weit, eng oder gar nicht? Unterschiedliche Entscheidungen zu den Bestpreisklauseln von Hotelportalen」WuW2016年526頁。
9 Rene Galle/Mirjana Nauck「Bestpreisklauseln von Hotelportalen und Kartellrecht」WuW2014年587頁。

者にも同等の低価格を設定しなければならない場合には、ホテル事業者の価格を引き下げるインセンティブが低下することになる。

　このように多様な価格設定の可能性が欠如することは、最終顧客価格の統一に連なりやすい状況が生じると指摘される[11]。もっとも、価格競争が排除される程度に至るのは、多数の供給者が、ベストプライス条項によって拘束される場合である。これに当てはまらない限り、他の供給者は、その取引相手からの対抗力を受け共謀的な効果は阻まれることになろう[12]。価格の統一は、ポータルオペレーター間等の透明性が高まること、ポータルのオペレーターや供給者間の共謀によって容易となる。具体的事例におけるポータルオペレーターの市場力や他のポータルの具体的状況、共謀の有無などに応じて、市場効果は検討されることになろう。

（5）競争促進効果の検討

　ベストプライス条項は、いわゆるフリーライド問題の対策として用いられていると説明される[13]。ポータルオペレーターは、ベストプライス条項がないとポータルへの投資のインセンティブが失われるという事情である。つまり、最終顧客と供給者が、ポータルを（コスト無く）利用し、しかし、製品は他の販売チャンネルを通して又は直接販売によって、より有利に購入する懸念である。ここから、仲介が行われた場合にのみ手数料は支払われる手数料モデルにおいては、ホテルポータルオペレーターの投資は、販売や手数料増加という形ではカバーでき

10　「Zur Kartellrechtswidrigkeit von Bestpreisklauseln auf dem Markt für Hotelportaldienstleistungen」・前掲注4）カルテル庁決定2013年12月20日（WuW2014年335頁）。

11　Steffen Nolte「Vertriebskanal Internet: Grenzen der Steuerungshoheit des Lieferanten und die Notwendigkeit von Vertragsstandards」BB2014年1162頁。

12　Johannes Heyers「Wettbewerbsrechtliche Bewertung sog. Preisparitätsklauseln-ein juristisch- Ökonomischer Ansatz」GRUR Int 2013年412頁では、いわゆる最恵待遇条項は、カルテルと類似する方法での共謀的なバランスであり、市場の多数の事業者が最恵待遇条項に参加している限り、価格競争は排除されるとする。しかし、これが当てはまらない場合には、最恵待遇条項は、当該条項に拘束されない他の事業者との価格差を生じさせるという、最恵待遇条項に拘束された事業者のインセンティブや可能性を減退させることになる。なぜならば、自己の価格引き下げによって、自己の顧客への著しい価格引き下げにより損失を被るからである。市場の大多数の事業者が最恵待遇条項に拘束されていない場合、最恵待遇条項の共謀的効果を無力化する十分な取引相手方の対抗力が存在する。

13　「Vertikale Beschränkungen in der Internetökonomie Tagung des Arbeitskreises Kartellrecht」（2013年10月10日）27頁、https://www.bundeskartellamt.de/SharedDocs/Publikation/DE/Diskussions_Hintergrundpapier/Bundeskartellamt%20-%20Vertikale%20Beschränkungen%20in%20der%20Internetökonomie.pdf?__blob=publicationFile&v=2参照。

ないであろう。ベストプライス条項は、価格競争を制限することによって、クオリティー競争のインセンティブをもたらすことになる。ホテルポータルの成功は、特に魅力的な価格に依存しているため、ベストプライス条項が、成功するために必要なデータバンク、製品表示、検索機能への投資の確保に貢献するのである。ベストプライス条項がない場合には、投資は、顧客がポータルのクオリティーという基準にもともと高い価値を見出している場合にのみ行われるであろう[14]。ベストプライス条項に基づいて価格が統一する可能性やそれに伴って現れる価格透明性があるにしても、それは、供給者間の競争の活発化につながり、消費者にとって市場透明性が改善され、検索比較コストの低下をもたらすとする見解もある[15]。

2 狭義のベストプライス条項とポータル間の競争に及ぼす制限的効果
（1）手数料の引き下げがホテル価格の競争につながらない前提

Bookingに対するケースでは、いわゆる狭義のベストプライス条項が問題となった。狭義のベストプライス条項によって拘束されるホテルは、自己のオンライン販売において当事者であるホテルポータルよりも低いホテル価格を示すことができない。狭義のベストプライスがもたらす競争制限的効果について、広義のベストプライス条項と同様に、ホテルポータル間の競争を制限することが挙げられる。手数料を引き下げても、そのポータルのホテル価格が他のチャンネルより低くならない見通しを持つ場合に、ポータル間の多様な価格設定が制限されることは、欧州の競争当局に共通する理解である[16]。

手数料引き下げの結果、ホテルが一つのポータル、例えばHRSにおいてそのホテル価格を引き下げるとすると、同時に、自己のオンライン直接販売を、例えばBookingでの（より高い）価格レベルに維持しなければならないことがホテルに利益をもたらすかどうか、あるいは、手数料低下の結果、ホテルはその価格をより安価で供給するポータルの価格まで引き下げることが予想される場合があるとしても、そのような手数料の低下が一般的にポータルにとって利益があるかは、また別の問題となる。利益性の考慮に重要な要素としては、ホテルポータル

---

14 「HRS」・前掲注5）205段落以下。
15 Tamke・前掲注4）WuW2016年598頁。
16 Alfter/Hunold・前掲注8）527頁。

の予約手数料の額や直接予約に要する費用である。仮に、ホテル直接販売と主要なホテル予約ポータルＡとＢが存在するとして、以下のように整理してみる。

（a）ホテル価格がすべてのホテルポータルと直接販売において同一である場合、顧客に占めるシェアも同一として、ホテルポータルＡの手数料が仮に２ポイント低下した場合、ポータルＡの仲介するホテル価格は、例えばその半分に当たる程度で値下げし、顧客にそのメリットを転嫁すると仮定する。

（b）ただ、需要は、僅かな価格変動によってあまり影響を受けないとすれば、販売コストを控除した後のホテル利益の上昇も微小にすぎないかもしれない。また、ホテルポータルＡにとっては手数料の引き下げがそのまま利益の減少を意味し、手数料の引き下げは、ホテルポータルにとってあまり魅力的ではない。

（c）仮に、需要者がある程度、ホテルポータルＡに移行するとする。その場合には、ホテルポータルＢがシェアを落とし、ホテルの直接販売はそれより大きくシェアを落とすとする。ホテルは、従来ホテルポータルＢにおいて予約していた顧客に対応するやや僅かな手数料支払い減からの利益を得るとしても、（従来はより僅かであった販売コストで）直接予約していた顧客が、ホテルポータルＡに乗り換えて予約するようになるため、ホテルはホテルポータルＡで予約した顧客についての手数料を支払うため手数料支払いは増大することになる。この手数料は、明らかに、想定される直接販売の経費より高くなりうるのであり、需要の移行を受けて、同時にホテルの販売コストも全体として上昇することになる。このような需要の移行のもとで、ホテル価格の低下は、価格の低下がなかったとする状況と比較してもホテルに利益をもたらさないため、ホテルポータル上での価格低下はホテル事業者にとって魅力がなく、殆ど期待されないであろう。

（d）相対的に低い手数料を設定するホテルポータルのホテル価格低下が、ホテルに利益をもたらすためには、高い手数料を伴うホテルポータル上で予約するより多くの顧客が、低い手数料のポータルに乗り換えること、または、より安価な傾向がある直接販売から、依然として相対的に高い手数料を伴うホテルポータルに転換する顧客が少数であること、そして最後に、より多数の顧客が、より安価なホテルポータル上でホテルを予約するが、その顧客は、以前、全く予約しないか、他のホテルを予約していたという要因の包括的検討から明らかとなろう。

結論として、ホテルの利益性に決定的であるのは、第一に、多様なホテル価格の結果として起こる需要のチャンネル間移行の動向である[17]。どれだけ多くの顧

客がオンライン販売又は他のホテルポータルから、安価なホテルポータルに乗り換えるか、つまり、直接販売からホテルポータルへの乗換えよりも、高い手数料から安い手数料のホテルポータルに十分な多数の顧客が乗換えるかどうかである。特に決定的であるのは、直接販売から安価なポータルへの予想される需要移行の規模である。どのぐらい多くの顧客が、直接販売から安いポータルに乗り換えたかが、顧客へのアンケートや過去の実績から評価されうる。予想される乗り換え行為の規模は、直接販売での予約顧客のもとで、安いホテルポータルの知名度や、直接販売の規模・予約に占めるシェア、価格相違について顧客の持つ情報、顧客の予約傾向にも左右されるであろう。

　第二に、安いホテル価格における需要拡大の可能性、つまり、本来予約しなかった又は他のホテルを予約した顧客が、当該ホテルポータルで予約した規模である。ホテルへの需要全体が拡大する場合には、ホテルポータルAの顧客シェアが拡大するであろう。この場合、ホテルポータルAとホテルの利益は明らかに上昇するため、狭義のベストプライス条項にもかかわらず、価格引き下げのインセンティブが存在する。もっとも、同じポータル上で他のホテルを予約する可能性がある限り、ポータルの利益上昇は限界があるかもしれない。

（2）連邦カルテル庁の考慮

　連邦カルテル庁は、直接販売におけるチャンネルの効果を強調している[18]。つまり、ホテルが、自己のオンライン販売がより高い価格を提示しなければならない場合、ホテルポータル上での価格をそれより引き下げるインセンティブは極めて低い。既に競争制限効果で検討した通り、その場合、もともとの直接販売の顧客は、安い価格を理由にしてより安価なホテルポータルで予約するであろうし、そうするとホテルのコストは増大するのみである。Bookingに対するケースでも、連邦カルテル庁は、直接販売が重要なチャンネルであると捉えており[19]、高裁でもこのことは支持されている。

　このように、ドイツにおいては、狭義のベストプライス条項によって拘束を受

17　Alfter/Hunold・前掲注8）527頁。
18　連邦カルテル庁のプレス（2015年12月23日）で、狭義のベストプライス条項は、ホテル自身のオンライン販売チャンネルにおける価格設定の自由を侵害すると述べられている。http://www.bundeskartellamt.de/SharedDocs/Meldung/DE/Pressemitteilungen/2015/23_12_2015_Booking.com.html 参照。
19　「Enge Bestpreisklauseln」・前掲注7）連邦カルテル庁決定194-201段落。

けるホテルは、自己のオンライン販売においてそのホテルポータルよりも安い価格で提供できなくなることを基点として、ホテル事業者間の競争が制限されると捉えられている。これとは異なって、例えば、スウェーデンの競争当局は、隣接市場であるBookingとホテルとの間の競争、つまりオンラインホテル予約サービスに係る市場における競争制限を認識していない[20]。スウェーデンの競争当局も、上記のチャンネル効果を承認している。しかし、連邦カルテル庁と異なり、その経済分析では、ホテルは低い予約手数料の対価として、ホテルポータルサイト上でより安い最終顧客価格を要求するインセンティブを持っていることを肯定する。スウェーデンでは、結局、Bookingとの確約によって、さらに狭義の条項が提示され、そこでは、プライスパリティーが、オフライン販売チャンネルに妥当しないことになった。プライスパリティーが捉える直接販売の部分が少ないほど、ホテルポータル上で、直接販売よりも低価格を設けるホテルのインセンティブが増すとして、スウェーデン当局は、売上を全体として上昇させるために、低価格によって手数料低減をバーターするインセンティブがあることを強調している。

（3）効率性メリット

狭義のベストプライス条項が持つ競争メリット効果についての評価も、一様ではない。まず、スウェーデンの当局のケースでは、予約手数料をホテルポータルに支払う必要がないことはホテルにとって魅力的であるため、ホテルポータル上でホテルをサーチし選択した顧客に対して、ホテルの直接販売でより安価に直接予約するように誘導するインセンティブをホテルが持っていることを前提とする[21]。つまり、ホテルは価格形成において完全に自由であれば、ホテルがBookingの投資にフリーライドする可能性を肯定する。この点については、フランスの当局も指摘しているようであるが、Bookingの主張にそのまま従っているに過ぎないとの指摘もあり[22]、フリーライドの問題が明確に分析・評価されているとは言えないようである。

---

20 「Booking.comに対するケース」Konkurrensverket（Swedish Competition Authority）決定（2015年4月15日）レファレンス．no 596/2013、44-47。競争当局の分析によれば、低い手数料とのバーターとしてより安価なルームプライスを提供するホテルのインセンティブは、価格低下がホテルルームの全体の販売にどう影響を与えるか、どのように販売が多様な販売チャンネルに分散するかに依拠するとしている。http://www.konkurrensverket.se/globalassets/english/news/13_596_bookingdotcom_eng.pdf 44-47段落参照。

21 「Booking.comに対するケース」・前掲20）28段落。

22 Alfter/Hunold・前掲注8）528頁。

連邦カルテル庁のBookingに対するケースの決定では、明らかに、上記の効率性上昇の議論に疑問が投げかけられている。Bookingは、深刻なフリーライド問題が存在していること、狭義のベストプライス条項によってそれが解消されることを立証していないというのが、カルテル庁の基本的見方である。まず、フリーライドが存在するのは、ホテルポータル上での表示により、そこでホテルが最終顧客に最初にサーチされ発見されうること、その後ホテル自身のウェブサイト上で直接予約されることを通してホテルが利益を受けることを意味する。しかし、カルテル庁はこの関連性のみでは十分な立証と捉えていない。なぜならば、多様な販売チャンネルすなわちホテルポータルやホテル自己のウェブサイトは、様々な顧客グループをーゲットにしていると考えられるからである。連邦カルテル庁の議論においては、どのような投資が、その効率性効果を理由にして保護に値する可能性があるかについて検討されている。

　ホテルの写真やテキストの編集のようなホテルポータルの契約に特化した投資範囲は限定されており、Bookingはその効率性を詳論していない。これに対して、契約に特化しない一般的な広告への投資に関しては、イメージの改善、ホテルポータルの知名度を上昇させることに機能するため、Bookingがフリーライドによりその投資を消失させることはないと認定する。一般的に見て、Bookingは、狭義のベストプライス条項がなくても、そのホテルポータルの品質に投資する著しいインセンティブを持っているとして、このインセンティブが、狭義のベストプライス条項を削除した場合に消滅するないしは著しく減退することについて、Bookingは十分に立証していないとする[23]。加えて、ベストプライス条項によって比較されるルーム価格を通してホテル顧客が検索コストを低減させる可能性があることは、競争制限を正当化する効率性のメリットと認識されていない[24]。

五　適用免除との関係

1　類型的適用免除

　競争制限が肯定される場合には、欧州機能条約101条3項ないし競争制限防止法2条[25]に基づきカルテル禁止の適用免除が認められるか否かが問題となる。

23　「Enge Bestpreisklauseln」・前掲注7）連邦カルテル庁決定266-276段落。
24　「Enge Bestpreisklauseln」・前掲注7）連邦カルテル庁決定280段落。

（1）市場シェア基準

垂直的類型適用免除規則[26]は、同規則3条1項に定める市場シェア基準30％を超えない場合のみ適用されることになり、この場合、市場画定が前提となる。HRSのケースでは、連邦カルテル庁は、ドイツを地理的市場として、パッケージを検索・比較し予約を提供するホテルポータルの仲介サービスに係る市場（ホテルポータル市場）を画定し、この市場画定は高裁によって支持されている。最終顧客ではなく、仲介サービスの需要者としてホテルの立場が基準とされた。当該市場においてHRSは、30％を超える市場シェアを占めているため、垂直的類型適用免除規則による適用免除は受けられない。Bookingに対するケースにおいても同様にホテルポータル市場が確定され、当該要件を充足しないとされた。

（2）垂直的類型的適用免除規則にいう垂直的合意

さらに、当該規則1条1項にいう垂直的合意が存在することが要件となる。この垂直的合意は、複数事業者間の購入・販売等の条件に該当することを意味する。ベストプライス条項には垂直的合意が存在し、そこでは、ホテルポータルと供給者であるホテルは異なる経済段階で活動し、ベストプライス条項は取引の条件を構成する。連邦カルテル庁はHRSケースで、垂直的合意の存在を肯定する。しかし、これに対して高裁は、HRSケースで垂直的合意の存在に疑問を呈した。そこでは、ベストプライス条項は、仲介サービスの購入やホテル事業者による当該サービスの再販売の取引条件を定めておらず、むしろ、主にホテル事業者に不利益を与え、ホテルルームの販売においてのみ効果を持つとする。当該販売市場においては、仲介者として活動するホテルポータルは、ホテルと何ら垂直的関係にないとしている[27]。この点、学説において様々な見解があることが判決でも示されているが、いずれにしても、市場占拠率基準を満たさないので、

---

25 第2条1項では、第1条の規制（カルテルの禁止）の適用から除外される事業者間の協定、事業者団体の決議及び相互同調的行為について定めている。消費者に対して、そこから生ずる利益の適切な分配を行い、また、商品の生産・販売の改良又は技術的若しくは経済的進歩に寄与し、①関係事業者に対し上記目的の実現に必須ではない制限を課せられていない場合、又は②関連する商品の実質的部分が競争から排除される可能性が生じることがないと定めている。

26 COMMISSION REGULATION (EU) No 330/2010 of 20 April 2010 on the application of Article 101 (3) of the Treaty on the Functioning of the European Union to categories of vertical agreements and concerted practices VERORDNUNG (EU) Nr. 330/2010 （2010年4月23日）官報2010年 L102/1（2010年4月23日）以下。

27 「HRS-Bestpreisklauseln」・前掲注6）123段落。

Booking に対するケースにおいても同様にこの問題についての究極的判断はなされていない。

（3）ハードコア制限（同規則4条 a）

ベストプライス条項が、同規則にいうハードコア制限として捉えうるかどうかは、不明である。同規則4条（a）によれば、買手の販売価格を決定するという可能性を制限することは、原則として、垂直的な同規則の適用対象から排除される。HRS 及び Booking に対するケースでは、それぞれホテルポータルの市場シェア基準を超えているため、連邦カルテル庁は、この問題を未決にしている。欧州委員会は、垂直的制限に関するガイドラインで、最恵待遇条項を単なる垂直的価格拘束を補助するための手段として示すのみであり[28]、その場合、ハードコア制限として捉えられるかどうか、その場合の理由は依然として不明である。

2 個別適用免除

（1）個別適用免除

ベストプライス条項が、欧州機能条約101条3項又は競争制限防止法2条に基づき個別適用免除を受けることが可能となるのは、要約すると次の要件を充たす場合となる。すなわち、効率性のメリットを達成するために必須であること、消費者がそこから正当な利益を得ること、市場における実質的な部分について競争を排除する可能性がないことを満たす場合である。Amazon、HRS、そして Booking に対するケースで、カルテル庁は個別適用免除の可能性を否定し、このことは高裁によっても支持された。もっとも、個別適用免除の要件の充足を立証することは、ポータル事業者にとって容易でないことも指摘されている[29]。

（2）狭義のベストプライス条項の必須性

効率性を実現するために狭義のベストプライス条項の必須性について、多様な見解がある。前述の欧州垂直的ガイドラインにおいて、「事業者は、101条3項に基づく場合、明らかに現実的かつ明らかに制限的でないと思われる選択肢が、著しく効率的でないことを立証しなければならない。経済的に実現可能かつ制限的でないと思われる選択肢が、著しい効率性喪失に連なる場合に、問題となる制限

28　欧州委員会「Guidelines on Vertical Restraints」EU 官報2010年 C130/12（2010年5月19日）48段落。
29　Tamke・前掲注4）594頁以下。

が不可欠であると捉えられる」[30]と述べている。

「明らかに現実的な選択肢」の解釈について、スウェーデン当局による確約では、ホテルが自由な価格決定を行使すれば、ホテルポータルはそのサービスを安定的に供給できないという著しいリスクに直面することを挙げる[31]。しかし、他の手数料支払いモデルも当該リスクを回避しうるかどうかという議論には踏み込んでおらず、スウェーデン当局の見解によれば、代替的支払いモデルは、予約手数料を活用する十分現実的な選択肢と捉えられていない[32]。イタリアやフランスの競争当局は、必須性とフリーライドの問題について特に説示はない。これに対して、連邦カルテル庁は、詳細に述べている。現実的と思われるベストプライス条項を伴う取引モデルに関して、より競争制限的でない選択肢が著しく効率的でないという理由について、Bookingの立証は不十分としている。基準となるのは、それが同様の構造を持つ市場において実施されているという理由により、代替的な取引モデルが少なくとも現実的であるか否かであり、ここから多数の現実的な選択肢が存在し、その他、手数料モデルは、ベストプライス条項がなくても、効果的に実施できることが指摘される[33]。

六　ベストプライス条項の評価について

比較的新しくかつ複雑な事象であるベストプライス条項についての欧州における評価は一様ではない。これは、ダイナミックな展開を伴うインターネットエコノミーにおいて、ある程度回避できない状況であると理解できる。いわゆる「広義のベストプライス条項」の競争法上の評価については確立しつつあるが、「狭義のベストプライス条項」については、統一的な評価に達しているとは言えない。ドイツにおいて着目されている要因は、ホテル事業者の自己のオンライン販売の重要性である。さらに、このことが、結局は、ホテルポータル間の手数料競争及びホテルルーム価格の競争も制約することになるという論理を展開する。

他方、ベストプライス条項は、ドイツにおいて支配的地位ないしは相対的地位

30　欧州委員会・前掲注28）125段落。
31　「Booking.comに対するケース」・前掲20）28段落。
32　Alfter/Hunold・前掲注8）529頁。
33　「Enge Bestpreisklauseln」・前掲注7）296段落。

にある事業者の不当妨害ないしは濫用行為に当たる可能性も示されている。この場合は中小のホテル事業者の価格設定の自由を典型とする事業者の競争自由への介入が問題視されている。EU加盟国ではないがスイスでは、2015年10月19日に、Booking.com、HRS、Expediaが実施するパリティー条項（価格や取引条件、割り当てに関して）が垂直的な競争合意に当たるとして禁止する決定がなされた。狭義のパリティー条項の違法性について明確な判断はないが、Bookingは、オンライン予約プラットフォームを通してホテルと最終顧客との間の予約を仲介するスイスの市場で支配的地位にあることを示す強い兆候があるとされた。しかしながら、濫用行為は立証されなかったようである。また、当該三者のポータルの複数事業者による支配的地位も認められず、ホテルポータルとホテルの間には経済的従属関係の存在も認定されなかった[34]。

　ホテルポータルの実施するベストプライス条項については、各国の経済実態と関係して競争法上の評価が行われる。濫用規制で捉える場合には、前提となる支配的地位や相対的地位の存否の認定は、その各国の経済実態に左右されることになる。EUやドイツの法的枠組みを前提とすると、本稿で検討した通り、垂直的制限を射程とする欧州機能条約101条ないしは競争制限防止法1条の適用が可能となる。日本の独占禁止法との関係で考えると、不公正な取引方法の拘束条件付取引として捉えうるように思われる。その際の公正競争阻害性については、ドイツのケースで示された（ホテル事業者の）自己の価格決定の拘束を基点とした価格競争への効果から価格維持効果を認定することは可能であると考える。

　本稿では、ベストプライス条項として、近年ヨーロッパで議論が活発なホテルポータル業界のケースを取り上げたが、かかる動向は、インターネット上のポータルのオペレーター全般に重要な意味を持つと考えられる。ホテルポータルのみでなく、さらに他の分野への波及効果も今後着目していく必要があろう。

34　Competition Commission COMCO「Online-Buchungsplattformen für Hotels」https://www.weko.admin.ch/weko/de/home/aktuell/letzte-entscheide.html。

第2部
公法編

所有と労働の自由
―― 近代イギリス法思想の展開を中心に ――

山 本 陽 一

一　はじめに――本稿の趣旨
二　単独所有と共有――富と美徳
三　経済的自由の保障――森林法違憲判決、薬事法違憲判決、ロクナー事件判決
四　単独所有の理論――ホッブズ、ロック、ヒューム
五　労働の自由と市民社会の自律――スミスの「身分から契約へ」
六　おわりに――違憲審査の思想

一　はじめに――本稿の趣旨

　本稿は、森林法違憲判決や薬事法違憲判決で問題にされた経済的自由を法思想の歴史的文脈に位置づける点描である。

　いわゆる民法典論争を想起するまでもなく、日本の法律には西欧における人間関係、いわゆる「市民社会」が投影している場合がある。そこにおける所有と労働のありかたは、日本も近代化の過程で経験した[1]。その実態は、経済発展と道徳的退廃の相関性を示している（第2章）。

　所有と労働の自由は、経済的自由として憲法の保護を受けている。現代日本の裁判は、規制立法の目的を消極的なものと積極的なものに分け、前者の規制の違憲審査を後者のそれよりも厳格におこなう傾向がある。これは、消極的目的の実現については政策的介入よりも市民社会の私的自治に委ねるべきだという態度の現れと見える。（第3章）

　このような市民社会の経済的自由は、17-8世紀のイギリスで理論的正当化が試みられ、なんらかの規範によって規律されるものと考えられた。この規範が、国家権力からも宗教倫理からも独立した基礎をもつとき、市民社会は自立できる

1　近年、この「市民社会」とは異なる人間関係の意義も説かれている。内山節『増補　共同体の基礎理論』（2015年）農文協。

(第4章)。アダム・スミスは、市民社会の自律を人間心理と市場原理の探究によって論証しようとした（第5章）。それは、成文憲法のないイギリスでも経済的自由の保障に一定の役割を果たしえたように思われる。この点に関連して、ケイムズが違憲立法審査制の有効性に言及していることは興味深い（第6章）。

二　単独所有と共有——富と美徳

　蓄財は美徳か。ソクラテスは、蓄財にふける古代アテネの市民たちを批判して刑死した。死をまぬかれるのはたやすいが、悪をまぬかれるのはむずかしいと彼は言い遺した[2]。中世ヨーロッパでは、ローマ教会の蓄財を批判してフランシスコ修道会が設立された。ローマ教会は、現世で寄付を受け付け、その見返りは天国での救済であったから、当面寄付はたまる一方だった。修道士らは、貧しいものこそ救われるとして所有権を否定し、清貧を実践した[3]。世俗の領主たちは、兵士を養うために散財した。そこでは飲食が相互のきずなにとって重要な位置を占め、度量の大きさは支配者の美徳の一つであった。しかし、やがてこの散財が臣下のためでなく、領主個人の消費に当てられ、封建領主は没落したともいわれる[4]。

　以上のように、ヨーロッパでもある時期までは、財産を独り占めにすることは悪徳と考えられたが、その背景には重要な法規範があった。12世紀に編纂されたグラティアヌス教令集には、共有が原則だと書かれ、困窮者の福祉をはかる義務が記されている。この教令集は、それまで何世紀にもわたって蓄積されてきた膨大な教会法を編纂したものであり、「西洋史における最初の包括的で体系的な法文献」といわれる[5]。そこには、以下のような法文が含まれる。

　　「貧者に食糧を与えよ。もし汝が貧者を餓死させたなら、汝は彼らを殺害したのである。」「自分が必要とするよりも多くを自分のために蓄えるものは窃盗の罪を犯している。」「世界にあるすべてのものの使用はすべての人に開かれていなくてはならない。」「共有のものについて何人もそれを自分のものと呼ぶことはできない。その中から、必

2　プラトン『ソクラテスの弁明』（久保勉訳）岩波文庫、54頁。
3　B. Tierney (1997) "Property, Natural Right, and the State of Nature", in his *The Idea of Natural Rights*, Wm B. Eerdmans Publishing Company, pp. 131-169.
4　A. Smith (1982) *Lectures on Jurisprudence*, Liberty Classics, p. 420.
5　B. Tierney (1997) "Origins of Natural Rights Language", in *supra* note 3, p. 56.

要以上に我がものにするなら、それは暴力による獲得である……汝が密かに蓄えたパンは飢えた人のものであり、汝がかき集めた衣服は衣をまとわぬ人のものである。」[6]

　単独所有が成立するためには、共有原理を修正しなければならない。そのためには、単独所有を正当化する根拠を問わねばならない。本稿ではその試みの一端を垣間見るが、こうして成立した経済システムはどのようなものであったか。20世紀初頭にヨーロッパを訪れた西サモアの酋長ツイアビは、パパラギ（西欧人）について以下のように述べている。

> 　だが神は、恐怖よりももっとずっと悪い罰をパパラギに与えた。──神はパパラギに、「おれのもの」をほんの少し、あるいはまったくもっていない人と、たくさん持っている人とのあいだにたたかいを与えた。このたたかいは、はげしくつらく、夜も昼もない。このたたかいは万人を苦しめる。万人の生きる喜びを噛み砕く。（中略）
> 　しかし、パパラギには分かっていない。神が私たちに、ヤシや、バナナや、おいしいタロ芋、森のすべての鳥、そして海のすべての魚を与えたもうたことが。そして私たちみんながそれを喜び、幸せにならねばならないことが。それは、決して私たちの中のわずかな人間だけを幸せにして、他の人びとを貧しさに悩ませ、乏しさに苦しめるためのものではない。
> 　神からたくさんの物をもらえば、兄弟にも分けてやらねばならない。そうでないと、物は手の中で腐ってしまう。[7]（傍点は引用者）

　ツイアビの神はキリスト教のそれである。彼はその教えに従い財産を神からの贈り物ととらえ、共有が原則だと述べた。キリスト教が伝来したのち、離島では信仰が守られたが、宣教したヨーロッパ人の故郷は「文明化」し、破局を迎えた。「ヨーロッパが殺し合いをはじめた！パパラギは気が狂ったのだ。次々と殺し殺される。すべてが血だ、驚きと堕落だ。パパラギはついに白状する。おれたちに神はないと。」[8]

　以上のように、富裕化・経済発展は、道徳的退廃ばかりか、国の内外に争いをもたらす。後出のアダム・スミスも、富と権力を崇拝する人間の心理が「道徳感情を腐敗させる強力かつ最も普遍的な原因」であると論じている[9]。また、それよりはるか以前、トマス・モアは、『ユートピア』（1615年）において羊毛増産を

6　Ibid., p. 70.
7　『パパラギ』（岡崎照男訳、1981年）立風書房、72-5頁。
8　上掲書、123頁。これは第一次世界大戦への言及である。
9　Adam Smith (2002) *The Theory of Moral Sentiments*, Knud Haakonssen (ed.), Cambridge University Press, p. 72.

図る土地の囲い込みを批判し、私有財産制を廃した理想社会を描いた。

では、富と権力を追求する自由は、なんらかの規範によって規律されるか。また、その規範の性格はどのようなものか。この問題に対して、本稿で取り上げるイギリスの17-8世紀の哲学者はそれぞれ違った解答を出したが、それを瞥見する前に、現代における経済的自由が法規範によって規律される様子を見ておきたい。

三　経済的自由の保障
——森林法違憲判決、薬事法違憲判決、ロクナー事件判決

資本制の基礎には、所有権がある。それは自分のものへの排他的支配権である。また、資本制が発展するには、人々が自由に労働し、その成果を交換することが重要である。その前提には、どんな職業活動をしてもよいという「職業選択の自由」がある。これは、労働の自由とも呼ぶことができるが、その概念には、身分からの自由と競争市場への自由が含まれる。そして、労働とその成果は、契約という様式によって交換されるので、契約の自由も、資本制の発展にとって重要なカギである。

ここでは、本稿の関心に従い、所有権、職業選択の自由、契約の自由にかかわる判決を取り上げ、それらが法規範、とくに憲法によってどのように規律されているのかを瞥見する。

森林法違憲判決

日本の最高裁は、いわゆる森林法違憲判決で、共有は過渡的な所有形態であり、単独所有こそ、「近代市民社会における原則的所有形態」であると論じた。本件では、共有森林につき持分価額二分の一以下の共有者が分割請求権を否定されることは、憲法上許されない私有財産への制限であると判断された。この分割請求権の性格について、判決は、「各共有者に近代市民社会における原則的所有形態である単独所有への移行を可能ならしめ」るものと述べた[10]。そこには、共有が財の効率的運用に不向きであるという前提、さらには、近代人が財を分かち合えなくなった自己中心的な存在であるという前提がある。

10　判例 S.62.4.22　大法廷・判決　昭和59（オ）805　共有物分割等（第41巻3号408頁）、412頁。

共有の場合にあっては、持分権が共有の性質上互いに制約し合う関係に立つため、単独所有の場合に比し、物の利用又は改善等において十分配慮されない状態におかれることがあり、また、共有者間に共有物の管理、変更等をめぐって、意見の対立、紛争が生じやすく、いったんかかる意見の対立、紛争が生じたときは、共有物の管理、変更等に障害を来し、物の経済的価値が十分に実現されなくなるという事態となる。[11]（傍点は引用者）

　そして、判決は、上記のように分割請求権を否定した森林法の立法目的とそれを実現する手段の関係について審査する。この審査の枠組みについては、以下の薬事法違憲判決で説明する。

薬事法違憲判決

　分業社会において、職業は高度に専門化し、商品は質・量ともに向上する反面、市場競争が起こる。そこには勝者と敗者が生まれ、貧困、失業、労働災害など、様々なひずみが生じる。このような諸問題に対して政府は対応しなければならないが、ややもするとその政策が、労働の自由＝市場競争を不当に制限するおそれも生じる。本件では、過当競争を防止するため、隣接する店舗との距離を制限して薬局を自由に開業させないことが、職業選択の自由（憲法22条1項）に対する不当な制約にあたるかどうかが問われた。

> ……職業は、人が自己の生計を維持するためにする継続的活動であるとともに、分業社会においては、これを通じて社会の存続と発展に寄与する社会的機能分担の活動たる性質を有し、……右規定は、狭義における職業選択の自由のみならず、職業活動の自由の保障をも包含しているものと解すべきである。
> 　もっとも、職業は、前述のように、本質的に社会的な、しかも主として経済的な活動であって、その性質上、社会的相互関連性が大きいものであるから、職業の自由は、それ以外の憲法の保障する自由、殊にいわゆる精神的自由に比較して、公権力による規制の要請がつよく、……その規制を要求する社会的理由ないし目的も、国民経済の円満な発展や社会公共の便宜の促進、経済的弱者の保護等の社会政策及び経済政策上の積極的なものから、社会生活における安全の保障や秩序の維持等の消極的なものに至るまで千差万別で、その重要性も区々にわたるのである。[12]（傍点は引用者）

11　前掲注（10）412頁。
12　判例 S.50.4.30　大法廷・判決　昭和43（行ツ）120　行政処分取消請求（第29巻4号572頁）、575頁。

裁判所は、薬局開設にかかる距離制限の目的について「国民の生命及び健康に対する危険」を防止することであるとした。このような危険の防止は、不法行為の防止であり、「消極的目的」といわれ、「積極的目的」、たとえば、中小企業の支援措置などとは区別される。

　消極的目的のために経済的自由が制約される場合、その目的と手段の適合性は厳格に審査されなければならないといわれる。本件規制立法の目的は、国民の保健という消極的目的であり、それゆえ、職業活動の自由に対する制限（薬局開設にかかる距離制限）は、この目的実現のために「必要かつ合理的」でなければ憲法上許されず、結局、違憲と判断された。先の森林法違憲判決では、目的（森林の細分化防止による森林経営の安定化）を達成する手段（共有森林における分割請求権の制限）の審査において、合理性と必要性のいずれも肯定できないと判断された[13]。

　学説では、上記の二分論が支配的である。では、規制立法の目的を二分し、消極的目的を標榜する政策の合憲性をより厳しく審査するのはなぜか。これについて、消極的目的は特定利益の推進を偽装する大義名分として乱用されやすいからだという意見がある[14]。これは、以下で触れるロクナー事件判決の論調と似ている。

ロクナー事件判決

　この「消極的目的／積極的目的」の枠組みは、少なくとも、ロクナー事件判決（1905年）にまで遡るように思われる。ロクナー事件では、いずれの目的についても厳格審査が要求された。本件では、パン製造業労働者の労働時間の上限を一週60時間と定めた州法が、契約の自由を不当に制限するものであって違憲と判断された。州の福祉権能（ポリスパワー）は、財産と自由に対して制限を課すことができるが、憲法のチェックを受ける。その憲法適合性の判断において、州法の目的とそれを実現する手段（労働時間の短縮）の関係が審査され、立法目的として不法行為の防止（消極的目的）と特定産業の労働者保護（積極的目的）が対比された。

> いま審査の対象になっているのは、分別ある成人が自分の生活の資を稼ぐ労働時間を制限されるという趣旨の制定法であり、このような性格の制定法は、個人の権利に対

---

[13] 森林法違憲判決が目的の二分論を踏襲したか否かについては意見の対立がある。松井茂記『日本国憲法』（1999年）有斐閣、539頁。

[14] 長谷部恭男他編『ケースブック憲法』平成16年、弘文堂、284-6頁。このような意見に対し、「国民はそのことをわかっているはず」と反論するのが、松井・前掲注(13) 541頁。

するお節介な干渉にほかならない。……こうした制定法が正当化されるのは、労働時間を短縮しなければ公衆の健康、あるいは、労働者の健康に実質的な危険があることを示す公正な根拠があり、その合理性に非の打ち所がない場合に限られる。[15]（傍点は引用者）

　この厳格審査は、「分別ある成人」をメンバーとする「市民社会」を前提にしている。この市民社会は、原則的には、政府の「お節介な干渉」なしにうまくやっていけるというのだが、そこには、州の立法部に対する不信がある。憲法のチェックがなければ「いかなる立法であっても、その目的は人民の道徳、健康あるいは安全の保持であると言いさえすれば事足りるとされ、その主張に何ら根拠がないとしても有効な立法とされてしまうであろう。[16]」といわれる。

　その後の歴史では、対等な市民間の経済関係を規律する私的自治の原則は修正され、市民社会の自立は弱まった[17]。しかし、いわゆる「近代市民社会」そのものが否定されない以上、その自立に一定の配慮がなされることは当然であろう。先に見たように、消極的目的を掲げる政策に対する審査がより厳格である理由は、「近代市民社会」の自立、要するに、私的自治への現代的尊重と見ることができる[18]。

四　単独所有の理論——ホッブズ、ロック、ヒューム

　上で取り上げた諸判決は、単独所有と労働の自由が資本制の原則であるという前提に立つ。では、このような近代市民社会の自由は、いかにして正当化されるのか。また、それは、なんらかの規範によって規律されるのか。この点が、イギリスの17-8世紀において問題になり、有力な哲学的議論が展開された。それらは、成文憲法の前提になる立憲主義の法思想である。そこには、人間の自然本性

15　Lochner v. New York, 198 U.S. 45 (1905), *American Legal History, Cases and Materials* (K. L. Hall et als) 2nd ed., 1996, Oxford U. P., p. 391.
16　Ibid., p. 389.
17　経済的自由を尊重するこうした一連の判決は、1937年に変更され、「レッセフェールの概念つまり不干渉の原理が少なくとも経済活動に関しては枯れ果て」たと評価される状況になった。West Virginia State Board of Education v. Barnette, 319 U.S. 624, at 641, 1943. 樋口範雄『アメリカ憲法』（平成23年）弘文堂、279-81頁。
18　二分論に根拠はなく、「むしろ、消極目的規制とは国民の生命・安全のための規制なのであるから、積極目的規制より立法裁量を広く認める方が素直ではなかろうか。」という意見もある。松井・前掲注（13）541頁。

をどう捉えるかという問題意識が共通する[19]。

トマス・ホッブズ

イギリスでおそらく最初に単独所有を体系的・科学的に正当化したのは、ホッブズである。ホッブズの議論は、自然状態と国家状態のふたつの段階を措き、前者から後者への移行をいわゆる社会契約によって説明する。自然状態では、国家権力がないので、「すべての人はすべてのものに対する権利をもっている」といわれる。これは一種の共有状態であるが、そこに平穏な占有はない。人間は自己中心的な存在であり、「人間は人間に対して狼である」[20]。人はものを他人と分かち合おうとしない。そこには自分だけのもの、他人が手を出せないものは存在しない。「自然状態では権利の尺度は利益である」[21]。

すべての人がすべてのものに対して権利を持っている状態は、結局、だれも自分のものをもっていない状態に等しい。

> すべての人にすべてのものが許されている状態にとどまるべきだと思うなら、その人は自己矛盾を犯している。自然の必然性により、各人は自分にとっての善を求めないわけにはいかない。こうした自然の状態は、すべての人がすべての人に対して行う戦争以外のなにものでもない。この戦争を自分にとって善であると思う人はいないであろう。[22]（傍点は引用者）

ホッブズは、この「自己矛盾」をいわゆる社会契約による自然権の放棄によって解消する。そこに国家権力が生まれ、その権力が、法律によって所有権を確定し、規律する。所有権は、国家権力の所産である。だから、所有権は、ほかの私人に対して主張しうるが、国家に対抗し得ない。この論理は、たやすく収用を正当化する。また、何が各人のものかは、国家法によって恣意的に規定されるおそれがある。

---

19 行為主体の自律的能力の成熟という観点から17-8世紀のイギリスの社会哲学を丹念に論じた研究として、田中正司『市民社会の原型』（御茶ノ水書房）がある。所有論の概観としては、日本イギリス哲学会編『イギリス哲学・思想事典』（2007）研究社、286-9頁。

20 Thomas Hobbes (1998) *On the Citizen*, R. Tuck and M. Silverthorne (ed. and trans.), Cambridge U. P., p. 3.同書の献呈書簡では、所有論の基底的性格が指摘され、議論の起点として人間の自然本性に関するふたつの「公準」（貪欲が共有を妨げ、自然理性が死を避ける）が示される。また、序文では、議論のスタイルが「修辞的」ではなく、「方法」に基づく科学的なものであることが語られる。Ibid., pp. 5-6, 10.

21 Ibid., p. 28.

22 Ibid., p. 30.

国家が設計・樹立されるまで、すべてのものはすべての人に属する。そこには自分自身のものと呼べるようなものは何もない。……私有財産と国家は、同時にその姿を現したということができる。すなわち、人が所有する財産とは、当人が国家全体の法と権力の働きにより、つまり、最高権力を与えられている人の働きにより、自らのために保持することのできるものを指す。このことが言外に語っているのは、市民各人は、同一の法によって拘束され、だからこそ、同僚市民のだれの権限も及ばないという意味で、自分だけの私有財産をもつということである。しかしながら、市民は、最高権力者の権限も及ばないという意味で、自分だけの私有財産をもつわけではない。[23]
（傍点は引用者）

ジョン・ロック

ホッブズの所有権は、国家を前提にしている。だから、いつでも国家権力によって所有権は制限されうる。同格市民の権力よりもはるかに大きな権力が、同意なしに所有権を剥奪する恐れがある。これでは安心して経済活動ができない。この点を改善したのがジョン・ロックの議論である。

ロックも、自然状態と国家状態を想定するが、その中間に共同社会（コミュニティ）を措く。ロックにおいて所有権は、自然状態の段階で成立し、国家に先行して存在する。したがって、国家は、先行する所有権を保護するという目的を実現する手段にすぎない。このような立論によって、ロックは、私有財産が国家権力の恣意によって制限されないことを説いた。

では、自然状態で所有権はいかにして成立するのか。ロックによれば、人は「労働」を外部の自然に混入することによって対象を自然から切り離す。外界の自然は、労働が加えられるまでは、共有である。

> 大地、及び、人間よりも劣位にあるすべての被造物は、すべての人間に共有されている。しかし、各人は自分自身の人格のなかに、ある属性をもっており、この属性に対する権利は他のだれでもない本人自身の手中にある。さて、自分の身体の労働および自分の手の作業について、我々はそれを本人に固有のものだということができる。そして、自然が手つかずのままにしておいた状態から、何にせよ人間が引き離したとき、その物の中には、人間の労働が混入されたのである。……この労働は紛れもなくその労働提供者の属性である。それゆえ、いったんこの労働がつけ加えられたなら、

---

23 Ibid., p. 85. ホッブズは所有権とは別に「無害の自由」を論じている。これも経済的自由であり、国際法上の無害通航権が援用されているようである。山本陽一「ホッブズ『市民論』第13章における政策あるいは国家の目的」（平成24年）香川法学32巻2号、35-8頁。

その物への権利を持つことができるのは他のだれでもないこの労働提供者本人だけである。少なくとも、他の人々に役立てられるものが十分に共有の状態にあるときにはそうである。[24]（傍点は引用者）

　労働は、人間の身体の「内部」にある属性、自然本性である。この労働が、身体による「外部運動」を媒介にして、外界の対象に投じられる。ロックにおいて労働は、単なる身体運動ではない。それは外界の自然と混じり合う人間の内的自然である。この内的自然と外的自然の結合から生み出されたもの＝所有権に対し、国家の支配権は及ばない。その帰結として「同意なければ課税なし」がある[25]。ちなみに、ホッブズは、「体力」（physical force）を人間の自然本性に根ざす能力の一つとするが[26]、所有権を正当化する根拠として扱わなかった。

　ところで、ロックの所有権の成立には、ふたつの前提がある。ひとつは、資源の無限性、もうひとつは、人間相互の愛、隣人愛である[27]。これらの前提は、すでにみたグラティアヌス教令集の法文を想起させる。単独所有の正当化が、持つものと持たざるものの間に戦争を惹起しないように配慮されている。

デイヴィド・ヒューム

　ロックが前提にするような資源の無限性と隣人愛は、所有権の成立条件であるよりも、それを有名無実化するものではないか。このような疑問を呈したのが、ディヴィッド・ヒュームである。無限にある資源の一部を自分のものにしても、使用価値はあるが、交換価値はゼロに近い。また、慈愛に満ちている聖人は、困窮者に自分のものをたちまち分け与えるにちがいない。むしろ、清貧が聖人の理想であろう。ヒュームにとって、所有権が成立する前提は、資源の希少性と自己愛である。

24　J. Locke (1956) *The Second Treatise of Government and A Letter Concering Toleration* (ed. By J. W. Gough), Basil Blackwell, p. 15.

25　通常は「共同社会」が解体して自然状態に回帰することは想定されないから、課税への「同意」は、共同社会の多数者の意思であろう。山本陽一『立憲主義の法思想——ホッブズへの応答——』（2010年）成文堂、255頁。

26　Hobbes, *supra* note 20, p. 21.

27　ロックにおいて隣人愛が単独所有を一般的に修正するのか、例外的に修正するのかという点については議論がある。前者に立つと、共有は独自の権利性をもつが、後者に立つと、共有は慈善による道徳的恩恵にすぎない。I. Hont and M. Ignatieff (1985) "Needs and justice in the Wealth of Nations: an introductory essay", in *Wealth and Virtue, The Shaping of Political Economy in the Scottish Enlightenment*, edited by I. Hont and M. Ignatieff, Cambridge U. P., pp. 35-9.

人間のすべての欲望を満たすのに十分なものがあるなら、財産の所属の別は完全になく、すべてのものは共有のままである。このことは、空気や水に当てはまる。空気や水が外在的対象のうちで最も価値のあるものであるにもかかわらずそうなのである。ここから以下のことが容易に帰結しよう。すなわち、人間がすべてのものを一様に豊富に与えられているか、あるいは、すべての人がすべての人に対して、自分に対するのと同様な感情と優しいまなざしを向けるならば、正義と不正義は共に人類に知られないであろう。[28] (傍点は引用者)

　では、これら二つの前提に立ち、ヒュームはいかにして所有権を正当化するのか。ヒュームは、ホッブズと似た人間観をもちながらも社会契約論を否定し、独自の自生的な秩序を論じた。それは、法律を国家の「命令」と定義するホッブズのヴィジョンとは対照的である[29]。

　ヒュームは、契約によって自然状態を脱するという社会契約論を否定し、「政府なき社会状態は、人間の最も自然な状態の一つである。」という[30]。「政府なき社会状態」とは、無政府状態でありながら社会は存立することを意味する。これは、無政府状態がカオス（万人の万人に対する戦い）たらざるをえないと説くホッブズとは対照的な考えである。そして、ヒュームは、続けて次のように述べる。「この状態は、多くの家族が寄り合うことで成り立っており、長く続いた。この状態の放棄を人間に余儀なくしたのは、富と占有の増大（an increase of riches and possessions）にほかならないであろう。[31]」

　ヒュームは、家族同士の分立した状態が徐々により大きな「市民社会」に成長していく契機を「富と占有の増大」に見て、その原理を以下のように記述した。

　ヒュームによれば、自己の利益を図りたいという情念を抑えることができるのは、その情念以外にない。すなわち、他人もまた自分と同じく欲望をもち、それを実現しようとするから、少し控えめに自分の欲望を満たそうというわけである。ここで重要なのは、欲望そのものは消えていないが、それまでの欲望とは方

28　D. Hume (2000) *The Treatise on Human Nature*, D. F. Norton & M. J. Norton (eds.), Oxford U. P., p. 318. また、K. ホーコンセン『立法者の科学』（永井義雄ほか訳、2001年）ミネルヴァ書房、28-54頁参照。
29　『市民論』では、実定法は、「国家において最高権力を保持する者の命令」と定義される。Hobbes, *supra* note 20, p. 79.
30　Hume, ibid., p. 346.「政府なき社会状態」の例としてアメリカ先住民が言及される。ホッブズも「自然状態」の例としてアメリカ先住民に言及する。Hobbes, *supra* note 20, p. 30.
31　Ibid.

向性が少し変わっていることである。

> 人間の心に起こるいかなる情動であれ、他人の占有物に手をかけることを躊躇させることはできず、利益への執着心を相殺することも、また、人間を社会の構成員に相応しい存在にする十分な力と適切な指針であることもできない。面識のない人たちに対する慈愛は、この目的を遂行するにはあまりに脆弱である。……*利益を追求する情動を制御できる情念は、その方向性を変更されたこの情動それ自体のほかにはない*。[32]
> （傍点は引用者）

ヒュームは、こうした情念の方向性の変化を、舟の例によって説明する[33]。面識のない二人が一艘の舟に乗る。ふたりは、なんら言葉を交わさず、櫂をつかって自分の行きたい方向を目指してこぎ始める。しかし、それぞれの行きたい方向は違い、一向に舟は進まない。しばらく、もがいているうちに、同舟の二人は相手の進みたい方向を察知し、当初自分が進みたかった方向ではないが、相互に歩み寄る。すると、言葉（したがって契約）を交わすわけでもないが、櫂をこぐリズムも合ってきてスピードも上がる。

社会もまた、一つの船である。同船の各人は趣味的な違いを超えて、「共通の利益」を生きる。この共益感覚を、ヒュームは「コンヴェンション」と呼んだ。それは、社会契約とは違い、「徐々に生成し、ゆっくり進行し、違反に伴う不利益を繰り返し経験しながら力を獲得する」[34]。これが、所有のあり方を規律する。

このコンヴェンションは、以下のように展開する。まず、「他人の占有物に手を出さないというコンヴェンション」であり、「自制と忍耐についてのコンヴェンション」とも呼ばれる。つぎに、それは、「現在の占有者」に財を分配せよというコンヴェンションに発展する。さらに、「最初の占有者」に分配せよというコンヴェンションになる。これらはいずれも、占有確定のルールに分類される[35]。さらに、コンヴェンションは、物権の分野を超えて債権の分野に拡大し、合意による即時交換、約束による将来の移転を可能にする[36]。

32　Ibid., p. 316.
33　Ibid., pp. 314-5.
34　Ibid., p. 315.
35　Ibid., pp. 333-4.
36　Ibid., pp. 334-5.

五　労働の自由と市民社会の自律——スミスの「身分から契約へ」

　ヒュームのコンヴェンションは、情念という人間の自然本性に根ざし、政治家が勝手に変更できないものである。「道徳主義者や政治家が公益に適うようにわれわれの性格をねじ曲げようとしても、あるいは行動の通常の行程を変更しようとしても、成功しないであろう。」[37]。つまり、「富と占有の増大」は、コンヴェンションに沿った人間の自律的な活動によるのであって、そこに政府は干渉すべきでないし、できない。これは、市民社会の経済的自由あるいは私的自治の擁護である。

　アダム・スミスは、このような市民社会の形成史を多面的に描いている。とくに、スミスが奴隷制を批判するとき、その引証基準として市民社会が仄見える。奴隷労働に基づく経済は、労働の自由を完全に否定する。奴隷労働の成果は、奴隷所有者に帰属し、もっぱら彼らと奴隷によって消費される。また、労賃ゼロの労働は、働きたい貧しい市民から雇用の機会を奪う[38]。

　スミスによると、奴隷制は、いつの時代にもみられ、労働の自由を奪う普遍的原因である。これを放置すれば、雇用の機会は減り、消費は拡大せず、隷属関係はますます深刻化する。「奴隷は、民主制のもとで、ほかの体制下より悲惨である。自由民の自由が拡大すればするほど、奴隷の隷属は耐え難いものになる」[39]。

　しかし、西欧では例外的に奴隷制が廃止され、労働の自由が確立する。スミスはその歴史を描くなかで、王権とローマ教会による二元的支配、そして、イギリスの裁判制度を特筆する。前者については、「これらのいずれか一方がなければどこであれ、奴隷制は依然として継続する。[40]」といわれ、後者については、複数の裁判所が管轄権の拡大を競った結果、「イングランドの法は、常に自由の友であり、なにより、公平な陪審員を注意深く選ぶという点にかけて讚辞に値する。[41]」といわれる。ここには、複数権力の競合によって自由がもたらされるという思想が共通して見られる。

37　Ibid., p. 334.
38　Smith, *supra* note 4, p. 196.
39　Ibid., p. 185.
40　Ibid., p. 189.
41　Ibid., p. 425; 422-3.

周知のように、スミスは『国富論』を分業の話から始めているが、市場の需給関係に応じて業種間に人口移動が生じ、分業の効果が最大化するには、職業選択・職業活動の自由が不可欠である。この自由によって、人は家業を継がなくてもよいし、現在の雇い主との契約を更新しなくてもよい。スミスは、「職人たちは、雇用主に恩義があるなどとはまったく思わず、雇用主から受け取った報酬に等しい時間と労働を提供した」といっている[42]。そこには、後年ヘンリ・メインが定式化した「身分から契約へ」という法の発展をみることができる。

　これに逆行するかのように、当時の炭鉱業は、労働者を身分的に固定する業種であった。スミスは、炭鉱労働のありかたを奴隷制になぞらえて批判している。炭鉱で一年と一日働いたものは奴隷になるというルールがあり、それがほかの労働者に坑夫となることを躊躇させた。こうして、労働の自由が否定されたせいで競争が起こらず、労働単価が不当に高くなった[43]。労働の自由の概念において、身分からの自由と競争市場への自由は密接に結びついていることがわかる。

　ところで、スミスにおいて労働の自由は、「正義」の規律に服する。そこには、経済における道徳の問題とともに、自由を保障する裁判制度への関心が反映しているように思われる[44]。以下の引用で「観戦者」(the spectators) は、スミスの道徳哲学における「居ると推定される公平な観察者」(the supposed impartial spectator) あるいは「衡平をおもんぱかる裁判官」(the equitable judge) の体現者である。職業活動は、この「観察者」の「共感」を得られるかぎりにおいてのみ許される。

> 　富・名誉・昇進を求めて競走する場合、人は全力で疾走し、全神経と全筋力を緊張させて、ほかの走者をことごとく出し抜いても許される。しかし、もしも彼がほかの走者を押しのけたり、転倒させたりすれば、観戦者は、大目に見ることをきっぱりやめる。それは公正な競技を踏みにじる行為であり、観戦者が容認できることではない。妨害された競技者は、観戦者の目には、どこから見ても妨害した者と同じように優れた選手である。観戦者は、こんなにもわが身を相手に優先させる自己愛には入り込んでゆかず、相手を負傷させた競技者の動機に歩調を合わせることはできない。[45]（傍点

---

[42] Ibid., p. 50.
[43] Ibid., pp. 191-2.
[44] スミスの自然法学を、大陸法の合理主義的性格を受け継ぐスコットランド法学と対置し、スミスが同時代の民事上級裁判所を批判していたと指摘するのが、J. W. Cairns (2003) "Legal theory", in *The Cambridge Companion to the Scottish Enlightenment*, edited by A. Broadie, pp. 222-42.

は引用者）

　「富」を求めての競争は、労働の自由と言い換えてもよいであろう。この市場競争＝労働の自由を妨害しうるのは、市民の不法行為だけではない。政府もまた、政策を通じてこれを妨害しうる。スミスは、そのような政策として課税、独占、補助金をあげる。市民同士の正義の問題は、民法によって対処できる。しかし、政策がらみの問題は、当事者の一方が規制権限をもつ政府であることから、民法だけでは適切に処理できない。市場競争＝労働の自由が政府によって妨害されるとき、その影響は国全体に及ぶ。

　政府が一定の商品に課税すると、その商品は、裕福な人だけしか購入できないから、消費は縮小し、生産も伸びず、商品を購入する自由を貧しい人から奪う。また、政府が特定の企業に独占権を認めれば、「自由な競争」(a free concurrence) を妨害し、言い値で品物を買わされる消費者の生活を圧迫する[46]。さらに、政府が特定の産業に補助金を出すと、「産業の自然な均衡」(the natural balance of industry) がくずれ、国民を貧しくする[47]。たとえば、穀物に対する補助金は、穀物栽培を促進するから、牧草地面積を減少させる。その結果、牧草は高騰し、肉の高騰をもたらす。また、馬草の高騰は、交通手段である馬の維持費の高騰を招き、これが運賃に跳ね返る。補助金により「商品の市場はますます閉塞的になり、競争は減少する。かくて富は必然的に減少する。」[48]

　こうしてスミスは、市場競争＝労働の自由が市民だけでなく、政府によっても尊重されなければならないと論じて、いわゆるレッセフェールの経済理論を説く。「最良の政策は、すべてのものがその自然の行程を進むにまかせることであり、強いて助長したり水を差したりしないことである。[49]」これは、ロクナー事件判決が想定した理論であるように見える。

45　Smith, *supra* note 9, pp.97-8. このように競争を規律する正義の準則は、憤りの共感感情の所産であり、共益感覚の所産であるヒュームのコンヴェンションとは異なる。Ibid., p. 361. 正義の三つの準則については、ibid., p. 98. 正義の概念整理については、ibid., pp. 318-9.
46　Smith, *supra* note 4, pp. 362-4.
47　Ibid., p. 365.
48　Ibid., p. 366.
49　Ibid.

六　おわりに——違憲審査の思想

　規制立法において、政府は特定の利害関係者に「共感」を寄せるのであるが、「政府の共感」をまことしやかに正当化する理由の適否をいかに検証するかが問題になる。本稿第３章でみた規制目的の二分論は、「政府の共感」を検証する現代の技法であるといえよう。一方、スミスの技法は、「居ると推定される公平な観察者」・「衡平をおもんぱかる裁判官」の共感である。これは、「より高次の共感」であり、スミスにおける「法の支配」原理といってよい[50]。規制目的の二分論も、そのような法の支配の実践でなければならないであろう。

　しかし、経済理論上、「政府は余計なお節介をしてはならない」と言ったところで、理論的歯止めは、制度的な歯止めとは異なる。イギリスの裁判所は、日本やアメリカの場合と異なり、規制立法を違憲とする権限をもたず、市民の経済的自由の法的保障には限界があるように見える。この点に関連して、ケイムズが違憲立法審査制に言及していることは興味深い。

> 商工業の自由を侵害する規制は、一定の人たちを優遇してほかの人たちを不利にするものであり、法の観点からみて独占が毛嫌いされるのはそのためである。独占が特権業者にとってどんなに利益をもたらすものであろうと、ほかの人々に合法的な生業を営むことを恣意的に禁ずることにより侵害を加える行為である。したがって、独占は司法裁判所によって停止されなければならず、国王によって認められたものであっても例外ではない。また、前世紀に国王から認められた少なくない独占は、もしわたしたちの裁判官が現在の好運な状況のように終身であったとすれば、これを拒絶していたであろうという議論に、わたしは賛同する。さらにもっと大胆な議論をあえてしてみたい。それは、イギリス国会それ自体といえども、臣民の間にそのような不公平な差別をすることは法的に (legally) 許されないという主張である。[51]（傍点は引用者）

　では、ケイムズの「大胆な議論」のように、イギリスの裁判所が国会の立法を無効にできたとして、裁判所は何を根拠にして判断するだろうか。この点は、成文憲法をもたないイギリスでは特に問題になるが、成文憲法があったとしても、

50　この点については、アマルティア・セン『福祉と正義』（2008年、後藤ほか訳）東京大学出版会、第５章が参考になる。

51　H. Home, Lord Kames (2014) *Principles of Equity*, Liberty Fund, p. 296. 同書の初版は1760年刊である。ケイムズの法学を概観したものとして D. Lieberman, "The legal needs of a commercial society: the jurisprudence of Lord Kames", in *Wealth and Virtue, supra* note 27, pp. 203-234.

憲法解釈の場面で問題になりうる。ロクナー事件の反対意見でホウムズは、「この事件は、国民の大多数が受け入れていない経済理論に基づいて判断された。」と述べた[52]。その「経済理論」とは、「レッセフェールの経済理論」であり、「パターナリズムの経済理論」と対置されるが、いずれの経済理論であろうとも、言論の自由を通じて世論になれば、憲法解釈の根拠になるというのがホウムズの見解である。そこにおいて、憲法制定者の原意は顧慮されない[53]。

このような法解釈の方法によれば、スミスの経済理論も、言論が自由である——スミス流にいうならば、「感情同士、意見同士が自由に通い合う」（a free communication of sentiments and opinions）[54]——という条件の下で受容され、経済的自由を保障する根拠になりえたであろう[55]。17世紀末から18世紀末まで、コモン・ローの裁判官は制定法を自由に解釈し、立法者の意図した政策目的を顧慮しなかった[56]。そして、コモン・ローが、スミスのいうように、「自由の友」であり、「比較的、世人の自然な感情に基づいて形成された」ものだとすれば[57]、裁判官の法解釈はスミスの経済理論と親和的でありえただろう[58]。

52　R. A. Posner (ed.) (1996) *The Essential Holmes*, The University of Chicago Press, pp. 305-6.
53　原意主義の一例として、ドレッド・スコット事件判決（1857年）がある。*Supra* note 15, p. 210. ホウムズのプラグマティズムは、大陸の自由法学と呼応する響きを持つ。「法律家は論理的な思考様式をまといつつ、実はその裏では、互いに対立する立法的論拠のうちどれが比較的重要な価値を持っているのかを判断しているのである。」O. W. Holmes Jr. (1995) "The Path of the Law", in *The Collected Works of Justice Holmes*, vol. 3, S. M. Novick ed., The University of Chicago Press, p. 397.
54　Smith, *supra* note 9, p. 399.
55　スミスの死後まもなく、反政府的言論への弾圧が始まり、D. Stewart はスミスの保守性を強調してスミスを擁護したといわれ、もともと労働者の自律も視野に入れたスミスの理論がゆがんだ形で受容された可能性は否定できない。Emma Rothschild (1992) "Adam Smith and conservative economics", XLV *Economic History Review*, 1, pp. 74-96. 『国富論』の反響については、山﨑怜『アダム・スミス』（2005年）研究社、214-6、250-2頁。
56　望月礼二郎『英米法』〔改訂版〕（昭和60年）青林書院、129頁。
57　Smith, *supra* note 4, p. 98.
58　著作権をめぐるドナルドスン対ベケト事件判決（1774年）は、出版市場における自由放任主義を加速する機縁になった。同判決での著作権の捉え方はスミスのそれに近い。山本・前掲注（25）151-2頁。Smith, *supra* note 4, p. 83.

憲法訴訟論と法科大学院

井 口 秀 作

一 はじめに
二 なぜ「憲法訴訟論と法科大学院」か
三 法科大学院と憲法
四 法科大学院にとっての憲法訴訟
五 おわりに————ベースボールか野球盤か

一 はじめに

　民事訴訟法を中心に民事手続法に関する多くの業績を残された三谷忠之先生の古稀を祝賀して、できれば民事法に関連することを何かを執筆せよ、というのが筆者の受けた依頼であった。民事法から最も遠く離れたところで細々と仕事をしてきた者としては、自らの浅学非才もあり、とてもご依頼の趣旨にお応えできそうにない。そこで、三谷先生と私との接点に鑑みて、表題のようなことについて、およそ学術的とはいえない小論を献呈して責を塞ぎたいと考えた次第である。
　そこで、最初に三谷先生の古稀記念に、なぜ「憲法訴訟論と法科大学院」なのかを説明しておきたい。

二 なぜ「憲法訴訟論と法科大学院」か

1 なぜ「憲法訴訟論」か

　まず、なぜ「憲法訴訟論」か。三谷先生の専攻する民事訴訟法と憲法訴訟論は密接に関係しているから、ということではない。憲法訴訟論も「訴訟論」である以上、民事訴訟法と関連していてもよさそうな気がする。ところが、近時、憲法訴訟論は「訴訟法を知らずして語られる訴訟論」[1]と指摘されるほど、いかなる意味で訴訟論なのかが問われているのである。筆者自身、法科大学院の授業で憲法訴

訟に関して何某かを語ってきたつもりであるが、確かに、民事訴訟法プロパーな議論を参照した記憶がない。憲法訴訟論と民事訴訟法にはそれほどの距離がある。

しかし、その一方で、法科大学院で憲法訴訟を論じるには、民事訴訟法の知識が当然の前提とされていたようにも思える。後述の「法科大学院における公法系教育のあり方等について（中間まとめ）」は、法科大学院で開講されるモデル科目の中で憲法訴訟論を包含している「公法総合Ⅱ──司法審査論」について、「本科目の履修に際しては、民事訴訟法に関する基本的知識を得ていることが望ましい」としていた。授業を履修する学生に「民事訴訟法に関する基本的知識」を求めているのであるから、教える教師の側にも「民事訴訟法に関する基本的知識」があることが当然の前提であろう[2]。また、憲法訴訟論の典型論点の一つが、「憲法訴訟における当事者適格」とかつて呼称されていたことからも示唆されるように、憲法訴訟論は、訴訟論のモデルとして民事訴訟法を漠然と念頭においていたようにも思える。

以上のように、憲法訴訟論と民事訴訟法は、曰く言い難い関係にあるのというのが筆者の印象である。それえゆえにこそ、三谷先生の古稀記念として憲法訴訟論を語ることも許されると考えたい。

2　なぜ「法科大学院」か

次に、なぜ「法科大学院」か。法科大学院制度発足に伴う法学系教員人事の大規模流動化現象がなければ、筆者が三谷先生と直に接してその人柄に触れることはなかったであろう。しかし、それだけでのことで法科大学院を取り上げるのではない。憲法訴訟論の動向自体が法科大学院と密接に結びついているのである。

かつて、「憲法訴訟にあらざれば人にあらず」と言われるほどに、憲法訴訟論が興隆を極めて時代があった。もっとも、その絶頂期の成果である芦部信喜編『講座憲法訴訟』（有斐閣）の3巻完結（1987年）とともに、憲法訴訟論は下降線をたどることになった、というのが共通の認識であろう[3]。

1　安念潤司「憲法訴訟論に対する至って控えめな疑問」戸松秀典・野坂泰司編『憲法訴訟の現状分析』（有斐閣・2012年）346頁。
2　筆者は、この点を真に受けて、法科大学院スタート時に、民事訴訟法の必要最低限の基本的知識を得るために、中野貞一郎『民事裁判入門（第2版）』（有斐閣・2004年）を悪戦苦闘しながら読んだ記憶がある。必要最低限の基本的知識を十分に吸収できたのかは、未だ自信がないのであるが。

しかし、今世紀に入って、憲法訴訟論を取り巻く環境には大きな変化が生じている。その要因には最高裁判所の動向など様々なものがあろうが、その最大の要因は法科大学院の存在であることは明らかである。法科大学院によって、憲法訴訟論には「地殻変動」[4]が起きているのである。

法科大学院において憲法の教員は、真剣に教育に取り組もうとする限り、この「地殻変動」への対処が宿命となったのである。そのような環境の中で、別々の法科大学院で教員をしていた三谷先生と筆者は、5年間同じ法科大学院で教鞭をとることになった。そこで、「憲法訴訟論と法科大学院」について、思うことを述べて、先生の古稀を祝いたいと考えた次第である。

三　法科大学院と憲法

1　法律基本科目

憲法訴訟論と法科大学院を考えるにあたっては、そもそも法科大学院における憲法の位置付けを確認しておく必要がある。

法科大学院において憲法は、平成15年文部科学省告示（専門職大学院に関し必要な事項を定める件）」5条1号によって、いわゆる法律基本科目とされ、その意味で必修科目と位置付けられている。憲法が法科大学院の必修科目となることは、当然のようにも思える。しかし、民法や刑法を必修科目としない法科大学院構想はありえないであろうが、同じレベルで憲法も必修科目とすべきということにはならない。司法修習において憲法は特に役割がないことからすれば、法曹養成に特化したとする法科大学院においては、憲法は展開・先端科目の選択科目という位置付けも十分ありえたはずである。

憲法も司法試験の必修科目なのだから、法科大学院の必修科目となるのは当然である、という指摘があるかもしれない。しかし、法科大学院の制度設計は新たな司法試験制度の構築と並行して行われたのだから、司法試験の必修科目だから法科大学院でも必修科目なのか、法科大学院で必修科目だから司法試験でも必修科目なのかは、「ニワトリが先か、タマゴが先か」と同種の議論である。これは、旧司法試験時代に選択科目からすらはずされた行政法が法科大学院と同時に

3　宍戸常寿「司法のプラグマティク」法学教室322号（2007年）24頁。
4　駒村圭吾『憲法訴訟の現代的転回』（日本評論社・2013年）1頁。

司法試験でも必修科目となっていることを考えれば明らかである。法科大学院制度を司法試験制度から切り離して考えることは、不誠実な態度である。

なにゆえ、法科大学院で憲法が法律基本科目という位置づけがなされたかは、筆者には分からない[5]。しかし、法科大学院という制度の中で必修科目となったことによって、法科大学院における憲法教育は固有の困難を引き受けることになった。

2 「公法系」という括り

法科大学院における法律基本科目は、公法系科目、民事系科目、刑事系科目という3つに区分され、憲法は行政法とともに公法系科目というパッケージの中に組み入れられた。ここから出てきたのが、「憲法と行政法の融合」という題目である。しかし、これが「言うは易く行うは難し」であることは、法科大学院で憲法教育に当たった教員が誰しも感じていることであろう。

司法試験の科目名では、2015年以降の短答試験から行政法分野からは出題されなくなったため、「憲法」という科目名が使われているが、それ以外は「公法系科目」という名称が使われている。もっとも、論文式試験の公法系科目は、「第1問は憲法、第2問は行政法」というのが司法試験の世界では常識である。せいぜい、公法系第1問で時々、訴訟形式が問われる程度での「融合」[6]ぶりをみせているだけである。出題趣旨は公法系第1問・第2問と表記されているが、いわゆる「採点実感」は、それが最初に登場した2008年以来何の断りもなく「新司法試験の採点実感等に関する意見（憲法）」と堂々と憲法の言葉が使われている（本稿脱稿後、2016年度の採点実感に接したが、そこでは、なぜか「憲法」ではなく、「公法系科目第1問」と記されていた。）。公法系第1問と第2問を4時間で解答するという「試験時間の融合」も、2011年以降は、それぞれ別々に2時間で解答することになって解消されることとなった。

「憲法と行政法の融合」という建前を捨て去るべきかどうかは別にして、「公法系科目」という窮屈な括りの中での憲法の意味合いは、再検討すべき時期に来て

　5　棟居快行『憲法学の可能性』（信山社・2012年）89頁は、「『政治銘柄』という理由でのみ必修科目の地位を得た」と指摘している。
　6　小山剛「公法学の教育素材」公法研究第68号（2006年）90頁は、この程度では融合ではないと指摘する。

いると思われる。

3 「理論と実務の架橋」

　法科大学院に対しては、「体系的な理論を基調として実務との架橋を強く意識した教育」が求められた。この「理論と実務の架橋」という要請は、法科大学院における憲法教育に他の科目に比べて「はるかに深刻な悩みをもたらす」[7]ものであった。まじめに法科大学院の憲法教育に携わった者であれば、「理論と実務の架橋を意識した授業」など気楽にシラバスに書くことはできないはずである。

　法科大学院の発足が司法制度改革審議会意見書に端を発していることからして、法科大学院における実務とはもっぱら訴訟実務を指す（と少なくとも理解される）ことになるのは必然であろう。司法試験では、いわゆるプレ・テストの問題にみられたような、訴訟以外の場面で憲法を論じる問題を出題する可能性は否定されていなかったのかもしれない。しかし、その後の実際の試験の積み重ねの結果、「訴訟場面を想定した憲法の問題」という出題方針は、もはや揺るぎないほど確立したものである。しかし、ここには憲法学にとって大きな難点がある。

　憲法についての実務は、国会や内閣などの政治部門においても行われ、その意味で裁判所における訴訟実務の役割は他の法分野に比較して相対的に小さくならざるをえない。また、裁判所の政治部門に対する態度も加味すれば、「いわゆる憲法秩序がもっぱら憲法訴訟を通じて形成されてきたとはいい難い状況である」[8]。そうだとすれば、訴訟実務に特化して「理論と実務の架橋」を考えることは、憲法に関する「実務」の重要部分を法科大学院教育からそぎ落とすことを意味するはずである。このことは統治機構論の比重の低下に端的に表れる。この点は、旧司法試験においては論文式試験まで含めて、統治と人権がほぼ同じ比重で扱われていたことと比べて著しい差異である。

　2007年の司法試験論文式試験公法系科目第１問の問題は、「裁判実務ということを念頭に置くと、どうしても、人権の部分から出題されるのではないかという先入観をもたれる可能性があると思われる。しかし、憲法論からすると、統治機構というのは非常に重要な分野である。今年は、そういった先入観を払しょくするということもあって、統治機構の論点を含めた問題を出題するのが適当と考

　7　同81頁。
　8　阪田雅裕（編著）『政府の憲法解釈』（有斐閣・2013年）2頁。

え、そういった観点で問題の作成をした」とされている[9]。しかし、そこで出題された統治機構の論点とは、「法律と条例の関係」という、どちらかというと統治機構論の中でも周辺的な論点であった。訴訟を前提とする限り、統治機構「ど真ん中」というような問題を作成することは困難であることの証であろう。「今後も、特定の分野に偏らないように出題していくということになろうかと思う」という考査委員のメッセージがあったこともあって、ほんの一時期は、「論文試験対策に統治機構も」という雰囲気が、法科大学院生にもあったような気がするが、その後の出題傾向からして、今やそのようなことを真剣に考える学生は皆無に等しいのではないかと思われる。しかし、それが憲法学にとって好ましいことかどうかは別の問題である。

　訴訟実務に限ったとしても憲法にとっての訴訟実務が所与のものとして存在するわけではない。実際に、法科大学院協会カリキュラム検討委員会公法系実務教育ワーキング・グループが、2004年1月30日に公表した「法科大学院における公法系実務教育のあり方について（中間報告）」は、もっぱら行政法に関する「実務」だけが取り上げられていた。公法系科目として憲法と行政法を一括りにしている一方で、「公法系実務教育」となると行政法だけが取り上げられているのである。憲法にとっての訴訟実務がいかに自明でないかがわかる。

　また、判例重視が「理論と実務の架橋」に自動的につながるわけではない。小山剛の指摘する通り「日本においては厳密な意味で『憲法判例』と呼べるものの数は、極めて少な」く、「日本においては憲法判例とは、多くの場合、憲法は関係ないということを確認させる判例である」[10]。その典型が、今や憲法判例百選の冒頭を飾るに至ったマクリーン事件最高裁判決である。同判決の憲法論は在留外国人には「在留の権利ないし引き続き在留することを要求しうる権利を保障されているものではない」という部分に尽きており、それ以外について憲法に言及している部分は、いわゆる「権利性質説」を示す判示部分も含めて傍論的な意味合いしかもたず、事案を左右したのは出入国管理法令が法務大臣に与えている裁量がどれくらいなのか、ということであった。この判例を精緻に分析したところで、外国人の権利保障に関する審査基準を体系的に考察することなどは不可能なのである。そのような判例を「理論と実務の架橋」と称して取り上げる場合に

9　いわゆる「考査委員に対するヒアリングの概要」。
10　小山・前掲論文92頁。

は、それなりの自覚が必要なはずである。

そもそも、旧司法試験時代から、「憲法は司法試験以来まったく触れていません」と語る弁護士は珍しくなかった。下級裁判所も違憲審査権をもっているにもかかわらず、司法修習では憲法に関する実務教育が行われていたわけではない。訴訟実務における憲法の位置付けはその程度のものだったのである。

四　法科大学院にとっての憲法訴訟

1　法科大学院カリキュラムと憲法訴訟

訴訟実務における憲法の位置づけがこの程度であったとしても、「理論と実務の架橋」が求められる法科大学院における法律基本科目としての憲法に、憲法訴訟に関連する科目が設けられるのは必然であるようにも思える。

法科大学院の教育内容・方法をどのようなものにするかは、制度発足前に、様々な組織・団体から提言がなされたが、実際の法科大学院に大きな影響を与えたものとして「法科大学院における教育内容・方法に関する研究会」がある。憲法については、同研究会が2001年10月に公表した「法科大学院における教育内容・方法（公法）のあり方について【モデル案】」（以下、「モデル案」という）と2002年6月に公表した「法科大学院における公法系教育のあり方等について（中間まとめ）」（以下、「中間まとめ」という）が重要である[11]。

「モデル案」は、「授業構成や授業モデルの例示にまで立ち入った。かなり詳細なモデル案」[12]という評価があり、おそらく当時としては理想型を目指したものと思われる。ここでは、基礎科目・基幹科目・展開科目の3段階の構成がとられているが、未修2年次（したがって既修1年次）に履修することが想定されている「公法基幹科目・憲法」は、「訴訟を通じて人権救済などの憲法規範の実現を図るために必要な専門的知識の習得を図り、法的分析能力や思考能力あるいは法的議論を行う能力を育成することを目的としている」とされていた。「訴訟を通じた憲法規範の実現」が法科大学院における憲法教育の中核であることをうかがわせ

11　両案に加えて、「法科大学院の教育内容・方法等に関する研究会」の示した法科大学院のカリキュラムモデル案も検討したものとして、日野田浩行「法科大学院における公法系教育」久留米大学法学第44号（2002年）244頁以下を参照。

12　同243頁。

る。「公法基幹科目・憲法」の2科目うち、「憲法演習Ⅰ」(2単位)は、「憲法訴訟論」として、「憲法訴訟の制度および手続に関する問題について取り扱う」ものとされていた。

「モデル案」は、憲法訴訟論の必要性について、次のように説明する。「憲法訴訟論は、実定訴訟法制度に関する基礎的な知識を前提として、判例法理の綿密な検討や訴訟に関する技術的な分析を必要とすることなどから、ジェネラリスト育成を基本とする従来の法学部教育においては取扱いの難しい領域であった。この点、今回、新たに設置される法科大学院は、法曹養成のために基幹的な高度専門教育の実施を目的とするものであり、かつ基礎科目等の履修により憲法、行政法および訴訟法の基礎的知識の習得が期待されることを踏まえれば、憲法訴訟論に関する科目を基幹科目として提供することが適切であると考えられる」。要するに、法科大学院の教育は法曹養成に特化しており、学生も実定訴訟法制度について、必修科目により基礎的な知識をえていることから、憲法訴訟を基幹科目とすることが可能となったというのである。

「中間まとめ」では、未修2年次以降に履修が想定される「公法総合Ⅱ──司法審査論」(2単位)が設けられ、ここで「モデル案」の「憲法演習Ⅰ」に相当する内容が取り扱われることになっていた。もっとも、内容的には行政訴訟も取り上げることにもなっているから、憲法訴訟はその分縮小していることになる。しかし、これは「モデル案」から「中間まとめ」では、公法系科目全体の単位数が縮減されているので、憲法訴訟論の比重だけが下がったというわけではない。

また、2010年9月に文部科学省の「専門職大学院等における高度専門職業人養成推進プログラム」の調査研究班が、法律基本科目について法科大学院修了時に学生が修得しているべき最低限の内容の目安として提示した「共通的到達目標(コア・カリキュラム)」の第2次修正案(以下、「コア・カリキュラム」という)においても、しっかりと「憲法訴訟」という項目が掲げられている。

このように憲法訴訟論は、まさに法科大学院制度の到来によって憲法教育の中で中核的な地位に復権したかのように見えるのである。

2 法科大学院において憲法訴訟論とは何か

これまで「憲法訴訟論」という言葉を何の定義もせずに使ってきた。そもそも「憲法訴訟論」の名の下に、何を論ずるべきかは自明のことではない。筆者は、

これについて、現在のところ、明確な解答を持ち合わせていない。

憲法訴訟を「憲法にかかわる争点を伴って提起される訴訟」ととらえることにはついては、憲法学説では広く合意があるように思える[13]。しかし、そのような憲法訴訟にかかわる憲法論のどこまでを「憲法訴訟論」として括るかは別の問題であろう。

「モデル案」の「憲法演習Ⅰ・憲法訴訟論」および「中間まとめ」の「公法総合Ⅱ——司法審査論」で取り上げるべきとされている内容は、コア・カリキュラムで憲法訴訟の項目として掲げられているものとほぼ同種のものである。しかし、憲法訴訟論の対象がこれに限定されるわけではない。

「モデル案」は、「公法基幹科目・憲法」として、先の「憲法演習Ⅰ」とともに、「憲法演習Ⅱ」を置き、「人権保障論」として、「違憲審査基準論、立法裁量論あるいは立法事実論など、違憲審査における実体判断の基本的な枠組みや、それに基づいて具体的紛争を法的に構成する方法、合憲・違憲の主張を支えるために必要な立証のあり方などの問題を取り扱う。またさらに、人権保障に関するより専門的・複合的な論点やあるいは現代的な課題についても検討を行うことが適切である」としていた。この区分の基礎にあるのは、「憲法訴訟論＝手続論」、「人権保障論＝実体論」という区別であろう。もっとも、「モデル案」自身が認めているように「両者の区別は相対的である」。実際、「モデル案」で「人権保障論」の対象となっている、違憲審査基準論、立法裁量論あるいは立法事実論などは、憲法訴訟論の対象で（も）あると考えるのが普通であろう[14]。

他方で、憲法「訴訟論」として論じられている事柄も、結局のところ、実体法としての憲法の解釈の問題に解消できるのであるから、「憲法訴訟」という言葉自体不要なのだとする安念潤司の批判がある[15]。現在のところ安念の批判に十分な応答をするだけの能力が筆者にはない。しかし、もともと憲法訴訟論として括られる作業には、実体法の解釈論に該当する作業が含まれていたということは事実であろう。

憲法学においては、憲法訴訟は憲法上の価値の実現を目的とするものと位置付

13　戸松秀典『憲法訴訟（第2版）』（有斐閣・2008年）1頁、新正幸『憲法訴訟論（第2版）』（信山社・2010年）248頁。

14　芦部信喜「憲法訴訟論の課題」芦部編『講座憲法学（第1巻）』（有斐閣・1987年）32頁以下を参照。

15　安念・前掲論文348頁。

けられ[16]、手続として独自の価値を有するものとされてはいなかった。そして、そのことは、憲法訴訟論は「紛れもなく一定の権利実体論を背景にもつものであった」[17]として肯定的に受け止められていたと思われる。その点で、民事訴訟学者の林屋礼二が憲法学者の憲法訴訟のとらえ方を「実体法的見地から」[18]のものと捉えたことは的確なのである。要するに、「憲法訴訟論」は「実体法の見地」と不可分な関係にあるものである。

　確かに、実体法の解釈に尽きるものを「訴訟論」と呼称することは、不適当なのかもしれない。しかし、そのことは裁判のという場面において、憲法価値の実現を目指すという憲法訴訟論の内容そのものが不適当となるわけではない。それは、安念自身が「憲法訴訟における『非問題』の所在」を指摘したと位置付ける自身の論文の中で、「戦後の日本憲法学にとって、憲法訴訟論の出現が画期的な意味をもっていた」のであり、「憲法学はこれによって、独自の研究対象と独自の方法を備えた学として、その地歩を確立したといっても過言ではなかろう」[19]と、憲法訴訟論を高く評価していたことからも明らかである。

　もともと、憲法訴訟といっても、それに固有の手続法（訴訟法）があるわけではなく、憲法訴訟は、付随的違憲審査制の下で、民事訴訟、刑事訴訟、行政訴訟と並ぶ訴訟類型として存在しているわけではないことは争いがない。したがって、憲法訴訟論は、民事訴訟、刑事訴訟、行政訴訟と同じような意味での訴訟論たりえないのは、事の性質上当然である。その意味では、「憲法訴訟論は実体法理論と対峙される訴訟法理論であるわけではな」[20]いことは、最初から前提とされていたはずである。それを「訴訟論」と呼ぶかどうかは言葉の問題に過ぎないといえないわけではない。

　法科大学院で求められる憲法論は、「モデル案」の言葉を借りれば、「訴訟を通じて人権救済などの憲法規範の実現を図るため」の理論であろう。そのような憲法論が法曹養成に特化した法科大学院で必要とされることは必然である。そうであれば、その全体を憲法訴訟論とするか、その一部を憲法訴訟論とするかは別に

16　戸松・前掲書2頁。
17　駒村・前掲書2頁。
18　林屋礼二『憲法訴訟の手続理論』（1999年・信山社）120-121頁。
19　安念潤司「憲法訴訟の当事者適格」芦部信喜先生還暦記念論文集『憲法訴訟と人権の理論』（有斐閣・1985年）361頁。
20　遠藤比呂通『不平等の謎』（法律文化社・2010年）48頁。

して、ともかくその中に憲法訴訟論として括られるものがあるのであれば、それが法科大学院で求められることも必然であった。

3　法科大学院は憲法訴訟論の復権なのか

　法科大学制度の教育課程において、憲法訴訟論は確固たる地位を確保し、復権を果たしたかのように見える。しかし、話はそれほど単純ではない。

　かつて黄金時代を築いた憲法訴訟論もその成果が実務に十分に吸収されていったとは言い難い。その要因をもっぱら実務側に求めるのは不当な評価であろう。遠藤比呂通は、学説としての憲法訴訟論が全く法実践に接続していないという欠点を抱えていたとしたうえで、その要因は憲法訴訟論のパイオニアであった芦部信喜の憲法訴訟論に「概念錯誤 (misconcept) といえるような、重大な欠陥があったためだと思われる」[21]と指摘している。訴訟実務を前提とするから法科大学院では憲法訴訟論が必要なのであるというのは、それほど説得的な話ではない。芦部・憲法訴訟論をそのまま法科大学院に復権させれば、「理論と実務の架橋」が実現されるわけではないのである。

　また、芦部・憲法訴訟論の中核にあった違憲審査基準論と法科大学院の関係についても、次のような指摘がある。「中間まとめ」は、「図式的な違憲審査基準論に惑わされずに、判決文を正確に理解すること」を、法科大学院における公法系教育の目標として掲げており、「図式的な違憲審査基準論」とは芦部説であるのだから、「結局は違憲審査基準論全体について乗り越えられるべきものという評価が下されていたように思われる」。「違憲審査基準論からの離反は、法科大学院教育のめざすところでもあった」[22]。

　この指摘が適切であるとすれば、法科大学院で求められていたのは、かつての黄金時代を築いた憲法訴訟論の単なる復権ということではない、ということになる。

　もちろん「図式的な違憲審査基準論」は芦部・憲法訴訟論に内在する問題であるよりも、それをデフォルメして司法試験受験生に拡散した予備校教育に由来するところが大きい。いずれにしろ、旧司法試験時代に、「図式的な違憲審査基準論」の弊害の話（噂）は耳にすることがあったのは確かであるから、「図式的な違憲審査基準論」批判は法科大学院の目指すべき方向としては必然であったと思

21　同・50頁。
22　市川正人・工藤達朗・高見勝利「〈学界展望〉憲法」公法研究第70号256頁（工藤執筆）。

われる。もっとも、そのような方向に順調に推移したわけではない。法科大学院発足とともに、芦部・違憲審査基準論を図式化した芦部信喜『憲法判例を読む』（岩波書店・1987年）が増刷され書店に山積みされていたことを筆者は記憶している[23]。法科大学院修了者が司法試験を受験するようになっても、考査委員による「図式的な違憲審査基準論」に対する批判は続いていた。

芦部・憲法訴訟論に対する有力なオルタナティブとしては、「三段階審査」が注目を浴びている。しかし、法科大学院における憲法訴訟論が、最初から「三段階審査」の方向を目指していたというのは、さすがに妄想の世界の話であろう。「三段階審査」の興隆は別の要因がある。法科大学院における憲法訴訟論を考える場合、もっと別のベクトルが働いていることを見逃すべきではない。それは司法試験である。

4　司法試験

法科大学院制度とともに、司法試験も衣替えし、従来の試験を旧試験とするのに対して、法科大学院制度と共に始まる司法試験は、しばらくの間は「新」司法試験とよばれていた。既に指摘したように、法科大学院と司法試験は不可分の関係にある。法科大学院の学生は法曹を目指すが、そのために、司法試験の合格を目指すのである。司法試験が法曹を目指すべき者を選抜するものとして適切な内容になっているのであれば、法曹養成に特化した法科大学院の教育と司法試験の合格を目指すことには矛盾が生じないはずである。もっとも、司法試験も試験である以上、試験の「テクニック」が登場するのは不可避である。問題は、「テクニック」の中身であろう。

憲法訴訟論との関係では、2008年の司法試験論文式試験が決定的な意味をもった。2008年の司法試験の論文式試験においては、出題趣旨や考査委員による採点実感等で、「違憲を主張する適格性」や「法令違憲、適用（処分）違憲」といった、いかにも憲法訴訟論を彷彿させる論点に関する言及が目立った。考査委員を神とも崇める司法試験受験生でもある法科大学院生が、これに反応しないわけがない。必然的に、憲法訴訟論に関心が向かい、法科大学院教員はそれへの対処が求められた。その結果、特に後者に関して、違憲審査の方法や違憲判断の方法に

---

[23] 現在筆者の手元にあるのは、2004年5月6日発行の第26刷である。言うまでもなく、2004年は法科大学院制度がスタートした年である。

関するアカデミックの世界での関心が高まったというのが、筆者の印象である[24]。要するに、法科大学院スタート後の憲法訴訟論の展開は、法科大学院の制度設計以上に、司法試験の影響を受けているということである。

また、上述の「三段階審査」の隆盛も同様である。「三段階審査」をめぐる議論が盛況である要因は法科大学院だという指摘[25]があるが、正確には、要因は司法試験だというべきである。「三段階審査」を提案する理由として、それが「民事・刑事の裁判官……の思考枠組に適合的な憲法解釈方法論」[26]であることがあげられる。その意味では、「理論と実務の架橋」を目指す法科大学院において「三段階審査」の手法を取り上げることは適切なものであろう。しかし、司法試験受験生でもある法科大学院生が三段階審査に注目したのは、「理論と実務の架橋」を目指して、将来実務の世界に羽ばたいたのちに、それが有益であると考えたからではないことは自明であろう。端的に、「三段階審査」が司法試験の問題を解くのに有用な図式であると判断し、それを受容しているのである。

学生の関心が「三段階審査」に向かってしまった以上、学生から質問を受ける教師は、「ドイツ憲法学はよく知らない」などといって逃げることはできなくなる。小山剛『「憲法上の権利」の作法』（尚学社・初版2009年）や宍戸常寿『憲法解釈論の応用と展開』（日本評論社・20011年）を読んで、なんとか学生の質問に対処しようとする[27]。その延長で登場してくるのは、今世紀初頭の憲法訴訟論の最大のテーマといっていい、「違憲審査基準論VS三段階審査（そのような対立的に捉えることの是非も含めて）」という論点であろう[28]。

要するに、法科大学院生の立場からすれば、当然のことなのであるが、彼ら彼女らは、法科大学院の憲法は「司法試験と架橋」することを求めているのである。そして、司法試験が訴訟における憲法上の問題を論じることを求めているか

24　例えば、上村貞美「違憲判断の方法について」名城法学第57巻1＝2号（2007年）51頁以下、市川正人「文面審査と適用審査・再考」立命館法学第321＝322号（2009年）21頁以下、土井真一「憲法判断の在り方」ジュリストNo1400（2010年）51頁以下、福井康佐「適用違憲における三類型説の再検討」大宮ロージャーナル第7号（2011年）51頁以下等。
25　駒村・前掲書1頁。
26　石川健治「夢は稔り難く、道は極め難し」法学教室340号（2009年）56頁。
27　筆者はまさにそうであった。
28　法律時報第83巻第5号（2011年）の「違憲審査手法の展望」の特集を参照。法科大学院と司法試験がなければ、法律時報においてこのような特集が組まれることはなかったのではないかと、筆者は思うのである。

ら、「憲法にかかわる争点を伴って提起される訴訟」に関する憲法訴訟論に目が行くのである。

　もっとも、この「憲法にかかわる争点を伴って提起される訴訟」を憲法訴訟とする憲法学のとらえ方は、司法試験においては曲者である。司法試験では訴訟を前提として、「憲法上の主張」、「憲法上の見解」を述べることが求められる。そして、司法試験受験生たる法科大学院生は、どこまでが司法試験の求める「憲法」上の主張・見解なのかしばしば戸惑うのである[29]。現在のところ、筆者には法科大学院生の戸惑いに確信をもって回答をなす自信はない。前出の林屋礼二は、憲法訴訟の特徴として、「『法令の違憲性』の主張についての判断と『具体的事件』をめぐる主張についての判断がともに必要されるという二重構造」[30]を指摘する。そのうえで、「『具体的事件』と『法令の違憲性』の二つの『審判の対象』をもつ憲法訴訟を『広義の憲法訴訟』」、「そのなかで、とくに『法令の違憲性』を『審判の対象』とする部分だけをいう場合『狭義の憲法訴訟』」[31]としている。

　先の法科大学院生の戸惑いは、司法試験で求められる憲法論は、林屋のいう「狭義の憲法訴訟」に関するものに限定されるのかどうかということであろう。「広義の憲法訴訟にかかわる憲法論も答案で書いてもよいのである」と回答するのは容易であるが、林屋が憲法訴訟を二つに切り分けたことからも明らかなように、そこには、憲法論としては異質なものが含まれているのである。そのことを見えにくくしているのが、「憲法にかかわる争点を伴って提起される訴訟」という見方である。つまり、法科大学院生の惑いの要因は、憲法学説の憲法訴訟のとらえ方にあるのである。

五　おわりに――ベースボールか野球盤か

　憲法訴訟論と法科大学院について、思うところをそのまま書き連ねてきた。特にまとめることはない。

　法科大学院はいわゆる受験予備校に対する批判に基づいて作られたのだという

29　宍戸常寿『憲法 解釈論の応用と展開（第2版）』（日本評論社・2014年）308頁。
30　林屋・前掲書121頁。林屋の「法令の違憲性」という表現は「処分の違憲性」を含むものである。同127頁。
31　同・125頁。そのうえで、憲法学者の憲法訴訟のとらえ方を最広義の「憲法訴訟」としている。

理解がある。特に憲法においては、「図式的な違憲審査基準論」のように、予備校での受験指導の弊害は明らかであった[32]。しかし、法科大学院制度の発足は大学の既存の法学教育の勝利を意味するものではなかった。

司法制度改革審議会の法科大学院制度の設置の提言を受けて設けられた「法科大学院（仮称）構想に関する検討会議」は「検討会議における議論の整理」において、「法科大学院は法曹養成に特化した実践的な教育を行う大学制度上の大学院として構想することが適切であると考える」としつつ、大学に対して次のような注文を付けていた。「大学が法曹養成制度の一翼を担うためには、その批判と反省に基づいて法科大学院が構想されるべきであり、研究中心の考え方から真の教育重視への転換や、真の法曹養成のための仕組みを整備することなど、大学には変革に向けて相当な努力が求められることは当然である」。ここには、「本業は研究、教育は片手間」という大学教育に対する不信の念がある。要するに、「法科大学院構想は、予備校教育に対する批判を父とし、従来の法学部教育に対する不信を母として誕生した」[33]のである。

本稿に、あえて結論があるとすれば、法科大学院における憲法訴訟論は教育に徹すべきである、ということである。ただ、法科大学院の教育の目標をどう設定するかは難問である。小山剛は司法試験が何を期待しているかについて、「実際のベースボールが要求されていると見るか、それとも野球盤と見るか」という問いを発している[34]。この比喩をどこまで真剣に受け止めるかは別にして[35]、同じ問いは、法科大学院教育に対しても発せられるであろう。「実際のベースボール」を想定して教育を行うのか、「野球盤」の上でのゲームの仕方を教えるのか、ということである。

「理論と実務の架橋」というスローガンは、いかにも「実際のベースボール」を目指すべきという雰囲気を醸し出す。しかし、司法試験も法科大学院における憲法訴訟論も野球盤のゲームを想定してきたのではないか、というのが筆者の見

32　もっとも、それは予備校の教育の内容そのものに問題があったのか、それに対する司法試験受験生の受け止め方に問題があったのかは明らかではないと、筆者は感じている。
33　小山・前掲論文84頁。
34　法学セミナー編集部編『司法試験の問題と解説2012』（日本評論社・2012年）20頁。
35　言うまでもなく、野球盤は実際のベースボールの練習になるわけではない。野球盤でホームランを打つことができても、そのことが実際のベースボールでホームランを打つことにつながるわけではない。

立てである。そして、それは、既に指摘したように訴訟実務における憲法の位置付けの低さにもかかわらず、憲法が法科大学院で必修科目とされたことの必然的な帰結である。したがって、これは非難されるべきことではない[36]。

あえて注文を付けるとすれば、野球盤であることをいいことに、「法令審査」、「適用審査」、「文面審査」、「適用上審査」、「文面上審査」、「処分審査」、「適用上判断」、「文面上判断」等々、実務で用いられることのない憲法訴訟論のジャーゴンを次から次へと作り出すことは止めるべきであるということである。同じ言葉であっても論者によって内容が異なったり、同じ事柄を論者によって異なる用語で説明したり、法科大学院生は戸惑うばかりである。野球盤はエポック社だけで十分なのである。

最後に、筆者自身、法科大学院での教育には相当真剣に取り組んできたつもりである。もっとも、その成果には全く自信がない。ただ一つ言えることは、三谷忠之先生は、同僚の教員であっても、およそ法科大学院の水準に達しているとは言えない授業に対して、大変厳しい態度で臨まれた、ということである。このことを記して、三谷先生の古稀のお祝いとしたい。

---

36 しかし、それは、実務と接合しない憲法訴訟論を再生産すべきといっているのではないことは当然である。

ドイツ環境法における原告適格の新展開
——オーフス条約9条3項からの影響——

小　澤　久仁男

一　はじめに
二　オーフス条約の内容
三　欧州裁判所による展開
四　ドイツ行政裁判所の展開
五　おわりに

一　はじめに

（1）近年、わが国においては、団体訴訟の議論が活発化しつつある。すでに、わが国においては消費者保護の分野で団体訴訟が先行して導入され[1]、さらには消費者保護の分野以外においても団体訴訟の立法化が見られている[2]。そのような中、行政訴訟や環境保護の分野においても団体訴訟の導入の可否が議論さ

1　消費者団体訴訟に関する文献は枚挙に暇がない。例えば2007年改正の消費者契約法、2008年改正の景品表示法および特定商取引法があり、これらにおいては適格消費者団体に不特定多数の消費者の利益を図るべく、差止請求権が付与されている。同制度を考察するものとして、三木浩一「日本における消費者団体訴訟制度」慶應義塾大学法学研究81巻11号（2008年）75頁以下があり、そこではクラスアクション型と団体訴訟型を念頭に置きつつ、消費者団体訴訟制度導入までの経緯を詳細に分析する。さらに2013年12月には、消費者裁判手続特例法が制定され、そこでは特定適格消費者団体に少額多数被害者の利益を図るべく、損害賠償請求権が付与されている。同制度を考察するものとして、法学セミナー59巻5号においては「日本版クラスアクションとは何か」をテーマに町村泰貴「消費者裁判手続特例法の立法と特徴」同34頁以下、鹿野菜穂子「消費者裁判手続特例法と民事実体法」同40頁、小田典靖「消費者裁判手続特例法の成立と被害救済の現実」同44頁以下がある。その他、民法、民事訴訟法、行政法など多角的視点から消費者団体訴訟制度の分析をし、制度のあり方を考察するものとして、千葉恵美子・長谷部由起子・鈴木蔣文編『集団的消費者利益の実現と法の役割』商事法務（2014年）がある。以上のような消費者保護と環境保護の分野における利益論や団体訴訟論の異同については、今後の検討課題としたい。
2　消費者保護の分野以外の団体訴訟としては、2013年改正の暴力団対策法における団体訴訟制度を挙げることができ、そこでは適格団体として認定された暴力追放センターが市民に代わって暴力団組事務所の使用の差止請求権が付与されている。同制度の詳細については、三木浩一「暴追団体訴訟制度の成立の経緯および内容と課題について」NBL1023号（2014年）14頁以下がある。

れている。例えば、民商法雑誌148巻6号においては「公法と私法における集団的・集合的利益論の可能性」を[3]、そして論究ジュリスト12号においては「団体訴訟の制度設計」をテーマにした特集が組まれており[4]、また、2015年度の日本公法学会第80回総会においては「現代公法学における権利論」をテーマとし、団体訴訟制度を分析する際の手掛かりになる報告がいくつかなされている[5]。これらの論文や報告などの中で、わが国行政法学・環境法学における団体訴訟の関心は、今日、団体訴訟の正統性・正当性（Legitimation）、換言すれば、何故、環境保護という利益もしくは環境破壊による不利益を環境保護団体が代表して享受し、そして裁判を提起する権能が付与されるのかということにある[6]。そしてま

---

[3] 民商法雑誌148巻6号（2013年）492頁以下は、公法と私法における利益を比較しつつ集団的利益または集合的利益について考察をするもので、中川丈久「問題提起――行政法と民事法に集団的利益・集合的利益はどのように存在するのか――」、亘理格「共同利益論と『権利』認定の方法」、仲野武志「不可分利益の保護に関する行政法・民事法の比較分析」、吉田克己「保護法益としての利益と民法学――個別的利益・集合的利益・公共的利益――」、山本和彦「集団的利益の訴訟における保護」を所収する。これらのうち、亘理格教授は、環境法の領域における共同利益論を主張しており、そこでの利益の性質を踏まえ団体訴訟の種類についても分析を行うなど示唆に富むものである。そして、同理論に対しては、仲野武志教授からの批判があり、このような学説の動向を分析するものとして、曽和俊文「公益と私益」曽和俊文ほか編『行政法理論の研究』（芝池義一先生古稀記念）有斐閣（2016年）31頁以下がある。

[4] 論究ジュリスト12号（2015年）114頁以下は、消費者保護と環境保護における団体訴訟を比較しつつ、団体訴訟の制度設計について考察をするもので、村上裕章「団体訴訟の制度設計に向けて――消費者保護・環境保護と行政訴訟・民事訴訟」、島村健「環境法における団体訴訟」、斎藤誠「消費者法における団体訴訟――制度設計の考慮要素について――」、宇賀克也「団体訴訟の必要性――団体訴訟シンポジウムにおけるコメント――」、原田大樹「団体訴訟の制度設計――特定商取引法を具体例として――」、山本隆司「団体訴訟に関するコメント――近時のドイツ法の動向に鑑みて――」を所収する。

[5] 公法研究78号（2016年）は、例えば、米田雅宏「現代法における請求権――『客観法違反の是正を求める権利』の法的位置付け――」、大西有二「行政訴訟における権利」を所収する。そして、米田論文は、「客観法違反の是正を求める権利」と伝統的権利を比較した上で、客観法違反の主張の可能性を探るものである。他方で、団体訴訟を直接言及してはいないものの、大西論文は、日本とドイツを比較した上で、わが国は「権利等」の存否を、本案判決ではなく、原告適格という訴訟要件で確定している点に疑問を示すものであり、団体訴訟制度が登場してきた背景にも関連するといえる。

[6] 近時、団体訴訟制度を丹念に分析し、団体訴訟の課題を指摘するものとして、島村健「環境団体訴訟の正統性について」高木光ほか編『行政法学の未来に向けて』（阿部泰隆先生古稀記念）有斐閣（2012年）503頁以下がある。また、本稿においては、"Legitimation"については、論者によって様々な訳語があてられることが多いため、正統性・正当性と表記している。この点については、田代滉貴「ドイツ公法学における『民主的正統化論』の展開とその構造」行政法研究14号（2016年）25頁以下を参照している。なお、同論文は、ドイツにおける民主的正統化論の内容を丹念に整理した結果、同理論の民主政の理解の多様化を明らかにし、これについての4つのモデル（一元的モデル、補完モデル、利害関係モデル、統合モデル）を抽出することによって、今後のわが国における議論の視座を確立しようとするものである。環境法上の団体参加制度および

た、これらとの関係で、司法権との関係といった憲法上の議論や、適格団体の承認・登録といった団体訴訟を提起するための実体的要件に関する議論も登場してくることになるなど、団体訴訟制度導入へのさまざまな法的課題が突きつけられている[7]。それゆえ、わが国行政法学・環境法学においては、団体訴訟を導入している各国の制度の紹介にとどまらず、わが国における団体訴訟導入の可否という実質的な議論の段階に突入しはじめている[8]。

（2）ところで、ドイツにおける環境法上の団体訴訟の議論は、周知の通り執行の欠缺（Vollzugsdefizit）を是正するべく主張されてきた[9]。すなわち、行政庁が事業者に許認可を行うにあたり十分に考慮に入れなかった環境保護や自然保護の利益を、環境保護団体や自然保護団体の訴訟提起によって貫徹しようとするわけである。無論、ドイツにおいてもわが国と同様、団体訴訟の導入それ自体について強い批判に晒されてきた[10]。けれども、2002年の連邦自然保護法（Bundesnatur-

---

団体訴訟制度が、これらのモデルのいずれに基づいて理解すべきかについては、今後の検討課題としたい。
7　わが国の環境行政訴訟における原告適格論の限界を関連判例から指摘し、団体訴訟制度導入への種々の課題を分析するものとして、三好規正「環境行政訴訟の原告適格と団体訴訟制度導入に向けた課題」山梨学院大学ロー・ジャーナル11号（2016年）73頁以下がある。
8　各国の環境関連の団体訴訟制度について紹介する文献は枚挙に暇がない。そこで、ドイツに関しては、後掲の脚註に譲り、ここでは欧米諸国の代表的な文献を示しておきたい。フランスの団体訴訟については、杉原丈史「フランスにおける集団利益擁護のための団体訴訟」早稲田法学72巻2号（1997年）93頁以下、大塚直「公害・環境分野での民事差止訴訟と団体訴訟」森島昭夫・塩野宏編『変動する日本社会と法』（加藤一郎先生追悼論文集）有斐閣（2011年）645頁以下がある。これらによると、フランスでは集団的利益の侵害を理由に、司法裁判所での損害賠償請求訴訟の提起も、個別的行政行為に対する越権訴訟も提起することができるとされている。次に、イギリスの環境公益訴訟については、林晃大「イギリスにおける環境公益訴訟とオーフス条約」近畿大学法学61巻1号（2013年）37頁以下、兼平裕子「英国司法審査における環境公益訴訟」愛媛法学会雑誌40巻1・2号（2014年）1頁以下がある。これらによると、イギリスでは集団的利益の侵害について争うための訴訟である公益訴訟が認められており、さらに公益の原告適格が団体にも認められるため、市民訴訟も提起することができるとされている。なお、吉村良一「環境損害の賠償——環境保護における公私協働の一側面——」立命館法学333＝334号（2010年）3229頁以下［『環境法の現代的課題——公私協働の視点から——』有斐閣（2011年）6頁以下所収］および上述の兼平論文においては、各国間の制度比較も行われている。また、アメリカのクラスアクションなどの公共訴訟については、川嶋四郎『公共訴訟の救済法理』有斐閣（2016年）があり、そこでの手続の詳細や問題点など、わが国の行政法学・環境法学にとっても示唆に富むべき事柄を多く指摘する。
9　これには、例えばE. Rehbinder/H.-G. Burgbacher/R. Knieper, Bürgerklage im Umweltrecht, Erich Schmidt Verlag 1972. がある。そこでは、環境法の領域で行政による執行の欠缺という現実が存しているにもかかわらず、これに対する裁判上の法的手段が欠如しており、そのことが環境保全を阻害している最も大きな要因であるということを示した上で、これを是正する法的手段として、民衆訴訟ないし公益的団体訴訟の必要性を説いている。

schutzgesetz: BNatSchG) を皮切りに、オーフス条約や EC 指令・EU 指令[11]（以下、単に EU 指令とする）といった外圧もあって、2006年の環境・権利救済法[12]（Umwelt-Rechtsbehelfsgesetz: UmwRG）の創設といった立法的解決へと結実することになる。けれども、差しあたり、ここで着目すべきはオーフス条約および EU 指令の存在である。すなわち、ドイツ環境法上の団体訴訟、とりわけ環境・権利救済法上の団体訴訟は、オーフス条約を批准するべく制定されたからである。もっとも、オーフス条約および EU 指令は、情報アクセス権侵害や参加権侵害に対する司法アクセス[13]に止まらず、これら情報アクセス権侵害や参加権侵害とは独立した形でのいわば補充的な司法アクセス権の保障をも求めている点に注意が必要である。したがって、ドイツ環境法上の団体訴訟が導入されて以降、ドイツの原告適格論がこのオーフス条約や欧州の動向から、どのような影響を受けることになるのかという疑問が生じる。

（3）そこで、本稿においては、上記の団体訴訟の正統性・正当性といった今日のわが国団体訴訟論における法的課題への直接的な答えを論じることを目的とせず、ドイツ環境法における団体訴訟導入後の原告適格論に関する判例や学説の展開およびそれと関連する限りの欧州裁判所の動向を取り上げる[14]。

10　これには例えば、ドイツ連邦行政裁判所の判事も務めた F.Weyreuther, Verwaltungskontrolle durch Verbände?, Werner 1975. がある。Weyreuther の著書は、わが国でも度々紹介がなされており、いくつかの理由から団体訴訟導入についての懸念を表明している。ここでは、とりわけ、主観的権利を保障するという行政裁判権の伝統的な機能を打ち壊すという事を懸念していた点を挙げておきたい。なお、以上の団体訴訟導入反対への批判として、上記註（9）のほか、この当時の文献として、E.Rehbinder, Argumente für die Verbandsklage im Umweltrecht, ZRP 1976, S. 157 ff., K.Redeker, Verfahrensrechtliche Bedenken gegen die Verbandsklage, ZRP 1976, S. 163 ff. がある。これらの文献においては、Weyreuther 氏の見解を検証しつつ反論を示している。

11　周知の通り、1992年のマーストリヒト条約（欧州連合条約）によって1993年に EU（欧州連合）が発足し、EEC（欧州経済共同体）は EC（欧州共同体）と改称されてきたことから、本来であれば「指令」を策定した機関ごとに表記すべきである。もっとも、2009年12月のリスボン条約発効により、EC が廃止されている。したがって、本稿においては、混乱を避けるため、以下では本来、EC 指令であったものに関しても、EU 指令と表記する。

12　本稿においては、"Umwelt-Rechtsbehelfsgesetz" を「環境・権利救済法」と訳している。他方で、同法については、「環境・法的救済法」と訳されることもある。本稿でこのような訳語を用いている理由については後述したい。

13　なお、オーフス条約9条は、情報アクセス権侵害（同1項）や参加権侵害（同2項）に関する規定だけではなく、これらによって達成されなかった場合の環境損害への補充的な司法アクセス権（同3項）に関する規定も存在する。そのため、厳密に言えば、情報アクセス権侵害や参加権侵害に対する司法アクセス権と表記しなければならない。けれども、ここでは同条3項との混乱を避けるべく、情報アクセスおよび参加権の侵害に関しては単に司法アクセスと簡略化して表記する。

具体的には、まず二においては、オーフス条約や EU、そしてドイツ環境法における団体訴訟制度の概観を取り上げていく。これによって、ドイツ国内の状況にとどまらず、ドイツを取り巻く状況について明らかにしたい。次に、三においては、とりわけオーフス条約 9 条 3 項との関係で生じた、欧州裁判所（Europäischer Gerichtshof: EuGH）の重要判例について扱っていく。これによって、欧州裁判所の動向について明らかにしたい。そして、四においては、欧州裁判所の判例を受けて、ドイツ連邦行政裁判所（Bundesverwaltungsgericht: BVerwG）で出された判例について扱っていく。これによって、従来までのドイツの原告適格論や団体訴訟論との違いを明らかにしたい。以上を踏まえて、最後に私見を述べ、わが国における団体訴訟の制度設計の在り方の議論にささやかながら寄与していきたい。

二　オーフス条約の内容

1　はじめに

オーフス条約[15]は、情報アクセス権、公衆参加権、司法アクセス権といった、いわゆる「3 つの柱」（das Drei Säulen）が公衆に対して保証されることを条約締結国に求めたものである[16]。そして、これら 3 つの権利を保障することが、持続

14　本稿においては、以下の文献を主に参考にしている。Vgl. T. Bunge, Zur Klagebefugnis anerkannter Umweltverbände――Das Urteil des Bundesverwaltungsgerichts vom 5. September 2013――, ZUR 2014, S. 3 ff.; C. Franzius, Möglichkeiten und Grenzen der richterlichen Rechtsfortbildung zur Bestimmung der Klagebefugnis im Umweltrecht, DVBl 2014, S. 543 ff., K. Gärditz, Verwaltungsgerichtlicher Rechtsschutz im Umweltrecht, NVwZ 2014, S. 1 ff., S. Schlacke, Klagebefugnis von Umweltverbänden und Gemeinden im Umweltrecht, in: J. Ziekow（Hrsg.）, Aktuelle Probleme des Luftverkehrs-, Planfeststellungs- und Umweltrechts, Duncker & Humblot 2014, S. 129 ff., F. Ekardt, Verbandsklage vor dem EuGH: Mitgliedstaaten verklagen, EU-Institutionen verschonen? Zugleich zu Art. 9 Ⅲ Aarhus-Konvention, NVwZ 2015, S. 772 ff..；また、わが国で、ドイツの近時の動向を取り上げるものとして、大久保規子「環境情報の司法アクセスとオーフス条約――ドイツ環境訴訟への影響を中心として――」松本和彦編『日独公法学の挑戦――グローバル化社会の公法――』日本評論社（2014年）297頁以下、湊二郎「環境保護団体と規範統制――ドイツにおける環境団体訴訟の一側面――」立命館法学362巻（2015年）1020頁以下がある。本稿においては、これらの文献を参考にしている。

15　オーフス条約の正式名称は、「環境問題における情報アクセス権、決定手続への公衆参加権、そして司法アクセス権に関する条約」（Übereinkommen über den Zugang zu Informationen, die Öffentlichkeitsbeteiligung an Entscheidungsverfahren und den Zugang zu Gerichten in Umweltangelegenheiten）である。本稿においては簡潔に「オーフス条約」と示している。

16　オーフス条約に関わる文献は、枚挙に暇がない。差しあたり本稿では以下のものを参考にし

可能で、環境に適正な発展にとって欠かすことのできないものとの認識が示されている（前文参照）[17]。その意味で、従来までは国内法レヴェルや国際条約レヴェルで別個独立に展開されてきた情報アクセス権、公衆参加権、司法アクセス権を環境保護という目的を貫徹するべく相互補充の関係にあることを明確化している点で、本条約それ自体の意義を窺い知ることができる[18]。

他方で、オーフス条約は、情報アクセス権と公衆参加権について、それらの権利をより効果的なものとするべく、これらの権利が侵害された際に司法アクセスを可能にすることも明文化している。これに加え、情報アクセス権や公衆参加権の侵害に対する司法アクセスによってカヴァーできない部分について、独立に司法アクセス権を付与することも求めている。

そこで、以下では、オーフス条約を構成する各柱を順に追っていく[19]。もっと

た。Vgl. M. Scheyli, Aarhus Konverntion über Informationszugang, Öffentlichkeitsbeteiligung und Rechtsschutz in Umweltbelangen, AVR 2000, S. 217 ff.; M. Zschiesche, Die Aarhus-Konvention——mehr Bürgerbeteiligung durch umweltrechtliche Standards?——, ZUR 2001, S. 177 ff. (=A. Schmidt /M. Zschiesche/M. Rosenbaum, Die naturschtzrechtliche Verbandsklage in Deutschland, 2003, S. 105ff.); T. v. Danwitz, Aarhus-Konvention: Umweltinformation, Öffentlichkeitsbeteiligung, Zugang zu den Gerichten, NVwZ 2004, S. 272 ff.;　また、わが国においては、高村ゆかり「情報公開と市民参加による欧州の環境保護——環境に関する、情報へのアクセス、政策決定への市民参加、及び、司法へのアクセスに関する条約（オーフス条約）とその発展——」静岡大学法政研究8巻1号（2003年）178頁以下、岩田元一「環境情報に関するヨーロッパの制度とわが国の現状」日本大学大学院総合社会情報研究科紀要7巻（2006年）35頁以下、大久保規子「オーフス条約とEU環境法——ドイツ2005年法案を中心として（特集1 世界の環境法は今）——」環境と公害35巻3号（2006年）31頁以下、和達容子「環境ガバナンスのための制度構築——オーフス規則の可能性——」庄司克宏編『EU環境法』慶応義塾大学出版会（2009年）327頁以下があり、これらにおいてもオーフス条約について詳細な検討が加えられている。

17　オーフス条約1条においては「現在および将来の世代の全ての人々が、健康と福利に適した環境のもとで生きる権利の保護に貢献するため、加盟国はこの条約の規定にしたがって、環境に関する、情報アクセス権、意思決定における公衆参加、司法アクセス権を保証する」と規定する。

18　Danwitz（Fußn. 16), S. 273によれば「環境法の貫徹のために市民が動員され（mobilisieren）、改善された司法アクセスを通じて環境保護への効果をもたらす」といった特徴があることを示している。これと類似の指摘をするものとして vgl. z. B. R. Seelig/B. Gündling, Die Verbandsklage im Umweltrecht: Aktuelle Entwicklungen und Zukunftsperspektiven im Hinblick auf die Novelle des Bundesnaturschutzgesetzes und supranationale und internationale rechtliche Vorgaben, NVwZ 2002, S. 1033 ff. (S. 1039.) がある。また、わが国においては、上掲の文献のほかにも、オーフス条約およびEUにおける動向の分析を行うものとして、南諭子「オーフス条約における『司法へのアクセス』とEU環境影響評価指令——環境アセスメント違反の司法審査に関する国際基準の生成——」中西優美子編『EU環境法の最前線——日本への示唆』法律文化社（2016年）47頁以下があり、本稿においては後掲のオーフス条約の「EU法への影響」を考察する際にも参考にしている。

19　オーフス条約の本文については、国際連合欧州経済委員会ホームページ（https://www.unece.org/fileadmin/DAM/env/pp/documents/cep43g.pdf：独語）において、欧州各国の言語のほか

も、本稿においては主に同9条3項の規定が深く関わることから、それ以外の情報アクセス権および公衆参加権については、簡潔な紹介に留めたい。

2　情報アクセス権

第1の柱は、情報アクセス権である。オーフス条約は、権利侵害の主張または利害関係を持つ利益を主張しなくても、あらゆる市民および環境保護団体[20]に対して環境情報へのアクセス権を保障する（同4条）。そして、この情報アクセス権が侵害された際、オーフス条約は次の通り規定する。

オーフス条約9条1項
　　各締結国は、その国内法の枠組みにおいて、第4条に基づく情報の開示請求が、無視され、一部または全部が不当に拒否され、不適切に回答がなされ、もしくは同条の規定に従った取扱いを受けられなかったと考える万人は、司法裁判所又は法律によって設置されたその他の独立かつ公平な機関による審査手続にアクセスできるよう確保しなければならない。
　　締結国は、司法裁判所による上記の審査制度を設ける場合には、以上のような者が、公的機関による再考または司法裁判所とは別の独立かつ公平な機関による再検討のために法で設置される、無料又は低廉の、迅速手続にもアクセスできるよう確保しなければならない。
　　本項の下における最終的判断は、情報を保有する公的機関を拘束するものでなければならない。少なくとも本項の下で情報へのアクセスが拒否される場合には、その理由が書面により述べられなければならない。

以上のように、オーフス条約9条1項は情報公開請求権を侵害されたと主張する「万人」（Jedermann, jede Person）に司法アクセス権を認め、当該情報と自己との個別的利益を主張する必要まではない。そのため、このような情報アクセス権は、公衆の個別的な利益とは結びつかず、その限りではいわゆる一般的請求権（Popularanspruch）としての性格を有すると理解されることがある[21]。

次に、第2の柱は、公衆参加権である。オーフス条約は、参加権者を「公衆」

　　日本語でも掲載されている。その他、日本語訳については、大塚直・北村喜宣・高村ゆかり・島村健編『七訂　ベーシック環境六法』第一法規（2016年）977頁以下およびオーフスネット（http://www.aarhusjapan.org/aarhusconv-jpn.pdf）がある。本稿において、オーフス条約を取り上げる際には、これらに基づいている。

20　オーフス条約においては、本稿で言うところの環境保護団体について、"NGO"（non-governmental organization）という語を使用しており、本稿も厳密に記述する必要がある。けれども、ドイツの制度との関係で混乱を避けるため、以下では全て「環境保護団体」と表記する。

21　Vgl. Danwitz (Fußn. 16), S. 275 f.

(Öffentlichkeit）と「利害関係のある公衆」（betroffene Öffentlichkeit）の2つに区別し[22]、それぞれに意見書の提出権といった公衆参加権を割り当てている[23]。ところで、両者は2条4項および同条5項でそれぞれ規定がなされており、前者は広く一般的な市民や団体を指しているのに対して、後者は環境についての意思決定により影響ないし利益のある市民や承認された環境保護団体を指している点で差異が見られる。そして、この公衆参加権が侵害された際、オーフス条約は次の通り規定する。

オーフス条約9条2項
　各締結国は、その国内法の枠組みにおいて、次のことを確保しなければならない。「利害関係のある公衆」の構成員であって、
a）十分な利益を有する者か、またはその代わりに
b）締結国の行政訴訟法が権利侵害を要件とすることを要求している場合は、権利の侵害を主張している者が
　第6条の規定および国内法で定められている場合で次の第3項の規定に違反しない限りで、本条約の保護の関連規定の対象となる、決定、作為または不作為の実体的、手続適合性について規定に合致しているかどうかを争うため、司法裁判所または法律によって設置された他の独立かつ公平な機関による審査手続にアクセスできるようにしなければならない。何が十分な利益と権利の侵害を構成するかは、国内法の要件に従い、かつ「利害関係を持つ公衆」にこの条約の範囲内で司法への広範なアクセスを付与するという目的に合致するように判断されなければならない。

　環境アクセス権侵害が「万人」に司法アクセスを保証するものであったのに対して、オーフス条約9条2項の公衆参加権侵害については「利害関係のある公衆」にのみ司法アクセスを保証するとしている。そして、これらの「利害関係の

22　2条4項においては「公衆とは、個人もしくは複数の自然人または法人、および各国の法令もしくは慣習に基づく団体、組織またはグループを意味する」と規定する。これに対して、2条5項においては「利害関係を持つ公衆とは、環境についての意思決定により影響を受け、もしくは受ける恐れのある、または意思決定に利害関係を持つ公衆を意味する。この定義を適用する上で、環境保護を促進し、かつ国内法のもとで要件を満たす環境保護団体は、利害関係を有するものと見なされねばならない」と規定する。

23　付帯書Ⅰにおいては19項目の許認可手続に際しての参加が求められており、これにはエネルギー部門、金属の生産・加工、鉱業、廃水処理施設、パルプ生産・製紙産業施設、長距離鉄道・空港・高速道路など、内陸水路・港など、地下水の抽出など、河川流域間の水資源の移転作業、商業目的での石油・天然ガスの抽出、水の貯蔵のためのダムやその他関連施設、ガス・石油・化学物質輸送のためのパイプライン、鶏・豚の集約飼育施設、石切場・露天掘り鉱業、架空電力線の建設、石油製品・石油化学製品、化学物質製品の貯蔵施設、（布や糸の事前処理・染色施設、畜殺場、食品生産のための処理・加工といった）その他の活動が挙げられている。この点については、高村・前掲註（16）158頁で紹介がなされている。

ある公衆」に対する、どのような程度の侵害があった場合に訴権を認めるのかについて、オーフス条約においては各加盟国の訴訟制度および体系を尊重するべく、2つの選択肢が用意されている。すなわち、①十分な利益（ausreichendes Interesse）または②権利侵害（Rechtsverletzung）がある場合に公衆の司法アクセスが保証されるとし、そのいずれを選択するかについては各加盟国の自由裁量としている。もっとも、これらの制度を構築するに当たって、加盟国は効果的な司法アクセスを保証するというオーフス条約の趣旨を十分斟酌した上で「利害関係のある公衆」を決する必要がある[24]。そのようなこともあり、各加盟国で規定された承認要件を満たした環境保護団体については、「十分な利益」を有し、または「権利侵害されうる」と見なされ、司法アクセスが等しく認められるとしている点は、広く司法アクセスを保証しようとしていると窺い知ることができる。その限りで、各締結国の自由裁量の幅は大きく限定されることになる[25]。

3　オーフス条約9条3項

以上のような情報アクセス権および参加権への侵害に対する司法アクセスのほかにも、各締結国の環境法を私人または官庁が侵害している場合にも、司法アクセス権が保障されることになる。そして、オーフス条約9条3項は次のように規定する。

　オーフス条約9条3項
　　前第1項、第2項に挙げられた審査手続（上述の情報アクセス権および公衆参加権への侵害の場合の審査手続――筆者註）に加え、かつこれらを侵害することなく、各締結国は国内法で規定している要件がある場合には、その要件に合致する公衆が環境に関連する国内法規に違反する私人および公的機関の作為および不作為について争うための行政または司法手続にアクセスできることを確保しなければならない。

他方で、オーフス条約9条3項の解釈が問題となることがある。つまり、情報アクセス権や公衆参加権それ自体、および、これらが侵害された時の司法アクセスが滞りなく整備されていれば、この規定は特別な意味はなく、いわば受け皿的な規定と理解できなくもないからである[26]。もっとも、この規定の意義をどのよ

24　Vgl. Scheyli (Fußn. 16), S. 245.; S. Schlacke, Überindividueller Rechtsschutz, Mohr Siebeck 2008, S. 242 f.
25　Vgl. H.-J. Koch, Die Verbandsklage im Umweltrecht, NVwZ 2007, S. 369 ff (376).
26　これについて、環境問題専門家審議会（Der Rat von Sachverständigen für Umweltfragen:

うに理解するのかということに関連して、オーフス条約は、情報アクセス権や公衆参加権の侵害への司法アクセスとの結び付きといった点など、訴訟手続に関する詳細を何も規定していない。それゆえ、その制度化をEUおよび各締結国に委ねていると理解されている。

4 オーフス条約によるEU法およびドイツ法への影響
（１）EU法への影響

オーフス条約が発効して以降、欧州共同体は、2005年2月17日にオーフス条約を批准し、上記の3つの柱を欧州法化に着手することになる。すなわち、欧州共同体は、「環境情報への市民のアクセスに関する指令」[27]および「環境関連の特定の計画およびプログラムの調整に関する公衆参加および85/337/EWG指令と96/61/EG指令の変更に関する2003年3月26日指令」[28]（以下、公衆参加指令とする）を制定した。これらを通じて、環境情報アクセス権および環境法上の手続に関しての公衆や環境保護団体の参加権の整備を加盟国に求めることになる。さらに、公衆参加指令を通じて個別の環境領域に関しては、既に制定されていた、いわゆる環境親和性審査指令[29]（以下、UVP指令とする）および環境汚染の統合的予防・低減に関する指令[30]（以下、IVU指令とする）などのEU指令の改定も行われた。

SRU）は、「オーフス条約の規律構造（Regelungsgefüge）の中で、同9条3項は何か新しいものを創出しているのではなくて、同9条2項の意図を継続し、そして必要な受け皿的構成要件（Auffangtatbestand）を形成する」としている（Vgl. SRU, Rechtsschutz für Umwelt——die altruistische Verbandsklage ist unverzichtbar——, Stellungnahme Februar 2005, Nr. 5, S. 10.)。これに対して、Schlackeは、本文においてすでに示した同9条3項が「前第1項、第2項に挙げられた審査手続に加え……」という部分に着目をし、受け皿的な規定ではないとしている（Vgl. Schlacke, (Fußn. 24), S. 245.)。

27　Richtlinie 2003/4/EG des Eurpäischen Parlaments und des Rates über den Zugang der Öffentlichkeit zu Umweltinformationen und zur Aufhebung der Richtlinie 90/313/EWG, ABl. L 41 vom 14. Februar 2003, S. 26.

28　Richtlinie 2003/35/EG des Europäischen Parlaments und des Rates vom 26. Mai 2003 über die Beteiligung der Öffentlichkeit bei der Ausarbeitung bestimmter umweltbezogener Pläne und Programme und zur Änderung der Richtlinie 85/337/EWG und 96/61/EG des Rates in Bezug auf die Öffentlichkeitsbeteiligung und den Zugang zu Gerichten, ABl. L 156 vom 25. Juni 2003, S. 17.

29　Richtlinie 85/337/EWG des Rates vom 27. Juni 1985 über die Umweltverträglichkeitsprüfung bei bestimmten öffentlichen und privaten Projekten, ABl. L 175 vom 5. Juli 1985, S. 40, das zuletzt geändert durch Richtlinie 97/11/EG des Rates vom 3. März 1997, ABl. L 73 vom 14.März 1997, S. 5.; UVP指令については、海老沢俊郎「特定の計画および要領の環境影響評価審査に関する2001年6月27日欧州共同体議会および閣僚理事会指令」名城ロースクール・レビュー

これらを通じて、公衆参加権の整備にとどまらず、これらが侵害された場合の訴権の整備も求められることになる。

他方で、欧州委員会は、オーフス条約9条3項に対応するべく、2003年に環境司法アクセス指令案を作成し、欧州議会と欧州理事会に提出した[31]。けれども、一部のEU加盟国からの抵抗もあり、その後、この手続は今日に至るまで中断したままである。

（2）ドイツ法への影響

以上のような国際法上、そしてEU法上の動向があった中、ドイツにおいては、2002年に連邦自然保護法[32]が公益的団体訴訟（altruistische Verbandsklage）を導入した[33]。そこでは、すでに1976年の連邦自然保護法の中で承認された自然保護団体に協働権が導入されていたこともあり[34]、この協働権（Mitwirkungsrecht）

1号（2005年）190頁以下参照。

30 Richtlinie 2008/1/EG des Europäischen Parlaments und des Rates vom 15. Januar 2008 über die integrierte Vermeidung und Verminderung der Umweltverschmutzung, ABl. L 24 vom 29. Januar 2008, S. 8.; IVU 指令については、川合敏樹「ドイツ環境法における『統合的環境保護論』論の展開（1・2・3）」一橋法学5巻3号（2006年）351頁以下、同6巻1号（2007年）223頁以下、同6巻2号（2007年）223頁以下を参照。

31 Vorschlag für eine Richtlinie des Europäischen Parlaments und des Rates über den Zugang zu Gerichten in Umweltangelegenheiten v. 24. 10. 2003, KOM（2003）624 endg.

32 Gesetz über Naturschutz und der Landschaftpflege vom 25. März 2002（BGBl. I. S. 1193.）.

33 環境法上の団体訴訟についての種類については、ドイツにおいても、わが国においても多くの文献で取り上げられてきた。そのため、ここでは簡潔に示しておきたい。まず、一口に団体訴訟と言っても、実体法上の団体訴訟（materiellrechtlichen Verbandsklage）と手続法上の団体訴訟（verfahrensrechtliche Verbandsklage）の2つに大別して説明する場合がある。その際、前者の実体法上の団体訴訟は自然保護団体が実体法規の違反について主張するものである。そして、そこには、団体固有の権利が侵害された場合に提起される団体侵害訴訟（Verbandsverletztenklage）、団体の構成員の個人的利益の侵害を団体の名で主張する「私益的団体訴訟（egoistischen Verbandsklage）、そして主観的権利の侵害が存在していないとされる領域でも行政の違法性を主張できる権能を付与する「公益的団体訴訟」に分かれることになる。他方で、後者の手続法上の団体訴訟は、当該環境保護団体に法律で認められている参加権などが侵害された場合に提起するものである。そして、これには、手続への参加を求める参加強制訴訟だけではなく、当該手続の瑕疵を理由とする取消訴訟などがある。ドイツにおいて、環境法上の団体訴訟を扱う文献の多くは、環境法上の団体訴訟の類型を扱っている。以上の記述については、とりわけ vgl. L. Harings, Die Stellung der anerkannten Naturschutzverbände im verwaltungsgerichtlichen Verfahren, NVwZ 1997, S. 538 f. を参照している。また、わが国で、この議論を扱うものとして、大久保規子「ドイツ環境法における団体訴訟」小早川光郎ほか編『行政法の発展と変革 下』（塩野宏先生古稀記念）有斐閣（2001）38頁以下がある。

34 § 29 BNatSchG a. F. Vom 20. 12. 1976, BGBL. I. S. 3574.；なお、1976年の連邦自然保護法については、阿部泰隆訳「自然保護及び景勝地育成に関する法律（連邦自然保護法）」環境調査センター編『各国の環境法 資料編 I』第一法規（1983年）231頁以下においても訳出されている。

と公益的団体訴訟を結びつける形で制度化されることになった[35]。なお、その際、承認された自然保護団体の協働権の行使およびそこでの事前手続への参加の態様が後の団体訴訟の提起の可否や主張内容には関わってくるものの、承認された自然保護団体への直接的な権利侵害は不要である。ところで、ドイツ自然保護法においては、1976年に協働権を導入し、その後、各州の自然保護法で団体訴訟導入へと進んでいった中、まず、1990年に連邦行政裁判所は承認された自然保護団体の協働権を絶対的手続権（absolute Verfahrensfehler）であるとした[36]。更に、環境法典（Umweltgesetzbuch）の各草案においても団体訴訟制度が盛り込まれ[37]、2000年代に入ってから連邦レヴェルの団体訴訟導入へと結実するに至った[38]。したがって、自然保護法上の団体訴訟の導入は、必ずしもオーフス条約やEU指令上の義務の国内法化の影響下にあったわけではないことから、これらに貢献したものとまでは言い切れない。

　むしろ、上記のようなオーフス条約やEU指令上の国内法化義務の履行に大きく寄与したのは、2006年の環境・権利救済法の制定である。事実、ドイツの連邦議会は、同法が制定されるにあたり、オーフス条約6条および9条2項の公衆参

35　2002年に連邦自然保護法が制定され、公益的団体訴訟が導入されるまでの歴史的背景などを踏まえたものとして、小澤久仁男「ドイツ連邦自然保護法上の団体訴訟——自然保護団体の協働権からの分析——」立教大学大学院法学研究39号（2009年）51頁以下がある。

36　BVerwG, Urteil vom 31. Oktober 1990（4 C7. 88）, BVerwGE 87, S. 62 ff.（=NVwZ 1991, S. 162 ff.）

37　環境法典の各草案は、1990年の教授草案（Professorenentwurf des Umweltgesetzbuches: UGB-ProfE)、1996年の委員会草案（Entwurf eines Umweltgesetzbuches der Unabhängigen Sachverständigenkommission: UGB-KomE）があり、そこではいずれも自然保護の分野における公益的団体訴訟に関する規定が設けられている。この点については、小澤・前掲註（35）68頁以下参照。また、連邦自然保護法および環境・権利救済法で団体訴訟が導入された中、2008年の参事官草案（Umweltgesetzbuch-Referentenentwurf: UGB-RefE）においても団体訴訟に関する規定が設けられている。参事官草案における団体訴訟については、小澤久仁男「団体訴訟の新たな傾向——ドイツ環境法典参事官草案を素材にして——」立教大学大学院法学研究40号（2009年）1頁以下がある。

38　ドイツ連邦自然保護法上の団体訴訟制度を扱う文献については枚挙に暇がない。本稿においては、主に T. Wilrich, Vereinsbeteiligung und Vereinsklage im neuen Bundesnaturschutzgesetz, DVBl. 2002, S. 872 ff.; R. Seelig/B. Gündling, Die Verbandsklage im Umweltrecht: Aktuelle Entwicklungen und Zukunftsperspektiven im Hinblick auf die Novelle des Bundesnaturschutzgesetzes und supranationale und internationale rechtliche Vorgaben, NVwZ 2002, S. 1033 ff.; B. Stüer, Die naturschutzrechtliche Vereinsbeteiligung und Vereinsklage, NuR 2002, S. 708 ff.; A. Schmidt /M. Zschiesche/M. Rosenbaum, Die naturschtzrechtliche Verbandsklage in Deutschland, Springer 2003, S. 3 ff; L. Radespiel, Die naturschutzrechtliche Verbandsklage, 2007, S. 33 ff. を参考にした。

加に関わる規定に基づいて改定された UVP 指令と IVU 指令に基づいて立法されていることを強調しているからである[39]。それゆえ、事前手続への参加を内容とする協働権を骨子とし団体訴訟制度を採用していることや、後述の近時の欧州裁判所とドイツ連邦行政裁判所の動向なども勘案すると、同法は環境・権利救済法と訳すことも可能である[40]。ところで、同法は、連邦自然保護法と同様、協働権に基づいて団体訴訟の制度設計がなされており、さらには当該環境保護団体への直接的な権利侵害は不要としているものの、制定当初、権利救済資格および本案審理においては大きな制約がなされていた。すなわち、それは、「個人の権利を根拠づける」（Rechte Einzelner begründen）規範が侵害された場合としていたからである。したがって、例えば連邦および州の自然保護法上の各規定あるいは事業者に対して環境影響への事前配慮を求める連邦インミッション防止法5条1項2号の規定に違反した場合などは、それによる損害が主観的権利の侵害によるものではなく、自然保護などの環境利益への配慮を怠ったことによって生じた客観的権利の侵害であると一般的に解されている[41]。そのため、このような場合については、環境・権利救済法上の団体訴訟を提起することができないとされてい

39　この点については、環境・権利救済法の立法案における立法理由書（Vgl. BT-Drs. 16/2495, S. 7）のほか、連邦議会における常任委員会である環境・自然保護・原子力安全委員会の提案と報告（Vgl. BT-Drs. 16/3312, S. 4）も挙げることができる。

40　付言をすると、環境・権利救済法は、オーフス条約6条および9条2項、そしてこれとの関係でのEU指令に基づいて制定されていることから、事前手続への参加との結びつきが強い。それゆえ、参加権や協働権の存在があることから、承認された環境保護団体の権利を擬制することで、訴権が認められている。しかし他方で、同法や連邦自然保護法において団体訴訟制度が導入されていなければ団体訴訟を提起できないことから、大久保規子教授が指摘を行うように、「環境訴訟に関する行政裁判所法の特則」と理解できなくはない。事実、同法が制定されたことにより、広範囲の環境関連の団体訴訟の提起が認められることになったからである。もっとも、そこにはドイツが伝統的に保持してきた主観的権利の枠内に収めようとの試みも見え隠れしている点を軽視することもできない。他方で、オーフス条約9条3項は、参加権や参加権侵害に関する司法アクセスとの関係で、いわば独立した訴権である。したがって、同法が、オーフス条約9条3項に基づいて制定されたものであれば、「環境・法的救済法」と訳すべきであると考えている。この点については、今後のドイツの動向も踏まえつつ、慎重に議論をすべきと思われる。

41　Vgl. M. Kment, Das neue Umwelt-Rechtsbehelfsgesetz und seine Bedeutung für das UVPG-Rechtsschutz des Vorhabenträgers, anerkannter Vereinigungen und Dritter-, NVwZ 2007, S. 274 ff., S. 275.; S. Schlacke, Das Umwelt Rechtsbehelfsgesetz, NuR 2007, S. 11.; なお、インミッション防止法5条は認可の必要な施設事業者の義務を定めており、同1項1号が危険防御に関する規定であるのに対して、同1項2号は事前配慮に関する規定である。それゆえ、同1項2号によって、原告適格を基礎付けることができるのかどうか問題となる。この点、戸部真澄『不確実性の法的制御』信山社（2009年）62頁以下は、今後の展開次第によって同規定に保護規範性があると理解される可能性があることを示唆する。

た。このような状況もあり、欧州裁判所は2011年3月12日のトリアネル決定（Trianel-Urteil）において、団体訴訟に関して第三者保護規範の侵害に問責資格を限定することは欧州法上違法であることを明らかにした[42]。そして、トリアネル決定を踏襲する形で、2013年に、ドイツの連邦議会は、環境・権利救済法を改正し、連邦自然保護法と同様の、公益的団体訴訟の規定を持つに至っている[43]。

以上のような状況の中、近時、オーフス条約9条3項との関係で、ドイツにおいては、団体訴訟論や原告適格論にとって大きな影響を及ぼしうる判決が相次いで出されている。それゆえ、次章では、この点について扱っていきたい。

三　欧州裁判所による展開

1　ヤネセック決定（Janecek　Entscheidung）

バイエルン州議会の議員であるディーター・ヤネセック（Dieter Janecek）氏は、交通量の多いミュンヘン環状線近郊に住んでおり、そこでは連邦インミッション防止法で定める粒子状物質の極限値（Grenzwerte für Feinstaub）の超過が幾たびも確認されてきた。これに対して、ミュンヘンにおいては、2004年12月に大気浄化計画（Luftreinhalteplan）が策定されていたものの、行動計画（Aktionsplan）は作成されていなかった[44]。そこで、ヤネセック氏は、バイエルン州に対して、大気質枠組指令[45]（Luftqualitätrahmenrichtlinie）によって義務付けられた行動計画

42　EuGH, Urteil vom 12. Mai 2011（C 115. 09, Trianel）, NVwZ 2011, S. 801 ff.；同判決については、大久保規子「環境アセスメント指令と環境団体訴訟――リューネン石炭火力訴訟判決（欧州司法裁判所2011.5.12）の意義――」甲南法学51巻4号（2011年）65頁以下、同「混迷するドイツの環境団体訴訟――環境・法的救済法2013年改正をめぐって――」新世代法政策学研究20号（2013年）227頁以下において詳細に紹介がなされている。また、後者の論考については2013年改正環境・権利救済法の問題点についても扱われている。

43　Gesetz über ergänzende Vorschriften zu Rechtsbehelfen in Umweltangelegenheiten nach der EG-Richtlinie 2003/35/EG（Umwelt-Rechtsbehelfsgesetz: UmwRG）in der Fassung der Bekanntmachung vom 8. April 2013（BGBl. I S. 753）

44　"Luftreinhalteplan" および "Aktionsplan" の訳語については、山田洋『道路環境の計画法理論』信山社（2004年）83頁［初出：三辺夏雄ほか編『法治国家と行政訴訟』（原田尚彦先生古稀記念）有斐閣（2004年）657頁以下］を参照した。なお、山田洋教授によると、「（大気浄化計画は――筆者註）比較的長期的な措置が、……（行動計画は――筆者註）汚染を早急に軽減するための短期的な措置が想定されている」とある。また、近年、ドイツにおける自動車による大気汚染対策について検討するものとして、高田実宗「道路課金による交通管理の法的可能性」一橋法学15巻2号（2016年）909頁以下がある。

45　Richtlinie 2008/50/EG des Europäischen Parlaments und des Rates vom 21. Mai 2008 über

の策定を求めて提訴した。なお、本件においては、個人に対して計画策定請求権が認められるかどうかが問題となった。

この事件については、連邦行政裁判所は、当初、大気質枠組指令は個人に行動計画の策定請求権を付与するものではないとの見解を示した[46]。しかし他方で、同指令が EU 指令に基づくものであることから欧州裁判所に対して先行判決（Vorabentscheidungsverfahren；独語、preliminary ruling；英語）[47]を求めた。

これに対して、欧州裁判所は、同指令が公衆衛生を保護するためのものであることに鑑み、大気汚染により直接影響を受ける者は、訴訟により行動計画の作成を求める権利があり、汚染を削減するために他の具体的措置を求める権利が認められているか否かを問わず、当該訴訟を提起することが認められるとした[48]。

2　スロバキアの熊決定（Slowakischer Braunbär Entscheidung）

この事件は、スロバキアの環境保護団体がスロバキア熊（Slowakischer Braunbär）の狩猟許可に対して取消を求めたものである。その際、オーフス条約9条2項においては、狩猟許可を対象としていない[49]。それゆえ、オーフス条約9条3項に基づいて訴訟を提起することができるかが問題となった。

この事件について欧州裁判所は、まずオーフス条約9条3項は個人の法的地位

　Luftqualität und saubere Luft für Europa.；大気質枠組指令の経緯については、兼平裕子「EU 大気質指令──イギリス最高裁判所判決と EU 司法裁判所先決裁定──」愛媛法学41巻3・4号9頁以下参照。同書においては、イギリスにおいても、ClientEarth という環境保護団体が同指令についての公益訴訟を提起しており、この点の判例の動向の分析がなされている。

46　BVerwG, Beschlusse vom 29. März 2007 (7 C 9.06), BverwGE 128, S. 278ff.；なお、同事件において、ヤネセック氏は、交通量の制限を求める義務付け訴訟も提起をしており、BVerwG, Urteil vom 27. September 2007 (7 C 36.07), BverwGE 129, S. 296 ff. においては、比例原則の枠内で浮遊粒子状物質の削減措置を求めることを肯定している。

47　この先行判決については、EU 運営条約（Treaty on the Functioning of European Union）267条［旧 EC 条約234条］に基づき、欧州法を統一的に解釈するための制度であり、「先決裁定」や「先決の裁定」と訳される場合がある。同制度については、庄司克宏『EU 法 基礎編』岩波書店（2003年）77頁以下において、その性質や効果の紹介がなされており、本稿においても参考にしている。また、このような先行判決の近年の展開については、紙面の都合上、全てを挙げることはできないが、中西優美子教授が自治研究89巻9号より、先行判決の手続およびそこで問題となった事例を分析している。その他、西連寺隆行「各国憲法裁判所による欧州司法裁判所への先決問題付託」EU 法研究1号（2016年）40頁以下があり、そこでは各国の憲法裁判所が近年、先行判決を求める例が相次いでいることが指摘されている。

48　EuGH, Urteil vom 25. Juli 2008（C-237/07, Dieter Janecek gegen Freistaat Bayern）, NVwZ 2008, S. 984.

49　オーフス条約の対象については、前掲註（23）を参照。

を直接規律する明確な義務を含んでいないため、直接的な効力を持たないとした。けれども、EU 法上の生態域保護指令[50]（Fauna-Flora-Habitatrichtlinie: FFH-Richtlinie）により保護されている種に関して実効的な司法的救済を確保するために、可能な限り、広い司法アクセス権を保障するという同項の目的に合致するように国内法の規定を解釈するのは各国の裁判所の役割であるとした[51]。

3 両判決の位置付け

（1）ヤネセック決定について

まず、ヤネセック決定について、ドイツの学説は欧州裁判所の見解を比較的衝撃的なものではないと理解されている[52]。なぜなら、個人の権利が EU 指令などから生じ、訴訟上貫徹できるということは、従来までの判例でも確認されてきたからである。けれども、大気質枠組指令上、計画策定請求権が個人に付与されていないにもかかわらず、ここでは訴権を認めている点は、その後の欧州裁判所および連邦行政裁判所の展開を探っていく上で原告適格の欧州法化の萌芽として位置付けることができる。

（2）スロバキアの熊決定について

これに対して、スロバキアの熊判決については、上記の通り EU は、オーフス条約9条3項を EU 指令化していなかった。それゆえ、本来であれば、欧州理事会や欧州議会によって EU 指令化されていないと、直接的な法的効果は持たないはずである。そうであるにもかかわらず、欧州裁判所は、本件において国際法が欧州法上根拠付けられた権利の貫徹に関連する場合、国内法は国際法と一致して解釈されるとした。この点、もちろん欧州が持つ権限の過度の拡張と理解される場合もある。しかし他方で、「可能な限り」（so weit wie möglich；独語, to the fullest

---

50 Richtlinie 92/43/EWG des Rates vom 21. Mai 1992 zur Erhaltung der natürlichen Lebensräume sowie der wildlebenden Tiere und Pflanzen.
51 EuGH, Urteil vom 8. März 2011 (C-240/09), NVwZ 2011, S. 673.
52 Vgl. z.B. P. Cancik, Europäische Luftreinhalteplanung-zur zweiten Phase der Implementation-, ZUR 2011, S. 283 ff.; そのほか、例えば Franzius (Fußn. 14), S. 544は次のように示している。「（ヤネセック決定は──筆者註）比較的、センセーショナル（unspektakulär）ではない。個人の権利が EU 指令から生じるということは、長い間、知られていたからである。同様に、そのような権利は訴訟上貫徹されなければならないということは論争の原因となるわけではない。それゆえ、ヤネセック決定は、ほぼ一致して受け入れられている」とする。もっとも、本文にもある通り、ヤネセック決定が、その後のドイツの動向を考察する際の萌芽として位置付けられるため、本稿においては同判決を扱っている。

extent possible；英語）といった文言を使用していることから、ドイツ行政訴訟体系が、どれほどオーフス条約に到達可能（zugänglich）であるのかにつき調査を求めるものであると肯定的に評価される場合もある[53]。

以上のような、欧州裁判所の動向に対して、ドイツ行政裁判所が、どのような影響がもたらされたのかを次に見ていきたい。

四　ドイツ行政裁判所の展開

1　ダルムシュタット決定（Darmstadt Entscheidung）

ヤネセック決定後、2008年の大気質枠組指令により導入された低公害車地区の設定を含む自治体の大気汚染対策計画に対し、その改訂・強化を求め、各地で住民や環境保護団体から訴訟が提起された。そこでは、大気汚染対策計画の審査について環境・権利救済法または連邦自然保護法の適用領域に含まれておらず、それどころか当該環境保護団体は明らかに団体固有の権利についても侵害されていなかった。そのため、環境保護団体の原告適格が問題となった。

この点、2011年10月に、ヴィースバーデン行政裁判所は、環境・権利救済法に基づいて承認された環境保護団体に大気汚染対策計画の統制を求めることを認めた[54]。続いて、連邦行政裁判所も、ヴィースバーデン行政裁判所の結論を支持し、環境・権利救済法3条に基づいて承認された環境保護団体は、環境・権利救済法の適用領域に含まれていない大気汚染対策計画の裁判上の統制を承認された環境保護団体に認めた[55]。この連邦行政裁判所の判断においては、次の3点が重要となる。これを示す前に、以下での記述は、行政裁判所法42条2項が関連して

53　Vgl. Franzius (Fußn. 14), S. 545.; その他、R. Klinger, Erweiterte Klagerechte im Umweltrecht?, NVwZ 2013, S. 850 ff (852). は、スロバキア熊判決のドイツ法への影響についての検討に際して「従来までのドイツ法の解釈および適用は国際法違反である。ドイツ法は、オーフス条約9条3項を通じて引き受けたドイツの義務を履行していない」とし、同判決に理解を示している。

54　VG Wiesbaden, Urteil vom 10. Oktober 2011 (4K 757/11. WI), ZUR 2011, S. 377.; なお、同判決以後、環境・権利救済法や連邦自然保護法においては、団体訴訟の対象とはなっていない種の保存法上の免除〔VG Augsburg, Beschluß vom 13. Februar 2013 (Au2 S 13. 143), NuR 2013, S. 284 ff.〕および鉱業法上の操業計画〔OVG Koblenz, Beschluß vom 6. Februar 2013 (1 B 11266/12. OVG), ZUR 2013, S. 293 ff.〕に対して、それぞれ団体訴訟の提起を認める判決も登場している。

55　BVerwG, Urteil vom 5. September 2013 (7 C 21. 12), BVerwGE 147, S. 312 (=NVwZ 2014, S. 64 ff.).

くるため、この規定を示しておきたい[56]。

ドイツ行政裁判所法42条2項
　法律に特段の定めがない限り（筆者註：以下、前段とする）、行政行為または行政行為の許否あるいは不作為により権利を侵害されていること（筆者註：以下、後段とする）を原告が主張する場合にのみ、その訴えは許容される。

　まず連邦行政裁判所は、オーフス条約9条3項が行政裁判所法42条2項前段の「法律に別段に定めが無い限り」(soweit gesetzlich nichts anderes bestimmt ist) という文言に該当しないとした。それゆえ、行政裁判所法42条2項前段から環境保護団体の原告適格の根拠付けを否定している。

　次に、連邦行政裁判所は、環境・権利救済法2条の類推適用も否定している。すなわち、そこでは、環境・権利救済法1条の訴訟対象に照らして、承認された環境保護団体のための原告適格を定めている。けれども、環境・権利救済法2条は、オーフス条約9条2項の国内法化に役立ち、まさにオーフス条約9条3項の国内法化には貢献しないと理解したということになる[57]。

　最後に、以上の状況の中で、本判決にとって最重要となるのは、連邦行政裁判所が原告適格を行政裁判所法42条2項後段の「権利を侵害されている旨を主張」(in seinen Rechten verletzt zu sein) するという文言から導いたことである。その際、連邦行政裁判所は、連邦インミッション防止法47条1項[58]から、環境・権利救済法3条に基づく環境保護団体に対しても大気汚染対策計画の計画策定請求権あるいはその変更請求権を導いている。したがって、例えば健康といった固有の権利を侵害されていなかったとしても、公益の利害関係として環境や健康の利害

56　本稿において、ドイツ行政裁判所法を訳出するにあたっては、南博方編『条解行政事件訴訟法』弘文堂（1987年）1000頁以下（南博方・高橋滋共訳）、宮田三郎『行政訴訟法（第2版）』信山社（2007年）348頁以下も参考にした。

57　これに対して、環境・権利救済法が制定される際の連邦議会の立法理由書であるBT-Drs. 16/2497 S. 46. においては、ドイツ連邦議会によるオーフス条約の各柱の理解および国内法化の状況が述べられており、そこでは「（オーフス条約9条の──筆者註）3項はすでに欧州法および国内法を通じて完全に国内法化がなされている」としている。

58　インミッション防止法47条1項は、大気汚染対策計画、重要な措置への短期計画、そして州による命令に関するものである。そして、そこでは「所轄庁は、許容差を含め、本法48a条1項に基づく法規命令によって規定されたインミッションの極限値（Immissionsgrenzwerte）を超過した場合、次のような大気汚染対策計画を作成しなければならない。それは、大気汚染の持続的な防止のための必要な措置を規定し、法規命令の要求に適合しているものである。……大気汚染対策計画に関する措置は、維持されるべきインミッションの極限値の超過の期間が出来る限り短くなるようにしなければならない」と規定する。

を貫徹させるべく、原告適格を認めるとしている。

2 同判決の位置付け

周知の通り、従来まで環境法上の団体訴訟は、ドイツ行政裁判所法42条2項前段の「法律に別段に定めが無い限り」という文言に依拠して、議論が行われてきた。それゆえ、1976年の連邦自然保護法においては、上述の通り、協働権侵害に基づく手続法上の団体訴訟の余地が判例上、肯定されてきたものの、公益的団体訴訟の提起まで許容されていなかった。そこで、今日の連邦自然保護法や環境・権利救済法においては、団体訴訟を提起できる規定が置かれている。これに対して、連邦行政裁判所は、本件において行政裁判所法42条2項後段の「権利を侵害されている旨を主張する」という文言に依拠し、承認された環境保護団体の原告適格を認めることになった。

その際に、連邦行政裁判所は、一部の文献などにおいても論じられてきた「代理人的権利」[59]（prokuratorische Recht）を主観的権利と理解をした。これによって環境保護団体の原告適格を肯定している。ところで、インミッシオン防止法47条1項によると、所轄庁は、排出基準を越えた場合、大気汚染の減少のための必要な措置を規定するべく大気汚染対策計画を立案しなければならないと規定している。そして、この規定は個々人の健康の保護を目的とするのではなく、公益の利益の保護を目的とする規定である。そのような中、ヤネセック決定においては、排出基準の超過によって直接、影響を受けることが予測される自然人に対しても訴権を認めた。それゆえ、大気質枠組指令およびその国内法化の規定は、個々人に対して環境への有害な影響の防止または軽減にも貢献することになる。他方で、環境保護団体は、法人として、その健康に利害関係を有するわけではない。しかも、伝統的な主観的権利の理解によれば、「一般の」環境利益の侵害について訴訟提起できないとされる。そのような中で、連邦行政裁判所は、オーフス条約9条3項に照らして、可能な限り、広い司法アクセス権を保障するという目的に合致させるべく、同法においては代理人的権利も含まれるとした結果、環境保

---

[59] やや古い文献ではあるが、J. Masing, Die Mobilisierung des Bürgers für die Durchsetzung des Rechts-Europäische Impulse für eine Revision der Lehre vom subjektiv-öffentlichen Recht-, Verlag Duncker & Humblot 1997, S. 225 ff. がこのような主張の先駆的取組をおこなっている。そのほかに M. Hong, Subjektive Rechte und Schutznormtheorie im europäischen Verwaltungsrechtsraum, JZ 2012, S. 383 ff. もここでは参照した。

護団体の訴権を認めている。

この点、ドイツの学説は、行政裁判所の見解に肯定的に見る動きもある[60]。すなわち、すでにオーフス条約はもちろんのこと、ドイツ国内においてもすでに情報アクセス権の侵害に対して司法アクセスが認められており（環境情報法3条参照）、そこでは個人の権利を保護するというよりも、むしろ情報アクセス権の維持のために行われている。そして、本件は、このような情報アクセス権と同様、主観的権利保護体系を維持しつつも、客観的な法的統制をその中に組み入れたものであると理解するわけである。もっとも、このような動きに対しては、裁判上の統制密度（Kontrolldicht）が維持されるかどうかの懸念もあって、その他の分野での一般化については慎重に議論をする必要もある[61]。

五　おわりに

1　裁判所による法の継続形成

以上のように、近時の連邦行政裁判所は、欧州法の流れもあって原告適格を拡大する傾向にある。この点、従来までの欧州やドイツの傾向は、団体訴訟を認める指令や法律によって対応してきた。それゆえ、まさしく行政裁判所法42条2項前段との関係で、その可否が論じられてきた。けれども、このような立法が存在しない時に、訴権の限界を迎えることになる。加えて、オーフス条約9条3項は、情報アクセス権や公衆参加権の侵害に対する訴権のみでは解決することができない領域に対しての司法アクセス権を求めているといった外圧の存在も見過ごすことができない。

そこで、連邦行政裁判所は、従来までの原告適格の解釈とは異なり、行政裁判所法42条2項後段に基づいて判断をしていくことになり、そして代理人的権利を認めることによって承認された環境保護団体の原告適格を肯定するに至っている。けれども、このような権利を認めるとしても、どのように正統化・正当化を

60　Vgl. Franzius (Fußn. 14), S. 549.
61　Vgl. Gärditz (Fußn. 14), S. 9.; その他、Klinger (Fußn. 53), S. 852. も、スロバキア熊決定の際を踏まえ、「拡大された主観的権利の解釈が民衆訴訟（Popularklage）へと導くという批判は適切ではない」とし、その他の法領域には影響を与えず、国際法やEU法と一致した行政裁判所法42条2項の解釈という形式での団体訴訟は環境法のみに限定されるとしていることから、同趣旨である。

すべきなのかが問題となる。この点、ドイツの学説においては、本件のような場合、環境保護団体は、あくまでも発議権（Initiativrecht）のみを有している点に着目をしている。そのため、裁判所が最終的な決定を行うことから、ドイツ民事訴訟法で論じられてきた「法の継続形成」（Rechtsfortbildung）[62]であると理解されている[63]。すなわち、法の解釈を明確化し、それを時代に適合したものに展開させていくための一翼を司法が担っているという考えである。

2　その他の影響

他方で、本件のような訴訟が認められるとすると、まさにゲマインデ（Gemeinde）などの公共団体にも原告適格が認められるかが問題となる[64]。従来、

62　なお、"Rechtsfortbildung" については、「裁判官による法形成」や「法創造作用」と訳されることもある。これについては、吉野正三郎「裁判による法形成と裁判官の役割」立命館法学201＝202号（1988年）1045頁以下がある。また、北村幸也「ドイツ基本法と裁判と法律：あるいは裁判官の「自由」と「拘束」について（1）」法学論叢179巻4号（2016年）109頁以下がある。そして、同111頁においては「（richterliche Rechtsfortbildung は──筆者註）従来『法の継続形成』と訳されて、日本の法学用語としても（少なくともドイツ法を研究対象とする者にとっては）ある程度の知名度があるものであろう。この『(richterliche) Rechtsfortbildung』なるものは、およそ1960年代半ば以降に法学方法論上のカテゴリーとして定着し、確固たる法学用語となるに至ったものであるが、実はドイツ法（学）上、この語の意味内容に関する明確かつ統一的な理解や定義は存在しない。それでも、少なくとも現代ドイツにおいてこの語を主題として議論がなされるときにどのような論者が論者の念頭に置かれているのかは、比較的はっきりしている。それはすなわち、裁判官が法律の欠缺を補充し、あるいは法律を修正・変更することである。……『裁判官による法の付加形成』という、従来の訳語とは異なる訳語を選択したのは、……必ずしも、判例が積み重なっていくことでだんだんと法が発展していくというような──『法の継続形成』という訳語が想起させかねない──平和な世界を描写するための訳語ではなく、むしろ、裁判官が法律に手を加える、法律にない規律を付け加える、という法形成過程に関する議会と裁判所の権限配分をめぐる争いにかかわる問題領域のことをいうものだと理解すべきなのである」という重要な指摘がある。ドイツ行政法学および環境法学、そしてこれを参照するわが国行政法学および環境法学にとって、今後、「法の継続形成」であるのか、それとも「法の付加形成」のいずれが適切なのかは、今後の研究に委ねたい。

63　このような指摘を行う文献として、A. Schink, Der slowakische Braunbär und der deutsche Verwaltungsprozess–Anmerkungen zur jüngsten Rechtsprechung des EuGH, DÖV 2012, S. 627 f. がある。

64　これは、基本法28条2項において規定されている自主行政権の保証から原告適格が肯定されるかどうかという問題である。なお、基本法28条2項は「ゲマインデに対しては、法律の範囲内において、地域的共同体の全ての事項を自己の責任において規律する権利が保障されていなければならない」と規定している。本稿においては、F. Kopp/W.-R. Schenke, Verwaltungsgerichtsordnung, 21. Aufl., 2015, S. 362 f. を主に参照している。また、わが国で、基本法28条2項の一般的な紹介を行うものとして、コンラート・ヘッセ（初宿正典＝赤坂幸一訳）『ドイツ憲法の基本的特質』成文堂（2006年）300頁以下がある。他方で、ゲマインデの原告適格について扱うものとして、薄井一成「地方公共団体の原告適格」三辺夏雄ほか編『法治国家と行政訴訟』（原田尚

ゲマインデの原告適格については、航空法上の認可手続におけるゲマインデの参加[65]や建設法典36条に基づく合意[66]などに手続的瑕疵がある場合にのみ認められてきた。けれども、その他の環境問題における原告適格は認められてこなかった。それゆえ、ヤネセック決定を踏まえると、大気質枠組指令の中で定められた保護利益については、利害関係のある公衆としてゲマインデに代理人的権利が認められ、訴訟を提起できる可能性もある[67]。したがって、ゲマインデといった地方公共団体の原告適格の議論についても、オーフス条約との関係で今後の展開が起きうる可能性もあることから、今後もその動向に注視すべきである[68]。

3 わが国への影響

以上のように、ドイツの環境行政訴訟上の原告適格論や団体訴訟論は、国際条

彦先生古稀記念）有斐閣（2004年）197頁以下がある。そこでは、サテライト日田訴訟を契機に、ドイツにおける市町村（ゲマインデ）の憲法上の位置付け、および、市町村の原告適格が問題となった判例を紹介することによって、市町村の原告適格の必要性を指摘する。また、近年、基本法28条2項の規定から、ゲマインデの原告適格を考察するものとして、中嶋直木「制定過程における基本法28条2項の文言の意義——ゲマインデの『主観的な』法的地位保障の議論を契機に——」熊本ロージャーナル11号（2016年）3頁以下があり、同条が主観的な法的地位に関してニュートラルな状態であったことを明らかにしており、今後、ゲマインデや地方公共団体による自治権侵害に対する取消訴訟を考察する際の重要な論考である。

[65] § 10 Abs. 2 LuftVG (Luftverkehrsgesetz vom 1. August 1922, RGBl. 1922 I S. 681, das durch Artikel 2 Absatz 175 des Gesetzes vom 7. August 2013, BGBl. I S. 3154, geändert worden ist).; なお、航空法10条2項1号によれば、空港ないし飛行場の設置の計画確定や計画認可に際して、ゲマインデ以外にも連邦・州の各関連官庁やその他の参加人に聴聞権や意見表明権を認めている。

[66] BVerwG, Urteil vom 10. August 1988 (4 C 20/84), NVwZ-RR 1989 S. 6 f.

[67] アメリカにおいては父権訴訟（ペアレンス・パトリー訴訟：Parens Patriae）という制度があり、そこでは州政府の司法長官といった政府機関に集合的当事者適格を付与している。そして、佐野つぐ江「米国の州司法長官の権限及び活動に対する法学者の見解と、クラスアクション制度との比較」成蹊大学法学政治学研究41号（2015年）2頁においては、当該権限の行使の要件として「1982年のスナップ事件の判決によって、州の準主権者として権限行使する要件が明確化された。この事件において裁判所は、州の準主権者の権限として、①州法を実施すること、②州のビジネスを含む州経済の利益のために活動すること、③州内の民間業者の利益及び州民の利益を代表することを挙げた。当該権限は、州司法長官にのみ認められる権限であること、そして、州民のうちの多数が救済を求めている場合、及び、個人の損害回復を目的とする法律に基づく請求の場合には、当該権限は認められるべきであるとした」としている。同制度は、アメリカの制度であり、さらに消費者保護の分野の制度であることから、本稿の考察の対象からは外れるが、地方公共団体の原告適格を考察する際に考慮に値するものと思われる。

[68] 本稿においては紹介に留めるが、アルトリップ決定［Altrip Entscheidung: EuGH, Urteil vom 7. November 2013 (C-72/12, Gemeinde Altrip u.a.), NVwZ 2014, S. 49.］があり、そこでは環境親和性審査およびその事前審査の不実施の主張をゲマインデに認めたものである。同判決のその他の論点については、大久保・前掲註（14）310頁においても紹介がなされている。

約やEU法の影響もあって、大きな変革を迎えつつある。もっとも、わが国においては、ドイツのような国際条約などによる外圧は存在していない。そのため、ドイツの状況をそのまま取り込む必要性はないと言える。けれども、筆者は、以上のようなドイツの展開について、環境団体訴訟の正統性・正当性の議論にも少なからず示唆を与えるものと理解をしている。確かに、公益に関する疑問を環境保護団体が訴訟という形で提起する以上、正統性・正当性の問題は完全に解消されるわけではない。しかしながら、そこでは、最終的な決定については裁判所の判断が残されており、そこでの環境への配慮の必要性という判断の効果は市民全体に還元される点に注意が必要である。つまり、環境保護団体は、団体個人のためではなく、公益の代理人として問題提起を行うに過ぎないわけである。したがって、環境問題における裁判所の役割や行政訴訟の意義も視野に入れつつ、環境保護団体の役割・機能を検討することによって、今後のわが国における原告適格論および団体訴訟論に寄与したい[69]。

　　本研究にあたり、平成26年科学研究費補助金（基盤研究（C）、課題番号26380147、研究課題名「ドイツ環境法上の団体訴訟論の展開」）、平成27年度科学研究費補助金（基盤研究（A）、課題番号15H01913、研究課題名「法的本質論を踏まえた非営利団体の地位と役割及び団体訴訟に関する比較法的総合研究」）、平成27年度科学研究費補助金（基盤研究（B）、課題番号15H03289、研究課題名「継続的更新機能・公益性適合機能・民主的正統化機能を内在した行政法システムの構築」）による援助を受けた。

---

[69] 本稿の直接的なテーマではないが、近年、わが国行政法においては、客観訴訟の歴史的背景やその意義が丹念に分析されつつあることを指摘したい。これについては、村上裕章「客観訴訟と憲法」行政法研究4号（2013年）12頁、同「日本における客観訴訟論の導入と定着」九州大学法制研究92巻2・3号（2015年）519頁以下がある。後者の557頁には「第一に、仮に主観訴訟と客観訴訟の分類を行うとしても、訴訟目的による分類は相対的であることから、端的に、『法律上の争訟』に当たるか否かによって区別すべきではないかと思われる。第二に、客観訴訟論に基づく行政事件訴訟の規定については、訴訟類型と適用条文を明確化した点に意義があるものの、主観訴訟とされた抗告訴訟及び公法上の当事者訴訟を過度に主観化し、客観訴訟とされた機関訴訟及び民衆訴訟の利用を過度に限定することになったという弊害も否定できない。この点については立法論的な再検討も必要ではないかと思われる」とある。また、杉井俊介「日本における主観訴訟と客観訴訟の概念の系譜（1・2・3）」自治研究92巻2号（2016年）111頁以下、同3号（2016年）105頁以下、同4号（2016年）116頁があり、そこでは村上裕章教授と同様、客観訴訟の概念の変遷を旧憲法下より丹念に分析し、主観訴訟＝法律上の争訟＝司法権という「トリアーデ」の定式を今後、どのように理解していくべきかの視座を与えるものである。本稿で扱った公益的団体訴訟も、客観訴訟として理解されることもあるが、そこでの訴訟や利益の性質を考察する際に、以上の文献を踏まえた考察も必要といえる。

第3部
刑事法編

プリペイド携帯電話機の不正取得と詐欺罪
――第三者への譲渡目的の秘匿が問題になった
東京高判平成24年12月13日を素材にして――

大　山　　　徹

一　はじめに
二　東京高判平成24年12月13日
三　学説の検討
四　携帯電話機事例の解決
五　預金通帳事例と携帯電話機事例との相違点
六　終わりに

一　はじめに

　第三者にプリペイド携帯電話機（以下、「携帯電話機」という。）を譲渡することを秘匿して携帯電話機販売店（以下、「販売店」という。）から携帯電話機を取得することは詐欺罪に当たるのか[1]。最近、携帯電話機の不正取得が刑法246条1項の詐欺罪を構成するか否かが争点になった刮目すべき裁判例が出現した。東京高判平成24年12月13日（高刑集65巻2号21頁）がそれである。すなわち、東京高判平成24年12月13日は、携帯電話機の不正取得が理論上詐欺罪にあたるとする注目すべき判断をしたのである[2]。

1　ちなみに、電話料金を支払う意思がないのに、他人名義の運転免許証を使用して、通常の携帯電話機2台を交付せしめた詐欺未遂事件がある。東京地判平成19年2月16日 LEX/DB 28145159を参照。

2　なお、後に、本文で言及するように、プリペイド携帯電話機の無断譲渡等は、現在、携帯電話不正利用防止法の下で規律されている。この法律は、2005年に成立した。当該法律については、石神千織「『携帯音声通信事業者による契約者等の本人確認等及び携帯音声通信役務の不正な利用の防止に関する法律』について」研修688号（2005年）61頁以下、野呂裕子「交際相手に使用させる目的を秘して自己名義で締結した携帯電話の契約について詐欺罪並びに携帯音声通信事業者による契約者等の本人確認及び携帯音声通信役務の不正な利用に関する法律違反罪の成否が問題になった事例について」研修752号（2011年）89頁以下が、それぞれ詳しい。

学説においては、東京高判平成24年12月13日が到達した結論を支持するものと批判的に捉えるものとがそれぞれ存在する[3]。もっとも、後述するように、本件では、被欺罔者である販売店の店長が錯誤に陥っていなかったことを理由に、詐欺の未遂が成立する旨の判断が下されている。この点には注意が必要である。しかしながら、被欺罔者が錯誤に陥っていたとすれば、詐欺罪が理論的に成立すると判示した点で、東京高判平成24年12月13日は、リーディングケースとしてやはり重要な意義を有する[4]。

従来、わが国の伝統的見解は、財物の交付自体が財産上の損害であると把握し、刑法246条1項の詐欺罪を個別財産に対する罪として理解してきた（形式的個別財産説）[5]。このような理解の下では、「真実を告知するならば相手は交付しなかったであろう」という関係が存在することを理由に[6]、端的に詐欺罪の成立が認められるとの結論が導かれる。実際、最高裁も、他人名義の預金通帳を騙取した事例や[7]、第三者に譲渡する目的で自己名義の預金通帳・キャッシュカードを騙取した事例（以下「預金通帳事例」という）や[8]、第三者に搭乗券を手交するにも

---

[3] 肯定的なものとしては、茂木潤子「実務刑事判例評釈case220」警察公論68巻7号（2013年）87頁以下、飯島泰「刑事判例研究（443）」警察学論集66巻6号（2013年）161頁以下、伊藤渉「第三者に無断譲渡する意図を秘した携帯電話機の購入等の申込みと詐欺未遂罪」『ジュリスト臨時増刊・平成25年度重要判例解説』（2014年）174頁以下、楠田泰大「無断で第三者に譲渡する意図を秘して携帯電話機の購入等を申込む行為と詐欺未遂罪」同志社法学379号（2015年）233頁以下。批判的なものとしては、門田成人「詐欺罪の適用範囲と罪刑法定主義・適正処罰原則」法学セミナー702号（2013年）113頁、辰井聡子「第三者に無断譲渡する意図を秘して自己名義でプリペイド式携帯電話機を購入する行為と詐欺罪（未遂）」法学教室401号・別冊判例セレクト2013Ⅰ（2014年）34頁、大山徹「第三者に無断譲渡する意図を秘匿して携帯電話機販売店から2回にわたりプリペイド式携帯電話機合計8台を取得した事案につき、詐欺未遂罪の成立が認められた事例」刑事法ジャーナル39号（2014年）93頁以下。

[4] 原審の東京地判平成24年3月17日は、本件で詐欺罪の成立する余地はないと判示をしている。したがって、東京高判平成24年12月13日は東京地判平成24年3月17日とは対蹠的な判断を示したことになる。

[5] このような理解を採るものとしては、福田平『全訂　刑法各論・第3版増補』（2002年）248頁以下、大塚仁『刑法概説各論』（2005年）255頁以下、川端博『刑法各論講義・第2版』（2010年）364頁以下がある。

[6] 林幹人『判例刑法』（2011年）294頁

[7] 最決平成14年10月21日刑集56巻8号670頁を参照。井田教授は、他人名義で金融機関から預金通帳を取得した事案につき、「今日の銀行取引において相手方が誰かという同一性は重要な問題であるとすれば……銀行側に『経済的に重要な目的の不達成』がある」ため、詐欺罪の成立を肯定し得る旨述べておられる。井田良『新論点講義シリーズ2・刑法各論第2版』（2013年）128頁以下。

[8] 最決平成19年7月17日刑集61巻5号521頁を参照。預金通帳事例で詐欺罪の成立を認めるのは、酒井安行「詐欺罪における財産の損害」西田典之ほか編『刑法の争点』（2007年）190頁以下、伊東研祐『刑法講義各論』（2011年）192頁以下、佐久間修『刑法各論・第2版』（2012年）216頁以

かかわらずそれを秘匿し国際線の搭乗券を騙取した事例で[9]、それぞれ詐欺罪の成立を認めてきたのである（また、近時の下級審判例では、暴力団組員であることを秘匿し賃貸アパートを借りたこと自体を2項詐欺として位置づけ、被告人を有罪にしたものも出現している）[10]。携帯電話機の不正取得に関する判断もこれらの裁判例の延長線上に位置づけられるべきものである。すなわち、裁判例の趨勢は刑法246条1項の詐欺罪が個別財産に対する罪であるとの理解に依拠して断を下しているものと見受けられるのである[11]。

下、西田典之『刑法各論・第6版』（2012年）206頁以下、大塚裕史『ロースクール演習・刑法第2版』（2013年）250頁以下、山口厚『新判例から見た刑法・第3版』（2015年）275頁以下、中森喜彦『刑法各論・第4版』（2015年）138頁、山中敬一『刑法各論・第3版』（2015年）355頁以下等。否定するのは、須之内克彦『刑法概説各論』（2011年）156頁、高橋則夫『刑法各論・第2版』（2014年）333頁以下、前田雅英『刑法各論・第6版』（2015年）245頁、松原芳博『刑法各論』（2016年）280頁、松宮孝明『刑法各論・第4版』（2016年）268頁。なお、佐伯教授も詐欺罪否定説を採っておられる。「刑法各論の考え方・楽しみ方・詐欺罪（1）」法学教室372号（2011年）106頁以下を参照。

9　最決平成22年7月29日刑集64巻5号829頁を参照。ブローカーと共謀して、中国人を関西空港発バンクーバー行きの航空機で密出国させようと企て、第三者である当該中国人に搭乗券を譲渡するにもかかわらず、自らが使用するように仮装して航空会社から搭乗券を騙取した事案につき、最高裁は詐欺罪の成立を肯定した。当該事案においては、搭乗券そのものの財物的価値はかなり軽微なものであったにもかかわらず、詐欺罪が認められた事実にも着眼するべきであるが、果たして財産的損害を肯定してよいかが本件の争点になった。学説の中には、正確な搭乗者名簿が作成されないと、ひいては当該航空機を運営する航空会社の飛行機がハイジャック犯人に乗っ取られかねないとの風評が立ちかねず、航空会社は経営上リスクを負うとの見地から、最高裁の辿り着いた結論を是認する見解もある。しかしながら、かかる経営上のリスクは、詐欺罪における財産の損害を基礎づけるほどの事情とは評価しえないものと思量される。他方、2審の大阪高裁は、搭乗者名簿にない者を不法滞在させた事実が発覚すると、カナダ政府が当該航空会社に対して制裁金を課する可能性が存在することを根拠に、1項詐欺の成立を認めた（大阪高判平成20年3月18日刑集64巻5号859頁）。しかしながら、本件においては、搭乗券を譲り受けた第三者は、現実には、カナダに密出国はしていないことが重大視されるべきである。すなわち、本件においては、航空機が日本国から離陸する前に、搭乗者名簿と実際に航空機に乗車しようとしている者との齟齬が判明し、当該中国人は最初から航空機に搭乗し得ない事案であった。したがって、本件においては、「搭乗者名簿にない乗客が航空機に乗り込み、その事実が世間に公表され、利用客全般が当該航空会社の安全性を疑問視して、当該航空会社の利用を手控える」との一連の流れは生じようがなかった事案であった。また、根本的に考えてみても、一般市民の航空会社に対する安全性への疑念は、厳密には財産の損害とは別個のものである。つまり、一般市民がそのような疑念を航空会社に抱いているからといって、そのような事情は、詐欺罪で保護される財産的リスクとは評価し得ず、一種の社会的利益に関係するリスクだと評価すべきであるように思われるのである。

10　大阪地判平成17年3月29日判例タイムズ1194号293頁。

11　最決平成15年3月12日は、刑法246条1項の詐欺罪が個別財産に対する罪であるとの理解の下に、誤振込みされた金員の引き出しが詐欺罪であるとの立場を打ち出している（最決平成15年3月12日刑集57巻3号322頁）。筆者は、かつて、この問題について論じたことがあるが、被仕向銀行が受取人に交付した金員を被害とみた際には、詐欺罪における財産的損害の要件が形骸化する

本稿では、東京高判平成24年12月13日を素材にして、第三者に譲渡することを黙秘して携帯電話機を販売店から不正取得する事例（以下、「携帯電話機事例」という。）が詐欺罪として捕捉され得るかどうかという問題につき、やや立ち入った検討を試みることにしたい[12]。

二　東京高判平成24年12月13日

それでは、携帯電話機事例が議論される契機となった東京高判平成24年12月13日の事実の概要と判決要旨につき、以下で簡単に素描しておくことにしたい。い

旨指摘をしていた。拙稿「誤振込みと財産罪」杏林社会科学研究26巻4号（2011年）39頁以下を参照。何故なら、誤振込みの事案においては、振込依頼人が実質的な被害を被るのであり、被仕向銀行は民法478条の規定により支払免責されるからである。仮に、誤振込みの事案を可罰的だと解釈するのであれば、振込依頼人が不当利得返還請求権を有していることに着眼した上で、占有離脱物横領罪として理論構成し、受取人の罪責を問擬する途をまだしも模索すべきであったように思われる。もっとも、筆者は、受取人に占有離脱物横領罪の罪責を肯認することには反対である。たしかに、誤振込み事例においては、受取人は振込依頼人の権利を侵害しているが、振込依頼人が有している権利はあくまでも不当利得返還請求権という債権にすぎないことを直視すべきである。結局、受取人が誤振込みされた金員を引き出したケースでは、不可罰との結論が導かれるべきである。何となれば、民事判例である最判平成8年4月26日（民集50巻5号1267頁）以降、受取人に預金債権が成立するという点では、判例・多数説とも概ね意見の一致が存在するが、「受取人に預金債権は成立するものの、一切当該口座から金員を引き出してはならない」という結論を導くのは奇異であるからである。近時の議論については、照沼亮介「預金口座内の金銭の法的性質——誤振込の事案を手掛かりとして——（3）」上智法学論集58巻1号（2014年）43頁以下を参照。もっとも、筆者のような考え方に対しては、受取人に金員を支払った被仕向銀行が、それとは別個に、重ねて振込依頼人に当該金員を支払わざるを得ない状況に陥るため、詐欺罪を肯定しても差し支えないとの反論が提起されるかもしれない。この立場は、二重払いの危険が生ずることを根拠に、詐欺罪を成立せしめる見解だと推察するが、この立場に対しても若干の疑問を留保せざるを得ない。誤振込みの事例で、本当に二重払いの危険が生ずるかどうかが今一度吟味されるべきである。民法478条を素直に解釈すれば、被仕向銀行は、受取人に金員を手交した段階で支払免責されているはずであって、重ねて振込依頼人にこれと同額の金員を支払う義務は存しないものと解釈し得る。二重払いの危険は一種の擬制であるように思われる。したがって、二重払いの危険を強調したところで、詐欺罪の成立を肯認することはできないものと見受けられる。

12　民事法学の分野で、数々の先駆的な業績をあげてこられた三谷忠之先生の古稀に本稿を捧げることにはいささか躊躇を覚える。いうまでもなく、刑法典上の「詐欺」罪の規定は民法上の「詐欺」の規定とは趣きを異にしているが、重要な事項の秘匿をして携帯電話機を購入したケースにおいて、民法上「詐欺」としてすら扱われず、私法上「無効」な取引として処理される局面は存するかもしれない。この問題の検討については他日を期したい。なお、小田教授は、私法的な動的「財産取引秩序」を側面援助するのが刑法典上の詐欺罪であるとし、「要素の錯誤」が生じるようなケースのみに犯罪の成立を認めるべきだと述べておられる。小田直樹「財産犯論の視座と詐欺罪の捉え方」広島法学26巻3号（2003年）226頁以下。

うまでもなく、東京高判平成24年12月13日は、第三者に携帯電話機を譲渡することを黙秘して当該携帯電話機を販売店から取得した事案である。

1　事実の概要

被告人甲と乙は、第三者に提供する意図であるにもかかわらず、それを秘匿し、販売店から当該携帯電話機を取得しようと企図した。甲と乙とは、共謀の上、平成23年6月4日午後2時55分頃から同日午後6時26分頃までの間、第三者に提供する意図を黙秘して、それぞれ販売店Aの店長Bを騙し、甲は2台の携帯電話機を入手し、乙は2台の携帯電話機を入手した。次いで、甲と乙は、共謀の上、第三者に譲渡する意図を黙秘して、平成23年6月5日午後0時32分頃から同日午後3時10分頃までの間、それぞれ店長Bを騙し、甲は2台の携帯電話機を入手し、乙は2台の携帯電話機を入手した。こうして、甲と乙とは携帯電話機8台（販売代金の合計は15840円）を取得した。なお、販売店は携帯音声通信事業者（以下「事業者」という。）の代理店として携帯電話機を販売していた。

原審の東京地判平成24年3月17日は、携帯電話機を親族等に譲渡することが許容されていることや、他者に携帯電話機を個人的・一時的に貸与することも許容されていること等の理由を掲げ、当時の「携帯音声通信事業者による契約者等の本人確認及び携帯音声通信役務の不正な利用に関する法律」（以下「携帯電話不正利用防止法」という。）を視野に入れると、契約者本人による携帯電話機の利用は必ずしも前提にはなっていないとした。また、販売店においては、1人の名義で5台まで販売することを認められているほか、複数台購入しようとする顧客に対しその理由を尋ねるよう指導されているわけでもないと判示した。さらに、販売店Aや店長Bにとっては、携帯電話機を利用する者が契約者本人か第三者なのかに関しては、販売の可否を決するほど重要な事柄でないとした上で、店長Bが錯誤に陥って当該携帯電話機を交付しているわけでもないとした。このように、原審の東京地判平成24年3月17日は、上記のような理由を掲げ、欺罔行為も錯誤も認められないとし、詐欺罪はおよそ成立しえないとした。検察官側が控訴した。

2　判決要旨

控訴棄却。東京高判平成24年12月13日は次のように判示し、詐欺の未遂の成立

を認め、控訴を棄却した（破棄自判）。「携帯電話不正利用防止法は、携帯音声通信事業者に対し、携帯電話機（プリペイド式携帯電話を含む。）を購入しようとする者との間で携帯音声通信サービス契約を締結する際に本人確認を行うことを義務づけ（同法3条）、さらに携帯電話機の譲渡等に基づき契約者の名義を変更する際にも、譲受人等につき本人確認を行うことを義務づけ（譲渡時本人確認。同法5条）、この確認を行った後でなければ譲渡の承諾をしてはならない旨を定めている（同法7条2項）。そして、これらの本人確認は媒介業者等に行わせることができるものとされ（同法6条）、携帯音声通信事業者は当該媒介業者等に対して必要かつ適切な監督を行わなければならないとされている（同法12条）。……自己名義で携帯電話機の購入等を申し込んだ者が、真実、購入する携帯電話機を第三者に譲渡することなく自ら利用する意思であるのかどうか、換言すれば、本当は第三者に無断譲渡する意図であるのに、その意図を秘しているのかどうかという点は、申込みを受けた携帯音声事業者あるいはその代理店が携帯電話機を販売交付するかどうかを決する上で、その判断の基礎となる重要な事項といえる。……第三者に無断譲渡する意図を秘して自己名義で携帯電話機の購入等を申し込む行為は、その行為自体が、交付する携帯電話機を自ら利用するように装うものとして、詐欺罪にいう人を欺く行為つまり欺罔行為に当たると解することができる」。

　本判決において注目される点は、携帯電話不正利用防止法を仔細に解釈した結果、原則として、携帯電話機の利用は名義人本人しかなしえないので、第三者に譲渡することを秘匿して携帯電話機を販売店から購入する行為は、理論上刑法246条1項の詐欺罪が成立するとした点である。すなわち、挙動による欺罔行為・財産的損害のメルクマールが充足されていることが重要なポイントである。もっとも、繰り返しになるが、本件では、販売店の店長Bが錯誤に陥ったわけではないため、被告人らには詐欺未遂の成立しか認められていない点は、看過してはならない点である。
　携帯電話機事例につき他に詐欺罪を認めたものとしては、大阪地判平成23年2月14日、仙台地判平成23年6月13日、京都地判平成24年1月10日、東京地判平成25年2月21日が存在する。いずれも同種の事案で詐欺罪の成立が肯定されているようである[13]。

三　学説の検討

1　第三者に譲渡することを黙秘して販売店から携帯電話機を購入することは詐欺罪に当たるのか──4つの見解──

　前章では、東京高判平成24年12月13日につき言及したが、本章では、本判決に関する（論理的に成り立ち得ると思われる見解をも含め）諸説の応答を吟味することにしたい。諸説の応答を吟味することによって、携帯電話機事例をいかに解決すべきかが自ら明らかになるものと思われる。

　第三者に提供することを黙秘して携帯電話機を不正取得することは詐欺罪として捕捉され得るのか。いうまでもないことであるが、刑法246条1項の詐欺罪を肯定するためには、欺罔行為・錯誤・財産的処分行為・財物の移転・財産的損害といった種々のメルクマールが充足される必要がある[14]。従前、この論点につき、積極的・明示的に論じた文献は僅かであるので、以下では、論理的に成立しうる見解をも含めて、若干の検討を試みることにしたい。すなわち、想定しうる見解は以下の4つの立場に区分し得るように思われる。

　第一に、刑法246条1項の詐欺罪を個別財産に対する罪だと把握した上で、詐欺罪の成立を肯認する見解がある。この見解によれば、携帯電話機の不正取得については、1項詐欺罪の成立が認められることになる（第一説）[15]。

　第二に、刑法246条1項の詐欺罪を全体財産に対する罪だと捉えた上で、詐欺罪の成立を認めると思われる見解がある。この見解によれば、携帯電話機の不正取得については、1項詐欺の成立が認められることになるものと考えられる（第二説）[16]。

13　いずれも公刊物未登載である。飯島「刑事判例研究（443）」（前掲注3）161頁以下。
14　本稿は、財産的損害というメルクマールは詐欺罪における書かれざる構成要件要素だとの立場を採る。しかしながら、最近、井田教授は、財産的損害というメルクマールは独自の要件としては不要であり、反対給付の瑕疵が被害者の動機づけにとり重要な意味を有していたかどうかが詐欺罪の成否にとっては最も重要であるとの指摘をされた。したがって、井田教授の見解にしたがえば、従来、財産的損害の問題として取り扱われてきた問題は、ほぼ欺罔行為や錯誤の問題に解消されることになるように思われる。井田良『講義刑法学・各論』（2016年）272頁以下、とくに276頁を参照。橋爪隆「詐欺罪における『人を欺』く行為について」法学教室434号（2016年）94頁以下も欺罔行為・錯誤の要件の方をより重視している。
15　茂木「実務刑事判例評釈case220」（前掲注3）87頁以下。
16　林『判例刑法』（前掲注6）273頁以下、293頁以下をそれぞれ参照。

第三に、刑法246条1項の詐欺罪を個別財産に対する罪だと把握した上で、専ら財産的損害の要件が欠けるとした上で詐欺罪の成立を否定する見解がある。この立場によれば、携帯電話機の不正取得については、詐欺罪が成立する可能性はおよそ排除されることになる（第三説）[17]。

　第四に、刑法246条1項の詐欺罪を個別財産に対する罪だと把握した上で、欺罔行為と錯誤の要件がそれぞれ欠けるとの理由で、詐欺罪の成立を否定する見解がある。この見解においても、携帯電話機の不正取得については、詐欺罪の成立はおよそ否定されることになる（第四説）[18]。

2　諸説の検討

　まず、第一の見解から検討してみることにしたい。第一の見解は次のように説く。第三者に携帯電話機を譲渡する場合には、予め携帯音声通信事業者の許諾が必要な旨、概ね事業者サイドの約款で定められている[19]。これを踏まえると、「携帯電話機の購入等の申込みをする行為は、」申込者「本人が利用する意思を表明するもので」あるため、第三者に無断提供をする意図を黙秘して携帯電話機の購入を申し込む行為は詐欺罪における欺罔行為にあたるとする。そして、第一の見解は、こうした結論が、預金通帳及びキャッシュカードを別人に譲り渡す意思があるのにこれを秘匿し預金通帳やキャッシュカードを詐取することを詐欺罪に該当するとした裁判例の趨勢にも敵う旨示唆する[20]。この見解は、刑法246条1項の詐欺罪が個別財産に対する罪であるか否かに関して、必ずしも明示的に言

17　門田「詐欺罪の適用範囲と罪刑法定主義・適正処罰原則」（前掲注3）113頁。
18　自己名義のクレジットカードの不正使用の事案で、かつて披瀝されていた詐欺罪否定説の一つがこのような見解であった。石井芳光「クレジットカードの不正使用と法律問題・その3」手形研究161号（1970年）53頁以下を参照。当該見解は、カードの有効期限・カード番号・署名の同一性の確認義務のみが加盟店に課せられ、それ以外の支払能力・意思の確認等は加盟店の点検義務の範囲外なのだから、自己名義のクレジットカードの不正使用の事案では詐欺罪は否定されるべきだとの結論に行き着いたのであった。携帯電話機事例でも、販売店には、第三者へ譲渡するか否かをその都度購入者に確認する義務はないのだから、確認義務の範疇外の欺罔が存在しても詐欺罪は成立しない。たしかに、こうした理由で詐欺罪を否定する論理を構築することも不可能ではないように思われる。なお、上嶌教授は、他人名義のクレジットカードの不正使用のケースであっても、代金決済が確実である場合には、詐欺罪を否定すべきだとしておられる。上嶌一高「クレジットカードの使用と詐欺罪」斉藤豊治ほか編『神山敏雄先生古稀祝賀論文集』（2006年）269頁以下を参照。
19　茂木「実務刑事判例評釈case220」（前掲注3）93頁。
20　茂木「実務刑事判例評釈case220」（前掲注3）94頁以下。

しているわけではないが、判例の立場を是認しているので、個別財産に対する罪であることを暗黙裡に前提にしているものと見受けられる。

　第二の見解は、携帯電話機の不正取得が詐欺罪になるか否かにつき特に明言をしていないが、第三者に預金通帳を譲渡する目的を伏せて金融機関から当該通帳を詐取する事例（以下「預金通帳事例」という。）で詐欺罪の成立を肯認しているので[21]、携帯電話機事例においても詐欺罪の成立を肯定するものと推察される。第二の見解は次のように述べる。「相当対価を『財産』と認めるべきだということは……被害者が交付した財産と、提供された財産を共に考慮すべきだということであり」、それは「経済的取引の実体を基礎として財産的損害を理解しようとするもの」だという[22]。そして、「振り込め詐欺やマネーロンダリングなどの危険そのものを……財産の損害と解するべきではない」と明言し、通帳やキャッシュカードの事案では、「自由に預金債権譲渡がされると新預金者を確認する事務処理が負担」となるので、かかる負担の危険は財産的損害の内容に含めても差し支えないとの結論を導いている[23]。当然のことながら、一旦携帯電話機が無断譲渡されてしまうと、事業者は、新しい携帯電話機の占有者が誰なのかを確認することが困難になり、確認作業も煩雑になる。おそらく、第二の見解は、携帯電話機事例においても、事業者サイドの確認作業負担のリスクを財産的損害の内容に盛り込むとの立場を採っているものと予想する。

　第三の見解は次のように説く。まず、この見解は、刑法246条1項の詐欺罪は個別財産に対する罪だが、「被害者が交付行為を通じて達成しようとしたが達成できなかった目的が経済的に評価して損害といえる」かを問う立場が有力であるとする。次いで、この見解は、「達成されなかった目的は第三者への無断譲渡に

21　一口に預金通帳事例といっても、判例上、いくつかの形態がある。本稿が専ら問題にしているのは、第三者に預金通帳等を譲渡することを秘匿して金融機関から当該預金通帳等を騙取する形態であった。しかし、他人になりすまして預金通帳を交付させる形態（最決平成14年10月21日刑集56巻8号670頁）や暴力団員であることを秘匿して総合口座通帳およびキャッシュカードを詐取する形態（最決平成26年4月7日刑集68巻4号715頁）も判例上は問題になっている。詳しくは、井田『講義刑法学・各論』（前掲注14）278頁以下を参照。ちなみに、人格的財産概念を支持する長井教授は、前者の形態につき「預金口座での振込・振替等にとって、契約者の氏名・住所は、それで特定された人格の経済的信用にも関わるので、詐欺罪の欺罔・錯誤に関わる重要事項である」とされておられる。長井圓「証書詐欺罪の成立要件と人格的財産概念」板倉宏博士古稀祝賀論文集編集委員会編『現代社会型犯罪の諸問題』（2004年）315頁以下を参照。
22　林『判例刑法』（前掲注6）285頁。
23　林『判例刑法』（前掲注6）299頁以下。

よる『母さん助けて詐欺』等での不正利用の防止で、音声通信事業者（あるいはその代理店）の信頼低下」が経済的な損害と評価できるか」が決定的である旨示唆する。そして、もし、携帯電話機事例で詐欺罪の成立を肯定するなら、損害概念が処罰を限定する機能を発揮せず、「一般国民および行為者に詐欺罪処罰の公正な告知を与え」られ得ないのではないかとの問題提起をしている。要するに、この見解は、詐欺罪が予備罪化するのは不当であるとし、携帯電話機の無断譲渡行為は特別法で独立した犯罪類型として位置づけるべきだとの結論を導く。そして、結論的には、詐欺罪を肯定するのは適切ではない旨述べている[24]。

　第四の可能性として、販売店の確認義務を根拠に、欺罔行為と錯誤を否定し、詐欺罪の成立を否定する見解も論理的には充分想定し得る。そこで、この見解についても検討を試みることにする。携帯電話機を売却する販売店には、顧客に対面した際、事後に第三者に携帯電話機を提供する意図があるかを確認する義務は課されていない。販売店に課されている義務は、本人確認の義務や販売台数の上限の枠内にあるか否かをチェックする義務にすぎないことに注意すべきである（東京高判平成24年12月13日の事案を念頭に置けば、販売店は、1人の名義で5台までしか販売することを許容していなかったし、1度の来店で携帯電話機を2台までしか販売することを許容していなかった。したがって、第四説に依拠すれば、別人になり済まして携帯電話機を購入した事案や、もう既に3台購入しているにもかかわらず、全く携帯電話機を保持していないかのように仮装して5台携帯電話機を購入した事案等では詐欺罪が成立することになる）。携帯電話不正利用防止法においても、携帯電話機を本人のみが利用するか否かを確認する義務は課せられていない上、事業者から携帯電話機の販売を委託された販売店にもそのような義務は課せられていないことは重大視されるべきである。したがって、見るところ、法令上の義務や私法上の義務が課せられていないことを根拠に、詐欺罪の成立を否定する第四説は充分に成り立つ考え方であるように思われる。

　しかしながら、結論から述べれば、第四説もおよそ多数説にはなり得ないものと考えられる。何故なら、通説は、自己名義のクレジットカードを不正使用した

---

[24] 門田「詐欺罪の適用範囲と罪刑法定主義・適正処罰原則」（前掲注3）113頁。なお、他人名義での口座開設を「大量・匿名・非個性的取引」に位置づける成瀬教授も、他人になりすまして預金通帳等を詐取する形態につき詐欺罪で問擬し得るとの考えを表明しておられる。成瀬幸典「詐欺罪の保護領域について──近年の判例を素材にして──」刑法雑誌54巻2号281頁以下を参照。

事案で、法令上も契約上も顧客の支払能力・意思を点検する義務が加盟店に課せられていないにもかかわらず、詐欺罪の成立を認めるからである[25]。要するに、確認の対象になっていない事項であっても、被欺罔者がその事項に現実に関心を有しているのであれば、詐欺罪の成立は認めても何ら差し支えないように思われる。事実、他者の通帳と印鑑を拾得した者が金融機関に赴き、銀行の窓口担当者を騙して預金の引き出しを行った事案では、通説・判例も詐欺罪の成立を認めているのである。このケースでは、金融機関の窓口担当者には、預金通帳と印鑑を保持している者が真の所有者か否かを点検する義務は課されていない。にもかかわらず、通説・判例は詐欺罪の成立を認めるのである。このような事情を考慮すると、第四説に依拠して携帯電話機事例で詐欺罪不成立との結論を導くことは必ずしも説得力を持たないというべきなのである。

さて、第一説と第二説とは詐欺罪を肯定するという点で共通しているが、これらの見解に依拠すれば、本件携帯電話機を盗品等関与罪の客体として取り扱うことが可能となる。すなわち、これらの見解を採ると、携帯電話機を購入者から買い受ける行為を刑法256条1項が規定する盗品等有償譲受罪で捕捉することが可能となるのである。

他方、第三説と第四説とは詐欺罪の成立を否定するという点では共通項があるが、この二つの見解によれば、処罰の外延が明確になり、なおかつ、詐欺罪が他の犯罪の予備罪に転化することを回避できるメリットがある。

四　携帯電話機事例の解決

それでは、どの見解を採るべきなのであろうか。第一説は、現代社会において携帯電話機が組織犯罪のツールとしての役割を果たしていることを踏まえて提唱されたものである。しかし、第一説に依拠すると、事後に可罰的行為・違法行為を行うことを伏せて携帯電話機を販売店から購入することが広く詐欺罪に取り込まれることになり、詐欺構成要件の成立範囲が著しく拡張することになってしま

25　拙稿「自己名義の有効なクレジットカードの不正使用と詐欺罪の成否」法学政治学論究47号（2000年）121頁以下。なお、自己名義の有効なクレジットカードの不正使用につき、加盟店を被害者とする1項詐欺を認める見解として、奥村正雄「クレジットカードの不正使用と詐欺罪の成否」田口守一ほか編『犯罪の多角的検討・渥美東洋先生古稀記念』（2006年）85頁以下、長井圓「クレジットカードの不正使用」西田典之ほか編『刑法の争点』（2007年）186頁以下をそれぞれ参照。

う。たとえば、この見解によれば、強盗に先立って共犯者間で連絡を取り合うために、予め自己名義の携帯電話機を販売店で買い求める行為まで詐欺罪として取り込まれることになるだろうが、こうした結論には異論も差し挟まれるように思われる。このように考えれば、第一説は、これを採ることができないものと思量されるのである。

　第二説は、刑法246条１項の詐欺罪を全体財産に対する罪だと解する見解であるが、この見解は、支払われた相当対価を考慮した上で、財産的損害が発生したか否かを決する立場である[26]。しかし、販売店が携帯電話機の販売代金を受け取っているという事情を考慮すると、財産的損害が生じているのか否かが問題になる。そこで、この見解も、預金通帳事例で新預金者を確認する作業に経済的負担が生じることを根拠に、詐欺罪の成立を認めていたのである。もし、この論理を携帯電話機事例にパラレルに適用すると、詐欺罪の成立が認められることになろう。というのも、携帯電話機が自由に譲渡されると販売店や通信事業者は携帯電話機の真の占有者を特定するのに莫大な経済的コストがかかると考えられるからである。

　しかし、全体財産に対する罪と把握する以上は、やはり、相当対価を受け取った段階で財産的損害が贖われたと解釈するのが自然であるし、後述するように、販売店が真の利用者を特定しうる利益を本当に有しているのか、また有しているとしてそのような利益が詐欺罪で保護に値しうる利益なのか、若干の疑問も沸いてくるように思われる。したがって、第二説を採ることもやや厳しいものと思量される。

　第四の見解は、販売店に課せられた法令上・契約上の義務を根拠に、詐欺罪の成立可能性を論じるものであった。いうまでもなく、携帯電話機事例において、販売店には、本人以外の者が携帯電話機を使用する可能性があるか否かを逐一点検する義務が課されているわけではない。販売店に点検義務として課せられているのは、本人確認や購入限度を超過しているかどうかである。したがって、そのような事柄につき、欺罔がなかったのであれば、詐欺罪は成立しないとの結論に

26　なお、林幹人教授は、刑法246条１項の詐欺罪を全体財産に対する罪だと理解する見解を採られるものの、全体財産に対する罪であるからといって、「被害者の主観を考慮しないで、損害をまったく客観的・金銭的に解する」わけではないとしておられる。林『判例刑法』（前掲注６）285頁を参照。併せて、林幹人『刑法各論・第２版』（2007年）142頁以下も参照。

至るはずである。しかし、第四説もやはり、これを採用することは困難である。何故なら、自己名義のクレジットカードを不正使用した事案では、加盟店には、法令上も契約上も、支払能力や意思を点検する義務が課せられていないのに、通説は自己名義カードの事案で詐欺罪の成立を認めるからである。したがって、点検の対象になっていない事項であっても、詐欺罪は成立すると解するべきなのである。

結局のところ、第三説が妥当だといえよう。

五　預金通帳事例と携帯電話機事例との相違点

もっとも、預金通帳事例で詐欺罪を肯認しているのが判例・多数説の立場であるため、これとパラレルに考えるのであれば、携帯電話機事例でも詐欺罪の成立を認めるのが自然であるとも考えられよう。そこで、本章では、捕足的ではあるが、かかる疑問を払拭するため、預金通帳事例の解決と携帯電話機事例の解決とで果たして平仄を合わせるべきかどうかという点を検討することにしたい。

結論から述べれば、預金通帳事例と第三者に譲渡することを黙秘して携帯電話機を不正取得する事例とでは微妙な相違があるように思われる。たしかに、預金通帳やキャッシュカードの財物的価値が軽微なのに対して、携帯電話機は高額であり（東京高判平成24年12月13日の事案では売買の対象になった携帯電話機は15840円の値段がついていた）、一見すると、預金通帳事例で詐欺罪成立との結論を導くとすれば、携帯電話機の不正取得の形態においても詐欺罪を肯定することが首尾一貫しているようにも思われる。しかしながら、両者では決定的な相違点が２点存するように思われる。第１に、現在の状況を前提とすると、預金通帳事例では、預金通帳やキャッシュカードを譲渡した段階でそれ自体が可罰的行為として刑事罰の対象となるのに対して、現行の携帯電話不正利用防止法においては携帯電話機の譲渡自体は可罰的行為として類型化されているわけではない[27]。このことは見落としてはならない点である。第二に、預金通帳事例においては、二当事者間の詐欺しか問題にならないのに対して、第三者に売却することを秘匿して携帯電話機を不正取得する事例においては、三当事者間の詐欺が問題になってくることであ

27　2007年以降、預金通帳の譲渡に関しては、「犯罪による収益の移転防止に関する法律」の26条で可罰的とされている。

る[28]。すなわち、携帯電話機事例においては、被欺罔者が販売店の従業員となるのが大半であり、当然のことながら、販売店の従業員は事業者の従業員ではない。したがって、販売店と事業者との間に利害が相反している可能性があることを勘案した上で、我々は解釈論を展開する必要も出てくるように思われる。上記の二点の事情を考慮すると、預金通帳事例で詐欺罪を肯定する結論を導いたとしても[29]、携帯電話機事例においては詐欺罪の成立を否定する余地もあるのではなかろうか[30]。

そもそも、事後に違法行為を行うことを黙秘して財物を取得することを申し込むことに詐欺罪が予定する欺罔行為があると捉えるべきなのであろうか。もし、将来、違法行為を行うことを秘匿して（必ずしも可罰的違法行為である必要はない）、財物の取得を申し出ることが欺罔行為に当たると解釈するのであれば、質入れを伏せてクレジットカードの入手を申し込む行為はもちろんのこと、盗聴目的の用途でワイヤレスヘッドホンを購入する行為までもが詐欺罪の予定する欺罔

---

[28] もっとも、三角詐欺としてことさらに理論構成する必要性はないであろう。山口教授は、かつて次のように述べておられた。「被欺罔者が物について所有権を有していなくとも単独の占有を有している場合には、むしろ被欺罔者自身が被害者であることになると考えられる」。山口厚「詐欺罪における処分行為」内藤謙ほか編『平野龍一先生古稀祝賀論文集・上巻』（1990年）459頁を参照。一般的には、販売店は事業者の代理店だと解されているようであるが、もしこうした理解が妥当なものだとすれば、販売店は事業者の携帯電話機を適法に占有して顧客に交付していることになる。それ故、詐欺罪を肯定する場合には、事業者ではなく、販売店自身が被害者になるはずである。なお、三角詐欺の概念を不要だとするものとしては、杉本一敏「『三角詐欺』は存在しない」――被害者の同意論・被害者への帰属論に基づく『三角関係』の検討――」川端博ほか編『理論刑法学の探究④』（2011年）167頁以下がある。

[29] 足立友子「詐欺罪における『欺罔』と『財産的損害』をめぐる――損害概念の多義性と中間結果としての錯誤に着目して――」川端博ほか編『理論刑法学の探究⑥』（2013年）133頁以下は財産的処分の自由が侵害されれば詐欺罪を成立させてもよいとする。この立場に立脚すれば、預金通帳事例でも携帯電話機事例でも詐欺罪の成立は肯定されよう。なお、あらゆる「重要目的の不達成」を財産的損害と解し、詐欺罪を財産処分の自由と解することに批判的な論稿としては、照沼亮介「ドイツにおける詐欺罪の現況」刑事法ジャーナル31号（2012年）29頁以下がある。

[30] 携帯電話機の無断譲渡は、一般的に、違法行為だとされているが、厳密には、携帯電話不正利用防止法において、携帯電話機の無断譲渡の種々のヴァリエーションが逐条的に禁止行為として類型化されているわけではない。このことには注意を要する。もっとも、携帯電話不正利用防止法上、事業者には、契約者の名義が変更されるに際して、携帯電話機の譲受人の同一性の確認をする義務が課されている（同法5条1項）。これを譲渡時本人確認義務という。譲渡時本人確認義務は、事業者の指示により、媒介業者等である販売店に行わせることもできる（同法6条）。先に言及した東京高判平成24年12月13日は、譲渡時本人確認義務の規定の存在等から、携帯電話機の無断譲渡が違法行為として規律されているとの理解を採る。譲渡時本人確認義務や事業者等の承諾を得る義務については、飯島「刑事判例研究（443）」（前掲注3）159頁以下の解説が示唆に富む。

行為に取り込まれてしまうように思われる。すなわち、そのように解釈すると、詐欺罪の成立範囲は不当に拡大するおそれが出てくるように思われるのである。

また、預金通帳事例との対比でいえば、預金通帳やキャッシュカードの無断譲渡は可罰的行為として位置づけられているわけであるが、預金通帳等の無断譲渡の秘匿は可罰的行為を行うことの隠蔽であり、これを詐欺罪として捕捉することには相対的に問題は少ないと言い得るかもしれない[31]。しかし、携帯電話機の無断譲渡についていえば、携帯電話不正利用防止法上、このような行為が可罰的行為として類型化されているわけではなく、違法行為の一つとして解釈されているにすぎない。要するに、事後に違法行為を行うことを秘匿したからといってこのような行為を一般的に詐欺罪として取り込むことは妥当ではないように思われる。すなわち、欺罔行為を肯定すると仮定したとしても、携帯電話機の購入の段階で「事後に違法なことを行わないこと」を販売店の従業員等に表示していると解釈することは困難であるように思われる。つまり、携帯電話機の不正取得の時点で行為者が「事後に違法行為を行わないこと」表示していると解釈することは困難であり、黙示的欺罔が在すると解釈することは、見るところ、厳しいものと思量されるのである。また、携帯電話不正利用防止法には、「携帯電話機は契約者自身がこれを利用すべきである」との趣旨の直截な規定も明文では存在しないことから、行為者の挙動に「契約者自身が利用する」旨の表示があったと理解することもやはり難しいように思われる[32]。他方、事後に違法行為を行うことを

---

31 本稿の立場からすれば、預金通帳事例は詐欺罪に問擬されるべきではなく、口座売買をした段階に至ってはじめて可罰的にすべきだと考えるが、詐欺罪成立の結論を導くのがわが国の判例・通説の立場である。なお、最決平成4年2月18日刑集46巻2号1頁は、いわゆる客殺し商法に関するものであるが、商品先物取引を行う業者が客殺し商法を行うことを秘匿して顧客から金員を取得する行為につき詐欺罪が成立すると判示した。このように、わが国においては、事後に可罰的行為を行う意図を黙秘して財物を取得することを詐欺罪として捕捉することについては、それほど違和感がないように見える。しかし、この種の事例であっても、現実に客殺し商法を実践した段階で、背任罪で改めて捕捉すればよいとの価値観は充分に成り立つように思われ、前倒し的に詐欺罪の成立を認めることには異論を差し挟む余地はあるように思われる。客殺し商法については、木村光江『詐欺罪の研究』（2000年）230頁以下を参照。
32 もっとも、携帯電話機を第三者に譲渡する場合には、予め事業者または媒介業者等の承諾を得る必要があるとの明文規定が携帯電話不正利用防止法に存在している（同法7条1項）。しかし、譲渡そのものに関する事業者等の承諾に先んじて、事業者等は譲受人の本人確認をする必要があると同法は規定しており、このことには注意を払う必要がある（同法7条2項）。たしかに、当初の契約者には、携帯電話機を譲渡するに際し事業者等の承諾を得る義務が課せられているが、こうした義務は、事業者等が譲渡時本人確認義務を円滑に遂行するために課せられた補強的色彩の濃い義務だと解釈することもできる。

告知する義務、言い換えれば、不真正不作為犯における作為義務を行為者に課すということなどは考えられないため、不作為による欺罔行為もまた肯定できないものと考えられる。

その他、東京高判平成24年12月13日も多数説も、販売店のような媒介業者と事業者とを一体のものとして断を下しているものと見受けられるが、現実には販売店と事業者とでは利害が相反する場面が多々あるように思われる[33]。すなわち、販売店の現実的な関心を出発点にするならば、販売店は可能な限り携帯電話機を販売し売上を確保することに主たる関心を寄せているので、携帯電話機の真の占有者が誰なのかにつきそれほど関心はないように思われる[34]。なるほど事業者については、携帯電話機の真の占有者が誰なのかに関して逐一把握に努めているのが現状であろう。しかし、実際問題、名義人の変更の際に、携帯電話機の占有者が赴くのは専ら事業者なのであり、販売店が、携帯電話機の名義人が誰なのかにつき常に利害と関心を有しているとは断言できないように思われる。

仮に、第三者への提供目的の携帯電話機の取得を詐欺罪として包摂するのなら、販売店の現実の関心を出発点にした上で、媒介業者たる販売店にも「携帯電話機の真の利用者が誰なのかを把握する利益」があることを論証して、詐欺罪の成立を認めていく他はないであろう。もし、このようなアプローチを採るのであれば、欺罔行為や錯誤、財産的損害といった詐欺罪成立のための個々のメルクマールが充足されていくものと推察される。しかしながら、事業者と異なって、販売店に「携帯電話機の真の利用者が誰なのかを把握する利益」が直ちに存在すると明言することはできないように思われるし、販売店の店員の現実の関心を考慮すると、事後に顧客が第三者に携帯電話機を提供するか否かは彼にとってはどうでもいい事情だと解する方が自然であるように思われる。販売店の店長は携帯電話機の売却に専ら利害と関心を向けていると解するのが、より取引の実態に即した見方だと感じられる。

---

33 この点、東京高判平成24年12月13日においては、媒介業者である販売店は事業者の代理店と把握されている。
34 この点、茂木「実務刑事判例評釈case220」(前掲注3)94頁は、「確かに、第三者への無断譲渡が禁じられているのであれば、複数台の購入が申し込まれた際、店側が理由を尋ねるなどすれば、店側の意図がより明確になる」と述べる一方、販売店にかかる義務を負わせたとしたら、購入手続が煩雑になる上、販売店側の警戒心が示されて売り上げに影響が出ることが懸念されるとの陳述をしている。

なお、東京高判平成24年12月13日においては、販売店の店員が錯誤に陥っていなかったという理由で詐欺の未遂の成立が肯認されているが[35]、そもそも当該事案を前提にする限り、東京高裁は、詐欺罪の未遂の成立も根本的に否定すべきであったように思われる。

六　終わりに

本稿では、第三者に譲渡することを黙秘して携帯電話機を販売店から不正取得する形態につき縷々検討してきたが[36]、かねてより指摘されているように、いわゆる形式的個別財産説は種々の問題を抱えており、このことは以上述べてきたことからも明らかであるように思われる。たしかに、「真実を告知するならば相手は交付しなかったであろう」という関係があった場合に[37]、基本的に詐欺罪を認めるとの思考枠組は簡潔明瞭である[38]。しかしながら、かかる関係は詐欺罪成立

35　辰井教授は、携帯電話機事例においては、無断譲渡の取り扱いに関して、販売店店頭での対応にばらつきが存することから、東京高判平成24年12月13日の事案で、欺罔行為を認めることに疑問を呈しておられる。辰井「第三者に無断譲渡する意図を秘して自己名義でプリペイド式携帯電話機を購入する行為と詐欺罪（未遂）」（前掲注3）34頁を参照。

36　本稿では、検討の対象から外すものの、携帯電話機の貸与の問題も、刑法学上は、極めて重要な問題である。たとえば、友人同士での携帯電話機の貸し借りなどは日常的に頻繁に観察されるところであるが、このような現象を法的にどのように解決するかは一つの問題になり得る。飯島泰参事官は、貸与業者が携帯電話機の貸与を行っているケースでは、貸与を行う際には、事業者の承諾が必須になるため、第三者に有償で貸与することを秘匿して携帯電話機を購入した事案では詐欺罪が成立するとの帰結を導いておられる。たしかに、飯島参事官が指摘されるように、匿名貸与営業は携帯電話不正利用防止法10条で禁止されているため、こうした事実に着眼すれば、詐欺罪を認める考え方は充分に成り立ち得る考え方である。飯島「刑事判例研究（443）」（前掲注3）165頁以下を参照。もっとも、飯島参事官の考え方にも若干不鮮明な部分は残る。貸与業者でない者が第三者に携帯電話機を貸与する予定であるのに、販売店等から携帯電話機を購入した事案では、どのような帰結がもたらされるのか。おそらく、詐欺罪を肯認する趣旨だと推察するが、貸与業者でない者による携帯電話機の貸与を禁止する規定は、携帯電話不正利用防止法には存在しないことには注意が必要である。したがって、このように考えると、貸与予定であることを隠して携帯電話機を販売店等から入手することを詐欺罪として捕捉する結論が唯一絶対のものであるとはいい得ないように思われる。

37　林『判例刑法』（前掲注6）294頁。

38　動物愛護団体等が保護した猫5匹を無償で譲り受けたが、当初から当該猫を虐待死させる意思を有していた事案につき、横浜地裁は詐欺罪の成立を肯認した（横浜地川崎支判平成24年5月23日判時2156号144頁）。横浜地裁が導いた結論は、刑法246条1項の詐欺罪が個別財産に対する罪であるとの考えに忠実なものであろうが、このような事案で詐欺罪の成立を肯認するのは行き過ぎであるように思われる。この事案においては、端的に、行為者が猫を虐待死させた段階で、動物愛護管理法44条1項が規定する動物殺傷罪の成立を認める解決で事足りたはずである。もっとも、被欺罔者の目的不達成こそが詐欺罪における財産的損害であるとの見解も最近有力に主張さ

のための必要条件にすぎないことを我々はここで銘記しておく必要がある。昨今、携帯電話機の不正取得以外にも、暴力団関係者であることを秘匿し、財物や財産上の利益を取得する形態を詐欺罪として包摂するとの判例も出現しているが、学説においては、身分関係に関する欺罔行為と目的に関する欺罔行為とを類別し、前者に関しては詐欺罪の成立を否認する見解も有力に主張されている[39]。こうした有力説の立場は我々に貴重な示唆を与えてくれるものと思われる。

　第三者に携帯電話機を譲渡する目的を伏せて、販売店から携帯電話機を不正取得する事例は、販売店は相当対価を受け取り商取引の目的を達成しているため、販売店に財産的損害はない。また、将来、可罰的行為や違法行為を行うことを黙秘して財物を取得する事例を詐欺罪に組み入れた場合、詐欺構成要件の外延は著

れているので（目的不達成の理論については菊池京子「詐欺罪における財産上の損害についての一考察（完）──「処分行為の自由」をめぐる問題（3）──」東海法学23号（2000年）85頁以下を参照）、念のため、かかる視点から詐欺罪を認めることができるかにつき検討を加えることにしたい。保護した猫に愛情を注いでいる動物愛護団体等のスタッフは「大事にしてくれる新たな飼い主に当該猫を渡したい」と考えるのが通常であり、このような視点からすれば、当該事案について容易に詐欺罪の成立を肯定し得るかもしれない。しかしながら、目的不達成を根拠に詐欺罪成立のための大半のメルクマールが充足されるとしても、詐欺罪における不法領得の意思の要件が具備されるかに関しては疑問である。この点については、山中『刑法各論・第3版』（前掲注7）348頁を参照。したがって、目的不達成の理論に依拠しても詐欺罪の成立を是認するのは無理であるように思われる。なお、保護された一部の猫に関しては、判文を読む限り、保護する前は野良猫であったという事情が認定されているため、民法239条1項の規定にしたがい、無主物先占として、保護した者に猫に関する所有権が認められる。すなわち、元々は野良猫であったという事情が存在していたとしても、当該猫が財産罪で保護される客体であることは否定できない事実であるように思われる。この点に関しては、三上正隆「動物殺傷事案において、詐欺罪及び動物殺傷罪（動物愛護管理法44条1項）の成立が認められ、懲役3年、保護観察付き執行猶予5年の判決が言い渡された事例──横浜地川崎支判平成24年5月23日判時2156号144頁──」を参照。これに反対するのは、松宮孝明「虐待目的を隠して猫を譲り受けた行為と詐欺罪」法学セミナー695号（2012年）131頁。

39　山中教授の見解である。山中『刑法各論・第3版』（前掲注8）355頁以下。山中教授によれば、暴力団員でないかのように装うことは身分に関する欺罔行為であり、第三者に通帳・キャッシュカードを譲渡する予定であるのに自ら使用するかのように装うことは目的に関する欺罔行為だとのことである。そして、身分に関する欺罔行為がなされたケースでは、被欺罔者が関心を払っておらず、チェック項目でもなかった場合には詐欺罪を否定すべきだとの考えを披歴しておられる。本稿もまた、身分に関する欺罔行為と目的に関する欺罔行為とを同列に論ずることにはアプローチとして限界があると考えているので、前者につき詐欺罪の成立を制限的に解釈する山中教授の立論を支持する。もっとも、山中教授は、他方で、目的に関する欺罔行為につき、目的実現の錯誤は、一般的には法益関係的錯誤ではないとしながらも、詐欺罪においては、それは広い意味における法益関係的錯誤だとされている。何となれば、財物・財産上の利益は、当事者の意思によってその用途・目的を限定して取引される場合が多いからだと説いておられる。しかしながら、山中教授の見解からは、シンナー中毒者がそれを秘匿してシンナーを購入する行為までが詐欺罪に取り込まれかねないように思われる。

しく拡張し、詐欺罪は外延の極めて不明確な犯罪になってしまうに違いない。具体的には、将来の事実に関する欺罔行為はひとまず詐欺罪が予定する欺罔行為として評価することは断念し、現在の事実に関する欺罔行為のみを詐欺罪が予定する欺罔行為であると解するべきである[40]。さらに言えば、携帯電話機の無断譲渡は、現在、特別法において、その全てが可罰的行為として捕捉されているわけでもないため、判例・通説のいう「真実を告知するならば相手は交付しなかったであろう」との関係すらも認められない事態が起こり得ることも視野にいれておくべきである。仮に、携帯電話機の無断譲渡が問題視されるとしても、無断譲渡の黙秘を詐欺罪に取り込むとのアプローチはこれを採用するべきではなく、当該携帯電話機が無断譲渡された段階で改めて刑事罰の対象として捕捉していくとの方途を探るべきである。すなわち、携帯電話機の無断譲渡については、専ら携帯電話不正利用防止法の管轄とし、可罰的類型をいくつか設けるべきだと解する。要するに、携帯電話機事例の解決においても、詐欺罪ではなく特別刑法の領域に規制を委ねるべきだとするいわゆる住み分け論は妥当するものと解する[41]。

---

40 携帯電話機の無断譲渡の規制については、携帯電話不正利用防止法に委ねるべきである。携帯電話機事例においても、預金通帳事例と同様、詐欺罪と（将来可罰的になるであろう）携帯電話不正利用防止法上の罰則の「住み分け」論の有効性が再吟味される必要がある。「住み分け」論については、山口『新判例から見た刑法・第3版』（前掲注8）274頁以下、とくに277頁を参照。また、既に指摘されているところであるが、詐欺隣接罰則が未整備であるとか脆弱である場合には、こうした状況は詐欺構成要件の解釈に重大な影響を与え得る。この点を指摘した論稿としては、星周一郎「詐欺罪と『詐欺隣接罰則』の罪数関係」法学会雑誌53巻2号（2013年）111頁以下がある。携帯電話不正利用防止法上の罰則は今日必ずしも充分に整備されていないように見受けられるが、このような状況が携帯電話機事例の解決に決定的な影響を及ぼしていることは疑う余地がないであろう。

41 将来の事実が人を欺くことの内容たりうるかどうかについては高橋省吾「第246条詐欺」大塚仁ほか編『大コンメンタール刑法・第2版第13巻』（2000年）42頁以下を参照。いうまでもなく、本稿は将来の事実が欺罔行為の内容に含まれることについては懐疑的である。

強制執行関係売却妨害罪における「公正を害すべき行為」
――最決平成10・7・14刑集52巻5号343頁を素材として――

岡 部 雅 人

一　はじめに
二　強制執行関係売却妨害罪の罪質
三　強制執行関係売却妨害としての「公正を害すべき行為」
四　おわりに

一　はじめに

　刑法96条の4は、「偽計又は威力を用いて、強制執行において行われ、又は行われるべき売却の公正を害すべき行為をした者は、3年以下の懲役若しくは250万円以下の罰金に処し、又はこれを併科する。」と規定している。同規定は、平成23年改正前の、刑法96条の3第1項における、「偽計又は威力を用いて、公の競売又は入札の公正を害すべき行為をした者は、2年以下の懲役又は250万円以下の罰金に処する。」とする規定（以下、「旧規定」とする。）が、「情報処理の高度化等に対処するための刑法等の一部を改正する法律」（平成23年法律74号）によって改正されたものである[1]。旧規定における「公の競売又は入札」は、判例上、「公の機関すなわち国又はこれに準ずる団体の実施する競売又は入札を指す」とされ[2]、強制執行において行われる競売または入札のみならず、公共工事や公有物の売り渡し等に関する競売または入札も含まれると解されていた[3]。これに対して、改正後の現行規定は、ここから、公共工事の入札や公物の売却などの公共契約の締結と、強制執行において行われる売却手続とを分離し、後者の場合について、その公正を阻害する行為を処罰する旨を規定している[4]。とりわけ、旧規

---

[1]　本改正の詳細については、鎮目征樹「強制執行妨害関係の罰則整備について」刑事法ジャーナル30号（2011）11頁以下参照。
[2]　東京高判昭和36・3・31高刑集14巻2号77頁。
[3]　鎮目征樹「執行妨害罪」法学教室305号（2006）64頁。
[4]　西田典之ほか編『注釈刑法 第2巻 各論（1）』（2016、有斐閣）61頁〔西田典之〕。なお、前者

定では「競売又は入札」とされていた文言が、改正後の規定では「売却」という文言に変更されたのは、入札、競り売りのほか、民事執行規則51条が規定する特別売却をも包含することを明確にするためであるとされている[5]。また、改正後の規定では、「行われるべき売却」も保護の対象とされ、売却手続開始（民事執行法45条）前の妨害行為をも含むよう、処罰範囲が拡張されている[6]。これは、強制執行妨害行為が、執行裁判所による競売開始決定（民事執行法45条1項、114条1項、143条、181条4項）などより前から開始されているという例が多く、当該決定の時点では終了しているという例も少なくなかったことから、このような拡張がなされたものである[7]。さらに、法定刑の引き上げも行われている。

このような改正こそあったものの、本罪における「公正を害すべき行為」というのは、どのような行為のことをいうのかということは、依然として検討を要する問題として存在している。それゆえ、本稿では、民事執行手続にも関連する問

　については、改正後の96条の6第1項が、「偽計又は威力を用いて、公の競売又は入札で契約を締結するためのものの公正を害すべき行為をした者は、3年以下の懲役若しくは250万円以下の罰金に処し、又はこれを併科する。」として、強制執行にかかる売却に対する犯罪類型を除いたものを、公契約関係競売妨害罪として規定している。同罪の規定には、刑法96条の4の規定と異なり、「行われるべき競売・入札」との文言はないため、権限ある機関によって適法に入札に付すべき決定がなされたことが必要であることから、強制執行妨害の要素を含まない犯罪類型であり、執行制度を妨害する犯罪とはいえないものである（品田智史「民事執行制度をめぐる犯罪」神山敏雄ほか編『新経済刑法入門〔第2版〕』(2013、成文堂) 264頁）。

5　西田・前掲注（4）61頁。特別売却には競争による価格形成という要素がないため、旧規定の「競売又は入札」に含まれるか争いがあったが（札幌高判平成13・9・25高刑集54巻2号128頁はこれを積極に解した。）、改正後の規定では、この問題が解消されている（品田・前掲注（4）263頁）。なお、特別売却については、三谷忠之『民事執行法講義〔第2版〕』(2011、成文堂) 115頁以下参照。

6　中森喜彦『刑法各論〔第4版〕』(2015、有斐閣) 281頁、西田・前掲注（4）63頁。なお、旧規定の下では、同罪の成立時期につき、「権限のある機関によって、入札に付すべき旨の決定がなされたことが必要であり、かつそれをもって足る」と解されていた（最判昭和41・9・16刑集20巻7号790頁）。同判決は、指名競争入札に係る事案に関するものであるが、同規定に関する一般的な解釈を示したものとして、強制執行における競売または入札に係る事案についても妥当するものと理解されていた（大塚仁ほか編『大コンメンタール刑法 第6巻〔第3版〕』(2015、青林書院) 228頁〔髙﨑秀雄〕。塩見淳「不良債権」法学教室228号（1999）33頁も参照）。

7　髙﨑・前掲注（6）228頁。なお、被告人が、競売開始決定前に内容虚偽の賃借権設定仮登記を経由した上、同決定後に現況調査（民事執行法57条参照）に訪れた執行官に対しても当該仮登記に係る賃借権を有する旨の虚偽の陳述をして、その旨現況調査報告書に記載させたという事案につき、仮登記の点については公正証書原本不実記載・同行使の罪（刑法157条、同158条）に、現況調査に関わる行為については旧規定の罪にそれぞれ問疑したものとして、東京地判平成5・12・20金法1379号38頁があるが、同判決に対しては、改正前の同条項の解釈としてはやむをえないものの、技巧的構成の感を免れないとの評価もなされている（髙﨑・前掲注（6）228頁）。なお、現況調査については、三谷・前掲注（5）86頁以下参照。

題である、本罪における「公正を害すべき行為」について検討を行い、これを献呈することによって、民事手続法の泰斗であられる三谷忠之先生の古稀を、謹んでお祝い申し上げたいと思う。

二　強制執行関係売却妨害罪の罪質

1　総説

本稿の主題である「公正を害すべき行為」の検討に入る前に、本罪の保護法益は何か、行為の対象となるのは何か、そして、その手段とはどのようなものかについて、概観しておくことにする。

なお、本罪に関しては、本稿が検討の対象とする「公正を害すべき行為」とはどのような行為であるかという問題に加えて、その終了時期についても重要な論点のひとつとなっているが[8]、本稿においては、その点についての検討は留保することにする。

2　保護法益

本罪の保護法益は、「強制執行における売却の公正」であると解されている[9]。これは、旧規定の「公の競売又は入札の公正」という概念を引き継いだものである[10]。もっとも、これには３つの考え方が可能であるとされている。すなわち、①その公務としての側面に法益を見出すもの（公務侵害説）、②その制度的機能の側面に法益を見出すもの（競争侵害説）、③それを不正に利用することを通じて侵害される具体的利益の侵害の側面にその法益を見出すもの（施行者等利益侵害説）、というのがこれである[11]。

8　最決平成18・12・13刑集60巻10号857頁参照。本件評釈として、松田俊哉「判解」『最高裁判所判例解説刑事篇（平成18年度）』（2009、法曹会）484頁以下など。

9　西田・前掲注（４）61頁、髙﨑・前掲注（６）227頁、品田・前掲注（４）262頁など。旧規定につき、小野清一郎ほか『ポケット註釈全書　刑法〔第３版〕』（1980、有斐閣）245頁〔中野次雄〕、団藤重光編『注釈刑法（３）各則（１）』（1965、有斐閣）89-90頁〔大塚仁〕、大塚仁ほか編『大コンメンタール刑法　第６巻〔第２版〕』（1999、青林書院）199頁〔河上和雄＝久木元伸〕など。

10　髙﨑・前掲注（６）232頁。

11　京藤哲久「競争と刑法――競売入札妨害罪を素材として――」明治学院大学法学部20周年論文集『法と政治の現代的課題』（1987）370頁以下。

旧規定の罪につき、判例は、「本罪は、公務の執行を妨害する罪の一つであって、公の入札が公正に行われることを保護しようとするものである」としており[12]、これは、公務侵害説の立場をストレートに述べたものとも理解できると評価されている[13]。

　もっとも、判例のいう「公正」という語が、これを「適正・円滑」と言い換えてもなお何を意味するのかが明らかでないことから、この説は、解釈論としては十分ではないとの批判がなされている[14]。適法な公務の保護というだけで直ちに刑法を利用することが正当化されるのではなく、やはり、公務の実質的内容をなす一定の利益の侵害と関係づけることができてはじめて、刑法の利用は正当化されるべきであろう[15]。それゆえ、この「公正」の中身を明らかにすることこそが、本罪の法益を明らかにすることにつながることになる[16]。

　そこで注目されるのが、競争侵害説と、施行者等利益侵害説である。このうち、後者の施行者等利益侵害説は、それが施行者等の具体的な財産的利益そのものを保護しようとする考え方であるとするならば、特に強制執行における売却の場合は、その施行者「等」というのを強制執行を施行する国またはその機関に限定すると、入札等に暴力団が介入して落札価格を不当に引き下げたとしても、損害を受けるのは債権者であって、国等に特段の損害が及ぶ可能性はまず認められないことになるし、かといって、これを債権者など入札等の利用者に拡張することは、国家的法益に対する罪である本罪の罪質の捉え方としては問題がある、といったことが指摘されている[17]。

12　前掲注（6）最判昭和41・9・16。
13　髙﨑・前掲注（6）232頁。
14　髙﨑・前掲注（6）233頁。
15　京藤・前掲注（11）372頁。
16　京藤・前掲注（11）373頁。
17　髙﨑・前掲注（6）233頁。なお、施行者等利益侵害説になじむ判断がなされたものとみられる裁判例として、高松地丸亀支判昭和36・12・22下刑集3巻11=12号1258頁（「刑法第96条の3第1項の威力競売妨害罪における保護法益は、単に国家または公共団体が施行する競売または入札なる『公務』のみではなくして、国家または公共団体が何人からも不当な影響を受けることなく自由に競売または入札を行うことによつて受ける『経済的利益』をも含むものであると解するのが相当であ」るとした。）、広島高判昭和58・11・1刑裁月報15巻11=12号1145頁（「被告人は、……極秘とされている予定価格と殆ど異らない金額を予定価格として教えたもので、……これを特定の者にのみ知らせることはその者に対して他の入札予定者に比して極めて有利な地位を与える反面、これによつて本件土地が高く売れないなどの実害が発生する虞れがあることが明らかであるから、被告人の本件内報行為は、刑法96条の3第1項の偽計を用い公の競売又は入札の公正を害すべき行為にあたるものである」とした。）など。

このようにして、学説上は、競争侵害説が有力となっているが[18]、学説の中には、「売却手続が参加者の公正かつ自由な競争によって行われることにより、債権者や売却手続施行者の利益が確保されるという売却手続の機能と解すべきであろう」として、第1次的には競争侵害説を採用しながら、第2次的には施行者利益説的な視点をも考慮する見解もみられる[19]。この見解は、一周して、実質的には公務侵害説に回帰するもののようにも思われるが、その具体的内容を明らかにしている点において、意義を有するものであるといえよう。また、この見解によれば、各（裁）判例を整合的に説明しうるという点においても、優れているということができる。もっとも、施行者等利益説の問題点は前述した通りであり、その点を強調するときは、本罪の性格を歪めてしまうおそれもあることから、債権者や売却手続施行者の利益の確保は、あくまでも売却の際の自由な競争を保護することの反射的効果と捉えられるべきであろう[20]。

3　行為の対象

本罪の行為の対象となるのは、「強制執行において行われ、又は行われるべき売却」である。

「強制執行」とは、民事執行法1条にいう一般債権の実現のための強制執行、担保権の実現のための競売および換価競売、ならびに、国税徴収法94条1項にいう差押財産の換価のための公売をいう[21]。

「売却」とは、強制執行における目的財産の換価方法として、民事執行法その

18　京藤・前掲注（11）384頁、橋爪隆「競売入札妨害罪における『公正を害すべき行為』の意義——最近の最高裁判例の検討を契機として——」神戸法学雑誌49巻4号（2000）47頁、三好幹夫「判解」『最高裁判所判例解説刑事篇（平成10年度）』（2001、法曹会）118-119頁など。髙﨑・前掲注（6）233頁も、基本的にはこの説を是とすべきであるとする。
19　西田・前掲注（4）61頁。同『刑法解釈論集』（2013、成文堂）314頁も参照。
20　大塚・前掲注（9）90頁。京都地判昭和58・8・1刑裁月報15巻7＝8号387頁（「そもそも刑法96条の3第1項が公の競売または入札に対する妨害行為を処罰する理由は、競売等の主体が国家または公共団体である関係上、特にその公正を保持することが要請されるため、その公正を害する危険のある行為を取締る目的に出たものと解すべきで、それによって一私人たる入札者が自由に入札を行ないうることに基づく経済的利益が保護されるとしてもそれは単に前者の反射的効果にすぎないと言うべきである。そうだとすれば、同項にいう『公正ヲ害スヘキ行為』とは、一連の公の競売または入札手続に時間的、場所的に接着してなされた行為で一般人をして右手続の公正に疑いを抱かしめる行為を言うのであつて、現実に公の競売または入札の公正が害されたことは必要でないと解するのが相当である」とした。）。
21　西田・前掲注（4）62頁。なお、三谷・前掲注（5）13頁以下参照。

他強制執行の手続を規定する法令によって認められた手続のことをいい[22]、「入札又は競り売り」（民事執行法64条2項、民事執行規則34条、同50条、国税徴収法94条2項）のほか、「特別売却」（民事執行規則51条）を含む[23]。

「強制執行において行われ……〔る〕売却」」とは、既に売却開始決定等がなされ、実施されることが予定されている売却のことをいい、「強制執行において……行われるべき売却」とは、まだ競売開始決定等はなされていないものの、将来当該決定等がなされた場合には実施されることになる売却のことをいう[24]。

売却を伴う強制執行が開始される現実的可能性が認められない段階においては、その公正を害す「べき」といえるほどの客観的可能性は認め難いであろうから、本罪は、そのような強制執行が開始される現実的可能性が認められるに至った後においてのみ成立するものと解されるべきであるとされる[25]。

また、「強制執行において行われ、又は行われるべき売却」を客体とする以上、売却が終了すれば、その公正を害すべき行為はありえないことになるが、強制執行において行われる売却の手続が続行する余地がある限りは、その公正を害すべき行為の存在を観念することができるから、最終的に売却許可決定を得た買受人が所定の代金を納付することによって目的財産の所有権を取得する（民事執行法79条）までは、同罪が成立しうるものと解されている[26]。

なお、本罪は、広義の公務執行妨害罪の一種であることから[27]、公務の適法性が問題となるが[28]、強制執行手続の中で売却が実施されるまでには、競売開始決定がなされてからでも相当の期間が経過するのが常であり、その間の手続に違法があれば、法定の不服申立てをする余裕は十分にあると思われるし、売却という手続の結果は目的財産の所有権の移転という観念的なものにとどまるものであることから、売却に係る強制執行の手続が違法もしくは不当な目的でなされたこと

22　髙﨑・前掲注（6）229頁。
23　西田・前掲注（4）62頁。
24　髙﨑・前掲注（6）228頁。
25　髙﨑・前掲注（6）228-229頁。品田・前掲注（4）263頁も参照。
26　髙﨑・前掲注（6）229頁。なお、代金未納付の段階の最高買受申出人に対して威力を用い、目的不動産の取得を断念するよう迫った者につき、旧規定の罪の成立を認めたものとして、最決平成10・11・4刑集52巻8号542頁。
27　髙﨑・前掲注（6）244-245頁参照。
28　公務執行妨害罪（刑法95条1項）における職務の適法性については、西田典之『刑法各論〔第6版〕』（2012、弘文堂）424頁以下など参照。

が客観的に明白である場合、または、当該手続の違法が重大かつ明白で、その執行が公務として無効あるいは不存在と認められる場合に限って、要保護性が否定されるものと解すべきであるとされる[29]。

4 手 段

本罪は、その手段として、「偽計又は威力を用いて」なされることが必要である。

「偽計」とは、刑法96条の3第1項（強制執行行為妨害罪）や、同233条（偽計業務妨害罪）のそれと同義であって[30]、威力や悪戯に当たるものを除いた、不正な手段の一切という意味に解すべきであるとされる[31]。「偽計」に当たるとされた行為として、入札価格が下位にある入札参加者の入札価格を増額訂正して落札させた行為[32]、現況調査に赴いた執行官に対して、競売物件の占有者が虚偽の賃借権を主張し、その旨を現況調査報告書に記載させた行為[33]、競売対象の建物を現況調査中の執行官に、賃借権を有している旨の虚偽の事実を述べて、その旨現況調査報告書に記載させた行為[34]、競売開始決定の対象である土地建物につき、同決定以前に短期賃貸借契約が締結されていた旨の内容虚偽の契約書の写し等を裁判所に提出した行為[35]、などがある。

「威力」も、刑法96条の3第1項（強制執行行為妨害罪）や、同234条（威力業務妨害罪）のそれと異なるものではなく[36]、「人の意思の自由を制圧するような勢力」という意味に理解されている[37]。「威力」に当たるとされた行為として、目的財産に暴力団名で立入りを禁止する旨の張り紙をした行為[38]、裁判所備置きの現況

---

29 髙﨑・前掲注（6）230頁。
30 偽計業務妨害罪における「偽計」とは、人を欺罔し、または人の不知、錯誤を利用することをいい、詐欺罪（刑法246条）における欺罔行為の概念よりも広く、また、直接被害者に向けられることを要しないとされる（西田・前掲注（28）128頁）。
31 髙﨑・前掲注（6）231頁。
32 甲府地判昭和43・12・18下刑集10巻12号1239頁。
33 鳥取地米子支判平成4・7・3判タ792号232頁。
34 前掲注（7）東京地判平成5・12・20。
35 最決平成10・7・14刑集52巻5号343頁。本件については、三で詳しく検討する。
36 威力業務妨害罪における「威力」とは、人の自由意思を制圧するに足る勢力の使用をいい（最判昭和28・1・30刑集7巻1号128頁）、暴行、脅迫はもちろん、地位、権勢、集団的勢力の利用を含み、被害者以外のものに対して行使される場合も含むとされる（西田・前掲注（28）129頁）。
37 髙﨑・前掲注（6）232頁。
38 福岡地判平成2・2・21判時1399号143頁。

調査報告書写しに暴力団名を刻したゴム印を押捺した行為[39]、裁判所備置きの物件明細書（民事執行法62条参照）写し等の綴り中に暴力団の肩書を付した名刺を挟み込んだ行為[40]、現況調査に訪れた執行官に対し、目的財産には暴力団が関与している旨述べてその旨現況調査報告書に記載させた行為[41]、入札等への参加希望者や買受申出人を直接威迫して参加や代金の納付を断念するよう迫る行為[42]、などがある。

偽計または威力を「用いて」とは、現実に偽計または威力を行使することをいう[43]。売却の公正を害すべき具体的危険性を生じさせるものである限り、その相手方は、執行官その他の売却手続の実施者や売却手続に参加しようとする者に限られず、競争手続を遅らせようとして内容虚偽の執行抗告状を執行裁判所に提出した行為についても本罪の成立が認められているようである[44]。

三　強制執行関係売却妨害としての「公正を害すべき行為」

1　総説

本罪にいう「公正を害すべき行為」とは、旧規定の下では、公の競売・入札に不当な影響を及ぼすべき行為をいうとするのが一般であり[45]、たとえば、競争・入札における予定価格を特定の入札予定者に漏示する行為が問題とされた、最決昭和37・2・9刑集16巻2号54頁のような、競売・入札における競争原理を損なうことはもとより、競売・入札の仕組みそのものまで成り立たなくするような、手続的に不公正な事例が典型例として挙げられることが多かった。

しかしながら、判例の中には、競売・入札の仕組みを動かすことなく、むし

39　岡山地判平成2・4・25判時1399号146頁。
40　松山地判平成3・10・23判タ789号272頁、高松高判平成4・4・30判タ789号274頁。なお、物件明細書については、三谷・前掲注（5）107頁以下参照。
41　前掲注（33）鳥取地米子支判平成4・7・3。
42　前掲注（26）最決平成10・11・4。
43　髙﨑・前掲注（6）231頁。
44　髙﨑・前掲注（6）231頁。なお、そこでは、高松高判平成10・4・27が引用されているが、公刊物未登載につき、参照しえなかった（ちなみに、西田・前掲注（4）63頁では、高松地判平成10・4・27として、類似の事案が紹介されているが、両者の異同も含め、詳細については不明である。）。さらに、「具体的危険性を生じさせるもの」であることを要するか否かは、なお検討を要する問題である。これについては、三の3（3）で検討する。
45　大塚・前掲注（9）91頁。

ろ、この仕組みが成り立つことを前提とする事案について、本罪の成立を認めたものもみられる。すなわち、短期賃貸借を仮装する妨害行為について、最高裁がはじめて本罪の成立を認めた、最決平成10・7・14刑集52巻5号343頁がこれである[46]。

以下では、同決定を素材として、本罪にいう「公正を害すべき行為」についての検討を試みる。

2　事実の概要と決定要旨

被告人Ｘは、検事を退官し、弁護士業務を行っていたものであるが、Ａ、ＢおよびＣらと共謀のうえ、徳島地方裁判所が競売開始決定をし、かつ、期間入札により競売する旨の売却実施命令を発した不動産につき、その公正な競売の実施を阻止しようと企て、同裁判所に対し、同不動産につき、短期賃貸借契約（民法旧395条参照）が締結されている旨の虚偽の写しを、同契約書の内容が真正なもののように装って、前記競売物件は既に他に賃貸されているので取調べを要求する旨の上申書に添付したうえ、郵送により提出した。Ｘの当該行為につき、偽計競売入札妨害罪（刑法旧96条の3第1項、現96条の4）の成否が問題となった。

Ｘは、「弁護士としては、往々にして犯罪らしきことに関して相談を持ち掛けられ、それにつき、否定、肯定の意見等を述べることはよくあることで、それを肯定したとか、あるいは中止を求めなかったことをもって直ちに共犯となるべき共謀があったということにはならない。」、「競売手続を妨害する意図は全くなく、むしろ現実の状態を裁判所に知らせるくらいの意思であったものである。いわば彼らの意思を取り次いだくらいのもので、これが手続の妨害として犯罪にな

46　本件評釈として、三好・前掲注（18）108頁以下、同「判解」ジュリスト1143号（1998）104頁以下（『最高裁　時の判例Ⅳ　刑事法編』（2004、有斐閣）88頁以下所収）、吉田正喜「判批」研修606号（1998）29頁以下、塩見淳「判批」法学教室221号（1999）122頁以下、上嶌一高「判批」法学教室222号別冊付録判例セレクト'98（1999）35頁（『判例セレクト'86〜'00』（2002、有斐閣）514頁所収）、曲田統「判批」法学新報105巻10=11号（1999）279頁、日高義博「判批」『平成10年度重要判例解説』（1999、有斐閣）158頁以下、清水真「判批」判例時報1673号（判例評論485号）（1999）214頁以下、京藤哲久「判批」金融法務事情1556号（1999）73頁、西田典之「判批」ジュリスト1217号（2002）133頁以下（同・前掲注（19）334頁以下所収）、同「判批」西田典之＝山口厚＝佐伯仁志編『刑法判例百選Ⅱ各論〔第6版〕』（2008、有斐閣）250頁以下、田坂晶「判批」成瀬幸典＝安田拓人＝島田聡一郎編『判例プラクティス刑法Ⅱ各論』（2012、信山社）477頁、岡部雅人「判批」山口厚＝佐伯仁志編『刑法判例百選Ⅱ各論〔第7版〕』（2014、有斐閣）240頁以下、渡邊卓也「判批」高橋則夫＝十河太朗編『新・判例ハンドブック刑法各論』（2016、日本評論社）168頁、前田雅英『最新重要判例250刑法〔第11版〕』（2017、弘文堂）249頁など。

るとは毛頭考えていなかった。」などとして、同罪についての犯意、共謀の点を争った。

第一審（徳島地判平成9・3・25刑集52巻5号348頁参照）は、Bらが、Aに対し、当該不動産を競売開始決定以前からBに賃貸していた形を取って競売を阻止するなどの計画を話した際、Xも同席していたこと、X自身、捜査段階において、本件の賃貸借が実体のない内容虚偽のものであることは十分知っていた旨を繰り返し述べていたことなどから、「被告人は、本件の賃貸借契約書が実体のない内容虚偽のものであることを十分認識しつつ、……徳島地方裁判所に対し、……各物件につき前記虚偽の賃貸借契約書を提出し、その競売につき公正を害すべき行為をなす旨の共謀を遂げたことは明らかというべきである。」として、Xを懲役1年、執行猶予4年とした。

Xは、これを不服として控訴し、事実誤認のほか、Xが当該不動産について、虚偽の賃貸借契約書の写しをその内容が真正なもののように装って執行裁判所に提出しても、執行裁判所としては、執行官による現況調査を信用すれば足り、少なくとも、現況調査報告書の内容とXの提出した同賃貸借契約書の写しの内容のいずれを信用するかを検討すれば足りるのであって、執行官によって誠実な現況調査がなされている限り、同賃貸借契約書の写しの内容が信用されることはありえないから、Xの本件行為は競売の公正を害すべき行為とはいえず、競売入札妨害罪は成立しないと主張した。

これに対して、原審（高松高判平成10・2・24刑集52巻5号358頁参照）は、「被告人の本件行為は、入札希望者を減少させ、本件競売手続も遅延させ、競売価格も低下させる事態を招来するおそれのあるものであることは明らかであり、関係証拠によれば、現に同裁判所は、……前記売却実施命令を取り消したうえ、右賃貸借契約書の記載内容等に関し、被告人及びBを書面により審尋するなどしていることが認められるのであるから、被告人の本件行為は、刑法96条の3第1項にいう『競売の公正を害すべき行為』に当たると解するのが相当であり、被告人につき競売入札妨害罪の成立を認めた原判決には何ら法令適用の誤りはない。」として、控訴を棄却した。

上告審においては、弁護人が付かなかったこともあり、Xは、原審におけるような詳細な主張をしていないものの、原判決が憲法31条に違反する旨のほか、「被告人としては、執行裁判所の手続きが進んでいた時でもあり、それには法律

上どんな主張ができるかも検討することなく、本人らが出して呉れとせかされた儘に、それを単に普通郵便でしかも上申書の形をとって出したものである。それは、……言わば本人らの意思を伝えたと言う程度のことであり、本人らに妨害の意思があったにせよ、その者らとの間においてその様な話し合いは勿論何にもないのである。」、「それによって、執行裁判所が、期日を取り消したと言うが、既にその当時は、不動産について占有者（C）がいて、何らかの事情が分かっており、もう一寸事情を裁判所において調べるべきであったと思われるところで、被告人としてはそんなことには関係ないものである。」、「本件土地につきどのような関係になっているか分からないから、言われる儘に送ったことは軽率であったとの誹りはうけるかも知れないが、だからと言って犯罪を犯したという気持ちはないのである。」などとして、同罪の成立を争った。

　最高裁（最決平成10・7・14刑集52巻5号343頁）は、被告人の上告趣意は適法な上告理由に当たらないとしたうえで、なお書きで、次のように判示した。

　「なお、原判決の認定によれば、被告人は、A、B及びCらと共謀の上、徳島地方裁判所が不動産競売の開始決定をしたAら所有の土地建物について、その売却の公正な実施を阻止しようと企て、同裁判所に対し、賃貸借契約が存在しないのにあるように装い、右土地建物は既に他に賃貸されているので取調べを要求する旨の上申書とともに、AらとB、Cとの間でそれぞれ競売開始決定より前に短期賃貸借契約が締結されていた旨の内容虚偽の各賃貸借契約書写しを提出したというのであるから、被告人に刑法96条の3第1項所定の偽計による競売入札妨害罪が成立することは明らかであり、これと同旨の原判決の判断は、正当である。」

3　検　討
（1）問題の所在

　本件は、外形的には権利行使の外観を備え、ただ、その権利の実体が存在しないという点において、いわゆる訴訟詐欺的な事案であり、本罪の典型例である、競売・入札における競争原理を損なうことはもとより、競売・入札の仕組みそのものまで成り立たなくするような、手続的に不公正な事例とは異なる点に特徴がある[47]。このような類型について、本罪の成立を肯定することに問題はないのかを検討することによって、「公正を害すべき行為」の本質を探ることが、ここで

の目的である。

(2) 手段としての「偽計」

まず、前提として、本件における X の行為が、本罪にいう「偽計」に当たるか否かを確認しておくことが必要であろう。

本罪における「偽計」の概念については、前述した通り、強制執行行為妨害罪（刑法96条の3第1項）や、偽計業務妨害罪（同233条）のそれと同義であって、威力や悪戯に当たるものを除いた、不正な手段の一切という意味に解すべきであるとされている[48]。

「偽計」に当たるとされた実際の例としては、前掲最決昭和37・2・9のほか、前述した、入札価格が下位にある入札参加者の入札価格を増額訂正して落札させた行為[49]、現況調査に赴いた執行官に対して、競売物件の占有者が虚偽の賃借権を主張し、その旨を現況調査報告書に記載させた行為[50]、競売対象の建物を現況調査中の執行官に、賃借権を有している旨の虚偽の事実を述べて、その旨現況調査報告書に記載させた行為[51]、などがある。

これらの事案に共通するのは、入札を実施する契約締結者自身、あるいは、競売・入札への参加者ないし参加検討中の者に、公正な競売・入札が行われているとの錯誤が存在する点である[52]。それゆえ、判例は、学説のいうように、「偽計」を業務妨害罪における解釈のように相当緩やかに肯定するのではなく、「人を欺きその正当な判断を誤らせる術策のこと」と解しているようにも思われる[53]。

しかし、それは、威力を伴わない競売・入札妨害において誰にも錯誤がない場合というのは、結局、入札者が談合し、実施主体・契約者もそれを知っているといった形態に限られるという事実的なものに由来するのではないか、との指摘がなされている[54]。そして、この形態には談合罪（刑法96条の6第2項）が適用されるべきであり、加えて、同罪を本罪の特別罪と捉えるのであれば[55]、「偽計」

47　三好・前掲注（18）117頁。
48　髙﨑・前掲注（6）231頁。
49　前掲注（32）甲府地判昭和43・12・18。
50　前掲注（33）鳥取地米子支判平成4・7・3。
51　前掲注（7）東京地判平成5・12・20。
52　塩見・前掲注（46）122頁。
53　前田雅英『刑法各論講義〔第6版〕』（2015、東京大学出版会）450頁参照。
54　塩見・前掲注（46）122頁。
55　旧規定の下では、談合罪について規定していた旧規定の「2項との関係上、談合はここから除

は、必ずしも錯誤を要件とするものではなく、人の正当な判断を誤らせるものであれば足りるといえよう[56]。

本件におけるXの行為は、Xの要求が認められれば、本件競売への参加者に、実際には虚偽の内容であるにもかかわらず、「公正な」競売が行われているとの錯誤をもたらすおそれのある、不正な手段であるということができるから、本罪にいう「偽計」に当たるものと解することができよう。

（3）「公正を害すべき行為」

では、本件におけるXの行為は、本罪にいう「公正を害すべき行為」といえるのであろうか。

前述した通り、本罪の保護法益は、「売却手続が参加者の公正かつ自由な競争によって行われることにより、債権者や売却手続施行者の利益が確保されるという売却手続の機能」と解されるべきであることから[57]、本罪における「公正を害すべき行為」とは、「強制執行における売却が参加者の公正かつ自由な競争によって行われることを阻害するおそれのある行為」をいうものと解される[58]。なお、本罪は抽象的危険犯であり、現実に公正が害されたことは必要でないとされる[59]。

これに対して、「公正を害すべき行為」とは、「強制執行における売却に際して加えられた偽計又は威力に当たる行為が、当該売却が公正に行われ又は現に行われていることに対して客観的に疑問を抱かせる状態に至っていることをいう」として、「強制執行における売却に際して偽計又は威力に相当する行為が加えられたというだけでは本罪は成立しないが、現実の公正が害されたという結果が発生したことは犯罪成立要件とは解されておらず（京都地判昭58・8・1刑裁月報15巻

外されると解する」とされていたことから（中野・前掲注（9）245頁）、そのように捉えることは可能であろう。もっとも、前田・前掲注（53）450頁は、「談合そのものは偽計であり、かつ、公正を妨げるべき行為として評価され得る。現行の96条の4には、談合に関する規定が置かれていないが、強制執行における売却に関して談合が行われた場合には、偽計によってその売却の公正を妨げるべき行為をしたものとして、96条の4そのものに該当して処罰される」とする。

56　塩見・前掲注（46）122頁。
57　西田・前掲注（4）61頁。同・前掲注（19）314頁も参照。
58　西田・前掲注（4）63頁、同・前掲注（19）316頁、品田・前掲注（4）263頁。
59　西田・前掲注（4）63頁、同・前掲注（19）316頁、品田・前掲注（4）263頁など。旧規定につき、大塚・前掲注（9）91頁（なお、そこでは、高松高判昭和33・12・10高刑集11巻10号618頁が参照されているが、同事案は、旧規定の第2項の罪である、「公正な価格を害し又は不正な利益を得る目的で、談合した者も、前項と同様とする。」とする、談合罪に係る事案であることに留意が必要である。）。

7 = 8号387頁)、本罪は具体的危険犯と解される」とする見解もある[60]。もっとも、この見解に立つ論者も、談合罪（刑法96条の6第2項）を抽象的危険犯と解している[61]。旧規定において、これらは同じ刑法96条の3の規定であったことに鑑みるならば、やはり、本罪は抽象的危険犯と解するのが妥当であるように思われる。

このようにして、本罪における「公正を害すべき行為」とは、「強制執行における売却が参加者の公正かつ自由な競争によって行われることを阻害するおそれのある行為」であり、本罪は抽象的危険犯であると解されることになるが、本件におけるXの行為は、このような「公正を害すべき行為」に当たるということができるのであろうか。

本決定は、原審の判断を是認する結論を示してはいるものの、その理由を述べてはいないが、本件行為を「競売の公正を害すべき行為」に当たるとして、これを是認したものと解することができる[62]。すなわち、本決定は、原判決が、Xの行為が「入札希望者を減少させ、本件競売手続も遅延させ、競売価格も低下させる事態を招来するおそれのあるものである」ことを理由として「公正を害すべき行為」に当たるとしているのを是認し、これと同じ考え方に立つものと解される[63]。

この点、公務侵害説からは、Xの行為により競売手続が遅延させられたことも、競売の公正で円滑な執行を阻害するものとして、本罪成立を認めるひとつの根拠たりえよう[64]。これに対して、競争侵害説からは、原判決が競売手続の遅延をも処罰根拠のひとつとしたことに対して、強い批判が向けられている[65]。

たしかに、競争侵害説は、本罪の処罰根拠と処罰範囲とを明確化するというメリットを有していると同時に、刑法233条、234条の偽計・威力業務妨害罪の法定刑が「3年以下の懲役又は50万円以下の罰金」であるのに対して、旧規定における本罪の法定刑が「2年以下の懲役又は250万円以下の罰金」であったことから、本罪の旧規定における法定刑の方が低いことをよりよく説明することができていた[66]、という点において、評価しうる見解であるということも指摘されている[67]。

---

60 髙﨑・前掲注（6）233-234頁（なお、ここで参照されている京都地判昭58・8・1については、前掲注（20）を参照）。同245頁も参照。旧規定につき、河上＝久木元・前掲注（9）207頁。同199-200頁も参照。
61 髙﨑・前掲注（6）245頁。旧規定につき、河上＝久木元・前掲注（9）199-200頁。
62 渡邊・前掲注（46）168頁。
63 西田・前掲注（19）327頁。同337頁も参照。
64 西田・前掲注（19）327頁、同338頁。
65 上嶌・前掲注（46）35頁、京藤・前掲注（46）75頁、橋爪・前掲注（18）59頁など。

しかし、競争侵害説によれば、本件の場合、偽計により入札希望者の減少の危険を生ぜしめた点では本罪の成立が認められ、また、競売手続の遅延を生ぜしめた点では偽計業務妨害罪（刑法233条）の成立が認められることから、両者は観念的競合になると解すべきことになるが、本罪の立法の沿革から考えても、そのような解釈が妥当であるかは疑問であるとされる[68]。すなわち、旧刑法268条は、「偽計又ハ威力ヲ以テ競売又ハ入札ヲ妨害シタル者ハ十五日以上三月以下ノ重禁錮ニ処シ二円以上二十円以下ノ罰金ヲ附加ス」と規定していたが、明治40年の現行刑法制定の際に、この条文は削除され、刑法233条、234条の偽計・威力業務妨害罪に統一され、同時に、明治41年の警察犯処罰令2条4号が、「入札ノ妨害ヲ為シ又ハ共同入札ヲ強請シ若ハ落札人ニ対シ其ノ事業又ハ利益ノ分配若ハ金品ヲ強請シタル者」は「三十日未満ノ拘留又ハ二十円未満ノ科料ニ処ス」とするにとどまっていた。この段階では、偽計・威力による競売妨害は、なお刑法233条、234条によって処罰される可能性を有していた。しかし、大判大正4・5・21刑録21輯663頁が、「刑法第二百三十三條ニ所謂業務トハ法文上其種類ヲ限局セサルヲ以テ舊刑法第八章ニ於テ規定セル商業及農工ノ業ハ勿論其他各人ノ反覆執行スル諸般ノ事務ヲ汎稱スルモノナリト解スヘキカ如シト雖公務ノ執行ヲ妨害スル罪ハ別ニ刑法第九十五條及第九十六條ニ規定シアリテ本條ノ罪ヲ構成セサルヲ以テ公務員ノ職務ハ本條ノ業務中ニ包含セスト論スルヲ相當トス」として、刑法233条、234条にいう「業務」には公務を含まないという判断を示して以来、この解釈が確立した判例理論となった。このことから、昭和15年の刑法改正仮案416条を継承し、昭和16年の改正で新設された、旧規定96条の3第1項は、それまで不可罰であった偽計・威力による公務妨害罪の一部を加罰的なものとする性格を有していた。その後、最大判昭和41・11・30刑集20巻9号1076頁[69]以降の一連の判

---

66 現行規定においては、強制執行関係売却妨害罪（刑法96条の4）についても、公契約関係競売等妨害罪（刑法96条の6）についても、「3年以下の懲役若しくは250万円以下の罰金に処し、又はこれを併科する」と規定されており、むしろ、偽計・威力業務妨害罪よりも、法定刑が重いものとなっている。
67 西田・前掲注（19）328頁、同338頁。
68 西田・前掲注（19）328頁、同338頁。
69 同判決は、「国鉄は、公法上の法人としてその職員が法令により公務に従事する者とみなされ、その労働関係も公労法の定めるところによる（日本国有鉄道法2条、34条、35条）等、一般の私人又は私法人が経営主体となっている民営鉄道とは異なる特殊の公法人事業体たる性格を有するものではあるが、その行う事業ないし業務の実態は、運輸を目的とする鉄道事業その他これに関連する事業ないし業務であつて、国若しくは公共団体又はその職員の行う権力的作用を伴う職務

例によって、非権力的公務は業務妨害罪にいう「業務」に含まれるという判例理論が確立された。しかし、そのことによって、同時に、競売妨害罪についても、その保護法益を競争侵害説のみの見地から理解し、これを超える部分については業務妨害罪の成立を認めるという解釈を採ることは、法的安定性の見地から許されないと解すべきである、とされるのである[70]。

また、平成23年改正によって、本罪の法定刑は、偽計・威力業務妨害罪よりも、むしろ重くなっていることから、その点においても、競争侵害説のメリットは失われていることになる。

さらに、現行規定の下では、競争による価格形成という要素のない、民事執行規則51条の規定する特別売却も「売却」に含まれているということからも[71]、競争侵害説の説得力は低下しているといわざるをえないであろう。

以上のことから、「公正」の内容には、競売・入札における競争原理のみならず、手続の円滑もまた含まれると解すべきであり、競売手続を遅延させたことも含めて、競売の公正で円滑な執行を阻害する行為を「公正を害すべき行為」とした、本件原審、ひいては、本決定の判断を、正当なものと評価してよいであろう[72]。

なお、本罪が抽象的危険犯か具体的危険犯かという点についての本決定の判断は、本件原審が、契約書等の提出後に裁判所が売却実施命令を取り消したことなども認定していることから、具体的な危険の発生を要件としないとしても、漠然とした危険では「害すべき」行為に足りないと解するものであったようにも思われるが[73]、本件については、虚偽内容の上申書が執行裁判所に提出されたことにより、虚偽の賃貸借契約の存在という情報が、ほぼ確実に競売参加者に伝達される可能性が発生していたことを根拠として、自由かつ公正な競争原理の侵害の危

ではなく、民営鉄道のそれと何ら異なるところはないのであるから、民営鉄道職員の行う現業業務は刑法233条、234条の業務妨害罪の対象となるが、国鉄職員の行う現業業務は、その職員が法令により公務に従事する者とみなされているというだけの理由で業務妨害罪の対象とならないとする合理的理由はないものといわなければならない。すなわち、国鉄の行う事業ないし業務は刑法233条、234条にいう『業務』の中に含まれるものと解するを相当とする」としたものである。

70　西田・前掲注（19）328-329頁、同338-339頁。
71　前掲注（5）参照。
72　西田・前掲注（19）329頁、同339頁。さらに、このような理解を前提にすれば、債務の弁済期日を未到来のように改ざんすることによって競売開始決定自体を無効にする行為や、虚偽内容の執行抗告を行うことによって競売手続を遅延させる行為などについても、本罪の成立を認めるべきことになるであろうとされる。
73　渡邊・前掲注（46）168頁。

険を肯定することの十分に可能であった事案として、上申書が執行裁判所に提出された時点における抽象的危険が問題とされたものと解してよいであろう[74]。

四　おわりに

　以上、本稿では、強制執行関係売却妨害罪（刑法96条の4）の罪質を概観した上で、同罪における「公正を害すべき行為」とはどのような行為をいうのかについて、最決平成10・7・14刑集52巻5号343頁を素材として、若干の検討を試みた。本罪については、従来から、学説・判例ともに、必ずしも十分な検討のなされてこなかった領域であると同時に[75]、平成23年改正を踏まえて、旧規定の下における解釈と、現行規定の下における解釈とを、いかにして架橋していくかという、重要な課題も残されている。本稿が、その課題を解決するための礎のひとつとなりえているかは、甚だ心許ないところではあるが、今後のさらなる議論の深化を期待しつつ、ここで筆を置くことにする。

74　西田・前掲注（19）331頁、同340頁。
75　西田・前掲注（19）324頁。

児童虐待再発防止の現状と課題
――香川県における多機関連携の取組みを中心に――

平 野 美 紀

　一　はじめに
　二　児童虐待とその現状
　三　児童虐待と法的介入
　四　児童虐待の再発防止と多機関連携――検察との連携を中心に――
　五　おわりに

　一　はじめに

　少年院の参観で、必ず出てくる話題が、収容されている少年のほとんどすべてが、児童虐待の被害経験を有しているという事実である。もちろん当該少年が少年院に収容される原因となった非行は、被虐待経験を理由として許されるわけではない。しかしながら、特に女子少年は児童虐待において性的な意味でも搾取されている[1]ことや、実際に刑務所に収容されている者にも被虐待経験を有する者が多いことも、知られるようになってきた。その連鎖を断ち切ることが、平成28年12月に「再犯の防止等の推進に関する法律」が施行されるなど、国を挙げて力を入れている再犯防止のための必要な対策だと考えざるを得ない。
　児童虐待は、「児童虐待の防止等に関する法律（以下、「児童虐待防止法」という。）」の第１条が「児童の人権を著しく侵害し、その心身の成長及び人格の形成に重大な影響を与える」とし、「我が国における将来の世代の育成にも懸念を及ぼす」としているように、子どもへの重大な権利侵害であり、子どもの将来に与える悪影響が非常に大きい。

1　『平成28年版犯罪白書』では「女子の少年院入院者は、男子に比べて保護者等からの被虐待経験があるとする者の割合が高いが入院時の自己申告にすぎない」（124頁）、とされているように、女子少年院等参観時の説明では、少年本人が虐待経験を申告する場合もあるが、実際に女子少年から話を聞いているうちに虐待を受けていたことが判明することも多いので被虐待経験の数は非常に多いと聞く。

子どもが安心して安全な環境で育つことができる社会をつくることについては、子どもをもつ者にももたない者にも、子どもを育てている者にもそうでない者にも、等しく責任がある。次世代を担う子どもたちを育てることは、親だけに課せられた義務ではなく、社会全体で担うべき責務であり、そして社会全体で考えるべき課題なのである。

　児童虐待を防止するには、子どもの養育段階での未然の防止、事後の介入と被害児童の保護、そして虐待者への措置と再発防止、家庭の再統合、という一連の流れの中で、その対策を構築していく必要がある。そこにはたとえば医学的・福祉的・社会学的・刑事法的・民事法的アプローチによる制度設計が必要となるであろう。本稿では、筆者の刑事法の研究者という立場から、この流れの中で、事後の刑事的介入とその後の措置という時間軸を中心に、特に香川県で始められた児童相談所と検察庁を中心とした多機関連携による児童虐待の再発防止の現状と課題について検討していくものである。

二　児童虐待とその現状

1　児童権利条約と児童虐待防止法の目的

　平成6年に我が国も批准している児童権利条約では、児童には生きる権利、育つ権利、守られる権利、参加する権利が保障されなければならないとされている。安心できる環境で育てられることは、児童に与えられた権利なのである。

　一方で児童虐待はその対極にあって、防止されるべきものである。児童虐待防止法は、児童虐待が「児童の人権を著しく侵害し、その心身の成長及び人格の形成に重大な影響を与える」とし、「我が国における将来の世代の育成にも懸念を及ぼすことにかんがみ」、「児童に対する虐待の禁止、児童虐待の予防及び早期発見その他の児童虐待の防止に関する国及び地方公共団体の責務、児童虐待を受けた児童の保護及び自立の支援のための措置等を定めることにより、児童虐待の防止等に関する施策を促進し、もって児童の権利利益の擁護に資すること」（第1条）を目的とする法律である。

　既に数回の改正を経ている本法は、平成12年5月に成立し、11月に施行された。当時が児童虐待事例の増加が目立ってきた時期というだけではなく、そのころから刑事司法の中での被害者の位置づけが問い直され、個人の生命・身体等を

守るためには、私人間や家庭内でも刑事法的介入が必要であるとの認識が高まり、同年には児童虐待防止法のほか「ストーカー行為等の規制に関する法律」が成立・施行され、さらに翌年には、「配偶者からの暴力及び被害者の保護等に関する法律」が成立・施行された。

また、平成28年5月には、児童福祉法も改正されて、子どもを権利の主体として位置づけ、すべての児童が健全に育成されるよう、児童虐待防止の発生予防や児童虐待発生時の迅速・的確な対応、被虐待児童への自立支援についても施策の強化が明確化された[2]。

2　定義と類型

児童虐待防止法第2条によれば、児童虐待とは「保護者がその監護する児童について行う行為」であり、①身体的虐待、②性的虐待、③ネグレクト、④心理的虐待とに分類されている。ここでいう「保護者」とは、親権を行う者、未成年後見人その他の者で、児童を現に監護する者をいい、「児童」とは、18歳に満たない者をいう。各行為の法的位置づけについては後述する。

①の身体的虐待とは、「児童の身体に外傷が生じ、または生じる恐れのある暴行を加えること（同法第2条1号）」であり、児童の身体の身体に外傷を生じ、又は生じるおそれのある暴行を加えることをいう。具体的には、殴る、叩く、蹴る、やけどを負わせる、溺れさせる、異物を飲ませる、冬に戸外にしめだす、意図的に児童を病気にさせる、激しく揺さぶる、熱湯をかける、異物を飲ませる、縄などで一室に拘束する、などの行為を指す。

②の性的虐待とは、「児童にわいせつな行為をすること、または児童に対してわいせつな行為をさせること（同法第2条2号）」をいう。具体的には児童への性行、性的暴力、性的行為の強要・教唆、性器や性行を見せる、性器を触るまたは触らせる、ポルノグラフティーの被写体になることを強要する、などがある。

③のネグレクトとは、「児童の心身の正常な発達を妨げるような著しい減食、又は長時間の放置、保護者以外の同居人による性的虐待や心理的虐待と同様の行為の放置、その他の保護者としての監護を著しく怠ること（同法第2条3号）」をいう。具体的には例えば、家に閉じ込めて外に出さない、適切な食事を与えな

2　吉田真理「児童虐待の発生予防から自立支援までの一連の対策の更なる強化等」時の法令2013号（2016）13頁以下。

い、下着など長時間ひどく不潔なままにする、児童にとって必要な情緒的欲求に応えない、極端に不潔な環境の中で生活させる、祖父母や兄弟や保護者の恋人などの同居人が身体的虐待や性的虐待や心理的虐待を行っているのにも関わらずそれを放置する、乳幼児を車の中に放置する、重大な病気になっても病院に連れていかない、というような、主に不作為による行為である。

④の心理的虐待とは、「児童に対する著しい暴言、著しく拒絶的な対応、児童が同居する家庭における配偶者に対する暴力、その他の児童に著しい心理的外傷を与える言動を行うこと（同法第2条4号)」をいう。具体的には、言葉による脅かし・脅迫、無視する、拒否的な態度をとる、子どもの心を傷つけることを繰り返し言う、他の兄弟とは著しく差別的な扱いをする、子どもの面前で配偶者等や家族に対して暴力をふるう、などをいう。子どもの面前で配偶者等に暴力をふるう、いわゆる面前DVは平成16年に新たに加わった概念であり、後で述べるように、新しく加わって以降心理的虐待の相談件数が著しく増えている。

3 児童相談所による児童虐待の相談対応件数の推移

児童虐待に法的に対応する行政組織は児童相談所である。厚生労働省（以下、「厚労省」という。）から公表されている全国の児童相談所が対応した児童虐待の相談件数の速報値は、平成27年度に過去最多の103,260件となり、初めて10万件を超えた[3]。もちろん児童虐待相談対応件数の増加は、実際に起きている児童虐待件数の増加を意味するわけではない。児童虐待の認識が高まったことや、通報について重要性が認識されたり簡易化が測られるようになったことで、件数が増えたと考えることができるからである。しかし、10年前の平成17年度の児童虐待の相談件数34,472件と比較すると相談対応件数の総数はおよそ3倍近くになっている。加えて28年に全国の警察が児童虐待の疑いとして児童相談所に通告した児童は過去最多の54,227人であった[4]。少子高齢化が進み、児童人口が減少している現状をかんがみても、児童虐待の増加傾向に対して、効果的な防止対策が喫緊の課題であることがわかる。

児童虐待の相談対応件数の内訳をみると、平成27年度の総数103,260件の内、心理的虐待が最も多い47.2％を占め48,693件、次いで身体的虐待が27.7％を占め

---

[3] 厚生労働省HP「児童虐待の現状」速報値。
[4] 平成29年3月10日付新聞各紙による。

28,611件、ネグレクトが23.7％を占め24,438件、最も少ないのは1.5％を占める性的虐待で1,518件である。平成18年度は相談内容の41.2％を身体的虐待が占めていたが、平成27年度では身体的虐待は全体の27.7％に過ぎず、一方で18年度の心理的虐待が17.2％である6,414件から平成27年度には48,693件と8倍近くにまでなり、その増加が目立つ。

　心理的虐待の相談件数が顕著に増加した原因は、先に述べたように平成16年の児童虐待防止法の改正によって、配偶者等に対して行うDVを児童が目撃することも心理的虐待の一つとされたことが理由のひとつに挙げられよう。そして、実際に支援センターに寄せられているDV相談には、同一家庭内でDVと児童虐待が併発していることが多く、また、DVの目撃が精神面・行動面で子どもに大きな影響を与えることは、これまでも指摘されてきている[5]。家庭内で配偶者等間で起きている暴力は、子どもに直接向けられていなくても、子どもの安心できる環境を大きく阻害しているのである。

　一方で性的虐待の相談件数自体は非常に少ない。実際に児童虐待における強姦および強制わいせつ罪での検挙人員は、平成27年でそれぞれ22件と29件であり、児童虐待事例での傷害罪での検挙人員が346件である[6]ことと比較してその十分の一程度である。しかし、性犯罪は告訴する側に躊躇を生じさせて表面化しにくいものであり、性犯罪の暗数の多さはよく知られているところである。さらに、性的虐待は生涯にわたって精神的身体的健康に深刻な影響を与える[7]など、その被害の深刻さは、相談件数が少ないからといって見過ごすことはできない[8]。なお、上記の検挙人員における罪名は、変更される可能性がある。監護者が影響力のある立場を利用した場合に処罰する監護者性行等罪や監護者わいせつ罪の新設が盛り込まれた刑法改正案が国会に提出される予定である[9]ことは、児童を被害者とした性犯罪に対して、より強い抑止が求められている表れであろう。

---

[5]　DVと児童虐待の関係については、柑本美和「配偶者間暴力と児童虐待：DVを目撃した子どもたち」（町野朔・岩瀬徹編『児童虐待の防止：児童と家庭、児童相談所と家庭裁判所』（有斐閣、2012）所収）に詳しい。
[6]　『平成28年度犯罪白書』285頁。
[7]　小西聖子「性的虐待児の治療とケア」（町野朔・岩瀬徹編『児童虐待の防止：児童と家庭、児童相談所と家庭裁判所』（有斐閣、2012）所収）。
[8]　松田一郎「現場からみた児童に対する性犯罪」罪と罰54巻1号（2016）100頁以下。
[9]　平成29年2月27日付新聞各紙による。

三　児童虐待と法的介入

1　児童虐待への早期介入

　このような児童相談所における相談対応件数の増加について、厚生労働省では、さまざまな形で通知を発出するなどし、現在、児童虐待の防止に向けて、①児童虐待の発生予防、②早期発見・早期対応、③子どもの保護・支援、保護者支援の取組みを進めている[10]。①の児童虐待の未然予防については、平成23年7月27日に、養育支援を必要とする家庭についての連携整備について「妊娠・出産・育児期に養育支援を特に必要とする家庭に係る保健・医療・福祉の連携体制の整備について」とする通知を出したのを始め、平成24年11月30日には、そのような家庭の把握及び支援について、翌25年6月11日にはそのような家庭の把握及び支援の徹底について通知を出し、未然防止という形での育児支援にも力を入れている。平成27年7月からは、児童相談所に24時間つながる全国共通ダイヤル189が開設され、児童虐待の早期発見にも力を入れている。児童虐待について早い段階で介入できるのは、以下で述べるような刑事法以外による介入である。

2　児童虐待と民事法的介入

　家庭内への民事法的介入には、たとえば平成24年4月より開始された親権停止制度がある。民法の親権喪失制度（民法第834条）が使いにくく、その影響が大きすぎることから、親権喪失以外に2年間の期限付きで親権を停止させる制度である。しかし、諸外国では早い段階から公権力が家庭に介入し、そこには裁判官が関与する[11]のと比べると、日本では「法は家庭に入らず」と言われ家族制度という文化に基づいた親権制度があり、家庭内に法的な介入をするのが困難であるといわれている。

　児童虐待に対し法的介入の端緒として重要なものに通告行為がある。児童虐待についてはその疑いがあると思われる児童を発見した者には、児童虐待防止法第6条に児童相談所等への通告義務があるのである。その疑いで足りることから、

10　厚生労働省「児童虐待関係の最新の法律改正について」(2011)（http://www.mhlw.go.jp/seisaku/2011/07/02.html）

11　水野紀子「児童虐待、配偶者間暴力、離婚」（町野朔・岩瀬徹編『児童虐待の防止：児童と家庭、児童相談所と家庭裁判所』（有斐閣、2012）所収）。

必ずしも虐待が起きているかどうかについて、通告者には確認の義務はない。特に教職員や医師など児童虐待を発見しやすい立場にある者については、それを自覚し、児童虐待の早期発見に努めなければならないとされ（同法第5条）、もともと有している守秘義務が解除され（たとえば医師が理由なく患者の秘密を漏示する行為は刑法第134条にいう秘密漏示罪に該当するが、児童虐待事例を報告する場合には児童虐待防止法第6条3項によって同罪に該当しないとされ）、また、誤って通告した場合にも処罰対象とはされず、さらに通告を受けた児童相談所には、通告者名を明かさないよう義務が課されている（同法第7条）。

通告を受けた児童相談所長は、必要に応じて、関係機関の協力を得て「当該児童の安全の確認を行うための措置」（児童虐待防止法第8条）をとる。必要があれば警察の協力も得て立入調査権を行使し（児童虐待防止法9条）、児童の安全の確保を行うべく、場合によっては一時保護等の措置（同法第8条）を行うが、一般には一時保護せずに在宅のまま援助を行うことが多いという[12]。ここでいう措置には親権者の同意が必要であり、親権者の同意が得られない場合には、児童福祉法第28条により、家庭裁判所への申立てが行われて、家裁の承認を得た後に施設入所等の措置がとられる。深刻な場合は、前述のような親権停止や喪失もあり得る。

3　類型ごとの罪名と刑事法的介入

児童虐待防止法は加害者を直接処罰するものではないので、児童虐待の行為については刑法等により加害者を処罰することになる。刑法は行為後に評価する機能しか持たないため、発動するのは常に行為が行われた後である。確かに刑罰の役割として、いわゆる一般予防と特別予防とがあり、一般予防という未然防止の役割も担っているものの、児童虐待の危険があるからといって実行行為より前に法的に介入することは許されないことが刑事的介入の限界なのである。

それぞれの行為について、先に述べた①身体的虐待は、刑法でいう暴行罪（第208条）、傷害結果を伴えば傷害罪（第204条）、さらに死の結果を伴えば傷害致死罪（第205条）、殺意が認定されれば殺人罪（第199条）等が該当する。

②の性的虐待は、13歳未満に関しては暴行脅迫を用いなくても姦淫行為があれば強姦罪（第177条後段））が該当し、13歳以上であれば暴行脅迫を用いた場合に

12　細谷芳明「児童虐待の現状と児童虐待に対する刑事関与のあり方（上）」捜査研究792号（2016）22頁以下。

強姦罪（同前段）が該当する。そのほか強制わいせつ罪（同第176条）、児童福祉法違反、各都道府県の青少年育成条例違反に該当することもある。また、児童を性的な商品として裸の写真画像や動画等を製造するといった、「児童買春・児童ポルノに係る行為等の規制及び処罰並びに児童の保護等に関する法律」違反などに該当することもある。なお、前述のように平成29年に、監護者が影響力のある立場を利用した場合に処罰する監護者性交等罪や監護者わいせつ罪の新設が盛り込まれた刑法改正案の国会提出が予定されている[13]。被害児の年齢に関係なく、また暴力や脅迫を用いなくても監護者の立場を利用した家庭内の性犯罪については、厳しく処罰される必要があろう。

③のネグレクトは、いわゆる不作為による行為も含めて保護責任者遺棄（致死傷）罪（第218条以下）、④の心理的虐待は心的外傷（PTSD）が証明できれば傷害罪として問うこともできよう。傷害罪は、生理的機能の傷害や健康状態の不良変更を処罰する規定であり、そこに精神的機能の傷害が含まれるかどうか、またその証明ができるのか、刑法上の罪に問うことが難しいといえよう[14]。

4　児童虐待に係る検挙件数

最新の統計として『平成28年版犯罪白書』によれば、児童虐待に係る事件の検挙件数は年々増加しており、その総件数は785件、検挙人員及び被害児童数は811人及び807人であり、統計のある平成11年以降最多であった。内訳は多いものから傷害が346件、暴行が235件、殺人が42件、強制わいせつが29件、強姦が22件となっている[15]。そのほか、警察庁生活安全局少年課の統計「児童虐待及び福祉犯の検挙状況」でも、逮捕監禁罪、自殺教唆罪等さまざまな罪名がならぶ[16]。

前章で述べた児童相談所の相談対応件数の多さと比較すると、検挙人員が非常に少ないのは、児童虐待が家庭内で行われることや、被害児が心情的にも被害を訴えにくいなど、被害がなかなか表面化しにくいなど、刑事法的介入の困難さを示すものといえよう。通常、加害者に刑事的処分を与えた場合には、再犯防止と

13　前掲注9。
14　たとえばPTSDを傷害罪として認めていない事案として福岡高判平成12年5月9日（判時1728号159頁）があるが、これはPTSDが傷害罪にあたらないとしたのではなく、最初に診断を行った医師が用いた精神障害の国際基準に照らすと、被害者の訴える症状がPTSDに該当することについては疑問があるとして傷害の認定ができないとしたものである。
15　『平成28年版犯罪白書』35頁。
16　警察庁生活安全局少年課「児童虐待及び福祉犯の検挙状況（平成27年1月〜12月）」。

いう側面も考慮しながら適切な処遇をして加害者を社会復帰させる。児童虐待の事例の場合、特別に配慮が必要であるのは、実親が加害者であるのが総数の約6割であり[17]、通常は実親と被害児が同居していると考えれば加害者が刑事処分等を受けた後に家庭に戻ると、一つの家庭の中に加害者と被害者がいるという環境が生まれることである。加害者と被害児にそれぞれ継続的な支援をしながら、そのような環境の中での被害児の保護と再発防止を図り、家庭の再統合を図るという複雑でデリケートな問題を両立させなければならないことが、児童虐待の困難な点である。その中心を担うのが児童相談所であるが、児童相談所だけで担うには、保護者への強制力という点からも困難であり、ここに、児童相談所の多機関連携、特に検察との連携の必要性が見出せるのである。

四　児童虐待再発防止と多機関連携――検察との連携を中心に――

1　児童相談所の多機関連携

これまで述べてきたように、児童虐待の発生や再発を防止するには、児童相談所をその中心に据えて、警察、教育機関、医療機関等の多機関連携による取組みが必要である。そのため、厚労省からは、さまざまな形での多機関連携について通知が発出されている[18]。

2　児童相談所と検察との連携

児童虐待事案の特徴は、自宅などの家庭内の閉鎖的環境で行われ目撃者等がほとんどないことや、被害を受けている児童が再被害を恐れたりあるいは親への愛情から被害申告をせずに加害者をかばうこと、など、被害が反復継続しやすく、また長期間にわたること、そして証拠が挙がりにくいことなどが刑事司法の中で

17　前掲注15。
18　たとえば平成22年3月24日には「学校及び保育所から市町村又は児童相談所への定期的な情報提供について」（厚労省雇児発0324第1号）、平成23年7月27日には「妊娠・出産・育児期に養育支援を特に必要とする家庭に係る保健・医療・福祉の連携体制の整備について」（厚労省雇児総発0727第4号、同雇児母発0727第3号）が発出された。その後も続いて平成24年3月29日に学校や警察、医療機関との連携について「児童虐待に係る速やかな通告等に関する学校との連携について」（厚労省雇児総発0329第1号）、同年4月12日には「児童虐待への対応における警察との連携の推進について」（厚労省雇児総発0412第1号）、同年11月30日には「児童虐待の防止のための医療機関との連携強化に関する留意事項について」（厚労省雇児総発1130第2号、同雇児母発1130第2号）が発出されている。

課題とされてきた。乳幼児の被害児にはそもそも被害を訴えることが非常に困難であるし、被害を訴えた児が警察の関与や司法の介入を希望しないこともある。加害者が故意を否定したり、あるいは行為が反復継続すれば、実行行為の特定や傷害等の結果との間の因果関係の特定も困難になる。

児童虐待が起きた後、児童の一時保護や捜査での警察との連携が行われるが、加えて検察との連携の必要性が認識されるようになってきた。検察は捜査機関として公判の場に向けた証拠を適正に収集し、公訴を提起する権限を有しており、加害者の処遇において、刑事的処分という観点からの強制的な働きかけが可能なのである。その点、後述のように香川県では先駆的な試みがなされている。

児童相談所と検察との連携については、平成26年6月26日に厚労省から連携の推進について「児童虐待への対応における検察との連携の推進について」[19]が発出された。これは「児童の安全確保を最優先に対応する」こととし、「児童虐待に関連した事件の捜査及び公判を担当する検察官等との情報共有や相互協力の連携体制を一層強化する」ことを目的としている。児童相談所が、主に被害児の一時保護等を解除して家庭復帰を行う場合等において、児童の安全確保の判断に資するための情報を検察官等に提供を求めることができるとするなど、児童の安全確保のための情報共有を中心としたものである。これは平成25年に和歌山県の児童相談所が、一時保護をしていた児について措置を解除して家庭に戻した後、再度の虐待によって児の生命が奪われたことが、情報共有の不足であったと指摘されていたことも一因であろう。

児童虐待に関する児童相談所と検察との連携の強化において、当初は、児の安全確保のための情報共有という点での連携が想定されていたにすぎなかったが、その後、連携の強化は、捜査や公判に向けてより広がりを見せ、加害者に対する強制的な働きかけという観点にまで広げられていることに留意すべきである。

そして、平成27年10月28日には、厚労省から全国の児童相談所等に向けて「子どもの心理的負担等に配慮した面接の取組に向けた警察・検察との更なる連携強化について」の通知[20]が発出された。いわゆる司法面接における児童相談所と警察・検察との連携である。被害児にとって捜査段階で虐待被害を繰り返し聴取されることは、負担が大きく、自己防衛のために話をしなくなることもある[21]。加え

---

19 厚労省雇児総発0626第1号。
20 厚生労働省雇児総発1028第1号。

て公判で証言することになれば、さらに負担は増す。また、年齢が幼ければ表現そのものができなかったりする。子どもは誘導や暗示を受けやすいので聴取の仕方にも工夫が必要である。本通知は、繰り返すことなく一度の聴取で公判に証拠として提出できるよう、警察・検察と児童相談所が協議したうえで、子どもの特性を踏まえた面接や聴取の方法の情報交換を行い、三機関で協議して、面接を行い、そのうえで、厚労省に実施状況を報告することとしている。新聞報道によれば、司法面接は、平成28年6月までの約半年間で、全国で88件行われたという[22]。

また、一般の刑事事件でも被害者・参考人の供述が立証の中核となる場合には、取調べを録音・録画する試行が開始されたため、児童の場合にも、録音・録画が児童の負担軽減になるとして、積極的に行われるようになってきた[23]。

そして厚労省からの通知が発出された同日平成27年10月28日、最高検察庁から各地方検察庁に向けて「警察及び児童相談所との更なる連携強化について」[24]、警察庁から各都道府県警に向けて「児童を被害者等とする事案への対応における検察及び児童相談所との更なる連携強化について」[25]のそれぞれ通知が発出されている。児童が被害者または参考人である事件については、関係機関の事件相談窓口を設置し、早期に情報共有して、検察・警察・児童相談所の三機関のうち、代表者が児童から聴取する取組みの実施を含めて対応方針を検討するよう、周知するものである。

3　高松高検での試み

高松高等検察庁では、厚労省から検察との連携の通知が出された平成27年10月より1年も前の26年11月に、酒井邦彦検事長主導による児童虐待防止プロジェクトチームを発足させ、翌27年4月6日にはプロジェクトチームが「児童虐待防止と検察の在り方（提言）」を公表した[26]。児童虐待事案について、児童の安全を確

21　岡聰志・清水孝教「児童虐待事案における児童相談所の役割と他機関との連携について（中）」捜査研究793号（2017）89頁以下。
22　平成29年2月5日付読売新聞。
23　和田雅樹「検察における児童虐待事案に対する取組について」罪と罰53巻4号（2016年）28頁以下。
24　最高検刑第103号。
25　警察庁　丁刑企発第69号、丁生企発第642号、丁少発第254号、丁捜一発第121号。
26　朝日新聞平成27年4月7日付。なお、本プロジェクトの内容は、平成27年10月20日、高松高検での酒井邦彦高松高検検事長へのインタビューとその際の配布資料による。

保し、心身とも健全に成長できる環境を整えるために検察として何をすべきかを明らかにしたものであり、前述の平成27年10月の連携強化の通知にも大きな影響を与えていると思われる。

　本提言は、新たな取組みとして、検察は児童相談所等との情報共有をし、加害者への処分を決定する前に、関係機関でカンファレンスを実施するところにひとつの特徴がある。虐待の背景を掘り下げたうえで加害者の刑事処分を決めるために警察や学校、市町村とも協力して、加害者や被害児の日常生活についての情報交換を実施するのである。被害者である子どもを中心に据えて児童の安全を確保しながら、家庭再統合を模索すべきか分離させるべきかなどを協議し、加害者の処分を討議する。刑事訴訟法第248条にいう起訴便宜主義は、検察官が、「犯罪後の情況」を含む諸事情を総合的に考慮したうえで、起訴・不起訴の判断を行う権限を有し、たとえば軽微な事案であれば、処分は保留にすることが可能なのである。検察が被疑者の処分を決定する前に他の専門家と協議したり意見を求めるという動きは、知的障害を有する被疑者への、いわゆる（刑事司法の）入口支援として最近その重要性が認識されるようになってきたが[27]、このように被害者を中心として加害者の処遇を決めていくという考え方は画期的ともいえよう。

　処分保留として被疑者とされる保護者を釈放して家庭に戻す場合、児童相談所の指導に従うことを訓戒とし課したうえで、生活状況や履行状況を観察してフォローアップすることも行われている。虐待再発防止を児童相談所だけが担うのではなく、検察が継続的にかかわることで、処分決定前という段階では特に、加害者への強制力も期待できるであろうし、児童相談所もその協力の下に、保護者と児童との関係の再構築を働きかけることが可能であろう。そして経過が良好であれば不起訴の判断により、本格的に家庭の再統合が目指されるであろう。香川県では、必要があれば再度検事が取調べを行うこともあるという[28]。

　もちろん、処分決定までの期間が長すぎたり、当該事件の処分の判断とは関連性が認めがたい遵守項目を定めたりすることについては、被疑者に不当に過度の負担を強いることになる、あるいは、検察官の起訴裁量権に基づくものとはい

27　平野美紀「知的障害犯罪者の処遇と社会復帰の現状と課題――再犯防止の観点から」（町野朔ほか編『岩井宜子先生古稀祝賀論文集：刑法・刑事政策と福祉』（尚学社、2011年）所収。
28　平成28年11月5日、中四国法政学会（香川大学）における刑事法部会ミニシンポジウム「児童虐待防止プロジェクトの取組みと課題：香川県における多職種の試み」での高松地方検察庁細川充刑事部の報告。

え、権限を逸脱した措置であるという批判もあり得るので、児童虐待の再発防止と被疑者の社会復帰支援に向けて、処分までの期間が合理的であるのか、遵守項目が合理的であるのか、などを慎重に検討する必要があるであろう。

また検察が起訴を決定した場合でも、保護観察付執行猶予を求めて、保護観察に付随する特別遵守事項は、児童相談所と相談して設定することもある。

このように香川県での特徴は、被害児を中心としたうえでの、関係機関によるカンファレンスとフォローアップである。それによって、それぞれの機関が有している専門性をお互いが理解して共通認識を高め、各機関は、再統合あるいは分離という結論を独自に出すのではなく、共通した一定の方向を協力して目指すことができる。そしてそのことによって、児童虐待の再発防止が期待できるのである。

このほか、平成28年に発出された厚労省、あるいは検察からの通知にもあるように、今後は司法面接に向けた益々の取組みも期待される。高松地裁をはじめとして証言を録画したDVDは、既に証拠として採用されているという[29]。香川県では、警察と児童相談所と検察との申し合わせにより、警察署又は高松地方裁判所において、隣室のモニターで警察官と児童相談所職員が視聴しながら、代表して検察官が児童を聴取し、調書は作成しないで録音録画することとされ、実際の地検での聴取室の写真は、児童の気が散らないような、しかし、リラックスできるような構造の部屋であった[30]。証拠能力という点では検察官による聴取が望ましいと思われるが、今後、子どもの特性を考慮した面接という技術面だけではなく、冤罪を防止するという観点からも、検察官の研修や被疑者に対する手続き上の公平さを担保する仕組み等検討も必要となってくるであろう。

高松高検の提言による試みは、児童相談所の現場でも好意的に受け入れられているようである。たとえば、香川県子ども女性相談センター（児童相談所と女性センターと2つの役割を担っている）では、検察の訓戒等の後ろ盾がない場合と比べて、親子関係の再構築への働きかけがしやすくなったという[31]。

29　平成28年12月18日付四国新聞。
30　前掲注28。
31　平成27年10月21日、香川県子ども女性相談センターにおける岡悦子所長のインタビュー。

五　おわりに

　冒頭に述べたように、安全安心な環境の中で育つことは子どもの権利であり、そのような環境を醸成・育成するのは、子どもをもつ者ももたない者も等しく有する義務である。児童虐待事例は突発的に突然起きることではなく、加害者が被虐待経験を持っているなど、その時間的流れや原因は非常に根が深い。ひとたび虐待事例が起きてしまった後は、さまざまな機関の連携と介入によって、被害児を切れ目なく支援し、加害者を適切に処遇することでしか、その負の連鎖は止められない。被害児への継続的な支援の中心になるのは児童相談所であるが、加害者にも適切な処遇をすることで、虐待の連鎖を止める手段とするには、香川県での検察の取組みには意義があり、大いに期待ができるのではないだろうか。もちろん児童の健全な育成や保護という観点から、再発防止は、家庭自体の機能の回復によってされるのが望ましいことも多く、安易な司法介入は適切とはいえない[32]。犯罪被害者等基本法第3条で謳われている、被害者の「人権を尊重」した「切れ目のない支援」は、児を中心とした多機関連携による司法福祉的な取組みのさらなる発展により、児童虐待の発生予防と再発防止として非常に重要であろう。

　　なお本稿は、平成27年10月20日、21日に実施した高松高等検察庁酒井邦彦検事長（当時）、香川県子ども女性相談センター岡悦子所長のインタビュー、そして、平成28年11月5日中四国法政学会でのミニシンポジウム「児童虐待防止プロジェクトの取組みと課題：香川県における多職種の試み」での岡所長、高松地方検察庁細川充刑事部長のご報告によるものが大きい。ここにインタビューを快くお引き受けくださったこと、またシンポジウムで報告してくださったことについて、酒井氏、岡氏、細川氏に記して心より感謝申し上げます。

---

[32]　高橋孝一「児童虐待事案における捜査上の留意事項：真相を解明し適切・妥当な解決を図るために」警察学論集69集11号（2016）48頁以下。

信書発信規制と手続的・司法的救済
―― 死刑確定者の発信申請信書を返戻した最判平成28年 ――

久　岡　康　成

一　はじめに
二　監獄法時代における信書発信等の規制と法律の留保論
三　刑事収容施設法下において発信申請信書を返戻した最判平成28年
四　信書発信規制の実体的根拠
五　信書発信規制の手続的・司法的救済
六　最判平成28年の検討
七　結びにかえて

一　はじめに

　信書の発受は、刑事収容施設及び被収容者等の処遇に関する法律（以下「刑事収容施設法」または「法」という）により、刑事収容施設、留置施設など各種施設に収容されている者にとっては、大きな楽しみでありまた有益なものであるが、一定の規制が行われている。各種施設のうちの刑事施設に収容されている受刑者、未決拘禁者、死刑確定者などの被収容者による信書の発受については、刑事収容施設法は、それらについての処遇の一環として具体的な規定をおき、直接にその規制のありかたを定めている。

　刑事収容施設、留置施設など各種施設に収容されている者に対する規制については、対象者においても規制の内容においても極めて多様なものがあり、既に一定の検討がなされているが、なお検討さるべき課題も多く残っていると考えられる。本稿はこれらの課題の中で信書発信規制について、死刑確定者による信書発信の規制に関する最判平成28年[1]を中心に検討し、その問題点を検討しようとするものである。

1　最判（第3小）平成28年4月12日最高裁判所裁判集民事252号139頁、判例時報2309号64頁、判例タイムズ1427号63頁、裁判所時報1649号5頁。

なお、死刑確定者は、その執行に至るまで刑事施設に拘置するとされ（刑法11条2項）、刑事収容施設に拘置されているが（法2条11号）、死刑確定者による信書発信の規制の根拠となる直接の規定は、以下の発受を許す信書についての法139条である。

> 第139条　刑事施設の長は、死刑確定者（未決拘禁者としての地位を有するものを除く。以下この目において同じ。）に対し、この目、第148条第3項又は次節の規定により禁止される場合を除き、次に掲げる信書を発受することを許すものとする。
> 　一　死刑確定者の親族との間で発受する信書
> 　二　婚姻関係の調整、訴訟の遂行、事業の維持その他の死刑確定者の身分上、法律上又は業務上の重大な利害に係る用務の処理のため発受する信書
> 　三　発受により死刑確定者の心情の安定に資すると認められる信書
> 2　刑事施設の長は、死刑確定者に対し、前項各号に掲げる信書以外の信書の発受について、その発受の相手方との交友関係の維持その他その発受を必要とする事情があり、かつ、その発受により刑事施設の規律及び秩序を害するおそれがないと認めるときは、これを許すことができる。

二　監獄法時代における信書発信等の規制と法律の留保論

（1）刑事収容施設法制定前の死刑確定者の処遇は、監獄法（明治41年法律第28号）によって[2]、死刑確定者は刑事被告人等とともに拘置監に収容され（監獄法1条）、「本法中別段ノ規定アルモノヲ除ク外刑事被告人ニ適用ス可キ規定ハ……死刑ノ言イ渡シヲ受ケタル者ニ之ヲ準用……」（監獄法9条）するものと規定されていた。

これらの規定の趣旨は、死刑の言い渡しを受けた者は「其性質ニ於イテモ略ホ未決勾留ト同シク専ラ逃亡ヲ防クカ為ニスル已ムヲ得サルノ自由拘束ニ過キサルカ故ニ之ヲ刑事被告人ト同一ノ処遇ヲ為スコト実際ノ便宜ト理論ノ要求トニ適合シタルモノナルヘシ」[3]と解されていた。

2　監獄法は明治41年法律第28号である。平成17（2005）年制定の「刑事施設及び受刑者の処遇等に関する法律」の平成18（2006）年施行に伴い、その附則第15条により改正されて「刑事施設ニ於ケル刑事被告人ノ収容等ニ関スル法律」と改題され、さらに平成19（2007）年施行の「刑事施設及び受刑者の処遇に関する法律」改正により、同法が「刑事収容施設及び被収容者等の処遇に関する法律」の名称に変更され、未決拘禁者・死刑確定者の処遇に関する規定も同法に統合されて、刑事施設ニ於ケル刑事被告人ノ収容等ニ関スル法律は廃止された（平成19年6月1日）。

そして、死刑確定者の実際の処遇も、未決拘禁者の処遇に準じて行われていた。このことは、戦後初期の監獄法改正作業の中での、監獄法改正調査委員会による司法大臣に対する答申「監獄法改正要綱」（昭和22年９月11日）の議論において、一般刑事被告人と同等に処遇する事の可否が論ぜられたが、（刑務所に収容するのでなく）死刑確定後も引きつづき未決拘禁所に収容し、現行の執行方法によることが絶対多数であり[4]、その現行の執行方法による死刑囚の処遇は、刑事被告人の処遇に準じることであったことによく現れている。このときの「監獄法改正要綱」自体は以下のようなものであった。

　（五）死刑囚の拘置
　　22　死刑の言い渡しについては、
　　　1　引き続き、これを拘置所に収容して置くこと
　　　2　その処遇は、原則として刑事被告人のそれに準じて行うこと
　　　3　死刑の執行は、拘置所において行うこと。

（２）死刑確定者の実際の処遇には、昭和38年３月15日矯正局長依命通達矯正96「死刑確定者の接見及び信書の発受について」（以下「昭和38年通達」という）により[5]、大きな変化が生じた。すなわち、昭和38年通達は、「死刑確定者には監獄

---

[3]　小河慈次郎『監獄法講義』（巌松堂書店、明治45（1912）年）81頁。
[4]　綿引神郎・藤平秀夫・大川新作『監獄法概論――逐条解説と改正の諸課題――』（有信堂、1950年）358頁。
[5]　昭和38年３月15日矯正局長依命通達矯正96「死刑確定者の接見及び信書の発受について」は、以下のようなものであった（名古屋地判平成18年３月23日 http://www.courts.go.jp/app/files/hanrei_jp/042/033042_hanrei.pdf を利用した）。
　死刑確定者の接見及び信書の発受について
　　接見及び信書に関する監獄法第９章の規定は、在監者一般につき接見及び信書の発受の許されることを認めているが、これは在監者の接見及び信書の発受を無制限に許すことを認めた趣旨ではなく、条理上各種の在監者につきそれぞれの拘禁の目的に応じてその制限の行われるべきことを基本的な趣旨としているものと解すべきである。
　　ところで、死刑確定者には監獄法上被告人に関する特別の規定が存する場合、その準用があるものとされているものの、接見又は信書の発受については、同法上被告人に関する特別の規定は存在せず、かつ、この点に関する限り、刑事訴訟法上当事者たる地位を有する被告人とは全くその性格を異にするものというべきであるから、その制限は専らこれを監獄に拘置する目的に照らして行われるべきものと考えられる。
　　いうまでもなく、死刑確定者は死刑判決の確定力の効果として、その執行を確保するために拘置され、一般社会とは厳に隔離されるべきものであり、拘置所等における身柄の確保及び社会不安の防止等の見地からする交通の制約は、その当然に受忍すべき義務であるとしなければならない。更に拘置中、死刑確定者が罪を自覚し、精神の安静裡に死刑の執行を受けることとなるよう配慮さるべきことは刑政上当然の要請であるから、その処遇に当たり、心情の安定を害するおそれのある交通も、また、制約されなければならないところである。

法上被告人に関する特別の規定が存する場合、その準用があるものとされているものの、接見又は信書の発受については、同法上被告人に関する特別の規定は存在せず、かつ、この点に関する限り、刑事訴訟法上当事者たる地位を有する被告人とは全くその性格を異にするものというべきであるから、その制限は専らこれを監獄に拘置する目的に照らして行われるべきものと考えられる。」とした上で、死刑確定者はその刑の「執行を確保するために拘置され、一般社会とは厳に隔離されるべきものであり、拘置所等における身柄の確保及び社会不安の防止等の見地からする交通の制約は、その当然に受忍すべき義務であるとしなければならない。更に拘置中、死刑確定者が罪を自覚し、精神の安静裡に死刑の執行を受けることとなるよう配慮さるべきことは刑政上当然の要請であるから、その処遇に当たり、心情の安定を害するおそれのある交通も、また、制約されなければならないところである」とし、「1　本人の身柄の確保を阻害し又は社会一般に不安の念を抱かせるおそれのある場合、2　本人の心情の安定を害するおそれのある場合、3　その他施設の管理運営上支障を生ずる場合」は、「概ね許可を与えないことが相当」であると通達したのである。

　すなわち、「死刑ノ言イ渡シヲ受ケタル者ニ之ヲ準用」（監獄法9条）の規定が、「監獄法改正要綱」（昭和22年9月11日）おいて認識されていた、当時の現行の方式としての、未決拘禁者の「処遇」の準用が、「昭和38年通達」により、未決拘禁者についての「特別の規定」の準用に転換され、さらに「特別の規定」がないとして、接見又は信書の発受の制限は専らこれを監獄に拘置する目的に照らして行われるべきものとされ、「概ね許可を与えないことが相当」な3場合が通達されたのである。そして拘置所の実務は、この後はこの「昭和38年通達」により行われたのである。

　なお、「昭和38年通達」の、適用さるべき規定も、準用さるべき特別の規定もなくても、接見又は信書の発受の制限を、専らこれを監獄に拘置する目的に照ら

　　　よつて、死刑確定者の接見及び信書の発受につきその許否を判断するに当たつて、左記に該当する場合は、概ね許可を与えないことが相当と思料されるので、右趣旨に則り自今その取扱いに遺憾なきを期せられたい。
　　　右命によつて通達する。
　　　　　記
　　　1　本人の身柄の確保を阻害し又は社会一般に不安の念を抱かせるおそれのある場合
　　　2　本人の心情の安定を害するおそれのある場合
　　　3　その他施設の管理運営上支障を生ずる場合

して行われるべきもので、通達でなし得るものであるという考え方の根拠には、死刑確定者のみならず、受刑者、未決拘禁者さらには被逮捕留置者をも含め、拘禁者一般についての、営造物の利用関係について展開された、法律の留保の原則を排除して自由裁量行為認め、被収容者の利益は裁量による恩恵として与えられ、さらに違法な権力行使に対する司法的救済にも服さないという、公法上の「特別権力関係理論」の適用があったと考えられる。

（3）しかしながら、「特別権力関係理論」の適用に対しては、既に監獄法時代において、理論的にも[6]、被収容者から提起された訴訟においても[7]批判が強く、判例においても接見又は信書の発受の制限は法律をもつて規定することを前提とする、「法律の留保論」に立脚するものが増えてきた[8]。

(a) 最高裁の判例に限っても、例えば、以下のような判例がある。

(a-1) 最大判昭和45年[9]は、刑務所での未決勾留中の被告人に対する喫煙禁止に対する国家賠償請求事件について、喫煙の自由が、憲法13条の保障する基本的人権の一に含まれるとしても、監獄法施行規則96条中未決勾留により拘禁された者に対し喫煙を禁止する規定が憲法13条に違反するものといえないことを判示するに当たって、以下のように述べている。

> 「未決勾留は、刑事訴訟法に基づき、逃走または罪証隠滅の防止を目的として、被疑者または被告人の居住を監獄内に限定するものであるところ、監獄内においては、多数の被拘禁者を収容し、これを集団として管理するにあたり、その秩序を維持し、正常な状態を保持するよう配慮する必要がある。このためには、被拘禁者の身体の自由を拘束するだけでなく、右の目的に照らし、必要な限度において、被拘禁者のその他の自由に対し、合理的制限を加えることもやむをえないところである。
> そして、右の制限が必要かつ合理的なものであるかどうかは、制限の必要性の程度と制限される基本的人権の内容、これに加えられる具体的制限の態様との較量のうえに立つて決せられるべきものというべきである。」

(a-2) 最大判昭和58年[10]は、東京拘置所長のした新聞記事抹消処分に関わる国

---

6 参照、覚正豊和「死刑確定者の人権——外部交通権に関する一考察」朝倉京一ほか編『刑事法学の現代的展開（八木国之先生古希祝賀論文集）下巻』199頁、ことにその218頁（1992年）。
7 特別権力関係理論の批判として、例えば参照、石川才顕「受刑者の法的地位」ジュリスト497号25頁（1972年）。
8 大阪地判昭和33年8月20日（いわゆる「孫斗八」事件）行政事件裁判例集9巻8号1662頁、判例時報159号6頁、判例タイムズ83号81頁。
9 最大判昭和45年9月16日民集24巻10号1440頁。
10 最大判昭和58年6月22日民集37巻5号793頁。

家賠償事件において、未決勾留によつて拘禁された者に対する新聞紙の閲読の自由を制限しうる旨定めた監獄法31条2項、監獄法施行規則86条1項の各規定、昭和41年12月13日法務大臣訓令及び昭和41年12月20日法務省矯正局長依命通達の、思想及び良心の自由を保障した憲法19条並びに表現の自由を保障した憲法21条の各規定への違反が問われた事件であるが、それを否定する前提として以下のように述べている。

「未決勾留は、刑事訴訟法の規定に基づき、逃亡又は罪証隠滅の防止を目的として、被疑者又は被告人の居住を監獄内に限定するものであって、右の勾留により拘禁された者は、その限度で身体的行動の自由を制限されるのみならず、前記逃亡又は罪証隠滅の防止の目的のために必要かつ合理的な範囲において、それ以外の行為の自由をも制限されることを免れないのであり、このことは、未決勾留そのものの予定するところでもある。また、監獄は、多数の被拘禁者を外部から隔離して収容する施設であり、右施設内でこれらの者を集団として管理するにあたっては、内部における規律及び秩序を維持し、その正常な状態を保持する必要があるから、この目的のために必要がある場合には、未決勾留によつて拘禁された者についても、この面からその者の身体的自由及びその他の行為の自由に一定の制限が加えられることは、やむをえないところというべきである（その制限が防禦権との関係で制約されることもありうるのは、もとより別論である。）。そして、この場合において、これらの自由に対する制限が必要かつ合理的なものとして是認されるかどうかは、右の目的のために制限が必要とされる程度と、制限される自由の内容及び性質、これに加えられる具体的制限の態様及び程度等を較量して決せられるべきものである。」

（a-3）最判平成3年[11]は、10歳の姪の勾留されている被告人との面会が拒絶された事案についての会不許可処分取消等請求事件につき、以下のように、拒絶の根拠とされた監獄法施行規則120条（及び124条）は、被勾留者と幼年者との接見を許さないとする限度において、監獄法50条の委任の範囲を超えた無効のものとの判断が示されている（過失はなしとして国家賠償請求は棄却）。

「未決勾留は、刑事訴訟法の規定に基づき、逃亡又は罪証隠滅の防止を目的として、被疑者又は被告人の居住を監獄内に限定するものである。そして、未決勾留により拘禁された者（以下「被勾留者」という。）は、逃亡又は罪証隠滅の防止という未決勾留の目的のために必要かつ合理的な範囲において身体の自由及びそれ以外の行為の自由に制限を受け、また監獄内の規律及び秩序の維持上放置することのできない程度の障害が生ずる相当の蓋然性が認められる場合には、右の障害発生の防止のために必要な

11　最判平成3年7月9日民集45巻6号1049頁。

限度で身体の自由及びそれ以外の行為の自由に合理的な制限を受けるが、他方、当該拘禁関係に伴う制約の範囲外においては、原則として一般市民としての自由を保障される。」

(a-4) 最判平成11年[12]は、東京拘置所に収容されている死刑確定者が新聞社にあてて投稿文を発送することの許可を求めたのに対する、東京拘置所長の不許可の処分につき、発信不許可処分の取消が請求された事件であるが、裁量の範囲を逸脱した違法があるとはいえず、右処分は適法としたが（河合伸一判事の反対意見がある）、その理由を次のように述べている。

「死刑確定者の拘禁の趣旨、目的、特質にかんがみれば、監獄法四六条一項に基づく死刑確定者の信書の発送の許否は、死刑確定者の心情の安定にも十分配慮して、死刑の執行に至るまでの間、社会から厳重に隔離してその身柄を確保するとともに、拘置所内の規律及び秩序が放置することができない程度に害されることがないようにするために、これを制限することが必要かつ合理的であるか否かを判断して決定すべきものであり、具体的場合における右判断は拘置所長の裁量にゆだねられているものと解すべきである。原審の適法に確定したところによれば、被上告人東京拘置所長は東京拘置所の採用している準則に基づいて右裁量権を行使して本件発信不許可処分をしたというのであるが、同準則は許否の判断を行う上での一般的な取扱いを内部的な基準として定めたものであって、具体的な信書の発送の許否は、前記のとおり、監獄法四六条一項の規定に基づき、その制限が必要かつ合理的であるか否かの判断によって決定されるものであり、本件においてもそのような判断がされたものと解される。そして、原審の適法に確定した事実関係の下においては、同被上告人のした判断に右裁量の範囲を逸脱した違法があるとはいえないから、本件発信不許可処分は適法なものというべきである。これと同旨の原審の判断は、是認するに足り、原判決に所論の違法はない。右判断は、市民的及び政治的権利に関する国際規約及び監獄法の所論の各条項に違反するものではない。論旨は、独自の見解に立って原判決を論難するものにすぎず、採用することができない。」

(a-5) 最判平成18年[13]は、刑務所長が受刑者の新聞社あての信書の発信を不許可としたことについての国家賠償請求事件において、裁量権の範囲を逸脱し、又は裁量権を濫用したものとして、国家賠償法1条1項の適用上違法となるとし、信書の発信申請者に1万円の支払をすることを国に命じたものであるが、以下のように述べている。

12　最判平成11年2月26日裁判集民事191号469頁。
13　最判平成18年3月23日裁判集民事219号947頁。

「表現の自由を保障した憲法21条の規定の趣旨、目的にかんがみると、受刑者のその親族でない者との間の信書の発受は、受刑者の性向、行状、監獄内の管理、保安の状況、当該信書の内容その他の具体的事情の下で、これを許すことにより、監獄内の規律及び秩序の維持、受刑者の身柄の確保、受刑者の改善、更生の点において放置することのできない程度の障害が生ずる相当のがい然性があると認められる場合に限って、これを制限することが許されるものというべきであり、その場合においても、その制限の程度は、上記の障害の発生防止のために必要かつ合理的な範囲にとどまるべきものと解するのが相当である。そうすると、監獄法46条2項は、その文言上は、特に必要があると認められる場合に限って上記信書の発受を許すものとしているようにみられるけれども、上記信書の発受の必要性は広く認められ、上記要件及び範囲でのみその制限が許されることを定めたものと解するのが相当であり、したがって、同項が憲法21条、14条1項に違反するものでないことは、当裁判所の判例（最高裁昭和40年（オ）第1425号同45年9月16日大法廷判決・民集24巻10号1410頁、最高裁昭和52年（オ）第927号同58年6月22日大法廷判決・民集37巻5号793頁）の趣旨に徴して明らかである。」

「本件信書の発信を許すことにより、同刑務所内の規律及び秩序の維持、上告人を含めた受刑者の身柄の確保、上告人を含めた受刑者の改善、更生の点において放置することのできない程度の障害が生ずる相当のがい然性があるかどうかについて考慮しないで、本件信書の発信を不許可としたことは明らかというべきである。しかも、前記事実関係によれば、本件信書は、国会議員に対して送付済みの本件請願書等の取材、調査及び報道を求める旨の内容を記載したC新聞社あてのものであったというのであるから、本件信書の発信を許すことによって熊本刑務所内に上記の障害が生ずる相当のがい然性があるということができないことも明らかというべきである。そうすると、熊本刑務所長の本件信書の発信の不許可は、裁量権の範囲を逸脱し、又は裁量権を濫用したものとして監獄法46条2項の規定の適用上違法であるのみならず、国家賠償法1条1項の規定の適用上も違法というべきである。」

(b) これらの判例の立場は、例えば死刑確定者についての最判平成11年でみれば、「死刑確定者の拘禁の趣旨、目的、特質にかんがみれば、監獄法四六条一項に基づく死刑確定者の信書の発送の許否は、死刑確定者の心情の安定にも十分配慮して、死刑の執行に至るまでの間、社会から厳重に隔離してその身柄を確保するとともに、拘置所内の規律及び秩序が放置することができない程度に害されることがないようにするために、これを制限することが必要かつ合理的であるか否かを判断して決定すべきものであり」としており、信書の発送制限は監獄法四六条一項に基づき、かつ必要かつ合理的であるか否かが基準になるのであるから、特別権力関係論を否定し法律の留保論に立脚しているということができる[14]。

三　刑事収容施設法下において死刑確定者の発信信書を返戻した最判平成28年[15]

（1）事実の概要

(a) Xは、死刑確定者として、平成21年6月3日以降、大阪拘置所に収容されている。

（なお原審によれば、Xは、平成21年7月22日、上記判決に対して再審を請求した。）

(b) Xは、平成21年9月28日、大阪拘置所の職員に対し、再審請求の弁護人であるA弁護士に宛て、便箋7枚に記載された信書（以下「本件信書1」という。）を80円切手5枚を同封して発信することを申請した。

本件信書1の1枚目には、A弁護士に対する近況報告等に続けて、Xの裁判の支援者Bら4名の氏名、住所、電話番号等が記載され、2枚目から7枚目までには、Bらに対する連絡事項や差入れに対する感謝の言葉等が支援者ごとに便箋を分けて記載されていた。

大阪拘置所長は、本件信書1は、外形的にはA弁護士を名宛人としているものの、便箋7枚のうち6枚（2枚目から7枚目まで）は、Xが同弁護士を介してBらに対して信書の転送を図ったものであり、その発信を許可した場合、刑事収容施設法の定める死刑確定者の外部交通についての制限の潜脱を認める結果となり、ひいては、不正連絡等の手段として利用されるなど拘置所の規律及び秩序を害するおそれがあると判断し、同月29日、Xに対し、本件信書1及び切手5枚を返戻した。

14　高田敏「在監関係と基本的人権」行政法判例百選Ⅰ第3版43頁（1993年）も、最判平成3年につき、「実質的に特別権力関係否定論と同様の結論が導き出されている」とされている。

15　最判平成28年4月12日裁判集民事252号139頁、判例時報2238号38頁、判例タイムズ1408号64頁。評釈として、石田倫識「死刑確定者による信書の発信〈最新判例演習室／刑事訴訟法〉」・法学セミナー740号162頁（2016年）、榎本雅記「拘置所長が死刑確定者の発信申請した信書を返戻した事例〈判例セレクトMonthly／刑訴法〉」法学教室433号160頁（2016年）、鴨下学「裁判例紹介～死刑確定者における信書の発受～」刑政127巻11号128頁（2016年）がある。なお、原審は大阪高判平成26年1月16日判例タイムズ1408号64頁、判例時報2238号38頁で、青野博之「死刑確定者の〔1〕信書の発信または〔2〕弁護人との秘密面会を許可しないことが違法とされた事例」私法判例リマークス（日本評論社）52号58頁（2016年）の評釈がある。

（c）Xは、同日、大阪拘置所の職員に対し、改めてA弁護士に宛てて、便箋7枚に記載された信書（以下「本件信書2」といい、本件信書1と併せて「本件各信書」という。）の発信を申請した。

本件信書2は、本件信書1を加筆、修正した上、2枚目以降について便箋の順序を入れ替えたものであり、その記載内容は、本件信書1とほぼ同じであった。

大阪拘置所長は、本件信書2も、本件信書1と同様に、XがA弁護士を介して支援者ら4名に対して信書の転送を図ったものであり、その発信を許可した場合、本件信書1の発信を許可した場合と同様に、拘置所の規律及び秩序を害するおそれがあると判断し、同年10月1日、本件信書1をXに返戻した。

これに対し、Xは、本件信書1のうち1枚目のみをA弁護士宛ての信書として発信するよう申請したため、大阪拘置所長がこれを許可し、本件信書1の1枚目は、同日、同弁護士に対して発信された。

（2）訴訟の経過

（a）Xは、信書1および信書の発信申請において、国の公務員である大阪拘置所長により2枚目から7枚目までを不当に削除され、発信を不許可とされたことにより、肉体的及び精神的苦痛を受けたとして、Y（国）に対し、慰謝料100万円の損害賠償を求めたが、請求は棄却された。

（b）そこでXが控訴した。控訴審（原審）の判断は以下である。

（b-1）本件各申請に対する不許可処分はない。

（b-2）本件各信書の返戻の違法性について

（b-2-1）本件各信書は、Bらに対する部分はBらへの伝言をA弁護士に依頼した趣旨とも考えられ、A弁護士に対する信書である。

（b-2-2）本件各信書は、法139条1項所定の信書には該当しない。

（b-2-3）法139条2項は、刑事施設の長の裁量権を認めているが、死刑確定者の場合も、友人・知人との外部交通を一般的に否定すると、死刑確定者を精神的に孤立させることになりかねず、その意味で死刑確定者の人権に配慮するという観点から（同法1条参照）、死刑確定者にも弊害を生ずるおそれがない限り、一般的に、友人・知人との良好な関係を維持するための外部交通を認めるのが適当であると考えられ、……良好な交友関係を維持するためであれば、交友関係の維持は、それ自体、信書の発受を必要とされる事情とされているのであるから、信書の発受により刑事施設の規律及び秩序を害する結果を生ずるおそれがある場合を

除き、基本的に信書の発受は許されなければならない。

(b-2-4) 本件各信書につき、「良好な交友関係の維持」の要件を検討するに際しては、

①前記認定にかかる本件各信書の内容、②本件各信書がXとBらとの良好な交友関係の維持のための信書であるならば、本来、Bらに対する信書としても基本的に発信が許可されるべきであって、それはA弁護士を介することによっても変わることはないこと、③前記認定のとおり、大阪拘置所長は、Bらについては、Xとの外部交通を許可しない方針としており、Bらに対する信書として発信を申請しても不許可となることはほぼ確実であったのであるから、Xが本件各信書をA弁護士宛の信書として発信の許可を求めたことは無理からぬものと考えられることなどに照らせば、XとA弁護士との関係ではなく、XとBらとの関係を検討するのが相当である。

(b-2-5) 本件各信書のBらに対する部分は、Bらとの間の良好な交友関係を維持するためのものである。

(b-2-6) 本件各信書のBらに対する部分の発信により刑事施設の規律及び秩序を害する結果を生ずるおそれがあるとは認められないから、

(b-2-7) 大阪拘置所長としては、基本的に、本件各信書のBらに関する部分もその発信を許可すべき義務を負っていたものというべきである。

(b-2-8) 大阪拘置所長が、Bらに対する部分の発信を許可しないことは、裁量権を逸脱・濫用したものであって、国家賠償法上違法であって、原判決を変更し、Xの請求を一部認容すべきものである。

(c) そこで、Yが上告受理を申し立てた。

(3) 判　旨

大阪拘置所長が、法139条2項の規定により発信を許すことができないものとし、Xに対し本件各信書を返戻した行為は、以下の理由により、国家賠償法1条1項の適用上違法であるとはいえず、原審の判断には、判決に影響を及ぼすことが明らかな法令の違反があり、原判決中Y敗訴部分は破棄を免れず、Xの請求は理由がないので、これを棄却した第1審判決は正当であるから、上記の部分につき、Xの控訴を棄却すべきである。

「刑事収容施設法139条2項は、同条1項各号に掲げる信書以外の信書の発受について、その発受の相手方との交友関係の維持その他その発受を必要とする事情があり、かつ、その発受により刑事施設の規律及び秩序を害するおそれがないと認めるときは、刑事施設の長は、死刑確定者に対し、これを許すことができる旨を定めている。原審は、本件各信書の2枚目以降の部分が被上告人と支援者ら4名との間の良好な交友関係を維持するためのものであるとするが、同条2項の文言に照らせば、同項にいう交友関係の維持については当該信書の発受の相手方との関係で検討されるべきものであり、専ら支援者ら4名に対する連絡事項等が記載された上記の部分が本件各信書の発信の相手方であるA弁護士との交友関係の維持に関わるものでないことは明らかである。また、前記2（2）ア及び（3）アのような本件各信書の内容、体裁等に照らせば、被上告人が、上記の部分を支援者ら4名各自宛ての信書として個別に発信を申請せず、本件各信書の全部をA弁護士宛ての信書として発信しようとしたことに拘置所の規律及び秩序の維持の観点から問題があったことは否定し難く、本件各信書の発信を許可した場合には拘置所の規律及び秩序を害するおそれがあるとした大阪拘置所長の判断に不合理な点があったということはできない。」

四　信書発信規制の実体的根拠

（1）信書発信規制により制限される死刑確定者の権利

（a）死刑確定者であるからといって、無権利の状態になるわけでない。面会についての、林真琴・北村篤・名取俊也『逐条解説　刑事収容施設法　改訂版』（以下、「林ほか逐条解説」と呼ぶ）[16]617頁では、後に検討するように、「死刑確定者の拘置は、死刑の執行に付随する前置手続きであって、その拘置中、刑事施設における処遇上、死刑という刑罰に伴う制裁として、外部交通を含めた行動の自由を剥奪しあるいは制限することも許される」という、極めて厳しい見解が述べられているが、その直後に、「（もとより、どのような自由も無制限に剥奪するべきであるという趣旨ではない）」として、死刑確定者であるからといって、無権利の状態になるわけでないことを確認している。

したがって、死刑確定者についても、少なくとも、信教の自由や思想の自由等の精神的自由、書籍等の閲覧による表現の受領を含む表現の自由、再審請求や、拘禁についての救済請求を含む裁判を受ける権利、等が保障されることは否定で

16　林真琴・北村篤・名取俊也『逐条解説 刑事収容施設法 改訂版』（有斐閣、2013年）。

きないところである。

　なお、死刑確定者についても、その執行までは、憲法13条の「すべて国民は、個人として尊重される。生命、自由及び幸福追求に対する国民の権利については、公共の福祉に反しない限り、立法その他の国政の上で、最大の尊重を必要とする。」と言う保障のもとにある。死刑確定者について、「残されたわずかの期間を刑事施設で過ごさせるために、特別に『生の充実』」に向けた処遇が要求される」との見解は[17]、死刑確定者についてのその具体化を主張するものと見ることができよう。

　(b) それでは、信書発信の権利は死刑確定者から剥奪されているのであろうか。

　まず、死刑確定者についても、裁判を受ける権利（憲法32条）の保障、表現の自由（憲法21条1項）の保障のための信書の発信は、死刑確定によっても奪われていない権利の保障（他の権利の保全）として認められ、また、親族との間で発受する信書の発受は（法139条1項1号）、家族生活における個人の尊厳と両性の平等（憲法24条）に関わるものと認められる。

　次に、信書の発信そのものの権利も、通信の秘密の保障（憲法21条2項）、幸福追求権（憲法13条）から認められなければならない[18]。

　すなわち、通信の秘密の保障（憲法21条2項）は、弁護人の接見交通権の保障と接見の秘密保障と同様に、第一段階での通信の権利（他者とのコミュニケーションの権利）の保障と、第二段階の秘密の保障からなるものである。したがって、刑事収容施設法が信書について検査（140条）、差止め等の措置（141条）を定めたことは、通信の権利（他者とのコミュニケーションの権利）の保障を認めた上で、その規制としては検査、差止め等の措置で足りることを認めたものである。

　また、幸福追求権（憲法13条）は、個人の人格的生存に不可欠な利益を内容とする権利の総体と説明されているが[19]、死刑が確定して死に向かい合い、さらに拘置されている死刑確定者にとって、通信（他者とのコミュニケーション）により、親密な人間関係を構築し、維持することは[20]、その人格的生存に不可欠な利

17　前野育三「死刑囚の処遇」法と政治44巻2号117頁（1993年）。
18　なお参照、久岡康成「法律の留保原則・比例原則と接見禁止——EU指令2013/48/EUを参考に——」立命館法学第363・364号599頁（2016年）。
19　芦部信喜（高橋和之補訂）『憲法 第6版』（岩波書店、2015年）120頁。
20　参照、稲葉実香「在監者の人権についての一考察」曽我部真裕・赤坂幸一編集『大石眞先生還暦記念——憲法改革の理念と展開』（下巻）559頁（信山社、2012年）。

益である。隔離拘禁（Incommunicado Detention）の中で死に向かい合って生活し、人格的生存を保持をし続けることは容易ではない。

したがって、死刑確定者の信書発信の権利については、その制限の範囲についての議論はあっても、信書発信の権利自体を否定することはできないと言わなければならない。

（２）死刑確定者の信書発信規制の根拠と基準

(a)「林ほか逐条解説」では、以下のような、死刑確定者の拘置を刑罰に伴う制裁とし、死刑確定者の拘禁の本質を外部交通の遮断であるとして、それを信書発信規制の根拠とする見解が示されている[21]。

> 「死刑確定者の拘置は、死刑の執行に付随する前置手続きであって、その拘置中、刑事施設における処遇上、死刑という刑罰に伴う制裁として、外部交通を含めた行動の自由を剥奪しあるいは制限することも許される（もとより、どのような自由も無制限に剥奪するべきであるという趣旨ではない）と考えられる。」(617頁)
>
> 「この法律でも、死刑確定者の拘禁の本質は、外部交通の遮断を含む社会からの隔離にあり、拘禁の本質だけで、死刑確定者の外部交通を制約する理由になり得る。」(710頁)
>
> 「その刑罰に伴う制裁として、刑事施設における処遇上、受刑者よりも自由を制約することも許される。——死刑確定者に、相手方の範囲に制限なく、自由に信書を発信する権利を保障するようなことは、国民感情も、これを許さないものと思われる——。」(711頁)

しかし、このような見解には疑問がある。

まず、刑法は、死刑確定者は「その執行に至るまで刑事施設に拘置する」（刑法11条２項）と定め、拘置は刑の執行までの措置であっても、制裁としては定めていないものと考えられる。また、前示の最高裁判決平成11年など、監獄法時代の最判においても、「社会から厳重に隔離してその身柄を確保するとともに」と、「社会から厳重に隔離」の表現が用いられたことはあるが、それはあくまで「身柄を確保する」ためのものであって、「制裁」としてではなかったのである。前示の「昭和38年通達」でも死刑確定者の拘置が制裁であるとはされていない。また、さらに、刑事収容施設法下での再審請求人の弁護人との面会についての最判平成25年も[22]、「刑事施設の長は、被収容者と外部の者との面会に関する許否

---

21 前掲注16「林ほか逐条解説」。
22 最判平成25年12月10日民集67巻９号1761頁。なお、この判決については、清水誠「再審請求人の弁護人との面会に関する考察」法学新報122巻９・10号253頁（2016年）などがある。

の権限を有しているところ、当該施設の規律及び秩序の維持、被収容者の矯正処遇の適切な実施等の観点からその権限を適切に行使するよう職務上義務付けられている」と述べるのみで、死刑確定者の拘置に「制裁」側面があるなどの何等顧慮されていない。死刑確定者の拘置を「制裁」と言い、受刑者よりも自由を制約することが出来ると言う見解は、「拘置」についての従来の理解から逸脱していると言わざるを得ない。

　さらに、信書発信の規制を制裁と置くならば、しかもそれは剥奪・制限・制限なしなど大小・強弱のあるものであるから、その手続きは適正な法定手続き（憲法31条）に服するべきもので、被制裁者に対する事前の告知聴聞の機会が保障されなければならないが[23]、現行の刑事施設収容法はそのような手続きを置いていない。

　以上より考えると、拘置（刑法11条2項）の意味は、「制裁」ではなく、最高裁判決平成11年のいう「身柄を確保する」ことであり、したがって、死刑確定者の信書の発送の規制は、刑事収容施設法においても、最判平成11年の立場に立って、死刑確定者の、「その身柄を確保するとともに、拘置所内の規律及び秩序が放置することができない程度に害されることがないようにするため」のものと解されるべきであると考えられる。

　（b）死刑確定者の信書発信規制の具体的な基準は、刑事施設収容法139条で定められている。その基準自体についても具体的な適用についても、その妥当性は、ここでも最高裁判決平成11年の立場に立って、死刑確定者の信書発信の権利を規制することが、「その身柄を確保するとともに、拘置所内の規律及び秩序が放置することができない程度に害されることがないようにするために、これを制限することが必要かつ合理的であるか否か」によって判断されるべきものと考えられる[24]。

23　第三者所有物没収事件についての最大判昭和37年11月28日16巻11号1593頁。
24　参照、大阪地判平成26年5月22日 http://www.courts.go.jp/app/files/hanrei_jp/190/085190_hanrei.pdf、およびその控訴審である大阪高判平成26年11月14日訟務月報61巻8号1601頁。

五　信書発信規制の手続的・司法的救済

（1）死刑確定者により信書の発信の申請（最判平成28年）が行われた信書が、法139条1項各号に該当せず、同条2項による発信も認められなかったり、法139条1項2号・3号の信書につきその一部の削除、抹消が行われることがある。これらが、刑事施設の長による処分であり、例えば発信不許可処分取消請求事件として、司法的救済の対象となるの対象となることは、既に確立している[25]。

しかし、これら処分があったことを申請者が知る途は、必ずしも明らかでない。刑事収法141条（信書の内容による差止め等）が準用する法132条を類推適用し、同様の取扱をすべきであると言われることもあるが（林ほか逐条解説723頁）、同法132条は発受を禁止した信書等の取扱いの規定である。発信が認められなかったこと自体については、結局は、被収容者の外部交通に関する訓令（法務省矯成訓第3359号、平成18年5月23日）により、「法の規定により死刑確定者が発受することが許されない信書に係る手続についても、同様とする。」とされて（7条4項後段）、同条3項ロにより、その旨が「口頭により告知」されることを待たざるを得ないことになっていると思われる。

（2）それでは、発信が認められなかったこと等の旨が「告知」がざれず、発信申請信書につき、いわゆる不受理・返戻が行われる場合をどう考えるべきであろうか。

申請に対する審査応答義務を認めた行政手続法7条は、拘置所等において、収容の目的を達成するためにされる処分及び行政指導には行政手続法の適用は除外されているが（行政手続法3条8号）、信書の発信の申請を認める以上、不受理・返戻による審査応答、即ち許可・不許可の処分が回避されてよい道理はない。審査応答義務を認めた行政手続法7条には参考にされるべきものがある。また、発信申請信書の返戻が繰り返される場合は、かって刑事訴訟法上の準抗告

25　最判平成3年、最判平成11年は不許可処分取消訴訟である。不許可処分取消訴訟である。また、前示の注24の事件は、発信不許可処分取消請求事件であり、1審では、当該不許可処分は、裁量権の範囲を逸脱したものとして違法であるとし、原告の請求（発信不許可処分取消）が認容されている（控訴審は原判決取消、被控訴人の請求棄却）。稲葉美香「死刑確定者の信書発信の権利」TKC ローライブラリ、新・判例解説 Watch、憲法 No.87、2014年は、この第1審の評釈である。

つき、弁護人と身体を拘束されている被疑者との間の接見交通に対する指定において、具体的指定書持参要求自体を接見指定処分とすることが論議された経験に照らし、返戻の繰り返しを信書発信不許可の処分とする発信不許可処分取消請求訴訟につき訴の利益が認められるべきであると思われる[26]。

（３）不許可の処分についても不受理・返戻においても、その背後には、信書の発受の相手方の届出（刑事施設及び被収容者の処遇に関する規則・平成18年法務省令第57号の第76条）と、これに対する許可する方針・許可しない方針の決定があったのである。すなわち大阪拘置所では、大阪拘置所長の平成26年３月７日付け達示第２号「『死刑確定者処遇規程』により[27]、信書の発受をすることが予想される者について申告表の提出を求め、その申告表（に記載されている者）につき信書の発受の可否に関する方針の大阪拘置所長の決裁を受け、それを当該死刑確定者に告知することにしていたのである[28]。

このような処遇規程のもとでは、可否に関する方針の決裁後は、具体的な信書発信申請に対する取扱いは、申告表についての決裁に則して行われることになり、不可の方針・許可しない方針とされた者に対する信書発信申請に対しては、不受理・返戻の繰り返しを予想せざるをえないのである。

しかしながら、このような取扱いについても疑問を控えることはできない。不可の方針・許可しない方針は、これを当該死刑確定者に告知せざるを得ないとこ

---

26 なお参照、久岡康成「具体的指定書持参要求方式と接見交通権」立命館法学188・189号258頁（1987年）。
27 大阪拘置所「死刑確定者処遇規程」（大阪拘置所長、平成26年３月７日付け達示第２号）について、（大阪地判（損害賠償事件）平成27年６月11日）http://www.courts.go.jp/app/files/hanrei_jp/190/085190_hanrei.pdfは、「17条１項において、死刑確定者の信書の発受の許否の判断に資するため、死刑判決が確定した旨の告知後速やかに、又は所管の統括が必要と認めた場合にはその都度、死刑確定者に対し、信書の発受をすることが予想される者について、処遇規程別紙様式１から３までに定める申告表の提出を求めるものとしている。
　そして、同条２項において、所管の統括が必要と認める場合には、当該死刑確定者に対し、申告表に記載された者との関係を証明する書類等の提出を求めるものとし、同条３項及び４項において、死刑確定者が申告表を提出した場合、所管の統括は、当該死刑確定者との関係、信書の発受を必要とする事情等を踏まえた可否の方針に関する意見を添え、所長の決裁を受け、その決裁が終了した後、速やかに信書の発受の可否に関する方針を当該死刑確定者に告知することとしている。」と述べている。
28 最判平成28年の原審では、A弁護士について面会及び信書の発受を許可する方針とする旨判定し、（判例タイムズ1408号64頁）、外部交通を許可する方針としていたのは、A弁護士を含む弁護士10名及び友人１名であり、Bら４名については外部交通を許可しない方針としていた」（判例タイムズ1408号70頁）とされ、Bら４名に対する信書として発信を申請しても不許可となることはほぼ確実であったとされている（判例タイムズ1408号73頁）。

ろに現れているように、申告表による申請に対する不許可とされた者についての信書発信許否の処分である。具体的な信書発信申請に対する不許可の処分が行われる余地があることを理由に、内部的な事務処理の活動ということはできない。

六　最判平成28年の検討

（1）最判平成28年は、大阪拘置所長の行為を、「同項（法139条2項）の規定により発信を許すことができないものとして、被上告人（X）に対し本件各信書を返戻した行為」、と捉えている。このような行為は、根拠規定も示し、被上告人（X）の申請が容れられないことが明確に告知されているわけであるから、申請拒否処分に該当し、申請拒否処分取消訴訟が肯定されるべきことになるものと思われる[29]。

（2）但し、最判平成28年は、「同項（法139条2項）の規定により発信を許すことができない」理由として、被上告人（X）が、「上記の部分を支援者ら4名各自宛ての信書として個別に発信を申請せず、本件各信書の全部をA弁護士宛ての信書として発信しようとしたことに拘置所の規律及び秩序の維持の観点から問題があったことは否定し難く」とするが、その「規律及び秩序」、潜脱を認めることになる「外部交通についての制限」が何たるかは指摘されず、明かでない。

まず、本件は郵便物の方法による信書の発信が申請された事案であるが、信書の発信の相手方と郵送の相手方を一致させるべきであるという明文の規律は、親書の内容による差止め等についての法141条により準用される法129条等にもなく。他にも見当たらない。

また、信書のなかに第三者の名前がある場合に、その第三者への伝言を依頼する記述であり、その第三者が発信の相手方でない場合もあり得ることは、一般に認められていて（林ほか逐条解説640もこれを認める）、その区別は容易でない。相手方と郵送の相手方の一致が「規律及び秩序」として明記せず、伝言との区別の基準も示さないまま、これを死刑確定者が遵守すべき規律とすることは出来ないものと思われる。

なお、信書の発信の不許可の方針が発信申請者に告知されていた者に対して信

29　行政法学での議論につき参照、鹿子嶋仁「申請書の返戻と行政手続法」香川法学29巻2号129頁、ことに144頁（2009年）。

書を発信しようとしたことを、「規律及び秩序」問題とするのであるならば、その発信の不許可の方針が規律を設定するものとして処分となり、処分取消訴訟が認められるべきものとなる。

（3）「規律及び秩序」問題を除けば、信書発信の問題は法139条1項各号及び2項の「その発受の相手方との交友関係の維持その他その発受を必要とする事情」要件の該当性の問題になる。拘置所における運用に当たっては、矯正局長通達「被収容者の外部交通に関する訓令の運用について（依命通達）」（法務省矯成第3350号、平成19年5月30日）があり、「26 死刑確定者の面会及び信書の発受について」が発されている。

法139条2項についてみれば、その発受の相手方との交友関係の維持は例示であり、一般的な基準は、申請者が「その発受を必要とする事情」であって、法139条1項各号に定められている者以外に、「その発受を必要とする事情」のある者が存在することが前提となっている[30]。前示の矯正局長通達（平成19年5月30日）の「26 死刑確定者の面会及び信書の発受について」は、「（3）法第120条第2項又は第139条第2項の規定により面会又は信書の発受を許すことができる場合の判断に当たっては、個別具体的な事案ごとに、面会又は信書の発受の目的、相手方の身上、死刑確定者と相手方との関係、死刑確定者の心情に与える影響等を考慮し、その許否を決するものとすること。」と通達している。「心情に与える影響」の考慮に当たっては、内心の自由を侵害するおそれを生じさせない範囲で考慮されなければならない[31]。

なお前示のように、信書の発受の相手方の届出（申告表）（刑事施設及び被収容者の処遇に関する規則・平成18年法務省令第57号の第76条）と、これに対する許可する方針・許可しない方針の決定（大阪拘置所長の平成26年3月7日付け達示第2号「死刑確定者処遇規程」）が、別に行われているが、拘置所長達示による許可しない方針の決定は、法139条2項はもとより、それを受けた前示の矯正局長通達（平成19年5月30日）を排除するものではないから、許可しない方針の決定があった場合においても、個別具体的な事案ごとに諸事情を考慮して許否が決されねばならない[32]。

---

30 参照、前示の注24の大阪地判平成26年5月22およびその控訴審である大阪高判平成26年11月14日。
31 参照、東京地判平成6・12・13判時1547号94頁。
32 なお前示の注12最判平成11年2月26日は、東京拘置所の採用している「準則は許否の判断を行う上での一般的な取扱いを内部的な基準として定めたものであって、具体的な信書の発送の許否は、前記のとおり、監獄法四六条一項の規定に基づき、その制限が必要かつ合理的であるか否か

七　結びにかえて

（1）「死刑確定者の拘置」の意義を刑罰に伴う制裁、死刑確定者の拘禁の本質を外部交通の遮断であるとし、受刑者よりも死刑確定者の自由を制約することも許されるとして、信書発信規制の根拠とする見解（林ほか逐条解説617・710・711頁）が、刑事収容施設法の立案関与者により近時展開されている。このような見解は死刑確定者の信書発信を含めて、死刑確定者の権利を大きく縮減する点において、かっての特別権力関係論と同様の結論さえ導きかねないものである。

死刑確定者の拘置の意義についての従来の議論、判例の到達点からも、さらには死刑確定者の拘置を定める刑法11条2項の解釈論、さらには「制裁」に対する適正手続きの保障（憲法31条）等からの、立ち入った検討が必要と思われる。

（2）死刑確定者の信書発信規制については、規制手続き自体についても、司法的救済においても、手続的側面の整備が手薄であり、議論も少ない。前示のように、信書発信申請の不許可の告知が、被収容者の外部交通に関する訓令（平成18年5月23日）7条4項後段、同条3項ロによる、その旨が「口頭により告知」されることを待たざるを得ないことは、その一証左である。行政手続き一般としての議論をしないとしても、拘置所を含む刑事施設が、公正・透明な手続きによって運営されることは、組織として、しかも公権力を行使する組織として、その社会的責任である。行政手続法の適用除外に安住することなく、手続的側面の整備が検討されるべきである。

（3）なお、EU諸国における死刑廃止、死刑廃止条約の成立など、死刑廃止の方向には揺るがないものがあり、死刑確定者の処遇が人権に配慮して行われるべきことも国際的に確立している[33]。わが国においても、未決拘禁者の処遇を死刑拘禁者の処遇に準用した、かっての人権配慮の高い到達点（参照、監獄法改正要綱・昭和22年9月11日）を再確認して、人権に配慮した死刑確定者の処遇に向かって、一層の努力がされるべきものと思われる。

の判断によって決定されるものであり」と述べている。
33　参照、石塚伸一「第10章　監獄法改正と死刑確定者の処遇」刑事立法研究会編『代用監獄・拘置所改革のゆくえ　監獄法改正をめぐって』214頁（現代人文社、2005年）、および同「人権の国際化と死刑確定者の外部交通：いわゆる「Tシャツ訴訟」を素材に」龍谷法学34巻1号1頁（2001年）。

三谷忠之先生 略歴・主要著作目録

略　　歴

学　歴

昭和39年3月1日　　大阪府立天王寺高等学校普通科卒業
昭和40年4月1日　　大阪市立大学法学部法学科入学
昭和44年3月24日　大阪市立大学法学部法学科卒業（法学士）
昭和44年4月1日　　大阪市立大学大学院法学研究科民事法専攻入学
昭和46年3月24日　大阪市立大学大学院法学研究科民事法専攻卒業（法学修士）
昭和46年4月1日　　神戸大学大学院法学研究科私法専攻博士課程入学
昭和49年3月31日　神戸大学大学院法学研究科私法専攻博士課程単位修得
昭和49年7月31日　神戸大学大学院法学研究科私法専攻博士課程退
平成元年10月18日　法学博士（神戸大学）

職　歴

昭和49年4月1日　　大阪経済法科大学講師法学部（～昭和53年12月31日）
昭和54年1月1日　　筑波大学助教授社会科学系（～昭和58年3月31日）
昭和58年4月1日　　香川大学助教授法学部（～昭和62年6月15日）
昭和62年6月16日　香川大学教授法学部〔～平成10年3月31日〕
平成10年4月1日　　東洋大学法学部教授（～平成16年3月31日）
平成15年12月16日　弁護士登録（東京弁護士会）（現在に至る）
平成16年4月1日　　東洋大学専門職大学院法務研究科教授（～平成21年3月31日）
平成21年4月1日　　香川大学大学院香川大学・愛媛大学連合法務研究科教授（～平成23年3月31日）
平成23年4月1日　　香川大学法学研究院教授（～平成25年3月31日）
平成25年4月1日　　香川大学人文社会科学系教授（～平成29年3月31日）

主要著作目録

1 著書・翻訳書・分担執筆

西ドイツ簡素化法入門（昭和58年7月27日、ユニオンプレス／ユニオンサービス社）訳編

民事再審の法理（昭和63年9月28日、法律文化社）〔博士論文〕

民事訴訟法講義（東洋大学通信教育教材）（平成13年3月1日、非売品）

民事訴訟法講義（平成14年1月2日、成文堂）

民事執行・保全法への誘い（平成14年3月21日、八千代出版）編著

判例民事訴訟法（東洋大学通信教育教材）（平成15年3月1日、非売品）

民事訴訟法講義［第2版］（平成16年4月5日、成文堂）

民事執行法講義（平成16年5月23日、成文堂）

両性平等時代の法律常識（平成17年4月3日、信山社）編著

民事訴訟法講義［第2版補訂版］（平成17年8月4日、成文堂）

実務家族法講義（平成18年3月24日、民事法研究会）岡部喜代子教授（現最高裁判所判事）との共著

民事倒産法講義（平成18年12月20日、成文堂）

民事訴訟法（東洋大学通信教育教材）（平成19年3月1日、非売品）

東京弁護士会両性の平等に関する委員会編集・こんなときどうする？新版女性のための法律相談ガイド（平成21年3月31日）分担執筆

民事訴訟法講義［第3版］（平成23年7月1日、成文堂）

民事執行法講義［第2版］（平成23年12月20日、成文堂）

実務家族法講義第2版（平成24年7月24日、民事法研究会）橋本昇二教授との共著

東京弁護士会 両性の平等に関する委員会編・DV・セクハラ相談マニュアル（平成24年12月15日、商事法務）分担執筆

2 論文その他

「一 民訴法四二〇条二項後段の再審事由を認めた事例 二 右の場合の再審期間の起算日（高裁民訴判例研究）」民商法雑誌63巻5号（昭和46年2月15日、有斐閣。小室直人教授との共同執筆）

小室直人＝賀集唱編・民事訴訟法（基本法コンメンタール）分担執筆（昭和47年8月31日、日本評論社）

「民訴法四二〇条一項五号の再審事由があると認められた事例（新判例評釈）」判例タイムズ283号（昭和48年1月15日、判例タイムズ社）

「可罰行為と民事再審に関する若干の問題」判例タイムズ292号（昭和48年7月15日、判例タイムズ社）

「可罰行為と民事再審に関する若干の問題――特に上告審との関係を中心として――」判例タイムズ309号（昭和49年9月15日、判例タイムズ社）

「裁判上の和解に民訴法四二〇条一項八号に基づく訴の準用が否定された事例（新判例評釈）」判例タイムズ314号（昭和50年2月15日、判例タイムズ社）

「文書偽造の証拠の判決確定後における具備と民訴法四二四条四項の適用の有無（高裁民訴判例研究）」民商法雑誌72巻5号（昭和50年8月15日、有斐閣）

斎藤秀夫＝小室直人編・民事訴訟法の基礎〔入門編〕（法学基礎大系8）「証明と疎明」「訴訟告知」「抗告のできる裁判」「再審期間」「再審の裁判」分担執筆（昭和50年10月9日、青林書院新社）

村松俊夫＝小山昇＝中野貞一郎＝賀集唱編・民事訴訟法Ⅲ（判例コンメンタール16）「第四二四条‐第四二九条」分担執筆（昭和51年1月25日、三省堂）

「研究ノート・本権の訴と占有の訴の関係」大阪経済法科大学法学論集1号（昭和52年3月10日、大阪経済法科大学法学会）

「民事再審に関する若干の考察――特に民訴法四二八条をめぐって――」民事訴訟雑誌23号（昭和52年3月31日、法律文化社）

「競落許可決定は民訴法四二一条の「判決ノ基本タル裁判」に当るか（消極）（最新判例批評）」判例時報856号（昭和52年9月1日、判例時報社）

「紹介・Behre, Otto Peter; Der Streitgegenstand des Wiederaufnahmeverfahrens, 1968.」大阪経済法科大学法学論集2号（昭和53年3月10日、大阪経済法科大学法学会）

「民訴法四二〇条一項六号、二項後段に基づく再審の訴の除斥期間の起算日（高裁民訴判例研究）」民商法雑誌78巻2号（昭和53年5月15日、有斐閣）

「再審期間の起算日」三ケ月章＝青山善充編・民事訴訟法の争点（昭和54年3月20日、有斐閣）

「研究ノート・物権的請求権と訴訟をめぐる若干の問題」筑波法政2号（昭和54年3月、筑波大学社会科学系（法学・政治学））

「不動産譲渡禁止の仮処分と第三者異議の訴」判例タイムズ381号（昭和54年5月15日、判例タイムズ社）

「一 民訴法四二〇条一項六号または七号に基づく再審の訴と同項但書 二 民訴法四二〇条二項後段の再審の要件が具備されたと認められた事例 三 牽連犯の公訴時効 四 民訴法四二〇条一項六号または七号に基づく再審の訴と同法四二四条四項（判例批評）」民商法雑誌80巻4号〔判示事項三以外担当〕（昭和54年7月15日、有斐閣）

「運行供用者による製造者の引込み」判例タイムズ393号（昭和54年10月10日、判例タイムズ社）

「不動産競売事件（第一事件）につき記録添付（第二事件）がなされた後、第一事件につき競売手続続行禁止の仮処分がなされたが、第二事件は続行され競売により当該不動産の所有権を取得した競落人が第一事件の債務者を相手方とする不動産引渡命令はできないとした事例（最新判例評釈）」判例時報941号（昭和54年12月1日、判例時報社）

「再審期間と補充性の関係」小室直人＝小山昇先生還暦記念・裁判と上訴下（昭和55年4月25日、有斐閣）

「上告理由として民訴法四二〇条一項六号の事由が主張され同条二項の要件が具備された場合と上告審の措置（主要判例解説）」判例タイムズ411号（昭和55年6月10日、判例タイムズ社）

「上告理由として四二〇条一項六号の事由が存在すると主張された場合に二項の要件が具備されるときの上告審の処理方法（重要判例解説）」ジュリスト718号（昭和55年6月10日、有斐閣）

「公示送達と再審事由」「控訴の利益（1）」「控訴の利益（2）」「再審の訴の原告適格」「再審事由の変更と出訴期間」「再審の構造」石川明編・基本判例双書民事訴訟法（昭和55年7月19日、同文館）

「民事再審の訴訟物論」吉川大二郎博士追悼論集・手続法の理論と実践上巻（昭和55年9月30日、法律文化社）

「一、公害防止を目的とする公共事業に対しなされた、二次公害の発生を理由とする差止請

求について，詳細な検討を加えてその虞れなしとして申請を却下した事例，二，右工事の差止は民訴法上の仮処分により求めうる――水俣湾水銀ヘドロ処理工事差止仮処分申請事件第一審判決（最新判例評釈）」判例時報979号（昭和55年12月1日，判例時報社）

「第237条・第422条－第425条・第428条」小室直人＝賀集唱編・新版・民事訴訟法（基本法コンメンタール）（昭和56年7月10日，日本評論社）

「代理人・担保の提供等民事訴訟法の特則」「罰則および附則」斎藤秀夫編・講義民事執行法（昭和55年11月30日，青林書院新社）

「配当によらない破産の終了」斎藤秀夫編・講義破産法（昭和57年3月30日，青林書院新社）

「裁判に対する不服申立て」吉村徳重・竹下守夫・谷口安平編『講義民事訴訟法』（昭和57年4月10日，青林書院新社）

「再審の構造」「再審期間の始期」新堂幸司＝青山善充編・民事訴訟法判例百選（第二版）（昭和57年5月28日，有斐閣）

「再審の論点をめぐる最近の問題点」鈴木忠一＝三ケ月章監修・新実務民事訴訟講座3（昭和57年7月10日，日本評論社）

「死亡者の脅迫行為と再審事由（判例紹介）」民商法雑誌86巻4号（昭和57年7月15日，有斐閣）

「住宅ローンと不動産担保・借手側調査結果分析」日本土地法学会編・土地問題双書17（昭和57年9月30日，有斐閣）

「判例綜合研究・再審要件に関する判例綜合」民事訴訟雑誌29号（昭和58年2月28日，法律文化社）

「証明責任の分配に関する事件」「ダイヤ入り帯留事件（既判力の客観的範囲に関する事件）」中川淳編集代表・判例辞典（昭和58年3月10日，六法出版社）

「不当執行に対する救済」新堂幸司＝竹下守夫編・基本判例から見た民事執行法（昭和58年3月30日，有斐閣）

「不動産競売における買受人保護の限界」筑波法政6号（昭和58年3月，

「翻訳・Georg Holch, Das gerichtliche Mahnverfahren nach der Vereinfachungsnovelle, 1978」筑波法政6号（昭和58年3月，筑波大学社会科学系（法学・政治学））

「第三者による仮差押解放金の供託と仮差押執行の取消（最新判例批評）」判例時報1070号（昭和58年5月1日，判例時報社）

「再審」三ケ月章＝中野貞一郎＝竹下守夫編・新版・民事訴訟法演習2（昭和58年11月25日，有斐閣）

「不実の公示送達申立により確定判決を得た場合と再審事由（判例批評）」香川法学3巻2号（昭和58年11月、香川大学法学会）

「判例回顧／民事訴訟法」法律時報56巻2号（昭和59年1月30日、日本評論社）

「第六章　会社更生法　第三節　更生開始決定の効果と開始後の手続」小室直人＝若林安雄編・倒産法（昭和59年6月10日、青林書院新社）

「担保権の実行」鈴木禄弥＝竹内昭夫編・金融取引法大系第6巻債権回収（昭和58年6月25日、有斐閣）

「紹介・Gamp, Die Ablehnung von rechtswidrig erlangten Beweismitteln im Zivilprozess, DRiZ 59, 41（1981）」香川法学4巻2号（昭和59年10月、香川大学法学会）

「判例回顧／民事訴訟法」法律時報57巻2号（昭和60年1月30日、日本評論社）

「紹介・Gamp, Die Bedeutung des Ausforschungsbeweises im Zivilprozess, DRiZ 60, 165（1982）」香川法学4巻3号（昭和60年1月、香川大学法学会）

「紹介・Schlosshauer-Selbach, Typologie der aerztlichen Aufklaerungspflicht, DRiZ 60, 361（1982）」香川法学5巻1号（昭和60年4月、香川大学法学会）

「再審」新堂幸司編集代表・講座民事訴訟7上訴・再審（昭和60年6月10日、弘文堂）

「責に帰すべき事由なくして認知訴訟の係属を知らず参加等の方法で審理に関与しえなかった右訴訟で父とされた者の子及び養子につき再審の原告適格を認めた事例（最新判例批評）」判例時報1151号（昭和60年7月1日、判例時報社）

「否認権の行使（1）」道下徹＝高橋欣一編・裁判実務大系6破産訴訟法（昭和60年7月30日、青林書院）

「調停の既判力」石川明＝梶村太市編・民事調停法（大西周四郎弁護士との共著）（昭和60年8月30日、青林書院）

「第237条・第422条－第425条・第428条」小室直人＝賀集唱編・第三版・民事訴訟法（2）（基本法コンメンタール）（昭和60年10月20日、日本評論社）

「高松地裁における仮差押え・仮処分の実態」判例タイムズ567号（昭和60年12月15日、判例タイムズ社）

「紹介・Werner Wachsmuth, Zur Problematik des medizinishen Sachverstaendigen im Arzthaftungsprozess, DRiZ 60, S. 412（1982）」香川法学5巻4号（昭和61年1月、香川大学法学会）

「判例回顧／民事訴訟法」法律時報58巻3号（昭和61年2月28日、日本評論社）

「再審訴訟の訴訟物」「上告理由」「破棄判決の拘束力」「再審期間」遠藤浩＝福田平編集代

表・法令解釈事典下巻（昭和61年3月31日、ぎょうせい）

「徳島地裁における仮差押え・仮処分の実態」判例タイムズ586号（昭和61年4月24日、判例タイムズ社）

「債権執行における配当要求の効果」香川法学6巻2号（昭和61年7月、香川大学法学会）

「翻訳：ウォーカー＝ウォーカー・イギリスの法制度 第六版第四部民事裁判手続（上）」香川法学6巻3号（昭和61年10月、香川大学法学会）

「仮差押え・仮処分法上の諸問題に関する実態調査レポート──〈その1〉東京・高松・徳島の地裁・法務局での調査（一）」民商法雑誌95巻3号（松浦馨教授・野村秀敏助教授との共著）（昭和61年12月15日、有斐閣）

「イギリスにおける嫌がらせ訴訟禁止法について（上）」香川法学6巻4号（昭和62年1月10日、香川大学法学会）

「翻訳・ウォーカー＝ウォーカー・イギリスの法制度 第六版第四部民事裁判手続（中）」香川法学6巻4号（昭和62年1月10日、香川大学法学会）

「仮差押え・仮処分法上の諸問題に関する実態調査レポート──〈その1〉東京・高松・徳島の地裁・法務局での調査（二）」民商法雑誌95巻4号（松浦馨教授・野村秀敏助教授との共著）（昭和62年1月15日、有斐閣）

「仮差押え・仮処分法上の諸問題に関する実態調査レポート──〈その1〉東京・高松・徳島の地裁・法務局での調査（三）」（松浦馨教授・野村秀敏助教授との共著）民商法雑誌95巻5号（松浦馨教授・野村秀敏助教授との共著）（昭和62年2月15日、有斐閣）

「翻訳・ウォーカー＝ウォーカー・イギリスの法制度 第六版第四部民事裁判手続（下）」香川法学7巻1号（昭和62年4月10日、香川大学法学会）

吉村徳重＝竹下守夫＝谷口安平編・講義民事訴訟法〔第二版〕分担執筆（昭和62年4月20日、青林書院）

「イギリスにおける嫌がらせ訴訟禁止法について（中）」香川法学7巻2号（昭和62年7月10日、香川大学法学会）

「疎明」判例タイムズ639号（昭和62年9月1日、判例タイムズ社）

小室直人編著・民事執行法講義（分担執筆）（昭和63年5月15日、法律文化社）

「公示送達と再審」香川法学8巻2号（昭和63年7月10日、香川大学法学会）

「抵当権の実行としての競売における所有者と買受人の地位」香川法学8巻2号（昭和63年7月10日、香川大学法学会）

「紹介：Eshner, Neue Loesungen im Arzthaftungsprozess, DRiZ 61, 9 (1983) und Tropf,

Die erweiterte Tatsachenfeststellung, DRiZ 63, 87（1985）」香川法学8巻2号（昭和63年7月10日、香川大学法学会）

「再審事由と再審期間」三ケ月章＝青山善充編・民事訴訟法の争点〔新版〕ジュリスト増刊（昭和63年7月30日、有斐閣）

「ジェイムズ＝ハザード・民事裁判手続第三版（第一二章）（紹介）」香川法学8巻4号（平成元年1月10日、香川大学法学会）

「判例破産法（上）」香川法学8巻4号（平成元年1月10日、香川大学法学会）

「判例破産法（中）」香川法学9巻1号（平成元年4月10日、香川大学法学会）

「判例破産法（下）」（平成元年7月10日、香川大学法学会）

「Martineau, Considering New Issues on Appeal: The General Rule and the Gorilla Rule, 40 VAND. L. R. 1023-75（1987）（論文紹介）」〔1989-1〕アメリカ法（平成元年7月31日、日米法学会）

「控訴理由×上告理由×再審理由（比較で学ぶ民事訴訟法15）」法学教室112号（平成2年1月1日、有斐閣）

「第43条 不動産執行の方法」石川明＝小島武司＝佐藤歳二編・注解民事執行法（平成2年1月21日、青林書院）

「92 和議条件の平等（大審院昭和9年7月9日第一民事部決定民集13巻1327頁）」新堂幸司＝霜島甲一＝青山善充編・新倒産判例百選（別冊ジュリスト106号）（平成2年2月28日、有斐閣）

「検察官を被告とする認知の確定判決に対する再審の訴えと認知を求められた亡父の子の原告適格——最高裁平成元年一一月一〇日第二小法廷判決、本誌七一四号七一頁——（判例評釈）」判例タイムズ722号（平成2年5月15日、判例タイムズ社）

「竹下守夫著『民事執行における実体法と手続法』〔有斐閣・A5版384頁・6850円〕（ジュリスト書評）」ジュリスト962号（平成2年9月1日、有斐閣）

「130 文書提出命令（3）——守秘義務（①大阪地昭和61年5月28日決定判時1209号16頁、判タ601号85頁②大阪地昭和61年5月28日決定判時1209号16頁、判タ601号85頁）」新堂幸司＝青山善充＝高橋宏志編・民事訴訟法判例百選Ⅱ（別冊ジュリスト115号）（平成3年2月15日、有斐閣）

「165 固有必要的共同訴訟（5）——前婚の無効確認と後婚の取消し（最高裁昭和61年9月4日第一小法廷判決家裁月報39巻1号130頁、判時1217号57頁）」新堂幸司＝青山善充＝高橋宏志編・民事訴訟法判例百選Ⅱ（別冊ジュリスト115号）（平成3年2月15日、

有斐閣）

吉村德重＝竹下守夫＝谷口安平編・講義民事訴訟法〔第二版補正版〕（平成3年4月20日、青林書院）

小室直人編著・民事執行法講義〔改訂版〕［法律文化社］（註分担執筆）（平成3年5月20日、法律文化社）

「確定判決と請求異議の訴え」法曹時報43巻8号（平成3年8月1日、法曹会）

「ドイツにおける新しい『少額裁判手続』論二題（翻訳）」香川法学11巻3・4号（平成4年1月10日、香川大学法学会）

「処分禁止仮処分を取り消した一審判決の仮執行によって仮処分登記の抹消登記がなされた後、右判決を取り消し仮処分を認可する控訴審判決がなされた場合における控訴審判決の執行方法（大阪高裁平成2年8月10日判決判タ759号258頁）」私法判例リマークス5号（平成4年7月20日、日本評論社）

「最新判例批評一〇五 代表取締役が自己又は第三者の利益のため会社の代表者として訴訟行為をなし相手方が右代表取締役の真意を知り又は知りうべきであったという事情のもとに成立した確定判決と民訴法四二〇条一項三号の再審事由の有無（積極）（東京高裁平成3年7月17日判決判時1415号103頁）」判例評論404号（判例時報1427号）（平成4年10月1日、判例時報社）

「第237条 訴え取下の効果」「第422条 再審裁判所」「第423条 再審手続」「第424条 再審期間」「第425条 再審期間の例外」「第428条 再審却下」小室直人＝賀集唱編・基本法コンメンタール［第四版］民事訴訟法2（別冊法学セミナー116号）（平成4年11月20日、日本評論社）

「第12条 管轄裁判所」「第13条 申立て及び疎明」松浦馨＝三宅弘人編・基本法コンメンタール民事保全法（別冊法学セミナー118号）（平成5年2月20日、日本評論社）

「第159条 訴訟行為の追完」竹下守夫＝伊藤眞編集・注釈民事訴訟法（3）口頭弁論（平成5年5月30日、有斐閣）

「最新判例批評六一 一 訴状の有効な送達のないままされた判決が確定した場合と民訴法四二〇条一項三号の再審事由 二 判決正本が有効に送達された判決に対する控訴がされなくても民訴法四二〇条一項ただし書の適用がない場合（最高裁平成4年9月10日第一小法廷判決判例時報1437号56頁）」判例評論412号（判時1452号）（平成5年6月1日、判例時報社）

「抗告制度の改正」ジュリスト1028号（平成5年8月15日、有斐閣）

「最新判例批評一二四 裁判所書記官の就業場所の照会に対し重大な過失により不明と回答したことに基づく郵便に付する送達により相手方欠席のまま勝訴の確定判決を得て貸金等の支払を受けた信販会社に対する敗訴者からの損害賠償請求が認められた事例（東京高裁平成5年3月3日判決判時1456号101頁）」判例評論418号（判例時報1470号）（平成5年12月1日、判例時報社）

「87 双方未履行の双務契約」石川明＝田中康久＝山内八郎編・破産・和議の実務と理論（判例タイムズ830号臨時増刊）（平成6年1月20日、判例タイムズ社）

「第4編 民事手続期間 第5章 倒産手続期間」時効・除斥・出訴期間研究会編・裁判にみる時効・除斥・出訴期間事例集（平成6年2月10日、第一法規出版）

「39 基本たる担保権の不存在を理由とする売却許可決定に対する執行抗告の許否（①東京高裁昭和60年5月15日決定判時1184号77頁 ②東京高裁昭和57年12月23日決定判時1066号62頁）」竹下守夫＝伊藤眞編・民事執行法判例百選（別冊ジュリスト127号）（平成6年5月2日、有斐閣）

「少額事件の訴訟手続の改正について」木川統一郎博士古稀祝賀・民事裁判の充実と促進中巻（平成6年5月16日、判例タイムズ社）

「最新判例批評一八 不法行為によって作出された登記を抹消し、自己の登記名義を回復するために支出された、仮処分事件の申立及び執行費用（申立印紙代、予納郵券代、登録免許税）並びに登記抹消を求める訴訟に要した貼用印紙代、予納郵券代は、訴訟費用の裁判とは別に、当該登記抹消請求訴訟において不法行為に基づく損害賠償として請求することができるか（積極）」判例評論432号（判例時報1512号）（平成7年2月1日、判例時報社）

「高松高裁管内における和議事件の実態と問題点」香川法学15巻1号（平成7年4月10日、香川大学法学会）

「資料：判例民事執行法」香川法学15巻1号（平成7年4月10日、香川大学法学会）

「翻訳：一九九三年ドイツ司法負担軽減法」香川法学15巻1号（平成7年4月10日、香川大学法学会）

「上告」「上告状」「上告審手続」「上告理由」宮脇幸彦＝林屋礼二編集代表・民事手続法事典（中巻）（平成7年5月15日、ぎょうせい）

「破棄判決の拘束力」宮脇幸彦＝林屋礼二編集代表・民事手続法事典（下巻）（平成7年5月15日、ぎょうせい）

「和議法の立法および運用に関する提言（上）」NBL570号（山本和彦助教授との共同執筆）

（平成 7 年 6 月 1 日、商事法務研究会）

「和議法の立法および運用に関する提言（下）」NBL571号（山本和彦助教授との共同執筆）（平成 7 年 6 月15日、商事法務研究会）

「32-2 口頭弁論の諸原則」司法試験シリーズ第 3 版民事訴訟法Ⅰ（別冊法学セミナー139）（平成 7 年 7 月25日、日本評論社

「総合問題11」司法試験シリーズ第 3 版民事訴訟法Ⅱ（別冊法学セミナー140）（平成 7 年 8 月10日、日本評論社）

「第四編 再審」谷口安平＝井上治典編・新・判例コンメンタール民事訴訟法 6 （平成 7 年 9 月10日、三省堂）

「再審訴訟」中野貞一郎先生古稀祝賀・判例民事訴訟法の理論（下）（平成 7 年12月10日、有斐閣）

「第420条 再審事由」「第421条 基本たる裁判の再審事由」斎藤秀夫＝小室直人＝西村宏一＝林屋礼二編著・〔第 2 版〕注解民事訴訟法（10）（小室直人教授との共著）（平成 8 年 4 月10日、第一法規出版）

「第422条 再審裁判所」（小室直人教授ほかとの共著）（平成 8 年 4 月10日、第一法規出版）

「過料の制裁のための職権を発動しない旨の判断がなされた場合に、民事訴訟法第四二〇条二項後段に該当するとされた事例（最新判例批評）」判例評論453号（判例時報1576号）（平成 8 年11月 1 日、判例時報社）

「イギリス民事訴訟法の現代的展開（翻訳）」香川法学16巻 3 ＝ 4 号（池田道代助手との分担訳）（平成 9 年 3 月20日、香川大学法学会）

「文書提出命令（3）──守秘義務」民事訴訟法判例百選Ⅱ［新法対応補正版］（別冊ジュリ146）（平成10年 3 月30日、有斐閣）

「固有必要的共同訴訟（5）──前婚の無効確認と後婚の取消し」民事訴訟法判例百選Ⅱ［新法対応補正版］（別冊ジュリ146）（平成10年 3 月30日、有斐閣）

「裁判官の国家賠償責任」民事訴訟雑誌44号（平成10年 3 月31日、法律文化社）

「第 6 編 上訴・再審 第 5 章 再審」中野貞一郎＝松浦馨＝鈴木正裕編・新民事訴訟法講義（平成10年 4 月20日、有斐閣）

「第四編 再審」基本法コンメンタール新民事訴訟法 3 （別冊法学セミナー155）（平成10年 4 月25日、日本評論社）

小室直人監修（小室直人＝若林安雄＝三谷忠之＝波多野雅子共著）・新民事訴訟法講義（平成10年 6 月20日、法律文化社）

「（訴えの取下げの効果）第二六二条」基本法コンメンタール新民事訴訟法2（別冊法学セミナー156）（平成10年8月25日、日本評論社）

「再審訴訟の訴訟物と手続構造」青山善充＝伊藤眞編・民事訴訟法の争点［第3版］（ジュリスト増刊）（平成10年9月5日、有斐閣）

「三角関係をめぐる法律関係」東洋37巻1＝2号（平成12年1月1日、東洋大学通信教育部）

「第7章　判決および執行文付与」竹下守夫編・民事訴訟の計量分析（平成12年2月28日、商事法務研究会）

「第6編　第5章　再審」中野貞一郎＝松浦馨＝鈴木正裕編・新民事訴訟法講義［補訂版］（平成12年3月30日、有斐閣

平成12年6月1日　「お～い、どこが男女平等なんですか、認知とセクハラ」東洋37巻6号（平成12年6月1日、東洋大学通信教育部）

「横山ノック知事わいせつ訴訟にみる民事訴訟法上の論点」東洋37巻7＝8号（平成12年7月1日、東洋大学通信教育部）

「パナマにおける工業所有権の保護と権利主張」佐々木吉男先生追悼論集刊行委員会・民事紛争の解決と手続（監訳＝マルタ・アチューラ訳）（平成12年8月25日、信山社）

「テキスト「上原敏夫＝池田辰夫＝山本和彦・民事訴訟法〔第2版補訂〕」の補充説明（上）」東洋37巻9号（平成12年9月1日、東洋大学通信教育部）

「テキスト「上原敏夫＝池田辰夫＝山本和彦・民事訴訟法〔第2版補訂〕」の補充説明（下）」東洋37巻10号（平成12年10月1日、東洋大学通信教育部）

「憲法を無視する親は子供迷惑だ！──人身保護法と婚約破棄──」東洋37巻13＝14号（平成13年1月1日、東洋大学通信教育部）

「第六編　裁判に対する不服申立て」吉村徳重＝竹下守夫＝谷口安平編・講義民事訴訟法（平成13年4月20日、青林書院）

「お金を支払う必要のない自然債務もあります」東洋38巻2号（平成13年5月1日、東洋大学通信教育部）

「金銭感覚のない配偶者との法律関係」東洋38巻3号（平成13年6月1日、東洋大学通信教育部）

「最新判例批評六八　滞納処分による差押えがされた後強制競売等の開始決定による差押えがされるまでの間に賃借権が設定された不動産が強制競売手続等により売却された場合において右賃借権に基づく不動産の占有者に対して引渡命令を発することの可否（積極）（最決平成12・3・16民集54・3・1116判時1708・120）」判例批評509号（判例時

報1746号）（平成13年7月1日、判例時報社）

「裁判所側の信義誠実義務」新堂幸司先生古稀祝賀・民事訴訟法理論の新たな構築上巻（平成13年10月25日、有斐閣）

「テキスト「上原敏夫＝池田辰夫＝山本和彦・民事訴訟法〔第2版補訂〕」の補充説明——平成一三年度——」東洋38巻9号（平成13年12月1日、東洋大学通信教育部）

「妻は他人です（一）」東洋38巻10＝11号（平成14年1月1日、東洋大学通信教育部）

「担保権消滅制度について」石川明先生古稀祝賀・現代社会における民事手続法の展開（下巻）（平成14年5月25日、商事法務）

「46　仮執行済みの手形債権の倒産手続上の扱い」青山善充＝伊藤眞＝松下淳一編・倒産判例百選［第三版］（別冊ジュリスト163）（平成14年9月30日、有斐閣）

「民事訴訟法補充説明——平成14年度——」東洋39巻7号（平成14年10月1日、東洋大学通信教育部）

「妻は他人です（二）」東洋39巻9号（平成14年12月1日、東洋大学通信教育部）

「第四編　再審」基本法コンメンタール［第二版］新民事訴訟法3（別冊法学セミナー180）（平成15年5月25日、日本評論社）

「民事訴訟法関係改正法について」東洋40巻3号（平成15年6月1日、東洋大学通信教育部）

「（訴えの取下げの効果）第二六二条」基本法コンメンタール新民事訴訟法2（別冊法学セミナー181）（平成15年6月25日、日本評論社）

「補助参加の利益（東京高決平成2・1・16判タ754号220頁）」伊藤眞＝高橋宏志＝高田裕成編・民事訴訟法判例百選［第三版］（別冊ジュリスト169）（平成15年12月20日、有斐閣）

「第4編　民事手続期間　第5章　倒産手続期間　I　破産手続期間」「第4編　民事手続期間　第5章　倒産手続期間　II　民事再生手続期間」「第4編　民事手続期間　第5章　倒産手続期間　III　会社更生手続期間」時効・除斥・出訴期間研究会編・裁判にみる時効・除斥・出訴期間事例集追録第16～18号（佐藤優希と共著）（平成16年4月10日、第一法規出版）

「民事訴訟法補充説明（上）——平成16年度——」東洋41巻7号（平成16年10月1日、東洋大学通信教育部）

「民事訴訟法補充説明（下）——平成16年度——」東洋41巻12号（平成17年3月1日、東洋大学通信教育部）

「明治期四国における判決原本からみた裁判実態（1）」白山法学創刊号（平成17年3月31日、東洋大学法科大学院）

「第4編　民事手続期間　第5章　倒産手続期間　I　破産手続期間」「第4編　民事手続期間　第5章　倒産手続期間　II　民事再生手続期間」時効・除斥・出訴期間研究会編・裁判にみる時効・除斥・出訴期間事例集追録第20～23号（平成17年4月20日、第一法規出版）

「明治期四国における判決原本からみた裁判実態（2）」白山法学2号（平成18年3月31日、東洋大学法科大学院）

「明治期四国における判決原本からみた裁判実態（3・完）」白山法学3号（平成19年3月31日、東洋大学法科大学院）

「最新判例批評二七　産業廃棄物最終処分場内に違法に埋め立てた産業廃棄物を撤去しない業者に対して、県が事務管理に基づく費用償還請求権を被保全権利として、その所有する自動車の仮差押えを求めることができるか（消極）」判例評論578号（判例時報1956号）（平成19年4月1日、判例時報社）

「（訴えの取下げの効果）第二六二条」基本法コンメンタール［第3版］新民事訴訟法2（別冊法学セミナー194）（平成19年9月30日、日本評論社）

「第四編　再審」基本法コンメンタール［第3版］新民事訴訟法3（別冊法学セミナー195）（平成20年1月31日、日本評論社）

「明治期四国における判決原本からみた裁判実態－高松地裁所蔵明治8年分－」白山法学4号（平成20年3月31日、東洋大学法科大学院）

「最近の再審事例における再審事由の検討（上）」白山法学4号（平成20年3月31日、東洋大学法科大学院）

「賃金等請求事件を通してみた理論と実務」小島武司先生古稀祝賀・民事司法の法理と政策　上巻（平成20年8月23日、商事法務）

「強制履行（民414条）は民法で規定する必要があるか」椿寿夫＝新美育文＝平野裕之＝河野玄逸編・民法改正を考える（法律時報増刊）（平成20年9月10日、日本評論社）

「最近の再審事例における再審事由の検討（下）」白山法学5号（平成21年3月18日、東洋大学法科大学院）

「原告代理人からみた和解裁判官の役割」白山法学5号（平成21年3月18日、東洋大学法科大学院）

「Judith Volkmann, Mediation im Zivilprozess について」（平成21年3月18日、東洋大学法科大学院）

「明治期四国における判決原本からみた裁判実態（1）－高松地裁所蔵明治9年分－」香川

法学29巻3＝4号（平成22年3月20日、香川大学法学会）

「弁護士による代理——双方代理」高橋宏志＝高田裕成＝畑瑞穂編・民事訴訟法判例百選［第4版］（別冊ジュリスト201）（平成22年10月10日、有斐閣）

「法定訴訟担当としての取立訴訟」笠原俊宏編・日本法の論点第一巻（平成23年11月25日、文眞堂）

「判決後の中断と受継申立て」笠原俊宏編・日本法の論点第二巻（平成24年11月10日、文眞堂）

3　学会・研究会発表・講演

「判例に現われた再審の問題点」（昭和51年5月、民事訴訟法学会）

「借り手側調査結果分析」（昭和56年10月、土地法学会）

「最判昭和57・3・30の事例」（昭和62年4月、金融法研究会）

「旭川地判昭62・12・22の事例」（昭和62年9月、金融法研究会）

「保全処分の基礎的知識」（昭和63年5月、金融法研究会）

「訴えの提起が違法な行為となる場合」（昭和63年9月、金融法研究会）

「破産管財人に対する預金払戻し等と裁判所の許可」（昭和63年11月、金融法研究会）

「預金債権に対する差押え（仮差押え）」（平成元年6月、金融法研究会）

「預金に対する転付命令の効力」「当座預金の差押えと交換手形の決済」（平成元年7月、金融法研究会）

「不渡事由としての手形支払禁止仮処分」「和議法上の和議」（平成元年9月、金融法研究会）

「訴訟過誤と訴訟関係人の責任について～裁判官の責任を中心に～」（平成5年2月、民事実務研究会）

「物上保証と不動産競売」（平成5年9月、民事実務研究会）

「注解民訴法で指摘されている境界確定訴訟の問題点」（平成6年6月、民事実務研究会）

「1993年裁判所の負担軽減法（ドイツ）について」（平成6年12月、民事実務研究会）

「ドイツ・イギリスの裁判所傍聴記」（平成7年2月、民事実務研究会）

「アカハラについて」（平成24年3月、香川県立保健医療大学）

「日本の民事執行制度の歴史及び近時の民事執行法の改正について」（平成25年1月、ベトナム法整備支援研修）

「金銭執行の近代史」（平成26年3月、民事手続法研究会）

4　社会活動・学会活動

平成元年11月1日　　高松簡易裁判所司法委員（～平成9年12月31日）
平成4年9月1日　　民事訴訟法学会理事（～平成10年5月17日）
平成5年4月1日　　香川県弁護士会綱紀委員会参与（～平成10年3月31日）
平成6年6月1日　　日本道路公団四国地区入札監視委員会委員（～平成10年5月31日）
平成19年5月20日　　日本民事訴訟法学会監事（～平成22年5月16日）
平成22年4月1日　　高松地方裁判所委員会委員（～平成28年3月31日）

編者・執筆者一覧（50音順）

井口 秀作	（いぐち しゅうさく）	愛媛大学法文学部教授
大山 徹	（おおやま とおる）	香川大学大学院連合法務研究科准教授
岡部 雅人	（おかべ まさと）	愛媛大学法文学部准教授
小澤 久仁男	（おざわ くにお）	香川大学法学部准教授
小田 敬美	（おだ たかよし）	愛媛大学法文学部教授
籠池 信宏	（かごいけ のぶひろ）	弁護士・香川大学大学院連合法務研究科教授
笠原 俊宏	（かさはら としひろ）	弁護士・前東洋大学法学部教授
春日川 路子	（かすがかわ みちこ）	香川大学法学部准教授
栗田 隆	（くりた たかし）	関西大学法学部教授
佐藤 優希	（さとう ゆうき）	東北学院大学法学部教授
柴田 潤子	（しばた じゅんこ）	香川大学大学院連合法務研究科教授
清水 真人	（しみず まさと）	徳島大学総合科学部准教授
関口 晃治	（せきぐち こうじ）	志學館大学法学部教授
高杉 直	（たかすぎ なおし）	同志社大学法学部教授
瀧 久範	（たき ひさのり）	関西学院大学法学部准教授
直井 義典	（なおい よしのり）	筑波大学大学院ビジネス科学研究科法曹専攻准教授
橋本 昇二	（はしもと しょうじ）	東洋大学大学院法務研究科教授
久岡 康成	（ひさおか やすなり）	香川大学大学院連合法務研究科教授
平野 美紀	（ひらの みき）	香川大学法学部教授
藤田 寿夫	（ふじた ひさお）	香川大学大学院連合法務研究科教授
細谷 越史	（ほそたに えつし）	香川大学大学院連合法務研究科准教授
松本 タミ	（まつもと たみ）	弁護士・香川大学名誉教授
宮川 聡	（みやかわ さとし）	甲南大学大学院法務研究科教授
八木 俊則	（やぎ としのり）	弁護士・香川大学客員教授
八並 廉	（やつなみ れん）	香川大学法学部准教授
山本 陽一	（やまもと よういち）	香川大学法学部教授

市民生活と現代法理論　三谷忠之先生古稀祝賀

2017年3月20日　初版第1刷発行

編集委員	美宏希子 敬信優潤成 田池藤田 小籠佐柴

発行者　阿部　成一

〒162-0041　東京都新宿区早稲田鶴巻町514
発行所　株式会社　成文堂
電話03(3203)9201(代)　FAX03(3203)9206
http://www.seibundoh.co.jp

製版・印刷　藤原印刷　　　　　　製本　弘伸製本
©2017　小田、籠池、佐藤、柴田　　Printed in Japan
☆乱丁・落丁本はおとりかえいたします☆
ISBN978-4-7923-2701-9 C3032　　検印省略

定価（本体15,000円＋税）